U0555816

公共知识分子——衰落之研究
PUBLIC INTELLECTUALS:
A STUDY OF DECLINE
By Richard A.Posner
Copyright © 2001 by the President and Fellows of Harvard College
All Rights Reserved

波斯纳文丛 11

公共知识分子
——衰落之研究

PUBLIC INTELLECTUALS:
A STUDY OF DECLINE

理查德·A·波斯纳/著
Richard A. Posner

徐 昕/译

中国政法大学出版社

Public Intellectuals:A Study of Decline By Richard A.Posner
根据哈佛大学出版社2001年英文版翻译

《波斯纳文丛》总译序

一

这套译丛是一个很长过程的积淀。

我从1993年开始翻译波斯纳的著作，这就是1994年出版的《法理学问题》。此后多年也读了他的不少著作，但是这位作者的写作速度实在是太快了，范围实在是太广了，因此至今没有或没有能力读完他的全部著作。但是自1996年起，鉴于中国的法学理论研究的视野狭窄和普遍缺乏对社会科学的了解，缺乏人文学科深度，也鉴于希望中国的法官了解外国法官的专业素养和学术素养，我一直想编一部两卷本的《波斯纳文选》。在这种想法指导下，同时也为了精读，我陆陆续续选译了波斯纳法官的少量论文和许多著作中的一些章节，包括《超越法律》、《性与理性》、《法律与文学》、《司法的经济学》等著作。到1998年时，已经译了80万字左右。也联系了版权，但最终没有落实，乃至未能修改最后定稿。初稿就在计算机的硬盘上蛰伏了很久。

1998年，我感到自己《法理学问题》的译文问题不少，除了一些令自己难堪的错失之外，最大的问题是由于翻译时刚回国，中文表达比较生疏，加之基于当时自己有一种奇怪的观点，希望保持英文文法，因此译文太欧化；一定令读者很头痛。我为此深感内疲,并决定重译该书,到1999年上半年完成了译稿。

1999年10月,我到哈佛做访问学者,更系统地阅读了一些波斯纳的著作;并同样仅仅是为了精读,我翻译了他当年的新著《法律与道德理论的疑问》。此后,由于《美国法律文库》项目的启动,中国政法大学出版社又约我翻译波斯纳的《超越法律》全书,我也答应了。诸多因素的汇合,使我决心把这一系列零零碎碎的翻译变成一个大的翻译项目。

2000年5月,在耶鲁大学法学院葛维堡教授和欧文·费斯教授的大力安排下,我从堪布里奇飞到了芝加哥,同波斯纳法官会了面,其间也谈到了我的打算和决定。临别时,波斯纳法官同意了我的请求。

2000年8月回国之后,就开始了一系列工作。中国政法大学出版社社长李传敢、编辑张越、赵瑞红等给予了积极并且是很大的支持。会同出版社一起,我进行了很麻烦的版权联系和交易。而与此同时,我自己也忙里偷闲,特别是利用寒暑假,进行翻译,并组织翻译。因此,才有了目前的这一套丛书,完成了多年来的一个心愿。

二

从上面的叙述来看,这套文丛似乎完全是一个机会主义过程的产物,甚至,挑剔一点说,未必我就没有减少自己的"沉淀成本"(sunk cost)的意图。但是,总的说来,这套书的选择是有策划的,有斟酌的。

如同上面提到的,我的选译是有针对性的,一是针对法学研究,特别是法理学研究;二是针对包括法官在内的读者群。

中国目前的法学研究有不少弱点。首先是自我限制，搞法理学就是搞一些传统的概念，例如法治、宪政、正义、公正之类的，加一点时下流行的各种具有或多或少甚至是很强意识形态意味的话语，依法治国、司法改革、现代化、全球化、人权等等。这种"高级理论"、"大词法学"其实与作为实践的法律，特别是部门法很少有直接的关联；乃至于近来我听到有搞部门法的学者半开玩笑半嘲笑的说：你们搞法理的人似乎如今全都搞司法改革了嘛！这种情况，固然反映了司法改革的重要性已日益为法学研究者关注；但另一方面，这也说明了一个问题，法理学可能确实面临着某种困境。也许这种境况就如波斯纳说30年前美国法理学那样，已经进入了它的"暮年"（《超越法律》）。法理学必须探求新路。司法改革的话题也许会带来一个刺激，形成一个"新的学术增长点"，但我们必须注意，这不是全部。我们必须开拓理论法学的研究视野。

当代中国法学研究的另一个重大弱点是缺乏社会科学指导的研究，缺少经验的研究。国内的法经济学、法社会学、法人类学诸如此类，大都一直停留在介绍的水平或应然的层面上。既缺少量化的研究，也缺少细致精密的个案研究，甚至常常没有一个不带个人意气的如实生动的描述。大约是在中国人心目中文字本身就是神圣的，因此如果你用文字客观描述了某种不那么理想的东西，而这种客观又对"法治的理想"或"公认的原则"提出了质疑，那你的政治立场可能就有问题，你就"需要提升价值"，必须把你的描述调整到符合这些理想和原则上来。在这种心态和氛围下，文字成了一个过滤和筛选可研究和不可研究的、可言说和不可言说的设置。"政治正确"已经在中国学界迅速本土化了。一些学者一方面不无一点道理地反对滥用本土资源的说法，但另一方面，又迅速利用了在中国历来占强势的道德话语，开掘出了政治正确的"本土资源"。

"法学是一个古老的学科"这样的事实描述由此变成了法学应坚持修辞学和决疑术的老传统、拒绝强化社会科学研究新传统的规范理由，成了拒绝法学"与时俱进"的信条。对于中国法治发展非常必要的法学专门化在某种程度上成了创造知识神秘、故弄玄虚、拒绝普通人进入、以期获得因垄断而发生的高额货币和非货币租金的一种工具。当然，这还不是普遍现象，只是这种现象正在扩展。更普遍的情况则是法学家就"法律问题"笼统的发发感慨，提提看法。尽管这些感慨、看法并没有多少法学的或其他学术的意味，但由于在许多现实的交易中，值钱的并不都是货品的质量，而往往是货品的商标品牌，因此法学圈内也就不可能例外。而在我看来，真正能减少这种现象的可能就是学术的竞争，包括并特别是来自其他社会科学知识和方法的竞争。也就是要"超越法律"。

因此，这套书的读者也许首先是法学研究者、部分有些理论兴趣的法律实务者，其中也包括一些法官。中国法官的状况一直是我的一个关切。中国法官目前就总体而言其知识和专业素质都是很不足的，即使少数有较高学历的法官，但要适应一个现代社会、一个工商社会，也还有很大距离。这种状况不可能在短期转变，哪怕是对目前开始的统一司法考试我们也不可能指望过高。因为中国的法学教育本身就面临着一个急迫的知识转型问题。我当然不可能指望读一点书就会改变法官的状况。但是至少，这些著作会给某些法官甚至未来的法官一些提醒，因为中国的法官也都可能或迟或早在不同程度上遇到波斯纳法官遇到过的一些问题。

这套书最多的、最认真的读者最终也许是如今在校的学生，因为，由于种种原因，今天的中国法学家大都已经与真理共在了，因此也就大都很少甚至根本不读书的了。但即使是为了学生，翻译这套书也是值得的。甚至，我预期这套书的潜在读者将不完全是法学院的学生，有可能是社会学、政治学、经济学乃至文史哲的学生。确实，波斯纳的著作做到了他的追求，大意是，法学应当使外行人也感兴趣。

也正是为了这些目的和这些读者。我在选书时，大致坚持了三个相互关联的标准。一是尽可能涵盖波斯纳所涉猎的领域，反映一个全面的波斯纳；因此，其二，也就尽可能包容广泛的读者，而不是局限于法学的读者；以及第三，希望这些著作能够展示法学的交叉学科研究以及法学对其他学科的可能的贡献。最后这一点也许还应多讲几句。近年来，一些法学家和学生都感到了经济学和社会学的帝国主义，一些喜欢思考又有一定哲学爱好的学生往往喜好读其他学科的书，甚至感到在现在的知识体制中，法学的贡献很少。但我相信，波斯纳的著作可以消除人们的这种错觉。法学是可以有趣的；也许法学没有为其他学科的发展提供什么总体思路上和方法论上的贡献，但是，我相信，读了波斯纳的这些书后，读者会感到法学家的知识传统同样可能对理解其他学科做出贡献，特别是在对细节的理解和制度处理上。也许法学由于其实践性、世俗性，其知识贡献就注定不是宏大理论，而是微观的制度性理解和处置；就是要把事办妥（而不是好）。

因此，尽管这里所有著作都与法律有关，却也都还与其他某些学科和问题相关。《法理学问题》、《超越法律》和《道德与法律理论的疑问》，是波斯纳法理学著作的"三部曲"，与诸多法理学流派，与法哲学、法社会学、政治哲学和道德哲学有关。《正义/司法经济学》有很大一部分与初民社会以及一些非正式社会控制有关，其余部分则与私隐、歧视有关。《法律理论的前沿》则更是涉及到了经济学、历史学、心理学、认识论、统计学。《法律与文学》不仅涉及文学，包括经典文学和大众文学，而且涉及到阐释学，甚至知识产权法。《性与理性》从问题上看，与性、家庭、婚姻、同性恋、色情读物有关；而另一方面，作为知识传统，它汲取了社会生物学许多洞识。《衰老与老龄》则分别与老人、老龄化和社会学有关。《反托拉斯法》与经济学有很大关系。《联邦法院》不仅研究了一个具体的司法制度，而且同政治学、特别是司法政治学、制度理论有关。《公共知识分子》与（特别是与法学）知识分子和知识社会学有关。当然，所有这些所谓"有关"都是相对的，其实几乎每一本书中都涉猎了不同的学科知识。这些都是真正的交叉学科的研究。比较而言，前六部著作的主要关切更多是法学理论；后五部著作尽管同样涉猎广泛，但相对说来更侧重于法学理论在特定领域的运用。当然，其中的研究结论不一定都对，因此不要将之作为结论、作为权威、作为真理来引证，而应当是作为进一步研究的甚或是批判的起点。它们也都未必是其他学科最前沿的，它们也没有坚持一个融贯一致的学科理论体系；但也许这就是法学的要求和命定。法学强调实践，法官必须在有限时间内处理问题，他们不能等所有的知识都齐备了再按部就班地作出惟一正确的决断，不允许他等到"黄瓜菜都凉了"。司法更多的是，用概括了波斯纳的话来说，要"头脑清醒地对付或糊弄过去"。因此调动一切知识资源，在现有的制度框架中不但是要干事，而且是要干成事。

而这就是实用主义，至少是波斯纳牌号的实用主义，这是一种新的法理学。

三

对于波斯纳，许多中国法律人都已经熟悉了他的名字和一些著作，但有不少误解。因此，我要多几句嘴，做一个尽可能简洁的介绍。

波斯纳，1939年元月11日出生在纽约的一个中产阶级犹太家庭，父亲是律师，母亲是一位"非常左倾"（波斯纳语）的公立学校教师。他1959年以最优生毕业于耶鲁大学英文系，1962年以全年级第一名毕业于哈佛法学院。在法学院期间，他担任过《哈佛法学评论》主编（president）。他没有拿过Ph.D，但他曾获得过包括耶鲁、乔治城等国内外大学的荣誉法学博士。1962年毕业后，一直到1967年，他曾先后在联邦最高法院担任大法官布冉能法律助手一年，并任职在其他政府机关，同时波斯纳开始接触并自学经济学，形成了他的学术思想。1968年，他加入斯坦福大学法学院，成为副教授；次年，他来到了芝加哥大学，担任教授；1973年一部《法律经济学分析》，给整个法律界带来了一场"革命"（《纽约书评》语）；1978年以后又成为法学院讲座教授。1981年，里根总统提名他出任联邦第七上诉法院（在芝加哥）法官至今，并在1993年到2000年间因资深担任首席法官（院长），兼管该法院的一些行政事务。

任法官期间，波斯纳还一直担任芝加哥大学法学院的高级讲师；每年至少上两门课。同时，他每年平均撰写80件以上的上诉审判决意见（这意味着每周近2件），这个数量之多位居撰写司法意见最多的美国联邦上诉审（包括最高法院）法官之列（比美国联邦上诉审法院法官撰写的司法意见年平均数大约高出两倍）。重要的是，不像绝大多数法官，波斯纳从不用法律助手捉刀代笔，他总是自己披挂（或赤膊？）上阵。他说出来的话，用我遇到的一位他的前法律助手说，打出来就是一段文稿，几乎不用修改。他不仅产出数量多，而且质量很高。他的上诉审判决意见是为其他联邦上诉法院引用最多的（大致高出平均数3倍）。而他的学术著作也是如此，据1999年的几个研究分别发现，1978年以后出版的引证最多的50本法学著作中，波斯纳一个人就占了4本（并属于前24本之列），数量第一；他的总引证率也是有史以来最高的（7 981次），比位居第二名的学者（德沃金，4 488次）高出近80%。[1] 无怪乎，一个有关波斯纳的幽默就是，"谣言说，波斯纳每天晚上都睡觉"。

数字也许太枯燥了，而有关波斯纳的才华、勤奋、博学的趣闻轶事也很多。这里就说两件吧！一是，他在联邦最高法院当法律助手期间，有一次，全体大法官们投票对某案做出了决定，并指定由大法官布冉能撰写司法意见。按照习惯，司法意见都至少由法律助手撰写初稿。但不知是由于布冉能说反了，还是波斯纳听反了，甚或其他，波斯纳反正是撰写了一份与最高法院的决定完全相反的司法意见。然而，这份意见不仅说服了布冉能大法官，而且说服了最高法院。最后的决定也就顺水推舟按着波斯纳的意见办了。[2] 我们当然可以赞美大法官们的平等待人，从善如流，但这足以证明波斯纳的真正是才华横溢（当然不同的人还可能从中得出许多其他正

---

〔1〕 关于波斯纳的司法意见的引证率，请看，William M. Landes, Lawrence Lessig, and Michael E. Solimine, "Judicial Influence: A Citation Analysis of Federal Courts of Appeals Judges", *Journal of Legal Studies*, vol. 27, 1998, pp. 288, 298; 以及, David Klein and Darby Morrisroe, "The Prestige and Influence of Individual Judges on the U. S. Courts of Appeals", *Journal of Legal Studies*, vol. 28, 1999, p. 381. 在前一研究中，波斯纳名列第一；后一个研究中，波斯纳由于种种原因而名列第三。关于最常引用的法学著作以及著作引证率的研究，请看，Fred R. Shapiro, "The Most - Cited Legal Books Published Since 1978", *The Journal of Legal Studies*, vol. 29 (pt. 2), 2000, pp. 397 - 406, tab. 1; Fred R. Shapiro, "The Most - Cited Legal Scholars", *The Journal of Legal Studies*, vol. 29 (pt. 2), 2000, pp. 409 - 426.

〔2〕 James Ryerson, "The Outrageous Pragmatism of Judge Richard Posner", *Lingufeature: The Review of Academic Life - Online*, May, 2000, vol. 10, no. 4 (http://www.linguafranca.com/0005/posner.html).

面、负面甚或是解构主义的感想：令人怀疑被——特别是被一些中国学者——神化了的大法官们的责任心、智慧和勤勉程度，案件的不确定性等等，随便想去吧!）。记得张五常曾记述了他所谓的"经济学历史上最有名的辩论聚会"——科斯为《联邦通讯委员会》一文同包括弗里德曼等15位大经济学家展开论战，最后让对手统统缴械的学术佳话。[3]而波斯纳的这一轶事足以同科斯的故事媲美；如果仅仅就知识事件本身而言，这个故事不仅毫不逊色，甚至更有过人之处：因为波斯纳是生活在一个具有政治性和等级性的领域，他是作为一个下属，而不是如同科斯是作为平等的学者参与了各自的论战，而我们知道不同领域内的游戏规则是不一样的。并且这是对一个已经初步决定了的案件。也许这个案子就学术意义并不像科斯的论战那么重大，但其具有更大的直接的实践意义。

另一件也就发生在去年。在波斯纳所在的联邦第七巡回区的一个决定中，多数派法官否决了波斯纳临时充任地区法院法官时作出的一个裁决。[4]但就在这一司法意见开头的第一个脚注中，作为波斯纳同事的这些法官写道：

"当时，联邦地方法院急需新增法官决定此案，我们的首席法官波斯纳自愿承担了这一地方法官的工作，听审了此案，这充分证明了他对工作的献身精神。当然，法官波斯纳同时也承担了他在本院的全部工作。并且，作为我们巡回区的首席法官，他还完成了大量的行政管理职责。他所做的甚至还远不止这些。他撰写的书要比许多人毕生

---

[3]《五常谈学术》，香港：花千树，2000年，页196–198。

[4] Bankcarp America, Inc. v. Universal Bancard Systems, Inc., 203 F. 3d 477 (7th Cir. 2000).

阅读过的书还多。更重要的是，当时，他正用业余时间，
　　　　　　　
在联邦政府针对微软公司的反托拉斯大案诉讼中，作为某
法院任命的特别调解人，努力工作。很显然，波斯纳法官
的工作实在是太多了，远远超出了人们的承受能力。这充
分证明了波斯纳法官的才华，他能同时处理这么多的角
色，并且还是如此的严密、杰出和潇洒。"（着重号为引者
所加）

由衷的赞美和敬佩之情，可谓溢于言表。（当然，这里也足以让我们看到我们大力赞美的美国法官的判决书的另一侧面。）

波斯纳的思辨极为精细，文风非常犀利，可以说是锋芒毕露，在学术批评上毫不留情，只认理，不认人。但在日常生活中，所有同他有过哪怕是简短交往的人都认为他是一位非常绅士的人，对人非常礼貌、周到，说话谦和、平等、幽默。上面引用的他的同事在司法意见中的言辞，就是一个明证。

也许是——但显然不是——因为做了法官，波斯纳是一位务实得近于冷酷的人，与那些高唱人文精神的浪漫主义的、理想主义的学者似乎形成强烈反差。但是在一次午餐间，波斯纳告知了知名女学者努斯鲍姆一个发现：其实，他波斯纳自己是一位浪漫者，而努斯鲍姆等所谓的浪漫者其实是功利主义者。为什么？波斯纳以功利主义世界观闻名，努斯鲍姆甚至称波氏是狄更斯小说《艰难时世》中把一切关系都货币化的葛擂硬。波斯纳的发现在于，努斯鲍姆同其他许多浪漫主义的道德哲学家一样，从本质上认为"人应当幸福，这是生活中最重要的"。而波斯纳本人，如同尼采，认为生活的一切都是挣扎和痛苦，并不存在什么最大多数的最大幸福，因此对于一个人来说，只有英雄的和创造性的成就才重要。是的，波斯

纳是这样一个尼采式的浪漫主义者，视人生为一个不断创造和突破自己过程，要在人生的苦役和虚无中创造意义；相反，那些认为人生仅仅是不受限制地满足自己情感、希望、意欲的浪漫主义者在这个意义上恰恰是最务实的人。难道一定要到一个叫"前面"的地方去（《过客》）的鲁迅不是比"在康桥的柔波里，我甘做一条水草"（《再别康桥》）的徐志摩更具浪漫主义和英雄主义吗？！

甚至，波斯纳对自己和他人的这一发现的意味又何止这些？仅仅从这一发现中，难道我们不就可以感受到波斯纳的对人生哲学的高度抽象思辨能力，他对语词与事物关系的把握，以及他对人和事物的总体把握和平衡？！

这确实是一个绝顶聪明的学者。

四

1999年底，《美国法律人》杂志年终刊评选了100位20世纪最有影响的美国法律人，自然有霍姆斯、汉德、卡多佐等已故法官、学者、也有不少实务律师、法律活动家，其中有13人有专文介绍，其中之一就是波斯纳。当时的哈佛法学院讲座教授、现任斯坦福法学院讲座教授理查德·莱西格（曾担任过波斯纳的法律助手）撰写了一篇极为精炼且很有意味的、题为《多产的偶像破坏者》的波斯纳简介，也许有助于我们理解一个全面、复合的法官、学者波斯纳。经莱希格教授同意和杂志社的授权，我将这一短文翻译如下，作为这一文丛译序的结尾，在必要的地方我还加了脚注。

理查德·波斯纳自1981年以来一直是美国第七巡回区上诉法院法官，自1993年以来一直担任首席法官。他是著述最丰的联邦法官，前无古人。任职上诉法院、却仍属最多产的法学家之列，同样前无古人。如果引证率可以测度影响力，那么当仁不让，波斯纳是在世的最有影响的法学家，他的30本书、330篇论文以及1680篇司法意见[5]都是引证最多的；同时也属于受批判最多之列。

人们称波斯纳为保守主义者，但真正保守主义者也许会质疑他是否忠诚（因为他怀疑原初意图论，批评反毒品战）。他是法律经济学运动的创始人，但他对法律经济学的影响不限于此。他既是这一运动的詹姆斯·麦迪逊，又是亨利·福特[6]：他把一套关于法律规则与社会结果之间关系的实用主义见解（规则如何影响行为；行为如何更能适应相关的法律规则）都投入了生产，他把这套方法运用于无穷无尽的法律题目，运用于一切，从合同和反托拉斯到宪法的宗教条款以及法官行为。

法律经济学运动的前沿看上去很怪，但任何学科前沿的特征从来都是让常人觉得"怪"，尽管这个运动的特征并不怪。也许，哲学家对法律经济学进路的基础会很气不过，但随着这一运动的成熟、挣脱了其早期的政治影响，法律经济学如今已改变了法律的全部领域。

如今，我们全都是法律经济学家了！今天的公司法和反托拉斯法已经令它降临之前的法学院毕业生"相见不相识"了；如今40多岁的人也许受了很多管教，对法律经

---

[5] 虽然只过去了两年，这些数字都已经大大过时了。到2001年时，波斯纳仅著作数就已经增加到37本。

[6] 詹姆斯·麦迪逊是美国宪法的主要设计者之一；而亨利·福特美国汽车大王，推动了汽车的产业化。

济学的简约论、反再分配的倾向疑心重重,尽管如此,法律经济学的见解如今已是常规科学。当年罗伯特·鲍克的《反托拉斯的悖论》第一版运用了许多法律经济学的论点(其中有许多都来自波斯纳),他嘲笑联邦最高法院有关反托拉斯法的学理;而到了第二版,鲍克就不得不承认,尽管还有点扭扭捏捏,最高法院基本上已得到拯救。但波斯纳厌倦常规科学。尽管他的如今已经出了第五版的《法律的经济学分析》涵盖了法律的全部地带,但波斯纳晚近的兴趣却还是挂在其边沿。

在过去的几年里,波斯纳写作的题目有些与性的规制相关,其中还包括一本有关艾滋病的著作。他还把经济学镜头对准了老龄化。他考察了引证率,努力测度了另一位非同小可的法官本杰明·卡多佐的影响。他还是"法律与文学"运动的一位中心人物,并就法理学、道德理论和司法行政管理问题有大量著述。在他1995年的著作《超越法律》中,他坚定确立了一个承诺,很可以抓住他的个性:没有单独哪种进路,包括法律经济学,能永久地捕获法律的复杂性。

但波斯纳心目中的英雄并不是经济学,也不是美国联邦党人;而如果还有的话,那就更多是霍姆斯。霍姆斯作品的特点,也就是波斯纳作品的特点,具有朴素、直率之美(波斯纳在司法意见中从没用过脚注)。他的司法哲学的风味是实用主义,并且怀疑高级理论。

而这也就是波斯纳手笔的标志,并且波斯纳是确实真有手笔。与大多数法官不一样,波斯纳从来都是自己动笔撰写司法意见。雇来的法律助手只管批评挑剔,而他自己动手写作。在一个法官有如此巨大权力的制度中，这是一种伟大的德性。写作会制约人。当一篇司法意见"不管怎样，就是写不下去"时，波斯纳就会改变他的思路。

因为波斯纳有他自己的生活。波斯纳的童年是左翼的（一个著名的故事是，他曾把自己的电动玩具火车送给了卢森堡夫妇[7]的孩子），此后他逐渐右转。当年，他的本科教育是英国文学；如今，他的影响却是在经济学。他当过法官亨利·弗兰德利和大法官威廉·布冉能的法律助手，后来又出任过瑟古德·马歇尔的下属，[8]但波斯纳的思想属于他自己，似乎没有受这些导师的影响。他无论是主动的还是被动的变化，都出于他的问题，或来自他对对象的质疑。没有谁可以声称波斯纳属于自己这一派。

波斯纳法官的杰出之处还不仅这些。波斯纳写作就不是想让人舒舒服服（他最新的著作，有关弹劾克林顿的《国家大事》，肯定不会让任何人舒服。），当然，这倒也不是说他写作就有意让人不快，或是要让人犯难。仅此一点就区分了他的语词世界与那个以符合民意调查为宗旨的语词世界；也就区分了他与公共生活领域内的几乎任何其他人。也因此，哪怕有种种更好的理由，波斯纳也完全不可能被任命为联邦最高法院的大法官。波斯纳从没想过要保持智识的诚实，他只是诚实而已。他让过于简单的分裂双

---

〔7〕卢森堡夫妇50年代初因被指控为苏联的原子间谍而处死；成了美国历史上惟有的被处死的白领人士。

〔8〕这些人都是著名法官。尤其是后两人都曾长期担任联邦最高法院大法官，是自由派大法官的"灵魂"人物和中坚；同时马歇尔还是是美国历史上第一位黑人大法官。

方都很失望。他写作严肃且涉及广泛，目的只在参与。这是位不懂得算计的经济学家和公众人物，在他身上，确实有些世所罕见的和非同寻常的东西，或许还有点反讽。但这正反映了波斯纳最深刻的信念：一个学者——进而一个法官——的最大罪过就是循规蹈矩。

我们的制度并不奖赏他的这种德性。但，它仍然是一种德性。

希望本丛书的出版不仅仅是有助于我们理解波斯纳和与他相关的学科，而且还有我们自己以及我们的事业。

苏　力
2001年9月8日
于北大法学院

当,还是不当,这是一个问题
(代译序)

刚看到出版预告时,就感到波斯纳又要"下毒手"了,而且还不是对哪一个人,而是要"四面树敌"。难道波斯纳不打算在学术界呆下去了?!

预感不是来自书名,而是来自波斯纳1999年的两部专著:《法律与道德理论的疑问》以及《国家大事》,[1] 均出自哈佛大学出版社。前者把一拨子"校园道德家"和宪法理论家都给"损"了一遍;特别是他指出,一般说来,大老粗反要比文化人在行为上更道德一点(可是,当我们说一个人讲道德,不就是说他的行为吗?),以及为什么会如此;《疑问》已经列入了这套丛书,因此不多介绍。后者则讨论了克林顿"拉链门"事件中宪法和法律问题,以及相关知识界(不仅仅是法学界)的一些表现;此书也已在中国翻译出版,市场有售,译名为《国家事务》。在这两部著作中,波斯纳都尖锐、犀利地指出了一些学界人士——其中基本都是本书分析、讨论的公共知识分子——的一些问题,抨击了他们的脱离实际、政治

---

〔1〕 Richard A. Posner, *The Problematics of Moral and Legal Theory*, Harvard University Press, 1999; *An Affair of State*, *The Investigation*, *Impeachment*, *and Trial of President Clinton*, Harvard University Press, 1999;《国家事务:对克林顿总统的调查弹劾》,彭安等译,蒋兆康校,法律出版社2001年版。

正确、意识形态化、言行不一以及用学术包装意识形态等等。有些抨击是如此尖锐，几乎闹得要上法庭似的——2000年春德沃金就曾在《纽约读书周报》上指控波斯纳有关"拉链门"案件的写作违反了法官职业伦理（听起来是伦理，实际就是法律），波斯纳也作出了反击。[2]原以为波斯纳此后会收敛一点，没想到，很快，波斯纳就预告了本书的出版。一年多以后，波斯纳如约而至，不但把同德沃金打的笔仗扩展了，而且扩大了打击面：不仅仅讨论了法学的或与法学关系相近的公共知识分子，而且扩展到一些与法学根本或基本无关的著名知识分子，有些至少名字是中国学者非常熟悉的，其中也不乏波斯纳的好友。

一

但这本书并非一本意气之争的书，否则就不会进入这套译丛之列。说到底，这是一本知识社会学的著作。波斯纳再一次拒绝强加于他的标签和社会定位，越出他的老本行——法律以及经济学，把他的研究对象扩展到公共知识分子这一领域；与此同时，吊诡的是，这也进一步确定了他本人作为一个公共知识分子的身份。但也因此，这本书又可以说是对他自己的工作的一种批判性反思。

研究知识分子，这不是一件新事。许多著名知识分子的传记，对他们的学术、政治、社会思想的分析，事实上就属于这种研究。

---

〔2〕 Ronald Dworkin, "Philosophy & Monica Lewinsky," *The New York Review of Books*, March 9, 2000; Richard A. Posner, and Ronald Dworkin, "'An Affair of State': An Exchange," *The New York Review of Books*, April 27, 2000. 关于这一点，又请看, Steven Lubet, "On Judge Posner and the Perils of Commenting on Pending or Impending Proceedings," 37 *Court Review* 4, 2000.

一般性的理论或经验研究近年也在增加。[3]例如，斯蒂格勒就曾对知识分子与市场做过一番颇为精彩的分析。[4]波斯纳的这一研究的特点或推进，在我看来，主要在于他将之作为一个社会学问题（研究的不是个别学者、某种思想，甚至不是一个学派），他的主要是经济学的理论框架和研究进路、统计学的分析以及一些针对问题的阐发性的个案研究。正如波斯纳自己说的，他"要证明可以系统地并且是富有成果地研究公共知识分子"，他力求从总体上把握当代社会公共知识分子这种现象。所谓总体，在这里有空间的意味——涉及到各个专业学科领域，也有时间的意味——此书的副标题是"衰落研究"，而衰落意味着过程和时间。

波斯纳的基本假说和思路来自社会学家韦伯的专业化的概念。韦伯认为限于从事专门化的工作，放弃浮士德的追求，这是在现代世界中作出任何有价值的工作的一个前提条件。当然，这也是经济学强调社会分工的基本思想，社会分工带来的比较优势会创造更多的社会财富，包括思想的财富。

然而，波斯纳发现，当代美国知识界的状况似乎并非如此。如今出现了越来越多的"公共知识分子"，即在自己专业范围以外就公众关心的政治、社会和意识形态等热点问题在各种公共媒体和讲坛上发表评论的人。这些人常常非常真诚、自信地说出一些蠢话，作出种种一再落空的预言。尽管偶尔也会遇到尴尬，但情况并无改观，反倒是愈演愈烈，特别是近年来在克林顿"拉链门"事件、微软案件、2000年美国大选等问题上。波斯纳概括为"公共越多，

---

[3] 例如，Russell Jacoby, *The Last Intellectuals: American Culture in the Age of Academe*, New York: Basic Books, 1987.

[4] George Stigler, *The Intellectual and The Marketplace*, Harvard University Press, 1984;《知识分子与市场》，何宝玉译，首都经济贸易大学出版社，2001年。

智识越少"。因此，问题是，如果说社会对这种评论的需求也构成了一个市场的话，那么，为什么这个市场的扩展（更多的媒体、更多的公共知识分子投入）没有改善这种状况？

波斯纳拒绝从公共知识分子的个人品德和智力上分析这个问题，他坚持制度经济学家和法律经济学家的立场，从制度角度切入分析了这种现象。首先是社会发展，表现为公共媒体的增加，专业分工细化，社会中有了许多人们平常关注不多、研究不够、难于应对但公众又急于了解的突发事件（例如9.11事件，例如中国的"黑哨"事件），需要公共知识分子参与讨论；而在一个急剧扩张的市场上，假冒伪劣产品是很容易找到藏身之处的，包括公共知识分子提供的这种"符号产品"。

出于种种原因，我们很容易以为媒体提供的都是信息产品，是"知识"。但是，波斯纳提醒我们，并非如此。媒体提供的这种符号产品中，往往有很多其他因素，或者说它们是现代社会中大众文化的一个组成部分，具有强化观众之预设、重申并满足观众复杂愿望的作用（波斯纳称之为 solidarity），甚至其中有很多娱乐成分（请想一想如今挺常见的知识竞赛、大学生辩论赛以及所谓的智力抢答等电视节目，就非常明显了）。由于信息爆炸，由于时间有限，由于问题复杂，其实观众、听众或读者很多时候并不真想而且也没有能力理解那些复杂的社会、政治和国际问题，进而自己得出一个比较可信可靠的答案。他们需要的是把问题简单化、而不是复杂化，甚至他们只是需要一个能满足自己直觉和情绪的判断。事实上，这就是大众文化的特点，用王朔的话来说，大意是，大众文化的目的并不是提升，而是降低人们的智力。[5]

---

〔5〕 王朔，《无知者无畏》，春风文艺出版社，2000年，特别是第一篇"我看大众文化港台文化及其他"。

其次，由于信息费用的问题。公共知识分子出售的产品是一种"信用品"，而不是"检验品"。检验品是消费前就可以大致察知其质量的产品（例如，购买蔬菜时，我们会注意菜是否新鲜、水灵）；信用品则无法事先确定其质量，只有在消费中才能了解。例如只有听了课，才知道教师讲的好不好；只有看了电影，才知道电影好看与否。由于信用品的这一特点，在这个公共消费市场上，如何保证产品质量就成了一个问题。根据经济学原理，当无法预先监督产品时，人们往往会通过监督产品投入的原料来替代监督产品本身。因此，名人、权威、身份在这种产品的生产和销售中非常重要。我们往往会根据葛优、冯小刚、姜文、张艺谋等人的名字决定看不看一场电影，就是这个道理。这种机制一般是有效的，但并不完全可靠；而且，它需要名人。

第三，现代的专业化学科制度也创造了提供这类符号产品的公共知识分子。不仅高度专业化使学者的知识往往相当狭窄，而且要想真正有所创新，往往还必须专业狭窄、极端（所谓学科前沿都是极端）。成功者往往都是在某一方面有天赋和专长的人，不能是"万金油"或"通才"。现代社会因此出现了一种奇怪的现象：最优秀的学者往往"同时极聪明又极愚蠢"（据说罗素连茶都不会泡）。专业化也还使如今的大部分专家都呆在校园或科研机构中，集中关注专业文本或实验，他们"常常无须同他人合作，或干脆就无法同任何人合作"。因此，他们脱离社会生活，缺乏对事实的直接感受；事实上，他们大都不谙世事。然而，他们优越的智力和丰富大胆的想象力又使他们很容易排斥、厌恶社会或政治生活中更需要的平庸和妥协。他们喜欢简化变量，喜欢按照逻辑或模型分析，而社会生活强调的是细节，是周道。此外，专业的分工也解脱了知识分子的实际操作的责任以及对后果的关切——他们可以"站着说话不腰疼"了。所有这些因素虽然促使了知识生产的专业化,但是专家学者的视野狭窄了。

这里还有一个问题,这些学者的事业高峰时期并非其成名之际,而是其成名之前。这时,并没有媒体相邀,而且由于机会成本的问题,这些学者也会拒绝媒体,以便把精力都投在专业领域。但一旦成名,媒体就会蜂拥而至,而这时他们却大都不再处于专业的黄金时代(再请想一想1978年以后的陈景润,甚至解放后的许多已经几乎没有什么作品的著名作家、诗人)。因此,频繁出现在各种媒体的可能是著名的但往往已不是顶尖的学者——尽管在中文世界,人们很容易将两者混为一谈。由于布迪厄的符号资本理论,[6]我们可以很容易理解本来是特定场域的符号资本会流通起来,成为另一个场域的符号资本,甚至转化为社会资本(出任公职)和经济资本(出场费、商业书籍的版税等)。

当然,这也不是说所有的"人老珠黄"的专家学者都变成了或可以变成公共知识分子。符号产品市场也有其筛选机制,但筛选剩下的往往是能言善辩、妙语连珠的人。这个市场不一定要求深入,但一定要浅出,甚至干脆就是浅入浅出的;它要求能够同读者、听众或观众心连心的;它甚至要求适当的时候走点极端,因为——如同王朔所言——"激进的总是比务实的在话语上更具有道德优势"。由于观众并不知道甚至不想知道问题的深浅,因此这种"临时转行"的公共知识分子几乎是不受监督。他们信口开河,纵横天下,发布各种预言和判断,实际上扮演了古代社会的巫师和祭司的角色。此外,市场的热点变化很快,即使说错了,预测错了,也没有什么人回过头来反思、追究。这些公共知识分子还大都只是到媒体

---

[6] 参见,布迪厄、华康德:《实践与反思——反思社会学导引》,李猛、李康译,中央编译出版社1998年版。

客串，是"嘉宾"，他们在学术机构有"铁饭碗"（tenured），"打得赢就打，打不赢就走"，没有被炒的危险。

波斯纳指出，历史上的公共知识分子（从苏格拉底开始）则不同。第一，那时的知识分子也参与公共问题讨论，或讨论了公共问题，但那时的知识分子没有现代的专业化，社会生活也不像今天这样复杂，他们往往都是一些多面手，而不是专家。其次，以往的公共知识分子绝大多数（著名的思想家中，可能只有康德除外）不是书斋里的学者，往往更多是革命家、实践家、改革家，都从事过其他职业，学术仅仅是他们生活的一部分，甚至是附带的一部分。这种身份和经验迫使他们更关心实践，他们不满足于提议，更要关心提议的可行性和可能的后果。

因此，不同的学术环境和学术制度塑造了不同的公共知识分子。正是在这个意义上，韦伯强调的专业化在带来知识迅速增长的同时也成为一种知识交流的障碍，在这块边境地区创造了一个看起来很繁荣，却没有多少质量控制的产品市场。产品质量"衰落了"；"更确切地说，公共知识分子的作品正变得越来越差、越来越没味道、并且也越来越不重要"。

既然从社会结构、制度条件来看，现代公共知识分子的产品质量衰落不可避免，那么，怎么办？波斯纳建议，所有学界人士每年把自己上一年有关这类热点问题的言辞都贴在自己的或所在大学的网页上，以便利公众评价这些教授的公众谈话是否大致接近符合学术作品所要求的那种准确、细心和公道。他还提议公共知识分子要公开自己的"出场费"，让观众对他们的话也有所留心。甚至他提议——至少目前根本不可能的——美国大学废除终身制和"铁饭碗"。

波斯纳的这几招看起来太"毒"了。骂骂人也就算了，他还要砸人家的饭碗，出人家的丑。显然，这会令左右两翼的公共知识分子——要知道只有著名的、有权威的知识分子才能成为公共知识分子的呀——都恼羞成怒；的确，是恼和羞成怒。

反击是肯定的。

二

而且，还很容易反击。

首先，什么是公共知识分子？甚至什么是知识分子？感觉似乎很清楚，但是要说明白，我们就会发现这是一个"奥古斯丁的难题"。甚至只要想一想当代中国，界定也已经很成问题了。如果说20年前，在中国，知识分子的边界似乎还很清楚，那么今天，已经很不清楚了。你既不能用学历来界定，也不能用职业来界定。20年前，作家和诗人肯定是知识分子；可自打大约10年前王朔点出"过去有些作家是流氓，如今有些流氓是作家"之后，恐怕如今已经没有多少人还笼统地认为作家诗人都属于知识分子了。20年前，大多数人也会把许多演员——至少是明星演员——当作知识分子；而今天，他们都有了自己的名号：娱乐圈或演艺界人士。请问谁会把赵薇或陆毅或周迅当作知识分子呢——尽管他们也都上过或上着大学？

这个问题在美国也一样存在。并且由于波斯纳声称做一个经验研究，这个定义还必须操作化。而任何操作定义都不可能令所有人满意，注定会受到各种批评。波斯纳的做法是首先区分出一些职业行当，具体的操作定义是"媒体提及"（media-mentions）或"网络提及"，也就是各种形式的媒体曝光次数。他利用了各种网络和杂志数据库提到的人名次数作为测度公共知识分子的基本单位。应当说，这种测度方式有一定道理；但是，如果我看着你波斯纳不高兴，那么这就是软肋。

而且，波斯纳说是要研究"衰落"，但他主要只是研究了当代美国的公共知识分子（60年代到今天）。虽然这也有一个时间段，但基本上只能算是一个横断面的研究。说大话就该受到批评。用法律人的话来说，波斯纳没有信守承诺。

波斯纳的衰落研究是隐含的——因为他把从苏格拉底开始的西方（而不是人类）历史上许多著名思想家都带进了他的分析讨论。但这种辩解也大有问题。首先，以这些大思想家作为参照系就令人置疑。即使假定这些人物都可以界定为公共知识分子，他们也是西方国家几十年、上百年、甚至上千年才出现一个的思想家，用他们来对照美国（欧洲）当今（有些已经去世）的数百名教授、学者，显然有点不伦不类。这就好比拿今天几乎遍地的"诗人"同李白、苏东坡比。其次，波斯纳在《超越法律》第2章中曾引过塞缪尔·约翰逊的话，大致是，作家活着时以他最差的作品来评价，死后则以他最好的作品来评价，因此，你用西方当今绝大多数仍然活着的公共知识分子犯的错误（假定确实是错误）同已故伟大思想家的成就相比，这种对比，虽然不是完全不行，但至少对结论应当有所保留，有所警惕。（事实上，波斯纳自己也清楚这一点，他说："文化悲观主义的一个主要来源就是喜欢拿昨天的最好同今天的一般比，因为时间会过滤昨天的最糟"）。第三，按照波斯纳的实用主义，作品和思想都要经历时间检验的标准，[7]因此，今天波斯纳认为荒唐的、错误的观点也许还有待时间的检验。尼采的"上帝死了"在他那个时代的大多数知识分子看来无疑是大逆不道。许多有

---

[7] Richard A. Posner, *The Problems of Jurisprudence*, Harvard University Press, 1990;《法理学问题》，苏力译，中国政法大学出版社2002年版。

思想的作家也曾不为广大读者欣赏。因此，除非波斯纳自认为自己已经有了某种客观的标准；他根本无法用他现有的数据和方法证明公共知识分子及其产品的"衰落"。

三

不能证明，并不意味不能相信，或不给人以启发。

在我看来，波斯纳实际提出了一个重要的问题：应当科学、系统地研究公共知识分子。近代以来，我们往往习惯于把知识分子（等于公共知识分子，下同）当作社会的良心，当作社会的代言人，作为真理的代言人，事实上用它取代了上帝或取代了波斯纳所说的古代祭司的角色（也许这本身就是人类不完美的一个特点，或弱点）。我们赋予他们太高的社会道德地位，结果不仅有时给社会带来了灾难，而且他们自己也往往被这个角色压得透不过气来，因此出现了各种方式的表里不一。

但如何研究这种现象？此前习惯的研究方式是把这些问题都归结到个人品质上去，归结为受到某种错误的思想（例如，唯理主义或经验主义）的影响。前两天，我刚好看了美国人保罗·约翰逊的《知识分子》[8]一书；该书以及译者序言都典型的反映了这样一种思路。这本书显然是选择性地把卢梭、雪莱、易卜生、托尔斯泰等20位著名的（公共）知识分子所谓言行不一的"丑事"都揭发出来；尽管其中也提出了一些值得思考的问题，但是作者集中关注的是所谓人品或道德。看完以后的第一感觉就是，这些人都是伪君子、贪财、好色、无情、虚伪、不道德等等。我并不认为作者揭露

---

[8] 保罗·约翰逊，《知识分子》，杨正润等译，江苏人民出版社1999年版。

的事都是编造的;事实上,这些人当中,有些我自己就不喜欢。但是,读这样一本书,你感到世界上的问题就是好人和坏人的问题,诚实与虚伪的问题,道德与不道德的问题;感到我们以前都是一些上当受骗的傻瓜,剩下的事,仍然是要追求"真理",追随另外一些道德高尚的"真正的"知识分子。

相比之下,则显示了波斯纳的独到之处。他雄辩地指出,美国的公共知识分子是美国现代社会的产物;他们的问题——如果是问题的话——不是个别人的道德修养问题,而是现代社会制度的问题。不错,波斯纳"毒"、狠,他对哪怕是朋友、老师、同事(斯蒂格勒和贝克尔都是他的老师或师长,罗蒂是他的好朋友,努斯鲍姆是抬头不见低头见的同事)的学术错误也毫不留情;但他没有人身攻击,没有诛心之论,最多是质疑一句——大致是——在这样的证据面前,你也真的这样或那样认为吗?在这个意义上,他是宽容的。但请注意,这种宽容与严酷的交织,这种温和与犀利的互补,不完全是波斯纳的性格使然,而是因为他有了自己的学术进路和视角(这也证明了制度会改变人的行为方式)。当然,他的分析不是定论,但这是一个新的视角,是一种开拓。

波斯纳自己就是一个公共知识分子。在本书的序中,他就强调了这一自我参照的悖论。他曾经是全职教授,今天仍然是兼职教授;不仅撰写司法意见和学术著作、论文,而且给一些杂志撰写时评文章,讨论过克林顿丑闻和2000年大选,还有眼前这本书的话题以及该书的预期读者。在其他地方,波斯纳虽然批评了"学院道德家"——一类公共知识分子——脱离实际,"从来不曾出过校园。没有教职前,不敢冒任何职业风险。有了教职,也很少冒职业风险,而从来不会冒个人风险。他们过着一种舒适的资产阶级生活,也许稍带点放荡不羁。他们思想左翼,生活右翼,或者思想右翼,生活左翼"。但笔锋一转，他接着说，"我这样说并不是批判。我喜欢学界人士。而且我自认为基本上是其中一员；我和他们一样缺乏英雄气概；一样是安逸的资产阶级。"[9]他明白，自己这本书也许就是在犯着"猪背乌鸦"的错误，射出的箭说不定会伤了自己。

但也就在这里，我们看到了另一种参与观察者的著作。这里面有美国特产的反智主义，有一点反讽，甚至有一点虚无，但都不"主义"（他在末章提出了改善公共知识分子产品市场的建议；而提出这种建议的人不可能是虚无主义或犬儒主义或愤世嫉俗的，否则，为什么还要提建议呢？）。这是一种清醒的、尖锐的自我反省和反思，是对自己所属的职业利益集团的反思和批判。对波斯纳来说，这其实并不是第一次；先前，他就曾对置身其内的法律职业界以及法学理论界做过深刻的分析批判，[10]这本著作可以说只是一次延伸和扩展——在批判精神和研究进路的意义上。

第三，前面说过尽管看起来很"恶毒"，但是波斯纳并没有拒绝公共知识分子，他只是分析了为什么会衰落；他没有主张回头路，也不主张审查甄别公共知识分子的产品。细看他的主张，会发现他也是"批判从严，处理从宽"；他的那些"损招"其实都很有分寸，都是以完善市场、强化竞争为导向的，他试图建立或完善一些机制，促使公共知识分子说话更负责任一些（accountability），少信口开河。这些措施不多，也未必有力，但都是向前的。从制度着手，不是泛道德主义，这就是制度派法学家的一贯进路。

而且，也就在对公共知识分子的这种犀利批判和制度建议中，波斯纳也许正复活着、重塑着公共知识分子的形象。

---

[9] *The Problematics of Moral and Legal Theory*, 前注 [1], p. 80.
[10] *Overcoming Law*, Harvard University Press, 1995；特别是第1—3章。

四

中国事实上也进入了一个公共知识分子活跃的时代，因为这是一个改革开放的时代，是一个强调尊重知识、尊重人才的时代，是一个"焦点访谈"、"对话"、"今日说法"、"欢乐大本营"交织的时代，一个《南方周末》、《读书》与《生活周刊》的时代，一个媒体英雄的时代；而且这也是一个有许多人试图仿效康德、福柯追问"什么是启蒙"，以便复制和模仿公众知识分子的时代。急剧膨胀的媒体尽管仍受到许多限制，但这些限制正在逐步减少、弱化；尽管言论自由还是一个现在进行时，但现有的媒体空间已经需求着大量公共知识分子。

事实上，大批学者也已经以各种方式进入了或接触了各种大众媒体。在电视下方、报刊文章作者名下已不断出现提醒观众或读者的"教授、博士、院长、著名学者"等字样，他们讨论着从经济增长率到"包二奶"、从官员腐败到本·拉丹、从西部开发到足球"黑哨"等各种社会热点问题。

我们欢迎这个时代！

但我们也应当想一想波斯纳提出的问题。我们应当想一想刚刚获得2001年度国家最高科技奖的王选院士在几年前的一个题名为《我是一个过时的科学家》讲演中的一段话：

> 我发现，在……我真正是权威的时候，不被承认，反而说我在玩弄骗人的数学游戏；可是我已经脱离第一线，高峰过去了，不干什么事情，已经堕落到了靠卖狗皮膏药为生的时候，却说我是权威。当然一直到今年61岁，我才卖狗皮膏药，讲讲过

> 去的经历、体会。……有人讲:"前两天电视上又看到你了";我说:"一个人老在电视上露面,说明这个科技工作者的科技生涯基本上快结束了。"[11]

王选是明智的。但我引用他的话的要点不在于证明他是公共知识分子(事实上,在很大程度上他不是),而在于他的经历反映出中国产生公共知识分子的另外一些社会条件。这里不仅有民众对名人的好奇心更强,各级政府的某些"重视人才"的政策导向和措施(往往是担任行政或社会职务),而且有社会专业化不够本身对专业知识分子的不理解和缺乏支持,以及社会名声(文化资本)对于获得研究经费(经济资本)和社会支持(社会资本)的重要。此外,社会科学和人文学科界缺乏测度的硬指标,或有些专业本来就没有多少学术的传统、社会科学和人文学科问题的专业化研究与非专业化评论之间的边界比较模糊、讨论社会问题容易产生轰动效应、许多中壮年知识分子大都有"文革"中自学经历并兴趣广泛、许多学者人过中年后专业竞争能力已明显下降、近年来对跨学科研究或交叉学科的强调以及急剧膨胀的媒体与名人的相互需求和合谋关系等等,所有这些因素都很容易在当代中国造就一批公共知识分子。对专业能力不足或正在下降的知识分子,这里确实有很大的诱惑。

而且,由于中国的特殊社会背景和历史时期,我们身边还正在出现一批决心要充当社会良心并且自信永远正确的学者,其坚定性与他们痛恨的保守派难分高下。其中有老人,也有年轻人。据说他们已经发现了新的永恒真理,因为他们懂得了"正义"、"人权"、"信仰"、"启蒙"(实际上,后两个词在实践上可能有矛盾,但这对

---

[11] 文池主编:《思想的声音:在北大听讲座》,中国城市出版社1999年版。

他们没有关系,他们自身就是边界)、"爱心"等根据定义就已经立于不败之地的大词,就像另一些人懂得"革命"、"斗争"、"阶级"这些词一样。他们准备评判一切,也自信能够评判一切,而且不需要了解太多的事实,只要有这些大词就够了。至于为什么这些大词这么神奇,因为据说洛克、卢梭、康德、杰弗逊等伟大的思想家都用过这些词,而且因为美国也流行这些词(尽管他们承认文字不同)。他们已经把自己明确界定为公共知识分子,认为自己这辈子就是批判,当然,是一种"文革"习惯意义上的批判。他们愿意用全称判断,喜欢看和用"世界潮流"。

我并不担心这些现象。令人——更准确的说是令我——担心的问题是在这种现象后面的非专业化,以及这种现象对非专业化、非职业化的社会激励和引导,而在我这个不可救药的唯物主义信徒看来专业化、职业化是当代中国的市场经济和社会转型最急需的。许多人会把专业化、职业化同"天职"观念联系起来,强调学者应当"以学术为业"。我赞赏这种观点,但不相信韦伯对"天职"的解说;我相信"天职"更多是社会分工和激烈职业竞争的结果,也是"积淀成本"的产物,"天职"不过是对这一过程或结果的一个简单的、精神化的概括,是韦伯或阅读韦伯者犯的一种把概念实体化的错误。人或多或少都有点机会主义。如果能够在报刊上指点一下江山,激扬一下文字,在电视上露几回脸,"混个脸熟",就能成为著名学者,那么谁还会去啃啃吃吃研究最前沿的专业问题呢?如果一个博士学位、一个教授头衔就会带来声望,那还有谁会把职业真正当作一种使命呢?如果知识创新仅仅在于开几次会,说说"知识创新"的历史和现实意义,那还有谁真正会去关注生活中的新问题、创造新知识呢?如果一切都以时代潮流甚至流行话语来评判,任何对主流的质疑都被视为"异端"、"后现代"或者"反动",怎么可能指望人们在专业学术上标新立异呢？而没有专业化，就不可能有市场交换，也就不可能有市场经济，在知识的市场上同样如此——既然你有的，我也有，又为什么要交换？结果社会要么是同仇敌忾，同气相求；或者只关注言辞上的差别，追求政治的正确。

时光不能保证我们不"重复昨天的故事"。数年前，不就到处都有人问："这一张旧船票可能登上你的客船？！"

五

其实，我也是一个公共知识分子。我上过电视，上过报；我给《东方》、《读书》都写过不少文章，甚至这一篇就交给了《读书》。我的许多文章尽管发表在法律专业杂志上、是写给法律人看的，但鉴于中国法学的现状，也有"普法"的色彩；甚至自认为最有价值的著作《送法下乡》，据说，在书店也常常被人当作"普法书"。我也还算喜欢搞讲座，尽管不敢太出专业的格，但往往会追求某种号称是"学术的"氛围，增强听众对修辞的感受而不是思想的清理。我搞法律社会学，喜欢一点法律经济学和法律人类学，也喜欢其他的法律与XX或XXX，还正在修改一本《法律与文学》。我有波斯纳笔下公共知识分子的种种坏毛病。和波斯纳的自述一样，"我喜欢翻花样，这也就是说，不安分"。我喜欢听别人说自己"博学"，又担心别人会说我，"样样通，样样松"。而且，我现在还担任了法学院院长的职务。也正因此，我才在前面说，波斯纳一定会令人"恼羞成怒"；因为这就是我阅读此书时的经验，而且我还不时提心吊胆，生怕还有什么会给波斯纳捅破了。

但是，当我敢写下这些时，我知道我已经在反省自己、告诫自己、批判自己，也就是在试图超越自己。试图；不一定成功。重要的是制度。

而且,我们同样必须注意,在强调专业化、职业化的同时,又不能局限在自己的专业小圈子里,跑马占地,关起门来称大王,拒绝跨学科研究,拒绝关注公共事务。事实上,波斯纳的分析表明,这种公共知识分子之衰落、这种特定的非专业化现象就是近代专业化、职业化本身带来的一种副产品。专业化本身并不包治百病。"就几个领域的问题撰文的人都会犯专家可能避免的错误。但越野者也许能看到专家会错过的联系,而这些联系可能会给他的著作带来一本专家著作所缺乏的新意"。[12]

更何况,正如波斯纳在本书中指出的,韦伯之命题成立的前提是,在同等的条件下,专业化更能产生出新的知识;但问题是,人并不相同:兴趣爱好有不同,智力上有不同,勤奋程度也会有不同——鲁迅先生就曾言自己不过是把别人喝咖啡的时间都用到读书上来了。现代社会理性化、专业化不必定是"铁笼",它没有规定我们不能或不应成为一个公共知识分子。从道理上看,也完全可能出现真正出色的、能就几个领域写作的公共知识分子。也许,波斯纳本人就是这样一个例子。

看来,又遭遇哈姆雷特了:"当,还是不当,这是一个问题"。

苏 力
2002 年 2 月 18 日
于北大法学院

---

[12] Richard A. Posner, "A Diary", http://slate.msn.com//? id = 2060621&entry = 2060676, January 14, 2002.

目 录

1	◎《波斯纳文丛》总译序
1	◎当,还是不当,这是一个问题(代译序)
1	引言

第一编 一般理论与经验主义分析

19	第一章 范围的确定
19	什么是公共知识分子?
44	类型、形式和风格
50	第二章 公共知识分子市场
52	需求
74	供给
83	市场均衡
87	市场失灵?
101	第三章 关注与洞察
158	第四章 预测与影响
158	无人记录

183	公共知识分子的影响
208	第五章　公共越多，智识越少
235	附录：搜索和评估程序

第二编　类型研究

281	第六章　作为公共知识分子的文学评论家
315	第七章　政治讽刺文学
357	第八章　悲观主义学派
409	第九章　公共哲学家
456	第十章　公共知识分子与法律
491	结论　市场的改进

503	◎致谢
505	◎索引
525	◎译后记

引 言

> 这令（亚瑟）凯斯特勒表情不安，接着便带来了混乱和冲突。而这正是知识分子所追求的。[1]

> 伟大的公共知识分子之衰弱，对应着教授们的复兴，因此并非纯属巧合。[2]

本书反映了我长期以来的关注，即关注学术人士在学术领域以外写作、或者通常也可以说面向一般读者写作之现象。但本书的推出还渊源于更为直接的激励。一是本人在有关克林顿弹劾案挫败的著作中，探讨了当时哲学家、历史学家和法学教授们对那段值得关注的情节之公开评论。[3] 总体而言，那些评论的质量惊人地低下，但我在该书中尚未努力系统地说明那些令人惊异之事实。二是本人曾就公共知识分子格特鲁德·辛美尔法伯（Gertrude Himmelfarb）的著作为《纽约时报》撰写了一篇关于当代美国社会危机（作者认

---

〔1〕 Tony Judt, "The Believer," *New Republic*, Feb. 14, 2000, pp. 40, 46–47.

〔2〕 Tony Judt, *Past Imperfect: French Intellectuals 1944–1956* 297 (1992).

〔3〕 Richard A. Posner, *An Affair of State: The Investigation, Impeachment, and Trial of President Clinton* 199–216, 230–245 (1999)。这一讨论的部分内容，经修订载明于本书第3章和第10章。

为如此）的书评，[4]激起了无数出人意料的评论，当然许多评论属于正面评价。一石激起千层浪，它也促动了与本人有着长期合作关系的、哈佛大学出版社的迈克尔·阿隆森（Michael Aronson）编辑，他建议本人就"公共知识分子"——就有关或涉及政治、意识形态事项的问题面向普通教育的社会公众发表意见的知识分子——对待政治和社会问题在我看来的不足之处，尝试进行更全面透彻的分析。

激励本书写作的第三宗事件，是本人于1999年11月受命调解微软反托拉斯案，该案件引发了经济学家和法学教授无数的公开评论。而当我进入这一极度复杂的案件时，我却意识到，公共知识分子共同体中这些人所作的大部分评论，就不涉及利害关系的范围而言，[5]也只不过表现为对事实的浅尝辄止；并不比闲言碎语高明多少。

然而，当本人开始思索公共知识分子的一般性问题时，却发觉自己仿佛已置身于汪洋大海之中。这一主题似乎无影无形——"公共知识分子"这一概念本身无法界定；即便不论公共知识分子到底是什么，仅仅他们的活动就太过纷纭繁杂，以至于无法勉强将其纳入一个共同的分析框架；媒体和公共利益在公共知识分子"作品"中的性质尚不明晰；上述作品与诸如新闻报道、政治和学术等其他文化领域的界线模糊不清；量度和评估的问题也难以解决。简而言之，公共知识分子的世界似乎随机不定且无章无序。然而，随着我思考和研究的推进，这一主题开始展现出可驾驭的轮廓。我发现，"公共知识分子"的概念，可以通过对一个连贯而广泛的表达活动

---

[4] Richard A. Posner, "The Moral Minority," New York Times Book Review, Dec. 19, 1999, p.14. 该文系对格特鲁德·辛美尔法伯《一个国家，两种文化》（*One Nation, Two Cultures*, 1999）一书的评论。

[5] 有些评论人收了微软公司或其竞争对手的钱。

之整体划定其边界的方式来予以界定。如此界定的公共知识分子的作品,其不同类型可以描述,而其中有一部分作品存在着令人惊奇的严格常规。随着量度和目标评估成为可能,长期趋势以及人口统计模型也变得能够辨别。公共知识分子的作品可以视为构成一个市场以及一种职业,能运用经济学和社会学的术语来分析,并且还可与其他市场和职业进行对比。关于公共知识分子作品可以信赖之判断——并非全盘否定,亦非相反——开始展现出可能性。

本书的研究充分表明,公共知识分子的作品固然具有同一的结构、多种模式和写作习惯,且前后一致、易于理解——但此种结构在某种程度上又体现了作品质量控制之缺位,人们在包括学术市场在内的其他商品和服务市场亦可见到此种缺位。由此导致公共知识分子作品的质量参差不齐,且平均质量低下——不仅质量低下,而且还可能在不断下降,当然更准确地说,则是公共知识分子的作品正在变得越来越缺乏特色、兴趣索然以及无关紧要。

然而,对待现代公共知识分子,不论是学术、还是非学术公共知识分子,皆不应概括地予以责难,概括的责难也无正当性。每一领域的杰出代表,皆可参见本书第五章载明的前100位最著名的公共知识分子(连同众多已故的公共知识分子)名单。这一名单是依据媒体提及的频率测度的,从知识区分的视角而言这是一种不加区分的方式,但就公共知识分子更吸引公众关注而言却是一枚性能优越的指针。有一些现代公共知识分子可以称得上是美国公共生活中最杰出的人物,比如亨利·基辛格、帕特里克·莫伊尼汉(Patrick Moynihan)、罗伯特·索洛(Robert Solow)、米尔顿·弗里德曼、加利·威尔斯(Gary Wills)、詹姆斯·Q·威尔逊(James Q. Wilson)。[6] 然

---

[6] 如见, Alan Wolfe, "Not the Ordinary Kind, in Politics or at Harvard: A Flawed Social Scientist with a Political Agenda? Or a Politician Whose Insights Inform His Studies?" New York Times (national ed.), Sept. 9, 2000, p.A15.

而，知识的质量甚至还并不是公共知识分子最富有价值的贡献。本人以为，公共知识分子商品不仅仅是信息商品，也属于娱乐商品和协同商品（solidarity goods）；并且我也不想令人扫兴，贬抑给读者带来欢娱的知识分子（本人对于协同之构建则疑窦丛生）。进而，亦应广义地理解"信息"，它包括公共知识分子阐明问题、揭露其他公共知识分子的错误、吸引对曾经忽略问题的关注以及活跃公共论辩等方面的作品。假如像本书这样进行细密而批判地审视，那么，符号商品（symbolic goods）中到底有多少其他市场要比公共知识分子市场表现出更少的"市场失灵"之迹象，我们并不清楚，甚或"市场失灵"正是这一市场的恰当特征。然而，正如威廉·布莱克（William Blake）所言，诅咒使人振奋，祝福使人松懈，因此，本人的强调亦在于批判，而非颂扬。并且，有太多的东西需要批判。

对于现代公共知识分子，除了投去嫉妒的眼光之外别无其他新意。[7] 人们也只能揭示，对他/她情有可原的失望，主要理由便是现代大学的兴起，[8] 以及相伴而生的知识日益专门化之趋势，正如本人论述的那样。[9] 知识的专门化当然决非一件坏事；实际上

---

[7] 如见，Russell Jacoby, *The Last Intellectuals*: *American Culture in the Age of Academe* (1987; reprinted in 2000 with new introduction); Jacoby, *The End of Utopia*: *Politics and Culture in an Age of Apathy* 117 – 123 (1999); Tony Judt, *The Burden of Responsibility*: *Blum*, *Camus*, *Aron*, *and the French Twentieth Century* (1998); 亦见前注 [2]。更温和的批评，参见，Richard Hofstadter, *Anti - Intellectualism in American Life*, ch. 15 (1966), 该评论虽有些陈旧，但仍属及时。

[8] 以及思想库的兴起，本人将其视为准学术机构。参见本书第 1 章。

[9] Josef Joff, "The Decline of the Public Intellectual and the Rise of the Pundit," in *The Public Intellectual*: *Theory and Practice* (Arthur M. Melzer, Jerry Weinberger, and M. Richard Zinman eds., forthcoming). Edward W. Said, *Representations of the Intellectual* 57 (1994). Aloysius Siow, "Tenure and Other Unusual Personnel Practices in Academia," 14 *Journal of Law*, *Economics*, *and Organization* 152 (1998).

恰恰相反。然而,并不是知识专门化的全部后果皆完美无缺。正如极具启蒙性的术语"劳动分工"所揭示的一样,知识专门化将工作任务细分成更小的部分,促进了快捷学习、高度集中、快速完成,并因此提高生产力,从而发挥其魔力。现代大学是智力劳动部门的象征和聚集地。知识分为学科,学科分成领域,领域又细分为更小的领域,因此,一名学术人员可能将他/她学术生涯的全部奉献给沙特尔的大教堂(the Cathedral of Chartres)*染色的玻璃窗,或者考证世界博览会的交易和历史,探索中世纪晚期唯名论与16世纪基督教改革运动之间的神学关联,或者研究量子理论的哲学意义。[10]

尽管现代大学的工作条件,尤其是以任期合同为基础的学术自由原则,令知识分子的职业安全且舒适,他们因而能够远离尘世且怡然自得,但是,知识的专门化毕竟导致知识的深度以牺牲其广度为代价。这些趋势最早是由美国的大学提出来的。那或许也正是为什么活跃于20世纪下半期如此众多顶尖学术公共知识分子大多皆为外国人之缘故吧——例如,雷曼·阿隆、汉娜·阿伦特、米歇尔·福柯、尤根·哈贝马斯、弗里德利希·哈耶克、利奥·施特劳斯、以及阿玛蒂亚·森[11]——即便在那段时期,美国的大学相比外国大学也更具优势。不过还有一部分原因,当然是美国的大学雇佣了诸如阿伦特、施特劳斯等流亡学者,以及其他的外国学者,比如森。

甚至在今天,也不是所有的知识分子皆是教授,当然大多数是教授。那么今天,最典型的公共知识分子其实是一种稳健型的专

---

* 沙特尔,法国厄尔-卢瓦尔省省会,在此有13世纪兴建的著名的圣皮埃尔教堂。——译者

[10] Robert T. Blackburn and Janet H. Lawrence, *Faculty at Work: Motivation, Expectation, Satisfaction* 294 (1995).

[11] 对知识分子分门别类并不总是一件容易的事。在本书第五章的统计分析中,本人将阿伦特归为美国人,尽管她成人时才来美国,但她的学术生涯以及作为公共知识分子创作的大部分作品皆使用英语在美国写作。

家，他并不是特别适合扮演引人注目（尽管不仅仅如此）的公共知识分子角色的那类人，也不是向非专家的读者就社会公众广泛关注的问题发表意见的批判型评论家。[12] 这是一个恰当的定位，也许在政治、文化和社会舞台上，他们只不过扮演了比跑龙套稍强一些的角色。并且，他们也经常会因为错误的事情遭受批评。但他们的确拥有一些优秀品质，这即是少数现代学术知识分子具有的不可缺少的视角、气质、品格和知识。他们努力扮演这一角色，只不过换来的也许只是令人曲解的预测和肤浅的政策建议。进而在当代，由于社会公众接受的信息铺天盖地而不堪重负，因此，一位学术人士若要作为公共知识分子获取吸引力，通常必须拥有一定程度的公开声誉，即便是恶名远扬，然而要获得名气却也是一件偶然之事。但倘若是无名鼠辈，则就社会公众关注的问题发表的意见，将难以激发哪怕是一小部分非学术的社会公众之兴趣。许多公共知识分子，只是偶然踏入聚光灯下的品性谦虚的学术人，他们利用那一机会令其声誉获得了充分认可，进而成为媒体竞相追逐的时事评论家。他们之中有些人，正是法国社会学家皮埃尔·布迪厄如所宣称的那种舞文弄墨的空谈家（le Fast Talker）。[13]

但，这些并非本书主要探讨的公共知识分子。公共知识分子领

---

[12] "专业化的学者和专业化的科学家，尽管其拥有专业上的成就，但倘若他们在发表重大声明、支持公共选择时不具有实实在在的风险感，则他们很可能将成为令人厌烦之人。"参见，Theodore W. Schultz, *The Economics of Being Poor* 222（1993）.

[13] 或许也包括布迪厄本人，尽管他是一位杰出的学者。他在《抵抗行动：反对市场的暴政》(*Acts of Resistance: Against the Tyranny of the Market*)（1998）一书中，将公共知识分子的工作描述为"履行公共职责（public position‑taking）"（id. at vii），把公共知识分子的特征界定为"就涉及他们的权力而言拥有自由，对所接受观念的批判性，打碎过分简单的非此即彼之范式，对问题复杂性的尊重"（"消极的知识分子 [The Negative Intellectual]," in id. at 91–92），事实上，该书只是一种反市场经济的肤浅浮躁的左翼主义狂言。

域的卡米拉·帕格利亚（Camille Paglia）亦不是本人的目标，尽管我也禁不住要稍稍提及她那不同凡响的专业（参见本书第三章）。本人重点探讨的公共知识分子，乃是那些声名卓著的学术知识分子。他们对于社会进步作出贡献之困难，在于市场的失灵，而非其个人的失败。并且，那也并不是完全彻底的失败；本人就列举出了现代学术公共知识分子作出重大贡献之例证。然而，他们的大多数贡献，与其说是公共知识分子的特有贡献，还不如更恰如其分地视为学术工作之适度延展（比如，将学术研究成果转换成非专业的社会公众能够理解的语言）；他们表明，学术人员可以兼作报刊人士。同时，就批判其他公共知识分子的谬误和讽刺之层面而言，许多重大贡献都是负面的。在美国，公共知识分子的地位、贡献或更准确地说他们的社会影响，正在日渐衰落，主要原因便在于现代大学的成长及其特征。本人相信，这样陈述是公正的。

本书共分为两编。第一编从总体上审视公共知识分子的工作（public-intellectual enterprise），运用了类型学、理论分析、经验主义的研究方法，以社会科学为论述重心和研究进路，当然文中亦使用了若干趣闻轶事。从理论层面而言，它是一项有关非市场行为经济学的分支学科——符号商品经济学（economics of symbolic goods）之研究，这仍是一门新兴学科，甚至尚未恰当地界定——泰勒·柯温（Tyler Cowen）的著作《声誉如何定价?》（*What Price Fame?* [2000]）对此予以了说明。在本人看来，所谓符号商品，是指以表达性或者信息性（expressive or informational）为主要内容或功能之商品，比如艺术、宣传、新闻以及学术。[14]

第一编，把公共知识分子和其他类型的"知识劳动者"区分开来，文中区分了不同类型的公共知识分子（比如，时事评论员与社

---

[14] Elias L. Khalil, *Symbolic Products: Prestige, Pride and Identity Goods*, "49 Theory and Decision 53 (2000).

会趋势评论家)、以及公共知识分子作品的不同形式（比如，杂志文章与整版付费公告)，并对公共知识分子推销的不同商品进行了划分（娱乐商品、协同商品和信用商品)，且明确了公共知识分子作品的不同类型，以及确定其类型之习惯。公共知识分子作品的类型包括：将某人的学术作品转换成接受普通教育的社会大众能够理解的形式（我们姑且称之为自我大众化）；基于某人的学术专业提出特定的政策建议；政治色调的文学批评；政治讽刺作品；对公共问题的悲观主义预测（jeremiads）以及其他的预测性评论；一般的社会批评或者专门的社会批评；在某人专业领域之外提出社会改革建议；"即时"评论；以及最无关紧要的向法庭提交的专家证言。前二类公共知识分子的作品，自我大众化以及"本人领域的"政策建议，倘若从分析公共知识分子作品的独特性和存在的问题来说，没有太多趣味，故本人将吝笔惜墨，不作太多讨论。

第一编亦对公共知识分子的研究提供了一个经济学框架，可以将公共知识分子设想为一种在以需求和供给为特征的市场中的职业，并且，对其进行的理论分析之本质可以透过经验数据予以测试。这些数据既可以是定性的，亦可以定量的；本书第五章中对公共知识分子的统计学分析，可谓第一项类似的综合性研究。[15]

第一编强调的要点包括：独立的知识分子日益衰落；知识的学术化和专门化对公共知识分子日渐衰微之影响，正如本人已经提及的；公共知识分子在大众媒体中的名气与其学术声誉呈相反动向之趋势；由于无法把握公共知识分子频繁错误的判断和预测等原因，而产生了困扰这一市场的质量控制问题；以及，考虑到知识专门化时代公共知识分子面对的听众知识严重匮乏，并鉴于公共知识分子

---

[15] 先前亦有关于公共知识分子的统计学研究，参见，Charles Kadushin, *The American Intellectual Elite* (1974)，但这一研究的范围相当有限。本人将在第五章中予以讨论。

的激励和约束缺位，因此，认为能够依赖"观念的市场"（marketplace of ideas）以优化公共知识分子行为之假定，便显得愚不可及。在一个功能完备的市场中，至少就设想在增进公共理解方面试图取得重大贡献的人而言，公共知识分子缺乏应有的责任心以及作为卖方的基本品质。不仅与学术人员从事学术工作相比，公共知识分子缺乏上述品质，而且与新闻记者、政治家和政策分析人员相比，亦是如此。

第一编以第五章的统计分析而告终；第二编则以作为公共知识分子类型之一的文学批评开始。主题的切换，尤其是方法的转向，也许会让部分读者感到惊异。与第一编社会科学的重心和进路相比，第二编的主导视角，则是哲学、文学批评、法律以及知识分子史之路径。因此，本书试图搭建一座"两种文化"之间的桥梁，即在公共知识分子 C·P·斯诺（C. P. Snow）和 F·R·利维斯（F. R. Leavis）之间进行的那场著名的论辩所体现的"两种文化"之间的桥梁（参见本书第六章）。* 如同斯诺一样，本人将社会科学和人文科学作为互补的、而非对立的调查系统。对于公共知识分子全方位的视角而言，两者皆属必要。事实上，两种系统之间的关联绝对是相互依赖的。第二编对本书第一编的主张予以具体化，超越了对公共知识分子不同表达类型之解释的界定，并且更加深入地探索了活跃于当代美国的一些趣味盎然、雄心勃勃的公共知识分子，而未仅仅局限于典型的公共知识分子。在本书第二编，我们可以看到，公共知识分子在高谈阔论公共问题时错漏百出。我们将见到，有些公共知识分子试图把新兴领域人为地置于其本人学科范围的普罗克鲁

---

* C·P·斯诺，英国小说家、科学家和政府官员。《两种文化与科学革命》（1959）是他最著名的作品，也是广受攻击的作品，他强调从事两大学科中任一学科的人们互相间纵非一无所知，也是极少了解，他们之间的交流极其困难，因此提醒人们注意西方文化两大支脉间的鸿沟。F·R·利维斯，英国文学和社会评论家，代表作包括《英国诗歌的新方向》（1932）、《伟大的传统》（1948）、《安娜·卡列尼娜及其他论文》（1968）。——译者

斯忒之床（Procrustean bed），*有的人投入全新领域却并不尝试掌握新的知识，而有的公共知识分子则曲解事实和法律，以迎合其本人政治上的先入之见。回顾前文，我们将发现，第一编业已提供了解释第二编所探索的公共知识分子作品存在的基本缺陷之工具。

第二编详细探讨的第一种公共知识分子作品的类型，是政治色调的文学批评，它属于文学批评之领域，学者们通过将政治性评论与社会公众至少有些熟悉的作品联系起来，而寻求一般社会公众之认同。浮现在本人脑海之中的，并非文学领域的学者，比如，斯坦利·费希和迈克尔·沃纳（Michael Warner），因为他们在谈论政治或其他公共问题时把文学抛得一干二净，本人所想到的也不是那些从文学圣典急转直向政治色调非文学文本的文学学者（又如，费希），本人关注的，乃是利用人们广为接受的文学作品来评论公共问题之人。当那些公共知识分子如此行为时，甚至当他们如此招摇地对待诸如《一九八四》（参见本书第七章）之类的"政治性"作品时，我以为，一般地来说他们正在促成文学的贫困化。奥威尔的小说属于政治讽刺作品，正如狄更斯的《艰难时世》和赫胥黎的《美妙的新世界》一样。[16] 它们可谓一类极其重要、真正、极具历史意义的公共知识分子作品之类型，而不同于政治色调或者意识形态色彩的文学批评。奥威尔堪称 20 世纪卓越超群的公共知识分子，正如狄更斯作为 19 世纪引领风骚的公共知识分子一样。而奥威尔并非学术公共知识分子，他甚至连大学毕业生都不是。然而，正是这些不足之处（狄更斯同样具有），恰恰构成他从事公共知识分子事业之财富。我还认为，奥威尔最伟大的小说尽管属于政治讽刺作品，

---

* 普罗克鲁斯忒，古希腊神话人物。他有两张床，一张很长，一张很短，他希望把高个的人变得和短床一样短，把矮个的人变得和长床一样长，故普罗克鲁斯忒之床意为强求一致。——译者

〔16〕奥威尔还著有另一部伟大的政治讽刺小说——《动物农庄》（*Animal Farm*）。

但其中的公共知识分子之因素并不必然是最引人入胜的。这则是文学批评作为一种公共知识分子作品类型之局限的另一线索。

紧接下来的，是长久以来盛行不衰的悲观主义学派——辨别并揭示衰落之趋势（这是一类"悲观主义的鸿篇巨论"[dolorous tirade]，正如有本字典将其界定为"悲观主义"）。相比隶属于文学的各种公共知识分子作品的类型而言，这是一种更加流行的风格，因为它能够吸引更广泛的读者。很少有美国人对文学怀有兴趣，但每个人都会关注美国将走向何方。和世界其他国家一样，美国似乎[17]也将迈向更为广阔的自由，包括个人自由和经济自由。第一个趋势冲击着社会保守主义，而第二个趋势则消解了社会平等主义。然而，由于马克思主义的崩溃以及财富的增长搅乱了经济上的左翼分子（the economic Left），令其迷失了方向，因此可以看到，当代的悲观主义主要渊源于右翼人士。比如，罗伯特·博克和格特鲁德·辛美尔法伯。而另一方的例子，则比如罗伯特·帕特南（Robert Putnam）和克里斯托弗·勒希（Christopher Lasch）。

悲观主义说明了预测之走向，但并没有运用公共知识分子话语对预测的倾向进行详尽细致的研究。悲观主义适用特别僵化的习惯（它必须是怀旧的、悲观的、预测的、以及判断的）和假定，比如，假定文化具有整体性；倘若没有这一假定，则大众文化或性行为之趋势将不具政治上的意义。其他公共知识分子的预测，比如生态灾难（参见第四章），尽管其幽暗并不次于悲观主义，但它不坚持文化的整体性，而且事实上它对文化之趋势几乎毫无兴趣。

接着，本人便开始探求哲学家们的努力，以寻求苏格拉底曾经失落之斗篷。因为正是这位哲人，一位殉道的牛虻，才可谓公共知

---

〔17〕通过这种表达方式，本人强调的是，从当前趋势推断未来具备高度的不确定性。参见本书第四章。

识分子的最早代表，而决非宗教先知耶利米。*但苏格拉底强调的是对现行制度的批判以及一定程度上的制度变革，而非预言悲观之结果，当然这也并不是否认耶利米的宗旨亦具批判性，所谓幽暗之预言不过是作为一种媒介而已。在当代苏格拉底的继受者之中，本人选取了两位众所周知的自由主义哲学家来集中阐释，理查德·罗蒂和马莎·努斯鲍姆（Martha Nussbaum），前者更接近于评论家，而非改革家，但后者则更类似于改革家，而非评论家。两位学者在政治上皆主张社会民主；事实上，他们的政治态度是无法区分的。罗蒂认为，西方中心的哲学传统是实现社会民主目标的绊脚石，但努斯鲍姆却相信，这种传统对于社会民主目标之实现是不可或缺的——而与她政治上对立的学者阿兰·布卢姆（Allan Bloom），则认为这一传统对于阻却上述目标的实现不可缺少。我的主张是，这一传统以及广义而言的哲学，几乎并没有为社会评论家和改革家提供什么——除了在测定社会改革努力之成败得失的实践思考中所产生的困惑之外。

从涉猎广泛的公共问题之层面而言，罗蒂和努斯鲍姆属于"一般的"（general）社会评论家；他们不同于在自我领域的习惯边界外漫步独行的"本人领域"之政策建议者。至于"专门的"（special）社会评论家这一术语，本人指的是把自身限定于对其群体至关重要的事项之中的公共知识分子——黑人就黑人问题写作，女同性恋就女同性恋问题写作，等等——以及，主要从其群体成员以内而非更广泛的社会公众之中寻求读者的公共知识分子。一般的评论家与专门的评论家有交叉重叠。许多"一般的"犹太知识分子就犹太人问题写作，然而，他们并不将这些问题视为其工作之核心。并且，具有特定利益的公共知识分子，他们的部分作品既针对其群体

---

* 耶利米（jeremiah），公元前六、七世纪希伯来大预言家，《圣经·旧约》有《耶利米书》。——译者

成员,亦同样面向社会公众。人们尤其会想到诸如詹姆斯·鲍德温(James Baldwin)、理查德·赖特(Richard Wright)等黑人作家,以及今天的黑人学者,比如奥兰多·帕特森(Orlando Patterson)、威廉·朱利叶斯·威尔逊(William Julius Wilson)、谢尔比·斯蒂尔(Shelby Steele)、帕特里夏·威廉姆斯(Patricia Williams)、以及兰德尔·肯尼迪这些公共知识分子学者主要围绕黑人问题挥毫泼墨,但他们的读者可不仅局限于黑人,关注国家种族问题的白人同样也阅读他们的作品;对于公共知识分子的作品面向白人读者之定位,事实上在黑人社会中还引发了些许愤恨。[18] 尽管如此,任何值得分析的专门评论家都将必须深入地挖掘涉及其特别群体之问题。倘如此探究,将离题甚远,故而我在本书之中基本上将回避这些问题。在其他论作中,我已就此类作品进行了初步的探讨。[19]

本人所谓的"即时"评论,指的是公共知识分子参与正在进行的公共论辩——在德雷福斯(Dreyfus)上尉事件中,左拉和其他知识分子对论辩的参与,可谓这一事件淋漓尽致之体现。那是一宗法律案件;而由于法律如此渗透于美国人民的生活,以至于各种情形的争议皆可能转化为学术评论针对的法律争议,因此对法律案件的即时评论可称得上我们公共知识分子的主要活动。[20] 本人对这一活动进行了审视,并且还分析了法庭中的公共知识分子,一种与之相互关联却又与案件评论家不尽相同的角色。专家证人日益成为

---

〔18〕参见,Michael Eric Dyson, *Race Rules* 60–61 (1997). 一些黑人学者,比如,斯蒂芬·卡特尔(Stephen Carter),根本并不特别关注种族问题,尽管卡特尔也就此写过一些作品,因此在本人的术语归类中,他属于"一般的"社会评论家,而非"专门的"社会评论家。

〔19〕请看,特别是,Richard A. Posner, *Overcoming Law*, ch, 18 (1995), 讨论了 Patricia J. Williams, *The Alcbemy of Race and Rights: Diary of Law Professor* (1991).

〔20〕最近的类似事件,在打破僵局的 2000 年总统选举诉讼案之后,对诉讼的评论,本书将在第三章予以讨论。

诉讼的装备，并且不仅仅限于有关科学或者其他技术事项之案件。证人席，业已为公共知识分子提供了一个特别的平台，尽管机会不太多。而法庭是否应该作为公共知识分子发表高见之论坛，我深持怀疑态度。

为促使公共知识分子对他们进入的公共舞台负责，本书的结论部分通过鼓励更充分地披露学术公共知识分子的活动和收益，分析了改进公共知识分子市场运作的可能措施。本人并不希望公共知识分子沉默是金，而只是期望令他们的声音听来象是更为稳定的音符。

第五章中表5.1列明了546位公共知识分子，他们要么是美国人，要么是曾"出现"在美国当代社会思想中的外国人；而这一名单当然是不全面的。这些公共知识分子的活动广泛涉及了各种各样的媒体、形式、类型以及对象，更不用说跨越了不同的时期（尽管只列举了活跃于20世纪的公共知识分子）、质量参差不齐以及国别各有不同。因此，由一位作者仅在一本书的框架内要对公共知识分子作出全面透彻的分析，是绝不可能的。然而，尽管本书存在一项主要的忽略，即未顾及美国以外其他国家的当代公共知识分子之情形，不过我仍没有意识到，是否还有另外的著作和本书一样论述充分。在大多数西欧和拉美国家，知识分子比在美国更受尊重，并因此更可能为报刊和电子媒体邀请就公共问题进行评论。在法国，主流的知识分子可谓媒体明星。探索公共知识分子地位的跨文化差异之原因，是一项令人兴奋的话题，但不构成本书之主题，本书仅仅考虑曾出现于美国文化场景中的外国知识分子。本人只是将努力揭示，拥有数量更少、性质相同的领导阶层（政府、商业、教育、职业和新闻媒体的领导阶层）的国家，趋向于赋予公共知识分子更为显赫的地位，而并非美国。这些国家的公共知识分子，渊源于与政治领袖、商界精英和技术先驱相同的阶层，他们和这一阶层的其他成员在同样的学校学习，在同样的社会圈子中交游，并分享着同样的模式、习惯和一般性视角,即便其立场可能对立,也趋向于更相信国家权力体制,事实上他们正是国家权力体制的一部分。但我不可能在本书的框架内探讨这一点。而对公共知识分子进行一种全球性视角的考察则难上加难,其原因是公共知识分子的作品倾向于地方性(local),正如大多数政治作品一样,它们聚焦于特定社会的政治和意识形态因素。[21]

对知识分子包括公共知识分子进行系统研究,主要从属于历史学家和社会学家的研究领域。我在本书中并不强调历史考察,[22] 而且对这一主题本人更多采取了经济学的研究进路,而非通常的研究方法。不过,本人还运用了社会学研究方法,尤其是借鉴了马克斯·韦伯———一位远见卓识的学术公共知识分子的研究方法。从韦伯的视角而言,本书可谓我前期作品《道德和法律理论的疑问》(1999)之延续,该书将众多道德和法律的理论家纳入审视的框架,而这一点类似于本书将公共知识分子作为考察对象。应该补充的是,假如以韦伯作为本书研究指引的话,那么其他几位社会学家,包括丹尼尔·贝尔、戴维·里斯曼(David Riesman),连同以社会学家风格写作的政治学家罗伯特·帕特南,则属于本人拟对其作品评述探讨的卓越公共知识分子之列。

这,便是本书的内容概要,而读者将会发现,事实上本书对学术公共知识分子(当然不仅仅限于学术公共知识分子)的批判多于赞誉。然而,读者在此可能也会感觉到我的自相矛盾。难道我就

---

[21] 更好的例子,参见,Jan - Werner Müller, *Another Country: German Intellectuals, Unification and National Identity* (2000)。前注〔2〕和〔7〕引用的托尼·朱迪特(Tony Judt)关于法国公共知识分子的著作,系有关外国知识分子的示范式研究。

[22] 关于公共知识分子的现代史,参见, *Intellectuals in Politics: From the Dreyfits Affair to Salman Rushdie* (Jeremy Jennings and Anthony Kemp - Welch eds., 1997). Richard Hofstadter, *Anti - Intellectualism in Amercan Life* (1996).

不是一位学术公共知识分子吗?[23] 尽管本人不再拥有终身学术职位，但曾经多年（准确地说，是十三年半）属享有固定任期的全职学术人员，至今依然兼职从事学术研究工作，不仅撰写司法意见、学术著作和学术论文，而且也超越本人领域以外挥毫泼墨，甚至为《纽约时报》和《新共和》撰写书评，还创作过一本有关克林顿总统弹劾案件的作品，该作品被罗纳德·德沃金称之为"报刊性文章"(journalistic)[24]——以及撰写本书。我深切期望，本书不仅仅吸引学术人员的关注。并且更糟糕透顶的是：本人对那些衰落主义者（参见本书第八章——"悲观主义学派"）冷嘲热讽，却又主张公共知识分子本身正在日渐衰微。而人们对于他人发觉的自身弱点（但他们本人尚未意识到的弱点），难道通常不是特别敏感吗？

一切都是真实的。本人意识到，我射出去的利箭，可能在飞行之中拐弯改道，然后恰恰射中我这名射手。读者，自有公断。

---

[23] 鉴于本人在已出版的作品中许多地被描述为公共知识分子，故我不情愿地将我的名字加入本书第五章有关公共知识分子的名单。在本书结束之际，读者将会理解，我并不认为"公共知识分子"构成一种令人尊敬的概念，而只不过是一种职业（通常是兼职）的称谓。

[24] 参见，Ronald Dworkin, "Philosophy and Monica Lewinsky," *New York Review of Books*, March 9, 2000, pp. 48, 50. 进而，当该书写作时，克林顿弹劾案的复杂情节正在逐渐展开，而本人特别是批评公共知识分子通过媒体手段——正是我所称为的"即时评论"——对时事指点江山。参见第三章。

第一编

一般的理论与经验主义分析

第一章

范围的确定

以往对公共知识分子没有进行系统的研究,故而至关重要的第一步当属研究范围的确定。这不仅涉及对"公共知识分子"的界定,而且也有必要对公共知识分子作品的不同类型和形式(正如我们将看到的,这两者之间互有重叠,但属于不同的分类方法)作出描述。

什么是公共知识分子?

公共知识分子并非哲学家们所称的"自然类"。所谓自然类,是指不依赖于人类观察者的需要和目的而存在着的事物。对公共知识分子的定义,涉及到社会生活领域的边界划分,这种划分似乎有可能回应人们的核心关注。

从逻辑而言,边界划分的过程是从"知识分子"开始的,所谓知识分子,一般可以理解为认真严肃且有能力关注智识问题之人。"在每一个社会中,皆存在一小部分人,他们超出了同时代人一般的品质,他们探索着相比日常生活直接而具体的情形更为抽象、在时间和空间上与他们相距遥远的符号,并且渴望与这些符号进行频繁的交流。"〔1〕"所强调的是'思想倾向',而非别的什么。[知识分子]通常被视为知识渊博之通才,而非专门家,他们特别关注那些完全萌发于毫无利害关系的渊源之思想(尽管这种对思想的参与可能成为其职业的一部分),故而他们具有——在不同程度上——创造性、游戏性、敏感性、追根究底性以及在某种意义上的不切实际性。"〔2〕

思想(ideas)和教养(cultivation)不尽相同,因而一位知识分子并不必需是"学富五车之人",也不必具有高雅的爱好——比如,喜好抽象艺术或者艾略特·卡特尔(Elliott Carter)、菲利普·格拉斯(Philip Glass)的音乐,正如辉煌的艺术家并不一定就是知识分子一样。因此,"知识分子"的同义词并非有文化的、有教养的、创造性的甚或书生气的(bookish),尽管最后这项描述与知识分子比较接近;也许,每一位真正的知识分子皆书生意气、挥斥方遒,当然,也决非所有的书呆子都是知识分子。

"知识分子"的含义也绝不等同于"有智力的"(intelligent)。尽管知识分子(不包括那些仅仅只具有智力上虚伪外表之人)在智力上出类拔萃——通常是远远地超越常人——然而,不胜枚举的同样富有智力之人却并不属于知识分子。他们也许对于思想毫无兴致。或者,他们在工作中、在游戏时所运用的思想,其范围也许如此狭隘,运用也许如此毫无个性,以至于缺乏界定知识分子思想特征的一般性(generality)。一位运用深奥的数学理论来阐明宇宙本源

---

〔1〕 Edward Shils, *The lntellectuals and the powers and Other Essays* 3 (1972).

〔2〕 Paul Hollander, *Political Pilgrims: Travels of Western Intellectuals to the Soviet Union, China, and Cuba 1928 – 1978* 48 (1981). 霍兰德(Hollander)上述著作的第二章,可谓有关知识分子极其出色的文献评述,如下著作亦然,参见,Jeremy Jennings and Tony Kemp – Welch, "The Century of the Intellectual: From the Dreyfus Affair to Salman Rushdie," in *Intellectuals in Politics: From the Dreyfus Affair to Salman Rushdie* 1 (Jeremy Jennings and Anthony Kemp – Welch eds., 1997).

的物理学家,属于知识分子;而应用深奥数学来设计计算机逻辑板或编写软件编码的物理学家,则不是知识分子。

然而,将知识分子的定义,建构于对思想的一般性运用和关注与应用型地使用和关注相区分的基础之上,并不能令人满意;这种区分也无法导引出人们的万般兴趣。不过,上述区分所暗示的差别,一方面将思想应用到广大社会公众关注的问题上,而另一方面则是把思想应用到物品制造、合成或者提炼等具体工作之中,或者为商业、职业抑或学术目的传播专门化或专家性的知识,这一点的确值得玩味。这就是批评家与在其专业领域内工作的学者、工程师、法律人或者其他专家之间的差别。[3] 这也正是福柯对"普遍的""和"专门的"知识分子之区分。[4] 或者,这也正是反思型报刊人士——专栏作家或者"权威评论员"(pundit)——与学者之间的区别;业余人员与职业人士之间的区别;或者,政治理论家与"政策分析"(policy work)之间的区别。揭露丑闻的普通记者、政治运作人员、政治激进主义分子以及改革倡导者(比如拉尔夫·奈德[Ralph Nader]),他们中的任何人当然都完全可能智力超人。这些群体中的部分成员可能属于知识分子,不过,尚需进一步精炼:知识分子把一般的思想运用于社会公众关注的问题,其思维过程自上而下,对他所察觉的权力滥用、腐败或者社会不公予以理论思考。他不仅仅是作为一名记者或一位技术人员。因此,有些报刊

---

[3] 比如参见,Lloyd Kramer, "Habermas, Foucault, and the Legacy of Enlightenment Intellectuals," in *Intellectuals and Public Life: Between Radicalism and Reform* 29 (Leon Fink, Stephen T. Leonard, and Donald M. Reid eds., 1996).

[4] Michel Foucault, "Truth and Power," *in Essential Works of Foucault* 1954 – 1984, vol. 3: Power, pp.111, 126 – 133 (James D. Faubion ed., 2000). 在斯德凡·柯里尼(Stefan Collini)的著作中,"普遍的(universal)"知识分子被定义为"一般的(general)"知识分子,参见,Stefan Collini, "Lament for a Lost Culture: How the Twentieth Century Came to Mourn the Seriousness of the Nineteenth," *Times Literary Supplement*, Jan. 19, 2001, pp.3, 5, an essay on the distinguished nonacademic intellectuals of Victorian England.

人士、激进主义者、政策分析人员属于知识分子，而另外一些则不是。

但是，倘若要把知识分子界定为将一般性思想运用于社会公众关注的问题之人，仍然显得过于宽泛。这一定义会包纳艺术史学家，或者包括经培训专门报导艺术史的新闻记者，他们面向普通读者，为杂志撰写有关艺术著作或艺术展览的评论，当然，他们的评论绝没有任何政治或意识形态的维度。尽管这些评论从一般的字面意义而言具有"智识性"，但评论人却并非我们通常视为或者集中认为的"知识分子"。[5] 当我们脑海中想起20世纪伟大的知识分子时，比如，约翰·杜威、伯兰特·罗素、马克斯·韦伯、亚瑟·凯斯特勒（Arthur Koestler）、爱德蒙·威尔逊（Edmund Wilson）、乔治·奥威尔，便可以整理出一条共通之线索，那就是，所有这些知识分子都曾经直接就政治或意识形态的问题挥毫泼墨，或者即便就作为文学批评家的知识分子而言，他们也从广义的政治或意识形态之视角（有时是从宗教的维度）撰写过文学方面的著作，例如，威尔逊（或者莱昂乃尔·特里林［Lionel Trilling］*、F·R·利维斯、或C·S·刘

---

［5］ 限定词"集中地"（centrally）也许就等同于主要地（vital）。拒绝给阿瑟·但托（Arthur Danto）——他是一位从哲学视角撰写艺术批评的哲学家，或者诸如查尔斯·罗森（Charles Rosen）如此学识渊博的音乐和文化批评家——贴上"知识分子"的标签，的确是一件怪兮兮的事。两位学者皆面向普通教育的社会公众写作，在杂志（分别主要是《国家》［the Nation］和《纽约书评》杂志）上发表文章和出版书籍。然而，两位学者在他们的评论性作品中，皆未在任何重要的层面上添加政治或政治性意识形态之色彩。（未在任何重要的层面上，这一限定对于相信一切话语皆具政治性的任何读者来说，构成一种退让。）

* 莱昂乃尔·特里林（1905 – 1975），美国著名文学评论家、哥伦比亚大学教授。——译者

易斯［C. S. Lewis］*）。[6] 有些人，像奥威尔，以及在一定的程度上威尔逊和刘易斯，他们都曾直接就政治或意识形态问题指点江山，并创作过带有政治或意识形态色调的文学批评。阿兰·布卢姆在他的畅销之作《美国思想的终结》中针对摇滚乐发表高见时，他所写的其实并不是音乐评论，而是一种社会评论，即从这种音乐适合大学生这一引人注目的现象来探寻道德和政治衰落之动向。[7]"知识分子"这一术语，最早在德雷福斯事件中获得了广泛传播，当时左拉、由涂尔干、巴雷斯（Barrès）、莫拉斯（Maurras）以及其他作家和思想家曾针对这一骚动性政治事件积极参与公开论辩。[8]

如此狭义地界定"知识分子"，结果会把两类特别富有价值的知识分子作品排除在本人的分析框架之外。一类是原创的、且有时非常重要的知识分子作品，其写作风格平淡通俗，很少专业术语，普通教育的社会公众恰恰能够阅读。大致说来，约 1970 年以前的大多数文学批评，约 1920 年以前的大多数哲学著作以及 20 世纪 70 年代前的大多数社会科学著作，皆具有上述特征。但是，上述作品

---

* C·S·刘易斯（C. Sinclair Lewis, 1885-1951），小说家。——译者

[6] 在当代文化（cultural）批评家中，那些身处政治边缘、面向非专家读者写作，并因此可纳入本人界定范畴内的公共知识分子的人，比如，雅克·巴森（Jacques Barzun）（雅克·巴森［1907-］，法裔美籍历史学家，代表作《从黎明到衰落》[*From Dawn to Decadence: 500 Years of Western Cultural Life 1500 to the Present*] 等。——译者）、约瑟芬·爱泼斯坦、希尔顿·克雷默、以及路易斯·梅南（Louis Menand）。他们不同于诸如斯坦利·费什、爱德华·萨义德之类的文学（literary）批评家，尽管后者也就政治问题公开写作，不过，他们当然亦属于公共知识分子。

[7] 参见，Allan Bloom, *The Closing of the Amercian Mind: How Higher Education Has Failed Democracy and Improverished the Souls of Today's Students* 68-81（1987）.

[8] 参见，Venita Datta, *Birth of a National Icon: The Literary Avant – Garde and the Origins of the Intellectual in France*（1999）. 左拉的公开信《我控诉》"促使文人（the man of letters）对社会偏见进行抵抗……在《我控诉》发表之后，文人在法国以及最终在西方社会的地位不可阻挡地改变了。"参见，David L. Lewis, *Prisoners of Honor: The Dreyfus Affair* 197（1973）.

中，倘若不具备政治或者意识形态视角，则皆在本人的界定之外。

本人排除的第二类知识分子作品，时至今日依然盛行不衰，它就是致力于将技术资料转换成普通教育的非专业人士能够理解的形式，这主要体现在自然科学方面。他们虽为社会公众写作，但仅仅只是诠释科学的科学家，而并非本人所用这一术语层面上的公共知识分子，尽管他面向社会公众写作，并且努力采取社会公众能够接近的方式陈词叙述。但是，有一些科学家围绕科学的伦理和政治维度，面向社会公众写作，诸如保罗·埃利希（Paul Ehrlich）、斯蒂芬·杰·古尔德（Stephen Jay Gould）、理查德·莱旺顿（Richard Lewontin）、以及爱德华·威尔逊（Edward Wilson），[9]他们则属于公共知识分子。

第二类作品——可以称之为诠释科学——没有什么问题意识。第一类作品可称为学术普及（accessible scholarship），它正在日渐衰落，衰落的原因类似于学术公共知识分子独立性嬗变背后隐藏的缘由——在本书中我将予以较多关注。联结专业化知识分子与普通教育的社会公众的普适文化之消失，是一项重大的发展，也是一项表明知识分子载有政治和意识形态角色的发展。让我们来看看凯恩斯的名著，《和平的经济后果》（*The Economic Consequences of the Peace*, 1920 年）。这是一本经济学专著，它形成于经济学尚未发展为专业的技术性学科之时代。尽管凯恩斯当属 20 世纪登峰造极并且也许是影响最为深远的经济学家，不过，他并没有获得博士学

---

[9] 并且，所写作的不仅仅是科学：莱旺顿在他的论文中还论辩道，在冷战时期，没有我们的军事力量和相关的政府支出，我们的经济将增长得更为缓慢，或者甚至根本就不会增长。他力图诠释，冷战是美国经济渴望的产品而非苏联侵略之结果，他不是一位经济学家，并且也没有为他这种乔姆斯基式的（参见本书第三章）努力提出理论的或经验主义的论证支持。参见，Lewontin, "The Cold War and the Transformation of the Academy," in *The Cold War and the University: Toward an Intellectual History of the Postwar Years* 1 (André Schiffrin ed. 1997).

位。与他的严肃论著《就业、利息和货币通论》(1935年)相比,《和平的经济后果》采用普通读者毫无理解障碍的风格写作,它既是一本经济学著作,同样也属一本政治性论著,或者在一定程度上亦属报刊作品。而这部作品难道不是值得阅读的一流的经济学著作吗(正如休谟和尼采属于值得阅读的一流哲学家那样)?抑或是公共知识分子作品?或者区分的标界忽然消失,它两者皆是?

这些追问并非全然为闲来无事的问题,因为本人将提出的主张是,公共知识分子就其大多数而言,并不具有远见卓识,亦未必影响深远,可是,《和平的经济后果》则具备上述两种情形。它预测到,凡尔赛和约、尤其是关于战败国向战胜国支付战争费用之要求,将会导致德国以及从一般意义而言的欧洲经济混乱;并且,尽管它并没有促成战胜国对条约的修订,但却有助于在第二次世界大战后国际条约的订立中防止类似错误的发生。不过,要对凯恩斯的著作进行归类却极其困难,这表明,本人一般化的例外绝不可能重现。该著作属于知识分子活动比我们当今更具流动性的时代。一位当代拥有与凯恩斯同样能力之人,不可能如同凯恩斯在1919年(当时他正从事该书的写作)一样累积政府经验,更不可能与所在时代的政治巨头亲密接触,还不可能拥有凯恩斯如此广博非凡的智识,他所能够做的,只能是作为一位专家、一名技术人员,甚至也不愿意就涉及对外和安全事务的重大问题以非专业听众易理解的语言发表高见。在凯恩斯的时代,英国的精英分子们接受的教育全面精密,这也有助于他们轻松地跨越不同的领域。对于最具影响的公共知识分子的工作而言,尽管处于更难一帆风顺的时间和空间,亨利·基辛格在本人提及的诸多方面一定程度上却堪与凯恩斯相媲美,而就不涉及对外事务的国内问题而言,且不考虑政府经验的话,米尔顿·弗里德曼亦可与凯恩斯相提并论。然而,这两位公共知识分子没有一位是年轻人;并且,近年来我们也许不可能看到类似于他们的人物出现。

读者也许会开始觉得对"公共知识分子"这一术语界定拖沓冗长。什么是公共知识分子,最普通的理解,它的本质不仅仅是"公共性"("一位具有公共声音的思想家"),[10]而且这种理解的一部分还是,知识分子相比学者、顾问、职业人士甚或许多政策分析人士而言,会为更广大的社会公众写作。这便是之所以并非所有的"知识劳动者"(knowledge workers)皆为知识分子的缘由。约翰·罗尔斯将哲学理念运用于诸多重大的政治问题,可是,他并不面向社会公众写作。[11]尽管他的代表作《正义论》业已销售约20万册,但这是30余年间的销量,而本人心怀狐疑的是,除少数情形以外,购买该书的人多为学术人员、大学图书馆以及大学生,而不是社会公众。[12]一位文学评论家,诸如杰弗里·哈特曼(Geoffrey Hartman),他不仅就文学写作,而且其写作内容还广泛涉及了法西斯主义、犹太主义和现代大学,[13]故当然属于以知识分子风格写作的知识分子,而不仅仅是文学领域的学者。不过,哈特曼的文风如同罗尔斯一样,属于一种令人畏惧的学术风格,对于一般读者甚至对于普通教育的读者来说皆过于艰涩。无可置疑,许多学术人员都极其乐意与广大的社会公众交流沟通,包括哈特曼在内,但是,当他们在本人的学术领域以外写作时,绝不可能或者将不会采取简洁的散文体

---

〔10〕 Colin Gordon, "Introduction," in *Essential Works of Foucault* 1954–1984,参见,前注〔4〕,第三卷: Power, p. xi.

〔11〕 本人了解他惟一作为公共知识分子的出击,便是他为支持医生辅助安乐死的宪法权利,曾经签署过"哲学家意见书(philosophers' brief)"。

〔12〕 多年以前,约翰·罗尔斯在《正义论》中概略地论述了他的基本思想,而他撰写的一篇文章,在某种程度上比他那部著作要更加接近于非专业的读者。参见,John Rawls, "Justice as Fairness," 67 *Philosophical Review* 164 (1958).然而,这篇文章发表于学术期刊,尽管哲学界以外的人业已广泛阅读,但这些读者多为其他领域的学术人员,而并非普通教育的社会大众。

〔13〕 比如参见, Geoffrey Hartman, *A Critic's Journey: Literary Reflections*, 1958–1998 (1999).

风格来表达自我。

乔治·斯坦纳（George Steiner）涉及的问题（remit）至少和哈特曼一样无边无际地广阔，或许，他代表了理解困难的外部限制，故而他的作品几乎难以吸引哪怕是极小部分的非学术社会公众浏览。阿兰·布卢姆的书籍尽管曾经畅销一时，但事实上他亦处在上述边界地带。购买《美国思想的终结》一书的绝大多数人，不太可能实际上看完这本作品，因为该书的绝大部分内容系严格学术性的，甚至有些神秘，当然，与哈特曼的作品相比还是要浅显易懂些。该作品由商业出版社出版，而非学术出版社出版，据本人所知，布卢姆撰写该著作时，在促进更加接近普通读者方面曾经获得了编辑的诸多帮助。毫无疑问，这本书的畅销也得益于索尔·贝洛（Saul Bellow）*为该书撰写的美妙华彩之序言。更早期的例子，是戴维·里斯曼的著作《孤独的人群》，这是一本写得相当漂亮却有些浓厚凝重的社会学巨著，它业已成为公共知识分子绝对经典的作品之一。

简而言之，并且也只能作出大致的界定，知识分子就"公共问题"——即政治问题面向社会公众写作，或者其写作对象至少比仅仅是学术人员或专业读者更为广泛，当然所谓的政治问题是从这一词汇最广阔的含义而言的，倘若从意识形态、道德抑或政治（也许它们全都是一回事）的视角来看的话，也包括文化问题。与学者相比，知识分子更多具有"应用性"、当代性以及"结果定位"，而与技术人员相比，则具有广维性。从这一意义来说，"知识分子"大致与"社会评论家"[14]和"政治知识分子"同义。

---

* 索尔·贝洛（Saul Bellow, 1915 - ），美国小说家，1976 年获诺贝尔文学奖。——译者

[14] 正如迈克尔·华尔泽的著作，参见，Michael Walzer, The Company of Critis: Social Criticism and Political Commitment in the Twentieth Century (1998)。

24 　　如此界定的知识分子就是(is)公共知识分子，"[汉娜]阿伦特可堪称我们当下所指的'公共知识分子'之完美体现，她把哲学训练围绕所处那个时代重大的政治主题，进行了恰如其分的——倘若不是经常相互冲突的话——运用：极权主义、犹太复国主义、种族隔离、艾克曼（Eichmann）审判、五角大楼越战报告书泄密案，等等。"[15]那么，为什么运用"公共知识分子"这一术语呢？这一概念最合情合理、简洁明了的使用，是把拥有智识素质但不象知识分子那样公开写作或演讲的人（我们可称之为"私人知识分子"），与作为知识分子写作和演讲的知识分子区分开来。本人先前就这一类知识分子例举的所有人物（杜威、左拉、斯坦纳等等），今天我们皆可称之为公共知识分子，而如今，甚至还有大学提供公共知识分子的课程培训。[16]处于中间的是一种准公共知识分子，他们的日常工作是担任政策顾问或公司顾问、政治家、法官或其他政府官

---

〔15〕 Richard Wolin, "The Illiberal Imagination," New Republic, Nov. 27, 2000, pp. 27, 28.
　　〔16〕 佛罗里达大西洋大学（Florida Atlantic University）正在提供"第一个公共知识分子教育的互动式培训项目"。该项目可授予"比较研究学（Comparative Studies）"的博士学位，它旨在面向"对普通高等教育和成为公共知识分子有兴趣的学生……该项目将探索诸如公共政策、大众媒体、文学、美学、伦理学、性、文化和修辞学等领域相互之间历史的、概念的和实践的关系。"但是，他们存在着自相矛盾。该项目陈述的激励动机是如下之关注，即当"追求高等教育能够提供识别一个人擅长的事物或领域的空间……那么，由于人们发现自身在学术市场中的位置之压力，这一空间已越来越受到限制。这一空间也已经非常拥挤不堪，因为曾经本来要进入公共生活的人们已不再进入：与欠缺思想性的媒体之困扰总是屡见不鲜的公共生活相比，学术界现在似乎已成为更具吸引力的选择。"（上述引用皆出自该项目的网站：http://www.publicintellectuals.fau.edu, 2000 年 7 月 31 日访问。）如果逐渐损害公共知识分子的正是学术专业化，并且我同意，正是在其他博士课程中很难见到希望和光明，才促使学生与学术职业的联系更加紧密，为了找到工作而必须追求专业化。已设立的公共知识分子中心，尽管它新近成立以至于难以评估，但在某种程度上更加前程远大，它"在重大的知识分子问题上重新参与社会公众，同时，审视公共知识分子如何、为什么，以及基于何种条件帮助改造社会。"该中心计划主办研讨会、基金研究项目，聘任研究员职位，维护有关公共知识分子活动的数据库。上述引证和描述皆出自该中心网页。参见，http://www.publicintellectuals.org. 该中心附属于位于芝加哥的伊利诺斯大学，提供有关公共知识分子作品的课程(但不是学位课程)。

员,[17] 而另一方面,他们又为普通读者写作。身为政治家的公共知识分子,比如,托马斯·杰斐逊、伍德罗·威尔逊(Woodrow Wilson)、西奥多·罗斯福、帕特里克·莫伊尼汉,*以及纽特·金里奇(Newt Gingrich)。担任政府官员的公共知识分子,则比如,基辛格、威廉·贝内特(William Bennett)、威廉·克里斯托(William Kristol)、莫伊尼汉(尼克松政府时期)、劳伦斯·萨默斯(Lawrence Summers)以及威廉·高尔斯顿(William Galston)。[18] 本人的兴趣在于公共知识分子作品的表达维度,即公共知识分子通过著作、杂志文章、言论作品(oped pieces)、公开信、公开演讲以及在电台或电视台出场露面等方式,与社会公众就智识主题进行的交流。在思想的运用方面完完全全属于内部性质(intramural)的知识分子,以及对伟大人物或当权者漫无边际的谄媚之人,皆不属本人意义上的公共知识分子。

让我来提醒一下读者,我在本章开篇时的话,"公共知识分子"并非自然类。我对公共知识分子的界定并非绝对正确,只是就本人的目的而言,属于最佳定义,而并不是对于每一个人来说皆如此。若将约翰·罗尔斯视为我们时代引领风骚的公共知识分子之一

---

〔17〕 参见,*Intellectuals in Politics*(Nissan Oren ed., 1984)。

* 帕特里克·莫伊尼汉,20 世纪 40 年代末毕业于美国弗莱彻外交学院,60 年代执教于哈佛,70 年代担任美国驻联合国和印度大使,曾任美国参议院情报委员会副主席。——译者

〔18〕 最早担任政府官员的公共知识分子,是西塞罗和塞尼加;他们和苏格拉底一起,构成古代社会殉道的公共知识分子之三重奏。卢修斯·塞尼加被称为尼禄的"思想家和公开的专家",参见 Miriam T. Griffin, *Seneca: A Philosopher in Politics* 128(1976),而西塞罗不仅曾担任罗马共和国的执政官,而且在朱利乌斯·凯撒被刺杀后,他在反对马克·安东尼(Mark Antony)的过程中发挥了关键性的作用,在那一刻出现了灾难性的政治判断,包括严重低估了历史上最难以对付的九十岁的奥克塔维厄斯(后称为奥古斯都)·凯撒。参见 Ronald Syme, *The Roman Revolution* 136 - 147(1939)。西塞罗被安东尼下令处死。而塞尼加则依尼禄之命自绝身亡。

的人，我的确无法与之争辩。那是真实的，此种意义亦属完全正确的公共知识分子之定义。只不过它不是本人指向的公共知识分子，因为就我个人的目的而言，主要涉及对知识分子作品的市场分析，但罗尔斯的写作没有面向一般的读者，这一事实是决定性的。把罗尔斯排除在公共知识分子以外，本人其实也不完全舒畅痛快，因为罗尔斯也频频在大众媒体中露面。本书第五章载明了本人抽样调查的媒体记录，他共拥有374次媒体"提及"，居于中等位次（在同一时期，在该章列举的546位公共知识分子名单中，最频繁提及的前第100位公共知识分子的媒体提及次数为1 200次），并且媒体提及次数超过了一些毫无疑问属于公共知识分子的哲学家，比如，托马斯·奈格尔（Thomas Nagel）、马莎·努斯鲍姆和理查德·罗蒂。（参见表5.1）所有这些真正的含义在于，尽管有些学者也围绕公共知识分子的写作主题创作，但他们并非本人意义上的公共知识分子，不过媒体对他们也有一定的兴趣。

公共知识分子与我们长期共存，即便我们对古代社会忽略不计。马基雅维利、弥尔顿、洛克、伏尔泰、孟德斯鸠以及公共知识分子思想家康德，皆属公共知识分子之典范。康德通过主张道德上惟一可以证明的政治就是基于理性的政治，而将哲学和政治联结起来了。[19]那么，如何阐释公共知识分子这一术语的最新含义呢？（罗素·雅各比[Russell Jacoby]在1987年出版的一本著作中最先提出公共知识分子这一概念。）[20] 莫里斯·狄克斯坦（Morris Dickstein）将它归于这样一种事实，即在20世纪70年代和80年代，许多美国学术人员——受到欧洲大陆、主要是法国社会理论家的影响，比

---

[19] 参见，Kant: *Political Writings* (Hans Reiss ed., 2d ed, 1991).

[20] "本人关注的，是面对一般读者和普通教育的听众发表言论的公共知识分子、作家和思想家。"参见，Russell Jacoby, *The Last Intellectuals: American Culture in the Age of Academe* 5 (1987).

如，罗兰·巴特、利奥塔、拉康和德里达——接受了一种神秘莫测、术语满纸、蒙昧主义的风格。曾经有（若是德里达的话，则应称为如今有）知识分子就公共问题进行写作，但他们不可能或者也不会采取大学以外的社会公众能够理解的方式来写作。若不是为了社会公众，奥威尔在激扬文字时也不会追求宛如玻璃窗一样透明简洁的风格。倘若要否定他们作为公共知识分子的地位，尤其是罗兰·巴特和德里达，那也太过专横武断了。他们在美国的大众媒体中有过一定频率的出现，尽管出现的次数居中等位置。[21] 文风的朦胧晦涩，实际上正是他们克里斯玛魅力的源泉之一。

电子媒体铺天盖地席卷而来，以及尤其是电台和电视对话节目泛滥成灾，伴随着对专家就公共问题评论的无尽需求，已经带给了部分知识分子一定程度的公共性，这促使他们几乎成为了社会名流。（基辛格是名人，而帕特里克·莫伊尼汉、乔治·威尔、威廉·巴克利以及不少其他的公共知识分子同样也是名人。）因此，也许公共知识分子就是名流知识分子（a celebrity intellecual）。然而，本人更偏好的定义，是在"知识分子"前面加上"公共的"这一修饰词，我旨在强调，不论这些知识分子的作品如何具有跨学科的意义以及政治上的影响，倘若不能与超出一小部分专业读者以外更多的社会公众交流沟通，就不属于本人使用这一术语层面上的公共知识分子。

这一术语的广为流传，最可能的解释是对知识分子地位重要性迟来的认可，也是对独立的（independent）和依附的（affiliated）知识分子之间变动着的平衡之迟延默认。在写作严肃知识分子作品的大学存在以前，甚至在大学业已成为知识生产的重要中心之后，本来没有人会想到，要努力区分公共（就读者的范围而言）知识分子与非公共知识分子。你之所以不面向学术读者就公共问题写作，

---

[21] 亦见，本书第5章表5.1。

是因为不存在这样的读者，或者这样的读者寥寥可数，当然，亦可归因于知识分子的人数有限，因为许多人鉴于宗教、民族、性别或婚姻地位等原因无法取得大学职位。无论如何，由于种种可能，你本人并非大学教授，甚或连大学毕业生都不是。你创作的作品所面向的，是那些更为普通的、更少专业性的读者，而非学术专业人士，当然，你的读者也许只是一小部分人，他们可能只包括政府官员、其他要人或极少数受过相当教育的精英阶层。马基雅维利、霍布斯、洛克、休谟、塞缪尔·约翰逊、伏尔泰、伯克、边沁、杰斐逊、潘恩、密尔、卡莱尔（Carlyle）、* 梭罗、爱默生——这一串20世纪以前既非教授、亦非主要面向教授写作的公共知识分子名单，还可以持续不断地娓娓道来。

伴随着现代大学——促进学术研究、并要求将有限的时间投入到专业领域、旨在优化激励创造性学术人员的学术机构——的繁荣，知识分子拥有了职业的路径，这能够促使他们在希望时可以排除干扰，而只面向其他知识劳动者挥毫泼墨，这一点已显而易见。但是，这也令他们赢得了时间，有可能就同一主题面向泾渭分明的两类读者写作，一类包括作者学术领域内的研究者和学术人员，而另一类则包括非专业人士、普通教育的社会公众。随着大学教育的日益扩张，这些人亦在不断壮大。一位学术人员，就其学术声誉或智识天赋可以转换跨越的层面而言，甚至可能就其专业领域以外的主题面向普通教育的社会公众舞文弄墨。

让我们来想想，围绕文学从政治、道德或意识形态视角写作的20世纪主要的文学评论家。他们有些人属于学者，主要为学术读者写作，比如克里昂斯·布鲁克斯（Cleanth Brooks）、诺斯洛普·弗莱（Northrop Frye）、卡内斯·伯克（Kenneth Burke）、F·R·利维斯、

---

* 卡莱尔（Thomas Carlyle, 1795-1881），维多利亚时代苏格兰著名作家、诗人、历史学家。——译者

以及 R·P·布莱克姆（R. P. Blackmur）。有些人既面向学术读者也面向非学术读者写作，比如 C·S·刘易斯、莱昂乃尔·特里林、爱德华·萨义德、弗兰克·柯摩德（Frank Kermode）、罗伯特·阿尔特（Robert Alter）、哈罗德·布卢姆（Harold Bloom）、乔治·斯坦纳。而有些人并非学术人员，比如爱德蒙·威尔逊、爱伦·泰特（Allen Tate）、兰德尔·贾雷尔（Randall Jarrell）、沃尔特·本杰明（Walter Benjamin），但他们却同时针对学术读者和非学术读者写作。并且，有些人虽算不上学术人员，他们写作也主要针对非学术读者，但是，学术人员却十分乐意阅读他们的作品，例如，T·S·艾略特、W·H·奥登、以及乔治·奥威尔。20世纪的道德和政治哲学领域亦是如此，我们可以看到，严肃的学术作者，诸如伦福特·班布罗（Renford Bambrough）、克里斯汀·考斯佳（Christine Korsgaard）、奥劳拉·奥内尔（Onora O'Neill）、以及德雷克·帕菲特（Derek Parfit）;*交叉型学者，则比如伯兰特·罗素、约翰·杜威、海德格尔、萨特、阿伦特、西德尼·胡克、伊塞亚·伯林、理查德·罗蒂、托马斯·奈格尔、皮特·辛格（Peter Singer）以及马莎·努斯鲍姆；而还有少数非学术人员，比如弗洛伊德、奥利佛·温德尔·小霍姆斯、阿道斯·赫胥黎（参见本书第六章）、以及阿尔伯特·加缪。[22] 并且，在其他领域亦属如此——法律、历史学、社会学、心理学和政治学——尽管在某些领域，人们也许不得不回溯至19世纪，找寻对于公共论

---

  * 克里斯汀·考斯佳，哈佛大学哲学系主任，女哲学家。德雷克·帕菲特，英国哲学家。——译者

  [22] 意味深长的是，他们被称为"未在学术界浮浅虚夸和自我意识之风冲击下堕落的哲学家。"参见，John Cottingham, Review [of a recent translation of *The Myth of Sisyphus*], *Times Literary Supplement*, Aug. 25, 2000, p.13. "[加缪]最不喜欢巴黎知识分子的一点是，他们自负地确信，他们对任何事情皆要发言，而对任何事情的评论皆可以缩减为他们爱说的那种话。他还对第一手知识与知识分子意见大胆表达之间的富有特色的逆反关系，进行了评论。"参见，Tony Judt, *The Burden of Responsibility: Blum, Camus, Aron, and the French Twentieth Century* 121 (1998)。

辩曾经作出过突出贡献的重要的非学术人员之典范,比如,经济学领域的边沁和密尔,人类学领域的梅因。

在即将告别20世纪之际,独立的公共知识分子与学术公共知识分子之间的平衡业已打破。非学术公共知识分子的相对数量已经萎缩——倘若以卓越或者贡献的因素来权衡其量度的话,它是如此急剧地江河日下。在20世纪前半期的知识分子史上,许多非学术公共知识分子渐次展现于人们的视野,例如,奥威尔、凯斯特勒、阿尔伯特·加缪、霍姆斯、布兰代兹、弗兰克福特、弗洛伊德、列顿(Lytton)、沃尔特·本杰明、马克斯·伊斯特曼(Max Eastman)、爱德蒙·威尔逊、H·G·威尔士、T·S·艾略特、乔治·萧伯纳、T·E·劳伦斯、托马斯·曼、赫伯特·克罗利(Herbert Croly)、*刘易斯·芒福德(Lewis Mumford)、德莱特·麦克唐那(Dwight Macdonald)、詹姆斯·鲍德温(他和奥威尔一样,未受过大学教育)、以及沃尔特·李普曼(Walter Lippmann);而准学术公共知识分子亦不断闪现,比如,马克斯·韦伯,他仅仅曾间断地在学术机构工作过,菲利普·拉甫(Philip Rahv),他是在多年担任自由撰稿人和编辑之后才成为教授的。在19世纪的知识分子史上,非学术公共知识分子甚至更多地涌现于人们的脑海:我们只需想一想,边沁、托克维尔、马克思、爱默生、梭罗、狄更斯、约翰·斯图亚特·密尔、赫伯特·斯宾塞、马修·阿诺德(Matthew Arnold)、哈瑞特·比茨尔·斯托(Harriet Beecher Stowe),**而且在他们之中还具有学术个性自由张扬的弗利德里克·尼采、以及亨利·亚当斯。本人列举姓名的所有人士,时至今日已近乎全都是专职的学术人员,或者至少(倘若就法官和作家

---

* 赫伯特·克罗利,美国作家、编辑、政治哲学家,《新共和》周刊创刊人,代表作《美国生活的前途》(1909年)。——译者

** 哈瑞特·比茨尔·斯托(Harriet Beecher Stowe, 1811–1896),新英格兰小说家、反奴隶制度作家,代表作《汤姆叔叔的小屋》(1852)。——译者

的情形来说）曾有过多年的专职学术经历。大学的扩张和完善，已与非学术公共知识分子的衰落构成了连锁之互动。

20世纪的下半叶，也出现了众多的非学术公共知识分子，他们经不懈的努力，赢得了声誉——在美国人当中，人们可以举出如下例证：苏珊·桑塔格（Susan Sontag）、雷纳塔·阿德勒（Renata Adler）、汤姆·沃尔夫（Tom Wolfe）、威廉·贝内特、刘易斯·芒福德、爱恩·兰德（Ayn Rand）、玛丽·麦卡锡（Mary McCarthy）、欧文·豪（Irving Howe）、简·雅各布斯（Jane Jacobs）、戈尔·维达（Gore Vidal）、迈克尔·哈林顿（Michael Harrington）、蕾切尔·卡逊（Rachel Carson）、詹姆斯·鲍德温、查尔斯·穆雷（Charles Murray）、希尔顿·克雷默（Hilton Kramer）、诺曼·波德霍雷茨（Norman Podhoretz）、威廉·F·巴克利、欧文·克里斯托，*[23] 以及——也许其中最具影响

---

* 苏珊·桑塔格，美国作家、当代最重要的理论批评家，著名女权主义者。爱恩·兰德（1905-1982），前苏联流亡女作家，她并非一位经济学家，但是构成她的许多小说和散文的精神要旨——客观主义哲学却为"依靠市场经济"的理论提供了强有力的精神支柱。玛丽·麦卡锡，美国小说家、评论家，以尖锐的批判和诙谐的小说著名，著有《一个天主教少女的回忆》、《国家的假面具》等。欧文·豪，美国著名评论家。戈尔·维达，美国剧作家、艺术评论家、散文作家及小说家，著有讽刺戏剧《麦拉布雷肯里吉》，以及历史三部曲《伯尔》、《1876》、《林肯》。迈克尔·哈林顿，美国社会民主党思想家。威廉·F·巴克利，博学多才的编辑、作家。欧文·克里斯托，美国新保守主义思想家，被喻为"新保守主义教父"，妻子为历史学家格特鲁德·辛美尔法伯。——译者

[23] 克里斯托担任学术职位有一些年头，但他从未从事过学术写作。顺便指出，本人所举例证皆限于美国。20世纪下半期最著名的非学术公共知识分子几乎都是外国人，比如哈维尔、索尔仁尼琴（Solzhenitzyn），这一点并不是偶然的；与美国的知识分子相比，他们生活在一个更具有挑战性的环境之中。

的当属贝蒂·弗里丹（Betty Friedan）。[24] 但这一数目已经赶不上早期了，尤其是当人们考虑受教育人口日益增长、公共知识分子写作和发言的途径更广等因素的时候。独立的知识分子已为学术知识分子取而代之。自20世纪50年代以来，也许还要更早些，这一趋势就已显而易见。[25]

人们已经注意到了知识生活的学术化，并为之倍感惋惜，[26] 这样说是多么的公正啊，本书接下来的几章将对此进行分析。至于评估的问题，让我们暂时搁置在一边吧，这一趋势却是明明白白、

---

[24] 贝蒂·弗里丹的《女性的奥秘》(*The Feminine Mystique*) 一书于1963年首次出版，就其影响而言，该书堪与西蒙娜·德·波伏瓦（Simone de Beauvoir）的《第二性：现代妇女运动的共产主义宣言》(The *Secound Sex*, *the Communist Manifesto* of the modern women's movement) 相比。我在此谈论的是影响，而非著作的质量。参见，Alan Wolfe, "The Mystique of Betty Friedan: She Helped to Change Not Only the Thinking but the Loves of Many Amercian Women, but Recent Books Throw into Question the Intellectual and Personal Sources of Her work," *Atlantic Monthly*, Sept. 1999, p.98. 就二战后最有影响的其他美国非学术公共知识分子而言，我举的例子是爱恩·兰德、威廉·F·巴克利、以及蕾切尔·卡逊。

[25] 参见，Lewis A. Coser, *Men of Ideas*: *A Sociologist's View*, ch. 20 (1965); 亦见，Steven Biel, *Independent Intellectuals in the United States*, 1910 – 1945, ch 1. (1992).

[26] 比如参见，Thomas Bender, *New York Intellect*: *A History of Intellectual Life in New York City*,, *from*1750 *to the Beginings of Our Own Time* 343 (1987); Jacoby, 前注 [20]; Jacoby, *The End of Utopia*: *Politics and Culture in an Age of Apathy* (1999); Josef Joffe, "The Decline of the Public Intellectual and the Rise of the Pundit," in *The Public Intellectual*: *Theory and Practice* (Arthur M. Melzer, Jerry Weinberger, and M. Richard Zinman eds., forthcoming). 约瑟芬·爱泼斯坦主张，现代"公共知识分子"是真正的知识分子之堕落。参见，Joseph Epstein, *Commentary*, May 2000, p.46. 请对照，Bruce Robbin, "Introduction: The Grounding of Intellectuals," in *Intellectuals*: *Aesthetics*, *Politics*, *Academics* ix (Bruce Robbins ed., 1990), 尽管注意到学术公共知识分子的批判，但他论辩道，左翼知识分子学术上的依附，以及这些知识分子边缘化所造成的损失，并没有从根本上削弱其影响社会之能力。他在其著作《世俗的职业：知识分子、职业、文化》(*Secular Vocations*: *Intellectuals*, *Professionalism*, *Culture* [1993]) 之中，更加强调地重复了这一论断，本书将在第4章对此进行简要讨论。关于中间派的观点，参见，Ron Eyerman, *Between Culture and Politics*: *Intellectuals in Modern Society*, ch. 7 (1994).

绝对没错的，而此处，尚有一些其他的证据。20世纪下半期不胜枚举的卓越超群的学术公共知识分子，比如丹尼尔·贝尔、内森·格拉泽（Nathan Glazer）、欧文·豪、戴维·里斯曼，他们不具备我们今天聘任学术职位（法律方面除外）的基本要件：他们当中没有人撰写过博士学位论文。麦克乔治·邦迪（McGeorge Bundy），*一位著名的公共知识分子，尽管其学术生涯处于他职业的早期，不具备博士学位，却担任了哈佛大学艺术和科学系主任——而这在今天，几乎是无法想像的。今天类似这样的人，倘若他不成为律师的话，就不得不向博士学位工厂提交精心准备的论文，并以更优秀的学者身份抛头露面，但却可能是更缺乏情趣的知识分子。从韦伯所论及的职业化、官僚化和理性化层面而言，学术界甚至正在日益学术化，这已经越来越不适应自由精神了，牛虻（"有终身教职的牛虻"[tenured gadfly]，听起来就像是一种矛盾的修饰）、嘲笑者——即"有些人"，正如爱德华·萨义德指出，"他的位置就在于，公开提出令人尴尬的问题，促使正统观念和教条相互之间产生矛盾（而非制造这些冲突），令其成为政府或组织不可能轻易指定的人。"[27]公共知识分子是什么，如果这就是的话，那么，现代大学就有可能将其驱逐出知识生活。

然而，萨义德的定义过于狭窄。它默示地意味着，值得提出的惟一抵抗是针对政府和组织。那可谓萨义德本人关于政治的恰当描述，他太左了。但是，教条并非仅仅是对政府和组织的防护。教条包括宗教教义、社会教条（比如，新保守主义）以及不限于政党的政治教条。今天，还有所谓的学术教条，比如，左翼文化人士、

---

* 麦克乔治·邦迪，美国政府官员、教育家，曾任哈佛大学艺术和科学系主任，1966年任福特基金会主席。——译者

[27] Edward W. Said, *Representations of the Intellectual*: *The 1993 Reith Lectures* 11 (1994).

奥地利经济学派以及利奥·施特劳斯后继者的教条。进而，知识分子通常物以类聚、人以群分；事实上，他们中几乎很少有人秉承了苏格拉底、梭罗、尼采、加缪和奥威尔如此的传统，属于真正桀骜不驯的个人主义者。从对立的立场出发，也不存在任何必需如此的价值；它取决于一个人抵抗的东西究竟是什么。知识分子抵抗之反应，常常会导致他们对于同仁的观点和价值不加思索地断然反对，并且在共产主义时代，这种反对是灾难性的。[28]

当然，萨义德的论述是针对特定事项。"与通行的规范作斗争",[29] 也许称不上是对知识分子、甚至对公共知识分子界定的构成部分，不过，它却属公共知识分子的特征，并且也许赋予了他们一种与众不同、尽管决非纯粹的社会价值。"知识分子的角色，并非告诉他人，他们必须做什么。"而是"一次次地针对被视为不证自明的当然提出质疑，打碎人们的精神习惯、行为模式、以及思维方式，驱散人们熟悉而接受的观念，重新审视规则和制度。"[30]这，就是苏格拉底象征的立场，苏格拉底相对于公共知识分子之群体，恰似耶稣相对于基督教一样：作为创立者、被逐者和殉道者。[31]

人们看到的公共知识分子，在此处可以解释为"专门促使人们对显而易见的事物陌生化"，"权威平和的扰乱者",[32] 他们促进思想和生活方式的多样化，而这一点正是密尔在《论自由》一书中主

---

[28] 有关这一问题出色的讨论，参见，Michael Novak, *Unmeltable Ethnics: Politics and Culture in American Life*, pt. 2 (2d ed. 1996).

[29] Said, 前注 [27], 页 36。

[30] Michel Foucault, "The Concern for Truth," in Foucault, *Politics Philosophy Culture: Interviews and Other Writings 1977–1984* 255, 265 (Lawrence D. Kritzman ed., 1988).

[31] 苏格拉底众所周知的其貌不扬（ugliness），对应着十字架上基督的肉体卑贱，关于这一点，参见，Paul Zanker, *The Mask of Socrates: The Image of the Intellectual in Antiquity* 32–39 (1995).

[32] 两处引证皆出自，Anthony G. Amsterdam and Jerome Bruner, *Minding the Law* 237 (2000).

张的个人自我实现和社会进步的先决条件。知识分子是一位"反讽者","不相信有什么特别好的词汇之人……尽管她会暂时继续使用目前这一词语,她会培养起对它的激进而持久的狐疑,并且不与它所叙述的主张毫不相干,以寻求保障抑或化解这些疑问。"[33]

必须把抵抗性(oppositionality)与抵抗(opposition)区分开来。以一种教条反对另一种教条,属于一种抵抗的形式。教条主义的公共知识分子(有时可称之为"有机型"知识分子)从来都比比皆是。而抵抗的立场,正如奥威尔、加缪这样的公共知识分子之立场,他们立足于社会边缘而指点江山,他们所反对的与他们所支持的相比,显得更加旗帜鲜明。他们的反叛性以及自我意识的边缘化,使他们有别于诸如萨特之类的社会批评家,因为萨特批判的基础乃是建立在教条之中的。[34] 在本书第九章对理查德·罗蒂和马莎·努斯鲍姆的比较分析中,我们就可以看到比这种两分法稍微缓和的版本。

相关的一点是,公共知识分子趋向于成为反冲压器(counter-puncher)。无论是抵抗的抑或教条的,公共知识分子都非常可能对一些当代的事件或情景(比如,克林顿总统弹劾案、大学"危机"、克隆、性道德衰落或者互联网对私隐的威胁)、或者对有关事件或情景的评论作出反应,而并非沿着一条轮廓分明的研究路径继续前进,那是学术的风格。公共知识分子通过参与社会公众关注的一些

---

[33] James Conant, "Freedom, Cruelty, and Truth: Rorty versus Orwell,"*in Rorty and His Critics* 268, 277 (Robert B. Brandom ed., 2000). 该文概括了罗蒂的观点。

[34] 在学术公共知识分子中,摆出一幅边缘化的姿态(*pose*)也是不足为奇的,萨义德举了一个恰如其分的例子,哥伦比亚大学一位终身教授基于他具有巴勒斯坦阿拉伯血统,而声称他处于外部人(outsider)地位。这一姿态当然并不能令人心悦诚服。萨义德的言论或者其外部表现并没有标志着他为外国人,并且无论如何,美国人一般并不视外国人为外部人,正如我们可以见证到亨利·基辛格所从事的职业,而另一位德国移民纪哈德·卡斯珀(Gerhard Casper),则最近刚从斯坦福大学校长的位置上退休。

事件而掌握读者。鉴于读者的注意期短暂，故公共知识分子必须灵活应变、快速转移。并且，由于公共知识分子传播的是观点，而不是新闻，因此，他倾向于提出极端的主张（或者，也许趋向于提出偏激主张之人，更可能认为公共知识分子职业构成一种引人入胜的职业）；否则难以获得社会公众的注意。

公共知识分子属于社会批评家，而不仅仅是社会观察家。科学的观察或者受传统态度影响的一般性观察，可以交给聘用的新闻人员去做，他们不同于自由撰稿的报刊人士，或者也可留待大学、政府或思想库聘用的社会科学家去做。他们是附属于机构的——依附的——知识分子，并且人数众多。在社会空间中，还应该为自由不拘的知识分子留有一席之地——反叛者、异教徒、知识分子空想家（*Luftmenschen*）。知识分子，"通常被视为外部人、社会的良心以及真正价值和理念的支持者。"[35]（因此，耶利米和其他《圣经旧约》中的预言家亦属公共知识分子的远祖。）他们既全力投入，亦淡泊超然。公共知识分子，充其量也是一种艰难的角色，对安于大学教授职任保障的知识分子来说，扮演这一角色——内部人装扮成为外部人——可真是颇为艰难。

必须承认，任何对同一时代的知识分子予以评价的努力，皆存在选择偏见之风险。没有任期保障之勇气，不会匀出为大众刊物撰文写稿的时间，而职业的学术人员也不可能预期获得与登峰造极的已故知识分子同样的名气。文化悲观主义的主要发源之一，是倾向于将过去最卓越超群的知识分子与当今的一般水平相比较，而时光的流逝会淘尽过去时代中的平淡之人。此情此景，怀乡色彩和浪漫主义亦构成危险。并且，难以应对的还有证据问题，这一点也许无法克服。我不想掉进上面任何一个陷阱之中。因此，当我说到公共知识分子衰落时，便得格外谨慎小心。确定无疑的是，20世纪

---

[35] Hollander，前注〔2〕，页48。

的大学急剧扩张，并且，大学的聘任可以向打算从事公共知识分子职业的任何人提供闲暇、资格和经济保障，未来的公共知识分子几乎没有人不会去寻求如此职位。在专业化的时代，可替代的主要选择——新闻出版业——对于志在千里的公共知识分子而言，并不是一个具有吸引力的职业，甚至不属于一项可行的选择；新闻记者不具有获取专业知识的良好条件。在今天，尽管甚至为数众多的公共知识分子属于新闻记者，比如，威廉·巴克利、安德鲁·萨利文（Andrew Sullivan）、乔治·威尔、克里斯托弗·希京士（Christopher Hitchens）、格里格·易斯特布鲁克（Gregg Easterbrook）、以及里昂·维塞尔梯阿（Leon Wieseltier），* 但在非学术公共知识分子的排位中，他们在数量上可能已经落后于先前系学术公共知识分子的人，比如罗伯特·博克、帕特里克·莫伊尼汉、威廉·克里斯托、威廉·贝内特以及亨利·基辛格。甚至在身为作家的公共知识分子之中，比如，索尔·贝洛、E·L·多克特罗（E. L. Doctorow）、约瑟芬·爱泼斯坦、诺曼·梅勒（Norman Mailer）、辛西娅·奥兹克（Cynthia Ozick）、以及戈尔·维达，他们中的许多人皆拥有兼职甚至专职的学术职位。从可以预见的未来而言，公共知识分子的主导类型似乎将是专职教授或至少属于名义上的专职教授。

而且，我们必须考虑，"思想库"兴起这一因素的影响——一般说来，思想库不依附于大学，是一类无教学任务的研究机构（最显著的例外是，胡佛战争、革命与和平研究所［the Hoover Institution on War, Revolution and Peace］附属于斯坦福大学），它的定位是应用研究而非基础研究，针对的是公共政策而非科学、技术或者文

---

* 里昂·维塞尔梯阿，《新共和》文学编辑。——译者

类型、形式和风格

在本书引言之中,我提到了公共知识分子作品存在各种不同的类型。在此,本人将对部分类型(参见表1.1)予以详细说明,并对类型与形式和风格稍作区分。

表1.1 公共知识分子的类型

自我大众化(self-popularizing)
本人领域的政策建议(Own-field policy proposing)
即时评论(Real-time commentary)
预测性评论(Prophetic Commentary)
悲观主义预测(jeremiad)
一般的社会批评(General Social Criticism)
专门的社会批评(Specific Social Criticism)
社会改革(Social reform)
政治色调的文学批评(Politically inflected Literary Criticism)
政治讽刺文学(Political satire)
专家证言(Expert testimony)

"类型"这一术语,暗示着一种表达性的活动;人们并不会要求考究公共知识分子作品的类型。本书所关注的,是表达性的公共知识分子作品,但对于有关将某人的学术作品转换成受普通教育的社会公众能够理解的形式之类型,本人没有太大的兴致。这种类型可以称为自我大众化。举个例子,阿玛蒂亚·森*的著作《作为自由的发展》(*Development as Freedom*)。这是一本为普通文化的社会

---

* 阿玛蒂亚·森,印度籍经济学家,英国剑桥三一学院院长,因对福利经济学的贡献获1998年诺贝尔经济学奖。——译者

公众写作的有关经济发展的政治经济学著作，它面向的不是森的经济学家和哲学家同仁。基本说来，该书是对森学术著作的概述，他的学术著作对于社会公众而言显得有些高度技术化。[38] 更为恰当的例证，是关于现代美国人性习惯的一项调查——国民健康和社会生活调查。该项调查由一批学术人员主持进行，调查结果由学术出版社出版。[39] 与此同时，调查组吸收了一位共同作者，《纽约时报》的科学记者吉娜·凯拉塔（Gina Kolata），并在商业出版社出版了该项研究成果的节选本，题为《美国的性》。

本人之所以略过此类公开表达的作品，而不作更多的评论，是因为与本书评估关系密切的主要问题，除了作品能否在掌握一般读者的适当层面上写作以及此种"转换"是否准确之外，[40] 更在于作品的思想是否优秀，那是一个有关学术思想的问题，而不是关于公共知识分子作品中与众不同的特质。从一种饶有兴趣的意义上而言，自我大众化的作者在处于这一身份时，与其说象是一位公众知识分子，还不如说是一位新闻记者或出版人士；性习惯调查组在引进一名记者作为研究成果通俗版本的共同作者时，明确承认了上述事实，这一点颇为可取。森的著作有些不太象著名的经济学家为一般读者写作的另外两本众所周知的作品，哈耶克的《通往奴役之路》和弗里德曼的《资本主义与自由》，它们在类型的层面上可能很容易令人疑惑。这些著作跨度广阔、纵横驰骋，远远超越了作者本身的学术专业领域。他们与一般读者交流的，只有一小部分属于

---

〔38〕 面向非专业读者的经济学著作，在经济学中（尽可能地）避免一切政治和意识形态问题，而不象是森的充满强烈规范性的著作，这些著作根本就不在本人界定的公共知识分子作品的范围内。

〔39〕 Edward O. Laumann et al., *The Social Organization of Sexuality: Sexual Practices in the United States* (1994).

〔40〕 当与学术研究成果同时出版时，正如刚刚我们所探讨的情形，这些根本不可能存在问题。

见到佛罗里达州最高法院如此不当地强制实行重新计票程序,然而,更不可谅解的是,他们忘记了这种干预的可能性,即《宪法》第二条载明的条款,规定了各州"以其立法规定的方式"[42]选择总统候选人,这提供了联邦最高法院干预之基础。联邦最高法院可能并不是基于政治原因而干预,而是由于关注选举僵局悬而未决对国家可能造成的损害,因为它可能要拖延至 2001 年 1 月国会举行会议计算选票之时,这些专家们对于此种可能性竟然毫无察觉。甚至在 12 月 4 日,最高法院以《宪法》第二条为依据作出第一次司法意见时,[43]大多数学术评论人仍未预期法院会在选举僵局中发挥决定性的作用。作为公共知识分子的法学教授阿克希尔·利德·阿玛尔(Akhil Reed Amar)对这一司法意见的反应最为典型。在 12 月 5 日针对联邦最高法院的角色是什么的提问时,阿玛尔回答道:"基本上而言,很小。联邦最高法院在此阶段只是小规模地轻便出场,而现在我则认为,它宁可风度优雅地转身退出。"[44]一周以后,联邦最高法院裁决终止佛罗里达州的重新计票,从而化解了这一总统选举僵局。

另一种特别值得质疑的公共知识分子表达活动的类型,是预测性评论,诸如经济悲观主义者和生态悲观主义者的预测,当然在这些人群之中,也存在乐观主义者,就像马歇尔·麦克卢汉(Marshall McLuhan)、*乔治·贾尔德(George Gilder)、以及阿尔温·托夫勒。文化悲观主义者的预测性评论,我将以悲观主义学派为标题单独探讨,这是一类具有特别僵化习惯的公共知识分子类型。与此联系最为密切的,是一般的社会批评,比如理查德·罗蒂的作品,它与

---

[42] U. S. Const. art. II, § 1, cl. 2.

[43] Bush v. Palm Beach County Canvassing Board, 531 U. S. 70 (2000) (per curiam).

[44] National Public Radio, *Morning Edition*, Dec. 5, 2000.

* 马歇尔·麦克卢汉,媒体哲人,在 20 世纪 60 年代提出所谓"地球村"的概念,他有句名言:"媒体就是信息(The medium is the message)。"——译者

《耶利米书》的区别仅仅在于,更少坚持运用末日审判的引喻。罗蒂,以及在很大程度上马莎·努斯鲍姆,我将在本书第九章中对他们进行讨论,他们亦提出了具体的社会改革建议。此种改革建议超越了公共知识分子本来的学科领域的界限,故而不同于本人领域的政策建议。努斯鲍姆将她有关教育、同性恋权利以及第三世界妇女受压迫的改革建议,与其经典作品和哲学的学术领域联结起来,但由于她的建议超出了她本人的学科专业之外,故而这种联系被大大地削弱。

本书引言中提及的其他类型——专门的社会批评、政治色调的文学批评、政治讽刺文学以及专家证言——仅在此最后作进一步的阐释。它说明了类型与形式之间的交叉重叠。对当下正在进行的论辩予以评论,属于即时评论的类型,但它也可以采取言论文章、书评、电台或电视台对话、师生辩论会或者整版付费公告等形式。从原则上而言,对于公共问题的同一项评论,可以采取文章的形式,或者在诉讼案件中也可以采取宣誓陈述书的形式。因此,专家证言可以归类为一种公共知识分子作品的形式,而非一种类型。然而,法律程序的规则和运用是如此各具特色,以至于公共知识分子所作的证言本身也构成一种虽微不足道、却魅力独到、令人狐疑的公共知识分子表达类型,我们在本书第九章将会看到。

最后,公共知识分子的论辩还存在不同的风格。比如,论辩性风格;本人将在第三章中探讨的"求异"(splitting the difference)或者"求同"(above the fray)之风格;蒙昧主义风格;新闻体风格;公开声明风格;学术性风格——以及伪学术风格。

第二章

公共知识分子市场

我们[公共知识分子]在预测之时,便可获益。[1]

成为一名学术公共知识分子是一种职业,[2]尽管它是兼职和结构松散的职业,并正如其他职业一样,也可以运用市场的术语来分析。在需求和供给相交之处,存在着一个公共知识分子市场。人们可以调查这一市场的每个方面,就社会公众阅读或聆听学术人员针对社会公众关注的问题所作陈述而言,考察创造这一需求的因素,以及供给适应上述需求的决定因素。同时,人们可以尝试对这一市场的运作进行评估。过去是否有人试图从经济学的视角研究公共知识分子,本人并不清楚,但正如我们将看到的,既然公共知识分子在很大程度上是一种名人现象,因此早期对名气和声誉进行的

---

[1] Michael Eric Dyson, *Race Rules*: *Navigating the Color Line* 70 (1997).

[2] 戴维·布鲁克斯(David Brooks)在其作品中颇为有趣地对此作了讽刺,参见,David Brooks,, *Bobos in Paradise*: *The New Upper Class and How They Got There* 153 – 177 (2000).

经济分析当然显得密切相关。[3]

在阅读本章以及此后三章时,应该记住,智识内容(简称为"信息")并不必定是公共知识分子作品惟一有价值的特征。产品对于消费的社会公众而言,通常具有多维的价值。食物的价值主要体现为营养,它的味道,并且食物还作为一种财富、文雅、有时甚至是意识形态的符号,正如素食主义或恪守什么可以进食的宗教限制那样。赌博对风险偏好者的价值在于其预期效用,而对其他人来说,则在于它带来的兴奋及其氛围。公共知识分子的作品连同其他表达性产品,其价值不仅是作为信息,而且它还属于一种娱乐,并且是一种"协同商品"(solidarity goods),即对于志趣相同之人提供协同点的符号商品。[4] 甚至当人们讨论符号商品时,以及即便人们不属于后现代主义的真理怀疑论时,真理和质量也并非同义词。本人强调的是公共知识分子作品的信息维度。本书主要从这一视角出发详细探讨的一些问题,诸如承诺、可信性以及质量,皆意义重大。它也正是公共知识分子本身强调的维度,也是最可能产生社会而非纯粹私人收益或成本之视角。然而,其他的维度也非常重要,并且,本人将频繁地诉诸这些维度。

---

[3] 最新的研究(当然亦引证了早期的成果),参见,Tyler Cowen, *What Price Fame*? (2000)。对名人的社会学分析,约书亚·盖姆森((Joshua Gamson)的著作描述得非常充分,柯温(Cowen)的作品亦一样,本人将引用,参见,Joshua Gamson, *Claims to Fame: Celebrity in Contemporary America* (1994).

[4] 参见,Cass R. Sunstein and Edna Ullmann - Margalit, "*Solidarity Goods*," *Journal of Political Philosophy* (forthcoming); 比照,Gary S. Becker, "A Note on Restaurant Pricing and Other Examples of Social Influences on Price," in Becker, *Accounting for Tastes* 195 (1996); Eric A. Posner, *Law and Social Norms*, ch. 11 (2000); Eric A. Posner, "The Regulation of Groups: The Influence of Legal and Nonlegal Sanctions on Collective Action," 63 *University of Chicago Law Review* 144 (1996).

需　求

公共知识分子的表达性产品不同于他们的咨询服务和其他非公众服务，其大致的需求来源于杂志编辑（包括在线杂志的编辑）、报纸言论版编辑、出版社（包括学术出版社和商业出版社，近来，学术出版社也开始努力开拓纯学术领域以外的市场）、搜寻有引用价值之评论的记者、征求毕业典礼演讲人的大学以及电台、电视台对话节目[5]和纪录片的制片人。近几十年以来，公共知识分子能够接触社会公众的管道已大大扩张。除了电视频道数量增加和互联网兴起之外，我们还可以估量一下自从1960年以来刊发公共知识分子作品的新期刊的数量，比如《纽约书评》、《公共利益》、《大事》(*First Things*)、《共通语言》(*Lingua Franca*)、《新标准》(*New Criterion*)、《美国视角》、《波士顿评论》、《标准星期报》(*Weekly Standard*)、以及《国家利益》，而先前的此类刊物（比如《纽约客》、《国家》、《新共和》、《国家评论》、《外交事务》、《美国学者》、《评论杂志》、《党派评论》[*Partisan Review*]、以及《异见》[*Dissent*]）仍然在继续出版，主要除《相遇》(*Encounter*)之外。

公共知识分子越来越接近社会大众，这是否反映了社会公众对公共知识分子作品的需求更大，抑或映射了媒体竞争的扩大，或者体现了这两种情形呢，皆不明晰。它体现的也许是两种情形，但第一种情形占据主导地位。媒体是社会公众需求而非原始需求者本身的管道。只有社会公众乐意阅读或聆听知识分子的话语，他们才

---

〔5〕我记得一些严肃的、新闻定位的对话节目，而记不起名人访谈节目，关于这一类节目，参见，Gamson，前注〔3〕，页101-104。有关两种对话节目的类型，参见，Howard Kurtz, *Hot Air: All Talk, All the Time* (1996), esp. ch. 7.

会将知识分子的话语填满报纸和杂志的空间,充斥电台和电视台的播放时间。尽管人们批评美国教育与过去相比没有什么起色,大约只有小部分美国人看来对政治、经济和社会性质的时事有所兴趣,并有合理充分的了解;[6]然而同时,伴随着人口的绝对增长,普通美国人接受学校教育时间的增加,[7]受过教育的闲暇老人数量在不断上升,政府规模在日渐扩大(请不要忘记,本人对公共知识分子界定的一部分,是针对具有政治或意识形态维度的事项进行写作),这也可以解释公共知识分子日益扩张之市场。

可能需求,但并不必须。普通文化的社会公众愿意阅读或聆听学术专家就他们感兴趣的问题发表意见,尽管这点看来似乎显而易见,但反思片刻就会驱散这一印象。社会公众是想知道,专家们对于他们感兴趣的事件到底如何思考,然而,为什么他们希望专家本人应该对其思想作出详细陈述呢?倘若经济学家一致相信,租金控制是无效率的,那么,这可谓一种社会公众有兴趣或应当有兴趣的材料。不过,这种材料也可以由资深记者来充分报道,我们还可以设想,相对于学术型经济学家而言,资深记者是面向社会公众、沟通专家研究成果的更恰当的专家。使用非专业人士容易理解的术语,报导与他们日常生活有些许相关的、甚或只能激发或满足其好奇的学术成果,这不同于学术研究,而是一个特定专业领域,并且,它是报刊人士、编辑、通俗作家、政治家以及公共关系和广告从业人员谋求的专业。对于学术人员来说,由本人实施自我大众化听起来就像是专业化不足,是拒绝承认劳动分工收益的。它就像是

---

[6] 比如,参见,Robert D. Putnam, *Bowling Alone: The Collapse and Revival of American Community* 35 – 36 (2000).

[7] 在1960年至1998年间,完成4年高中教育以上的美国成年人口的比例,自41.1%攀升至82.8%,并且,完成4年大学教育以上的比例从7.7%上升到24.4%。参见,U. S. Census Bureau, *Statistical Abstract of the United States* 1999 169 (tab. 263) (119th ed. 1999).

护药品以及永久性的整容。

对于促进买方对信用商品卖方的信任而言，市场存在着诸多设计措施。第一项设计是广告，它是可信性最次的方式（除了它与下文将讨论的第五种设计相互配合使用以外）。第二项设计是法律上可执行的担保。第三项设计，是以先前消费者经验为基础的声誉。即便大多数消费者从未发现产品有瑕疵，以及事实上发现产品瑕疵的人拖拖拉拉以至并未采取任何措施，然而，这些消费者不愉快的经历累积起来，还是可能会出现在其他消费者的意识之中，阻碍他们购买有关产品。第四项设计是消费中介，诸如百货商店、经纪人、投资顾问或产品服务评级，后者比如《消费者报告》或《迈克林指南》（the Michelin guides）。在学术市场中，指定期刊和学术出版社发挥着上述作用。第五项设计，是卖方重复进行交易的希望，或者更准确而言，因短期策略而导致卖方失去未来收益的成本：换言之，即从这一市场退出的成本。如果卖方被发现欺骗消费者的话，他失去的会更多（假如他被驱逐出这一市场的话，从他不可能获得补偿的意义而言，他将在这一市场上"沉淀"更多的成本），并会因此声誉扫地，故他实施欺骗的可能就会更小。[11] 倘若知道或感觉到这点的话，消费者对这一卖方的产品便会合情合理地拥有更充分的信心。商家耗费大量金钱创造一种流行品牌，但如果消费者发现，产品并没有品牌所代表的东西良好时，该品牌就可能毫无价值，这将构成另一种形式的沉淀成本，品牌与广告的关系即来源于这一事实。

与检验品和信用品的区分相平行的另一种区别，是监控产出与监控投入之间的区别。如果卖方产出的质量能够轻易测定，则潜

---

[11] 参见，Benjamin Klein and Keith B. Leffler, "The Role of Market Forces in Assuring Contractual Performance," 89 *Journal of Political Econmy* 615（1981）。一般的分析，参见，*Reputation: Studies in the Voluntary Elicitation of Good Conduct*（Daniel B. Klein ed., 1997）。

在的买方就决无理由对卖方投入的质量感兴趣。然而，倘若产出的质量不可能轻易确定，那么，确定质量的次优方式可能就是监控投入的质量。对于终身制联邦法官候选人进行细致的甄别，就是一个在产出质量难以测定的市场上监控投入的事例。再举另一个例子，假如我们有信心认为，法院可以令人信服地判断一宗交通事故的社会成本，以及本来采取有关措施将能避免这一交通事故的社会成本，则我们完全可以依赖侵权法制度来优化交通事故——交通事故可以视为道路使用的一种产出——的数量。可是，我们对此缺乏信心，因而我们也坚持对投入进行规制，比如，人们驾驶车辆的速度。类似地，在信用品的情形下，我们对卖方的动机和生产高质商品的能力予以极大的关注，而并不试图直接确定有关商品的质量。法律有时对这些激励动机发挥着作用。例如，可执行的担保。另一个例子，是惩罚欺诈。在司法决定——一种正如本人提及的传统信用品——的市场上，法律表现为各种规则环绕着法官，包括有关赔偿、任期以及利益冲突的规则，这些规则旨在弱化销售有瑕疵产品的激励动机。

　　公共知识分子"出售"的意见，就有别于公共知识分子作品之娱乐和协同维度的信息维度来说，属于传统的信用品。社会公众——及其代理人，媒体——既然无法可靠地监控公共知识分子作品的质量，便将其密切的关注转向到投入的质量，这就是公共知识分子本身。消费者并不直接评估公共知识分子的陈述是否真实可信，取而代之的是，判断公共知识分子是否有说服力。所谓修辞，便是验明渗透至信赖符号商品生产中的投入质量的一整套策略。因此，修辞与科学的关系，就正如检验品与信用品的关系一样。或者我们可以指出，修辞相对于符号商品而言，就好像广告相对于普通商品一样；麦迪逊大街（Madison Avenue），可以让我们充分地理解修辞的经典设计。[12]

亚里士多德的修辞理论强调"伦理诉求",即意味着试图说服你的听众,除了你论辩本身的优点以外,你本人就属于值得信赖之人。伦理诉求与投入监控的关联直截了当。伦理诉求,是一种诉诸演讲人或作者权威的诉求。信赖、风格、表现、特征——一位听众信任这些渗透至演讲人产出之中的投入之质量,就该听众而言能够强化有关产出的可信性。

伦理诉求,与主张诉诸情感的(ad hominem)论辩——针对辩论人的品格发表意见,而非针对其论辩主张的合理性——不具备正当性的传统观点,存在着紧张关系。诉诸情感的论辩与伦理诉求相对,因此,倘若后者具备正当性的话,正如亚里士多德和后来的修辞理论家所主张的那样,可为什么要将前者视为不正当呢?它不应该如此,至少不应总是如此。传统的观点建立在对相关领域疑惑不解的基础上。在可能完全彻底澄清问题的论辩之中,诉诸情感的论辩当然不太适当。然而,关于政治和意识形态的论辩、公共知识分子的领域,则不属于此种性质。当无论如何必须在一定程度上基于信任而认同辩论人的主张时,考虑他一般的可信性是合理恰当的,正如考虑任何信用品的卖方一般是否可信一样。因此,如果一位通奸者撰文谴责通奸行为的话,我们便会思考,他的动机是否不正当,或者他是否试图掩饰其通奸行为,或者两种情形皆有可能。鉴于上述某种或者两种动机皆发生作用,因此,这种谴责不可能是真诚且理由充分地相信通奸为错之结果,并且因此在某种程度上更不太可能合情入理。因而,对公共知识分子品性的怀疑,有可能导致对其观点是否合理产生合理的疑问。

---

[12] 参见,Larry Percy and John R. Rossiter, *Advertising Strategy: A Communication Theory Approach* 75-92 (1980). 关于修辞经济学的一般理论,参见,Posner, 前注 [8], 第24章。

举一个正面的例子，奥兰多·帕特森写道，"困扰戈尔先生[2000年总统选举]运动的是，他业已向已委任的少数族裔领导机构（如国会黑人决策会议以及一些其他少数族裔市长）让步，而现在这导致了一种有关他回避真正的社会和文化一体化的观念。"[13]帕特森在政治上是一位自由主义黑人，这一事实赋予他的陈述具有特别的可信性，超出了他作为一流大学社会学教授为他带来的信赖。

所有这一切并不是说，每一种伦理诉求模式，或者其参照镜象即诉诸情感之论辩，皆具有正当性，即便在不可能运用准确调查方法的领域亦如此。学术公共知识分子最普通的伦理诉求方式，只是展示他/她的学术资历，而这一点可能看起来既没有效果，也不无害处。一方面，学术资历对于社会公众而言并没有他们想像的那么至关重要，而另一方面，在社会公众眼里又要比它们应有的地位更为重要。在诸如哲学、历史、社会学、政治学以及法律等领域，它们的重要性相对说来更弱一些，在这些领域没有设置诺贝尔奖能够带来举世注目的确认，同时，事实上在非专业读者视野中，也有无数的学术人员拥有同样印象深刻的资历。

更为有趣的一点是，当一位学术人员在其专业领域以外高谈阔论之时，社会公众赋予了他的资历比本应给予的更大的权重。理由之一是，人们倾向于夸大一位特定个人作为一个整体的程度——一种行为遵循可预见模式的单纯且一致的自我。他是"好"是"坏"、"友善"或"残忍"、"聪明"或"愚蠢"、"天才"或"智识一般"，如此等等。这一趋势为通俗以及高雅的文学和艺术所强化，这些文学和艺术倾向于把人们虚拟对应的"特征"描述为统一体、典型化，这一点与亚里士多德在《诗学》中的理论是一致的，即小说向

---

[13] 参见，Orlando Patterson, "The G. O. P. Isn't the Only Party to Dissemble on Race," *New York Times*, Aug. 6, 2000, §4, p. 15.

我们表明，什么是可能的，而历史则向我们说明，什么是实在的。大多数人，包括大多数学术人员，皆属于令人困惑的混合体。他们既道德也不道德，既友善亦残忍，既聪明也愚蠢——是的，学术人员通常既聪明又愚蠢，而这一点非专业人士可能没有充分认知到。当学术成功也许并不拥抱涉列广博的智识的人，而是奖赏特定领域中具有高度发达的知识技巧的人时，当促成其引领风骚的学术领域和知识技巧也可能阻隔他接近其他思想领域时，在一个专业化的时代，这些学术人员尤其可能既智慧超人同时也愚不可及。伟大的数学家、物理学家、艺术家或历史学家，也许对政治或经济问题一无所知。爱因斯坦的政治和经济学作品便是一项绝佳的例证。[14] 毕加索的艺术、萨特的文学和哲学或者乔治·萧伯纳的戏剧天赋，并不能促使他们对抗斯大林主义，或者，海德格尔的哲学天才也无法抵挡纳粹主义。然而，如果人们没有广泛地认识到，人们的能力有高下之分，自我存在着潜在的不一致，并且人们确实未认识到，那么，一位成功的学术人员也许就能够运用其成功，就他甚至一无所知的问题与社会公众亲密接触。成功人士趋向于夸大他们的应对自如，这一点毫无帮助；超常的自信可谓伟大成功最经常的源泉，并

---

〔14〕关于爱因斯坦 1949 年的一篇论文，参见，"Why Socialism？"（published in *Monthly Review*, May 1949, p.9），这是一篇有关马克思主义的肤浅短论（亦见，Einstein, *The World as I See It* 69 – 78 [1949]），人们对该文的评论是："该文质量极为低下，按说应该有助于矫正自然科学家、尤其是物理学家职业性的自大和傲慢，他们针对社会问题，自以为是、蜻蜓点水、以"唯我独尊"之心态高谈阔论。而非常不幸的是，这些读过爱因斯坦论文的自然科学家更倾向于为作者在其自身领域的卓越和权威所误导，而不会细致地考察该文的不足之处。"参见，Martin Bronfenbrenner, "Radical Economics in America: A 1970 Survey," 8 *Journal of Economic Literature* 747, 762 (1970)。爱因斯坦倡导建立世界政府，美国、苏联和英国皆应将军事力量交给世界政府统制，包括当时仅由美国垄断的原子弹。正如阿尔伯特·爱因斯坦告诉雷蒙德·斯温得那样，参见，Raymond Swing, "Einstein on the Atomic Bomb," *Atlantic Monthly*, Nov. 1945, p.43。一般的论述，参见，*Einstein on Peace*（Otto Nathan and Heinz Norden eds., 1960）。

且，也几乎是巨大成功无法改变的效应。

对于著名学术人员在其学术领域之外的演讲，社会公众给予信任也并非不理性。由于充分了解信息需要耗费时间和精力，而这些成本必须与收益相平衡，因此，对于自身并非至关重要的问题，即便不充分了解也是合乎理性的。在第四章中我们就会看到，几乎没有什么证据表明，公共知识分子具有高度的影响力。倘若这一点是正确的话，那么，社会公众从总体来说基本上就无须因充分了解学术专长的限制而支出费用，而对于社会公众的个人成员来讲，支出就更少了；单个的个人就对于社会公众具有重要性的问题发表的意见，不可能具有影响力——这就是为什么选民倾向于对此类事项知之甚少的原因。

在此，也关系到公共知识分子产品的非信息维度。人们购买西瓜，旨在品尝、获取营养价值，或者为了上述两种目的，而西瓜的质量则直接有助于人们目的之实现。但一般说来，人们阅读公共知识分子的文章并非在于获取拟依赖的信息，而只是娱乐身心、消磨时光、清除自身观点的疑虑或强化本人的意见。为了实现娱乐和协同之目标，公共知识分子思想的质量相对于其"明星"的质量或其修辞的天赋而言（此处的"修辞"属于贬义的范畴），就退居第二位了。公共知识分子作品的协同维度也可能从另一方面与其信息维度相抵触。它促使公共知识分子划分为不同的战斗营垒，并因此通过强化党派性而削弱其可信性之基础。

我一直在论述的几个要点都与知识的专门化相关，专门化不仅对知识分子参与公共论辩的质量和影响增加了威胁，而且也是对学术公共知识分子市场范围日益扩大的一种重要解释。知识的专门化降低了学术知识分子就社会公众问题清晰明确陈述的能力，抑制了非学术公共知识分子公开听取专家意见的能力，并削弱了普通教育的社会公众理解有关公共问题论辩的能力。专门化还挑战了本人前文所述的垂直一体化。让我对上述四点予以详细说明。

专门化导致知识分子为普通读者的写作异常困难。他的定位是,就狭隘的主题、以玄妙的术语、面向同专业人士写作。鉴于人们在主要与其群体内的成员沟通时,存在使用术语作为语言的自然趋势——并且,我们也亲眼目睹了经济学的日益数学化,以及许多当代人文学科著作语词和句法的日渐晦涩化。因此,通常而言,现代的学术知识分子不可能将写作建构在普通读者能够接近的层面上,而且倘若不具备严格性的话,则不可能打动作者的同仁,他们无法象前几代的知识分子一样,可能贴近读者且实际上如此写作——他需要两类写作风格,一类面向社会公众,另一类面向学术同仁。学术组织[15]的任职期限和绝对规模,促使学术人员从局限中解放出来,他必须学会与其群体以外的任何人沟通。倘若他们希望获得更广大的读者,那么,他们就必须为此付出额外的努力。

对于一位能够面向普通读者写作的知识分子说来,知识的日益专门化也导致了他要获得令其读者印象深刻的资历难上加难。首先,他必须成为一名学术专家。他还不得不学习如何举手投足,怎样言谈到位。通常说来,这需要一大段冗长复杂且费时耗力的训练期,许许多多的知识分子对此恨之入骨;理查德·罗蒂恰如其分地议论过现代学术人员"闭关自守的过度职业主义"(introverted hyperprofessionalism)。[16] 相关要点在于,专门化导致一位知识分子难以从事非学术职业;专门化推动他沉没于学术圈之中。在前文的章节里,本人就论及到报刊人士不具有获取专业知识的良好条件,在

---

[15] 美国高等教育机构中所有的教员(faculty),自 1869 年 6 000 人上升至 1959 年 380 000人,而在 1995 年,这一数目则超过了 90 万人。参见,National Center for Education Statistics," Fall Staff in Postsecondary Institutions, 1995" E – 3 (March 1998) (tab. E – 1).

[16] Richard Rorty, "When Work Disappears," *Dissent*, Summer 1997, p.111. 他所谈论的正是社会科学,但其术语同样适用于人文科学。关于哲学的职业化,比如,可参考莱姆·哈德逊辛辣的评述,参见,Liam Hudson," Oxford Attitudes," *Times Literary Supplement*, June 9, 2000, p.28.

此我将补充的是，小说家也不具有获取专业知识的优势，不过从传统而言，小说家却是公共知识分子的重要来源之一——我们只需想想雨果、左拉、哈瑞特·比茨尔·斯托、乔治·萧伯纳、托马斯·曼、亨利希·曼（Heinrich Mann）、阿尔伯特·加缪、诺曼·梅勒、索尔·贝洛以及詹姆斯·鲍德温。由于知识演变得越来越复杂多样，作家们能够作出贡献的版图已日渐萎缩。就不同专业的跨越来说，除了其它方面以外，《白鲸》*还是一本（对那个时代而言）很像样的鲸鱼自然史，而伊迪丝·华顿（Edith Wharton）、威廉·福克纳、拉尔甫·艾里森（Ralph Ellison）这些不同的作家，则称得上属于经验丰富的人种学家；斯威夫特、狄更斯和奥威尔，当属卓越过人的政治讽刺作家；而托尔斯泰、索尔仁尼琴，则可谓登峰造极的小说体历史学家。伴随着自然科学和社会科学日渐成熟，业余人士贡献的空间已经大大缩小了。

专门化在拓展知识深度的同时，也导致了思想的狭隘。知识的任务被打碎了，细化成越来越小的构成部分；知识工人就如同工厂工人一样，通过集中、重复地运用狭窄范围所限定的任务，而实现精通和熟练。当下，存在着一种征兆，那就是学术界合作著述的不断增加[17]——学术工作日益演化为团队劳动，正如工业产品一样，每一位团队成员都从事一部分生产性功能。因此，现代学术以

---

* 《莫比—迪克》也译为《白鲸》，系美国著名作家梅尔维尔（Herman Melville, 1819 – 1891）的小说。——译者

[17] 比如，参见，David N. Leband and Robert D. Tollison, "Intellectual Collaboration," 108 *Journal of Political Economy* 632 (2000); Siva Nathan, Dana R. Hermanson, and Roger H. Hermanson, "Co – Authoring in Refereed Journals: Views of Accounting Faculty and Department Chairs," 13 *Issues in Accounting Education* 79 – 80 (1998); F. Ellen Netting and Ann Nichols – Casebolt, "Authorship and Collaboration: Preparing the Next Generation of Social Work Scholars," 33 *Journal of Social Work Education* 555, 556 (1997); Jean Louis Heck and Peter A. Zaleski, "Trends in Economic – Journal Literature: 1969 – 89," *Atlantic Economic Journal*, Dec. 1991, pp. 27 – 28.

范围为代价购置了知识权力。一位公共知识分子是一位知识渊博的通才,然而在知识专门化的时代,所谓通才则被贬损为业余人士;并且,业余人士的观点相对于职业人士的观点来说,其份量轻如鸿毛。

在文学批评成为一种学术专业以前——即当文学学术研究属于历史的或哲学的、而非批判的时候——校外批评家与校园批评家完全处于平等竞争的地位;在没有职业化的领域中,两类批评家皆属于业余人士。哲学、经济学、社会学、心理学、人类学以及历史学,也都如文学批评那样,或者象天文学一样,与它们现在演化而成的形态相比,曾几何时远远不具过度的技术性和专业性,并因此对于业余人士开放的程度更为广阔,他们有可能作出更大的智识贡献。知识的职业化导致,倘若知识盗窃者想借鉴乔治·奥威尔的方式纵横驰骋于不同的领域,已经是难于上青天了。奥威尔撰写文学批评、讽刺小说、社会学和人种学评论、政治学以及经济学作品,所有作品皆贯穿着清晰明快的非专业性散文风格——并且,他甚至没有上过大学。随着越来越多的知识领域从业余舞台上分离出来,演变得越来越学术化,公共知识分子的范围日渐萎缩,而同样,个人之中能够出现公共知识分子的范围也在不断缩小。公共知识分子市场已经变成任由学术专家支配了,这些专家不时冒险翻过专业领域的墙头,在政治和意识形态的战场——一个尚未学术化的战场——挥剑搏击。

我的第三个要点是,给现代大学带来与众不同特征的知识专门化,业已影响到公共知识分子读者的知识基础。在当今时代,我们皆属于专门家。俱往矣!所谓共同的知识文化已不再存在,也没有学贯古今中外、影响绝对权威的知识分子精英了。学术公共知识分子是一种面向受过教育的读者而慷慨陈词的专家,但在读者群之中,只有少数人比较充分地了解他所陈述的主题,不论是生态学、刑罚学、国防、对外政策、技术、性别少数族群(sexual minorities)、抑或是总统弹劾,只有这些人才可能知道他所犯的错误。面对公共知识分子作品的消费者,弥补其知识缺陷的消费者中介目前还没有出现。媒体只是稍稍做了一些甄别工作,但远远不够。

换种方式来表达这一点,那就是,信用品已如此单一地依赖于买方知识的限制。随着知识演变得日益专门化,越来越多的商品成为信用品。公共知识分子作品作为信用品的性质,相比半个世纪以前,已有天壤之别。

第四,知识的日益专门化对于问题最少的一种公共知识分子类型的继续存在构成了威胁,这便是本人所称的"自我大众化"。在本章前文我稍有提及,对于一个制造厂来说,自行从事零售业务相当不合常理。然而,学术人员要做的,正是以非专业读者能够接近的方式写作,向社会公众"零售"其学术作品。随着市场规模的不断扩大,一种趋势油然而生,即参与生产目标产品的全方位功能将逐渐浓缩为由专业化的生产者承担,而不在单一的生产者中维持多种不同的功能。[18] 倘若这一市场规模足够巨大,促使该市场目标产品的各类部件的专业化生产者皆能够实现有效的经营规模的话,那么专业化将降低成本。牙膏市场的目标产品,是一支支牙膏的零售,而牙膏的生产又取决于牙膏生产厂(毫无疑问,它必须从其他生产厂家购买各种生产原料和部件,比如容器)、批发商和零售商的共同努力。随着公共知识分子市场的扩大——并且正如我们耳闻目睹的那样,它正在不断扩张——我们可以预期,零售的功能,即将学术思想转换至社会公众可接近的形式,将逐渐为专门的报刊人士所取代,而不是仍然由学术思想的创立者自行履行这一功能。

知识日益专门化的趋势也并不是没有经历挑战。跨学科研究的兴起,以及相伴而生的学科边界的模糊(例如,社会学、人类

---

[18] George J. Stigler, "The Division of Labor Is Limited by the Extent of the Market," in Stigler, *The Organization of Industry* 129 (1968).

学、政治学和政治哲学相互之间已经越来越难以区分），就可以视为对过度专门化作出的反应。然而，跨学科知识与公共知识并不是一回事。一位文学批评家有关刑事法律中自白的作品，与一位文学批评家对文学作品中的自白进行评论的作品，同样属于令人胆怯的学术著作。[19] 这种作品是跨学科的，而且是学术著作，尽管我期望它不会如此令人恐怖。而且，跨学科常常意味着专门化领域的衍生：比如，"法律和经济学"（即法律的经济分析）和"公共选择"（即政治的经济分析）业已成了专业化的领域，创办了自身的学术协会和学术期刊。

在考虑公共知识分子的市场需求时，我们不应错误地以为，每一位学术人员，即便每一位杰出的学者，只要他下定决心，戴上第二顶帽子，就能成为一名公共知识分子。在一个并不高度重视知识和学术才华的社会中，第一流的学术资历对于博得社会公众的注意也许还并不足够。（然而，在学术资历既不充分也不必需的范围内，这又为非专业人士作为公共知识分子的兴起营造了一定的空间。）生活经历，也许至关重要。如此众多闻名遐迩的公共知识分子皆为黑人，比如，安东尼·埃皮尔（Anthony Appiah）、斯蒂芬·卡特尔（Stephen Carter）、迈克尔·埃利克·戴森（Michael Eric Dyson）、亨利·刘易斯·小盖茨（Henry Louis Gates Jr.）、拉尼·吉尼尔（Lani Guinier）、托马斯·索维尔（Thomas Sowell）、谢尔比·斯蒂尔、康奈尔·韦斯特（Cornel West）、帕特里夏·威廉姆斯、以及威廉·朱利叶斯·威尔逊，其中一个原因便是，人们相信黑人具有一种生活经历，这种经历赋予了他们否定普通白人男性学者的洞察力。本人提及的所有黑人公共知识分子都属于学术人员。这说明，在学术专门化的发展促使学术人员越来越难以扮演公共知识分子角色的同时，公共知识分子市场何以正演变得越来越为学术人员所主导。

---

[19] Peter Brooks, *Troubling Confessions: Speaking Guilt in Law and Literature* (2000).

对于现代公共知识分子而言，除了学术资历以外，权威和可信性的其他两种保障便显得尤为重要：这就是名声（celebrity）和承诺（commitment）。这些可以视为一位公共知识分子道德感召力的额外要素。相比那些我们完全形同陌路之人来说，我们更可能信任我们认识或我们自以为认识的人的观点，因为我们感觉到，倘若我们认识他的话，我们可以对他指点评判，当然，也许我们的感觉是错的。电视带给了我们一种认识名人的幻觉。[20] 实际上，我们并没有与他们相遇，也没有与他们交谈，然而我们亲眼目睹了如同我们一样的人对他们进行访谈，向他们提问，若是我们认识他们的话，也许我们也可能会提出那样的问题。1987年，当里根总统提名罗伯特·博克担任联邦最高法院大法官时，参议院司法委员会对博克实施了严厉的盘问，那些观看电视记录的人就有机会身临其境地对博克进行"访谈"，并在脑海之中形成对他的印象，这就会为他今后作为公共知识分子的作品（参见本书第八章）增添一些份量。进而——让我们转向承诺——正如凯瑟琳·麦金农（Catharine MacKinnon）一样，直至她学术生涯的后期，业已成为美国最具影响的法律学者后很久，她才最终获得学术职位，这正是她对其不受欢迎的观点承诺的严重性之证据，因此，博克为他在大法官资格确认听证中详细阐明的观点，而"支付"被驳回提名确认的代价，这一事实也证明了他的诚实正直。

一个同样有关承诺的例子，是拉尼·吉尼尔，她先前本是宾西法尼亚大学法学院一位名气平平的教授，克林顿政府组建之时提名她担任司法部民权局局长，但当她的观点被视为极端而遭受批判时，总统撤回了对她的任命。她被撤回任命，促使她本人及其为之"殉道"的观点，紧紧牵引了全国的目光，并成为她飞跃为极其成功的公共知识分子的远洋之帆，此后，她就种族、女权主义以及教

---

[20] 比照，Putnam，前注[6]，页242。

育等问题慷慨陈词,撰写了大量的公共知识分子作品。生态灾难学家保罗·埃利希在做了一名孩子的父亲后,施行了节育手术,以此表明他战胜人口爆炸的承诺。[21] 学术公共知识分子的努力也可以通过间接证明法而表明其承诺,比如,在以色列撤出占领多年的南黎巴嫩地区之后,爱德华·萨义德向跨过黎巴嫩边境的以色列士兵投掷石块的照片。[22] 萨义德没有冒险;以色列士兵并不会向他开枪还击。吉尼尔、埃利希以及萨义德,是属于我们社会、小号的哈维尔和索尔仁尼琴。

说来轻巧做时难;当谈话人愿意支付代价时,我们就会更集中注意听取其陈述,因为我们知道,他们所表达的观点并非偶然主张或者随意提出的("承诺"不过意味着,放弃它们必须支付一定的价格)。文字的殉道者仅仅是将他的金钱塞入其口中的极端事例,普通信用品的卖方倘若采取一种消费者并不满意且避之不及的方式经营业务时,他就会遭受巨大的损失。沉淀成本导致退出市场非常昂贵,这是一种承诺的方式。

学术公共知识分子缺乏自愿承诺的有效方式,尽管我们在第四章会碰到一个不可多见的事例,两位公共知识分子以金钱为注就各自的预测打赌,当然这并不足以造成损失。作为公共知识分子的失利,不会影响公共知识分子学术职位的聘用;智识的一再落空几乎不会有什么大不了的经济后果。因此,对于一位学术人员来说,从公共知识分子市场中退出的成本非常低。另外,公共知识分子也不可能针对其陈述的有效性签发一份法律上可执行的担保。信用品的卖方构建可信性的两种最有效的工具,公共知识分子皆不具有,因

---

〔21〕 Paul R. Enrlich, "People Pollution," *Audubon*, May 1970, pp.1, 8.

〔22〕 参见, "Representation of an Intellectual," *New Republic*, July 24, 2000, p.10; Karen W. Anderson, "Columbia Breaks Silence on Prominent Professor's 'Symbolic' Stone-Throwing," *New York Times* (national ed.), Oct. 19, 2000, p.A. 27.

此他们发现，同普通信用品的卖方相比，他们更难说服社会公众相信他们的产品质量高。这就是公共知识分子对社会公众的意见影响相当有限的一项因素，正如我们在第四章将要看到的一样。这就好比焚烧美国国旗的合法化消解了国旗焚烧者的"殉道感"，从而削弱了这一行为的修辞效果，因此，在一个过度保护表达自由（联邦最高法院裁决，惩罚焚烧国旗行为违宪）的社会中，学术任期的保障导致公共知识分子难以展现出一种深深触动社会公众的印象。"愤怒不堪又被疏远冷落的社会评论家，他的脑袋砰砰地撞在橡皮墙上。当他所喜欢的成为抵抗的那方面时，他遇见的，是那无边无际的容忍。"[23] "知识分子时常慷慨激昂地宣称，他们处于边缘地位，然而，他们的边缘性（marginality）也越来越边缘了……边缘性只不过是一种姿态，并且……自我设定的外部人是，且非常乐意是，完完全全的内部人。"[24]

此处的边缘性，存在值得评述的双重意义。里昂·芬克（Leon Fink）的观察提出了这一点，"即便是目的最为明确、敏感程度最高的知识分子，倘若他离开了本人遮风挡雨的栖身之处，而与普通公民的世界发生坦诚的联系，不论这种联系是否有效，对他而言都会是一件疲于应对的麻烦事",[25] 并且，康奈尔·韦斯特在陈述中指出，"认真对待智识生活的非裔美国人，被夹挤在一个粗野无礼的美国社会和满不在乎的黑人团体之间，他们栖身于一个孤独且隔

---

[23] Michael Walzer, *The Company of Critics*: *Criticism and Political Commitment in the Twentieth Century* 16 (1988) （这句话系华尔泽针对欧文·豪的一个讽刺）。

[24] Russell Jacoby, *The End of Utopia*: *Politics and Culture in an Age of Apathy* 122–123 (1999).

[25] Leon Fink, *Progressive Intellectuals and the Dilemmas of Democratic Commitment* 285 (1997).

离的世界之中。"[26] 从第一种意义上来说，那显而易见的并非韦斯特真实的自我，因为他在担任普林斯顿大学多年的专职教授之后，又被聘为哈佛大学的全职教授。然而，从另一种视角来看，那又是他真实的写照，而且对于大多数学术公共知识分子来说，都是客观真实的。他们的公共知识分子作品缺乏效率，从而导致这些作品相对于社会而言处于边缘地带。部分缘由便是世界著名大学的教职保障，这是一种蚕茧般包裹着的温暖生活。韦斯特希望帮助和他同宗的美国黑人，可是，从他的作品中我们清晰可见，他并没有设计有助于那些人的社会改革，或促成有关的社会改革形成一个系统的整体，他正在悠然自得地谈论着黑格尔、葛兰西、利奥塔、詹姆逊（Jameson）以及其他著名的知识分子，对于这些人，各种肤色的非学术民众一无所知。2000 年，他积极支持比尔·布拉德利（Bill Bradley）成为民主党的总统候选人，不过，对美国黑人来说竟然无丝毫影响；美国的黑人压倒一切地支持戈尔——并且，这也并非因为韦斯特在哈佛大学的同事亨利·刘易斯·小盖茨的主张，尽管他非常积极地支持戈尔！[27]

因此，公共知识分子可能终归是人在"边缘"，不过他们并不处于所谓危险意义的边缘，不象是苏格拉底发现自己被边缘化一样。这当然并非否认美国大学中存在检查制度（censorship）以及歧视。然而在当代，这些检查制度和歧视的受害人并不趋向于落在学术公共知识分子身上，其缘由简单说来，就是因为大多数学术公共

---

〔26〕 Cornek West, "The Dilemma of the Black Intellectual," in West, The Cornel West Reader 302 (1999).

〔27〕 参见，Carey Goldberg, "Bradley and Gore Campaigns Split Harvard's Top Black Scholars," *New York Times* (late ed.), Jan. 15, 2000, p.A10。关于黑人公共知识分子的情况，参见，Dyson, 前注〔1〕, 第二章；Sidney I. Dobrin, "Race and the Public Intellectual: A Conversation with Michael Eric Dyson," in *Race, Rhetoric, and the Postcolonial* 81 (Gary A. Olson and Lynn Worsham eds., 1999).

知识分子皆自由自在。今天的检查制度主要涉及"政治正确",它排除了随心所欲地谈论种族、道德、性别差异以及性导向论。[28]尽管对于大学院系雇用的黑人和妇女存在着潜伏却较普遍的歧视,这反过来又形成了一种对于白人男性学术人员日益扩散、累积成灾的歧视,然而,的的确确令人无法容忍的还是保守主义的观点和演讲者,而不是自由主义或者甚至极端左翼的观点和演讲者。[29]正如我们在第五章中将看到的,既然公共知识分子市场都受左翼人士支配,故而大多数知识分子不会冒险公开表达有关观点。

我将本人的陈述限定为,学术人员难以通过在"承诺"之前加上"自愿的"来修辞,从而表明其承诺。凯瑟琳·麦金农本人并不想耽搁学术职位的聘任,正如博克不想在提名为联邦最高法院大法官时被否决一样,或者就像吉尼尔在提名为司法部民权局局长时也不希望被撤回一样。当可以信任的惟一承诺形式是非自愿的,那么,在决定谁能作为公共知识分子获得卓越声誉的问题上,运气就注定发挥着决定性的作用。这并不是说麦金农、博克或吉尼尔遇到了职业上挫折会觉得很幸运;而是,对于吉尼尔来说,这些挫折的的确确(也许不可预见地)提供了一个启动作为公共知识分子的成功职业之平台,同时,对于其他两个人来说,则强化了他们作为公共知识分子职业的辉煌声誉。运气相对于这一职业的效应越大,则公共知识分子的成功与其作品质量之间的关联便越小。

---

〔28〕 比如,参见,John Leo, *Incorrect Thoughts: Notes on Our Wayward Culture*, pt. 2 (2001); Richard J. Ellis, *The Dark Side of the Left: Illiberal Egalitarianism in America* 214 - 222 (1998).

〔29〕 正如保罗·霍兰德著作中的引证,参见,Paul Hollander, *Anti - Americanism: Critiques at Home and Abroad 1965 - 1990*, ch. 3 (1992)。霍兰德是一位严肃的学者;他的著作不会和美国高等教育中占主导地位的左翼人士(leftist)的论辩性阐述相混淆,这些陈述甚至会引起左倾(left - leaning)学术人员的轻视。

供　给

现在，当我们转向公共知识分子市场的供给方面时，我要强调的是知识分子本身，而非沟通的管道，即媒体。然而，由于媒体不断竞争（部分原因是管制放松，部分缘由是技术进步）的结果导致这些沟通管道的成本看起来正在下降，这就促成知识分子能够更广泛地接近社会公众，注意到这一点非常重要。数百个电视频道需要播放节目，互联网日渐成为新闻和观点沟通的媒介，各种报纸面对电视台和互联网滚动刷新新闻的压力，为了努力维持读者群而变得愈加杂志化，大众媒体为公共知识分子提供平台的机会成本已随之大大下降。

媒体和公共知识分子之间存在一种共生的关联。媒体需要填充大量的纸质版面和电子空间。而公共知识分子为了个人缘故，为了对他们的著作和公开演讲做些广告宣传，则希望抛头露面，[30]因此，他们乐意参加电视台或电台的对话节目，以及撰写言论作品，即便这些节目和文章空洞无物，而当今时代，一些公共知识分子甚至与外国新闻记者接触，接受外国电视台和电台的访谈。[31]当然，倘若对于公共知识分子发表意见不存在多少公共需求的话，那么，媒体也不会借助公共知识分子来填充报刊杂志的空间和编排播放的节目，除非他们愿意为抛头露面支付价款。那也并不是看起来如此遥远、不可捉摸的建议。这将优化广告的类比。消费者们对于广告并非毫无兴趣——它的的确确能够帮助他们决定购买什么

---

[30] 他们经常获取相当可观的报酬，有关这一点，比如参见，Kurtz，前注[5]，页226。

[31] 同上注，页226-227。

——但是,如果不向他们支付费用的话,他们就不会耗费哪怕是最有限的时间成本来观看商业广告节目,正如电视中插入的商业广告节目实际上具有免费娱乐功能一样。[32]

用不着太久,随着互联网推进的远程教学的兴起,[33] 教授们因此可以因数量的要求(by orders of magnitude)而扩招学生,最成功的教授显然能够获得与真正的大众媒体名人相称的收入,因而,作为公共知识分子的地位——这是一种吸引学生的角色,因为学生们并不知道是否还有更好的教授,并且通常也不介意是否山外有山——将导致不胜枚举的教授们获取巨额经济收入。作为一位公共知识分子,将真的要支付费用了。或许,学术人员愿意(*will*)为参加电视对话节目而支付费用的时机就要到来了。

符合条件的学术公共知识分子的集合——在公共知识分子市场上,对学术人员存在着充分的潜在需求,只要他们愿意的话,可以敦促媒体向他们提供一个平台——要大于"扮演"公共知识分子的实际数量。这意味着,成为一名公共知识分子涉及到成本。主要成本包括二项。第一项是机会成本,即面向社会公众写作、或者参加其他定位于社会公众的表达性活动所耗费的时间,这些时间不可能用于教学、学术研究、咨询顾问以及闲暇。所有这些活动——最后一类最显而易见,第三类不太频繁——皆会产生非经济收益,并且,既然公共知识分子工作产生的名人效应可能促使其学术收入以及小时咨询费的上升,故主要就是因为这些而促使他们从事公共知

---

[32] 参见,Gary S. Becker and Kevin M. Murphy, "A Simple Theory of Advertising as a Good or a Bad," in Becker, *Accounting for Tastes* 203, 223 – 224 (1996).

[33] 比如,参见,Ann Grimes, "A Matter of Degree: After a Slow Start, Universities Are Going on the Offensive against Virtual Us. They Get High Marks for Effort," *Wall Street Journal*, July 17, 2000, p. R29; Michael Heise, "Closing One Gap But Opening Another?: A Response to Dean Perritt and Comments on the Internet, Law Schools, and Legal Education," 33 Indiana Law Review 275, 289 – 290 (1999).

识分子工作，当然，这一工作也弱化了教授享有的学术声誉，降低了他们的一些学术收入。

因此，在其他条件同等的前提下，我们可以预期，能力最强的学者最不容易被吸引从事公共知识分子职业，因为他们所放弃的学术产出的价值———一位多产学者的全部收入（不仅包括经济收入，还包括非经济收入）的重要部分——会极其巨大。然而，其他条件并不相同。相比一般的学者来说，能力最强的学者不仅更加令人印象深刻、值得信赖，而且可能拥有更充沛的精力和更良好的说明技巧。我们应可预料，公共知识分子的不断出现，尤其大大来源于处在学术事业黄昏的有能力的学者，阿尔伯特·爱因斯坦以及伯兰特·罗素便是例证。鉴于与成就相比，声誉趋向于滞后，故而，一位学者当其跨越学术生产力的顶点之后，更容易攀上学术顶峰。一位学者，正当他从学术事业上转移精力的机会成本逐渐下降时，他作为公共知识分子成功的前景却因此照亮了。

机会成本既包括经济成本，也包括非经济成本。前一种成本比较容易研究，并且人们业已发现，学术出版的经济收益确实将随着年龄和产出的增长而下降。[34] 比较来说，一个人的写作风格通常会持续地发展，且确定无疑的是，它绝不会降低，这种情形可以维持到他的分析能力或创造力开始衰退之后很长一段时间。[35] 进而，考虑到学术公共知识分子与独立的公共知识分子相比，具有更高的收入和更强烈的职业安全感，因此，一位年轻人倘若莽莽撞撞地闯进公共知识分子市场，很少能够获得充分的权威表现，并且通常说来，即便他进入了这一市场，他也常常缺乏在这一市场上有效行为的修辞技巧，况且，一般说来他还可能会承受进入这一市场的

---

〔34〕 Howard P. Tuckman and Jack Leahey, "What Is an Article Worth?" 85 *Journal of Political Economy* 951 (1975).

〔35〕 Richard A. Posner, *Aging and Old Age* 167–169 (1995).

禁止性（prohibitive）机会成本。故而，我们可以预期，现在活着的公共知识分子绝大多数处于中年或老年阶段。

　　成为公共知识分子的第二项成本是，在就被评论事件掌握完全的知识之前进行公开评论，可能会令自身陷于愚钝鲁莽之风险。而一位学者，在界定明确的学术常规中工作，并且只要他恪守职业规范，就不可能发生太多令人尴尬的错误。可是，公共知识分子运作于一个没有安全保障的网络之中。他不得不排除万难、作出决策，是支持共产主义还是反对共产主义，是喜好先锋艺术（avant-garde art）还是对其嗤之以鼻，是赞成死刑还是主张废除，是支持军事干预还是不赞成，是主张弹劾总统还是不主张，是支持公立学校的择校补助券还是反对，认为应该教授进化论还是不应该教，等等，当这些问题出现时，他必须"即时地"作出决定，并因此而言，他作出决定的背景通常是知识非常得不完全。历史可能表明，他只是傻冒一个，并且这一过程还相当迅速，正如我们通过本书将会看到的那样。对于有能力的学术人员来说，这一风险可能阻碍他们进入公共知识分子的竞技场。不过我们也将见到，那些预期没有传记作者关注、不会对其进行深入调查的公共知识分子，即便被证明一错再错，也几乎无须支付声誉成本。

　　由学术人员转型而成的公共知识分子还需支付另一种代价，这就是其学术同仁的冷嘲热讽。（在非学术公共知识分子的情形下，相应的现象则是学术人员对其品头论足——比如，T·S·艾略特的命运便是如此。）[36] 杰出的经济学家乔治·斯蒂格勒在回应韦伯的名言时，"限定于专门化的工作，放弃那种浮士德的世界，这是现代

---

[36] 关于这一问题出色的讨论，参见，William Arrowsmith, "Eliot's Learning," 2 *Literary Imagination* 153 (2000).

世界中任何有价值的工作的一个前提条件",[37] 说了如下这么一段话:

> 专门化是知识生活中通往效率的康庄大道,正如经济生活中一样。经过广泛综合训练的个人,与同样能力、同样精力但在特定领域专业化的个人相比,显而易见更不可能在相关领域抓住机会。事实上,如今试图把握全部科学或学科的个人,被人们视为普及人士("报刊人士"),甚至是江湖骗子(charlatan),而完全不把他当作具有创造性的学者。[38]

斯蒂格勒的主张亦并非无懈可击。他忽略了这样的可能性,即能力出类拔萃之人虽不专业化,但仍可能胜于专门家;他也没有最优专门化的概念;并且,他还蹊跷地假定,知识分子世界划分为报刊人士、江湖骗子和创造性的学者。由于斯蒂格勒本人并未声称,他属于学术专门化理论领域的专家,因此,他这篇论文是定位于自我参考性的。斯蒂格勒本人——并且,不仅仅在这篇论文中,而且在该文作为一部分的那本著作中——与当代许多其他经济学家相比,一方面,专业化程度并不高,另一方面趣味性又很强,其他经济学家很少(正如工程师或者医生也很少一样)被视为知识分子,而斯蒂格勒则无疑身在知识分子之列。还是在本人刚刚引用的那篇论文中,作者称自己为专门家,他专长的领域为"同质的寡头市场",[39] 而省略了他对经济思想史以外领域的一些重要贡献。多年

---

[37] Max Weber, *The Protestant Ethic and The Spirit of Capitalism* 180 (Talcott Parsons trans. 1958)。亦参见, Weber, "Science as a Vocation," in *From Max Weber: Essays in Sociology* 129, 135 (H. H. Gerth and C. Wright Mills trans., 1946).

[38] George J. Stigler, "Specialism: A Dissenting Opinion," in Stigler, *The Intellectual and the Market Place, and Other Essays* 9, 11 (1963).

[39] 同上注,页10。

以后，斯蒂格勒成了一名公共知识分子。不过，斯蒂格勒在嘲笑知识渊博的通才时，却重复了一种学术界普遍盛行的观点，不过这正是本人感兴趣而在此予以阐明之处。

公共知识分子的供给，不仅是选择公共知识分子职业的成本的函数，当然也是作为公共知识分子收益的函数。所谓收益，既包括经济收益，亦包括非经济收益。姑且不论远程教学，一般说来，公共知识分子还著书立说，他们的著作通常销量不错，他们也发表激情演讲，并收受报酬，演讲的报酬有时相当可观；一些人文学科的公共知识分子一次演讲的收入，甚至在5位数以上。并且，收取巨额演讲报酬的知识分子，他们的公共知识分子作品也接受基金会或者思想库的评估，并因此而获得其慷慨阔绰的研究捐助。1969年一项有关公共知识分子的抽样调查显示，公共知识分子的收入高于普通教授的收入。[40]

理所当然，我们必须区分预期收益和现实收益。阿兰·布卢姆因《美国思想的终结》一书创造了数百万美元的版税，然而，他本人以及出版人皆没有料想到该书会如此畅销，因此毫无疑问，在该书出版前，他原本出售该书的版权时，只主张了提取全部版税的较低比例。而且，公共知识分子（public intellectualhood）的经济收入并不是无关紧要的。罗伯特·帕特南，著有《独自打保龄球》的政治学教授，本书将在第八章予以讨论，他就从其出版人西蒙和舒斯特公司获取了数十万美元的预付稿酬。预付稿酬，是一本著作相对于其作者而言的预先货币价值的最佳证据。学术出版社几乎很少预付较大金额的稿酬，而商业出版社则很少出版仅面向学术读者群的作品。我在本书中研讨的公共知识分子的大多数作品，都是由商业出版社出版的，而非学术出版社。

学术人员在商业出版社出版著作割舍了太多太多的牵挂；这是

---

[40] Charles Kadushin, *The American Intellectual Elite* 340 (1974).

一名学者跻身为一位公共知识分子的机会成本的一部分。他失去了细致审查的收益,包括学术委员会的审查,以及理解学术、尊重学术价值的组稿编辑和手稿编辑的精心编排。此外,一部作品在商业出版社通常一年之后就被列为存货——此为大多数非学术作品转瞬即逝的生命力之表征——而尽管学术著作每年的销量不大,但学术出版社常常多年以来一直重印某部学术著作。并且,商业出版社常常敦促学术作品的作者把他们的书装扮得花枝招展,以激发"人们触摸的兴趣",可这却冒犯一大批颇有讲究之人,可能也包括作者自身。然而,最近以来,两类出版社却显示了融合的迹象,商业出版社设立了学术分部,而学术出版社则建立了商业分部,并且聘用了所谓的"开发编辑"来重写学术作品,以促进学术著作具有更广泛的吸引力。

对于大多数公共知识分子而言,他们的公共知识分子作品的经济收益比较一般,并且,公众羡慕或关注的非经济收益也许还可能妨碍经济收益的实现,这些非经济收益对于许多人来说也是相当重要的。大多数人除了家庭成员以外,仅仅是一小部分人才知道他。知道学术人员的人相对要广泛一些,尤其是当他们著书立说的时候。然而,学术人员的圈子也极其有限,尤其是对于这样一个学术专门化的时代。有人说过,哲学家闻名遐迩的时代已经一去不复返了——除了在哲学家之间。可是,不可胜数的人们,包括许多学术人员和其他知识分子,皆因为被更广泛的人知悉而获取更大的快乐,即便是毫无洞察力、毫无批判性的平庸之人——这就是源于名人的快乐,哪怕是最微不足道的名人。亨利·詹姆斯(Henry James)*曾经提到过,"那些(the)贪婪之人,那些伟大之人,他们

---

* 亨利·詹姆斯(Henry James, 1843–1916),小说家。父亲亨利是哲学家、神学家,长兄威廉是著名哲学家、心理学家。——译者

渴望崭露头角，渴望在抛头露面的诱惑下抢拍镜头。"[41] 他们是否为人们所羡慕，其实只是第二位的；对于许许多多的人来说，即便恶名昭著亦此生足矣。快乐也会产生于对事件进程的影响——换言之，产生于权力的行使过程。几乎没有公共知识分子拥有煮酒论权力的资格，但是他们可以就权力行使激扬文字，为无数的人们创造权力的幻觉。

不为人们忽视，这是一种个人的自我满足，这种满足来源于本人挥洒自如、清晰明了的创作，相对于规范学术写作的惯例、尤其是就学术上已落伍的教授而言，这种写作风格可能是一种广受欢迎的慰藉。并且，有一些教授胸怀激情，作为公共知识分子慷慨疾书，不论其公共知识分子作品可能产生的影响，皆明显令人感觉到他们正在履行"见证"之职责。诺姆·乔姆斯基在其卓越超群的学术生涯中耗费了无数的宝贵光阴，撰写了大卷浩瀚庞大的政治作品（参见下一章），可是，这一著作吸引社会公众的关注却极其有限，绝大部分荒谬不经，我们又当如何解释？当然，也许仅仅是乔姆斯基本人夸大了他的影响，或者他相信，他的影响从长远来说将无与伦比，正如其他一些人们起初并不相信的预言一样。

随着远程教学的兴起，以及电子通讯传媒的广泛扩张，最成功的公共知识分子的读者群，其规模想必会不断扩大，并因此导致其经济收益和非经济收益日益增长。可以料想，这一趋势可能会吸引数量更多、能力更强的学术人员跻身于公共知识分子市场。然而，必须强调"最成功的"这一限定语。促进知识产权的生产者掌握潜在客户成本降低的技术变革或经济改革，将导致最成功的知识生产者的收入攀升，但是，未必会刺激平均收入的提高，甚至并不

---

[41] Henry James, "The Papers," in James, *The Complete Stories* 1898 – 1910 542, 546 (1996)（强调系原文所加）。

会促进知识生产者数量的增加。[42] 光碟的出现也许已经导致了交响乐团数量的（进一步）下降，因为当今最棒的交响乐团可以在全球范围内竞争观众；它们变得几乎可以替代普通的交响乐团了。此类结果也并非确定无疑；获取观众成本的下降，也许将为能够适应人们千差万别品味的新型乐团创造一些生存空间。[43] 同样，伴随着他们的竞争对手——最成功的公共知识分子通过电子媒体越来越接近全国性、乃至世界性的读者，也随着这些媒体相比书籍杂志而言，已成为公共知识分子作品越来越重要的传播管道，许多公共知识分子可能会失去市场，当然，与此同时，媒体的扩张也为名气稍弱的公共知识分子创造了崭新的机遇，他们同样可以接近一定数量的读者。既然电子媒体的成功并没有与知识分子的质量完好地联结起来，因此，没有理由预期，媒体的扩张将促进公共知识分子数量的增长或质量的提高，当然，应该说它会提升公共知识分子市场的总产出。

　　上述讨论想必会驱散这一事实的神秘性，即为了适应需求，公共知识分子的充分供给即将出现。而且，公共知识分子的供给确实非常充分。我们远不缺少公共知识分子，公共知识分子恰恰淹没于他们滚滚而来的浪潮之中。对于最卓越的公共知识分子来说，本书前文阐述过的"超级明星"现象业已提升了他们的经济收益和非经济收益，同时也没有弱化其作为公共知识分子的社会地位。惟一缺少的，恰恰是非依附性的公共知识分子，尤其是独立的非学术公共知识分子。知识的日益专门化，导致非专业人士针对知识事项的写作和演讲难上加难；当他们如此行为之时，他们越来越象是踩了一位妒火中烧的专家的脚趾。不过，倘若我们设想，学术公共知识

---

　　[42] 参见，Sherwin Rosen, "The Economics of Superstars," 71 *American Economic Review* 845 (1981).

　　[43] 参见，Cowen，前注 [3]，页 102 – 108。

分子并不能满足人们对公共知识分子作品的需求，独立的知识分子亦然，那么，上述主张便不是完全的解释。因为在那一场合下，将会存在对独立公共知识分子的各别需求。少数需求以外的一些因素，想必正在淘汰独立公共知识分子的供给。那些因素正是大学部门的规模、财富以及一切开支的飞速增长，这是与知识的日益专门化密切相关、但仍与之明显不同的因素。曾几何时，学院和大学的院系不但规模小，而且还对犹太人、黑人、女性以及左翼人士怀有敌意（所有这些群体皆有现代公共知识分子来充分代表他们），并且还薪金低微。曾经有过这样的一个时代，一位知识分子就像是担任教授一样，只能通过著书撰文促使本人在经济上相对宽裕（或者至少不拮据）。而这种时代如今已是如此的遥不可及了。鉴于学术市场中经济机会的极大增长，因此，作为一名独立公共知识分子的机会成本业已飙升。

当然，只要存在未满足的需求，那么从经济学意义而言，就存在独立的公共知识分子的"短缺"，不过，需求的未满足或许只是可能。倘若独立的公共知识分子对社会思想和社会进步作出与众不同且就整体而言富有价值的贡献，正如他们可能的那样，那么，未满足的就并非个人需求，而是社会需求。

市场均衡

现在，我们必须把公共知识分子的需求和供给放在一起来考虑。参见图 2.1。

直线 D 表示需求。它向下倾斜表明，公共知识分子越多，社会公众将向最后一位即边际的公共知识分子（更准确而言，是最后一个单位的产出）"支付"的费用就越少，支付可以理解为既包括经济收益亦包括非经济收益。请记住，直接的需求者并非社会公

图 2.1 公共知识分子的需求与供给

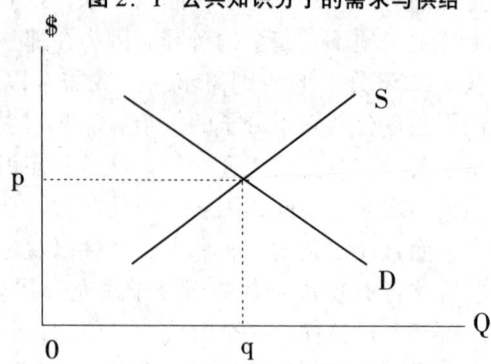

众,而是媒体,包括纸质媒体和电子媒体,不过媒体的需求是一种衍生需求——衍生于社会公众对公共知识分子工作的需求。直线 S 表示公共知识分子工作的供给。它向上倾斜表明,提供公共知识分子服务的成本随着供给的数量而上升。直线 D 与 S 相交之点,决定了公共知识分子服务提供的数量(q)、货币"价格"(p)、以及生产者获取的其他收益(可称之为精神 [psychic] 收益)。

提供公共知识分子服务的主要成本,是个人的时间机会成本。有一些公共知识分子的时间机会成本非常低廉,并且,只要存在对公共知识分子服务的少量需求,他们就将以极低的价格提供服务,参见图 2.1 的左半部分。随着需求的数量越来越大,时间机会成本更高的公共知识分子则被吸引进这一市场,倘若社会公众愿意承担这些成本的话。供给者既包括学术人员,亦包括非学术人士。但是,学术人员的机会成本趋向于更低,原因是,学术人员的雇用方并未购买一位学术人员的全部工作时间,同时,学术工作与公共知识分子工作还具有互补性,比如,教学与公共知识分子工作便是如此。

伴随着大学的扩张，学术薪酬越来越高，教学任务越来越轻，[44]实际学年（academic years）的越来越短以及学术歧视（尤其是对犹太人的歧视，我们在第五章将可以看到，犹太人在公共知识分子中占据相当高的比例）越来越少，学术人员跻身于公共知识分子市场的比例便越来越高。让我们换一个角度，从可替代的职业视角来看，学术职业的机会成本正在下降。并且，我们已经看到，在公共知识分子市场中，学术人员相比非学术人员来说拥有一种天然的成本优势。因此，不仅我们预期这一市场中供给增加的份额大多源于学术人员的加盟（事实上亦是如此，正如我们在第五章将见到的一样），而且此种供给的成本在每一层级的产出上，也应该相应地更低。因此，更轻松的教学负担以及更短的学术年限具有双重影响：一方面使得学术职业具有更强烈的吸引力；另一方面，又赋予了学术人员更多的时间从事公共知识分子工作。

在图 2.1 中，通过将直线 S 绕着它与纵轴相交之点向下旋转，可以显示，提供公共知识分子服务的成本将下降。在如此旋转后，直线 S 将与直线 D 在较低的位置上相交，这意味着，市场价格更低，产出更高。当然，与此同时，直线 S 还处于下降趋势（并非指供给下降，而是指产出量一定的情形下供给成本的下降），直线 D 处于上升趋势，原因如前陈述。在图 2.1 中，通过将直线 D 绕着它与纵轴相交之点向上旋转，亦可表明上述情形。当直线 D 上升而同时直线 S 下降时，清晰可见的后果便是产出量的增加，然而，价

---

[44] 更准确而言，越来越多的大学教员拥有"自由支配时间"（discretionary time），即能够运用"主要通过他们与机构联系削弱以及职责的放松，而追求职业目标以及个人目的"之时间。参见，William F. Massy and Robert Zemsky, "Faculty Discretionary Time: Departments and the 'Academic Ratchet,'" 65 *Journal of Higher Education* 1, 2–3, 21 (1994). 然而，有些学者并没有发现教学负担的全面下降，除了在研究型大学中统计上并不太重要的数值下降外。参见，Jeffrey F. Milem, Joseph B. Berger, and Eric L. Dey, "Faculty Time Allocation: A Study of Change over Twenty Years," 71 *Journal of Higher Education* 454 (2000).

格是上升、下降、抑或维持在原有水平，这又取决于直线 D 和直线 S 位置的相对变动。

　　无庸置疑，近半个世纪以来，公共知识分子工作的总量业已急剧增长。但就公共知识分子工作支付的平均价格而言，是否已经增长则不太清楚。价格与收益应该区分开来。如今最成功的公共知识分子能够接近更广泛的读者，这应该说可以促使他们全部收益的提升，包括经济收益以及精神收益，前者增加的原因是，向更广泛的读者传播知识产权所耗费的成本，相比向更少的读者传播而言，只是稍有增加（并且，接近更广泛的读者所产生的更大收入，并不会因成本的相应增加而抵销）；后者增加的原因是，不仅收益而且名誉皆是公共知识分子读者规模的函数。[45]然而，明星公共知识分子因其产出的增加而导致收益的上升，其产出不仅是他写作数量的函数，也是其拥有的读者（倘若他出现在电台或者电视台的话，则为听众或者观众）数量（一位作家的产出并非他创作的作品数量，而是他的书的销售数量）的函数，但就上述情形而言，这并不意味着每单位产出的价格已经上升了。此种产出的平均价格也许根本就没有增长（就实际价格而言，即调整通货膨胀因素以后的价格），或许事实上还有所下降，正如计算机软件行业最成功的企业家的收入恰恰与软件的价格呈负相关，软件的价格早已是飞流直下。

　　正如本人早先已经注意到的，公共知识分子作品的潜在读者数量更大，对于增加更为成功的公共知识分子收益的后果，可能会为不太成功的公共知识分子日渐萎缩的前景所抵销，后者失去了他们曾经处于保护伞之下的市场，而现在却必须迎接明星知识分子的竞争。不过，这并不意味着，公共知识分子工作的价格已经上升

---

〔45〕我强调的是，名誉与收益事实上也仅仅只在于概念上的不同。一位创作言论作品而不收取报酬的公共知识分子，其作品为数百万人阅读，因此即便未获取收益，也从该文中赢得了声誉。

——事实上恰恰相反。

市场失灵？

罗素·雅各比曾经写道，"年轻的知识分子不再需要或者不再希望更广大的社会公众；他们几乎全只是教授。"[46] 他这话的后半部分言之有理，但前半句并不正确。许许多多的教授希望接近广大的社会公众，而不只是面向学术人员。当人们谈及公共知识分子衰落时，并且不仅仅涉及"衰落主义者"（declinists）（我们在第八章将会碰到这种痛苦不堪的人［handwringer]）时，人们指的是公共知识分子的质量，而非数量，以及意指这样一种可能性，即公共知识分子与众不同的社会价值也许与其作为专职学术人员的职业不能完全兼容。我们必须考虑，公共知识分子市场就生产出具有社会价值的产品来说，其运作是否良好。（"运作良好相对于什么而言？"，这是一个很好的问题，不过这一问题本人将留待今后再予讨论。）除非强调公共知识分子工作的非信息价值，即作为娱乐商品或协同商品的价值，否则本人就会怀疑市场运作是否良好。怀疑这点有两个相互关联的原因。这就是，现代大学具有的特征以及公共知识分子市场质量控制的缺位。

知识的日益专门化，以及现代学术职业的安全和保障，可谓现代大学的主要特征，但并非惟一特征，正是上述特征导致公共知识分子工作的质量陷于危险境地。另一类特征，则是学术团体对教授奖励的基础在于其独创性，即提出了新的思想。倘若称某种思想为"流行的"，实为一种学术上的贬低。称某人就某一主题提出了

---

[46] Russell Jacoby, *The Last Intellectuals: American Culture in the Age of Academe* 6 (1987).

"常规的智慧",再也没有什么比这更为严重的冷嘲热讽了。许多学术人员都摆出一幅天才的、外部人的、"原创的"姿态,而不论这种姿态是如何的滑稽荒唐。这一点也有助于解释,为什么学术公共知识分子倾向于站立在政治-意识形态布局的极端或极端附近,正如我们将通过本书看到的一样——并且,还有两个进一步的原因。第一,提出极端的主张会挑起争议,并因此会提升公共论辩的戏剧性。这是一种娱乐的迫切需求,而公共知识分子市场在相当程度的范围内,其实就是娱乐的一类分支。第二,在公共知识分子市场中获取"商标识别"(brand identification),这有助于实现个性独特之地位。关于某一主题拥挤不堪的各种观点,好像汇成了一条宽阔的河流,在河流之中,这种识别更加难以获得;在那儿,所有适当的空间都会被河水填充。(这一原动力带来了不可胜数的毫无根据的预测,此为本书第四章的主题。)由于在思想的独创性与思想的政治性或社会性效用之间,不存在相互关联,因此,强调独创性的学术,以及在公共知识分子作品市场上极端主张的更具市场性,时常会与学术公共知识分子预测和建议的准确、效用以及切实可行发生剧烈的冲突。

　　新奇事物扣紧公共知识分子心弦之魅力,这有助于解释,为什么曾经如此众多的人们、在如此漫长的时期沉迷于共产主义,并且,因此也说明了追求独创性姿态、渴望肩负社会责任地履行公共知识分子角色的危险。法西斯主义与共产主义同样处于极端,只是属于相反的极端,但事实上,它对知识分子的吸引相比共产主义而言却要少得可怜。然而,除了大多数法西斯主义具有强烈的反犹太人情绪以外,主要原因便在于法西斯主义是反知识分子的,而共产主义则建立在所谓"科学"理论的基础之上。共产主义,以及从更一般意义而言的马克思主义,是一种以书本为基础的信条,就像是犹太教、基督教和伊斯兰教那样。因此,它为人们进行训诂、以及从事学术渊博的诠释提供了广阔的机会。[47]

　　正如从密尔、皮尔士到波普尔、库恩的科学哲学家业已强调的那样，提出知识上大胆创新的主张或为之辩护，对于科学以及一般意义上学术的发展至关重要。但是，就政治和意识形态领域而言，这一点并没有特别的价值。科学革命令人类受益匪浅；而大多数政治和社会革命则不然。以往时代许多卓越经典的公共知识分子作品皆清晰地载明，他们看透了所谓伟大、全新的政治灵丹和经济妙药。典范的代表人物又当属奥威尔。尽管一些学术知识分子对其无比推崇，但他并不以"天才"自居，[48]而事实上，从学术的意义上来说他并不是天才；他没有过目不忘的记忆力，没有快如闪电的分析能力，没有对理论的爱好和品味，也没有大胆创新的思想。他所拥有的能力，更多地侧重于面向社会公众就政治问题写作的角度，看见展现于他眼前的事物之能力，以及用一种令人难以忘怀的生动风格描绘他所观察到的事物。

　　这些都不是典型的学术天赋。学术人员不会定位于为一般读者写作；和奥威尔不一样，学术人员并不以令社会公众对他所撰写的东西感兴趣而维持生计。然而，更有意思的一点是，学术人员并不转向政治现实。他们倾向于超凡脱俗。他们是一些从未离开过校园的人，无论如何，大多数人皆从未离开过。他们的背景属于后青春期。因为他们具有一定的学术职任，大多个人独立工作，不涉及与他人配合（尽管这一点正在改变），故而他们无须与同仁友好相处；他们中有些人甚至无须与任何人相处融洽。此种生活方式的人

---

〔47〕 然而，共产主义与法西斯主义在这方面的区别，是一个程度上的问题，而不是类别上的问题。法西斯主义也有它自身的"科学"，它关于人种的科学，以及法西斯主义的圣经即《我的奋斗》。

〔48〕 比如，参见，Lionel Trilling, "Introduction," in George Orwell, *Homage to Catalonia* v, viii (1952).

们，很难把握政治道德独特且基本的要素，[49] 当然，也无法具备政治家或其他领导人必需的素质。这些素质在特征上是策略性的、人际互动关联的（包括操纵性、强制性、心理性）。这些素质都典型地是社交的。这些素质构成了被误解为所谓的犬儒主义的道德，马基雅维利对此曾经有过详尽的论述。这种道德，韦伯以一种"终极目的之道德"（ethic of ultimate ends）[50] 与之对比，他的术语适用于那种不折不扣的绝对主义道德，比如，人们在登山宝训（the Sermon on the Mount）*中可以听到的那种道德。而政治责任的道德则意味着，愿意妥协，愿意玷污自己的双手，愿意谄媚和说谎，愿意作一揽子交易，愿意放弃令其自豪的自我满足，这种自愿来源于自我意识的纯净以及为原则而献身。[51] 它要求的是一种现实感，一种相称感，而非自我正义感或学术聪慧。政治家必须拥有一种"直面现实而内在保持集中和宁静之能力。"[52]

倘若没有这些素质，社会改革将不可能推行。这些是与学术理想相距遥远的素质，是无数学术人员不屑一顾的素质，也是很少有人愿意培养的素质（并且，那些少数人也会觉得羞愧难当——"学术政治"这一术语本身就是一种贬义）。由于轻视这些素质，学术人士，尤其是在艰深抽象的领域取得成功的学术人士，会认为政治非常简单容易，因为他们注意到，一般说来，政治上成功之人不

---

[49] 参见，Richard A. Posner, *An Affair of State*: *The Investigation*, *Impeachment*, *and Trial of President Clinton* 133 – 135（1999），以及此处所引用的参考文献。

[50] Max Weber, "Politics as a Vocation," in *From Max Weber*: *Essays in Sociology*, 见前注〔37〕, 页77、120。

* 耶稣在马太福音第五至七章有一篇很长的讲论，称为"登山宝训"，因耶稣上山教训门徒而得名。这"登山宝训"就是耶稣所宣示的"天国宪章"，即天国的新法则、新生活的秩序。一般认为，耶稣宣讲登山宝训的地方为位于加利利海之西的八福山。——译者

[51] 参见上注，页118 – 128。

[52] 同上注，页115。

仅个人道德方面通常存在着这样或那样的缺陷,而且智识上也并不出类拔萃。公共知识分子有一句荒谬可笑的口号,"不畏强权陈述真理"(speaking truth to power),正是他们这种傲慢与偏见的缩影,而且这一口号似乎也夸大了公共知识分子的勇气。美国以及其他民主国家的公共知识分子决不会甘冒诽谤政治家的风险,并且,他们也没有意识到,政治家有其自身的真理,在政治的世界中,倘若没有此种真理,什么都不可能完成。学术人员对于政治并非事不关己、高高挂起;倘若他们能够关心的话,他们显然会关注。进而,他们在政治上过于天真,对待权力似乎一本正经。(当然,针对本人就学术公共知识分子发表的上述全部意见,也并非所有的人皆会重复那样一句显而易见但却属决定性的限制条件。)

他们也趋于低估这个世界对改进努力的不配合。理论世界的运作总是无冲突的。原初设计与实际执行之间的鸿沟,都被理论家掩藏起来了;可正是这一鸿沟,使后果难料之规律(the law of unintended consequences)对于现实地理解历史的因果关系以及政治效率至关重要。结果是,公共知识分子在倡导改革时急躁冒进,脱离现实,并暴露了他们对于历史和未来之间因果关系推理的弱点(罗马帝国之所以衰落,是因为……;苏联将战胜美国,其理由在于……)。值得注意的是,欧洲的经济学直到最近理论性都远远比不上美国,欧洲的经济学家更切实地关注着现实,伴生的副产品则为,相比美国的经济学家过去抑或现在而言,欧洲的经济学家进入政治的可能性都要大得多。[53]

提出极端主张之倾向,普遍化和抽象化之品味,道德纯净之渴望,人情世故之匮乏以及知识分子傲慢之工作,所有这些汇聚一

---

[53] Reiner Eichenberger and Bruno S. Frey, "Academia: American and European Economics and Economists," in Frey, *Economics as a Science of Human Behaviour: Towards a New Social Science Paradigm* 133 (2d ed. 1999).

起，引致许许多多学术公共知识分子理解片面的，选择性地对待正义观念，面事物的来龙去脉麻木不仁，展望前景则信心缺失，指责前任缺乏道德洞察力，对于深谋远虑和严肃节制毫不耐烦，远离现实主义以及过分自信。对涉及政治或意识形态的问题，采取"这一方面，而另一方面"的进路——一种能够从历史的视角理解奴隶制的进路，在看到废奴主义者积极一面的同时，也注意到其不好的方面，它能够对一些古怪的习俗，比如，阴蒂割除（clitoridectomy）和小阴唇切除，寻求一种功能性的解释（对我们来说），它承认纳粹分子亦属狂热的环境主义者和公共健康主义者，它还认为比尔·克林顿属于里根革命的巩固者——不适合学术品格。典型的学术人士是柏拉图主义者，而非亚里士多德式的人。

到目前为止，本人所强调的因素主要与学术公共知识分子有关。接下来我探讨的一系列因素，将回到本人早先有关信用品的讨论中，这些因素一般性地影响着公共知识分子市场，而非仅仅针对学术参与者。

从表层含义而言，市场是竞争性的，在市场上存在着无数实际的和潜在的需求者和供给者，并且，市场准入是不受限制的——即没有获取许可之要求。我们认为，一般说来，如果一个市场是竞争性的，质量就会由市场来决定。并且，不论产品市场抑或服务市场，一概如此，产品或服务的质量由消费者自行观察判断，亦可通过其他方式担保，比如，明示担保、依托生产者的沉淀成本来保障。然而，在某些市场，比如，医药市场、法律市场，有关质量的不确定性不断地大规模出现，市场激励看来不够充分，而市场无法交付可信赖产品的后果又非常严重。因此，政府介入市场，并规定卖方营业须经许可，政府介入通常是由于希望保护免受竞争的服务提供者的敦促。许可制度并非规制为不确定性困扰着的市场的惟一方式。最接近公共知识分子市场的市场——即专家证人市场（本书第十章将予考察），在这一市场上，学术人员和其他知识劳动者面向非专业听众,包括法官和陪审员,解释其观点——依据设计的规则运作,这些规则旨在甄别不适合之人以及不诚实之人。不论这些规则多么不完善,重要的一点是,这一市场存在规则;因此,专家证人市场并非对所有人自由开放。

公共知识分子市场的运作不存在任何规则或规范,不论是法律规范,还是习惯性规范(当然,《宪法》第一修正案对于前一类情形而言显然构成一种严重的障碍),并且,与其他一些信息市场不同的是,它几乎没有任何措施监督消费者中介。公共知识分子接近读者的纸质媒体和电子媒介,基本上不对质量进行任何甄别。走马观花并不等于什么也没有做,不过,只蜻蜓点水地稍稍甄别也并不足够,尤其是在考虑公共知识分子产品的多维性时——所谓多维性指这样一种事实,人们购买这种产品既为娱乐,也能够创造协同,而并不仅仅只是为了获取信息,因此,这种产品的真相价值(truth value)必须与其他消费价值相互竞争。商业出版社和非学术期刊不会将稿件提交给学者们审查,并且,尽管一些非学术杂志配备有分门别类、能力优秀的编辑,但仍然几乎没有任何编辑具备跨越其杂志涉及的所有主题的能力。现代的书籍出版处于一个高度竞争的环境,这制约着大多数商业出版社,使它们无法过于认真地关注质量,除了表现为市场性外(这并不是否认,它们出版了许多优秀的作品,因为优秀作品的作者可能因为或好或坏的原因选择由商业出版社出版),这也正是我提及的多维性发挥巨大激励作用之处。甚至学术出版社,如今也不仅仅出版学术专题著作,而且还在经济压力下推出"商业性"书籍(即销售范围超出狭隘学术市场的书籍)。这种压力业已导致学术出版社出版公共知识分子作品标准的放松。

因此,未过滤的(unfiltered)媒体构成公共知识分子作品质量

77　令人忧虑的一项原因，[54]而另一项原因，而且是更基本的原因（既然媒体未过滤，也仅仅是因为社会公众不要求过滤），则是事实上根本就没有人关注公共知识分子的节奏，正如我们在本书第四章将看到的一样。对待卖方有关产品声明的态度，不以为然，漫不经心，这是面对产品质量不确定而自我保护的方式之一。不过，它却制造了一个鸡生蛋还是蛋生鸡的问题。社会公众对待公共知识分子的声明信赖越少，这一市场对于公共知识分子声明的谨慎性和准确性施加的压力也就相应越小。既然没有什么人密切关注，学术人员也就用不着过于担心可能在历史的长河中成为傻瓜，因此，他们针对非专业社会公众当前饶有兴趣的问题毫不负责地喋喋不休，可能只需支付极其微小的代价；他们的学术声誉不可能因为冒险闯入公共竞技场而深受影响。读者不仅疏忽大意，而且也没有什么分辨力；当学术人员在以公共知识分子角色慷慨陈词之时，他们俨然以权威（ex cathedra）自居，自以为胜于非专业人士，而实际上他们自己可能都不太明白；并且，对于任何人来说，愿意记录公共知识分子言辞、旨在提供评估其当前主张与未来介入的质量标准的激励动机都非常微弱。这一市场缺少其他信用商品市场中确保合理质量的要件。在公共知识分子市场中，没有可执行的担保或其他保证承诺质量的法律制裁，没有有效的消费者中介，几乎不存在声誉上的后果，并且无论如何，对于学术人士来讲，都没有沉淀成本——他们可以放弃公共知识分子市场，同时作为专职学术人员而安全着陆。

　　倘若成为一位公共知识分子惟一的或者主要的动机，就是向社会公众提供真实的信息，这也不会产生多大的麻烦。然而，除了确信（certitude）不等于确实（certainty）的判断标准这一事实之外

---

〔54〕比照，Cowen，前注〔3〕，页72-92，有关在名誉的市场中"监督人的批评家"（gatekeeper critics）。

——相信他们拥有了解真实之专线的许多人,皆被迷惑蒙骗了——我们业已见到,从事公共知识分子职业的动机是复杂多样的。公共知识分子典型的效用功能,不仅包括告知他人(inform)的欲望,而且也包括对金钱的渴求,对喝彩欢呼的愿望,对权力的追逐,以及帮助他人的欲望,当然还有自我表达本身的效用。因此,自利和利他的动机相互交织,不同的公共知识分子两类动机的比例各不相同,并且我们不可能有信心确定,源于陈述真理的效用在其中占据了主导。此外,在政治和意识形态的争议之中,真理是一个难以捉摸的目标,当客观性确认根本不可能时,对真理的宣称也许更为强烈坚定,尽管这常常受到自我利益的下意识影响。学术人员倾向于在普通民众的面前昂首阔步,并且对迎合普通民众的媒体也有些不屑一顾,而这样并不会提升公共知识分子作品中真理的分量。从更广泛的范围来讲,他们瞧不起智识上比不上他们那么聪慧的人,上述情形正是此种轻视的一部分。(人们对于其碰巧具有的优势而感到自豪,是自然而然的事情,不论基于何种优势。)他们通常会发觉,在这样的无知为波浪、过眼似烟云的大海上飘游之时,小心谨慎,细致入微,既不可行,亦非必要。他们就像是在度假。他们松开了缰绳,那一条在学术工作中牵制着他们的缰绳,而与此同时,脱缰的他们又飞身跃入了一个对不准确主张和误导性论辩抵挡缺位的竞技场。在这样一个竞技场上,由于公共知识分子介入的争议中涉及到如此之多的情感特征,因此,这一缺位正超乎寻常地侵蚀着知识分子活动的质量。

　　针对所有这一切,人们可以论辩,能够依赖观念的市场——霍姆斯关于言论自由的著名隐喻[55]——以确保长远来说最合理的思想盛行不衰。不过,上述论辩一方面曲解了霍姆斯的意蕴,另一方面也误解了竞争的经济学。霍姆斯是一位适度的怀疑论者,他相

---

〔55〕 参见, Abrams v. United States, 250 U. S. 616, 630 (1919)(法官的反对意见)。

信，从切实可行的视角来看，真理就是让相互竞争的思想在公共舆论的法庭上相互争斗而达成的合意，并不是由一位法官或者一个检查委员会来决定的事情。（在这一问题上，他紧紧追随着密尔。）[56]而且，这并非表明，一项值得信赖的合意总是出现于观念和意见的自由市场中。这样的市场至多只是真理产生的必要条件，而非充分条件。而且，并非所有的市场皆交付品质优良的产品，即便其免于不正当的政府干预。倘若公共知识分子市场并非碰巧缺失了激励动机和市场约束，那么即便普通的信用品市场亦本不至如此。假如有瑕疵产品的卖方对瑕疵概不负责的话，既不借助担保的执行抑或其他法律行动直接承担责任，也不通过高昂的声誉损失而间接承担责任，那么此情此景之下，我们可以设想，普通产品的瑕疵又会如何呢。

或许，实物商品市场并非恰当的衡量标准。也许问题应该是这样的，与其他符号商品的生产者相比，例如小说家、新闻记者、权威评论员和政治家，公共知识分子是否可以更不负责任。也许他们实际上就是这样。对于新闻媒体、现代小说（不论是高雅著作抑或通俗作品）以及从总体而言的艺术，尽管人们对其质量存在着各种各样的抱怨，但事实上，没有人就这些表达形式采取任何举措，除了偶尔提起诽谤诉讼或淫秽品调查之外。关于当代"文化"的状况，人们总是没完没了、心痛绝望地指责怨艾，而这些是否有充分

---

[56] "我们的一些最有根据的信条，并没有什么可以依靠的保护，只有一份对全世界的长期请柬邀请大家都来证明那些信条为无所根据。假如这挑战不被接受，或者被接受了而所试失败，我们仍然是距离确定性很远；不过我们算是尽到了人类理智现状所许可的最大努力，我们没有忽略掉什么能够使真理有机会达到我们的东西；假如把登记表保持敞开，我们可以希望，如果还有更好的真理，到了人类心灵能予接受时就会把它找到；而同时，我们也可以相信是获得了我们今天可能获得的这样一条行近真理的进路……这就是一个可能错误的东西所能获得的确定性的数量，这也是获得这种确定性的惟一道路。"参见，John Stuart Mill, On Liberty 30 (1955 [1859]).

的根据,甚至也还不清楚。[57]因此,人们需要批判的难道就仅仅只是知识分子对公共话语的贡献吗?并且,这难道不是自相矛盾的吗?倘若把公共话语完全交由新闻记者和政治家的话,那么,公共话语难道不会无法估量地枯竭贫困吗?况且,假如一般性的公共话语或公共知识分子特别贡献的公共话语存在问题,难道不应该在相当的范围内归咎于社会公众本身吗?因为他们转瞬即逝的关注,因为他们的平庸无知,因为他们对"合理刺激"(sound bite)文化的认同?难道应该责备那些正在试图与这些文化趋势搏击斗争的人们吗?

我们有理由相信,比起其他符号商品市场(尤其是但不仅仅局限于学术市场),在公共知识分子市场上提供优质的产品,其竞争实际上更缺乏效率,并且,甚至这还没有考虑学术人员日益控制公共知识分子市场这一事实。现在让我们来考虑一下社会公众注意期短暂的问题吧。当今的人们忙忙碌碌,信息超载,这确属事实,并非陈词滥调,从每一位观众看到的电视商业广告的数量急剧增长,便可以证实这一点,而同时这些商业广告的平均长度正在大大缩短,并伴随着广告内容从信息化向修辞化的转变。[58]一位现代美国人的时间安排,存在诸多竞争性的用途,挤满了用来考虑公共问题的时间,与此同时,这些问题的复杂性又在日益上升。市场上"消费者"的时间有限,意味着评估卖方(公共知识分子)商品的能力有限,因而呼唤着对消费者评估能力的开发。然而,至少大多数皆属学术人员的卖方几乎毫无例外地与失望不已的消费者之回应相互隔离,原因在于,他们是兼职人员,在任何时候他们都能够以低微的成本撤离公共知识分子市场。

---

[57] 参见,Tyler Cowen, *In Defense of Commercial Culture* (1998).

[58] Sarah C. Hann, "The 'Persuasion Route' of the Law: Advertising and Legal Persuasion," 100 *Columbia Law Review* 1281, 1287 – 1289 (2000),以及此处所引证的研究成果。

80　　无鉴别力的消费者，面对一旦其劣质产品被曝光的话、能以低成本退出这一市场的卖方，这样一种组合并不常见，即便在符号商品的领域中。新闻行业存在着一种责任承担的规范，而在学术公共知识分子的活动中，却没有相应的机制。报纸雇用了监督人员、出版校对人员、出版纠改人员，还有读者的批评来信。他们担心因偏见或不准确而遭受批评，面对偶发的诽谤诉讼也毫不轻松。他们意识到，他们处于社会公众的目光之中，在某些方面他们为人们怀疑，而且，他们还是正等着别人瞄准的靶子。记者报道当时的新闻，倘若他们的报道出入非常大，这一点终归会为人察觉，那么他们就会被解雇。有些记者企图粉饰事件，但他们的行为一旦被发觉，便要即刻卷铺盖走人。准确性对于媒体的声誉来说生死攸关，并且我们也知道，这是赋予卖方以激励动机的因素之一。政治家在一个残酷竞争的市场中运作，正如新闻记者一样，人们不信任他们。小说家以及其他创造性艺术家生产的商品，作为消费者的社会公众或者其中的部分人可能喜欢，也可能不喜欢；不过，社会公众会喜欢他们本来喜好的东西，而不会上当受骗，即便他们在对真正新奇的作品产生好感方面可能有些迟钝。学者和其他科技作家生产的作品面向专业读者。况且，新闻行业、政治、小说写作以及学术，都属于全职职业或者至少构成主要职业。失败会产生真正的成本，而所有这些约束，学术公共知识分子市场皆缺位。

　　在表达政治或意识形态的意见方面，也许与公共知识分子最为接近、最没有任何市场戒律的人，就属电影明星了，比如，简·方达、芭芭拉·史翠珊、沃伦·贝蒂、查尔顿·赫斯顿以及罗伯特·雷德福，这些明星也向社会公众发表政治方面的高见。他们的名人效应保障他们拥有听众——没有媒体的过滤——并且，他们对于其政治性"工作"无须支付任何职业上的代价，不过，他们的高谈阔论却异常刺耳、不合时宜。（简·方达便是一个上佳的例子。）不过，社会公众也会自我保护，并不太把他们的意见放在心上。甚至在里根就任总统之后,演员就公共事项发表所谓有价值的意见,这一概念仍为大多数人视为有些荒谬。查尔顿·赫斯顿作为全国枪支协会的发言人,令人印象深刻,但他有关枪支政策的发言是否具有独立的份量却令人怀疑。在本书第四章我们将会看到,社会公众为自我保护,对待公共知识分子的言论大多采取基本相同的方式。报纸的读者亦然:他们知道,新闻记者交稿期限非常紧迫,并因此不可能相信它们是高度准确的,故对待新闻记者有所保留。

  与政治家、通俗作家、政治上活跃的电影明星或普通的新闻记者相比,公共知识分子瞄准的是受教育水平更高的读者。但是,随着知识的扩张且越来越相互补充,受过泛泛教育的社会公众,即它的一般成员,过去通常被称之为"普通读者"(general reader)的社会公众,业已日渐萎缩。已不再有一汪共享知识的池塘,公共知识分子能够从中汲取知识的水流与他的读者分享,而读者也可能运用这些知识来检验知识分子的论辩合理与否。也不再有所谓知识分子的精英阶层,他们中的每一个人皆上知科学、下通历史、博览政治理论、通晓经济学说,有能力对科学作家或者社会评论家作出富有智识的评估。几乎再也没有任何人能够跨越如此广阔的知识领域。也不再有这样的社会公众,他们知道是应该信任还是不信任公共知识分子——他们知道如何评价他的资历、他的伦理诉求。现代公共知识分子面向毫无鉴别力的社会公众写作,他或许会发觉,他的读者大多数是倾向于支持他观点的人。按照贝叶斯定理以及类似的普遍常识,在两位同样具有说服力的论辩人之间,你会支持你的先入之见(priors)赞同的那一位。现代公共知识分子,更可能是协同偏见,而非驱散偏见。

  学术出版与公共知识分子作品的出版,对比尤其显著。学术出版涉及到三层筛选。学术规范、学术任职以及薪金评审的强制规范,对学术机构的成员具有拘束力。学术期刊和学术出版社实行细致的审查,就出版社而言,还推行学术评审委员会(faculty review boards）以及专业化的组稿编辑制度，以确保出版作品的高标准。并且，学术作品的读者属于专家读者。但在公共知识分子市场上，上述三级控制一概缺位。当然，不论公共知识分子是否属于学术人员，这都是事实。非学术公共知识分子撰写的蹩脚作品，是如此的不可胜数、唾手可得。[59]这都只是应当预料到的。然而不平凡的生活经验，不平常的文学技巧，也许能弥补公共知识分子作品的部分缺憾，不过，这些贡献更可能被发现属于学术领域以外，而非学术领域之内。

　　行文至此，"市场失灵"可能也转换成为这一市场的术语了，并且，甚至"不效率"一词也可能被误用，或者至少是不准确的。在本书第四章中，我会回到这一问题。

---

[59] 保罗·霍兰德在《政治朝圣者：西方知识分子的苏联、中国和古巴之旅 1928 – 1978》一书中，嘲讽了作为同路人的公共知识分子，其中大多数皆为非学术人员，参见，Paul Hollander, *Political Pilgrims: Travels of Western Intellectuals to the Soviet Union, China, and Cuba 1928 – 1978* (1981). 但是，霍兰德对"知识分子"的界定，混杂且宽泛，把其含义甚至扩充至包括简·方达（Jane Fonda）和莎莉·麦克琳（Shirley MacLaine）。

第三章

关注与洞察

"公共领域的学术合法性（Academic legitimacy）是一件脆弱的东西。"[1]

本章首先对公共知识分子的价值和质量进行经验主义的分析。然后，再讨论公共知识分子的影响与预测准确性之间相互关联的问题。接下来再针对价值问题进行统计学分析，尽管这一分析不仅限于价值的问题，而且也简单易行地为公共知识分子市场提供一种更准确的描述。在这些章节之中，本人所指的价值可以不严格地称为"真相价值"（truth value）；那便是我关注的公共知识分子塑造公共舆论的努力，而非令社会公众娱乐或者促使志趣相投的人们构建协同。

应该区分价值的两种含义。第一种含义是，避免严重的错误，这一含义主要是通过谨慎调查事实以及小心地陈述结论而实现的。价值的另一种含义也是更有趣味的含义，是洞察或者区分，在知识分子空间的沟壑中填充一些内容，让本人就此举一事例而开始吧。

---

[1] Alan Wolfe, "Academics, Ads, and Questions of Credibility," *Chronicle of Higher Education*, Dec. 1, 2000, p. B24.

政治性十足的文学批评，这种作品类型学术公共知识分子本来是不可能创作的，或者即便写作也几乎没有影响或毫无影响。不过，有一篇著名的政治性十足的文学批评，那就是乔治·奥威尔对诗歌《西班牙》中"必要的谋杀"一词的批判，《西班牙》（1937年）系一首由W·H·奥登在共产主义时期创作的有关西班牙内战的诗歌。包括"必要的谋杀"词语的前一诗节，以"明天，对年轻人是：诗人们象炸弹爆炸"开始，并以这种田园诗般的意境继续吟唱，最后则以"但今天是斗争"结束。而其后，我们便读到：

> 今天是死亡的机会不可免的增加，
> 是自觉地承担必要的谋杀罪行；
> 　　今天是把精力花费在
> 乏味而短命的小册子和腻人的会议上。

84 对此，奥威尔进行了尖酸刻薄的评论：

> 第二诗节旨在对"优秀党员"生活中的一天作一简短描述。清晨，一群政治谋杀者用10分钟的时间扼杀了"资产阶级"的同情，接着匆忙地吃完了午餐，度过了一个忙碌的下午，在傍晚则用粉笔在墙上涂画标语以及散布传单。一切都非常地富于启发性。但注意"必要的谋杀"这一词语。惟有对其而言谋杀至多只是一个字眼的人，才可能写得出这样的言辞。就我个人而言，决不会轻吐谋杀这个词。本人碰巧亲眼目睹过不可胜数的被谋杀者的尸体——我所指的并非战死，而是指谋杀。因此，本人对于谋杀的内涵有一些了解——恐怖分子、仇恨的人们、咆哮的亲人、死尸横躺、鲜血淋漓、气味刺鼻。我以为，谋杀是应该避免的事情。这也可谓是任何普通人的共识。希特勒主义者和斯大林主义者认为谋杀是必要的，但是，他们不可

能公开宣扬他们的麻木无情，也不可能在谋杀时谈及它；可以把它说成"清洗"、"消灭"或者其他一些宽慰缓和的词汇。只有在扳机扣动时你总是处在其他某地的那种人，奥登先生混淆黑白的印记（brand of amoralism）方成为可能。如此繁多的左翼主义思想皆是一种玩火之游戏，而这些人甚至不明白烈火之炙灼、玩火必自焚。[2]

为回应这一批评，奥登把"必要的谋杀"一词修改成为"谋杀的事实"。

这是一篇别有份量的文学批评，并且这一文学批评及其力度与奥威尔没有走向一种避风挡雨的学术生涯是密不可分的。他在缅甸做过警察，所以能够第一手地了解谋杀。他在西班牙与无政府主义者并肩战斗，身负重伤，并险些为斯大林主义者杀害，不过却狭路逢生。这篇批判奥登诗歌的随笔首次发表于1940年，第二次世界大战爆发后——正当奥登本人移居美国寻求安全庇护时，奥威尔却竭力地试图加盟英国军队，不过由于身体健康不佳而被拒绝接纳，只得在伦敦大空袭（the London Blitz）期间担任一名空袭消防员。奥威尔的人生经历，不仅仅赋予了他在说明政治谋杀时具有极大的道德权威，而且也促使他火眼金睛地注意到了奥登诗歌中那些本来可以逃过任何人眼睛的那组令人厌恶的词句，因为对于人们来说，奥登所定义的政治谋杀只不过是一个抽象的概念。并且，我们必须记住，奥威尔不仅是评论家，而且还是一位新闻记者和小说家；本人引用他文章中的段落皆可谓才气横溢之论辩（a brilliant polemic）。因此，这不但强劲有力，而且更重要的是，它属于一篇个性独特的文学批评，尽管对于一位面向普通读者写作带有政治色调的文学批

---

[2] George Orwell, "Inside the Whale," in *Collected Essays, Journalism and Letters of George Orwell*, vol. 1, pp. 493, 516 (Sonia Orwell and Ian Angus eds. 1968).

评的学术人员，我们可能预期他所创作的全部作品只是一种学术型文学批评的淡化版本。[3]

奥威尔的事例表明，成为一名真正有影响力的公共知识分子可谓一种魅力型职业（a *charismatic* calling）。它主要并不是一项智识聪慧、见闻广博以及清晰明澈地创作之事，而是能够透过修辞之力量或某人生活之范例（相关的要点在于——一种模范的生活可以作为一种伦理诉求特别有效的形式）而撰写出为社会公众或至少为受过教育的社会公众所信任的新颖独特、扣人心弦、边缘异类的思想。由于在一个专门化和职业化的时代，知识分子越来越纳入了大学的院系之中，故而富有魅力的公共知识分子正在逐渐地烟消云散。

人们也许以为，学术公共知识分子至少是准确无误、一丝不苟且勇于负责的，并对事实与虚构、证明与推测的区别有着清晰的意识（顺便说来，并非总是奥威尔的新闻报道才享有此类殊荣）。也并不仅仅如此，原因正如前一章中所提到的。让我们来考察一下诺姆·乔姆斯基，这位当代语言学、甚至认知科学中最具影响力的人物。乔姆斯基在著作、文选、演讲以及访谈之中，反反复复地谴责了美国极端暴力、无法无天、强制压迫的帝国主义行径，如同希特勒时代的德国那样黑暗悲惨，而且其恐怖程度更甚于过去或现在的日本帝国主义或任何共产主义政权，包括斯大林时代的苏联。乔姆斯基并非共产主义者，他也不欣赏任何共产主义政权。他只是认

---

[3] 莫里斯·狄克斯坦在他的著作《双重代理：批评家与社会》（*Double Agent: The Critic and Society*, 1992）一书中，也提出了类似的观点（并且，事实上那也是该著作的主题）。他的术语"公共批评家"（public critic），既包括非学术型文学批评家，亦包括许多学术型文学批评家（在学术型文学批评家中，最为著名的是莱昂乃尔·特里林［Lionel Trilling］），但其重心朝向前者即非学术型文学批评家，以及或者缺乏标准的学术资历、抑或对学究型学术冷嘲热讽的学术型文学批评家，例如菲利普·拉甫（Philip Rahv）、阿尔弗列特·卡山（Alfred Kazin）和欧文·豪（Irving Howe）。

为，美国与其他任何国家曾经的情景相比，更加充满暴力、侵略成性、霸权主义以及危机四伏。他主张，"斯大林及其继任者本来一直都愿意接受在美国支配的世界秩序中担任下属管理者（junior managers）的角色",[4]尽管他并没有解释为什么我们不愿意授予苏联这一角色。乔姆斯基把北朝鲜描述为朝鲜战争中美帝国主义无助的牺牲品，并指责道，美国不仅应该为冷战负责，而且还要就在我们禁止向日本出口石油促成日本决定报复之前的日本侵略承担责任。然而，石油禁运并非一种无缘无故的侵略行为，而只是对日本侵略中国以及法属印度支那的反应，这一点他有所忽略而未予指出。乔姆斯基暗示着，第二次世界大战的惟一作用是创造了一个美洲帝国，它就如同被美国及其同盟国征服的法西斯国家同样的邪恶恐怖。[5]他提出质疑，倘若日本没有投降的话，那么，我们攻占日本是否就能够正当化呢："日本攻击了位于美国殖民地的两个军事基地的事实，很难赋予我们一种占领日本的正当理由"。[6]

乔姆斯基为苏联入侵阿富汗提供了精心设计的藉口。[7]这些都是他继续指责美国、抬举苏联的不懈努力的一部分，他指责美国不仅要为冷战负责，而且要对这个世界出现问题的其他事件负责，甚至包括波尔布特大屠杀（他如今业已承认这一屠杀，尽管在我们

---

[4] Noam Chomsky, *Year 501: The Conquest Continues* 72 (1993). Year 1 was 1492.

[5] 比如，参见，Noam Chomsky, *American Power and the New Mandarins* (1969).

[6] Noam Chomsky, *Class Warfare: Interviews with David Barsamian* 67 (1996). 亦见, Chomsky, 前注[4], 页 239–242。乔姆斯基所指在美国"殖民地"之一的某军事基地，大概是指珍珠港，因为当时夏威夷尚不属于美国的一个州。然而，日本攻击的另一个"殖民地"，依乔姆斯基的意思推测，可能是指菲律宾，但菲律宾则不限于一个单一的军事基地。日本还攻击了美国在太平洋的其他领地——包括关岛、威克岛（Wake Island）和中途岛——并且还轰炸了美国的太平洋沿岸。

[7] Noam Chomsky, *Towards a New Cold War: Essays on the Current Crisis and How We Got There* 374 n. 23 (1982).

看来他承认得有些太晚了），[8]同时，他把苏联描绘成一个无辜无害和没有侵略性的国家，尽管在苏联国内存在着强制压抑，不过这只是美帝国主义的托词。乔姆斯基的作品连珠炮火般地充斥着这样的宣言，美国是"国际恐怖主义的中心"，[9]以及"公司（corporations）只不过是像布尔什维克主义和法西斯主义一样的极权主义者"。[10]他相信，萨达姆·侯赛因在1991年波斯湾战争中使用导弹袭击以色列的理由，与乔治·布什寻求以武力将侯赛因从科威特赶走的理由同样充分，[11]并且，中美洲国家要比东欧曾经的共产主义国家更具压制性。[12]他提出，"世界上存在着许多恐怖主义国家，但美国却属于独一无二的情形，因为美国是官方的（*officially*）国际恐怖主义，并且在一定规模上令它的对手（比如，伊朗、伊拉克、利比亚、叙利亚、苏丹以及北朝鲜）自愧不如。"[13]他把阿拉伯对以色列的敌意完全视为以色列侵略之产物——他不承认以色列存在任何合法正当的安全忧虑，也不承认以色列与阿拉伯国家的任何战争可以描述为以色列的防卫。[14]他否认有关柬埔寨红色高棉屠杀了一百多万人的报道，据说"权威顶尖的专家……得出结论称，屠杀（executions）的人数至多只有几千人；那些人居住于红色

---

[8] 同上注书，页382，注[73]。

[9] 同上注书，页52。

[10] Noam Chomsky, "You Say You Want a Devolution," *Progressive*, March 1996, pp. 18, 19。乔姆斯基补充道，"在20世纪早期，它们［公司］渊源于同样的知识基础（intellectual roots）。"同上书。但实际上，公司并非一项20世纪的发明。

[11] Noam Chomsky, *Media Control: The Spectacular Achievements of Propaganda* 53–54 (1997).

[12] Noam Chomsky, *World Orders Old and New* 39–40 (1996).

[13] Noam Chomsky, *Pirates and Emperors: International Terrorism in the Real World* 178 (rev. ed. 1991)（强调系原文所加）。

[14] 比如，参见，Noam Chomsky, *Fateful Triangle: The United States, Israel, and the Palestinians*, ch. 4 (updated ed. 1999).

高棉有限影响以及并不多见的农民不满的地区，在那儿，残酷的报复性屠杀因美国的毁灭和杀戮所导致的饥荒之威胁而加剧恶化。"[15]可是，乔姆斯基从来也不承认错误。

乔姆斯基的十多本著作和文选，当然也并不是没有包纳有益的信息以及趣味横生、亦真亦幻的陈述，正如当他称西奥多·罗斯福是一位"狂热盲信的种族主义者和胡言乱语的沙文主义者（jingoist）"时那样。[16]然而，这种腔调连同片面性的特征却是非常典型的。乔姆斯基对原始资料的运用毫不加以批判，并且他的方法论也令人失望不已——他只是简单地进行论题的转换。假如有人论辩道，若是有关防止对阿族人种族灭绝的尝试贯彻不力，则对科索沃的武装干涉便有道德价值，乔姆斯基就会以反问的句式回答道：我们没有保护库尔德人免受土耳其人侵犯、没有保护东帝汶人免受印度尼西亚人侵略、或者没有保护巴勒斯坦的阿拉伯人免受以色列的犹太人欺侮，又当如何呢？

在乔姆斯基看来，诉诸武力永远不具正当性，因为没有一个国家是完全清白无辜的。然而，当一个既非美国、亦非美国盟友的国家或者群体诉诸武力时，则有可能被原谅。乔姆斯基是一位无政府主义的和平主义者。他所信奉的那种信条——他将其视为不言自明的绝对正确，并且也不试图进行辩护——说明了学术公共知识分子

---

[15] Noam Chomsky and Edward S. Herman, "Distortions at Fourth Hand," *Nation*, June 25, 1977, pp. 789, 791。有关乔姆斯基对柬埔寨大屠杀的观点，可进一步参见，Paul Hollander, *Political Pilgrims: Travels of Western Intellectuals to the Soviet Union, China, and Cuba 1928 - 1978* 68 - 69, 446 - 447 n. 62 (1981). 既然乔姆斯基与赫曼（Herman）合写的文章表明，屠杀的人数可能只有数百人，故而，"至多只有几千人"亦是值得注意的。

[16] Noam Chomsky, *The New Military Humanism: Lessons from Kosovo* 91 (1999).

把政治伦理与个人道德混淆一起的普遍性错误。[17] 美国一位公民个人一生完全可以不杀害或不统治任何人；但是这并不意味着，一个大国可以脱离对人民的统治、以及不导致人们被杀戮而能够生存发展。

尽管乔姆斯基的政治作品大多数涉及美国的外交政策，这些作品却抛锚于经济学理论上，这种经济学理论在特征上属于马克思主义，它否认资本主义是一种具有生存力的经济制度。他相信，资本主义要维持漂浮前行，只能依靠剥削、欺骗和威胁工人；只能依靠控制和剥削落后国家；只能依靠镇压一切替代性经济制度的尝试，比如社会主义；并且只能损害家庭和儿童。[18] 因此，乔姆斯基预测道，在苏维埃体制崩溃后随之而来的自由市场经济的兴起，将会导致东欧、澳大利亚、加拿大以及其他许多国家的贫困化；将会促使西方富有的国家包括美国，变得更加接近于第三世界国家；并且，简而言之，将会引起全球范围内经济状况的恶化。[19] 他宣称，中央计划、贸易保护主义政策以及其他国家干预经济的措施，对于资本主义的生存至关重要，他指向日本和德国的国家主义政策，并认为，这些政策的运用正是日本和德国经济成功的关键。[20] 他把我们对卡斯特罗政权的敌对，归于这一政权经济成功以及人道主义胜利（humanitarian successes）的原因。我们针对古巴的"恐怖主义战争"，"系由约翰·F·肯尼迪发动的。这一行动与共产主义毫无干

---

[17] "倘若据说，依照无限（acosmic）之爱的道德［耶稣、基督十二使徒（the apostles）、圣弗朗西斯（St. Francis）、以及类似者的道德］，'不要以武力抵制邪恶的他（Resist not him that is evil with force）'，但对于政治家而言，相反的主张则是，'汝应以武力抵制邪恶（thou shalt resist evil by force）'，否则你应负责铲除邪恶。"Max Weber, "Politics as a Vocation," in *From Max Weber: Essays in Sociology* 77, 119 – 120（H. H. Gerth and C. Wright Mills trans., 1946）.

[18] 比如，参见，Chomsky, 前注［4］，第二章。

[19] 参见，Chomsky, 前注［4］，页 55 – 61、76 – 86。

[20] 同上注书，页 100 – 106、111 – 112。

系。没有任何俄国人参与。这一行动想解决的是这些古巴人把资源配置给不适当的人了。他们正在改进人们的健康标准。他们关注着营养不良的儿童。因此,我们发动了一场声势浩大的恐怖主义战争。"[21]

就困扰学术公共知识分子市场的质量问题而言,乔姆斯基属于不可回避之例证。[22]当然,并不一定是最佳事例。知名出版社(The establishment press)一般来说不出版乔姆斯基的公共知识分子作品,[23]当然,我并不清楚,这到底是他本人的选择,抑或还是知名出版社的控制。然而,在大学的校园之中,他却拥有无数的追随者,他经常在大学发表演讲,他的反美主义在国外也大行其道。并且,媒体非常频繁地提到了乔姆斯基,当然主要是提及他的政治观点,这促使他跻身于最频繁提及的前 100 位公共知识分子之列。[24]

从一种比乔姆斯基更负责任的层面上入手,但仍旨在说明学术公共知识分子轻率鲁莽地冒险越出其专业学术领域的共同倾向,我们可以将著名的物理学家斯蒂芬·温伯格(Steven Weinberg)作为例证,他在《纽约书评》中自称为一名科学哲学家,尽管他也承认,

---

[21] Noam Chomsky, *Chomsky on MisEducation* 52 (Donaldo Macedo ed. 2000);亦见,Chomsky,前注 [4],页 151-152。

[22] 保罗·约翰逊的著作《知识分子》(1988),针对乔姆斯基以及其他极左的公共知识分子,比如萨特和伯兰特·罗素(当然,罗素有时又转向右翼,正如在他倡导对苏联进行预防性的核战争时),进行了有力地嘲讽。参见,Paul Johnson, *Intellectuals* (1988)。类似的论述,亦见,Hilary Kramer, *The Twilight of the Intellectuals: Culture and Politics in the Era of the Cold War* (1999)。但是,约翰逊不正确地暗示着,极端的和不合理的政治观点更可能发现于极左的知识分子(far-left intellectuals)中,而在极右的知识分子中发现的情形相对更少。

[23] 最主要的例外,是哥伦比亚大学出版社出版了他的著作《世界秩序》(*World Orders*),参见,前注 [12]。

[24] 参见本书第五章,表 5.3。

他对这一领域知之甚少,并且他陈述了在哲学上令人疑云密布的话语(apothegms),比如,物理定律(the laws of physics)是真实的与摇滚乐是真实的,属于同等意义。[25] 这一特定的话语在哲学上是天真浪漫的,针对这一指责他为自己辩护,他说道,当他在说摇滚乐和自然规律的确属于"同等意义"时,他业已补充了"不论那是什么"一词。[26] 这可是一种损害性的自认呀。如果他不知道,在什么意义上摇滚乐和自然规律是真实的,那么,他如何知道它们在同等意义上是真实的呢?它们看来似乎并不是同等意义上的真实。摇滚乐是实际的物体;而自然规律是我们相信贯穿于某一特定领域的联系或者规则(relations or regularities)。摇滚乐可以通过观察得到;而自然规律则是经推断得出的。摇滚乐相对于自然规律,就正如汽车的引擎相对于它的马力一样。

物理学家温伯格尝试就毗邻的科学哲学的"软"(或者更软的)学科进行探索,而生物学家斯蒂芬·杰·古尔德则业已就神学的"软"领域尝试研究,他主张,科学与宗教分处于非重叠性领域——在科学的情形下为事实,在宗教的情形下则为价值。[27] 这意

---

[25] Steven Weinberg, "Sokal's Hoax," *New York Review of Books*, Aug. 1996, pp. 11, 14 – 15,理查德·罗蒂对此的讽刺,参见,Richard Rorty, *Philosophy and Social Hope* 182 – 188 (1999)。温伯格的文章系对后现代主义的攻击,关于将这篇文章划归公共知识分子作品,而非仅仅作为向非专业读者诠释科学之尝试,是否存在着正当理由,在意识形态上尚有争议。右翼衰落主义者(Right – wing declinists)(参见本书第八章),将后现代主义视作这个国家"衰落(decadence)"的原因或者征兆,当然温伯格并不属于右翼衰落主义者。

[26] Steven Weinberg, "The Revolution That Didn't Happen," *New York Review of Books*, Oct. 8, 1998, pp. 48, 52.

[27] Stephen Jay Gould, *Rock of Ages: Science and Religion in the Fullness of Life* (1999)。古尔德是一位左翼主义者,但是,试图协调科学与宗教的关系并非左翼人士的专利。并因此,我们读到:"它[量子理论]把粒子和光波联结起来,令有限扩展至无限,从而透过这一点实现永恒。在这种情形下,我们便可以理解大脑与思想、世俗与神圣、人类与宇宙、自由与天命之间的矛盾。" George Gilder, *The Meaning of the Microcosm* 104 (1997).

味着，宗教提出的与科学理论或者科学观察不一致的每一项事实性断言，皆不妥当，正如未经许可进入科学领域一样。这提出了科学真理对宗教真实的问题。实际上，这只是温伯格谬误的哲学推理的变种。他们两位都反映了天真的科学实在论。正确的论断是，部分宗教派别提出的主张，比如，认为地球只有六千年的历史，或者胎儿在妊娠时便赋予了灵魂，这些主张要么是科学的错误（比如，关于地球时期这样的主张），要么根本没有科学根据，因为它们无法运用科学已知的程序进行测试，例如胎儿具有灵魂的主张。但是，倘若要宣称这些主张是错误虚假的或者毫无意义的，那么，只有当正确性的科学标准被视为法宝（trumps），方才可能，而要作出此种决定不可能源自于科学本身。科学无法证明其高于圣经之权威。古尔德甚至没有意识到这是一个问题（issue）。

古尔德似乎也没有意识到，弗洛伊德很早就提出了一个观点：科学与宗教之间的职责区分，即把事实分配给科学，而将安慰（consolation）、道德以及"更高的真理"留与宗教，这种划分将促成宗教权威的丧失。[28]因此，古尔德的一碗水端平不过是一种伪装。倘若剥夺了有关上帝创造了世界和人类、耶稣基督并没有人类的父亲、人的肉体死后仍有灵魂存在的事实之断言，基督教便会褪变成一个虚构的故事、一个神话传说；它的道德训诫、仪式典礼以及宗教教士，将会演化成一种互助会或其他社会俱乐部的学说信条、风俗习惯以及管理人员。其他的宗教也经历了同样的衰落。真的令人难以置信，古尔德对宗教竟然是严肃认真的。

古尔德的著作阐明了公共知识分子作品的风格，这些也许可以称之为"求异"或者"求同"，后一种风格指激烈论辩主题的一方的同党，自称航行于两个极端之间的中庸航线，他蔑视极端主义

---

[28] Sigmund Freud, "The Question of a Weltanschauung," in Freud, *New Introductory Lectures in Psychoanalysis* 158, 172 (James Strachey trans. 1965).

(extremism)，但事实上，他却把全部有利的论辩分配给自我（他人毫无察觉）一方。卓越的法学教授和公共知识分子劳伦斯·却伯（Laurence Tribe）撰写了一本有关人工流产的著作，该著作旨在支持者和反对者之间寻求一条中庸之道（正如该书的副标题表明的那样），而实际上，他激烈反对支持者的观点。[29]迈克尔·麦克尼尔（Michael McConnell）在对此的一篇评论中指出，"却伯教授就反对人工流产者的伦理观点、科学主张以及法律论辩知之甚少以至于不能对它们作出解释，他对于支持生命权的人（pro-life people）太不熟悉以至于也不能理解他们的动机或表达他们的忧虑，他过多地专注于自己的视角以至于无法透过他人的眼睛去看待事物，并且，一位法律人如此过分以至于他撇开了论辩的机会，哪怕是片刻的论辩机会。[30]1992年，在麦克尼尔的评论发表一年之后，却伯出版了该著作的第二版。尽管这一著作第二版讨论了1992年6月裁决的一宗案件，这一时间几乎就是麦克尼尔评论发表一周年之际，然而，却伯根本没有提到这篇评论，也没有尝试就麦克尼尔批评的任何部分作出回应。

古尔德最闻名遐迩的作品是《人的错误量度》，[31]第一版就销售了10万多册，该书试图揭穿主要由早已去世的心理学家和进化论生物学家提出的有关主张，即人类的智力变化取决于遗传，并随着人种而变化。既然古尔德是一位生物学家，那么他看起来应该一直在他自己的领域内写作。这种表象却是欺骗性的。古尔德是一位古生物学家（paleontologist），但并非一位智识问题的专家。古尔德的创作虽然不象伊莱因·斯卡里（Elaine Scarry）超出本人领域那么

---

[29] Laurence H. Tribe, *Abortion: The Clash of Absolutes* (1990).

[30] Michael W. McConnell, "How Not to Promote Serious Deliberation about Abortion," 58 *University of Chicago Law Review* 1181, 1182–1183 (1991).

[31] Stephen Jay Gould, *The Mismeasure of Man* (1981).

遥远（斯卡里是一位围绕著名的飞机失事事件撰写有关技术原因文章的英语教授[32]），但仍然超出了他专业研究的范围以外。学者们批评这本书存在着倾向性、政治偏见、形形色色的歪曲，尤其是否认诸如智商（IQ）之类东西的存在（即综合智力存在实质性的遗传因素）。[33]古尔德称这种信念为智商存在的"物化"（reification），理由是，你不可能在人脑中指出哪些东西属于智商。这等于否认马力或者任何其他抽象的存在。但是，"物化"是一个哲学的概念，不属于科学的范畴，因此，我们不应该期望古尔德能够熟练灵巧地运用它。

这本书存在自我参照的问题：早期就智识问题撰文的作家因错漏被指责为种族主义者，而古尔德尽管承认他是一位马克思主义者，却否认政治偏好（political predilections）对他分析的影响，但与此同时，请注意他有关进化概念的马克思主义特征——间断平衡（punctuated equilibrium），他将之类比为政治革命。[34]既然马克思主义推行革命，那么，他将革命视为通常理解的进化（一种相当自然

---

[32] 比如，参见，Elaine Scarry, "Swissair 111, TWA 800, and Electromagnetic Interference," *New York Review of Books*, Sept. 21, 2000, p. 92; Elaine Scarry, "The Fall of EgyptAir 990," *New York Review of Books*, Oct. 5, 2000, p. 49. 斯卡里教授相信，她业已在北大西洋发现了一个电磁的"百慕大三角（Bermuda Triangle）"，是它导致了飞机失事。专家们不同意她的观点。参见，Emily Eakin, "Professor Scarry Has a Theory," *New York Times Magazine*, Nov. 19, 2000, p. 78.

[33] 参见，Lloyd Humphreys, Review, 96 *American Journal of Psychology* 407 (1983); John B. Carroll, "Reflections on Stephen Jay Gould's The Mismeasure of Man (1981): A Retrospective Review," 21 *Intelligence* 121 (1995); Kevin B. Korb, "Stephen Jay Gould on Intelligence," 52 *Cognition* 111 (1994); Frank Schmidt, Review, 50 *Personnel Psychology* 485 (1997). 关于智商由大脑结构决定的证据，参见，John Duncan et al., "A Neural Basis for General Intelligence," 289 *Science* 457 (2000).

[34] Stephen Jay Gould, "Life in a Punctuation," 101 *Natural History* 10 (1992). 参见，Daniel C. Dennett, *Darwin's Dangerous Idea: Evolution and the Meanings of Life* 309 (1995); Humphreys, 前注 [33]，页 408-409。

的过程）之对立面，便令其困扰不休。他把自己的政治展示出来——事实上，他是把他的政治学嫁接到他的科学上去，通过间断平衡的概念将他的政治和科学相结合——人们本来想古尔德可能会更多同情有政治动机的智识试验者。

古尔德也暗示，由于科学家过去对智商的错误认识，因此如今不可能信任他们，这是正确的。然而，他再次认为自己不会有这种可能。

1996年，古尔德推出了《人的错误量度》一书第二版。但第二版并未就学者对第一版的批评作出回应。古尔德解释道，推出第二版的时机，是理查德·赫恩斯坦（Richard Herrnstein）和查尔斯·穆雷（Charles Murray）出版了《钟型曲线》（The Bell Curve）一书，并且事实上，该著作第二版惟一的实质性修订便是补充了对《钟型曲线》一书的批评。《钟型曲线》系一位心理学家和一位政治学家联手，试图确立与古尔德相反（contra）的有关智商现实性和遗传性的理论。该著作最具争议的特色是他们宣称，白人和黑人之间平均智商的实质性差异（黑人的平均智商要低于白人平均智商一个标准的方差，即黑人与白人的智商之比为85比100）具有遗传的成份，这也是最令古尔德满腔愤怒之所在。[35] 古尔德对赫恩斯坦和穆雷的主张作出了大量的技术性批判，而且最为显著的是，他坚持认为，他们的作品属于一种"保守主义意识形态的宣言。"[36] 这只是换汤不换药，把茶壶说成是黑色的茶罐而已。《人的错误量度》第二版的引言强调把注意力放在古尔德本人的政治学上，并承认了准备该书第二版的政治性动机（页38-39）。他敬慕地把乔姆斯基编

---

[35] Richard J. Herrnstein and Charles Murray, *The Bell Curve*: Intelligence and Class Structure in American Life, ch. 13 (1994).

[36] Stephen Jay Gould, *The Mismeasure of Man* 37-38, 376（1996年修订和补充版本）。本书此后数页引证的内容，依据该版本。

织成为一位"伟大的人文主义者"(页 45)。

一方是古尔德,而另一方是赫恩斯坦和穆雷,他们之间的科学争论要比看上去更小一些,而这便是典型的公共知识分子作品。《人的错误量度》和《钟型曲线》,尽管都属于学术著作,但皆由商业出版社出版,并定位于普通文化的社会公众,而且他们还提出了强烈有力、引人注目、在政治上指责对方立场的主张。然而,真正休戚相关的东西究竟是什么呢?

"一般智力"(general intelligence)的概念,来自于对个人在各种智力测试(语言测试、空间测试、数学测试、记忆测试)中的表现所进行的观察,这些智力测试尝试对受测试人的教育或信息中倾向于有实证关联的差异进行抽象。这种相关性意味着,拥有一系列多才多艺的智识能力,并因此能够预测到,在广泛的职业和活动范围内,一个人比平均水平做得更好或更坏的概率——事实上,上述范围涉及有关智力支配身体的几乎任何事项。各种智力测试结果之间的相关性,并因此可以推测正在测试的智力技能的相关性,都不是完美的。这就是为什么认为一个具有数学天赋的人可以对美国的外交政策进行富于洞察力的分析是极其危险的原因之一,当然更重要的原因是,特定领域的训练和经验属于就相关领域作出重大贡献的必要条件,但并非充分条件。光有智力和常识是不够的,尤其是在这样一个专业化知识的时代。

古尔德尽管否认智商是一种"事物",但他并没有否认不同智力测试之间的相关性,也未表明,声称一个人比另一个人具有"更高的智商"是毫无意义的或误导性的。他并不把智商视作毫无意义的概念。他不怀疑人们之间的智商差异存在着遗传的因素(页 33-35、37),也不否认黑人和白人的平均智商之间存在着一个标准方差的差异。但是,古尔德认为,智商的遗传成分要小于赫恩斯坦和穆雷所主张的,并且考虑到种族如此混合,故他相信,智商的种族差异与遗传根本没有关系。他还质疑,智商是否就像赫恩斯坦和穆雷相信的那样，能够准确地预测世间的成功。他也许是正确的。[37]他批评赫恩斯坦和穆雷（正象其他人所作所为那样）构造了一种夸张的印象，即他们对于智商与世间成败之间的相关性，夸大了其统计学上的说服力，这一点是恰如其分的（页374-376）。

但是，古尔德将赫恩斯坦和穆雷的作品描述为，"智力理论作为一种整体归一、可以排序（rankable）、遗传基础以及大脑中最不可改变的事物之理论""只不过是一项冗长的摘要"，这可误会了他们著作的特征（页35-36）。赫恩斯坦和穆雷相信，遗传的成分占据智商的60%，[38]因此给文化和其他环境改变智商的作用留出了广阔的空间。60%也许是一项过高的估计。显而易见，古尔德也认为如此，但他并没有提出自己的估量，因此，论战双方之间的实际差异仍处于相当浓厚的疑虑之中。倘若他们的论辩仅局限于学术期刊，战火没有延伸至公共竞技场的话，那么，当掩去政治性的弦外之音时，应该承认，它只是：至今为止不可能或尚未决定性解决的一项技术性争论。

詹姆斯·赫克曼（James Heckman），2000年诺贝尔经济学奖得主，一位种族问题的自由主义者，曾对《钟型曲线》一书进行过严厉的批判，他说道，《人的错误量度》以及里昂·卡明（Leon Kamin）撰写的一部类似作品，皆"严重依赖于暗讽（innuendo）和以交往获罪（guilt by association）为基础的主张，并且这两部作品都不承认存在着有充分依据的如下事实，即智商不仅在劳动力市场上具有预测的权威，而且也存在着实质性的遗传因素。"[39]

---

[37] 比如，参见，James J. Heckman, "Lessons from the Bell Curve," 103 *Journal of Political Economy* 1091, 1103-1110 (1995); Derek A. Neal and William R. Johnson, "The Role of Premarket Factors in Black-White Wage Differences," 104 *Journal of Political Economy* 869, 890-891 (1996).

[38] Herrnstein and Murray, 前注 [35], 页105。

[39] Heckman, 前注 [37], 页1096。

由于赫恩斯坦和穆雷是面向普通读者写作的,因此有必要指出这一点,他们决定撰写有关智商和种族的一章属于一种修辞性错误,除非他们创作该作品的主要动机是经济方面的考虑(尽管我对此表示怀疑)。主张智商具有较大遗传因素、以及黑人的平均智商确实低于白人或亚洲人的平均智商,这种书读来很可能被视为主张黑人是一个智力低下的种族。实际上,这样的前提并不能支持该结论。智商的遗传因素在各个种族之间也许是同样的,然而,倘若黑人的环境条件远远没有其他种族那么有利,那么,将会存在某种智商的系统性种族差异。不过,智商应该是可以补救的。既然"在今天,几乎所有的年轻人都拥有超过学校对他们要求的学习能力",正如桑斯特姆夫妇(Thernstroms)*指出的那样,[40] 故而《钟型曲线》一书有关种族的讨论毫无意义,除了它潜在的煽动作用之外。他们论辩道,黑人的教育潜力受到了不明智的社会政策的压制。[41] 当这些政策被矫正时,人们将有充分的时间就如下事项作出决定:在一种完全由精英主导雇佣和提升的经济中,智商遗传因素中一些残留的种族差异,是否会对特定种族成员占据着特定的小部分工作

---

* 桑斯特姆夫妇,丈夫斯蒂芬·桑斯特姆(Stephen Thernstrom),哈佛大学教授,妻子阿比盖尔·桑斯特姆(Abigail Thernstrom),曼哈顿研究所高级研究员。《黑白美国:一个不可分割的国家》系他们合著,该书得出结论,认为许多美国黑人的生活"按所有可能使用的社会和经济成就来衡量,都称得上是大有改善。"——译者

[40] Stephan Thernstrom and Abigail Thernstrom, *America in Black and White*: *One Nation*, *Indivisible* 353 (1997).

[41] 并且,奥兰多·帕特森(Orlando Patterson)补充道,一种机能不良的黑人文化已经促成了"在非洲裔美国人之中的习惯性的反智识主义(anti-intellectualism)"。参见,Patterson, *Rituals of Blood*: *Consequences of Slavery in Two American Centuries* 278 (1998). 丹·莎伯特尼克亦补充说明了有关反对在培训中实行标准测试和以资质为基础(merit-based)的雇佣和提升政策之运动。参见,Dan Subotnik, "Goodbye to the SAT, LSAT? Hello to Equity by Lottery? Evaluating Lani Guinier's Plan for Ending Race Consciousness," 43 *Howard Law Journal* 141 (2000). 亦见,Shelby Steele, *A Dream Deferred*: *The Second Betrayal of Black Freedom in America* (1998).

施加一些限制。

96 　　乔姆斯基、温伯格、以及古尔德（更别提爱因斯坦了！——参见本书第二章）属于在其学术领域以外有能力面向普通读者撰文写稿的学者。但倘若因此推断，他们作为在其学术领域内有能力面向普通读者写作的学者，能够保证始终如一地创作出高品质的作品，则大错特错。保罗·克鲁格曼是一位令人肃然起敬、专长于国际贸易的经济学家，他耗费了漫长时日，为普通公众撰写经济学作品，并在最近成为《纽约时报》主打的经济学专栏作家。在 1994 年出版的一本著作中，他主张这样一种事实，即某一特定国家拥有某些世界市场的主导份额（a commanding share）通常出于历史的偶然，而并非源自优势效率（superior efficiency）。[42] 他把表明这一点的经济学理论，以及他认为对于国家是否应选择自由贸易政策所涉及的经济学理论——可能并且尤其可能会揭示，"存在着这样的时期，即为了迎接国外竞争者而对某一国内产业大力扶持（aggressive support）是符合国家利益的"（页 238）——称之为经济史学家保罗·戴维（Paul David）在一篇论文中提出的"柯蒂革命"（页 244）。

　　根据戴维所说，我们用来打字和连接计算机的柯蒂（QWERTY）键盘的当初设计，旨在限制打字的速度，以防止对按键产生经常的干扰。但随着电子打字机的出现以及文字处理的改进，这一问题已经不复存在了，然而，由于就生产更新颖、更有效率的键盘在生产商之间达成一致需要成本，并且对无数已经习惯旧式键盘的人们进行再培训也需要成本，这些限制导致我们依然沿用旧式键盘。[43] 这表明，倘若不可胜数的人们必须或多或少地立即改变他

　　[42] Paul Krugman, *Peddling Prosperity: Economic Sense and Nonsense in the Age of Diminished Expectations*, ch. 9 (1994).

　　[43] Paul A. David, "Clio and the Economics of QWERTY," 75 *American Economic Review Papers and Proceedings* 332 (May 1985).

们的行为（尤其是习惯性行为以及其他根深蒂固的行为），那么，即使改变具有非常大的积极收益，也可能为相关成本所淹没。

　　克鲁格曼对戴维的论文无比推崇，而完全不理睬其他两位经济学家对这篇论文的严厉批评，这两位经济学家论辩道，戴维把历史全搞错了，并且戴维兜售的替代性键盘也并不像他的发明者所宣称的那样，要比柯蒂键盘更富于效率。[44] 莱布维茨（Leibowitz）和玛格里斯（Margolis）也许正确，也许错误，然而，由于克鲁格曼没有提及他们的批评（就本人所能确定的情形而言，他从来都没有回应过这些批评），[45] 因此，甚至当克鲁格曼撰写该著作时是否知道存在这些批评，他把此种疑虑留给了他的读者们。尽管读者们也许知道，克鲁格曼的论辩只是依据于一篇他本人尚不知悉业已被驳倒的论文。

　　对于如下有关"柯蒂革命"以及以战略性贸易政策（strategic trade policy）取代自由贸易政策（页229）的一些奇闻轶事之证据，他已经无能为力了：

---

　　[44] 参见，S. J. Liebowitz and Stephen E. Margolis, "The Fable of the Keys," 22 *Journal of Law and Economics* 1 (1990); Liebowitz and Margolis, "Path Dependence, Lock–In, and History," 11 *Journal of Law, Economics, and Organization* 205 (1995). 这些论文中的第二篇在克鲁格曼的著作出版后才发表；而第一篇论文则在其若干年前便已发表。

　　[45] 参见，Peter Lewin, "Introduction: Two Approaches to the Market Process and the Economics of QWERTY," in *Microsoft and the Economics of QWERTY: History, Theory and Policy: Essays by Stan J. Leibowitz and Stephen E. Margolis* (Macmillan and New York University Press, forthcoming). 戴维在1997年发表有关柯蒂效应的修改充实后的论文时，没有提及莱勃维茨和玛格里斯对他论文的批评。参见，Paul A. David, "Understanding the Economics of QWERTY: The Necessity of History," in *Economic Growth in the Long Run: A History of Empirical Evidence*, vol. 3, p. 30 (Bart van Ark ed. 1997). 而当戴维在一篇未发表的论文中，指责莱布维兹和玛格里斯有关打字机键盘的历史事实存在误导性特征时，他并没有为支持这一指责而提供详细的说明或者参考文献。Paul A. David, "At Last, a Remedy for Chronic QWERTY–Skepticism!" (Stanford University and All Souls College, Oxford, Sept. 1999).

英国在飞机生产方面曾经领先。在第二次世界大战中，英国的喷火式战斗机在技术上优于德国和美国的战斗机，并且，第一架商用喷气机事实上是英国而不是美国制造的……为什么英国丧失了他在飞机制造方面的地位呢？……20世纪50年代美国军方的巨额订单帮助了美国公司在喷火式飞机技术方面取得决定性优势。英国一旦被逐出国际飞机市场后，它就缺乏知识、供应商以及熟练技师等基础，而只有具备这些，才能够促使英国重新进入国际飞机市场。(页238，注4)

然而，真实情况却是，1940年英国战争时期使用的超级舰队喷火式飞机，与梅塞施米特式109型战斗机[46]基本相当，并且先进于美国生产的任何战斗机，不过美国当时正在加速军用飞机的生产。而在二战后期，美国的战斗机已经超过了英国的战斗机，并且德国也开始生产第一架喷气式战斗机。喷气式飞机的机型小、单发动机，并不是商用客机的原形。英国在战争期间制造出四引擎轰炸机，但没有一架能够与B-29型轰炸机相比，B-29轰炸机自1944年便在美国空军中服役。并且，第二次世界大战期间，美国飞机制造的规模大大超过了英国。1944年是两国战时飞机生产的顶峰，美国制造了96 000架飞机以及257 000台发动机，而英国只生产了26 000架飞机和57 000台发动机。[47]进而，甚至在战前军事定单

---

[46] 参见，Richard Hough and Denis Richards, *The Battle of Britain: The Greatest Air Battle of World War II* 44–45 (1989). 作者认为，这种超级舰队喷火式飞机从总体而言稍稍占有优势，但也承认梅塞施米特式109型战斗机在某些重要方面更为先进。梅塞施米特式109型战斗机的主要缺陷是射程更短。亦见，Horst Boog, "The Luftwaffe's Assault," in *The Burning Blue: A New History of the Battle of Britain* 39, 46–48 (Paul Addison and Jeremy A. Crang eds. 2000). 这种超级舰队喷火式飞机不久就为美国和德国的飞机超过。参见，*Aircraft of the Second World War: The Air War 1939–1945* 69, 71 (Philip Jarrett ed., 1997).

[47] R. J. Overy, *The Air War 1939–1945* 150 (1981) (tab. 12).

很少的情况下，美国在民用运输飞机制造上也远远领先于其他工业国家。[48]

军事定单对于美国战后飞机制造业的强盛也许发挥了重要作用，但是，认为损害了英国飞机制造业的中央集权（this statist factor）因素，却没有相关文献的支持。[49]更重要的是，对英国航空业实行国有化的英国工党政府，"作为英国欧洲航空公司（BEA）以及英国海外航空公司（BOAC）（它们皆属政府拥有的航空公司）的所有人和监管人"，没有"运用它实质性的权力、鼓励足够强大的飞机制造厂来与美国的飞机制造商相抗衡。"[50]并且，尽管英国制造了第一架喷气式客机彗星号，但这种飞机除了不经济这一点类似于最终的成功者即协和式飞机之外，在安全方面还存在糟糕的记录，导致其被迫停止服务。[51]

本人的观点，并非指克鲁格曼对国际贸易的分析存在错误；我没有资格如此陈词。也并不是说路径依赖是一种根本就不存在或无关紧要的现象。我的目的只是提请读者注意，由于公共知识分子作品缺乏过滤和监管学术出版物那样的常规的监督者，因此，许多公共知识分子作品对证据的把握不太经意。为了避免对克鲁格曼作为一位经济学家的观点或我对他的看法产生误导性印象，必须作如下补充，克鲁格曼并非一位贸易保护主义者，他没有考虑美国应该追

---

[48] Peter W. Brooks, *The Modern Airliner: Its Origins and Development*, ch. 3 (2d ed. 1981)（根据英国一位飞行员兼航空官员 [a pilot and aviation executive] 提供！）。亦见，Ronald Miller and David Sawers, *The Technical Development of Modern Aviation* 66 – 71 (1970).

[49] 参见，Miller and Sawyers, 前注 [48], 页 277 – 281; M. Y. Yoshino, "Global Competition in a Salient Industry: The Case of Civil Aircraft," in *Competition in Global Industries* 517, 518 – 521 (Michael E. Porter ed. 1986). 上述两部著作皆没有将那种因素放置首位。

[50] Peter J. Lyth, "'A Multiplicity of Instruments': The 1946 Decision to Create a Separate British European Airline and Its Effect on Civil Aircraft Production," *Journal of Transport History*, no. 2, pp. 1, 15 (1990).

[51] Brooks, 前注 [48], 页 180.

求战略性贸易政策之类的东西，即便这种政策可能具有某些理论上的经济召唤力（economic appeal），并且，他对莱斯特·瑟罗（Lester Thurow）和其他公共知识分子经济学家提出的思想、他本人称之为"竞争性的国际主义"发起了激烈的批评，因为这种观点认为，美国经济的健康决定性地依赖于国际竞争，并因此取决于国际贸易政策。[52]

加里·贝克尔是 1992 年诺贝尔经济学奖得主，一位顶尖经济学家，迄今数年以来，他一直在为《商业周刊》撰写专栏文章。大多数专栏文章可以归为本人所称的"自我大众化"以及"本人领域的政策建议"公共知识分子作品类型，并且我已经说过，它们相对而言没有太大疑问。贝克尔学术著作与众不同的广度，使得他能够驰骋于形形色色、广阔无垠的政策问题之原野，而不偏离他的学术专长领域。然而，即便是贝克尔，其学术能力也存在限度，他在一篇专栏文章中就超出了这种限度，在该文中他敦促修订宪法，规定联邦法官的任期不超过 12 年，或者就联邦最高法院法官而言，任期不超过 16 年。[53]

这篇专栏文章宣称，在 19 世纪，"一般说来，法官就其自身目的来说只拥有相当有限的个人观点"，而当前的情形已不再如此了。如今的法官不可能抵抗，"通过对先例、法规以及宪法条款的创造性阅读而造法"（页 236），并且导致的结果是，"司法人员事实上已经成为第二类立法机关"（页 237）。就目前为止，对这些问题尚

---

[52] 上述观点皆为克鲁格曼的优秀著作《流行的国际主义》（*Pop Internationalism*，1996）一书中的主题。该书针对瑟罗的公共知识分子作品（参见克鲁格曼著作中有关瑟罗索引的参考，同上书，页 219）中事实的准确性和经济逻辑，进行了令人心悦诚服的批评，全书散播着此种批判，下一章本人将对此进行讨论。

[53] Gary S. Becker, "Life Tenure for Judges Is an Idea Whose Time Has Gone," in Gary S. Becker and Guity Nashat Becker, *The Economics of Life: From Baseball to Affirmative Action to Immigration, How Real – World Issues Affect Our Everyday Life* 236 (1997).

没有进行经济学研究；并且，律师们会毫不费事地列举那些联邦法官对其作用采取一种宽泛、事实上属于奢侈观点的 19 世纪的判例，而其中的德里德·司各特（Dred Scott）案件属于最声名狼藉的判例。但是，这一专栏文章又继续声称，"就像其他职业一样，法官会受到各种影响，包括渴望在朋友和媒体中大受欢迎，什么是公正和什么是政府的适当功能的通行观点，以及法官作为研究者和执业律师曾经接受的其他观念，都会对他产生影响"（页 237），并且，这可以视为一种法官作为自利（self-interested）因素而非公益因素的经济理念之暗示。然而，该文没有解释，为什么因此描述的司法效用函数应该会导致法官积极主动（to be willful）（抑或说，为什么 19 世纪的司法效用函数与现在迥然相异）。无庸置疑，法官们也希望他的朋友、同仁喜欢他们；但是，法官的同仁、甚至法官的朋友，大多数又为其他的法官。有些人希望在大众媒体中抛头露面、为人所羡，不过媒体却非整体划一的；我们在第五章中会看到，存在着许许多多保守的杂志，在电视、尤其是在电台中，还有保守主义的对话节目主持人，并且，联邦主义者协会（the Federalist Society）、自由基金也向保守主义法官提供热忱的资助。这儿也没有所谓绝对优势的观点，像"什么是公正和什么是政府的适当功能"；一种富有影响的主张，准确地说，是法官在行使其权力时应该自我拘束——并且，那也是法官作为研究者和执业律师时曾经接受的观念。[54]

这篇文章也没有解释，法官的任期限制将如何导致联邦法官更加克制。任期限制将的确赋予总统"不重新任命某些法官的机会，比如，那些健康不佳、能力低下的法官，作出蛮横可恶司法意见的法官，或者对成文法和宪法进行不合理解释、从而坚持反对大多数

---

[54] 关于司法的效用函数，可进一步参见，Richard A. Posner, *Overcoming Law*, ch. 3 (1995)（"法官最大化些什么？"），以及该章所引用的文献。

人通行观点的法官"(页 237)。可是,任期限制同样会授权总统不再任命那些坚持不得人心的司法自律(judicial self‑restraint)方针的法官;贝克尔本人似乎也感到遗憾,联邦最高法院"还没有发现宪法对此种损害规模的约束"。[55] 在《商业周刊》另一篇专栏文章中,该文写于倡导法官任期限制的那篇文章的同一年,贝克尔反对国会议员的任期限制,并解释道,"那些不可能指望任期长久的议员,会对他们的工作兴趣索然,并会花费时间来安排他们将来的职业"。[56] 为什么同样的事实对于联邦法官不成立呢?

贝克尔曾经强调法律的稳定性在商事案件中极其重要。[57] 但是,缩短联邦法官的任职期限会增加司法的翻覆,从而削弱法律的稳定。它也会导致更难吸引富有能力的人才从事司法职业。任期安全可谓联邦法官补偿的一个重要组成部分。

倘若贝克尔将其建议限制在联邦最高法院的范围内,联邦最高法院目前审理的案件事实上主要是涉及政治的宪法案件,那么,他本来应该坚持更为强硬的立场。比如,德国设有一个特别的最高法院来审理宪法案件,并且该法院的法官任期为 10 年,不可连任。然而,贝克尔却期望联邦最高法院的法官应该比其他联邦法官的任期更长。

保罗·克鲁格曼也不畏风险就法律主题指点江山。克鲁格曼利用网络零售商亚马逊在线为例来讨论价格歧视(price discrimination)问题,[58] 他指出,这种歧视对于图书业来说是有益的。相对于边

---

[55] Gary S. Becker, "The High Court Debate Isn't High‑or Broad‑Enough," in Becker and Becker, 前注〔53〕,页 234、235。

[56] Gary S. Becker, "Reforming Congress: Why Term Limits Won't Work," in Becker and Becker, 同上注书,页 213、214。

[57] Becker, 前注〔55〕,页 235。

[58] Paul Krugman, "What Price Fairness?" *New York Times* (national ed.), Oct. 4, 2000, p. A31。

际成本而言,图书制作涉及到巨大的固定成本。一本书的制作非常昂贵,而一旦制作完成之后,实施复制则非常便宜。倘若把书以高价卖给认为该书对其有较高价值的消费者,制作者便能从这些消费者身上回收固定成本,那么,制作者又可以将书以较低边际成本的接近价格卖给其他消费者,这促使其增加了利润。是零售商亚马逊在线、而非出版者实行这种价格歧视,这一事实则促使分析变得复杂化了。克鲁格曼没有讨论适用于出版者的收益(或者收益的绝大部分)机制。但假如他们研究了这一问题;我就会关注其他事项。在这篇专栏文章行将结束之际,克鲁格曼指出,亚马逊在线实行的图书歧视性价格是,"无可置疑地不公平:一些人花更多的钱,只是因为他们是他们",以及"对我而言,它就似乎可以援用《罗宾森—帕特曼法》(Robinson – Patman Act),该法规定跨州界的价格歧视不合法(尽管更严格地说,惟有在价格歧视损害了竞争时),来防止"这样的价格歧视。

他错误理解了《罗宾森—帕特曼法》。该法并不是宣布价格歧视不合法;如果克鲁格曼所列举的普通事例属于价格歧视的话,那么,出版业中无懈可击的价格歧视,比如,一本书精装本和平装本的价格不同,这种不同始终超过了两种版本出版成本的不同,都将属于不法行为之事例。《罗宾森—帕特曼法》主要禁止的行为(除了毫无必要干预的行为以外),是向经销商和其他中介人销售的价格歧视。它所关注的是那种行为可能损害商品配置中的竞争。这一法规规定,价格歧视必须表明有竞争性效应,[59]那便是这一规定的意义之所在。该法规并不关注向消费者销售中的价格歧视,除了极其特别的情形以外,即这种歧视可能属于一种针对实行歧视性价格卖方的竞争者的掠夺形式,而这也并非亚马逊在线价格歧视的特

---

〔59〕参见,Clayton Act (as amended by the Robinson – Patman Act), § 2 (a), 15 U. S. C. § 13 (a); FTC v. Morton Salt Co., 334 U. S. 37 (1948).

征。

此外，鉴于价格歧视极其普遍，就大多数情形来讲是可以承受的，而无须反对。就精装书和简装书的不同来说，克鲁格曼关于歧视性定价"不公平"的陈述也令人疑窦丛生。本人业已提及精装书和平装书的定价不同。其他例子还包括：剧院首场演出与此后演出的票价不同、提前购买与常规购买的价格不一样、周末价格与平日价格不同以及飞机经济舱与头等舱的价格不同。这样的事例可以信手拈来。

克鲁格曼并没有表示不赞成这些其他形式的价格歧视。不过他担心，亚马逊在线歧视性定价的形式（在该行业内称之为"动态定价"）将导致"一些人花更多的钱，只是因为他们是他们"：该公司"运用一位潜在购买者的电子指纹——他先前的购买记录、他的地址、也许他曾经访问过的其他站点——来衡量，究竟多高的价格可能令其放弃购买。倘若这位消费者看起来对价格敏感，那么就廉价卖给他；倘若他对价格不敏感，他就需支付额外费用（强调额外一词）。更为普遍的价格歧视类型，是卖方针对不同的消费者阶层确定不同的价格，而每位消费者可以自行决定加入哪一阶层（例如，是购买一本书的精装本、还是等平装本出版后再购买）。不过，价格差异是极其微小的。为参加葬礼而全费旅行的消费者，就因为其特殊需要而被迫接受歧视价格，而同样，由于课程急需且平装本尚未出版、而必须购买精装书的消费者，也受到了价格歧视。也许这些价格歧视的事例要比亚马逊在线所作所为"更公平些"。显而易见，克鲁格曼也这么认为。他断言，普通的价格歧视（尽管他认为这是不合法的！）无庸置疑是公平的，而亚马逊在线的所作所为则毫无疑问是不公平的，正是他这种断言才是太过放肆的。

与迄今为止我所提及的其他学者相比，卡米拉·帕格利亚

(Camille Paglia)*属于一位虽不卓越顶尖但仍极其重要的学者,并且,她激情奉献了极度野性的公共知识分子作品——尽管还比不上乔姆斯基的作品那么狂野。然而,相比到目前为止本章所提及的其他学者,除了斯蒂芬·古尔德之外,她可算是最为重要的媒体名人了(参见本书第五章,表5.3)。那本掀起她作为公共知识分子灿烂流星般职业生涯的著作,是一本由一家主要的学术出版社(耶鲁)出版、题为《性面具》(*Sexual Personae*)的、718页的学术作品。[60] 该著作的主题是绘画艺术、尤其是文学中性的颓废(sexual decadence)。这是一本见解独到、以生动活泼的方式表现的作品,尽管它有些固执己见、参差不齐以及通常难以把握。正如《美国思想的终结》一书那样,它属于能够不可思议地激起广大社会公众共鸣的艰深学术著作之一。在该作品出版之后非常短暂的时间里,作者便成为大众媒体的明星,她几乎就人世间的每一主题在报刊杂志上激扬文字,尤其是在电视台高谈阔论,[61] 并且她的话语

---

* 卡米拉·帕格利亚,费城艺术大学教授,代表作为《性面具》。该书写成于20世纪80年代初,10年间没有一家出版商敢冒险出版,1990年由耶鲁大学出版社推出后立即好评如潮,可谓现代探讨性别与文化关系的一本最有份量的著作。但该书引起的争议也很大,如把帕格利亚将波德·波伏娃在《第二性》中的著名论点颠倒过来:女人不是天生的,女人是后天造成的,男性中心社会按自己的需要塑造女人,压迫女人。而她认为女人是天生的,男人创造出来的文明拯救了自己也保护了女人;若是女人充当了物质文明的主要承担者,人类今天也许还住在茅草棚里。这句话尤为许多的女权主义者所诟病,按她们的标准,帕格利亚是伪装的女权主义者。——译者

[60] Camille Paglia, *Sexual Personae: Art and Decadence from Nefertiti to Emily Dickinson* (1990).

[61] 包括对克林顿弹劾案发表高见,关于这一问题,她说,"大多数美国人也许宁愿由一位魅力非凡、情场痴迷的人[克林顿总统]来统治,而不是由一位象独立检察官肯尼思·W·斯塔尔(Kenneth W. Starr)那样皮笑肉不笑(simpering)、优柔寡断的法西斯胆小鬼来领导,斯塔尔长着一张就象是奶油玉米般的脸蛋,他的大脑也与此极为般配。" Camille Paglia, "Ask Camille: Linda Tripp, the White House's Ghoulish Bad Conscience," Salon Magazine, July 7, 1998, http://www.salonmagazine.com/col/pagl/1998/07/07pagl.html.

越来越狂野不羁、旋风般地吹卷飘洒。1994年，帕格利亚出版了《荡妇与流浪者：最新随笔集》(*Vamps and Tramps*: *New Essays*)，该文集的第一篇随笔题为《拔出的阴茎》（实际上它只是英国一个电视节目的转述），该文是这样开始的，"阴茎，我们应该保有它吗？抑或我们应该切掉它并把它丢弃？"（页3，强调系原文所加）。该作品以这样的风格继续行文，那些随笔的标题诸如《一只温和的母狗：我为什么喜欢希拉里·克林顿》（页176），最后则以各种报刊杂志上发表的有关帕格利亚的卡通集、以及60页有关她的文章的简短摘要结束。

帕格利亚把自己定位于一名双性恋者，故而对女权主义运动以及其他所有形式的政治正确持有敌意（"因为我是一位色情作品的作者，因此，我与凯瑟琳·麦金农和安德里亚·德沃金（Andrea Dworkin）唇枪舌剑"，页107——摘自首发于《花花公子》杂志的一篇文章）。因此，帕格利亚在公共知识分子生态系统中占有她自己的一席之地（并因此可免于接受紧密替代者提出的竞争），她在自我提升中冷酷无情，[62] 并且也缺乏任何口头上的拘束，帕格利亚业已成为美国社会公众中最著名的公共知识分子之一。在她的疯狂之中，也并不是没有方法。尽管她的作品狂野不羁，但没有人会否认，她对法国后现代主义者雅克·拉康的描述相当地公正："拉康：这位法国造雾机器（fog machine）；一位身着灰色法兰绒、没有牙齿却啃着骨头、令人烦忧的学术小子；一位可泣可笑、斗篷飘洒的德古拉勋爵，沉缓地拖拉着他成群的仆人进入地穴。拉康是一件

---

[62]"帕格利亚让盛大的学术男女丑态百出，而她身着皮服，强健壮美的年轻护卫陪衬在左右，她也许本来属于第一位装扮成摇滚歌星的知识分子。"Neal Gabler, *Life the Movie*: *How Entertainment Conquered Reality* 140 (1999). 耐尔·盖伯勒将帕格利亚视为当代知识分子的原型，同上书，页140-142，但那是不准确的。

缩水到容纳索绪尔瘦弱身躯的弗洛伊德 T 恤衫"。[63] 而当她评论有关同性恋研究的两本著作时，她的观点也非常正确，她抱怨这些著作的"政治性包装"，即抱怨两位作者宣称其作品收益的一部分将捐献给一个爱滋病基金会的事实，并且评述了"公开宣称某人自己慈悲胸怀的那种伪善和法利赛主义"，* 以及那种精妙的强制，即"暗示着：不要对这些作品作出消极的评论，否则你将损害这些著作的销售，并导致更多人的死亡"。[64] 不过，也许我正在以不适当的标准来衡量她——可能帕格利亚的公共知识分子作品应归于娱乐之类，并作为娱乐作品来评估，而不是将其作为一种贡献知识的努力。但是，即便把她的著作归于第二类，这些著作的质量也并不会低于乔姆斯基作品的质量，或者不会次于古尔德有关科学和宗教的著作。然而，乔姆斯基和古尔德却是科学家（乔姆斯基语言学的品牌，属于认知科学的一种形式）。科学社群的规范在规范等级体系之中居于较高地位，它们是精确无误、思想开阔、无私公平以及逻辑性的规范，而乔姆斯基和古尔德却在他们的公共知识分子作品中经常地（以及保罗·克鲁格曼，一位杰出的经济学家，也偶尔这样）嘲笑这些规范。这就支持了我的主张，即学者们倾向于认为，他们在面向社会公众写作时就如同在悠闲度假。

但是，我们不要失去对前景的期望。学术公共知识分子们也撰写过许多优秀著作和文章，在重大的问题上有助于启发社会公众，尽管这些作品的大多数致力于消解其他公共知识分子所造成的损害，而其中部分最佳作品在赢得读者方面又存在障碍。没有任何公共知识分子作品比米尔顿·弗里德曼的《资本主义与自由》（1962

---

〔63〕 Camille Paglia, "Junk Bonds and Corporate Raiders: Academe in the Hour of the Wolf," in Paglia, *Sex, Art, and American Culture: Essays* 170, 241 (1992).

* 法利赛主义（Phariseeism），指古代犹太教一个派别法利赛派所宣称的对传统礼仪的墨守成规，《圣经》中称他们为言行不一的伪善者。——译者

〔64〕 同上注书，页 171–172。

年）更倍受冷落的了。当该著作首次出版时，甚至根本没有有份量的出版物对它进行评论。[65] 正如我们在本书第 7 章将看到的那样，一些公共知识分子作品具有登峰造极的文学特色。也有一些作品属于非常优美的读物，尽管它们的判断完全错误，比如爱德蒙·威尔逊关于共产主义历史（《走向芬兰站》[To the Finland Station]）的著作、以及沃尔特·本杰明（Walter Benjamin）1927 年访问莫斯科的回忆录。不过，具有文学特色的学术公共知识分子作品毕竟还是寥寥无几。

导致评价复杂化的因素是，尽管公共知识分子作品的平均质量不高，但围绕平均数的落差却非常大，有时甚至在同一部作品中也相当严重地参差不齐。戴维·里斯曼，* 一位闻名全国的学术公共知识分子，[67] 他在 1952 年首次发表的一篇才华横溢的文章中既提出，奥威尔的小说《一九八四》夸大了极权主义洗脑的效果，且又主张，腐败堕落最终将损害苏联意识形态的要求以及政治的完整性。[68] 正如我们参考第七章开篇部分将见到的那样，他在两个方面都是正确的，尽管他不恰当地将该小说对极权主义持续力（totalitarianism's staying power）的夸大归结于奥威尔，这一点我们也将看到。然而，在同一册书的另一篇文章中——正如该文标题所示——（1957 年）他预测美国人对物质产品的欲望会很快达到饱和。[69] 对于里斯曼就此类无稽之谈所作的论辩，所有的人都只能说，那是因

---

[65] 参见，Milton Friedman, *Capitalism and Freedom*, 1982 年重印版序言，页 5。

* 戴维·里斯曼，美国社会学家，耶鲁大学教授，代表作《孤独的人群》等。——译者

[67] 不论怎样，里斯曼对于其他知识分子而言绝对属于闻名遐迩，不过大众媒体似乎对他已失去了兴致。参见，本书第五章，表 5.1。

[68] David Riesman, "Some Observations on the Limits of Totalitarian Power," in Riesman, *Abundance for What? And Other Essays* 80 (1964).

[69] David Riesman, "Abundance for What?" in id. at 301. 本人将在第八章最后部分对里斯曼进行讨论。

为他呆在一个声名显赫的公司里罢了。一年以后，我们发现，汉娜·阿伦特将德国战后的经济"奇迹"归结为破坏与生产具有同一性这样的事实："在德国，完全彻底的破坏替代了世上所有物品皆发生通货膨胀的无情过程，这一情形就恰似我们当今所处的浪费经济的特征。所造成的结果几乎是同样的：正如战后德国表明的那样，迅速发展的繁荣并不是由于物质产品的丰富，也不是基于任何稳定、既定的东西，而是依靠自身的生产和消费过程。"[70] 换言之，战争和消费就是一回事——这是一种奇异古怪的观点，它与20世纪50年代普遍相信的繁荣依赖于高水平军事开支的主张密切相关，即耗费开支，旨在"生产那种只是为了被浪费的商品，这些商品用于破坏或者……鉴于它们很快就要变成废品而销毁它们"。[71]

另一位闻名遐迩的公共知识分子，与里斯曼同样是社会学家，理查德·塞内特（Richard Sennett），多年以后他在一本著作中提出了一项类似的观点（因此列举的理由更少），倡导消解生产力和成功的所有物质性和精神性动机："一个充足富裕的资本主义社会所面临的问题，并非如何生产出更多的物品，而是怎样消耗它所拥有的物品。"[72] 这是对资本主义"生产过剩"的批判。正如我们在第七章中将看到的，这也属于公共知识分子固执己见的错误谬论之一。

在要求一位学术人员（并且，这令人想起了本书的核心是针对学术公共知识分子）直接就论争发表评论的情形下，公共知识分子作品的质量尤其风雨飘摇。学术时机（Academic time）并不是实在的时机（real time）。学术人员习惯于在得出结论之前，利用空闲时间进行深入广泛的研究。而当要求他就当下正在发生的事件发表高

---

[70] Hannah Arendt, *The Human Condition* 229 (1958). 亦见，同上书，页116 - 117。
[71] 同上注书，页364，注3。
[72] Richard Sennett and Jonathan Cobb, *The Hidden Injuries of Class* 261 (1972).

见时,他就像是一条离开水的鱼儿。当然,也存在例外情形;[73]但是,本人以为,我已经正确无误地辨别出了这种趋向。就科索沃行动而言,这一点可以看得非常清楚(并不仅限于学术人员):"与新闻报道同时推出的,是政治家、评论家、专家、作家以及其他公共知识分子们枪林弹雨般的各种高谈阔论……一般来说,有关这些高见的著述对于事件的解决、以及为什么发生这些事件基本上毫无效用。一位诺贝尔奖获得者的世界历史性(world-historical)的反应,与一位19岁的记者仓促写作的新闻故事相比,前者证明是更加短暂易逝。"[74]

让我们来回顾一下公共知识分子们有关克林顿弹劾案的即时评论。就戴维·弗拉姆(David Frum)、一位保守主义公共知识分子而言,"莱温斯基丑闻中的关键问题……[是]属于婴儿潮*的人们之核心观念,即如下信念:性,只要当事人合意,就永远不应接受道德的审查",[75]而对于自由主义公共知识分子阿瑟·小施莱辛格(Arthur Schlesinger, Jr)来说,"迄今为止,那位独立检察官的所有指控,皆源于总统有关其性生活的谎言……一个人就他的性生活撒谎并不是滔天大罪……绅士们有关他们的性生活总是谎话连篇。只

---

[73] 比如,卡内斯·安德森(Kenneth Anderson)针对当代主张"家庭权利(family rights)"的保守主义公共知识分子,就他们的自相矛盾进行了充满睿智的谴责,例如他对乔治·威尔(George Will)的谴责,威尔竭力反对那位古巴儿童(Elián González)的父亲将他的儿子带回古巴。Kenneth Anderson, "A Great Betrayal: How American Conservatives Have Abandoned Parental Rights in the Case of Elián González," *Times Literary Supplement*, May 12, 2000, p. 14.

[74] Timothy Garton Ash, "Kosovo: Was It Worth It?" New York Review of Books, Sept. 21, 2000, p. 50.

* 二战后美国人纷纷结婚生子,1946年至1964年期间新生儿总数达7 800万,这一代人被称为婴儿潮(Baby Boomers)。——译者

[75] David Frum, "A Generation on Trial," *Weekly Standard*, Feb. 16, 1998, pp. 19, 23.

有卑鄙下流的人才会原原本本地公开他的风流韵事。[76] 因此，在弗拉姆眼里，克林顿是一位没有性道德的人；而在施莱辛格看来，他却是一位绅士。这两位学者皆利用他们有关性道德的不同意见，模糊含混地掩盖实际论辩所针对的行为——性仅仅只是这种行为的催化剂——涉及到各种妨碍司法的行为；克林顿完全不畏后果，不顾总统之尊严，反反复复对其助手、内阁成员和社会公众说谎，并且还进行诽谤、装扮成虔诚的姿态以及虚假忏悔。倘若如本人引用弗拉姆的那段文章表明，反对克林顿的关键，并不因他是一位骗子或者一名罪犯（这是因为右翼人士对于伊朗门事件参与者触犯的罪行没有表现出愤怒），而是因为他的个人行为和态度令人厌恶愤慨，那么，他的辩护者主张要防止对性自由的清教式的攻击，就不能够仅仅当作一种宣传而打发。

学术人员被新闻界逼到了狭小的角落，他们必须即兴地发表高见，同时，对于有机会参与热点（electrifying）事件也会感到兴奋不已，不过他们关于克林顿事件的评论却是不甚准确、大同小异或粗枝大叶的。如下是一位卓越超群的社会学家、为《新共和》以及其他知识分子杂志撰稿的多产作家，阿兰·沃尔夫（Alan Wolfe）关于这一丑闻的评论：

> 美国人民正在原谅他。我们喜欢给他人第二次机会，而克林顿则可以获得这样一个机会，因为他只是个淘气男孩，并且你应该原谅那些淘气包……没有人真正知道我们宽容的极限。当这一切开始的时候，我想，我们正生活在纳撒尼尔·霍桑*时代

---

[76] Arthur Schlesinger, Jr., "The Background and History of Impeachment," 该文为1998年11月9日施莱辛格在众议院司法委员会的陈词。

* 纳撒尼尔·霍桑（Nathaniel Hawthorne, 1804-1864），美国19世纪最杰出的浪漫主义小说家，代表作《红字》。——译者

的马萨诸塞州。[77]

难道沃尔夫可能一本正经地为克林顿不正当的行为开脱,把它说成一个"淘气男孩"显而易见可以谅解的行为,并且假定对克林顿的批判仅仅只是性态清教主义的产物吗?

在克林顿危机的过程中,面向普通读者写作的自由主义哲学家和公共知识分子托马斯·奈格尔公开谴责道,"一出不体面的闹剧正在华盛顿拉开帷幕"。他连珠炮般地发出了一系列批判的强音:"用心险恶、令人烦闷、清教徒式的斯塔尔"、"可怕、狠毒的琳达·崔普*(Linda Tripp)"、以及"对克林顿迷信崇拜、却又幼稚单纯的莫尼卡·莱温斯基"。[78]这些诽谤性的描述,不顾后果、毫无证据地贸然发表出来了(此时正当约翰·朱迪斯[John Judis]谴责媒体的这一报道,即"有关莱温斯基沾有精液的衣服的谣言完全毫无根据"),[79]并介绍了一篇摘录于克林顿和莱温斯基事件曝光前奈格尔在一家学术刊物上发表的长文的一部分。[80]在那篇文章中,奈格尔无懈可击地主张,人们有权保持其性生活的私隐,正如对其观点通行的概括那样。然而,同时发表的一篇短文却主张,就克林顿与莱温斯基事件的调查来说,奈格尔,正如弗拉姆和施莱辛格一

---

[77] 参见如下这篇文章引证的内容,Mary Leonard,"In Land of Second Chances, an Apology Can Suffice,"*Boston Globe*, Aug. 18, 1998, p. A11.

* 琳达·崔普,美国国防部陆军情报处秘书,曾暗中记录莱温斯基的谈话。——译者

[78] Thomas Nagel,"The Shredding of Public Privacy: Refections on Recent Events in Washington," *Times Literary Supplement*, Aug. 14, 1998, p. 15.

[79] John B. Judis,"Irresponsible Elites," American Prospect, May–June 1998, pp. 14, 15. 朱迪斯的文章没有明确指出,大众媒体对克林顿与莱温斯基事件新闻报导的任何错误。

[80] Thomas Nagel,"Concealment and Exposure," 27 *Philosophy and Public Affairs* 3 (1998).

样,把注意力从促成事件调查和弹劾调查的问题即妨碍司法问题上转移出去。

进而,奈格尔似乎已经忘却了——正如当一位学术人员从学术研究转换调整到面对社会大众时,这种情形极为普通——他在那篇长文中论述的一个重要问题,即私隐不仅是一种权利,也是一种责任。私人从事非传统行为的自由,其前提是避免对非传统行为的招摇;招摇将使之演变成为一个公共问题(a public issue)。[81] 克林顿不希望他与莱温斯基的绯闻曝光。但是,他甘冒这一事件成为公共问题的巨大风险。结果正如奈格尔预料的那样,它创造了一个公共问题,而这一问题奈格尔在其学术论文中主张应属于私人行为。美国人的性道德是多元的。各种各样的观点——有关通奸、口交、电话做爱、少妇与中年男子的性行为、以及雇员与老板之间的性接触——同时并存;且这些观点之所以并存,部分是因为人们默示地同意,这些行为(最后那种行为的安全性最低)都属于私人事项。克林顿通过强制这些观点之间公开展开交锋,从而引发了一场深怀恶意的文化斗争(*Kulturkampf*)。奈格尔既对此保持缄默、不予评论,也不尝试调和他对克林顿-莱温斯基事件调查的谴责与他在学术论文中主张的矛盾,他在那篇文章中是这么说的,"对雇员或学生的性威胁(sexual coercion)在法律上应该可以提起控诉,这是一件有益的事情。"[82] 鲍娜·琼斯(Paula Jones)正在指控一名雇主对其实施性威胁,而克林顿却诉诸一种不合法的策略,以阻挠她对指控予以证明的努力。

---

[81] 同上注书,页 12-17、26-30。
[82] 同上注书,页 27。

康德天才般地提出了反对撒谎[83]与赞同遵守法律规范[84]两者之间存在一条异常难于区分的界线，这些立场在现代哲学中依然继续存在。[85]像奈格尔这样的道德哲学家，一位康德的追随者，也许本来并不期望直截了当地批评总统，或者解释为什么一般来说抑或就克林顿总统事件而言，撒谎和非法行为并非严重的道德过失，既然正如西塞拉·博克（Sissela Bok）业已指出的那样，"几乎没有谎言是独立成篇的……它需要编织越来越多的谎言；撒谎者总是还有更多修修补补的工作要做……撒谎者必须用以支撑他们的绝对能量（The sheer energy），是诚实之人能够自由运用的能量。"[86]但是，奈格尔并没有批评克林顿的谎言；并且，另一位公共知识分子哲学家迈克尔·桑德尔（Michael Sandel）在《新共和》发表文章指出，克林顿总统不诚实地否认他与莱温斯基的性越轨行为，本来是可能"正当化"（justified）的。桑德尔引证了康德的观点来证明他的主张，即"在谎言与从正式意义来说并非不真实的误导性陈述之

---

[83] 比如，康德指出，"因此，在所有各种声明中，保持诚实（truthful or honest）是一种神圣的、无条件的理性命令法则，并无论如何，承认没有任何私利。"参见，Immanuel Kant, "On a Supposed Right to Lie Because of Philanthropic Concerns," in Kant, *Grounding for the Metaphysics of Morals with On a Supposed Right to Lie Because of Philanthropic Concerns* 63, 65 (James W. Ellington trans., 3d ed. 1993).

[84] "康德得出结论说，服从实际上的现行法之道德要求，是'绝对的'（absolute）"参见，Jeremy Waldron, "Kant's Legal Positivism," 109 *Harvard Law Review* 1535, 1545 (1996).

[85] 关于撒谎，比如，参见，Sissela Bok, *Lying: Moral Choice in Public and Private Life* (1978)（尽管她并不尽然赞同康德）。关于对法律规范的遵守，比如，参见，Jürgen Habermas, *Between Facts and Norms: Contributions to a Discourse Theory of Law and Democracy* (1996); Ernest J. Weinrib, "Law as a Kantian Idea of Reason," 87 *Columbia Law Review* 472 (1987).

[86] Bok, 前注[85], 页25。

间,存在着明显的区别。"[87] 康德倾向于在一切场合都将不撒谎的义务等同于陈述真情的义务——即一种完全坦诚的义务。他承认,有些沉默不具欺骗性,而有些因沉默所导致的欺骗可以谨慎地正当化。"[88] 然而,桑德尔没有提及的是,康德相信,"当我们无意陈述真情时,我们从来(*never*)也不会坦率地声称,我们愿意(*will*)陈述真情。比如,宣誓就必须作到最大限度地认真对待和坚持"。[89] 克林顿就是在宣誓的情形下,否认与莱温斯基存在不正当关系的。

援引康德就是如此众多的公共知识分子作品毫无价值的一个恰如其分的事例。康德对于美国人来说根本没有共鸣。他的大多数作品晦涩难解。只有一小部分美国人阅读他的著作。他对宣誓撒谎的强烈谴责,对克林顿而言不再是一种尴尬,正如他拒绝坦白的义务对他也不是一种安慰一样。

在这场危机中,朱迪斯和桑德尔较早就开始了挥笔撰稿,他们在对莱温斯基衣服进行 DNA 测试之前,在总统出席大陪审团作证之前,以及在 1998 年 8 月 17 日克林顿发表电视讲话承认与莱温斯基发生了不正当性关系之前,便撰写了不少的公共知识分子作品。桑德尔把总统的行为描述为"善意的谎言",而朱迪斯则批评新闻报道不准确,当斯塔尔的调查有了进展以后,他的那种批评已经完全站不住脚了。从某种意义上来说,这些评论人对社会公众的误导已显而易见。他们本来可以与他们最初发表评论的媒体接触,并且原本可以发布适当的声明,收回或者修正他们先前的主张,不过,他们没有这样做。

---

[87] Michael J. Sandel, "White Lies," *New Republic*, March 2, 1998, p. 10. A remarkable title in the circumstances.

[88] Roger G. Sullivan, 4 *Immanuel Kant's Moral Theory* 170–173 (1989).

[89] 同上注书,页 173(强调系原文所加)。

许多历史学家在《纽约时报》上签署了一幅整版公告,该公告宣称,"当前[对克林顿总统]的指控,背离了立宪者认定的弹劾理由。"[90]但他们没有为支持这一结论而进行努力;也没有提出任何有关运用"立宪者认定的弹劾理由究竟是什么",来解决眼下争议的主张。试图作为弹劾克林顿总统依据的"弹劾理论",被说成是"在我们历史上没有先例",不过却没有说明这种弹劾理论究竟是什么。这种弹劾理论存在两种可能性。一种可能性是,可以援用有关尼克松总统弹劾调查的先例,即总统妨碍司法构成可弹劾罪行的理论。此处已不乏先例。另一种可能性则是"政治性弹劾"的理论,这一理论支持了杰斐逊派共和党人弹劾联邦党人法官,比如塞缪尔·蔡斯,以及激进的共和党人弹劾安德鲁·约翰逊总统。那是一种糟糕的理论,不过却也属于我们历史的组成部分,正如任何一位历史学家只要花费些许时间来看看弹劾史便能得知。

这一整版公告的签署者之一杰克·拉可福,在签署前三周前曾发表过一篇文章,正象那篇文章的题目所表明的那样,它与整版公告核心的历史主张相抵触。[91]该文得出结论称,历史不可能回答克林顿污蔑者的主张究竟正确抑或错误,这些人的主张是:克林顿的行为构成足够程度的行为不检,因此弹劾具有正当性。拉可福教授在谈话中承认上述矛盾,但解释道,他认为这一公告属于一种政治行为,而并非其真实观点之声明。

不可胜数的公共知识分子许可他人将其名字附在报纸的公告、公开信、请愿书或诉讼摘要(参见本书第十章)中,仅仅这一事实,便是公共知识分子市场质量标准缺位的一项线索。几乎极少数

---

〔90〕 "Historians in Defense of the Constitution," *New York Times*, Oct. 30, 1998, p. A15. 阿瑟·小施莱辛格也在签署者之列。

〔91〕 Jack Rakove, "Framers of Two Minds on Impeachment," Newsday, Oct. 11, 1998, p. B5.

签署者对他们签署支持的主张具有第一手的了解。并且，他们中很少有人会同意某一声明的实际措辞，因为这些措辞旨在包容声明发起人希望列名支持的人士之间的各种不同意见。

1998年11月，数百名法学教授签署公开信，请求国会不要弹劾克林顿总统，这些教授当中几乎很少有人属于弹劾问题的专家，并且肯定说来，大多数人对克林顿弹劾案的有关事实也只有浮光掠影的了解。这封公开信陈述道，"即便总统就其性行为作了伪证，但这样的伪证也并未涉及到总统权力本身的行使"（强调系原文所加）。然而，对于业已细心关注弹劾案件调查的任何人来说，这一问题都不存在所谓的"即便"；并且，那些没有认真关注弹劾案的人——绝大多数人——在他们作为法学教授的资格范围内没有签署公开信的权利，因此这封公开信不能代表他们负责任的职业意见。[92]

卡斯·桑斯坦主张，这些并非宪法专家的签署者，"极有可能相信他们知道的业已足够——源于训练以及源于大量与同仁的谈论——故此合理地拥有见多识广的高见。"[93] 然而，他们是和谁进行了大量的谈论呢？几乎很少有法学院的哪位教员对弹劾法这一深奥的领域有所了解。正如尼尔·德温斯注意到的，桑斯坦作为编者之一的那本厚达1 800页的宪法判例著作之中，只有一页内容是关于弹劾。[94]

---

[92] 尼尔·德温斯也提出了这一点，参见，Neil Devins，"Bearing False Witness: The Clinton Impeachment and the Future of Academic Freedom," 148 *University of Pennsylvania Law Review* 165, 166 - 167, 170 (1999)；亦见，Ward Farnsworth, "Talking out of School: Notes on the Transmission of Intellectual Capital from the Legal Academy to Public Tribunals," 81 *Boston University Law Review* 13, 30 - 41 (2001).

[93] Cass R. Sunstein, "Professors and Politics," 148 *University of Pennsylvania Law Review* 191, 195 (1999).

[94] Devins，前注[92]，页170。

德温斯提及了法学教授的其他公开信运动，其中一次是1987年包括2 000余名法学教授的公开信运动，参加人数几乎占了美国全部法学教授的1/4，他们参与反对罗伯特·博克担任联邦最高法院大法官的资格确认。[95]法学教授和历史学家并非仅有的冒犯者。针对克林顿总统（在实行弹劾调查之后）有关全国反导弹防御系统的提议，五十位荣获诺贝尔奖的科学巨人签署了一封公开信，认为所提议的反导弹防御系统"几乎没有提供保护"。签名者中近五成属于生物学家或化学家，其他大多数人则属于与那种试图击落导弹而不为假象所迷惑的科学毫无关联的物理学领域。[96]这些名声显赫的非专家的意见与反导弹防御系统论辩的相关性，就恰如名人签名一般。他们所发表的是政治性声明，而并非提出专家意见，不过他们却把公开信装扮成专家意见的模样。

然而，公共知识分子公开信的归谬法，是题为"大选危机"的整版公告，该公告刊登于《纽约时报》，刊登时间仅仅只是得知在2000年11月7日总统大选未产生明确优胜人48小时之后。[97]这项黯淡不祥的黑边文件宣称，"有充分的理由相信，根据一种全民投票以及选举人团的宪法上明确的多数原则，副总统戈尔业已当选为总统。"这一公告忽视了这样一种事实，全民投票的多数原则并没有宪法根据；只有选举人团的投票才予计算（或者如果选举人团未能就候选人之一产生一个多数选票的话，则由众议院投票决定）。因此，"全民投票宪法上明确的多数"，这一术语只不过是一种胡言乱语。[98]该公告继续慷慨陈词，"为了保护美国民主的尊严及其合法性，消除最终选举结果中任何不准确的暗示（*hint*）是至关重要

---

〔95〕 同上注书，页166－167。亦见，Farnsworth, 前注〔92〕，页14, 注〔2〕。

〔96〕 参见，"I'm Not Gonna Pay a Lot for This Missile Defense," *New Republic*, July 31, 2000, p. 10.

〔97〕 "The Election Crisis," *New York. Times* (national ed.), Nov. 10, 2000, p. A29.

〔98〕 正如沃尔夫也已注意到的那样，前注〔1〕。

的"(强调系本人另行所加)。然而,在政治选举中,没有任何计票器能够完全准确地记录反映投票人的意图。既然所计数的皆属合法选票,因此,这就不是有意地不反映投票人的意图。即便投票和计数的机器毫无瑕疵,当然无法绝对保障如此,也还存在着一些选票被投票者毁坏(比如,非故意地对同一职位投了一位以上候选人的票,或者误读了有关投票的指示)以及一些选民错误地选了自己本不想选的人等情形。要消除选举过程中任何不准确的"暗示",是不可能的。

该公告宣称,"多达 19 000 张投给戈尔的选票也许被认定无效了"。其依据是,在棕榈滩县,由于该县运用了一种特别设计的选票("蝴蝶选票"),这些选票数量被认为错误地投向了帕特里克·布坎南(Patrick Buchanan),而不是因为,至 11 月 10 日仍不知悉机器计票(the machine count)已漏计的选票数量。所谓蝴蝶选票,系该县选举监管人、一位民主党人的智力设计。该设计旨在使总统候选人的名字打印得更大,而且印在首页,以方便该县的老年选民。

这一公告的结论是,呼吁佛罗里达州选举委员会,"探索各种选择,包括在棕榈滩县安排并监督举行新的选举。我们相信,除此则无法保存整个政治体制赖以支撑的人民之信任。""除此"所指向的事物是晦涩难解的,不过它的暗示似乎为,恰恰只有重新选举才能洗刷不明不白。然而,在 12 月 12 日佛罗里达州选民指定可靠的选举人团代表的截止期限之前,[99] 该公告却对安排重新选举事项闭口未谈;应该准备新的选票,确定重新选举的日期,重开投票地

---

〔99〕 一个州只有在不迟于(2000 年大选)12 月 12 日,向选举人团提出总统选举的选票,国会才不能就选票的有效性提出异议。参见,3 U.S.C. § 5。如果该州超过这一截止期限的话,则国会在一月份开会计算选票时,可以对其选票提出异议。参见,3 U.S.C. § 15。关于美国总统选举僵局及其化解的详细分析,参见本人的拙著,Breaking the Deadlock: The 2000 Election, the Constitution, and the Courts (2001). 该书第四章涉及了公共知识分子对选举僵局评论的其他讨论。

点，安排配备重新选举及投票计数的工作人员，计算选票以及解决选举中的争议。考虑到在重新选举中，投票人将依据初次选举所不可能知悉的信息来投票，比如，其他州的选举结果，因此，这种补救方式是否一定恰当，该公告对此没有作出交待。公告也没有说明，是否应该允许民主党从那位责任重大的民主党官员设计的选票无效而获得优势。关于在其他州基于类似理由而重新选举是否适当，这一公告也没有说法。

同时发生，这一词语的重要性在于：总统选举假定为在全国的范围内同时发生，但时差的差异不予考虑，如果东海岸的选举结果在其他时区投票结束前公布，将会引起社会公众广泛的愤怒。仅限于佛罗里达州或者该州个别县的重新选举，将会因为选民知悉其他州的选举结果而大受影响；故要认可戈尔在全民投票中获得了大多数，会面临强大的道德压力。[100] 一种不再重新选举的舆论很快便显山露水，并且，一宗请求重新选举的诉讼亦在佛罗里达州法院败诉。

该整版公告签署的落款为"2000年公民参与紧急事务委员会"，而在列名的成员中，包括一些卓越的学术公共知识分子，比如，布鲁斯·阿克曼、罗纳德·德沃金、卡斯·桑斯坦、迈克尔·华尔泽（Michael Walzer）以及肖恩·威兰茨（Sean Wilentz），名单中还有其他一些教授、作家、新闻记者，另外还包括百老汇和好莱坞知名人士，比如，罗伯特·德尼罗（Robert DeNiro）、比安卡·贾格尔（Bianca Jagger）、保罗·纽曼（Paul Newman）以及琼尼·伍德沃德（Joanne Woodward）。这可真是娱乐圈与学术界的水乳交融。

---

〔100〕法学教授、公共知识分子劳伦斯·却伯，对这一问题的解决近乎滑稽可笑的边缘："一种矫正性的选举可以限于第一次循环投票的人，并且，对于那些选举他们在大选之日原本打算投票的候选人，可以要求这些投票人提交宣誓陈述书（sworn affidavits）。"参见，Laurence H. Tribe, "Let the Courts Declare," *New York Times*, Nov. 12, 2000, § 4, p. 15. 但是，没有办法确认那样的宣誓陈述书具有真实性。

第三章 关注与洞察 *143*

"大选危机"的整版公告缺乏平衡和深度。作为民主党支持者感情和愿望的声明,例如,来自娱乐界的人士签名,当然是无懈可击的。显而易见,那些人有权表达他们的看法。然而,学术人员参与签名其意何在呢?该公告表面上并没有反映学术探索过程的结论;这些签署者也不是有关选举法的专家,故而他们不可能在"危机"出现和公告写作之间的几小时内就形成一种系统综合、可靠负责的学术观点。这一公告所表达的观点是缺乏责任感的,它几乎是毫无抑制地呼吁在棕榈滩县重新举行选举。在反对弹劾克林顿总统的事件中,阿克曼、德沃金、桑斯坦以及威兰茨,皆异常突出,不过,他们否认他们的行为渊源于政治党派性。如今,他们又在一则公告中作为签名者出现,无论该公告是否正当公平,它在某种程度上皆可以解读为,戈尔在总统选举之后的寻求补救的运动性文献。

第二天,同样也是那群人,当然还加了些新人,但德尼罗和贾格尔的名字神秘地删掉了,他们在《时代周刊》上发表了一篇较小些的公告,盛大炫耀地以"我们人民"为标题。这一公告消除了前一公告有关救济措施的模糊之处,并且明确敦促,"应该尽快要求11月7日[在棕榈滩县]投票的那些人重新选举……并且,在一些有疑问的县应该推行准确的手工计票。"[101] "准确的手工计票"这一词组掩盖了太多的含糊。[102] 民主党此后所寻求的重新计票,涉及到不能排除模糊的、高度的主观性标准。并且,既然对计票器不能识别的选票重新计算,很可能有利于有关选区中大多数人支持的候选人,那么,手工重新记票仅限于民主党选择的州,这样的建

---

[101] "We the People," *New York Times* (national ed.), Nov. 11, 2000, p. A27.

[102] 参见,Glenn R. Simpson, Helene Cooper, and Evan Perez, "Florida Neighborhoods Deciding Fate of the Presidency: Tiny, Significant Gain Goes to Gore as Hand Count Often Becomes Surreal," *Wall Street Journal*, Nov. 13, 2000, p. A38.

议听起来也不怎么合情合理。[103] 通过如下评论："共和党人的权利受到了不法侵害,当投票仍在进行时,就把佛罗里达州过早地分配给了民主党候选人,这可能已经妨碍了共和党候选人","我们人民"披上了一件公正无私的伪装。然而,对于这样的不公平,公告又没有提出救济的建议。并且,正像我提及的那样,重新选举的建议已面临悬崖绝壁。

次日,其中一位签名的学术人员[104] 给他的许多朋友和熟人发送了电子邮件,声明他(并且他也相信,一些甚或几乎所有其他签名的学术人员皆如此,而且肯定包括罗纳德·德沃金)在11月11日公告刊发前没有看过或核准这一公告,他本人也并不同意该公告的内容,同时他认为,呼吁重新举行选举是尚不成熟、不负责任的。然而,在这一公告发表几天之后,德沃金在一篇短文中,仍然以一种近似于支持民主党的另一学术公共知识分子劳伦斯·却伯建

---

[103] 假定候选人A获得700张选票,候选人B获得350张选票,而存在100张选票计数错漏,那么,A领先于B350票。如果现对100张选票重新计数,那么,这些选票的分配预期将大致与前一计票比例相同。结果将是,A另外再获得67票,而B则多获33票。因此,A领先于B的票数将从350上升至384。如果存在统计数据类似的另一选区,只是A、B的票数反过来,那么,可以预期,这一选区的手工计票将有利于B,正如在第一个选区中手工计票有利于A一样。

[104] 卡斯·桑斯坦(参见,Sunstein, "Ad Hominem"[letter to the editors of the New Republic], *New Republic*, Dec. 11, 2000, p. 6),与肖恩·威兰茨和托德·吉特林(Todd Gitlin)一道,系这一委员会的组织者,以及该公告原文的起草者。参见,Tamar Lewin, "The Advocates: Confusion over Voting Has Stirred Wide Range of People and Mobilized Many to Act," New York Times (national ed.), Nov. 12, 2000, § 1, p. 18; Timothy Noah, "How Intellectuals Blew the Election 'Crisis,'" Slate, Nov. 14, 2000, http: //slate. msn. com/Code/chatterbox/chatterbox. asp? Show = 11/14/2000&idMessage = 6497. 类似的风格,参见,Peter Berkowitz, "Nutty Professors: Intellectuals Whiff on the Recount," New Republic, Nov. 27, 2000, p. 11. 孙斯坦教授尽管拒绝承认第二则公告,但在一封严厉批判贝克维兹(Berkowitz)的文章中,仍为第一则公告辩护,并不承认这一公告存在任何错误。参见,Sunstein, "Ad Hominem," above.

议的形式，[105] 赞同重新选举，认为那是业已出现的选举僵局的最佳救济措施，尽管他没有直说，却暗示着，运用此种方式解决眼下的僵局为时已晚。[106] 德沃金的这篇文章没有讨论该建议的任何缺陷。

蒂莫西·诺亚（Timothy Noah）在探讨这两则公告及其后果时，得出如下教训，"正当知识分子草率鲁莽地高谈阔论之时，知识分子观点的价值——与你通常从电台的电话谈话节目中所听到的相比，它反映了更为广阔的知识性和深度——却这样地失落了"，并且，"当知识分子试图作出集体性声明时，看起来有些象是傻瓜。"[107] 阿兰·沃尔夫把第一则公告称为"一种令人眩晕的运动"，并且认为，肖恩·威兰茨征求签名的电子邮件属于"一种拉选票的形式"；该电子邮件曾说，"在今天下午1点以前，向本人提供你能够签名的尽可能多名人的名字……主流人士。著名的/人们公认的。"[108] 沃尔夫补充道，"学者们不论因其学术深度而具有多么崇高的声望，当它与名声的流彩闪烁联系在一起时，它就注定会烟消云散"，并且，"在他们匆匆忙忙去发表演讲时，这些在11月份签署公告的人就像是一些羽毛未丰的政客，而不太像尊严高尚的选

---

〔105〕参见，前注〔100〕。

〔106〕Ronald Dworkin, "The Phantom Toll Booth," *New York Review of Books*, Dec. 21, 2000, p. 96.（对却伯的参考，参见，前注〔100〕，注〔6〕。）德沃金的这篇文章日期为11月15日，但德沃金知道，在该文出版时为时已晚，故而不能重新举行选举。相比而言，另一位学术公共知识分子斯蒂芬·吉勒斯（Stephen Gillers）则主张，解决选举僵局不存在截止期限，因为根据《宪法》第二十修正案，如果国会在1月6日开会进行选举后的计票时，作出尚没有候选人具备担任总统资格的决定，那么，国会便可以指定一位代理总统（an acting President）——吉勒斯的候选人是克林顿。参见，Stephen Gillers, "Who Says the Election Has a Dec. 12 Deadline?" *New York Times* (national ed.), Dec. 1, 2000, p. A31. 此种解决方式（可能还属于违宪的方式）将会导致多么大的混乱！

〔107〕Noah, 前注〔104〕，他在该文中指出，这两则公告花了125 000美元，由匿名捐助人支付。

〔108〕Wolfe, 前注〔1〕。

民。"

但是,沃尔夫却没有留意他自己的意见。两周以后,我们发现,他声称,"布什将成为我们第一位真实的后现代总统,当被问及,可以称为第一位后现代总统的布什将如何成为获胜者时,他只能回答,这完全依赖于人们提出这一问题的视角",因为"他含蓄地认可这样的观念,即[关于谁将真正赢得在佛罗里达州的总统选票]不存在事实真相,甚至还值得去操纵。""作为一位后现代总统,布什将面临人们对他权威的挑战,这种挑战远远要大于克林顿所面临的挑战[他面临的挑战是,甚至对于一位政客而言,他的撒谎也令人无法容忍],因为布什合法性的基础,将随着这样的主张而转移,即最终来说,他的获胜是真实抑或相反已没有什么关系……在一个不在乎真实和错误的世界中所选举的总统,将会发现这个国家不很容易治理。"[109] 沃尔夫在这篇文章中承认了两种错误:一是本体论错误,即认为谁赢得佛罗里达州总统选举的问题与本人办公室有多少个电话插孔此类问题,属于同一顺序;二是认识论错误,认为否认一些事物是可知的,便是否认这些事物的存在。谁能真正赢得佛罗里达州的总统选举,这一问题首先取决于,什么应该作为投票来计算,而这是一个法律问题;在这一问题解决前,根本不存在谁真正应该获胜的事实问题。同时,这一问题也依赖于,合法选票是否包括纯粹的酒窝选票(dimpled ballot),正如民主党敦促的那样,而即便在我们知道合法选票的界定之后,要客观地决定谁是赢家或许也是不可能的。

2000年12月5日,布鲁斯·阿克曼连同其他几位宪法学教授向佛罗里达州立法机关呈交了一封公开信,宣称立法机关建议的总统

---

[109] Alan Wolfe, "Hobbled from the Start: How Can George W. Bush Convince Americans to Trust Him When He Has Dismissed Such Notions as Truth and Justice?" *Salon Magazine*, Dec. 15, 2000, http: //www. salon. com/politics/feature/2000/12/15/trust/index. html.

选举人的特别委员会不合法。[110] 联邦法律允许在选举"没有做出选择"的情形下，州立法机关任命总统选举人。[111] 然而，该公开信主张，在11月26日佛罗里达州检票团认定布什作为获胜者之后，"如果佛罗里达州法院最终发现副总统阿尔·戈尔赢得了该州的选票"，那么，"佛罗里达州再一次将并非'没有（fail）'作出选择……取而代之的只是以一种选择替代了另一种选择。联邦法律仍然没有授权立法机关实行干预。事实上，因为总统选举人在11月7日进行投票，依据美国《宪法》、联邦法律以及佛罗里达州法是合法的，所以，根据《美国法典》第三篇第二节（3 U. S. C. § 2）之规定，佛罗里达州'没有'作出选择或者将不作出选择并不存在现实的环境。"由于忽略了这样一种可能性，即在12月5日还非常活跃的可能性，直至12月12日为止，皆属于挑选一个州选举人的"安全港"日，[112] 因此，佛罗里达州选举机会完全已成泡影，谁真正获胜的争议仍未能解决。"没有作出选择"的条款，是假设该州"已经就确定选举人之目的而举行了选举"（州并不要求如此行为），不过在某种程度上还是没有确定选举人。那至少是对如下情形貌似合理的特征性描述，即当安全港截止期限届满时，有关谁获胜的争议仍僵持不下。考虑到存在一些可取的机制，根据这些机制允许由选举人团作出选择，而无须国会干预，并能促使总统选举僵局及时解决，因此，这封公开信没有讨论上述解释，是值得我们注意的。

2000年12月12日，美国联邦最高法院作出裁决，[113] 戈尔随

---

〔110〕 阿克曼大概是该公开信的作者，或者至少也是主要执笔人；他本人业已亲自向佛罗里达州立法机关作证，并且，此后他出版了一篇言论作品，该文系那封公开信的缩略版本。参见，Bruce Ackerman, "As Florida Goes…," *New York Times* (national ed.), Dec. 12, 2000, p. A31.

〔111〕 3 U. S. C. § 2.

〔112〕 参见，前注〔99〕。

〔113〕 Bush v. Gore, 121 S. Ct. 525 (2000) (per curiam).

之在第二天承认选举败北，选举僵局因而宣告终结，这也导致了公共知识分子评论肆无忌惮地突发性展现。在这一裁决作出后几天、或许几个小时之内，作为公共知识分子的法学教授（《新共和》杂志法律事务部主任）杰弗里·罗森（Jeffrey Rosen）公开谴责了构成联邦最高法院大多数、阻止重新计票的"四位自负的男人和一位自负的女人"。[114]而指责法官自负自大是毫无意义的。这篇文章不甚准确地提到，四位自由主义法官"持一致异议"（页18）；事实上存在几种不同的法官异议，但没有四位法官皆一致赞成的哪一种异议。更为甚之的是，两位"提出异议的法官"支持法官的多数裁决，他们只是不赞成有关救济措施。（这五位保守主义法官相信，根据佛罗里达州法，12月12日乃是人工计票的截止期限。）多数意见即为法院意见（per curiam），是无须签署的；这样的法官意见非常普通，并且罗森没有理由说，"这些支持选举有利于布什的法官们——奥康纳以及肯尼迪——害怕签署他们的姓名"（同上注）。罗森称奥康纳法官"腐化变质"以及"自鸣得意"（页20），并且声称，这一裁决已经"导致美国公民不能维持对任何形式法治的信仰，所谓法治只是无法超越自我利益的政治偏好的玩意，正如威廉·伦奎斯特、安东尼·斯戈利亚、克拉伦斯·托马斯、安东尼·肯尼迪以及桑多拉·黛·奥康纳那样（页18）。

罗森的腔调得到了同一期《新共和》社论的回应，社论指出，"共和党的盗贼们，不论是身着法官袍抑或脱去这身装扮，他们都安排了对佛罗里达州总统选举真相的镇压，并因此携2000年大选胜利果实落荒而逃。"[115]一周后，《新共和》的出版人（无独有偶，

---

　　[114] Jeffrey Rosen, "Disgrace: The Supreme Court Commits Suicide," New Republic, Dec. 25, 2000, p. 18. 尽管该文日期标明为12月25日，但该期杂志在12月18日便见于报摊，因此，该文的写作时间只是在联邦最高法院裁决作出后的几天。

　　[115] "Unsafe Harbor," New Republic, Dec. 25, 2000, p. 9.

他是戈尔亲密的私人朋友、坚定的支持者以及早先的老师）指手划脚，声称布什是一位"伟大的篡位者"、"乡间白痴"，并指责首席大法官伦奎斯特从事了一种"限制公民接近投票箱"的职业。[116] 从表面上来对比，德沃金教授在一篇文章中，强烈批评了联邦最高法院关于终结佛罗里达州重新计票的裁决，敦促他的读者们，"不要把对联邦最高法院任何一位法官的不计后果的指责，与对最高法院的伤害混合在一起"。[117] 不过，他也指出，"为什么所有保守主义法官、并且仅仅只是这些法官投票结束了此种方式的选举，对此你很难发现一种值得尊重的解释。"[118] 他急切寻找，可两手空空，因此暗示，指责十足的党派性毕竟是正确适当的。

　　法官们关注的是，他们的同仁是谁，乃至他们的继任者是谁，并因此疑虑满怀，在确定谁是下一任总统的情形下，法官的投票可能会有意或无意地受某种欲望的影响，即倘若今后的四年内法官职位存在空缺的话，那么，将来的同仁或继任者是将由布什任命，抑或还是由戈尔委任，这取决于法官个人的意识形态倾向。然而，并没有更多的理由推测如下主张是一种保守主义法官的倾向，而非自由主义法官的趋向，即认为投票无罪开释克林顿的参议员们与投票对克林顿定罪量刑的参议员们相比，前者的政治性动机更少。这种利益冲突同样地影响了法院的两派，并因此它只是一种冲积物（a wash），在对该裁决进行评估时可以忽略。

　　七位法官包括两名自由主义法官认为，佛罗里达州最高法院四天前责令进行的手工重新计票，由于缺乏标准，因而否定了法律的

---

　　[116] Martin Peretz, "All Too Human," *New Republic*, Jan. 1 and 2, 2001, p. 38.

　　[117] Ronald Dworkin, "A Badly Flawed Election," New York Review of Books, Jan. 11, 2001, pp. 54, 54. 德沃金作为一位批评家们称为"帝国司法人员（the imperial judiciary）"的辩护者，他将不愿意看到，联邦最高法院现在被人们指责为它的成员属于身着法袍的党派性政客，从而削弱联邦最高法院的权威，正如《新共和》表明的那样。

　　[118] 同上注，页53。

平等保护。这一结论也许是正确的，也可能是错误的，不过，它并不像罗森和社论撰写者所声称的那样，是狂热疯癫或者谋权篡位。三位法官（倘若那种吸引两位自由主义法官的替代性理由已不可能时，很可能为五位法官）此外还认为，佛罗里达州最高法院业已违反美国《宪法》第二条，因为该条第一节第二款要求，每个州应以州立法机关指定的方式任命总统选举人。该法院就 12 月 4 日的提议达成了一致，[119] 提议的内容是，根据该州宪法或者州立法机关依该州宪法制订有关任命选举人的规则，这一条款限制了州法院变更之权力；并且，佛罗里达州最高法院所做这点是否严谨准确，还值得争辩。[120] 这一论辩并非明明白白地正确无疑，但迄今为止，它也没有超出其值得狂热的地步，因为在那些滥用者本来能够以充分的深度、沉着冷静地分析问题、从而充满责任感地写作之前，一本我们主要的公共知识分子杂志已经被毫不节制地滥用了。

　　本人一直在针对有关选举僵局以及联邦最高法院对这一僵局解决的自由主义评论人进行批判，因为他们同保守主义者相比，人数更为众多，嗓门也更大，而保守主义者毕竟对结果感到满意，尽管担心各种各样的观点对他们产生冲击。然而，一些保守主义公共知识分子也表现出了一种党派性，并且，有时甚至不负责任地与评论该事项的自由主义公共知识分子针锋相对。让我们来考察一下两位学术经济学家撰写的一篇标题粗鲁的文章，"这是欺骗、这是愚蠢"，12 月份发表于一份愤怒的保守主义小报，《纽约邮报》。[121] 该文并没有涉及经济学内容；它只是包括对民主党实施的选举欺诈以及其他选举不法行为连珠炮般地指责谩骂。这些指责中有一项是，

---

[119] Bush v. Palm Beach County Canvassing Board, 121 S. Ct. 471 (2000) (per curiam).
[120] 参见，Richard A. Posner, 前注 [99]，第三章。
[121] Stephen Bronars and John R. Lott, Jr., "It's the Fraud, Stupid," New York Post, Dec. 20, 2000.

"一些芝加哥人成功地为他们的小猫咪登记选举投票。"作为一位芝加哥小猫咪的拥有者,本人为这项建议欣喜若狂。然而,就选举僵局事件抛出此类性质的指责是毫不负责任的。对于那些指责,作者没有进行任何的证实;它的主要来源,是未作详细说明的"全国各地的新闻故事"。这种小报的新闻报道与学术人员的身份丝毫也不相称。

现在让我们回到克林顿总统弹劾案吧,在这一案件中我们又一次与肖恩·威兰茨相遇,他不仅是有关总统选举公告的主要撰稿人,而且也是历史学家支持克林顿总统公告的起草人。1998年12月8日,他出席众议院司法委员会作证,他在准备的证言中声称(强调系原文所加):[122]

> 可以毫不夸张地说,由于这次弹劾调查,正如所有的总统弹劾调查一样,牵动着我们美国政治制度的命运。它是如此的关系重大。作为一位历史学家,本人异常清醒,对克林顿总统的弹劾将会极大地损毁那些制度以及法治——与指控克林顿总统所犯的罪行相比,远远具有更大的破坏性。

没有夸张吗?不过,"我们美国政治制度的命运"因克林顿是否被弹劾而牵动,这一点对于威兰茨而言原本并不可能清楚明白,或者对于任何历史学家、甚至事实上对于任何一个人来说,都不可能十分清晰。面对这些问题,一位历史学家也许应该掩卷沉思,可是他坐拥威兰茨之自信,故而有资格富于洞察力地指点江山。在他写作这些证词的数天之后,国会就对克林顿总统启动了弹劾程序,然

---

[122] 据本人所知,他证言惟一公开发表的版本见于 Westlaw 一个数据库,题为,"Congressional Testimony by Federal Document Clearing House," 1998 WL 18089985 (Dec. 8, 1998)。

而，天并没有塌下来。（在对克林顿总统实施弹劾两年以后，仍然没有迹象表明，对他的弹劾弱化了作为制度的总统职权，甚至也没有实质性地削弱他在剩余任期内的统治能力。）而且，当他被无罪开释之时，天也同样地晴空万里，蔚蓝如海，尽管罗伯特·博克警告道，倘若克林顿不辞职的话，"将会有一种明显的征兆，我们的行进将会曲折弯转，美国的道德，包括但不限于我们的政治道德，会飞流直下（in free fall）。"[123]

威兰茨提供的证言表明，历史的记录清楚明白，惟有履行公务之行为方能成为弹劾的基础。不过，这一记录却并非那么明晰，并且，依威兰茨本人的主张，他也不愿意坚持这种观点，因为他承认，一位犯有谋杀罪的总统，"即便谋杀发生在最私人的场合下"，也应该被弹劾，并不允许继续留任。威兰茨作证称，对安德鲁·约翰逊总统的"弹劾［1868 年］，帮助为镀金时代（the Gilded Age）铺平了道路，那是一种政治卑鄙而总统（chief executives）平凡的年代"。对于这项含糊不清的断言，他没有提供支持——这一断言之所以含糊，是因为在上下文的背景中，"帮助铺平了道路"的力量不确定。尽管在 19 世纪残余的岁月中，约翰逊总统的继任者平淡无能，原因却复杂多样，并且早期的许多总统也曾能力平平。事实上，尽管约翰逊是一位偶然胜出的总统，在美国内战后果的炽热氛围下，国会以压倒一切的投票对他进行弹劾，他甚至不属于林肯的政党，但事实上他仍然被无罪开释，并且他的无罪开释被视为将导致，"几乎难以相信，未来会有一位总统被弹劾、被撤职"。[124] 所以，对约翰逊的弹劾也许实际上反而强化了总统职权，至少从长期来说是如此。并且，倘若从短期来说，约翰逊先前主张总统拥有对

---

〔123〕 Robert H. Bork, "Counting the Costs of Clintonism," *American Spectator*, Nov. 1998, p. 55.

〔124〕 Michael Les Benedict, *The Impeachment and Trial of Andrew Johnson* 180（1973）.

抗（precipitated）弹劾的权力，对他的弹劾导致他黯然退缩，这的确削弱了总统职权，不过这是因为，弹劾问题恰恰正是总统与国会之间的对应性权利。对克林顿弹劾的问题，并非在于他是否篡夺了宪法赋予国会的权利，而在于他是否玷污了总统职权而应该引咎辞职。[125]

威兰茨以这样的警告结束其证词的全文，倘若众议院议员"公然挑战你们假定所代表的人民之深思熟虑的判断"，而完成整个弹劾过程，那么，"只要还有些美国人能够区分法律之治（the rule of law）与政治之治（the rule of politics），你们的声誉就将因此黯淡蒙尘。"没有证据表明，人们已经作出了一种"深思熟虑的判断"，并且，无论如何，宪法将判断的职责授予了国会，而不是人民；宪法没有授权实行全民公决。进而，即便公然挑衅公共舆论之民意，也并非政治上玩弄权术的明显标记。没有任何根据认为，在民主党就克林顿丑闻及其后果作出的反应上，同共和党的反应相比，政治的考虑发挥了更次要的作用。

威兰茨关注着因弹劾对总统职权的削弱，这预期着可能引导他小心谨慎地建议，2000 年佛罗里达州的总统选举应重新举行。对 11 月 7 日总统大选有效性投射的任何疑虑，延长选举之后不确定期间的任何因素，都倾向于削弱这次选举产生的总统，并且或许也将弱化此后的总统职权，倘若选举僵局激起的苦难怨恨以及恶意满怀的党派偏见再延续数周的话，而这可谓是重新选举的必然结果。威兰茨就为克林顿辩护而言，关注着对总统职权的削弱，而就维护布什来说，却不愿意如此关注。

然而，对于威兰茨所谓的公平正义，有必要提及 1998 年 12 月 14 日在纽约大学法学院举行的"反弹劾群众集会"，在这次集会

---

[125] 参见，Keith E. Whittington, "Bill Clinton Was No Andrew Johnson: Comparing Two Impeachments," 2 *Journal of Constitutional Law* 422（2000）.

上，许许多多的政治家和公共知识分子（就后者而言，包括格洛丽亚·斯泰纳姆［Gloria Steinem］、E·L·多克特罗［E. L. Doctorow］、托马斯·奈格尔、罗纳德·德沃金、托妮·莫里森［Toni Morrison］以及阿瑟·小施莱辛格）发表了简短的演说，谴责即将发生的总统弹劾，而威兰茨则是直截了当批评总统的惟一演讲者，他声称，克林顿的行为已带给自己永远的羞辱，并且损害了总统职位。[126]当他说到这儿时，听众们正窃笑不已——他们认为威兰茨太孩子气了。他让听众们确信，他并非孩子气，随后他们平静下来了。这一意外显示了对这一事件氛围的一种感觉，对它来说"群众集会"的确是一个恰当的名词；人群的聚集——建立协同——这正是许多公共知识分子作品的内容。没有细微差别、缺乏平衡，是值得人们注意的，这就是为什么威兰茨的让步令听众惊诧的原因。格洛丽亚·斯泰纳姆把"受欢迎的性"从性骚扰之中区分开来，但是她不相信鲍娜·琼斯有关克林顿总统令其厌恶的性要求之指控，惟一的理由仅仅是，琼斯拒绝与全国妇女组织接触。斯泰纳姆还以一种不甚清晰的逻辑提出建议，倘若只有男人投票的话，克林顿本来将可能在他的两次选举中失利，从这一意义而言，既然女人们选择了克林顿，那么，她们就应该反对弹劾他。E·L·多克特罗论辩道，倘若对克林顿实行弹劾并审判，将意味一种清教徒主义的复活。他错了，正像政治谱系另一端的公共知识分子错误地预测的那样：对总统的无罪开释将会引致一个堕落腐化的新时代。

哈佛大学法学院教授阿兰·德肖维茨，在对克林顿弹劾案的公共评论中发挥了显著突出的作用。他推荐克林顿采取一种"简洁而

---

〔126〕 就本人所知而言，这次群众集会并没有书面记录，但可以从如下地址购买影碟：C‑Span Archives, P.O. Box 2909, West Lafayette, Indiana 47996‑2909. 对这次群众集会的批判性的评论，并精选了有关注释，参见，Walter Shapiro, "Intellectuals at the Barricades," Slate, Dec. 15, 1998, http://slate.msn.com/code/Chatterbox/Chatterbox.asp? Show = 12/15/98&idMessage = 273.

优雅"的辩护策略:"他可以承认发生过不正当的性关系,并宣称这属于私人之事,系不可弹劾的行为。并且,把任何可弹劾的罪行交由独立检察官来证明,比如,妨碍司法、教唆伪证。既然从来也没有污迹和磁带能够证明妨碍司法或者教唆伪证,那么总统就将胜诉。"[127] 这种暗示便是,倘若没有铁证如山的实物证据或者录音的自白,则这些罪行不可能证明。那是错误的;不过,即便这一暗示是正确的话,人们仍然可预期一位刑法教授能够指出没有犯罪与没有证明犯罪之间的区别。这是一种令人不安的"优雅"概念,它是与有罪被告能够逃脱制裁的策略密切联系在一起的。

德肖维茨在向众议院司法委员会作证时,引导该委员会的共和党议员面对这样一种他已陈述过但他们忽略了的任务,即对付一种比总统的虚假陈述更为严重的伪证——警官在刑事检控中的伪证。这也许是一项非常严重的问题,不过,它的重要性并不能减轻总统的罪行。德肖维茨本来也可能说,既然我们大多数人都忽略种族灭绝主义(比如,在卢旺达、柬埔寨以及至今几乎为时已晚的波斯尼亚发生的种族灭绝),那么,我们就不应该起诉普通的谋杀者。那是乔姆斯基式的话语。

德肖维茨在他的著作《性态麦卡锡主义》(*Sexual McCarthyism*)一书中,最终对克林顿发起了批评,但主要是因为克林顿已承认了试图隐瞒与莱温斯基的风流韵事以及暗示他将不会保留德肖维茨担任其法律顾问。对于总统雇佣律师的策略,尤其是罗伯特·贝内特没有(德肖维茨声称,伯内特在与他的电话交谈中已承认了这点)[128] 建议总统在鲍娜·琼斯诉讼案中拒不出庭,德肖维茨大加痛

---

[127] Alan M. Dershowitz, "Testimony Key, Not the Speech," *Boston Herald*, Aug. 20, 1998, p. 37.

[128] Alan M. Dershowitz, *Sexual McCarthyism*: *Clinton*, *Starr*, *and the Emerging Constitutional Crisis* 19 (1998).

斥。德肖维茨对于克林顿从事犯罪行为以及对法治的破坏未加批判,尽管他的确批评了他对一般犯罪采取了强硬的立场——就因为克林顿对其犯罪同伙似乎缺乏同情。

德肖维茨在电视上抛头露面,并声称,"反对弹劾的投票并非就是支持比尔·克林顿的投票。它是反对偏执的投票;是反对原教旨主义的投票;是反对反环保主义的投票;是反对生命权利运动的投票"。[129] 本人敢打包票,他还频繁地弹奏了其他类似于这本著作中吟唱的那种音符,不过,要检索一位公共知识分子在电台广播中的陈词可真有些难度。[130]

在克林顿弹劾事件中,公共知识分子这些令人狐疑的介入,也许正成倍地增加,[131]且几乎没有在另一方面添加些许平衡。[132] 他们——以及本章前面的事例和以下章节的例证——表明,许多卓越的公共知识分子,不论是否属于学术人员,在评论和预测中,都没

---

[129] Alan Dershowitz on "Rivera Live," CNBC News Transcripts, Dec. 14, 1998.

[130] 在 2000 年总统选举僵局之后那段不确定的期间里,德肖维茨声称佛罗里达州州务卿不仅仅是一位虔诚的共和党员,而且还"腐败变质"、"为人收买并收受了款项"、并且还是一位"坏蛋"。参见,CNN Breaking News, Nov. 14, 2000, 8 p.m., Transcript # 00111438V00, p. 9; "Rivera Live," CNBC News Transcripts, Nov. 14, 2000; Somini Sengupta, "The Florida Secretary of State: A Human Lightning Rod in a Vote – Counting Storm," *New York Times* (national ed.), Nov. 20, 2000, p. A17. 他称联邦最高法院关于布什诉戈尔(*Bush v. Gore*)一案的裁决为"21 世纪的德里德·司各特(Dred Scott)案件[裁决]"(这可是令人称奇的荒谬滑稽,想想他在说这话时,才刚刚进入 21 世纪 11 个月),并且表明,联邦最高法院的九位大法官皆属政治性党徒,而且在裁决属于大多数的五位法官之中,有四位还存在支持布什的经济动机。参见,ABC: Good Morning America, Burrelle's Information Services, Dec. 13, 2000.

[131] 参见,本书第十章。

[132] 另一方面也有一些,而不是根本没有。比如,参见,Kenneth Anderson, "The American Inquisition: How the Religious Right and the Secular Left Collude in the Growth of the Prosecutorial State," *Times Literary Supplement*, Jan. 29, 1999, p. 12; Jean Bethke Elshtain, "Politics and Forgiveness: The Clinton Case," in *Judgment Day at the White House: A Critical Declaration Exploring Moral Issues and the Political Use and Abuse of Religion* 11 (Gabriel Fackre ed. 1999); Elshtain, "Going Public," *New Republic*, March 23, 1998, p. 12; Stephen Gillers, "The Perjury Precedent," *New York Times* (national ed.), Dec. 28, 1998, p. A27; Gillers, "Clinton's Choice: Tell Truth or Dare to Gamble," *Los Angeles Times* (home ed.), Aug. 2, 1998, p. M1.

有三思后行、小心谨慎、甚至也不一贯地明智清醒。公共知识分子的多情，已为公共知识分子对克林顿弹劾案以及 2000 年总统选举僵局（Perverfid）的反应充分地说明，而与学术人员的正统形象形成了特别鲜明的反差。

第四章

预测与影响

> 在所有各种各样的错误之中，预言是最毫无理由的。[1]

无人记录

预测是公共知识分子业务中的保留曲目（the stock）。然而，正如我们在本书上一章就已经开始觉察，公共知识分子预测的记录相当地拙劣糟糕。这一点并非众所周知；并且，（与之紧密相关的要点是）当公共知识分子的预测因事件结局而被证明为错误时，他们并不会失去在公共知识分子市场中的资格。没有任何人保持过预测准确的记录。这可真是令人困惑不解，不过它也是公共知识分子是否具有影响力的问题的线索，正如我们将看到的，该问题系一个针对公共知识分子就公共话语（public discourse）贡献的质量问题的反馈。

---

[1] George Eliot, *Middlemarch* 110 (W. J. Harvey ed. 1965 [1871–1872]).

第四章 预测与影响

本章研究第一项主题,更准确地说,是社会公众和大众媒体没有较好地(better)对公共知识分子的无条件预测(unconditional predictions)进行记录。就"较好"这一限定词而言,本人承认,公共知识分子错误的预测以及失信的评估(discredited assessments)偶尔也会公之于众。[2] 人们可以预期,拥有准确预测记录的公共知识分子将会对他们的预测记录大肆宣传,不过,已经发生的此类情形本人仅知道一例。[3] 而基于如此稀罕的宣传推广,我们可以得出一项这样的推断,那就是,几乎很少公共知识分子拥有可资宣传的良好记录。

就无条件预测来说,本人是指将预言(prophecies)与附条件预言(conditional prophecies)、尤其是警告(warnings)区分开来——除非社会如此等等,否则灾难便会降临。关于对国家权力危险的警告,乔治·奥威尔的《一九八四》以及弗里德利希·哈耶克的《通往奴役之路》(The Road to Serfdom)极富启发性,尽管显得有些杞人忧天;不过,作为预言来说,它们业已被事件结局证明是错误的。这些作品具有两种面容。它们意味着,如果仅仅设定在未来,那么仍然有时间避免所预测的灾难,而生态灾难学家保罗·埃利希

---

[2] 比如,参见,Paul Hollander, *Anti - Americanism: Critiques at Home and Abroad 1965 - 1990* (1992); Lawrence F. Kaplan, "Fall Guys: Guess Who Hates America? Conservatives," *New Republic*, June 26, 2000. Cf. Andrew Sullivan, "London Fog: Why Americans Go Soft in the Head for The Economist," *New Republic*, June 14, 1999, p. 25, 该文回顾了《经济学家》杂志中不准确的预测。亦参见,下注[5],及其附文。引人注目的是,乔治·索罗斯(George Soros),一位商人、一位公共知识分子,公开宣称他本人的错误,他在1998年期间预测,全球资本主义制度行将崩溃。"他对错误的纠正是一种异乎寻常的公共性大转变(public about - face),大多数不正确的预言家们只会通过其他人的堆积,而让他们的错误静悄悄地溜走,流进历史的垃圾堆。"David D. Kirkpatrick, "Soros Concedes Goof in Book. Global Economy Didn't Collapse," *New York Times* (national ed.), Aug. 12, 2000, p. B1.

[3] 参见,Gary S. Becker and Guity Nashat Becker, *The Economics of Life: From Baseball to Affirmative Action to Immigration, How Real - World Issues Affect Our Everyday Life* 9 - 10 (1997).

属于更加唐突的那种，经常在这里马失前蹄。可是，这两本著作皆存在重大错误，而不仅仅是偶然的错误：《一九八四》，正如我们在本书第七章将见到，它夸大了思想控制的后果，而《通往奴役之路》一书则主张，纳粹主义是真正的社会主义，并且，英国工党的社会主义标牌将不可避免地导致极权主义。[4]

在对一项预测的说服力施加评估的过程中，我们应该区分事前的视角与事后的视角，如今这已然事实。从基于最完全证据以及最完美推理的意义上来说，"最佳（best）"预测可能无法通过事件结局来证实，而最糟糕的预言却有可能被证明。在 1985 年，倘若投注，打赌称柏林墙在五年之内将不复存在，任何人事前似乎都会被认为愚蠢透顶，尽管在事后人们会视其为有先见之明。故而，对于那位打赌柏林墙在 1990 年仍将存在的人所作的一项新预测，与上述赌局的胜方所作的新预测相比，人们会赋予前者以更大的信心，那也许是明智之举。不过，事后的视角依然重要。事后诸葛亮也并不完全是虚假蒙骗的。除非一个人的预测被确认的概率远远超过一位随机猜测者之推测，否则我们便应该怀疑那些人预测的质量，不论他们在作出预测时看起来是多么的令人心悦诚服。

因此，尽管一位预言家保持记录对评价他的洞察力是如此重

---

[4] 奥威尔在一篇推崇《通往奴役之路》一书的评论中，准确地概括了哈耶克的思想："社会主义必然导致专制政治（despotism），并且……在德国，纳粹之所以能够成功，是因为社会主义者业已为他们做了大部分工作，尤其是削弱了自由欲望的知识分子工作……英国，他指出，如今正在迈向与德国相同的那条道路。"参见，George Orwell, "Review," in *The Collected Essays, Journalism and Letters of George Orwell*, vol. 3: *As I Please 1943–1945*, pp. 117, 118 (Sonia Orwell and Ian Angus eds. 1968). 1956 年，哈耶克在他这一著作再版时，在序言中似乎回应了奥威尔的这一赞美，他指出，关于《通往奴役之路》一书涉及的问题所进行的大众讨论中，《一九八四》属于"最实际有效的"（most effective）评论之一。参见，"Preface to the 1956 Paperback Edition," in F. A. Hayek, *The Road to Serfdom: Fiftieth Anniversary Edition* xxvii, xxxiii and n. 5 (1994). 然而，在本书第七章，我将诠释，《一九八四》作为一部小说，要比它的作者更加悲观主义。

要,但这几乎很少发生在公共知识分子身上。考虑到他们面向任何有意追踪其预测的人所展示的庞大目标,这一点似乎令人疑惑。试想想,他们中有多少人曾预测,社会主义必定胜利,而资本主义("晚期的资本主义")必定灭亡;在经济上,日本可能埋葬我们;我们将经历这样或者那样的人口爆炸、环境污染、政治崩溃、经济危机等灾难;我们太过幸运成功、太过投众合时(20 世纪 50 年代的主要话题)。[5] 人们可以预期,对错误预言的嘲讽和批驳会作为一项活跃的产业而出现。这一产业目前尚未出现。一位公共知识分子倘若提出政治上不正确的主张,换言之,提出尽管并非错误但冒犯他人之话语,则可能要被打入更深层幽暗的冷宫。

耶鲁大学教授保罗·肯尼迪撰写《大国的兴衰》一书时,获得了一种名扬四海但却魅力尽失的职业,该作品预测了美国的衰落。他错了,其他数百位评论家挺身而出,激烈批判,却因此令其名声大噪,并导致他的这本著作成为畅销书。弗朗西斯·福山撰写了一篇论文,题为《历史的终结》,对于只看到这一标题的人而言,似乎顿觉其大错特错。于是乎,成千上万的评论家们一哄而上,口诛笔伐,指出历史并未终结,福山因此也引起了全球性的轰动。[6]

经济悲观主义者,比如,约翰·肯尼思·卡尔布莱希(John Kenneth Calbraith)和莱斯特·瑟罗(Lester Thurow),以及环境悲观主义者巴里·卡门纳(Barry Commoner)和保罗·埃利希,几十年以来的

---

〔5〕 参见,本书第八章;亦见,Richard H. Pells, *The Liberal Mind in a Conservative Age: American Intellectuals in the 1940s and 1950s*, chs. 3–5 (1985).

〔6〕 David Brooks, *Bobos in Paradise: The New Upper Class and How They Got There* 163 (2000).

预测长期错漏百出，可是他们依然赢得了社会公众敬重之关注。[7] 1970年，斯坦福大学生物学教授埃利希就警告说，"到1974年，即便是美国人也可能在用水方面实行定量配给制，到70年代末则有可能实行食物的定量配给制，[并且]在这个国家，由于人口拥挤以及水污染越来越严重，1970年至1974年间，肝炎和传染性痢疾将会非常轻易地攀升500％。"[8] 在那一年，他还撰文声称，"大多数美国妇女尚未意识到，由于生育了两个以上孩子，她们稀里糊涂地促成了这些孩子的过早死亡。"[9] 滴滴梯（DDT）以及其他杀虫剂，"可能业已缩短了1946年以后出生的每一位美国人的寿命预期

---

[7] 比如，请思考高尔布莱希的预测，他预测道，美国经济将变得类似于苏联的社会主义经济。参见，John Kenneth Galbraith, *The New Industrial State* 332, 389 – 391 (1967). 考虑巴里·卡门纳1976年的断言，他认为，美国只要以社会主义取代资本主义，便能够克服它的"能源危机"（energy crisis）。参见，Barry Commoner, *The Poverty of Power: Energy and the Economic Crisis* 243 – 249 (1976).

蕾切尔·卡逊（蕾切尔·卡逊〔1907 - 1964〕，美国女生物学家、海洋学家，以环境污染和海洋自然史方面的著述闻名，代表作《寂静的春天》、《海角和海风的吹拂下》、《环绕我们的海洋》和《海的边缘》等。《寂静的春天》引起学术界和公众对环境问题的广泛讨论，。——译者）的著作《寂静的春天》（1962年）为埃利希和其他生态灾难学家铺平了道路，《寂静的春天》一书激烈地批判了杀虫剂的使用。"部分地是由于《寂静的春天》一书之先例，在30多年以来，环境运动展开了一种斗争的修辞（the rhetoric of war），创造了一种危机的氛围。参见，Cheryll Glotfelty, "Cold War, Silent Spring: The Trope of War in Modern Environmentalism," in And No Birds Sing: Rhetorical Analysis of Rachel Carson's Silent Spring 157, 167 (Craig Waddell ed. 2000).《寂静的春天》是一本语言优美的作品，并且，该书明确地论述了以前所忽略的真正的环境问题，比如，参见，The Pesticide Question: Environment, Economics, and Ethics (David Pimentel and Hugh Lehman eds. 1993)，尽管该书夸大了杀虫剂对人类致癌所起的作用。参见，Carson，前引书，第十四章。杀虫剂主要危害的是野生动物，而非人类；而有些争议将会持续下去，比如，在疟疾为地方病的国家，是否应禁止使用滴滴梯。比如，参见，A. G. Smith, "How Toxic Is DDT?" 356 Lancet 267 (2000).

[8] David M. Rorvik, "Ecology's Angry Lobbyist: Dr. Paul Ehrlich Argues That the Chief Cause of Pollution Is Overpopulation," *Look*, April 21, 1970, p. 42.

[9] Paul R. Ehrlich, "Are There Too Many of Us?" *McCalls*, July 1970, p. 46.

多达 10 年。[10] 并且,"死亡率将增加,直至在接下来的 10 年内,至少每年 1 亿至 2 亿人将会因饥饿而死亡……倘若我们真的非常幸运的话,那么,死亡率的迅速增长可能推延至 20 世纪的 80 年代。"[11] 他说道,"可以想像,在 10 年或者 20 年之中,因为海洋发生的不可逆转的变化,所有的海洋捕鱼,不论是商业性质抑或运动性质,都会一概停止。"[12]

然而,"20 世纪 70 年代的这 10 年,代表了一种最后的机会,为了保护,为了人类",[13] 他的这一宣告原本是他在感到乐观之时作出的,因为在发表同一观点的一次访谈中,他说:"我们都已经死了,而且我们还不知道。"[14] 两年之前,他预测道,"在接下来

---

[10] 同上注,页 46、104。在 1970 年,第一个"地球日"的那一年,罗纳德·巴雷(Ronald Bailey) 在他的文章中记载了埃利希其他轻率鲁莽的陈述。参见,Ronald Bailey, "Earth Day Then and Now," *Reason*, May 2000, p. 18, 埃利希的陈述包括,20 世纪 80 年代,6 500 万美国人可能因饥饿而死,20 世纪 70 年代,成千上万的美国人将死于"烟雾灾难"(smog disasters),并且,由于滴滴梯以及其他杀虫剂的影响,到 1980 年时,美国人的寿命预期可能降至 42 周岁。本人无法确认这些具体预测的准确性——这可谓为了评估公共知识分子的预测,弥补公共知识分子预测所存在的一般性困难之例证。然而,它们是 20 世纪 70 年代埃利希撰写的以及有关埃利希的通俗文章之精神,我在本书中引用了这些文章和那个时期的著作,当然,这些著作没有那么张狂轻率。参见,Paul R. Ehrlich, *The Population Bomb* (1968); Paul R. Ehrlich and Richard L. Harriman, *How to Be a Survivor: A Plan to Save Spaceship Earth* (1971).

[11] Peter Collier, "···Ecological Destruction Is a Condition of American Life···: An Interview with Ecologist Paul Ehrlich," *Mademoiselle*, April 1970, pp. 189, 293.

[12] Paul R. Ehrlich, "Population Overgrowth···The Fertile Curse," *Field and Stream*, June 1970, pp. 38, 58.

[13] Paul R. Ehrlich, "People Pollution," *Audubon*, May 1970, pp. 5, 9. 在那篇文章中,他也宣称了游隼 (the peregrine falcon) 之"死"(demise),可这种游隼目前还存活,而且也活得不错——生活在在芝加哥和纽约的摩天大楼上,这些游隼猎取在下面飞翔的鸽子。

[14] "Man Is the Endangered Species," *National Wildlife*, April/May 1970, p. 38 (对保罗·埃利希的访谈)。

的几十年中,死亡率会急剧地上升",并且,20世纪80年代早期将发生"大规模的饥荒",并且把"只有"5亿人因饥饿而死描述为一种"乐观的"景象。[15]

鉴于他的预测,埃利希自然而然不厌其烦地建议采取最为激进的环境保护和人口控制措施。他实际上希望,"美国不再发展"。[16]他相信,美国是世界上人口最为过剩的国家,他希望看到美国的人口萎缩至1.35亿。这是美国在第二次世界大战期间的人口数量,埃利希并因此主张,这足以满足任何国防的需要。既然埃利希认为,我们在国防方面已花费了太多的开支,那么,他就不会因这一事实所困扰(然而,他似乎并没有注意到),即倘若我们的人口只是现在的一半,那么税率将必须等于现在的两倍,只有这样才能维持我们目前的国防开支水平。埃利希期望看到世界人口下降至5亿,并且(正如爱因斯坦一样)建立世界政府。"他作出暗示,我们已经到了可能必须在食物和水中放置临时消毒剂的时候了。"[17]

1980年,埃利希和经济学家朱利安·西蒙(Julian Simon)打赌,埃利希挑选出具有商业价值的金属,认为由于原材料稀缺日益增加,这些金属的综合价格在今后的10年内将会攀升。实际上这一价格却下降了,因此,他因打赌失利而必须向西蒙支付500多美元。[18]他没有考虑到,价格不仅是与需求相关的稀缺之函数,也是成本的函数;技术进步将导致多项成本的下降;并且,当具有商

---

[15] Ehrlich, *The Population Bomb*, 前注 [10], 页 44–45, 69, 78–80。

[16] Paul R. Ehrlich, Anne H. Ehrlich, and John P. Holdren, *Human Ecology: Problems and Solutions* 279 (1973).

[17] Steve Weissman, "The Population Bomb Is a Rockefeller Baby," *Ramparts*, May 1970, pp. 42, 43.

[18] 西蒙是反埃利希的。在一个人口急速增长的社会中,他看到了我们的拯救。他认为,这个世界人口仍然短缺(*shortage*)。参见,Julian L. Simon, *The Ultimate Resource* 40 (2d ed. 1996)。他是一位有能力的经济学家,但他不可能在人口统计学中保持他的价值。比如,参见,同上书,页 xxxii–xxxiii。

业价值的资源开始减少时,所导致价格的任何增长一方面将抑制需求,另一方面也将刺激寻求资源更丰富的途径,并且通过其他替代物而更经济地使用这种资源。埃利希不断地强调,自然资源的供应并非没有限度,这是事实,但这是不相关的,因为需求也并非无限的,并且,资源还存在其他替代物,或者任何资源在事实上都可发明替代物。污染和环境成本(当然,它与具有商业价值的自然资源的稀缺性所产生的成本完全不同)并不能通过市场内化,尽管这一点是客观真实且切中要点的,但是,收入增加和技术进步却创造了控制这些成本的需求和途径。人性的健康和快乐,属于经济学家所称的优等商品:对这些商品的需求随着收入的增长而攀升。技术促使需求以可承受的成本得以满足。

近年来,埃利希对于预测有所节制,这一点他从自己在末日审判问题上的宗教同仁中汲取了教训,即确定世界末日的具体时间风险太大了,但尽管如此,他基本上还是江山易改,本性难移。[19] 他并没有承认他所犯的错误,而是针对人们的批评发起狂攻猛击。[20] 他从来都不公开提及 20 世纪 70 年代自己在通俗杂志上所作的预测,更不用说收回那些玩意了。

与诺姆·乔姆斯基不太一样,保罗·埃利希至少看起来并不是超出其学术专业领域以外、面向普通公众写作的人。但是,这样说是不正确的。埃利希的公共知识分子作品,其实质是经济分析。他是

---

[19] 比如,参见,Paul R. Ehrlich and Anne H. Ehrlich, *The Population Explosion* 178 – 180 (1990); Paul R. Ehrlich and Anne H. Ehrlich, *Healing the Planet: Strategies for Resolving the Environmental Crisis* (1991). 然而,埃利希业已承认,他低估了绿色革命(the Green Revolution)对于避免世界性饥荒的效果,他过去却常常嘲笑它。参见,Paul R. Ehrlich and Anne H. Ehrlich, *Betrayal of Science and Reason: How Anti – Environmental Rhetoric Threatens Our Future* 33 – 34 (1996).

[20] 刚刚引用的那本书《科学和理性的背叛》,讨论了与西蒙的打赌,参见,Betrayal of Science and Reason, 页 100 – 104。

一位极端的马尔萨斯主义者，一如他那伟大的先驱者那样，他们不可能想像，我们的经济制度能够应付因人口增长而产生的对食物和其他资源日益增长的需求。他仍然没有从马尔萨斯的错误中汲取教训，或者根本就没有注意到近两个世纪以来经济分析的进步。他反反复复地大声呼唤着，狼来了，狼来了，这样，反而向那些认为环境主义是一种疯狂愚蠢运动的人展露出阿喀琉斯之踵。本人怀疑，埃利希作为一位自然科学家，也许认为经济学只是一门软科学，他似乎可以用业余时间来对付这门学科。

保罗·埃利希与朱利安·西蒙打赌输掉的那场赌局，说明了公共知识分子预测中最基本的弱点：他们预测的只是字面含义上的趋势性（trendy）。它们是基于现有趋势所演绎的天真浪漫的推断。这一问题的一部分，也许是语义性的。"趋势"一词，就像现在进行时那样，在过去、现在和未来之间模糊不定。我们观察到人均收入每年"正在增长"1个百分点，严格来讲，仅仅是针对已经发生的状况所提出一项洞察；但它意味着，这一增长将会持续，观察者已经识别了这一"趋势"。这种模棱两可的话语可能与哲学家们所称的归纳谬论（the fallacy of induction）相关，这是一种从过去推断未来的一般化趋势的方法，可是没有充分的理论基础。如果污染日益扩大，那么可以预见，它将一直膨胀，直至我们全部离开这个世界；如果政府不断发展，那么可以预见，它将持续地前进，直到资本主义为社会主义取而代之；如果结婚率持续下滑，那么可以预测婚姻的死亡。（在本书第八章中，我们将遇见更多类似的预测。）他们几乎没有意识到，一种不良的趋势通常在事物本身就蕴含着颠覆的种子，也许因为它的收益率越来越小，或因为它涉及日益攀升的社会成本，这些将激励更有效地搜寻、并更广泛地接受疗效显著、具有改善作用的措施。经济学家与非经济学家相比，对于这些可能性倾向于更为敏感。西蒙意识到，原材料日益增长的稀缺将刺激人们搜寻替代物，激励人们采取更良好、成本更低廉的提炼和使用方法。

托马斯·菲利普森（Tomas Philipson）以及本人皆适当地主张，人口统计学家对于爱滋病（HIV - AIDS）在美国的流行有些预测过头了，他们没有感知到，感染爱滋病风险的日益增加（正如事实亦如此）将导致人们行为的变化，而这又将促使这种传染病的感染机率不再上升。[21]

导致苏联崩溃成为一种令人如此尴尬的错误判断，其关键并非苏联崩溃的本身。倘若苏联为一颗流星所撞而灰飞烟灭的话，那么，没有人会对苏联的共产主义学者指手划脚，说他们没有预测到这种制度的灭亡。关键的问题是，苏联的崩溃缺乏外部原因。这一制度的崩溃纯粹是基于其内部原因——人们本来可以预期，那些专家们理解且能够把握的正是那种原因。他们没有如此预测，表明专家们在1985年不可能预测到柏林墙五年以后将不复存在，其惟一原因，就是这些专家们对共产主义社会的变迁过程缺乏任何理解，由于没有更好的预测方法，故而只能推定未来就像现在一样。他们致力于一种天真浪漫的推断，那是一种匮乏因果关系理论的普遍性标记。

基于天真浪漫的推断作出一种附条件预测并没有什么问题——这种附条件预测描述了一种现行的趋势，并解释道，如果这一趋势持续发展的话，那么在10年、20年乃至100年后，我们将身在何方。它正在预测，这一趋势将持续，而这种话语一般说来是不负责任的。但是，也许公共知识分子的预测更恰如其分地可以视为一种修辞工具，而非一种严肃的描绘未来之努力。按照这种解释，称美国将成为一个第三世界国家，或者美国将因污染而毁灭，仅仅只是

---

[21] Tomas J. Philipson and Richard A. Posner, *Private Choices and Public Health: The AIDS Epidemic in an Economic Perspective* (1993), esp. pp. 45, 57 - 68. 我们也指出，如果一种治疗方法业已被发现的话，则这种疾病的发生率又可能上升，正如对梅毒治疗方法（盘尼西林）的发现似乎反而导致了这种疾病发生率的增加。参见，同上书，页82、187。

一种陈述我们如今正处于最危险状态的戏剧性方式。因此，提出预测、指点江山的公共知识分子只不过是一位科幻小说作家，他们过分随心所欲地对待当今现实，旨在针对其所处社会，描绘出一幅更加引人注目的图景。或许，就其提出预测的范围而言，大多数公共知识分子作品，而不仅仅是诸如奥威尔或赫胥黎式的讽刺作家的作品，皆属于文学的范畴，而不属于科学的领域，不论自然科学抑或社会科学。假如这一点正确无疑，那么，它将有助于我们理解，为什么公共知识分子的预测一般说来无人关注、无人喝彩，正如我们将看到的那样。

著名社会学家罗伯特·贝拉（Robert Bellah）在一本 1991 年出版、2000 年再版的著作中，针对美国经济提出了一项悲观主义的预测。尽管他并非一位经济学家，也不是一位商人、商业顾问或者工程师，但他自信十足地断言，我们受自由市场经济的束缚，阻碍了促进生产力发展的技术进步，因为公司劫掠者掠夺公司的资产，在损害公司长期利益的前提下，追求短期收益，并且还恰恰破坏了公司内部的团体感，而这却正是一个高技术公司成功所必须具备的要素。[22] 贝拉预测道，倘若我们为"一种步向衰微的经济意识形态所困扰……那么，对于美国来说将会灾难深重，并且，企业的命运最终亦必将如此，而且，这种灾难在不久的将来便会降临"（页278）。自从他撰写这一著作 10 年以来（即所谓"不久的将来"），贝拉所公开谴责的那种意识形态一点也没有消失，并且在事实上还有所强化，而与他预期相反的则是，生产力已经发生了巨大的进步，他预言道，在高科技公司中一种团体感的缺失将会阻碍技术进步，而技术进步却在以一种危险而蹒跚的步伐大踏步地行进着。

1996 年，贝拉重印了他一本名扬四海的著作，《心灵的习性》(*Habits of the Heart*)，并撰写了一篇新的序言，这一序言实际

---

[22] Robert Bellah et al., *The Good Society* 94–100 (1991).

上比 1985 年原版作品还要悲观失落。[23] 这篇新序言轻率鲁莽地引证了莱斯特·瑟罗（比他的话更为简短唐突）的话语，当然经过了瑟罗的同意，描绘了一个处于灾难边缘的国家："在大多数美国人眼里，全球经济的增长不再意味着机会，而只表明'规模缩减'、'重新规划'工作以及解雇通知单……［全球化的］后果不仅仅是收入的两极分化，富者越富，穷者越穷，而且还意味着中产阶级的不断萎缩，他们越来越担忧他们的未来……［我们处于］一个大多数人口都在涉水（treading water）的社会，而水底正在不断下沉，水面却在日益上升。"[24]

高比例错误预测的风险，并不仅限于在学术领域以外写作的公共知识分子。莱斯特·瑟罗系麻省理工学院斯隆管理学院的一位经济学教授，并曾任该学院院长。他面向普通读者，撰写了一系列作品，并且这些作品中的经济描述和预测错漏百出。正如最近在 1996 年，尽管美国经济已经复苏，但他仍然写道："事实清楚明确。收入和财富的不平等到处都在攀升。可是对于大多数人来说，实际工资正在下降。因生产性经济不需要而游离出来的无产阶级，数量正在不断地增长。中产阶级与美国大公司之间的社会契约已经被撕破揭开。"[25] 几年以前，瑟罗在与另一位著名的公共知识分子经济学家合作出版的一本著作中指出，美国已经"严重落后于它的竞争对手"，主要是日本和德国，并且已经变成了经济先进集团中

---

［23］ Robert N. Bellah et al., *Habits of the Heart: Individualism and Commitment in American Life* (updated ed. 1996). 该著作惟一的更新，就是增加了那篇序言。

［24］ 同上注书，页 vii, xii, xvi.

［25］ Lester C. Thurow, *The Future of Capitalism: How Today's Economic Forces Shape Tomorrow's World* 313 (1996). 显而易见，这本著作不仅于 1996 年出版，而且也是在这一年创作的。参见，同上书，页 viii.

"最跟不上时代发展的成员国"。[26]"纽约,世界上人口最为众多的城市,将没有资金来维持其街区的清洁或者安全……到 1990 年止,人们仍广为承认的、美国经济占据主导地位惟一的主要领域,就是飞机制造业……它对于欧洲的政治影响(原文为 'political cloud'——但作者意为 '[clout]')几乎彻底地烟消云散……欧洲和日本已经为一种全新类型、更具有经济弹性、更富于社会张力的资本主义打下了基础,而我们却还在傻乎乎地袖手旁观……我们防卫性、反公共部门的道路(Our defensive, anti-public sector way)没有显示出成为一位胜利者的迹象。"[27] 并且,只是在两年以前,瑟罗还写道,"日本将不得不考虑,赢得拥有 21 世纪经济荣誉的博彩幸运儿……在短兵相接的激烈竞争之中,它的社团性公司(communitarian companies)不可能击败[我们]……从现在开始的一百年以后,蓦然回首的历史学家们极有可能会这样宣告,20 世纪属于日本。"[28]

瑟罗缺乏对日本重要经济问题的洞察力,与这一点相比,更应该责备的是,他假定,在下个世纪的整个进程中,哪一个国家将运作得最好是可能预测的。

---

[26] Robert Heilbroner and Lester Thurow, *Economics Explained: Everything You Need to Know about How the Economy Works and Where It's Going* 258 (rev. ed. 1994).

[27] 同上注书,页 256-257、259。

[28] Lester Thurow, *Head to Head: The Coming Economic Battle among Japan, Europe, and America* 247, 251 (1992). 这种思想,即与日本经济成功关系重大、特殊的合作性道德 (a special cooperative ethos), 对于左翼经济学家而言,自然而然地极具吸引力。亦见,Amartya Sen, *Resources, Values and Development* 104-105 (1984). 关于瑟罗式幽暗的解构 (an antidote to Thurovian gloom), 参见, George Gilder, *Recapturing the Spirit of Enterprise* 4 (rev. ed. 1992)——或者,就那一事项,参见本书下文中,有关瑟罗 1999 年著作的评价。并且,两年前瑟罗对日本经济更为敏锐狡黠的评价,预测 21 世纪将属于日本,参见, Alvin Toffler, *Powershift: Knowledge, Wealth, and Violence at the Edge of thet 21st Century* 431-437 (1990).

瑟罗对过去的错误非但不感到羞愧，又于 1999 年出版了《构建财富》(*Building Wealth*) 一书，在该书中，我们读到，"日本的经济体制已陷于困境僵局"，并且，直到日本表明它有能力在技术方面推行重大突破，否则它"将永远不能够赶上来，它永远也不会成为世界经济的领导者。"[29] 欧洲是一个"落后的失败者"；"欧洲与美国之间的技术鸿沟已经越来越宽了"（页 xii）。"美国又回来了！在 20 世纪 90 年代，美国是工业国家中的最佳表现者"（页 xiii）。（瑟罗已经知道了预后 [postdiction] 的优点了。）他痛改前非了吗？他惟一承认过去的错误，就是他没有辨别出 1990 年日本股市崩盘的重大影响（页 57）。他觉得，他能够自由地推测，在公元 3000 年之际，历史学家将就我们这一时代说些什么（页 282-283）。

保罗·克鲁格曼，在上一章中我们已经接触过，曾经对瑟罗进行了批评，他甚至说，瑟罗的论证"更深地根植于新闻报刊，而没有扎根于学术"，[30] 克鲁格曼在被《纽约时报》聘任为经济学专栏作家后，赋予该评论以一种讽刺的音符。而鉴于瑟罗作为一位预言家的糟糕记录，他没有为《时代周刊》聘用。在一本 1990 年出版的著作中，他提出了如下话语："在 20 世纪 90 年代，美国国内经济最可能的预测是……增长将会相当地缓慢，对于大多数美国人而言，收入将适度增加，一般说来，就业形势良好，[并且] 通货膨胀将逐渐上升至 7%"。[31] 他预测道，到 2000 年止，美国"将下降沦为世界第三经济强国"，排在欧洲和日本之后，并且，世界经济

---

[29] Lester C. Thurow, *Building Wealth: The New Rules for Individuals, Companies, and Nations in a Knowledge-Based Economy* 87 (1999).

[30] Paul Krugman, *Peddling Prosperity: Economic Sense and Nonsense in the Age of Diminished Expectations* 249 (1994). 回想起来，其他有关经济学家公共知识分子同样冷嘲热讽的批判，参见，同上书，页 11-15。

[31] Paul Krugman, *The Age of Diminished Expectations: U.S. Economic Policy in the 1990s* 191, 193 (1990).

的一体性将比不上 20 世纪 80 年代。[32] 4 年以后，他的这一著作出版了"修订和更新"版本，不过，却保留了上述预测。[33]

瑟罗和克鲁格曼皆为自由派人士，但糟糕的经济预言却并不是自由派人士的专利。现在让我们来看看马丁·费尔德斯坦（Martin Feldstein）*对克林顿政府经济计划的批评。1993 年，在这项经济计划实施后不久，费尔德斯坦指出，这一计划将"损害激励动机、削弱经济实力以及浪费投资的金钱"。他预测道，所得税税率的提高，相应减少了富有纳税人的应税收入，"会导致仅有 70 亿美元的额外税收收入，而这将永久性地损害美国经济。"[34] 但事实上，这一计划看来已经促成了联邦财政财政赤字的消除，部分原因就是联邦税收收入的增加，并且，还促使利率保持着较低水平，这有助于在 90 年代剩余时期内推动经济的扩张。

珍妮·科克帕特里克（Jeane Kirkpatrick），另一位著名的保守主义者，在 1979 年主张，共产主义政权与右翼独裁国家不同，它们永远也不会演变成为民主社会，[35] 而自由主义者丹尼尔·贝尔在 1960 年出版的一本闻名遐迩的著作中写道，西方传统的意识形态

---

〔32〕同上注书，页 193 – 194。

〔33〕Paul Krugman, *The Age of Diminished Expectations*: *U.S. Economic Policy in the 1990s* 225 – 228（修订和更新版，1994 年）。

* 费尔德斯坦，里根总统时期的经济顾问委员会主席，现任哈佛大学经济学教授。——译者

〔34〕Martin Feldstein, "Clinton's Revenue Mirage," *Wall Street Journal*, Apr. 6, 1993, p. A14.

〔35〕Jeane Kirkpatrick, "Dictatorships and Double Standards," *Commentary*, November 1979, pp. 34, 37, 44 – 45. 这是一篇有关右翼人士一般观点的文章。比如，参见，Leon R. Kass, *Toward a More Natural Science*: *Biology and Human Affairs* 29 (1985)："正是苏维埃及其国人实现了一个稳定而有效率的暴政，这一政权从表面看来似乎坚强不屈，并因此在人类历史上无可比拟，而并不仅仅是因为他们配备有复杂的心理和组织技术以及控制信息流的精细措施。"

已经枯竭耗尽、荡然无存，正如该书副标题表明的那样。[36] 他错了。社会主义仍然一度生机勃发，在 20 世纪 60 年代末和 70 年代，无政府的马克思主义在新左派旗帜的飘扬下依然繁荣昌盛，并且，伴随着美国放松管制的运动，自由市场的意识形态在 20 世纪 70 年代开始复苏，并成为这个世界 20 世纪 90 年代的主导意识形态。在 1976 年，贝尔写道，"美国经济在世界上占据主导地位的期间，已经达到了顶峰，无法逾越，到本世纪末，美国就会象其他领取年金聊以度日的老人那样，依靠在第二次世界大战后平稳的 1/4 个世纪中、美国公司投资所获取的对外收益而运作。"[37] 到这个世纪末，我们将不再属于"霸权式"的世界强国；事实上，我们在保持"政治稳定"方面都会困难重重。[38]

贝尔最重要的著作，《后工业社会的来临——对社会的一种预测》(The Coming of Post - Industrial Society: A Venture in Social Forecasting, 1973 年)，是一部严肃稳重、明智敏锐的作品，[39] 并且一般说来，该书既对预测小心谨慎（尽管它的副标题称之为"A Venture"，带有冒险的意味），在识别知识基础而非资源基础的产业趋势方面也准确无误，当然，他对信息服务发展趋势的认识说服力还不够。技术进步，通过促使更少的工人从事商品生产，而解放了提供服务的劳动力；这种服务并非信息密集型产业。不过，这只是一项细节问题。

然而，当贝尔在这本相当不错的作品中冒险预测时，他的预测

---

[36] Daniel Bell, *The End of Ideology*: *On the Exhaustion of Political Ideas in the Fifties* 369 – 375 (1960).

[37] Daniel Bell, *The Cultural Contradictions of Capitalism*: *Twentieth Anniversary Edition* 215 (1996 [1976]).

[38] 同上注书，页 215 – 219。

[39] 比如，他在讨论生态灾难主义者的预测时，便是如此。参见，Daniel Bell, *The Coming of Post - Industrial Society*: *A Venture in Social Forecasting* 463 – 466 (1973).

从可能证实的范围来看,也趋向于是错误的,或者是轻率鲁莽的。比如,他预测,大学将会取代商业性公司,作为此后一百年的核心机构(页344)。自从他这一预测之后,还没到一百年,因此,还不可能证明这一预测就完全错误;可是,根本没有任何迹象表明,他的这一预言可能被证实。也没有任何迹象证明,"有关经济增长及其平衡的关键性决策,将来自于政府",或者"整个声望和地位的综合体将根植于知识和科学的社群"(页344-345)。这些预测存在前后矛盾。倘若声望渊源于权力的话,那么,政府就会变得更加强劲有力,政治家、官僚、法官及院外说客,就将自然而然地名声大噪,而不是科学家和工程师的声望提高了。

无论如何,在一项工作对于社会的"重要性"与工作者的声望之间,存在并不充分的相互关联。工业工人在工业社会中几乎毫无社会地位;那么,为什么信息社会的知识工人(knowledge workers)应该拥有极高的声望呢?贝尔假定他们拥有极高的声望,但忽略了稀缺性作为劳动力价值(labor value)以及相伴而生的社会地位的一项因素。并且事实上,在我们这个"后工业"社会,与他的预期相反,创设一个新公司、管理一个大企业、追求在娱乐界的卓越、攀登世界体育高峰、撰写畅销书籍或代理涉及巨额经济利益的诉讼,所有这些能力皆可以获取金钱和声誉,而且可以超过科学工作或其他纯粹的知识分子技能所能带来的回报。《后工业社会的来临》一书,包含了约翰·肯尼思·卡尔布莱希(John Kenneth Calbraith)通常的主张,即资本主义和社会主义(包括共产主义)"可能在其经济模式方面正发生融合,从而形成某种新型的集权-分权型市场-计划体制"(页348)。贝尔的著作《资本主义的文化矛盾》于1996年再版,在此许久以前,已证明该书的预测错了,1996年版还增加了一篇悲观郁闷的后记,这一后记的签署日期还(already)与原版相近,它对于"中产阶级的土崩瓦解"、公司规模的缩小、贪得无厌公司接管专家以及"一种历史的波浪正冲向太平洋沿岸的颓废景象，忧心忡忡。"[40]

贝尔和珍妮·科克帕特里克仍然是受人敬重的公共知识分子。他们必定拥有控制这种尊重不会丧失的某些质素（something），尽管他们没有发布预言的天赋。但他们信息充分，且直率坦诚；他们自信而适当地撰文写稿；他们对阅读兴趣满怀。（保罗·克鲁格曼拥有同样的天赋，并且，本人颇爱阅读他在《纽约时报》上的专栏文章。）他们也有"名气"（names），甚至声名远扬（celebrities）；他们的辉煌声誉蒙蔽了社会公众的眼睛，社会公众因而看不到他们预测的不准确性。当然，《后工业社会的来临》一书并不是一点先见之明也没有，而珍妮·科克帕特里克在 20 世纪 70 年代反对左翼的空虚愚昧之时，也发挥了有益的作用，尽管她对卡特总统奠定的"将巴拿马运河控制权从美国转移给一个拉丁美洲傲慢的卡斯特罗式的独裁者之基础被扭曲"感到焦虑万分，[41] 这与她的如下信仰同样陈旧不堪，她相信，尽管一个民主国家可能演变为一个共产主义国家（正如 1948 年的捷克斯洛伐克、以及 20 世纪 70 年代的智利那样），但一个共产主义国家永远不可能成为民主国家。我们现在可以看到，她的错误在于，假定苏联能够想方设法免受独裁政权的阿喀琉斯之踵的脆弱影响。这些国家通常来说皆非常强大，不过几乎毫无活力。

爱德华·卢特瓦克（Edward Luttwak）* 就军事和经济事务撰写了大量的著作、文章和言论作品。他写得非常漂亮，具有权威性（也就是他那幅信心百倍样子），并博识多闻——他是一位严肃的历史

---

〔40〕"Afterword: 1996"，载贝尔，前注〔38〕，页 283，314 – 318，325 – 326。

〔41〕Kirkpatrick，前注〔36〕，页 34。

* 爱德华·卢特瓦克（Edward Luttwak），1942 年生于罗马尼亚一犹太人家庭，才华出众的军事学者，曾任里根总统首席宫廷知识分子，为美国 20 世纪 80 年代重振军威奠定了哲学基础。代表作包括《罗马帝国大战略》(The Grand Strategy of the Roman Empire)等。——译者

学家和国防分析家。[42]但是，他作为一位公共知识分子挥毫泼墨，却反复地冒险预测，而事件证明他的预测是错误的。1983年，他断言苏联入侵阿富汗将马到成功。[43]他也认为，苏联有可能对中国发动一场有限规模的战争，尤其是当西方国家加强了军事实力时（正如在20世纪80年代的里根政府时期）。[44]数年以后，并且事实上只是在柏林墙倒塌几个月以后，卢特瓦克一直担心戈尔巴乔夫的改革与开放政策将增加苏联的军事实力。[45]恰恰相反的是，这些政策却促成了冷战的终结和苏联的解体。

卢特瓦克1992年的作品，把美国描述为一个在走下坡路的国家。他提出的问题是，"美国什么时候会变成一个第三世界国家？"然后，他接着又回答道："一种估计是，这一日期接近于2020年。而一项更乐观的推测则是再增加10年或者15年。不论哪种预测，倘若目前的趋势简单持续的话，[不过，卢特瓦克预期这些趋势会

---

〔42〕比如，参见，Edward N. Luttwak, *The Grand Strategy of the Roman Empire*: *From the First Century A. D. to the Third* (1976); Luttwak, *Strategy and Politics*, *Collected Essays* (1980)。

〔43〕"抵抗正在持续，但苏联没有表明倾向于放弃这场战争的迹象。" Edward N. Luttwak, *The Grand Strategy of the Soviet Union* 110 (1983)。"对于苏联武装军队而言，抵抗只是小菜一碟。"同上书，页83。关于同样的印象，参见，Edward N. Luttwak, *The Pentagon and the Art of War*: *The Question of Military Reform* 111 (1984)。

〔44〕参见, Luttwak, *The Grand Strategy of the Soviet Union*, 前注〔43〕, 页101 – 107, 116。

〔45〕Edward N. Luttwak, "Gorbachev's Strategy, and Ours," *Commentary*, July 1989, p. 29。（他一贯地夸大这种力量。比如，参见，Luttwak, *The Pentagon and the Art of War*, 前注〔43〕, 第四章。）有关一项极具洞察力的观点，这一观点大致与卢特瓦克的观点在同一时期内提出，参见，Paul Craig Roberts and Karen LaFollette, *Meltdown*: *Inside the Soviet Economy* (1990)。

卢特瓦克预测最大的错漏，是他在1970年的一项预言——至1977年止，美国军方将攫取国家权力。参见，Edward N. Luttwak, "A Scenario for a Coup d'Etat in the United States," *Esquire*, July 1970, P. 60。

更为恶化],那么,一小部分美国人用不了多久便会贫困化。"[46]他认为,日本已经超过了我们。他撰文称,"我们学会了第三世界必备的宿命论之超然品性,故而我们实际上正在顺应我们的命运。但是,他们当然确定这种滑坡会持续下去。"[47]现在他已经不得不改变他的腔调。他的悲观主义却依然如故,现在他的悲观主义构建于有活力的经济增长之预测的基础上——他相信,正是这种经济增长带来了一连串形形色色的丑恶的社会现象,比如,高犯罪率、职业不安全性——而并非一种持续的"经济滑坡"。[48]惟一不变的,依然是他的悲观主义。

在波斯湾战争开始之初,美国及其盟国开始轰炸伊拉克后不久,卢特瓦克预测,萨达姆·侯赛因会在轰炸后1至2周内从科威特撤离(这场轰炸一直持续了6周,还未能促使萨达姆撤离科威特),并且他警告,运用地面武力"可能促使沙漠风暴行动转变成一场血流成河、剧烈对抗的战争,也许将导致数千[美国]人伤亡。"[49]可地面战斗仅仅持续了4天,而不是卢特瓦克所预测的最少2周,并且,美国军队的伤亡也维持在最小。[50]在轰炸伊拉克1

---

[46] Edward N. Luttwak, "Is America on the Way Down?" *Commentary*, March 1992, p. 15. 请注意,在保守主义最重要的代表人物(arch-conservative)卢特瓦克与激进主义最突出的代表(arch-radical)乔姆斯基之间,他们同一时期作品中的预测存在着相互融合的趋向。参见,本书第三章。

[47] 同上注,页21。比较类似、但启示性风格稍次的作品,亦见,Edward N. Luttwak, "The Downside of Turbo-Capitalism: What the 'Experts' Don't Know about Economic Reality," *Washington Post*, March 10, 1996 (final ed.), p. C3.

[48] 参见, Edward Luttwak, *Turbo-Capitalism: Winners and Losers in the Global Economy* (1998).

[49] Edward N. Luttwak, "No Ground Assault," *Washington Post*, Jan. 19, 1991 (final ed.), p. A15. 关于公共知识分子政治谱系中另一极端所作的同样可怕的预测,参见,Noam Chomsky, *Chronicles of Dissent: Interviews with David Barsamian* 262-264 (1992).

[50] 在整个战争、包括地面战争之前的空战过程中,美国军队全部死亡人数仅为158人。

个月以后，卢特瓦克撰文没有再预测会发生严重的人员伤亡，但他仍然反对实施地面行动。他认为，地面行动会不可避免地导致对伊拉克的军事占领，而一旦如此，倘若不付出灾难性的对外政策之后果，我们将无法顺利脱身。[51]

人们本来可能以为，迄今为止预测如此频繁地被证明为大错特错的那些人，会失去持续预测的公共平台。不过，那种情形并没有发生在卢特瓦克或其他任何一位杰出的公共知识分子身上。本人不可能证明这一点，但这并不仅仅只是一种印象。亚马逊在线对它书目上的200多万种图书，以到现在为止的图书销量为基础进行排名（大多数畅销图书是新近出版的作品，因为亚马逊在线是一个建立不久且销量迅速增长的公司）；[52] 在亚马逊在线看来，前1万本销量居前的图书都属于"畅销书"，这是一种滑稽荒唐的膨胀，不过在此之列的图书也的确令人钦佩，尤其是对于一本非小说的严肃作品来说。同一本书的精装本与平装本也分别排名，因此，倘若两种版本的图书皆榜上有名的话，那么，该图书的综合排名便相应更高，但是到底有多高没有报道。因为最近销售的大多数图书皆为新近出版的作品，因此，一本几年前的图书仍然拥有令人敬佩的排名，则可以把它视为一部相当成功之作。

莱斯特·瑟罗最近的著作《构建财富》[53] 的平装本充满了各种各样的预测，正如我们所知，该书在亚马逊在线的"畅销书"中排

---

[51] Edward N. Luttwak, "Stop the Clock on the Ground War," *New York Times*, Feb. 20, 1991 (current events ed.), p. A27.

[52] 其他主要的在线图书零售商，庞诺网络书店，也对图书进行排名。它的畅销书排名一般说来与亚马逊在线类似，而且有时是惊人地相似。比如，罗伯特·博克的著作《懒洋洋地倒向圣地来投生》(*Slouching towards Gomorrah*) 一书平装本，在亚马逊在线中排名为11 446，而在庞诺网络书店中排名为11 157。

[53] 参见，前注[29]。

名为 4 240,参照他错误预测的记录,这一点的确令人惊异,[54]他另一本作品《经济学诠释》(*Economics Explained*),阅读时我们也可以发现其中满纸皆为错漏百出的预测,但在庞诺网络书店(Barnes and Noble.com)的书目中,排名为 17 065 位(该书未在亚马逊在线的畅销书之列)。或者,保罗·肯尼迪《大国的兴衰》一书,平装本出版于 1989 年(对于亚马逊在线来说,这个年头可算是古代史),令人敬重地排名于 13 398 位,尽管该著作的主要论点即美国将走向衰落,被证明为错误的。[55]罗伯特·贝拉 1996 年版《心灵的习性》一书,在序言中宣称所谓的末日预言(doom - prophesying)已被证明为错误,但在亚马逊在线排名 6 188。罗伯特·博克的著作《懒洋洋地倒向圣地来投生》(参见本书第八章),1996 年出版精装本,次年出版平装本,在亚马逊在线中令人非常尊敬地分别排名 17 860 和 11 446 位;无庸置疑,其综合排名会更高。即便到 1980 年时一切已清楚明白,保罗·埃利希关于生态灾难的预测已证明为显而易见的错误,但亚马逊在线的书目中仍包括他的 15 本著作,并且 2000 年推出的最新作品(《人性:基因、文化和人类前景》[*Human Nature: Genes, Culture, and the Human Prospect*])令人敬佩地荣登 5 899 名(在庞诺网络书店的书目中排名为 5,821)。公共知识分子的预测即使证明为错误,也依然可以大行其道,上述情形可谓他们拥有此种能力之暗示。[56]

然而,有证据表明,公共知识分子对其错误的预测至少还是得

---

〔54〕 该著作精装本排名比较靠后,为 45 188 位。这一销售额排名反映 2000 年 10 月 4 日和 5 日的情况。记住这一点非常重要,因为这一数据经常更新——事实上,一万本畅销书排名是按小时刷新的。

〔55〕 参见,前注〔6〕,附文。

〔56〕 事实是,《人性:基因、文化和人类前景》一书只是附带地涉及到生态灾难问题;该著作的主题是进化。不过,这本书的流行无疑与埃利希作为一位生态灾难预言家的名气有关。

付出了一定的代价。表 4.1 对两组数据进行了一项对比：第一组数据是，预测或评估（后一类包括萨特和古尔德，众所周知萨特接受了斯大林主义，而古尔德心怀偏见地反对智商）发生严重错误的八位卓越的公共知识分子媒体提及次数增加的情况；第二组数据是，随机抽取的公共知识分子样本在同一时期内媒体提及次数的增长。[57] 在二组数据中，媒体提及的次数皆有所增长，但是，那些错误预言家提及次数的增长仅为 40%，而控制组公共知识分子的提及次数却增长了 108%。[58]

表 4.1：1989 年和 1999 年媒体对公共知识分子的提及

测试组（Test Group）	1989	1999
丹尼尔·贝尔（Daniel Bell）	38	105
罗伯特·贝拉（Robert Bellah）	20	35
罗伯特·博克（Robert Bork）	848	483
保罗·埃利希（Paul Ehrlich）	116	141
约翰·肯尼思·高尔布莱希（John Kenneth Galbraith）	249	310
斯蒂芬·杰·古尔德（Stephen Jay Gould）	165	384
让-保罗·萨特（Jean-Paul Sartre）	261	410
莱斯特·瑟罗（Lester Thurow）	126	353
简单平均数（Simple Average）增长：159%		
加权平均数（Weighted Average）增长：40%		

---

[57] 关于抽取样本的人数，以及"媒体提及"（media mentions）的概念和评估，参见本书下一章。

[58] 这一比例系加权平均数。即，在对百分比平均前，每位公共知识分子百分比的增长，以他的媒体提及次数进行加权。因此，只需将 1989 年和 1990 年两栏合计，并确定所增加的百分比，就可以计算两组数据的加权平均数了。未加权平均数的差异甚至更大，正如表 4.1 所示。通过汇总两组数据中每一位公共知识分子百分比的增加，然后除以每组公共知识分子的人数，即可计算出未加权的平均数。

控制组（Control Group）	1989	1999
瑟曼·阿诺德（Thurman Arnold）	8	12
哈罗德·布卢姆（Harold Bloom）	36	319
斯蒂芬·布瑞尔（Stephen Breyer）	20	878
阿尔伯特·加缪（Albert Camus）	165	309
罗伯特·康奎斯特（Robert Conquest）	53	117
贾雷德·戴蒙德（Jared Diamond）	1	238
理查德·佛克（Richard Falk）	6	9
伊丽莎白·福克斯-吉诺维斯（Elizabeth Fox-Genovese）	5	11
内森·格拉泽（Nathan Glazer）	38	50
阿米·古特曼（Amy Gutmann）	1	25
理查德·赫恩斯坦（Richard Herrnstein）	7	48
罗伯特·梅纳德·哈钦斯（Robert Maynard Hutchins）	28	33
卡尔·凯森（Carl Kaysen）	4	2
希尔顿·克雷默（Hilton Kramer）	48	57
玛丽·莱夫克维茨（Mary Lefkowitz）	5	7
亚瑟·李曼（Arthur Liman）	145	11
珍尼特·马尔科姆（Janet Malcolm）	60	50
路易斯·梅南（Louis Menand）	5	16
丹尼尔·帕特里克·莫伊尼汉（Daniel Patrick Moynihan）	1 554	2 352
康纳·克鲁斯·奥布赖恩（Conor Cruise O'Brian）	113	81
威廉·菲利普斯（William Philips）	1	19
琼内森·劳曲（Jonathan Rauch）	6	103
罗恩·罗森伯姆（Ron Rosenbaum）	5	67
威廉·肖恩（William Shawn）	35	124
西奥多·索罗塔洛夫（Theodore Solotaroff）	2	8
乔治·斯坦纳（George Steiner）	97	96
迈克尔·华尔泽（Michael Walzer）	12	37
沃尔特·威廉姆斯（Walter Williams）	21	83
简单平均数增长：1 461%		
加权平均数增长：108%		

然而，市场对公共知识分子预测或评估错误的反应轻微温和；只是博克的媒体提及次数实际上有所下降，而其他人皆处于较高水平。倘若公共知识分子进行预测，旨在运用一种类似于科学方法的方式确立他们的可信性，那么，这种反应会更大一些。一位科学家提出假设（预测），并且通过实验或其他准确的观察对假设进行验证，倘若证明是错误的话，就抛弃这些想法。如果结果导致一项有关科学家支撑其职业的理论不具有可信性，那么，他的职业便会前功尽弃。科学理论属于信用商品，而假设检验则是确定这些理论质量的权威方式。人们可能会以为，公共知识分子的预测会遭遇类似的对待，正如依据经验主义对科学假设进行检验那样，如果失败的话，则抛弃它们。可它们并没有受到如此对待。他们没有被检验。

为什么没有检验呢？第一项原因是，它们并不意图接受检测。大多数公共知识分子都属于一种或另一种意识形态学派，比如，福利自由主义、文化多元主义、社会保守主义、自由意志主义。他们作品的大多数读者也隶属于同一学派的成员，并且寻求支撑他们自身现有的看法，而不是希望对现有观点提出异议。当一位公共知识分子的预测发生错误偏差时，通常是由于他依据某些现行的趋势进行推断的结果，而对于这些趋势，他的意识形态之同仁也认为阴森可怕，故而他们不愿意丢弃他不顾。他们这样做会促使他们意识形态划分的派别丧失信用。恰恰相反，他们紧密地围绕着他，他已经打过了那一场好仗，纵然没有成功。故此，你没有看到环境激进主义者对保罗·埃利希的批判，只因为他曾经预测到目前之时天会塌下来，即便他的小鸡危言实际上可能损害了环境运动。

第二，公共知识分子作出的预测，并不能适当地归属于一个能轻而易举检验其准确性的空间。埃利希被证明为错的大多数决定性预测，是在地球日群众集会以及流行杂志上提出来的，而不是他在著作中白纸黑字书写的。公共知识分子当前的作品不会详细叙述相关情形，并且事实上，几乎根本不会提及他失败的预测。基本上没有读者能够记得住那些预测，更很少有人会留心作必要的研究，来确定和评估公共知识分子的预测记录。

第三项原因，几乎不存在作为第二项原因之基础的记分机制：对于大多数人而言，甚至对于那些阅读他们著作和文章的人来说，公共知识分子的观点其实并不重要。本人以下要研究的问题，则是公共知识分子的影响。

公共知识分子的影响

阅读公共知识分子作品不仅仅是为了获取信息，而且还具有娱乐之功能——受教育人士喜爱阅读生动活泼的思想家们有关时事的作品，即便他们心中十分清楚，这些创作者们固执己见、信息不充分以及基本上不可信——并且，还旨在强化读者的成见（predisposition），即为了协同，在本书最后一章我将它称为"集合/集会"（rallying）。正如查尔斯·桑德斯·皮尔士很久以前便已指出的，人们对处于一种疑惑状态心中感觉不甚舒畅，因此不喜欢别人对他们的信念提出异议。[59] 除非对他们的观点提出异议是出于职业规范（比如科学调查的规范）的强制性要求，否则人们会寻求确认和支持，包括与志趣相投的思想家的协同。有关皮尔士的观点，涉及两种心理学的趋向，一是证实性偏向（confirmation bias），[60]二是羊群

---

[59] Charles Sanders Peirce, "The Fixation of Belief," in *Collected Papers of Charles Sanders Peirce* 223, 231 – 233 (Charles Hartshorne and Paul Weiss eds. 1934).

[60] 参见，Matthew Rabin, "Psychology and Economics," 36 *Journal of Economic Literature* 11, 54 – 58 (1998).

* 所谓证实性偏向，指在人们认识分析问题时总是试图寻找能够证实一个假设的信息，而不是尽量去证伪一个假设，这样人们就会总是想着寻找支持自己当前的假设之证据，这种心理偏向导致他们难以形成另外的新假设。——译者

效应（herd instinct）。所谓羊群效应，是指大多数人都希望感到自身属于一个志趣相投的思想者的群体，因为这会给他们以更强烈的信心，即他们是正确无误的，或者坚持他们的信仰至少不可能会被人们视为愚笨癫狂。正如密尔以及此后的科学哲学家强调的，对于疑惑的厌恶（皮尔士的观点）以及羊群效应，驱动着人们寻求确认其先入之见（证实性偏向）的证据，而避开证伪的证据，即便搜索有关证伪的证据在认识论上更加符合良性健康的程序；密尔尤其强调这种投众合时（conformism）强加给知识进步的危险。[61]尽管密尔如此陈述，但就感知某人主张的合理性来说，最为可靠踏实的莫过于发现有那么一位与他们分享同样观点的智识聪明、口齿伶俐之人，他能够比你本人更为出色地提出论辩，为有关主张整理证据，且因此令你装备精良，不仅仅冰释了你的困惑疑问，而且在你的主张为人质疑之时，你还可以更有理有据地反驳辩护。

148　　消费者对公共知识分子作品的心理，与寻求行动指南、并因此与依预测行动毫无干系。倘若人们依赖公共知识分子预测的话——以这样的方式信赖其预测，比如，某个宗教教派的成员有时听信其首领有关世界将毁灭的预言，因此把所有世俗用品都卖得一干二净，或者在1938年，欧洲人相信内维尔·张伯伦有关《慕尼黑协定》会带来和平的保证——那么，他们便会注意到公共知识分子预测的错误，并且鉴于公共知识分子作品对读者产生了成本，因此读者会不再信任公共知识分子。那便是许许多多经济记者、财务分析员以及投资组合经理（portfolio managers）的命运，他们对于股票价格的未来波动作出了错误的预测，从而对投资者产生了重大损失。保罗·埃利希的错误预测已经达到了相当程度的公开性，就与这一点相吻合（尽管他针对这些仍然未到一笑了之的境地）：商界对于阻止有关环境管制的极端建议存在着休戚相关的利益，因而才公开

---

[61] John Stuart Mill, *On Liberty* 89, 96, 104–106（[1859] 1955）.

了环保人士蒙羞的错漏失误。

公共知识分子预测的习性，与探求真理、检测假说并没有联系，与之相关的是公共知识分子市场上那种竞争性和不加区分的特征。对于吸引社会公众的关注，公共知识分子预测的风险甚大，但又不失为一种戏剧性的召唤。就学术公共知识分子而言，他们也呈现了提出极端主张的学术倾向。学术界对新奇事物的价值，正如本书第二章曾经指出的那样，并不是这种倾向的惟一原因。从"艰深的"科学或者社会科学领域，到"简单容易"、讹误充斥、平淡无奇的智识所主导的政治领域，学术公共知识分子心中早就预存了一种揭示表象变迁背后所隐藏法则的大胆思想和惊人模式，他们倾向于成为社会现实一种激进的简化器。运用一种黑白分明的术语看待事物促使其勇气大增，由此蒙蔽了他的视野，他无法看到这个世界难以驾驭，故而简化了因果关系的模型，这样便激励他去指点江山，预测未来。

然而，在涉及政治和意识形态世界（那便是公共知识分子的世界，正如本人界定的那样）的时候，仅仅只是使用诸如"真理"以及"事实"之类的词汇，会激怒心存狐疑的读者。就政治来说，是否存在任何可认知的真理？在政治论辩兴起的背后，是否存在任何的事实？除了一位柏拉图主义者之外，其他任何人是否会游戏玩耍这种思想？然而，问题并不是公共知识分子或其他任何人不能够发现社会问题的终极或永恒答案。关键在于，公共知识分子对待这些问题，应该小心谨慎、准确无误、深入探索、逻辑严密。这些问题就其本原而言，可能是事实问题，也可能不是事实问题，也许属于逻辑问题，也许并非逻辑问题；但是，对于这些问题的解答，事实和逻辑都将占据重要地位，有时甚至会发挥决定性的作用，至少由于无法讨论这些问题的宗教维度而将其束之高阁时是这样。[62] 最起码，人们关注社会政策的结果，并且这些结果的确定需要运用一种科学家的风格来进行毫无利害关系的调查，尽管通常而言，哪怕只是近似于科学家的那种与众不同、透彻有力的调查规范和方法也不可能做到。然而，公共知识分子的预测几乎只是对科学假设的一种拙劣模仿。

并且基于所暗示的类似缘由，这一问题同样困扰着其他预测。尽管对于金融专业人士而言，比如证券分析师、投资组合经理，他们预测错误须承担经济责任，不过，对于更年长的金融分析人士来说，存在一种记录（"广为散播的"）极端预测的倾向。不论依托何种缘由，总之，他们获得了良好的声誉，基于良好声誉又可以冒险提出不可能发生的预测，而由于他们勇者无畏，故既能吸引人们对预测者的关注，同时，一旦他们的结果（就发生的概率而言）被证明准确无误，他就将确立非凡独特的可信性，当然就错误预测来讲，他的声誉也会发挥一定的缓冲作用，令其不至于就此承担高昂的代价。[63] 类似的激励也对公共知识分子发生作用，只是这些激励更为强劲，原因是，他们的错误所产生的经济责任温和到不存在的地步。在下一章我们将看到，卓越的公共知识分子，正如著名的商业预言家，他们的年龄皆相对较大。学术公共知识分子直到他们依托坚不可摧的学术成果而声名鹊起之后，才趋向于冒险作出大胆

---

〔62〕参见，Richard Rorty,"Religion as Conversation – Stopper," 3 *Common Knowledge* 1, 2 (1994). 之所以不予讨论，是因为没有一种现代宗教将它们的诉求系挂于可证明的真理或者可证伪的事实性主张上，也因为不得对他人的宗教提出质疑，是我们社会中存在的一种强有力的社会规范。

〔63〕参见，Owen A. Lamont, "Macroeconomic Forecasts and Microeconomic Forecasters"（芝加哥大学商业研究生学院 [Graduate School of Business]，尚未发表，2000 年 9 月 14 日），以及该文所引证的参考文献；亦见，David Laster, Paul Gennett, and In Sun Geoum, "Rational Bias in Macroeconomic Forecasts," 114 *Quarterly Journal of Economics* 293 (1999).

的预测,因为,即便他们的预测出现了偏差,就象他们通常那样,也能够阻止其声誉的飞流直下。

错误的预测总是与对当前条件的错误评判联结在一起的。预言资本主义灭亡的公共知识分子,不可能对共产主义的缺陷具有敏锐透彻的洞察力。许多公共知识分子在游历苏联、中国、北越、东德、古巴以及共产主义阵营的其他国家之时,都为这些共产主义东道主的波特金村庄策略所蒙骗,这样的公共知识分子人数众多。[64] 保罗·霍兰德(Paul Hollander)引证了著名知识分子不计其数的陈述,这些陈述令人惊讶地显露出他们无知愚昧、木讷迟钝、天真浪漫、顽固不化以及一厢情愿的思维。不过相对说来,阅读过以霍兰德的著作为代表的此类少量文献之人寥寥无几,而且,这些上当受骗、同情共产主义运动的同路人绝大多数依旧光彩照人,并没有因为他们的荒唐愚昧而黯淡无神(他们之中的许多人尚存于世,而且依然就形形色色的公共话语高谈阔论,比如,约翰·肯尼思·高尔布雷希、乔纳森·寇若尔 [Jonathan Kozol]、理查德·佛克 [Richard Falk]、斯多顿·林德 [Staughton Lynd] 以及苏珊·桑塔格)。与此类似,尽管斯蒂芬·杰·古尔德的著作《人的错误量度》(参见本书第五章) 受到了职业批评,但该书 1996 年第二版平装本却荣登亚马逊在线畅销书排行榜的 9 818 位,令人敬慕不已(因为还要考虑这本著作的写作时间)。亚马逊在线共有古尔德的各种图书 32 种,并且表 4.1 显示,近十年来,古尔德的媒体提及次数要比控制组的平均数增长得更快。

为共产主义愚弄的知识分子能够如此轻而易举取得人们谅解的原因之一,是保守主义知识分子、普通的人们在向被蒙骗的同情共产主义运动之人投掷石块的时候,他们本身也为共产主义制度所欺

---

[64] 参见,Paul Hollander, *Political Pilgrims: Travels of Western Intellectuals to the Soviet Union, China, and Cuba 1928-1978* (1981).

骗。被蒙骗的并非它的残酷无情、道貌伪善和贫穷落后,而是由于它的脆弱不堪。这就是为什么,在右翼阵营中,事实上根本没有人能够想像这种制度会由于其自身的力量而土崩瓦解。在共产主义制度崩溃的早期阶段,右翼人士将崩溃的原因归结于里根政府时期美国武力的集结,尤其是里根政府的反导弹防御计划将消解苏联战略导弹的力量(所谓"星球大战"计划)。他们声称,保守主义思想家支持并实际上启发了这些发展,导致苏联步入崩溃的阶段,并且暴露了苏联技术上的陈旧落后以及紧急迫切的防御不能等问题,这些反过来导致了戈尔巴乔夫尝试改革,而他的改革却引燃了共产主义制度的后院之火,最终促成了这一制度的灰飞烟灭。这一观点是值得争议的。[65] 不过,如下这种主张也同样值得商榷,即认为里根政府的政策只不过是一项细微的因素,苏联的共产主义制度乃是基于一系列政治挫折和经济失败(阿富汗战争、切尔诺贝利核电站爆炸、贪污腐化、裙带主义、犬儒主义以及经济停滞)所累积的破坏力所摧毁的,那些失败几乎与里根政府的主动行动毫无干系,而只不过毁坏了苏联共产主义领导阶层的信念,正如大多数独裁主义政体一样。[66] 这并不是说,美国武力的集结只是一项错误。苏联同样也武装到牙齿,崇武尚斗,并且,苏联内部的弱点没有被充分理解——甚至直到其解体之时,苏联领导人也没有充分了解那些缺陷。[67]

在一个信息成本奇高的环境中运作,公共知识分子并非独一无二的。此种环境不能成为公共知识分子评估和预测错漏百出的藉口。不过,为了明白这一点,我们需要对错误进行经济分析。

---

[65] 比如,参见,Vladimir Shlapentokh,"A Normal System? False and True Explanations for the Collapse of the USSR," *Times Literary Supplement*, Dec. 15, 2000, p. 11.

[66] 参见,Paul Hollander, *Political Will and Personal Belief*: *The Decline and Fall of Soviet Communism* (1999).

[67] 同上注,页 285。

错误的最优数量并不是零，而是错误成本（error costs）以及避免错误的成本（error – avoidance costs）的数值最小化。第一类成本越高，社会愿意承受的第二类成本就越大，同样，在其他条件不变的前提下，我们希望把更多的开支用来防止更严重的事故，而不用以防止琐碎小事。有些错误系无害之错，并因此不值得耗费任何资源来尝试避免发生这样的错误。

另一些错误则存在危害。比如，医疗错误通常会造成严重的伤害。因此，人们采取成本高昂的措施，以实现医疗错误的最小化，例如，向执业医生颁发许可证、补贴医学研究、未经医生开具处方禁止购买有害药品以及针对医疗事故实施侵权救济制度。错误的天气预报和股市预测亦属于类似的有害的预测错误。股票指数基金（index funds）的兴起，提供了无须现行交易（active trading）的多样化投资组合，便属于针对后一类不确定问题的应对；超级计算机则是有关前一类不确定性问题的对策。或者，让我们来考虑一下公司股票和其他证券发行人欺诈性陈述所产生的不确定性。投资错误削弱了投资者对证券市场的信心，故而被视为会产生重大的社会成本，而证券法以及普通法有关欺诈的原则，是能够促使此种投资错误来源最小化的措施，不过这一措施却成本高昂。为了防止食物中毒，对饭店实施公开检查，属于另一例证。

这些例证以本书第二章提出的一个观点为中心，即当人们认为市场激励和约束不够充分，以至于将产生高昂的消费信息成本时，政府便可以实施干预。然而，仅仅只是市场不能提供质量达到消费者所需、且消费者愿意为此支付价款的某项产品或者服务，并不能在事实上保障公共管制的正当化。市场失灵的消极后果必须足够严重，以至于试图就此采取某些措施而产生了成本时才有可能具备正当理由，而这一成本也许是相当巨大的。这种提高商品质量的管制，其收益必须超过管制所涉及的成本，并且，倘若收益微小抑或成本高昂的话，管制皆不可行。

一个简单的数学模型也许有助于明确这一观点。假定相信真实的主张比不相信这些主张，将产生更大的效用，同时，不相信错误的主张比相信它们能产生更大的效用，那么，我们可以得出：

$$U_1(t, b) - U_2(t, d) = Z_1 > 0,且$$
$$U_3(f, d) - U_4(f, b) = Z_2 > 0,$$

因此，$Z \equiv Z_1 + Z_2$，即为相信真实主张与不相信错误主张所产生的效用。我们当然不应假设，达到这一最佳状态无需成本，或实现这些效用必然富于价值。首先，让我们来看看第二项要点。Z 的价值取决于四种可能的相信状态（即相信真实主张不相信真实主张、不相信错误主张以及相信错误主张）之中每一种所产生的效用。在对于个人并不重要的事项中，真实知识的效用可能相对比较细微，在此情形下，Z 的数值也将较小，并且也许无法超过达到真实知识的成本。那便是一种理性无知的情形。

现在让我们假定 K 为知识，变化幅度从 -1（错误信仰）经 0（无信仰）到 1（真实信仰——即能够产生 Z 的 K 之水平），同时，假定每一项知识水平所能产生的效用为 $U(K)$。假定，通过购买每个单位的信息能够提高 K、并因此提高 $U(K)$ 的数值，每个单位的信息以 x 来表示。然而，x 需要成本；否则 $U(K)$ 将恒定地等于 Z。购买的信息 x 越多，成本当然就越大：即 $C_x > 0$。[68] 理性的个人将寻求 $U(K)(x) - C(x)$ 最大化，这一目标通过购买 x 直至达到某一点而实现，这一点即为，购买最后一个单位 x 提高了追加知识（the additional knowledge）的效用，获取这一效用的追加知识，其数值又恰好与追加成本相等：即在这一点上，$K_x = C_x$。可替代的方式是，他也可以寻求

---

[68] C_x 表示 C 为有关 x 的优先导数(the first derivative)。即，它表示 x 稍稍一小点变化对 C 所产生的影响。

由于缺乏知识而导致的错误成本(E)的最小化,以及努力促使避免错误的成本(还是 C)最小化。这两种成本皆为 x 的函数。购买 x 将减少 E ($E_x < 0$),但却会增加 C ($C_x > 0$,正如以前亦是如此)。当 $C_x = -E_x$ 之时,即当购买最后一个单位 x 所减少的错误成本的金额,恰恰等于购买这一个单位的 x 之成本时,($E(x) + C(x)$)的数值将最小化。

如果一项真实信仰的效用相对小于获取它的成本时,所获得的知识水平将远远赶不上充分的知识(full knowledge)。本人要强调的是,重要的只是它竞争性价值的相对规模,而非绝对规模。获取知识的成本也许如此高昂,以至于超过了所获取知识的效用,就算这一效用也很高。手相术的情形便是如此。倘若能够通过看手相获得有关未来的准确知识,那会是一件非常美妙的事情,而且所投入的成本将令人望而却步(prohibitive)。倘若你知悉这一点以后,也许会通过如下两种方式中的一种作出反应:一是不自找麻烦去看手相,二是对看手相人的预言大打折扣,与你依赖医疗诊断书或天气预报相比,你最终几乎并不信任这些预言。故而,失望的预期所产生的伤害将非常轻微。既然人们普遍认为,手相术作为一种预测方法是弱不禁风的,因此,也就不存在为了保护消费者免受愚弄之损害而禁止手相术的压力,因为他们能够轻而易举地实现自我保护。

那么,为什么手相术仍尚未消失呢?其原因在于,手相术既属于一种多维产品,也是一项廉价产品。预测未来只是一位消费者可能从看手相中获取的收益之一;而另一项收益则是此种经历的娱乐价值。当然这种娱乐价值并不很大,可是,鉴于它的成本也非常低微,故而某些人便可从看手相中获取净收益。并且,公共知识分子亦是如此。他们具有娱乐功能以及构筑协同之价值,也带来了某些信息价值,即便他们并不是一种值得信赖、准确预测的渠道。这些价值也许不是很高,不过对于消费者而言,公共知识分子作品的成本也不太高。

通过筛选和权衡公共知识分子的预测，而相信真实的主张或拒绝相信错误的主张，才真属一件成本高昂的事。那几乎相当于从看相人的口中获取一项真实预言那样成本奇高。倘若收益巨大的话，这种成本当然也可以承受，可是，收益也并不大；公共知识分子与看相之人不太一样，他们通常只是就"消费者"几乎毫不知悉的事项发表高见，因为他们需要改变政治行为或其他集体行动。那么，普通公民针对国家是否应该建设一种反导弹防御体系而形成一项理由充分的信任，其收益又当如何呢？普通公民几乎不可能、也许根本就不能影响国家政策。从公共知识分子那儿得到的准确信息的收益显得如此微小，以至于即便以低成本方式评价公共知识分子的可信性，例如追踪他们的预测，也显而易见不能令成本正当化。《消费者报告》没有对公共知识分子进行评估；其他任何杂志或者信息服务也没有此类评判，除了极其偶尔零星的蜻蜓点水之外。

甚至有一种恶性循环在发生作用。公共知识分子评估或预测的准确性越小，人们认真对待公共知识分子的程度便越低，这反过来又减少了对准确性的要求，尽管这一恶性循环为本人一直强调的如下事实所抑制，即他们的错误记录并非众所周知。但是，他们成功的记录，人们同样也不知道。人们对两类记录，皆没有认真细致地存档备查和分析研究，因为几乎没有人会用心聆听公共知识分子在说些什么，而就此理出线索。我们可以想像，那是一种在低价值区域内不断向下盘旋的探底——即所谓低成本均衡。普通教育的社会公众在消费公共知识分子商品时，花费很少的时间，基本上不会产生其他费用，相应而言也能够获取一定程度的收益。

布鲁斯·罗宾斯主张，人们不会承认一种行当（calling）作为一种职业（profession），除非它对于社会公众来说至关重要，因此，文学批评的职业化便意味着现代文学批评的公共意义，人们也并没有否认这一点，文学批评具有神秘性、边缘性，当然无庸置疑亦具有政治性（并因而潜在地作为一种公共知识分子类型），正如以另一种视角看待文学批评那样。[69]但是,这样却把"职业"和"职业化"(professionalization)搅在一起了。一个领域的职业化仅仅意味着,这一领域带来了调整雇用、提升、补偿、奖金、研究协议(research protocols)、出版的规则和程序之拘束,这些拘束旨在传授智识的精确严密(intellectual rigor)。它并不涉及这一领域对于普通公众的重要性。埃及文物学(Egyptology)已彻底地职业化了,但究其缘由,并不是担心一位冒充内行的埃及文物学者有可能会对人们造成损害。相比而言,职业岗位(occupations)则是指那些要求具备专门化知识、且普遍与社会公众息息相关的行业,它自传统以来便归属于职业的范畴,比如法学、医学、建筑学、会计学、军事科学。且它们对于社会公众的至关重要,正是为什么它们当中有许多职业规定了获取许可证的要求,当然,许可证要求也源于利益集团的压力,埃及文物学以及其他纯粹的智识领域却没有此类要求。[70]从这一意义来说,文学批评也并非一种职业,因为在社会公众看来它无关痛痒。罗宾斯并没有试图表明,他所敬慕的学术评论家,比如爱德华·萨义德和加亚特里·斯皮娃克(Gayatri Spivak),在涉及社会公众利害关系的任何事项方面毫无影响力。甚至,这种"职业"正开始意识到,文学批评的日益理论化至少部分地渊源于职业化不断推进之产物,而这又正在驱动文学研究走向边缘化。[71]

在大萧条、第二次世界大战 20 世纪 60 年代骚乱时期、冷战以及 20 世纪 70 年代经济滞胀时期——感觉到政治或者意识形态危机的任何时期——人们对待公共知识分子要更为严肃认真一些,在那些时期,公共知识分子钟爱慷慨陈词的问题类型,看起来似乎要比

---

〔69〕 Bruce Robbins, *Secular Vocations: Intellectuals, Professionalism, Culture* (1993),尤其是第三章。

〔70〕 Richard A. Posner, *The Problematics of Moral and Legal Theory* 186 (1999).

〔71〕 参见, Ron Rosenbaum, "The Play's the Thing, Again," *New York Times Book Review*, Aug. 6, 2000, p. 17.

当代问题更合乎逻辑。但是,更认真并不等于非常认真,即便中央情报局确实认为,在冷战的高峰时期支持《相遇》这份属于并面向公共知识分子的杂志颇有价值,可人们对待这一杂志也还谈不上非常认真。尽管在越战期间,公共知识分子作品如同洪流滚滚、席卷倾泻,[72]但一项细致的研究得出结论称,知识分子在有关越战(或者战争行为、或者战争后果)以及当时正逐渐展开的公民权利危机所进行的论辩中,其实没有影响力。[73]这项研究由于受出版的限制,而没有尝试评估知识分子的罢教、罢工时的纠察、游行、支持学生静坐以及其他示威形式;但在公共知识分子当中,这样的战斗性匮乏罕见,而且通常都会发生意外、后院起火——这也是1968年尼克松当选为总统的一项因素。

切断那些毫无影响的论题,可谓独裁政体通常说来都会试图压制公共知识分子的事实。不过,他们对于知识分子的压制只是作为一般性信息控制尝试的一部分,而并非源自于对公共知识分子或所谓"思想的力量"特别恐惧。很难想像,一个独裁政体会因思想所摧毁(况且还并不是宗教思想),而只会因为物质状况所毁灭,例如战争、统治阶级内部的政治斗争、贪污腐化或经济失败。在对公共知识分子的影响进行精确估量中,需要适当回答这样的问题,即在一个新闻自由、政治竞争、社会公众因此能够充分接近信息的国家之中,公共知识分子是否能够实质性地影响公共舆论。也许他们不能影响,至少通过他们的作品和公开演讲无法达到对公共舆论的影响。或许他们的教育具有更大的效应。人们相信,文学领域学者中的"后殖民主义"学派——比如,他们其中有一位学者倡导

---

[72] 参见,Charles Kadushin, *The American Intellectual Elite*, pt. 2 (1974).
[73] 同上注书,页 348 – 356。

"非殖民化教学法"[74]——业已激发某些大学生掀起了反对全球化（即，自由贸易与资本自由流动）的抗议。[75] 但是，这种虚空浮夸主义对于公共舆论和公共行为几乎没有任何影响，[76] 除了可能对一些刚愎自用的人产生一定影响之外，比如，通过将选票从戈尔转移到奈德尔，促使 2000 年总统选举向布什方面倾斜，因为奈德尔在论坛发表演讲时的关键性政纲似乎对全球化持有敌意，并看来已经吸引了大学的孩子们对他的极大支持。公共知识分子在他们担任顾问和政府官员的角色时（人们可以想想亨利·基辛格、乔治·凯南、康纳·克鲁斯·奥布赖恩、瓦茨拉夫·哈维尔以及无数的其他人物），所产生的影响当然非常巨大。但是本人的兴趣所在，并非公共知识分子在观念和意见市场上的活动、他们的作品、公开演讲以及其他公开露面（包括在法院或者国会作证），本人所关注的，简言之只是他们试图通过其公共修辞（public rhetoric）而塑造公共舆论。

  本人并非一位彻底的唯物主义者，故此怀疑那些思想是否能够影响到公共舆论和公共政策，即使那些思想并不科学或不可能严格

---

  [74] Joan Pong Linton, *The Romance of the New World: Gender and the Literary Formations of English Colonialism* 189 (1998). 类似的风格（并且也是一种广泛的文学作品的典型），亦见，Srinivas Aravamudan, *Tropicopolitans: Colonialism and Agency*, 1688 – 1804 (1999).

  [75] Chris Hedges, "New Activists Are Nurtured by Politicized Curriculums," *New York Times*, May 27, 2000 (national ed.), p. A. 17. 无独有偶的是，这些骚乱者中的无政府主义者派系领导人之一，相信诺姆·乔姆斯基构成他的一位启示者。参见，Roadrunner Krazykatovitch, Letter to the Editors, New Republic, June 5, 2000, p. 4. 乔姆斯基拥有象这样的朋友，他不需要敌人。

  [76] 尽管并不想尝试。但左翼文化人士承认拥有革命性目标。"为了促使资本主义政体（capitalist patriarchy）走向终结，我们努力着，不论采取的方式如何微小：不仅仅是教会改革（canon reform）或者解构"失乐园"（*Paradise Lost*），而且实现对社会的改造。"参见，Richard Ohmann, "On 'PC' and Related Matters," in *PC Wars: Politics and Theory in the Academy* 11, 13 (Jeffrey Williams ed. 1995). 当然，对于右翼文化人士而言，这只是一种创作的素材。

地得以证明。进而,证据表明,公共知识分子的影响存在着一种间接的渠道。人们发现,新闻评论员和时事专家已经影响了公共舆论,[77]并且,即使这些评论员和时事专家本身并非公共知识分子(他们也并未纳入本人所引证的研究中),也可能反过来又受到了智识思想之潮流的影响。让我们来看看,反对罗伯特·博克担任联邦最高法院大法官提名确认的成功尝试。"在1987年,为了美国方式的人民联合其他团体,实施了这项堪称经典的全国性请愿运动,将全国性的媒体传播与旨在影响国务的言论联结起来,掀起了一场反对罗伯特·博克进入联邦最高法院的提名(原文如此——应为提名确认)之狂飙海啸。"[78]无庸置疑,这些请愿活动组织者的许多主张,来自公共知识分子的法学教授,就本人所知,他们或许本来就撰写过这些请愿书的某一部分。[79]但是,对于知识分子夸大思想影响的自然趋向,人们应格外小心谨慎,尤其当他们属于学术知识分子时,他们会放大学术思想或者学术人员宣传的思想之影响,注意,这两者通常并不是一回事。一个社会愈稳定、愈复杂,并且它愈自鸣得意,则这一社会的公共知识分子通过狂轰滥炸影响它的可能性便愈小。

然而,倘若认为学术公共知识分子对于公共舆论的形成皆无重大影响,此类观点也必须予以限定,这一点可以通过参照彼得·辛格倡导的、可以非严格地称为"动物权利"的著作得以说明,当然,辛格只是一位功利主义者,而非一位权利理论家,并且他偏好

---

[77] 参见,Benjamin I. Page, Robert Y. Shapiro, and Glenn R. Dempsey, "What Moves Public Opinion?" 81 *American Political Science Review* 23 (1987); Donald L. Jordan, "Newspaper Effects on Policy Preferences," 57 *Public Opinion Quarterly* 191 (1993).

[78] Denice Zeck and Edmund Rennolds, "Op‑Eds: A Cost‑Effective Strategy for Advocacy" 38 (Benton Foundation 1991).

[79] 有关一位著名的公共知识分子法学教授,罗纳德·德沃金对博克提名确认的反对,参见,本书第十章。

称为动物"解放"。[80]* 《动物解放》一书于 1975 年推出第一版,销量达五十余万本,并且人们相信,这一著作极大地促动了全球的动物权利运动。[81] 而动物权利运动又已经影响到毛皮业、肉类消费以及医疗实验中对动物的使用。

辛格是一位学术型哲学家。然而,他这本著作是面向普通公众写作的,故推理不甚紧凑严密,也并没有试图克服针对某种功利主义观点能够显而易见提出的争议,即扩张总体福利最大化从而包纳动物之社会。这些争议诸如:倘若存在比人类更为快乐的动物,那么,我们就可能拥有一种道义上的责任,即我们应该缩减人口数量,促使其达到地球能够供养这些快乐动物最大数量的那一点。辛格的著作在重要部分是这样来传递信息的,它展示了一些令人毛骨悚然的图片,并且巧妙地回避了某些难于回答的问题,比如,当他说道,"就历史实情来说……动物福利运动的领导人对于人类的关心程度,其实远远超过了完全不关心动物的人的表现。"[82] 这一主张忽视了一种极其显著的例外:正如鲁克·费利(Luc Ferry)引用阿道夫·希特勒的话那样,"在新德意志帝国,对动物的残忍已不复存在。"[83] 费利评述道,"一位完全忠诚的动物爱好者(这还并不限于言辞宣称,法律已经明文规定)与人类历史上最冷酷无情的仇恨,组合在一起而折射出令人不安的性质之幽光,已经永远为人们铭记不忘。"[84] 辛格忽略了动物保护与纳粹对达尔文主义的崇扬、

---

[80] Peter Singer, *Animal Liberation* (2d ed. 1990).

* 该著作已有中文版,参见,彼得·辛格:《动物解放》,孟祥森、钱永祥译,光明日报出版社 1999 年版。——译者

[81] 参见,Gary L. Francione, *Rain without Thunder*; The Ideology of the Animal Rights Movement 51–53 (1996); Dale Jamieson, "Singer and the Practical Ethics Movement," in *Singer and His Critics* 1 (Dale Jamieson ed. 1999).

[82] Singer,前注[82],页 221。

[83] Luc Ferry, *The New Ecological Order* 91 (1995).

[84] 同上注书,页 93。

他们提升智力的本能、破坏文明的野蛮行径、践踏同情心的粗暴残忍、颠覆和平的战争杀戮以及有关人道主义和国际主义根深蒂固的本能观点之间的类同。纳粹分子希望淡化模糊人类世界与动物王国之间的界线，正如当他们把犹太人描述为害虫时那样。而在问题的另一面，他们又美化拥有良好纳粹美德的物种，如食肉性物种雄鹰（"鹰之巢"，是希特勒夏季在巴伐利亚阿尔卑斯山的寝宫的名称）、猛虎和黑豹（德国坦克使用这两种动物的名称）。尼采所谓"金发之兽"，指的是狮子，即相对于那种业已退化的现代人的角色。动物权利的思想如何能够把人比作动物，而不仅仅是把动物比作人，以上即为例证。

159　　辛格直言不讳，他承认，他的哲学分析存在一些道德上不确定的含义，比如，将动物放在与人类平等的层面上可能会推导出这样的论点，一头猪的生命，其价值要胜过一位严重智障的人之生命，或者无痛苦地杀害一只动物，可以通过养育一只新的动物作为替代而补偿。[85] 这本著作的力量所在并非它的论辩，而在于它对动物痛苦的描绘，该书的许多描述令动物权利的大众支持者们心惊胆战。这本有关动物权利的哲学作品，虽然在学术的严格性方面程度

---

[85] 参见，Singer，前注〔80〕，页 17–22、229。作为一位辛格的崇拜者（*admirer*），贾米逊（Jamieson）写道，"辛格观点的特色亦可以作如下说明，即一般说来，他认为，杀害一头健康的猪、而非溺害你的严重智障的婴儿，你更可能犯了错误；并且，倘若你要在早期人工流产与宰杀一头成年奶牛之间作出选择，你也许应该选择人工流产。"参见，Jamieson，前注〔81〕，页 10。关于对这些观点的批判，比如，参见，Peter Berkowitz, "Other People's Mothers: The Utilitarian Horrors of Peter Singer," New Republic, Jan. 10, 2000, p. 27.

稍低,却堪称在公共领域最具影响力的著作。[86] 如今,又有一位执业律师斯蒂芬·怀斯（Steven Wise）慷慨陈词,为辛格的著作呐喊助威,怀斯在他的作品中基于历史考察、认知科学以及令人黯然泪下的感人轶事,强有力地主张将法定权利扩张至非人类的灵长目动物。[87] 该著作论证亦不太严密;它与辛格的作品一样容易遭受人们的批评;[88] 然而,这本著作也同样极具影响。

或许以下对辛格的说法并非不公平,辛格碰巧才成为一位学术公共知识分子,但倘若他作为一位类似于蕾切尔·卡逊或贝蒂·弗里丹的非学术人员的话,那么,他也将可能运用极其类似的方式写成几乎有同样冲击力的作品。

但是,只谈到公共知识分子对公共舆论的影响,进而涉及受公共舆论影响的法律、政策以及其他公共行为,则视角太过狭窄,以至于无法准确估量公共知识分子对社会的影响。就人们所阅读的范围而言,经常阅读公共知识分子的著作和杂志文章,也许有助于塑造一个人的价值观和视野。这个国家的公共知识分子并未拥有广泛的读者群（我们只要看看下一章中一些杂志的发行量便可得知）,但读者中大部分是受过高等教育的人,是政治上积极活跃、颇具影响之人。假如公共知识分子消失殆尽,且政治和意识形态观点惟一的供应商只是学术人员,他们只面向学术界、专事教学的老师

---

[86] 请对比如下文献, Alasdair MacIntyre, *Dependent Rational Animals*: *Why Human Beings Need the Virtues*, chs. 2–5 (1999); James Rachels, *Created from Animals*: *The Moral Implications of Darwinism* (1990); Tom Regan, The Case for Animal Rights (1983); Richard Sorabji, *Animal Minds and Human Morals*: *The Origins of the Western Debate* (1993); Roger Scruton, Animal *Rights and Wrongs* (3d ed. 2000). 亦见, Ian Hacking, "Our Fellow Animals," *New York Review of Books*, June 29, 2000, p. 20. 然而,有人告诉我,在英语世界的动物权利运动中,黎根（Regan）的著作影响更为巨大。

[87] Steven M. Wise, *Rattling the Cage*: *Toward Legal Rights for Animals* (2000).

[88] 参见,本人对这一问题（即"动物权利"）的评论,110 *Yale Law Journal* 527 (2000).

（classroom teachers）、新闻记者、政治家、牧师以及政策分析人士写作的话，那么，普通公众——或者更确切地说，普通公众中受过高等教育的那一部分——或许相比现在的情形，他们对政治和意识形态问题甚至会更兴趣索然、信息闭塞并思想匮乏。

然而，政策和公共舆论也许并无太多差异。这不仅仅是因为公共知识分子拥有的读者群较小，他们发表的意见倾向于加深各种观点的分歧，决非融合这些不同；而且，还有三项其他因素亦非常重要。首先且最不重要的一项因素是，由于大多数公共知识分子皆为学术人员，因此公共知识分子作品系从其学术著作中抽取出来的，这些学术作品就如同公共知识分子作品一样，并毫无疑问，对公共舆论和公共政策有一种弥漫扩散且累积强化的重大效应。倘若学术人员坚持到最后，且忍受寂寞，抵制住创作公共知识分子作品的诱惑，那么，相比他们遍地开花地担当学术公共知识分子角色来说，对社会的影响也许更为巨大。

但是，成为一名公共知识分子的机会，也许有可能构成吸引能力突出之人从事学术职业的因素之一？倘若那样，则从长远而言，剥夺成为公共知识分子的机会有可能减少学术著作的数量或者质量。通常说来，只要朝向学术职业的目标向前迈进，便可以自然而然地取得公共知识分子的社会地位，事实便是如此（在下一章我们可以看到有关证据）。当成为公共知识分子的收益因价值的表现而打折扣，并且由于在成为公共知识分子的过程中涉及到极大的随机因素而进一步大打折扣时，这种前景就不可能对职业选择产生巨大的效应。即便如此，尽管概率看来如此之小，但任何幽闭那一美好前景的尝试，都可能构成对学术职业选择的重大障碍。原因在于，"公共知识分子"的界定难以操作，尤其是学术作品与公共知识分子作品之间的界线朦胧模糊。（本书讨论的作品，大多数皆具有上述两种性质——拙作本身便是如此。）作为一个实事求是的问题，大学也许不得不禁止它的教授接受任何外部的经济收入（即，并非投资收益,亦不属其他被动型收入),并且这无疑将导致学术职业的吸引力更小,除非大学能提高学术薪金,补偿预期外部收入之损失。不过,这一点很难做到,原因是,不同的领域、不同的个人预期各不相同。倘若千篇一律地提升工资,涨幅足以补偿具有最优外部收入的大学教师,则会把学校榨干压垮。若是收入增加的幅度不大,仍会导致许多大学教师义无反顾地告别校园。假如依据每一位大学教师的特定机会提升工资,则需要了解太多的信息,当然不切实可行。而上述任何措施的结果都将增加大学的成本,这些成本对质量发挥着调节性功能,这又可能反而导致学术研究数量和质量的下探。

就当代公共知识分子对社会作出的巨大贡献提出质疑,第二个原因是,他们只是把其学术思想转换成为普通教育的社会公众能够理解的语言,就此范围来说,他们除了稍稍促进了学术思想的传播外,其实毫无作为。他们所做的工作,其实只是新闻记者的份内之事,甚至公共知识分子的行动还要滞后一些,正如本书第二章所表明的那样。最具影响的新闻记者和评论员可能直接经由学术渠道获取其学术思想,而不依赖于公共知识分子转换者,无论如何,这种转换都不可能促进学术思想的传播。伴随着专门化水平的日益提高,我们可以预期,为社会公众转换学术思想的新闻记者,作为交流的专家所承担的责任将越来越重大。最近以来,透过克林顿总统弹劾事件、以及甚至令人印象更为深刻的 2000 年总统选举僵局,我们就可以看到这一点,在这些事件中,一般说来,部分具有法学学位的新闻记者对佛罗里达州选举僵局所引发的漫天而来的诉讼案件和程序提供了更为清晰、准确的解释,尽管他们的工作存在极大的时间压力。至于公共知识分子的"原创性"作品,那可不仅仅是学术研究的转换或者简化,但这类作品却通常以次充好、稀奇古怪,正如我们所见。

第三个原因则是,无数的公共知识分子作品具有矫正性(corrective),而非建设性;具有消极性,而非积极性,当然,消极亦有消极的意义。倘若如此之多的公共知识分子在二战前和二战中支持共产主义,并且此后又反对美国有关共产主义阵营的外交政策,那么冷战知识分子,例如西德尼·胡克、乔治·奥威尔、霍尔德·尼布尔(Reinhold Niebuhr)、阿瑟·小施莱辛格、罗伯特·康奎斯特(Robert Conquest)、以及雷曼·阿隆,他们的公共知识分子作品将毫无存在之必要。[89]由于知识分子与众不同的特色就在于其反叛性,并且由于马克思主义属于一种理论基础之纲领,因此,在非共产主义世界有不胜枚举的知识分子为马克思主义所吸引,人数比例显得有些不太相宜,[90]而在共产主义世界的知识分子,除了极少部分英雄式的例外,比如,帕斯特纳克(Pasternak)、索尔仁尼琴,其余的人们皆畏惧高压政策,而不可能担当反叛性角色,这一点丝毫也不令人惊异。[91]这一结果正是知

[89] Hollander,前注[64];Hollander, *Decline and Discontent*: *Communism and the West Today*, pt. 2 (1992);Hollander, "Intellectuals, Estrangement, and Wish Fulfillment," 35 Society 258 (1998);Hollander, "The Berlin Wall Collapses, the Adversary Culture Endures," 34 *Orbis* 565 (1990);Sidney Hook, *Out of Step*: *An Unquiet Life in the 20th Century* (1987),尤其是第十一章和第三十四章;Raymond Aron, *The Opium of the Intellectuals* (1957)。

[90] 关于这一现象辛辣尖锐之评论,参见,Paul Hollander, "Marxism and Western Intellectuals in the Post‐Communist Era," 37 Society 22 (2000)。

[91] 一个主要例子,是匈牙利著名文学批评家乔治·卢卡斯(Georg Lukás),他生活在苏联,第二次世界大战后生活在共产主义的匈牙利,在斯大林统治时期,他忠诚不二、鹦鹉学舌地坚持共产党路线,不论这些路线多么地黑暗和荒唐。比如,参见,Georg Lukás, *The Destruction of Reason* (Peter Palmer trans. 1981),以及有关现实主义的论文(Rodney Livingstone ed. 1980),尤其是,"Tribune or Bureaucrat?",同上书,页 198 (1940 年首次发表的论文)。只引用他的一句话,便可以表明这位杰出的共产主义知识分子存在的政治偏见:"越来越多的自然科学家正在理解,辩证唯物主义(dialectical materialism)能够向他们提供多么大的帮助,尤其是辩证唯物主义可以通过对具体科学问题那种特有的解决,从而在苏联提升科学本身以及辩证唯物主义方法论,促成它们达到了一个更高的阶段。越来越多的作家就他们的领域而言,正在经历着同样的情境。因此,苏联的发现和成就,在反革命资产阶级的科学和哲学之中正在激起如此剧烈的抵抗行动(李森科论战[the Lysenko controversy])。"(所谓李森科事件,是指李森科(Trofim Denisovich Lysenko, 1898‐1976)出于政治与其他方面的考虑,坚持生物进化中的获得性遗传观念,否定基因的存在,用拉马克和米丘林的遗传学抵制主流的孟德尔‐摩尔根遗传学,并把西方遗传学家称为苏维埃人民的敌人。最后他成为伪科学的代表,给苏联科学发展造成了重大损失。——译者)参见,"Epilogue"(写于 1953 年 1 月,斯大林死后两个月),载 *The Destruction of Reason*,同上注书,页 761、847。

识分子观点的失衡,冷战知识分子寻求对此予以矫正。

正因为支持法西斯主义的知识分子比支持共产主义的知识分子要少得多,奥威尔才如此更多地为人所知是作为一位反共产主义者,而非视为反法西斯主义者,尽管他本人两者皆属。共产主义和极左的知识分子在人数和影响力方面,远远超过了法西斯主义的知识分子,[92]尽管后者亦人数众多,尤其是在法国、德国和意大利。甚至在美国,墨索里尼也拥有许多卓越的知识分子崇拜者,至少在意大利入侵埃塞俄比亚前是这样,例如,赫伯特·克罗利、乔治·桑塔亚纳以及林肯·斯蒂芬斯。[93] 希特勒和墨索里尼在他们攫取权力以前,皆身为公共知识分子,尽管与列宁和托洛茨基不太一样的是,知识界没有认真对待他们,至少没有视其为知识分子。

《卡塔罗尼亚赞歌》(*Homage to Catalonia*)、《动物农庄》、《一九八四》,连同奥威尔批判左翼的许多文章,比如,其中一篇系本人在上一章中引用的对奥登诗歌的文学批评,这些作品部分地是对左翼知识分子、对诸如哈罗德·拉斯基、斯蒂芬·司班德(Stephen Spender)以及奥登等人的反应。在《一九八四》一书中,斯大林主义意识形态被称为"英国的社会主义原则"——英国社会主义。类似而言,哈耶克、米尔顿·弗里德曼之类的学者,他们支持资本主义的公共知识分子作品,显著地区别于这些经济学家的学术作品,倘若这些作品不是因为凯恩斯、约翰·肯尼思·高尔布莱希和拉斯基等左翼公共知识分子鼓吹集体主义的公共政策,那么人们对他们的需要本来将会更加少得可怜。保守主义的公共知识分子,比如乔治·贾尔德、希尔顿·克雷默、欧文·克里斯托、迈克尔·诺瓦克以及诺

---

[92] 比如,参见,Harvey M. Teres, *Renewing the Left: Politics, Imagination, and the New York Intellectuals*, chs. 1 – 7 (1996).

[93] 参见,John P. Diggins, *Mussolini and Fascism: The View from America*, chs. 3, 9, 10 (1972).

曼·波德霍雷茨（Norman Podhoretz），倘若不是因为左翼公共知识分子——查尔斯·瑞奇（Charles Reich）、赫伯特·马尔库塞、C·莱特·米尔斯、保罗·古德曼、玛丽·麦卡锡（Mary McCarthy）、诺曼·O·布朗（Norman O. Brown）、艾特琳娜·理奇（Adrienne Rich）、凯瑟琳·麦金农、苏珊·桑塔格以及其他许多人——的汇聚交合，那么，他们本来也不可能在这个国家的公共生活中发挥如此巨大的作用。这种针对后现代主义的颠覆恰恰正是因为后现代主义滋养了它。保守主义公共知识分子之所以兴起，20世纪60年代的"反文化"（counterculture）潮流功不可没。[94] 一场文化战争需要双边的战斗者。我的有关公共知识分子作品的成本和收益模型默示地意味着，排除错误信仰也许与灌输真实信仰同样至关重要。但就公共知识分子作品弥漫着建议性和反驳性的错误信仰的范围来说，它对于政策纯粹的促进、甚至对于正确判断的贡献，可能都相当有限。双方的力量也许正在玩耍一种零和、甚至负面值的知识分子博弈游戏。

天主教信仰（自伏尔泰开始，便属一种公共知识分子的传统打击目标）、法西斯主义、共产主义、20世纪60年代的"反文化"、"政治正确"、以及某些后现代主义的脉络，比如激进的女权主义，它们都带有强烈的教条武断之特征，并且对于不相信它们主张的人来说，皆显得荒谬、可笑，这并不是偶然的。[95] 它们如教条般的内容，为公共知识分子的智识性批判提供了一种把柄；它们的荒唐，为与教条的浴血论战提供了可乘之机；而它们的可笑，则为此种批判展现出一番紧迫焦急之印象，并为了把握观众而爆发出连珠炮般的射击。今日美国社会存在着形形色色的教条主义版本。而且，这些教条主义之中并没有看起来特别不吉利的——其愚蠢超过

---

[94] 参见，George H. Nash, *The Conservative Intellectual Movement in America since* 1945 277-328 (2d ed. 1996).

[95] 天主教信仰与共产主义之间的联系尤其接近，正如我们在本书第七章所见。

了可笑。并因此，公共知识分子的矫正性功能正在日益弱化，而与此同时，卓越超群的公共知识分子的供给正在不断萎缩，原因本书第二章早已阐明。

现代公共知识分子在改变公共舆论方面明显没有效率，这具有一种自相矛盾的规范性含义，现在我必须对此作些解释。我一直在非严格意义上运用"市场失灵"*这一术语，此时我所意味着的市场失灵，更加接近于"基于学术界广泛持有的预期所产生的失望。"经济学家们运用"市场失灵"一词，其内涵是指：在社会边际产出等于社会边际成本的那一点上（但不进一步超过），资源配置是最优化的，而某个市场的条件却阻碍产出达到那一均衡点。垄断可能导致市场失灵，其机制是这样的：垄断导致消费者转向比垄断产品要耗费社会更多成本去生产的产品，而由于竞争性定价，这种产品在消费者看来似乎还更便宜。私人产出与社会产出的不同，或私人成本与社会成本的区分，亦可能成为市场失灵的渊源之一。[96]倘若部分产品收益（比如，一项能够轻易复制的创新）被外部化，则该产品可能会产出不足；而假如部分成本被外部化（比如，污染的成本，除非这些污染成本由污染厂家或者有关消费者承担），那么，产出就可能相对于社会最优数量来说生产过度。欺诈也会导致私人收益与社会收益、私人成本与社会成本之间的分野，比如，商家吸引消费者购买某种产品，而若是消费者知道有关真相的话，消费者

---

* 市场失灵的表现有若干情形，比如，斯蒂格利兹在1986年就曾指出了其中八个方面，包括：(1) 竞争的失败，存在垄断权力；(2) 存在一些私人无法经营或经营无效率的商品和服务——公共商品；(3) 外部性的存在；(4) 市场不完全（如在保险市场和期货市场方面，以及互补性生产厂商的合作不够等）；(5) 信息失败；(6) 宏观经济不均衡；(7) 贫困和不平等问题；(8) 个人行为与其自身的最佳利益也许不一致等。——译者

[96] 事实上，垄断的情形是同样的：垄断导致消费者从垄断产品转向耗费社会更多成本去生产的产品，即社会成本超过其私人成本的产品。

就会对该商品敬而远之。

市场失灵的这些或那些根源在公共知识分子市场上是否呈现出一种特别重大的程度,根本就无法确定。[97] 倘若本人判断正确的话,这一市场的消费者能够不依赖于公共知识分子的慷慨陈词,从而实现自我保护,那么这便意味着,他们将公共知识分子作品的价值仅仅视为娱乐和协同,而非作为指南或者指导,而且,没有明显的迹象显示,他们未获取他们所支付金钱的回报,或者那些公共知识分子商品事实上只是社会恶品(social bads),就好像手相术作为一种市场失灵的表现亦并非那么显而易见一样。本人早先所论及的那种恶性循环,即公共知识分子不准确的预测阻碍读者们信赖其预测,因此减少了预测不准确的责任(由于人们并未信赖错误的预测,故而很快为人们遗忘得一干二净了),从而没有导致市场的瓦解;它只是促成了一种预测低准确性的均衡。公共知识分子作品甚至也许只是一种高级类型的娱乐,是一种能够诱导思想和激发好奇的娱乐。

市场失灵的可能,是无法绝对排除的。比如,倘若学术人员在他们的教学和研究过程中,生产出他们在学术收益中不能获取的价值,且如果这种差额即学术作品的外部收益,超过了公共知识分子作品相应的差别,那么,吸引学术人员从事公共知识分子工作(本书下一章提出的证据表明,公共知识分子产出确实为学术产业的替代物),可能会产生并非完全由这一市场的生产者和消费者承担的成本。[98] 如果本章的这一分析正确无误,则公共知识分子作品将不会产生净外部收益,当然,学术著作几乎无疑会产生净外部收

---

[97] 请对比詹姆士·汉密尔顿(James T. Hamilton)的论辩,参见,James T. Hamilton, *Channeling Violence: The Economic Market for Violent Television Programming* (1998),电视暴力节目产出外部成本,因为这一产业不能排除儿童观看这些节目。就有关公共知识分子的表达来说,似乎还没有看到类似的主张。

[98] 关于外部收益更详细的论述,参见本书第七章。

益。我们还业已看到，大学若是试图限制学术人员成为公共知识分子，可能需要向其教员支付更高的学术薪金；如果这样，便意味着公共知识分子市场正在为学术人员带来某种收益。并且，尽管在一位同样有力的公共知识分子能够提出反对意见以前，社会公众有时会为某位公共知识分子所误导，不过，这也许并不是一项多么严重的问题，故此，我在本书结论部分所建议的解决方法就相对适度。没有任何市场是完全有效率的，但公共知识分子市场相比大多数市场可能还算不上是更糟糕的。

　　失望的情绪，在徘徊，在弥漫。一个市场可能在经济学意义上富于效率，即便它所生产的产品只具有一种适度的价值。生产钻石与生产碳相比，并不存在本质上的优越性。但是，倘若有人认为，碳属于钻石的一种形式，便有必要指出这种错误，并应该说明决定这些商品相对价值的经济条件。并且类似而言，一种产品的平均质量在一段时期内持续下降，亦无理由地推断这一事实为市场失灵；倘若由于成本降低，而其价格下降足以就其更低的质量充分补偿消费者的话，也不存在所谓的市场失灵。近几十年来，航空服务的质量不断下降，但是，航空服务的价格也有了相当程度的降低。我在本书中试图进行的研究，只是通过表明公共知识分子作品的平均质量（"令人失望的"）低下、或许正在下降以及为什么会如此，而将公共知识分子市场展现于人们的脑海之中。

第五章

公共越多,智识越少

> "当你能够测度你所谈论的问题,并且能用数据来表达它时,你就对问题有所了解;然而,若你无法对它进行量度时,那么,你的知识只具有一种贫乏、无法令人满意之性质。"[1]

> "作为一位公共知识分子的问题在于,你获得的公共性越多,而你的智识却越少。"[2]

威廉·兰德斯(William Landes)和我在一项对法律学者进行的研究中,发现在学术贡献与公共知识分子的社会地位之间仅存在一些微弱的相关性,前者以学术出版物的引证来表示,后者则以网络"点击"和报刊提及来表示。[3] 我们也察觉,公共知识分子的情形

---

[1] William Thomson (Lord Kelvin), "Electrical Units of Measurement," in Thomson, *Popular Lectures and Addresses*, vol. 1, p. 80 (1891).

[2] Jean Bethke Elshtain 由卡伦·R·朗 (Karen R. Long) 引用于 "Ethicist Decries Clinton's 'Cavalier Disdain' for Rules," *Cleveland Plain Dealer*, Sept. 19, 1998, p. 1F.

[3] William M. Landes and Richard A. Posner, "Citations, Age, Fame, and the Web," 29 *Journal of Legal Studies* 319, 329–341 (2000).

相比学术界而言存在更大的不平衡。我们是通过如下事实来解释这一问题的，即社会公众对法律的兴趣与学术界对法律的兴趣相比要更加有限。[4] 社会公众对有关法律的信息和意见的偶然随意、不加批判的需求，一小部分法学学者便能满足。这可谓公共知识分子将其商品销售给毫无鉴别力的消费者公众的一些证据，不过，这只是限于那些知识分子中某一子集的证据。

我们这项研究所使用的方法，从总体而言也可以运用于公共知识分子，并且那便是我在本章中的作为，即尝试把追加的经验数据（empirical flesh）置于本书第二章建构的理论框架之中。本章的内容，不仅研究范围，而且所运用的研究方法和大量数据，皆不同于兰德斯与本人早先的研究。我的目标在于，展现现代公共知识分子的一个统计学的轮廓，并且测试本书前文章节所提出的假说，这些假说主要涉及公共知识分子的质量问题。

表5.1（本章的全部表格，皆排列于本章附录之后）基于各种渠道收集的数据编制而成。它是一项公共知识分子的名单，既包括20世纪美国的公共知识分子，也（在相对较小的范围内）包括外国公共知识分子，既包括活着的公共知识分子，亦包括已故之人，既包括学术人员，也包括非学术人员，既包括男性，也包括女性，既包括黑人公共知识分子，亦包括白人公共知识分子——实际上应称为，既包括黑人，也包括非黑人公共知识分子，因为本人对公共知识分子的种族未作进一步的区分。本人运用了网络点击（web hits）和媒体提及（media mentions）（而没有局限于兰德斯与本人的研究中所谓的报刊提及）两种方式，来表示本人表格中的个人即公

---

[4] 同上注，页337。

共知识分子的声誉。[5] 媒体提及可谓最佳的表示。网络对学者以及社会公众成员皆为一种资源。搜索一位学术人员姓名的网络点击数，会产生包括该学术人员的个人主页、以及网络文章中对其学术作品的引证，还加上对他的公共知识分子作品的引用。（有关所产生的"混杂"［contamination］存在一项上佳的例证，请比较表5.1中诺姆·乔姆斯基的网络点击次数和媒体提及次数。）因此，在表5.1中，就学术引证数量居前的100位学术人员来说，只有18位属于媒体提及最多的100位公共知识分子，而有33位排在网络点击最多的100位公共知识分子之列。

---

〔5〕 关于网络点击，本人使用的是 Google 搜索引擎（网址为：www.google.com）；而对于媒体提及，本人运用了三项 Lexis – Nexis 数据库——重要报纸（Major Newspapers）、（联合）期刊文章（Magazine Stories [Combined]）、以及（电视和广播节目的）文稿（Transcripts）。重要报纸数据库包括以发行量为标准的美国50种大型报纸，并加上以英文出版的主要外国报纸。期刊文章数据库包括数百种英语（主要是美国的）杂志。这是一项涉及面相当广阔的汇集，不过，这一数据库确确实实包括了所有主要的新闻杂志，以及大量更专业化的期刊，也有少数期刊包括学术文章，或者刊载了有关公共知识分子的大量资料——当然，这些期刊的确相当不错，因为本人的目的就在于，评估公共知识分子在大众媒体中的地位。文稿数据库包括主要的广播电视网（包括有线网）的新闻节目。由于万维网的迅速发展，一项网络搜索引擎所收录的点击数，大多数皆可能不超过1年或者2年，并且在事实上，所有数据皆限于5年以内。本人亦将其他的检索任务限定于最近5年之内。所有数据库皆在自2000年7月17日起始后的6周内访问。对这些数据进行在线检索，出现了不少的错误，主要情形便是姓名所存在的混淆。为了纠正这些错误，我们对表5.1所列人名的网络点击和媒体提及次数皆进行抽样检查，并针对每一位公共知识分子的全部点击/提及次数作相应的调整。本人所运用的搜索和评估方法的细节，将在本章最后的附录之中进行详细解释。这些方法当然是不完美的，不过，在本人看来，就支持本人所提出的任何假设而言，它们并不存在过分的偏见。

该表格也包括名单中学术人员的学术引证。[6]本人的目的在于，把一名公共知识分子的学术声誉（academic renown），与他作为一位公共知识分子的名声进行对比，前者以其作品的学术引证数量为代表，后者以媒体提及数量来表示。用学术引证来表示学术质量或者学术影响，当然存在争议，[7]但是，就本人的意图而言，至少可以接受这些引证作为学术贡献或学术声誉的提示性表征。

表5.1所列名单尽管十分冗长（包括546位公共知识分子），但是，它仍然无法穷尽所有的公共知识分子。公共知识分子之间也不可能经协商而达成一项包纳全部成员的名单。早先对公共知识分子最密切的也是惟一的量化研究，就本人所知，只是卡达辛的一项

---

[6] 本人有关学术引证的数据来源，为科学引文索引数据库 SCI（the *Science Citation Index*）、社会科学引文索引数据库 SSCI（the *Social Sciences Citation Index*）、以及艺术和人文科学引文索引数据库 AHCI（*the Arts and Humanities Citation Index*），上述数据库皆由美国科学情报研究所（the Institute for Scientific Information）编制，且全部数据皆限于学术期刊。本人运用 Dialog 检索系统（the Dialog search program），来计算表5.1中每位学术人员近五年以来被引证的数量（自我引证的除外）。由于科学情报研究所的数据库（顺便提一下，就合作撰写的文章而言，引证数量仅计算第一作者）对所引证作者的列明，采取名字（last name）、名字加姓氏第一字母（first initial）、名字加姓氏第一字母和中间名第一字母（middle initial）三种形式，因此，检索学术引证时存在一种相当严重的错误危险，尤其是在通常只以名字作为检索关键词的情形时。比如，在表5.1中，就存在二个"D. Bell"，即 Daniel 和 Derrick，而 Dialog 系统的计数则会将有关"Bell"或者"D. Bell"所有的引证归属于其中任何一位。为了化解此种姓名重叠的问题，本人对表5.1每一位公共知识分子的引证进行抽样检查，并作出相应的纠正，正如对其他数据来源的处理那样；详细介绍亦参见本章附录部分。

[7] 针对运用学术引证来表示学术质量或学术影响，本人所进行的辩护，参见，Richard A. Posner, "An Economic Analysis of the Use of Citations in Law," 2 *American Law and Economics Review* 381 (2000). 关于"直接引证的数量与实际上对学术质量每一项精细的测度存在高度相关性"的证据，参见，Jonathan Cole and Stephen Cole, "Measuring the Quality of Sociological Research: Problems in the Use of the *Science Citation Index*," 6 *American Sociologist* 23, 28 (1971).

研究，该研究列明了 1970 年 70 位美国最著名的活着的知识分子。[8] 这 70 位知识分子，全包括在本人编制的表 5.1 中；他们中许多人依然名声显赫。[9] 兰德斯和我使用的列表并没有因为名单不完全而备受批评，不过，我们的表格还是尽可能对学术引证最多的法律学者进行了详尽的列举。我们要探寻这些学者中的哪些已成为公共知识分子，而不问及哪些公共知识分子也拥有学术声誉，本人兴趣正在于此。就外国公共知识分子来说，表 5.1 尤其显得十分片面，然而，那是因为只有其作品在美国为人们广泛阅读且讨论激烈的公共知识分子，才纳入该表之中。一位公共知识分子，也许在其本国比表 5.1 所列明的其他人士更为重要，但倘若美国普通教育的社会公众对其视而不见，也就只好忍痛割爱。

就数据库的检索来说，"公共知识分子"一词的使用频率还不充分和一致，乃至无法运用这一术语进行搜索，完成一项富有意义的名单（本人业已尝试过）。因此，不仅本人的表格不尽完全；而且它也并不能算成是公共知识分子的随机抽样，原因是，对可能抽取的样本人们无法达成合意。这一表格也许并不具代表性。故而，就公共知识分子在不同领域、种族、性别、国籍或者其他方面的归

---

[8] Charles Kadushin, *The American Intellectual Elite* 30–31 (1974)．查尔斯·卡达辛没有使用"公共知识分子"这一术语，在当时，这一词汇还尚未广泛流行；不过，他对"精英知识分子（elite intellectual）"的界定非常类似于本人有关"公共知识分子"的内涵。参见，同上书，页 7。他有关表格的编制，主要采取的方法是，对 1969 年 20 余本主要的知识分子杂志文章进行抽样调查，同时，对利用上述方法选出的部分知识分子直接征询意见，听取他们对同仁的评价（"同仁证明"[colleague certification]）。参见，同上书，页 18–19，以及，Julie Hover, "Appendix: Sampling the American Intellectual Elite," 载同上书，页 357。当然，这并非一种识别公共知识分子的设计完好的方法，它难以挑选出社会公众最耳闻目睹的公共知识分子，而只是选取知识分子之间相互推崇的那种公共知识分子。

[9] 他列明的三位最顶尖的知识分子，是丹尼尔·贝尔、诺姆·乔姆斯基和约翰·肯尼思·高尔布莱希，而排在后面的几位知识分子，则为克里斯托弗·勒希和詹姆斯·Q·威尔逊。

属分类来说，对这一表格用作一般化的基础，必须最大限度地小心谨慎，尽管在表 5.2，本人的的确确对该样本的上述性质提供了一些简略概要的统计。

在表 5.3 中，本人选取了一项子样本，包括以接受的媒体提及次数作为测度标准而确定的 100 位最著名的公共知识分子，并针对表 5.1 可能的内在非代表性缺陷，尝试予以矫正。尽管表 5.1 中的公共知识分子样本存在非随机性和非代表性的特征，不过，它仍旧可能包纳当今美国享有卓越声誉的大多数公共知识分子，而且那至少可谓他们之中具有一定代表意义的样本。[10]

必须注意如下的限定：

第一，"著名"（prominent）并不等于"顶尖"（best），或者甚至都算不上是"优秀"（good）的同义词。事实上，这便是本章最主要的论题之一。

第二，本人对公共知识分子的界定属于狭义的范畴——所谓公共知识分子，是指依托其智识资源，面向受过教育的广大社会公众，就涉及政治或意识形态维度的问题发表高见之人。约翰·罗尔斯，便从本人对公共知识分子的界定中排除出去了，原因本书第一章已经阐明。然而，罗尔斯却既拥有特别高的学术引证（3 933），亦具有相当频繁的网络点击率（15 825），并且甚至正如我指出的那样，尽管他的媒体提及次数不太多（374），不过依然令人敬佩不已。

第三，要将某人归属于特定领域并非总是那么轻而易举。一些公共知识分子，例如简·雅各布斯（Jane Jacobs），其工作就没有在本人表格列明的领域之中。雅各布斯，通常被人们描述为一位"都市问题专家"（urbanologist）——本人则将其重新归类于社会学家。

---

[10] 关于一种类似的样本选取方式，参见，John P. Heinz et al., *The Hollow Core: Private Interests in National Policy Making* 20 (1993).

我也将精神病学划归心理学的范畴；把编辑工作划属出版学；而将艺术、音乐和电影评论纳入"文学"的框架下，原因在于，不同领域的文献批评具有类似特征，同时，这三个领域的每一类都只有少许条目。然而，即便如此合并，人们还是会发觉，不胜枚举的公共知识分子在一个以上的领域积极活跃。比如，罗伯特·梅纳德·哈钦斯（Robert Maynard Hutchins）、德雷克·勃克（Derek Bok）、纪哈德·卡斯珀（Gerhard Casper）、爱德华·列维（Edward Levi），他们既是学术法律人的代表，后来又成为大学的校长。他们应该归属于何类领域呢？是法学、抑或教育？不论划归何种领域都是武断恣意的，故而本人视他们归属于这两种领域。[11]

第四，要将一位公共知识分子区分为学术人员或非学术人员，也并非总是那么简单。本人仅把有全职学术职位的人划归为学术人员，对于少数虽拥有全职学术职位、但这一职位却只构成其职业无关紧要的部分之人，本人也予以排除。

第五，许多公共知识分子，例如，西奥多·罗斯福、伍德罗·威尔逊、理查德·尼克松（记得他在辞职之后就外交政策撰写的那些洋洋大作吗？）、纽特·金里奇以及温斯顿·邱吉尔，其公共知识分子作品完全彻底地为他们职业中的其他因素所遮盖，这些人亦一概排除在名单之外。但是，既然政府服务已成为公共知识分子职业的一块常规性跳板，比如，亨利·基辛格在担任国家安全顾问之前是一位教授，后来他又担任了国务卿，最后又成为一位多产作家和评论家，因此，本人注意到了该表中担任政府工作的公共知识分子，但是，实习职位、文书、非全职顾问、非职业性军事服务以及其他限制性的定额工作除外。

本人依据知识分子工作在其职业中显得相形见绌的缘由，而将

---

[11] 因此就结果而言，在表5.2和表5.5中，专业领域划分的比例总和皆超过了100％。

某些人排除在公共知识分子之外,并不限于政治家。不在本人名单之列的人还包括:"行动主义分子"(activists),比如安东尼·阿姆斯特丹、兰德姆西·克拉克、威廉·斯隆·科芬、以及汤姆·海登(最后这位亦属于政治家);艺术家,比如毕加索、伦纳德·伯恩斯坦;科学家,比如阿尔伯特·爱因斯坦;部分出版家,比如休·赫夫纳(Hugh Hefner);* 一些作家,比如海明威;以及商人,比如乔治·索罗斯——所有的这些人,他们的公共知识分子"作品"相对于他们众所周知且可能引证的著作而言,皆轻如鸿毛,尽管也决不能完全忽略不计。一个边界的例子,是克林顿政府的最后一位财政部长,劳伦斯·萨默斯(现任哈佛大学校长)。他的大多数媒体提及,皆有关其政府工作,而非他的经济思想(他先前是一位经济学教授)本身,并且无庸置疑,那些工作在相当程度上渗透着他的学术观点,因此本人将其纳入公共知识分子之列。

表5.1也没有考虑许许多多的新闻记者、作家以及政策分析人士,当然,或许他们也能力超群。但是,从他们的作品没有为世界产出思想和"文化"(至少并未明显产出)的视角而言,他们的作品并非十分具有"智识性"。因此,本人将莫尔林·多德、拉尔夫·奈德尔、斯特兹·特克尔(Studs Terkel)、**伍德沃德以及伯恩斯坦排除在外,同时排除的,还包括政治上积极活跃的演员,例如,罗伯特·雷德福、沃伦·贝蒂、查尔顿·赫斯顿和简·方达;不过,威廉·沙费尔(William Safire)、托马斯·弗里德曼(Thomas Friedman)以及珍尼特·马尔科姆(Janet Malcolm)也包括在其中(原因本书第十章将会阐明)。我承认,有关谁应该划归公共知识分子,我的决定确实有些武断。而且本人还要重申这一点,即有不可胜数的知识分

---

  * 休·赫夫纳(Hugh Hefner),美国成人杂志《花花公子》(Playboy)创办人、主编。——译者
  ** 斯特兹·特克尔,美国著名的"口述史"报告文学作家。——译者

子，包括跨学科领域的知识分子，之所以排除在本人的界定以外，并因此不在表 5.1 之列，其原因要么是他们没有面向普通读者写作，要么是他们的作品不具有可识别的政治视角或意识形态维度。

表 5.2，系对表 5.1 载明的有关公共知识分子的简要统计数据。该表把这些人划分为两组，活着的公共知识分子（截止至 2000 年中期）和已故的公共知识分子，以此作为一种识别公共知识分子市场趋势的原始分类方式，不过，这种分类方式却颇具意义。两栏数据之间的对比表明，活着的公共知识分子与已故公共知识分子相比，女性、黑人或依附型公共知识分子（即为大学或者思想库所雇用的人）的比例较高。思想库雇用的公共知识分子，两类数据的比例差距尤其巨大，已故公共知识分子占 1.1%，而活着的公共知识分子比例达到 9%，这一点对于解释已故和活着的独立的公共知识分子巨大的比例差异至关重要。[12] 注意，甚至活着的公共知识分子，他们的平均年龄亦非常之高（64 岁）。本书第二章曾对公共知识分子可能的年龄分布大致进行了一些剖析，这一点与那些剖析是相互映证的。

纵览各种门类的学科领域，我们可以看到，身为法律人或经济学家的公共知识分子比例正在突飞猛进。就法律人的情形来说，这反映了法律在美国社会中不断增长的重要性，以及学术型法律人日益跨越学科界线之动向；而就经济学来说，它则映射出，近几十年来经济学所迈开的广阔步伐以及不断发展的精确严密，也许还体现了政府的成长。确定无疑的是，作家的比例正在下降，这可能折射出知识的日益专门化，从而导致他们难以就公共事项富于权威地创

---

〔12〕至于 1969 年卡达辛提出的 172 位"精英知识分子"（他提出的 70 位最卓越的精英知识分子名单，即源于此）的样本而言，只有 40% 的人属于学术人员。参见，Kadushin，前注〔8〕，页 20。

作。[13]

《纽约时报》雇用保罗·克鲁格曼（参见本书第三、四章）撰写经济学专栏文章，这些文章刊登于报纸的言论版，而非商业版，这可以算得上经济学家将日益控制公共知识分子市场份额的先兆。除了克鲁格曼以外，还有不胜枚举的经济学家亦在这一市场中积极行动，他们当中许多人声名远扬：比如，加里·贝克尔、罗伯特·巴罗（Robert Barro）、马丁·费尔德斯坦、米尔顿·弗里德曼、罗伯特·索洛、以及莱斯特·瑟罗（参见本书第四章）。经济学是一门日益完善的学科，并且，倘若他们在公共知识分子作品中坚持他们的专业领域，那么，一个领域的改进完善当会体现充溢于耕耘者的公共知识分子作品之中，正如公共知识分子经济学家已经趋向于如此行为那样。他们的大多数公共知识分子作品属于相对没有问题的类型，本人将其称为"自我大众化"以及"本人领域的政策建议"。尽管如此，但仍然如我们所见，媒体看起来似乎并未对经济学家实行细致的质量甄别。

表5.3依据媒体提及的次数，列明了媒体提及最多的100位公共知识分子。尽管这一名单包括众多理所当然属于闻名遐迩的公共知识分子，包纳了此后章节中将详细讨论的几位公共知识分子，同时排除了本书第四章提及的预测错漏百出的知识分子，比如，保罗·埃利希、爱德华·卢特瓦克以及莱斯特·瑟罗，但是，此种人物的包括、排除以及排序强化了前文表达的对公共知识分子市场上的质量差距的关注。本人在后文中拟探讨的许多著名公共知识分子，却

---

[13] 比照，Tony Judt, *The Burden of Responsibility: Blum, Camus, Aron, and the French Twentieth Century* (1998)："在20世纪50年代期间，文学方面的知识分子逐步为社会科学家——历史学家、社会学家、人类学家、心理学家——所替代，但是，在公共对话的质量方面却并没有出现明显的收益。在形形色色的专业领域中，男男女女有关学术专长方面的声誉不断兴起，而不论这种声誉的兴起能够促成何种情形的专业化知识，但都为这样的一种预期所抵销中和了，即预期他们应该能够就任何事项发表高见。"

不在该表之列，例如，丹尼尔·贝尔、韦恩·布思、罗纳德·德沃金、格特鲁德·辛美尔法伯、马莎·努斯鲍姆、罗伯特·帕特南、戴维·里斯曼以及理查德·罗蒂。该表也没有包括阿兰·布卢姆，并且，这一样本中活着的公共知识分子比例更高，暗示了这一市场具有鉴别力匮乏以及记忆短暂的特征。这一名单中的许多人并没有因为对公共论辩所作的贡献而赢得高度评价，同时，在表5.3中，卡米拉·帕格利亚的排名超过了阿玛蒂亚·森和詹姆斯·Q·威尔逊，因此，几乎不可能视其为有关知识分子质量的令人信赖的指标。尽管瑟罗不在此表之列，但让我们回头看看表5.1，该表揭示，瑟罗的媒体提及次数系加里·贝克尔2倍之多，尽管贝克尔的公共知识分子作品（包括在《商业周刊》定期发表的专栏文章）在准确预测的方面比例稍高。[14] 为了保持正确观察事物的洞察力，本人指出，即便非常著名的公共知识分子，其媒体声誉亦趋向于相对中和。在我的样本中，惟有三位公共知识分子媒体提及的次数超过了1万次，媒体提及数量最高的是亨利·基辛格，总共也未超过13 000次。请读者对比，迈克尔·乔丹的媒体提及为108 000次，托尼·布莱尔的提及次数为138 000，玛丽莲·梦露的提及次数为(33 000)，而柯林·鲍威尔的提及次数为2万。[15]

表5.4依据学术引证的数量，列明了表5.1中学术引证最多的前100位公共知识分子（并因此只限于表5.1中的学术人员）。尽管该表的名单与表5.3有一定程度的重叠（正如本人先前论及的那样，依据媒体提及次数测度的100位最著名的公共知识分子中，有18位学术引证率非常高），但是，这两种排名的差别是显而易见

〔14〕参见，Gary S. Becker and Guity Nashat Becker, *The Economics of Life*: *From Baseball to Affirmative Action to Immigration*, *How Real – World Issues Affect Our Everyday Life* 9 – 10 (1997).

〔15〕本人将这些提及次数缩略至以千为单位。该表格的编制，系在柯林·鲍威尔担任国务卿以前。

的。最卓越的学术公共知识分子，并非属于可以忽略的学者；表5.3 中的 50 位学术人员，其学术引证数量占表 5.1 中 354 位学术人员的全部学术引证数量的 16.7%。倘若封杀了渴求声誉的学者成为著名公共知识分子之机会的话，并且最终促使他们偏向选择非学术职业，那么，这将给人们一种有关学术成本到底可能是什么的感觉。然而，可以换一种方式来诠释这一数据，那便是，由于大多数杰出的学术公共知识分子——倘若其把精力集中在学术研究之上——可能拥有更高的学术引证率，正如我们此后将看到的一样，那么这些数据就暗示着，由于把学术精力偏向于公共知识分子市场，从而将导致学术失去一些东西。

表 5.4 不应视为学术公共知识分子相对学术地位的权威指引，而既然大多数学者不属于公共知识分子，因此，更不应该视之为所有学者的排名列序。在该表格中，许多排名居前的公共知识分子在学术界的争议异常激烈，同时，不少学术上登峰造极的公共知识分子却根本不显山露水——既然学术期刊的引证数充其量不过是学术质量、学术影响或者学术声誉的粗略描述和原始表征，尤其是运用学术引证来比较不同专业领域的学者时，那么，这一点便毫不令人诧异。不同学术领域在学术引证实践、学术期刊数量以及相关学术界的规模等方面千差万别，也许会影响到他们的排名，但这种排名与其学术研究的价值无关，当然，正如我们曾经提及的那样，这些扭曲变形也许并不象人们想像得那么严重。[16]

对表 5.3（媒体提及最多的 100 位公共知识分子）的结果进行解释时存在一个问题，即对他们的许多引证根本就不是引用他们的

---

〔16〕 正如乔纳森·科尔（Jonathan Cole）、斯蒂芬·科尔（Stephen Cole）指出的那样，学术领域的影响也许应该取消。一个领域越大，涉及的学术引证便越多，而且可引用的著作和文章也就越多，因此，每位学者的平均引证数量可能并不太高。参见，Cole and Cole, 前注〔7〕，页 26。

公共知识分子作品。一个恰当的例子又是诺姆·乔姆斯基，他的科学作品对于普通教育的社会公众来说有一定的趣味，因此可能为大众媒体所提及。但是，在对乔姆斯基的 150 项媒体提及的随机抽样调查之中，几乎有 90% 的媒体只提及了他的政治观点，而非他的科学思想。至于该表格中的作家，既然他们的作品大多数涉及政治性边缘，因此，倘若要对他们的媒体提及进行区分，分成作为公共知识分子的媒体提及和对他们作品纯文学兴趣的媒体提及，简直是难于登天。

图 5.1 依据表 5.3 中公共知识分子的排名，绘制了媒体提及数量曲线。该曲线的最高点，表示亨利·基辛格的媒体提及数量，因为依媒体提及次数他的排名最前；而该曲线的底部，则是乔治·斯蒂格勒的媒体提及次数，因为他在表 5.3 中媒体提及的次数最少。请注意这一曲线中凸的形状。媒体提及的次数起初下降得非常剧烈，但自排名第 22 位（戈尔·维达）开始，这一曲线便十分平和舒缓地下降。表 5.3 中的前 10 位公共知识分子，占该表中所有公共知识分子媒体提及数量的 31%，并占据表 5.1 中总共 546 位公共知识分子媒体提及总数的 21%，而同时，排名最后的 10 位公共知识分子的媒体提及次数，仅占表 5.3 中所有公共知识分子媒体提及次数的 5%。这一模型暗示着，公共知识分子之间声誉的分布，存在着高度不均衡。尽管公共知识分子共同体所表达的主题广阔无际，但看起来似乎只需相对少数的人就能够满足人们对他公共知识分子作品的大部分需求。这是一个识别力匮乏的市场之可能迹象。公共知识分子市场上懒散的监督者，宁可选择一位名人知识分子，即便在其专业领域之外发表高见，也不愿意就特定的主题找寻特别的专家。

图 5.1 中曲线的形状与如下假设是保持一致的，即对公共知识分子的评价在于其确认强化读者的偏见，而不仅仅作为信息或者洞察之渊源。读者通过阅读所在社群其他成员所阅读的知识分子作

品，而确认其作为一个志趣相投思想者社群之一员。(即便只是购买和陈列某位公共知识分子的著作，便可以将其纳入某一特定意识形态的社群，姑且不论是否费心去浏览他们的任何著作。)[17] 此后，知识分子——基辛格有关外交政策的强硬立场、巴克利对保守的天主教的支持等等——便成为一场讨论争辩之焦点、一次集合协同之关键、一个社会网络之节点、一种社群主张之人格。这一模型要求，每一个思想社群皆应以一位或几位知识分子为核心；否则，朝向这一社群人格化的焦点目标将会模糊不清。

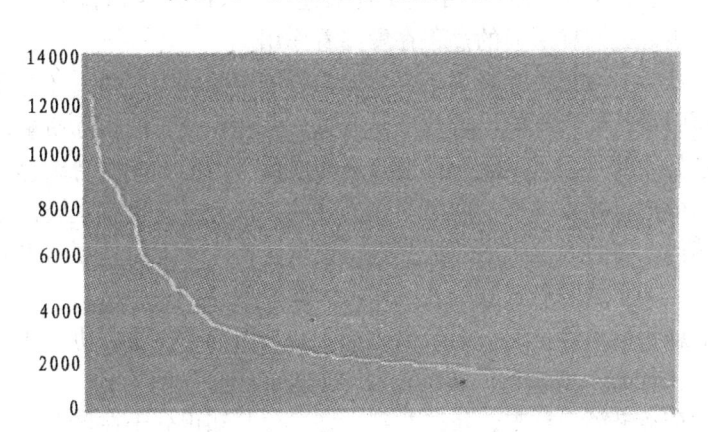

图 5.1 作为排名之函数的媒体提及

泰勒·柯温在摩西·阿德勒早期作品观点的基础之上，[18] 提出

---

[17] 关于这一点、以及对需求的社会影响的其他例证，参见，Gary S. Becker, "A Note on Restaurant Pricing and Other Examples of Social Influences on Price," in Becker, *Accounting for Tastes* 195 (1996).

[18] Moshe Adler, "Stardom and Talent," 75 *American Economic Review* 208 (1985).

了有关大众文化的类似观点。爱好者们倾向于汇聚在一部分"明星"的周围，这些明星，在其专业领域内并不必定属于最顶尖的人物（柯温列举的例子是篮球运动员丹尼斯·罗德曼），但他们具有鲜明的个性，从而促使他们更容易成为志趣相投的人们所环绕着的中心。[19] 紧密汇聚在某一个核心周围，也许可算是协调人数庞大繁杂的群体之惟一方式，倘以其他任何方式协调，都可能是一盘散沙。"假如许多爱好者寻求一位明星扮演者作为其核心人物，那么，这一明星的选择标准就必须清晰明澈、便于观察并易于评价。因此，大众文化对待道德事项和审美问题过于简单化，甚至相对于构成它的爱好者的观点而言，亦是如此。"[20] 在公共知识分子市场上，也许是同样层面的过程在发挥着作用。

社会公众把关注聚焦于公共知识分子中的冰山一角，还存在另一项因素，即合理的羊群效应。有关公共知识分子的实际质量，其信息是如此贫乏，以至于社会公众的成员不可能如此明智敏感，因此只得把目光投向那些闻名遐迩的公共知识分子，也就是说，去关注其他大多数人也关注的那些人。究竟是些什么人的作品值得人们阅读，关于这一点，其他人所作出的选择传递了一些信息，当然此种信息相当单薄。这一因素强化了公共知识分子声誉中协同或"追星"（fandom）要素所产生的偏差。

在本书第二章中，我注意到，许多公共知识分子在名气上升的过程中，运气亦构成一项因素。运气与质量，几乎没有任何关联。而且，一位公共知识分子一旦功成名就后，由于强化协同之需求以及合理的羊群效应所派生的雪球效应，会进一步提升他的知名度，促使他相对于其他人或许相对于能力更强的公共知识分子而言，更

---

[19] Tyler Cowen, *What Price Fame?* 16–22 (2000). 亦见，Joshua Gamson, *Claims to Fame: Celebrity in Contemporary America* 132 (1994).

[20] 参见，Cowen，前注[19]，页17。

为声名远扬。

可是,对于媒体提及的偏差所作的上述解释,却因表5.4(表5.1中学术引证最多的100位学术人员)载明的有关学术公共知识分子的学术引证模型而悄然破碎。因为它只是偏差。表5.4中学术引证率最高的10位学术人员,引证数量占了该表所有人学术引证总和的29%,并占据表5.1中所有学术人员全部学术引证的23%,而表5.4中学术引证最低的10位学术人员,只占该表所有人学术引证总数的4%。这些数据与媒体提及分布的数据几乎如出一辙。但是,要记住,表5.4所选取的样本仅限于公共知识分子。对媒体提及偏差与学术引证偏差的适当比较,应该从作为同一整体的学术界抽取样本,而不是只从作为公共知识分子的学术人员中取样。表5.4中有关个人学术引证的偏差,或许只不过表明,纵然媒体也会稍稍提及那些声名远扬的学术人员,并因此他们可能进入表5.1的名单之中,从而亦有资格列入表5.4中,然而,表5.1(并因此表5.4)中的大多数学术人员却非常可能来自于学术声誉层级更低的人。

领域效应也当属一项可能的制约因素。兰德斯和我对公共知识分子法律人的研究是一项基于抽样调查对学术贡献的研究,它不存在所谓的领域效应,而且,报纸提及同学术引证相比,存在的偏差更加严重。在我们选取的样本中,学术引证数量居于前10%的公共知识分子法律人,仅拥有全部引证数量的18%,[21]而在表5.4中,这一比例却达29%。据本人了解,存在一项有关学术人员综合性引证的惟一排名——1969年至1977年期间,社会科学引文索引(SSCI)引证最多的100位作者——在该排名中,对前10位学

---

[21] 参见,Landes and Posner,前注〔3〕,页336。此处所报道的数据实际上是22%,而且它所指的是在94人的样本中前10位公共知识分子所占的份额,超过了这一样本的10%;本人的数据是针对前9位公共知识分子,数值稍低于10%。而对于后10%的公共知识分子,本人不可能作出类似的调整;最后的10位公共知识分子引证率占5.4%。

术人员的引证占全部引证数量的24%，而引证率最后的10位学术人员在全部引证数量中占据10%，[22]这两项数据与依照表5.4所计算的相应数据对比，一项要低些，而另一项则更高些（依照表5.4所计算的这两项数据，分别为29%和4%）。

在成本相对于产出来说保持恒定的任何市场中，我们皆可以预期此种偏差的存在；这便是本书第二章讨论过的"明星"效应。由于引证某一专业领域内最优秀的学术著作，与引证次优的学术作品比较而言并不耗费更多的成本，因此，最优秀的著作可能占据人们引证的大多数，即使这些著作的质量差异很小。这只是在学术引证偏差以外，一种对公共知识分子引证的渐进（incremental）偏差，它表明，在公共知识分子市场上出现了额外的力量，诸如运气、羊群效应和高信息成本等相互关联的因素。

表5.5推出了表5.3所列有关公共知识分子简略概要的统计，故表5.5与表5.3之间的关联性便正如表5.2与表5.1的关联性一样。然而，鉴于表5.4的样本包括一部分已故公共知识分子，故本人未就他们单独制表。不过我注意到，该表中68位活着的公共知识分子平均年龄为68岁，与大样本相同，而32位已故公共知识分子的平均年龄数值为104，*比大样本稍高。

广而言之，表5.5的结果类似于表5.2中第一列的那些人（既包括活着的、亦包括已故公共知识分子）。[23]两个表最显著的不同

---

〔22〕制表根据，Eugene Garfield, "The 100 Most - Cited *SSCI* Authors,"*Current Comment*, Nov. 6, 1978, p.5: 也发表于，Garfield, *Essays of an Information Scientist*, Vol.3, p.675 (1977–1978).

* 有必要提请读者注意，表5.2注释c，即年龄的计算，指从出生日期计算到2001年的期间数，因此才可能出现表5.2中所谓已故公共知识分子的年龄数值为97，而表5.5中这一年龄数值为104。——译者

〔23〕限定词"广而言之"（broadly），值得强调；卡方检验（a chi - square test）表示，两个样本（表5.1的大样本与表5.2的小样本）之间不具备多少关联性。

在于，表5.5包括的作家要比表5.2的比例高得多——34%对14.3%。这也是该表中前100位公共知识分子中学术人员比例更低的原因之一（50%对64.8%），因为作家与这些表格中其他大多数专业领域的人士相比，获取学术职位的可能性更低。就抽取公共知识分子样本来说，倘经历的挑选越多，学术代表性就越小，这一事实为如下主张提供了一些支持，即学术化可能与公共知识分子的行为存在抵触倾向。不过，上述支持是比较微弱的；在大样本中，许多外国人已不在人世，比例有些失衡，表明他们是从稍大的年龄段分布中抽样而来的，并且与新生代公共知识分子比较说来，他们属于更不可能去寻求或获得学术职位的一代人。

表5.5列明了每一类型公共知识分子的媒体提及的平均数量。[24]非学术人员的媒体提及次数趋向于比学术人员更多，这与本人有关学术效果的主张是相互印证的。[25]媒体对活着的公共知识分子的引证率，大大高于已故公共知识分子，这可谓一项有关大多数公共知识分子作品具备当下性（presentist）——或者不太客气地说，趋向性（trendy）或者短暂性（ephemeral）——特征的进一步线索。当然，人们也会预期学术作品的贬值。[26]但值得注意的是，尽管表5.3中32位已故公共知识分子媒体提及的次数，平均只占活着的公共知识分子的2/3，但表5.4中27位已故学术公共知识分子在学术引证方面，平均而言却要比活着的公共知识分子更高——2 271对2 189。公共知识分子作品比学术著作更短暂易逝。

---

[24] 表5.2未设置相应栏目，因为该表所依据的公共知识分子名单（即表5.1所列名单）并非随机的，也不可能推定其具有代表性，但本人主张表5.4所列具的名单具有代表性。

[25] 对思想库成员引证的高比例并没有什么意义，原因在于，这一子样本的规模实在太小了。

[26] 比如，参见，William M. Landes and Richard A. Posner, "The Influence of Economics on Law: A Quantitative Study," 36 *Journal of Law and Economics* 385, 395–397 (1993).

政府服务对引证的重大影响，以及新闻学、经济学和政治学作属引证数量最多的领域，这一事实表明了媒体对公共知识分子作品关注的现实性质。加里·贝克尔在报道乔治·斯蒂格勒（本书第二章中我们已经提到了他）受聘一家商业杂志撰写每月专栏文章时，说道：

> 斯蒂格勒不仅是一位卓越超群的经济学家，而且也当属最为优秀的经济学作家之一。乔治的专栏文章机智诙谐，敏锐切题，且文笔优美，不过，他的这些文章重在分析，而几乎没有提供政策建议。一年之后，他没有再撰写这些专栏文章了，因为他觉得，他只是在为自我而写作，他基本上没有获得读者的反馈。主要原因在于，他没有对政策问题采取一种强硬的立场。[27]

然而，本人的猜想是，政府服务的主要意义旨在促使一位知识分子更深入地为社会公众所知悉。在一个商品质量存在重大不确定性的市场上，声誉的认可属于一项极其重要的资产。你"听说过"某人，这一事实就是你认为他值得一听的部分理由。

尽管表 5.5 列明的公共知识分子中大约有 2/3 在政治上偏左，不过，对左翼或者右翼公共知识分子引证的平均数量却相当接近。这一模式与本人的推测保持一致，即公共知识分子主要是面向赞成他们立场的人高谈阔论。假定，社会公众中的左翼人士仅阅读左翼公共知识分子的作品，而右翼人士只阅读右翼公共知识分子的作品，在这样极端化的例子中，我们可以预期，每一阵营中一般的公共知识分子都将拥有同样的引证数量。换一种说法便是，对于每一项政治主张而言，皆由同样数量的公共知识分子主张，然而，左翼

---

[27] Gary S. Becker and Guity Nashat Becker, 前注 [14]，页 6。

公共知识分子的媒体提及数量平均起来却为右翼人士的二倍。那本来是不太可能的。大致推测来说，社会公众中属于右翼少数派的人士对于名人的嗜好，与属于左翼多数派的人士相同。因此，每一位右翼公共知识分子平均而言，应该与每一位左翼公共知识分子同样显著突出。每一片天空，都有自己的繁星点点，这些星辰几乎同样地明亮闪烁，只不过有一片天空相比另一片天空点缀着更多的星星罢了。

对这种模式的预期还存在其他理由。假定媒体提及与全部收入相关，所谓收入，让我们想想，它既包括人们的喝彩（以媒体提及来表示），而且也包括其他非货币满足以及货币满足，那么，我们可以预期，媒体提及的平均数量，右翼和左翼公共知识分子基本上是相同的。因为，倘若换一种方式来说——就媒体提及而言，一般的左翼公共知识分子在实质上要比一般的右翼公共知识分子更多——这将暗示着，前者获取的全部收入要比后者更高。若是如此，那便会促成公共知识分子在政治上掉头倒戈之倾向，直至这种比例恢复均衡状态。这种均衡状态的获得与如下情形是同样的，即倘若同一项工作的工资，在某个地区比同一国家的另一地区更高，且重新安置的费用相对于工资差额更小的话，那么就会发生：工人从低工资地区流向高工资地区，直至这种工资差额（扣除重新安置的费用以及任何生活费用的差额）的消失。

主要刊登公共知识分子言论的重要杂志（即表5.6中的"A组"出版物），[28] 其发行量初看起来似乎与上述主张存在紧张关系，不过，它还是表明了左翼（左边一栏）公共知识分子杂志与右翼杂志之间同等。然而，这些数据有误导，原因是，公共知识分子其他的言论性论坛大多数属于左翼；只是由于公共知识分子言论并

---

[28] 本人忽略了《大西洋月刊》，因为在我看来，该杂志——显而易见属于一个公共知识分子论坛——并没有政治上的倾向。

非这些杂志的首要焦点，故它们没有包纳在 A 组之中，而单独归属于 B 组。当综合两组发行量时，在以册为单位计算的出版物中，65％属于左翼。这一点与媒体提及最多的 100 位公共知识分子中左翼与右翼人士之间的平衡是一致的，并且也与本人的假定相互映证，即公共知识分子个人之间的声誉是等同的，不论其政治倾向如何。

左翼公共知识分子中 2/3 以上的多数人主张，公共知识分子作品的市场主要是一个属于左翼人士的市场，这一主张与人们对关注公共事务、受过高等教育的人们政治倾向的一般印象彼此呼应，不过，上述人士并不能充分地代表工程师和商业执行官那一阶层，即便他们中许多人既持保守观点、亦受过高等教育。然而，并没有迹象表明，媒体在区别性地（*discriminating*）支持左翼公共知识分子。倘若右翼人士接受的媒体提及平均说来要比左翼人士更多些的话，那么，媒体才算得上区别性地支持左翼公共知识分子，因为那表明，媒体正在更深地陷入了左翼公共知识分子的池塘，而进入右翼公共知识分子的池塘要更浅一些，换言之，媒体偏好于晦涩难解的左翼人士，而非艰深玄妙的右翼公共知识分子。

然而，犹太公共知识分子的媒体提及次数平均来说要比非犹太公共知识分子更为频繁，不过相比而言，黑人公共知识分子和女性公共知识分子媒体提及的平均次数，则要分别低于白人公共知识分子和男性公共知识分子。这一模式也许暗示了媒体对犹太公共知识分子和白人男性公共知识分子的区别性对待，正如我们所见，当然此种暗示相当微弱。就像在相对更为著名的白人男性公共知识分子或犹太公共知识分子与名气相对稍次的黑人或女性或非犹太公共知识分子之间，媒体倾向于选择后者一样。它们可能在迎合读者的口味。或者，它们也许相信，黑人或女性公共知识分子大概与白人男性具有不同的观点，不应忽略，或者（但貌似合理的程度更低）许多犹太人"思维类似"，并因此可能观点雷同，故要求媒体对犹太公共知识分子关注的情形稍稍实行一些限制。

著名公共知识分子中的犹太人代表有些过大，无庸置疑，这是与其在媒体和学术界的振振有词不无关联的，并且，也许尤其是与犹太人在言词方面的高智商密不可分，他们在这方面的智商相对于其他分组来说表现得特别高。[29]

表5.7试图揭示对声誉的三种测度（网络点击、媒体提及以及学术引证）之间的相互关联，分析对象是，近5年以来媒体提及数量最多的100名公共知识分子中的50位学术人士。鉴于网络的多样性特征——即网络点击既包括学术著作、亦涉及非学术作品的事实（因此，该表中网络点击与学术引证之间呈现出正相关，当然这种相关性非常微弱）——因此，在媒体提及与学术引证之间的相关性最为有趣。正相关表明，公共知识分子的社会地位和学术成就是相互补充的，而负相关则暗示着，它们之间具有替代性，然而，倘若它们之间不具有相关性的话，则说明公共知识分子的社会地位与学术引证之间毫无关联。此种相关性为负值，表明媒体提及的增加以学术引证为代价（或者反之亦然），我们试想想，倘若公共知识分子作品既对学术工作毫无支持，受学术贡献的影响也不大的话，那么上述观点便颇具意味。但表5.7所揭示的相关性在统计学的层面上却属无关紧要。

表5.8运用多元回归分析，尝试解释表5.3所揭示的学术公共知识分子声誉的方差。因变量，为该表中50位学术公共知识分子的媒体提及次数。自变量，为表5.3和表5.5中的主要分类（专业

---

[29] Kevin MacDonald, *A People That Shall Dwell Alone: Judaism as a Group Evolutionary Strategy* 189 (1994). 在卡达辛的样本中，犹太人的比例更高——50%。参见，Kadushin, 前注[8], 页23。

领域的分类除外），并加上学术引证的数量。[30] 倘若系数的表示不等于常规的 5% 水平上之 0 值的话（这意味着，只有当概率为 5% 时，系数的表示实际上才为 0），即具有统计意义上的显著性，那么，在表 5.8 以及此后的表格中便以黑体字表示有关数值。[31]

在表 5.8 中，惟一两项具有统计显著性的系数是为政府服务以及学术引证（只在小样本中成立）。按照人们的预期，政府服务对媒体提及具有正效应。学术引证则具有负效应，[32] 这意味着，学术贡献并不能促成公共知识分子的声誉——事实上反而减少了他们的声誉，原因大致是，或者学术产出需要以公共知识分子作品为代价，或者因为学术职业与公共知识分子职业存在更深层次的不兼容。一位希望在公共知识分子竞技场上功成名就的学术人员，我向其奉献的最佳建议，便是参与政府服务，以替代不辞辛劳地舞文弄

---

〔30〕除学术引证外的所有自变量，皆为虚拟变量（dummy variables），即取值为 1 或 0 的变量。观察的数量（The number of observations）（以 N 来表示），由于数据的遗漏，要比所测试样本的数值更小。

本人未将年龄作为变量，原因是，年龄与活着抑或已故关联密切，而只需使用活着的/已故的变量已经非常适合。

〔31〕t 分布（t-statistic）至少为 1.96（正负皆可）时，才在 5% 的水平上具有统计显著性（statistically significant），并且，当样本规模小于 120 时，这一数值可以稍高些，正如在本人的回归计算中便如此。R_2 是该回归方程（the regression equation）所表示的观察数据的方差的百分比。调整后 R_2 减 R_2 反映这样一项事实，即随着自变量越来越大，该方程所表示方差的数值通常都会增加（并且从来也不会减少），而不论这些变量的解释性价值如何；就极限而言，倘若本人计算的回归数值（regressors）与观察数据一样多的话，那么，R_2 将等于 1。F 分布（The F-statistic）是一种有关该方程作为整体是否具有实质性解释力的测度方法；换一种表达方式，它是一种自变量的共同统计显著性的测试。本人所有的回归分析，皆在 3% 的水平或者更高的统计显著性水平上"通过了"F 测试，正如每一表格中皆有"Prob >"一行所表示的那样。

〔32〕一项学术引证只减少了媒体提及数量的 0.61（还不到 1），可是，对于大样本来说，政府服务却增加了 1 000 多次媒体提及，对于小样本来说，增加媒体提及的次数几乎达到 2 400 次。但学术引证对媒体提及的比例效应，却并不是轻微细小的，正如在下一项回归分析中将更清楚地展示这一点。

墨、发表更多的学术作品！

当人们考虑公共知识分子在竞相引证、如同比赛一般所拥有的优势时，媒体提及与学术引证之间的负相关表现便尤其明显。大多数公共知识分子文笔优雅，这样令他们的学术作品更容易为其他领域的学术人员所接近，并因此，学术人员选择引证其他专业领域的期刊文章的可能性相当大，而不引用他们同仁的作品，也许是由于那些同仁的写作天赋稍占下风吧。进而，他们源于公共知识分子作品所获得的声誉，促使他们更可能谈及一位另属其他专业领域的学术人员的思想，即在谈论者本人的领域以外著述研究的那些学者的思想，并因此引证那些人的作品。这一点可称为"马太效应"（对于具有马太效应的人来说，他所获得的比他应得的要多），社会学家罗伯特·默顿在一项有关学术声誉的开拓性研究中，对此给予了特别的强调。[33]

事实上，一项抽样调查表明，众所周知的学术公共知识分子，比如，斯蒂芬·杰·古尔德、马莎·努斯鲍姆以及理查德·罗蒂，他们在其学术领域以外的期刊中，也获得了相当比例的学术引证。而在媒体声誉和学术声誉之间仍然存在着显著的负相关，这表明公共知识分子作品与其学术著作内置着一定程度的不兼容，这种不兼容淹没了学术公共知识分子在学术引证竞争方面的自然优势。

假定学术著作和公共知识分子作品可以相互替代，而非相互补充，对于这一假定更直接的测试是，研究表 5.1 或表 5.3 中学术人员的学术产出（也许可以用学术引证来衡量）与其公共知识分子工作的产出之间的相关性。那将是一项庞大繁杂的课题，本人拟把它

---

[33] Robert K. Merton, "The Matthew Effect in Science," 159 *Science* 56 (1968).

留待未来去研究。[34]

在表 5.8 分析的大样本（标明为"全部"的那一栏）中，学术引证的负效应为一项统计意义上并不显著的正效应所取代，这意味着，媒体名气与学术声誉不具相关性。[35]但当人们考虑大样本"能拿多少算多少"的特征时（并且，请注意它具有低得多的 R^2 和调整后 R^2），小样本中显著的负相关就更具有揭示性。无论如何，媒体在选择公共知识分子上就是那么毫不顾及学术地位，这一点分外明显。不过，从本章以及前文章节中对公共知识分子市场所分析的特征来说，这一特性根本不令人惊异。

另请注意，在表 5.8 中，当考虑其他变量对公共知识分子声誉的影响时，尽管有关种族、性别、人种的变量与表 5.5 所显示的数值类同，但这些数值并不具有统计显著性。即便存在前文所述的对不同类型区别对待的情形，这种区别性也显得有些微弱。正如本人估计的那样，有关数据并未表明存在政治上的区分。

由于媒体提及和学术引证存在偏差，故有人主张，在进行回归分析前把这些变量转化为自然对数形式。回归分析假定变量为线性的，而对数形式则是对非线性函数进行的一种线性切换。表 5.8a 与表 5.8 属于同一项回归分析，只是表 5.8a 中那二类变量切换为自然对数。

采取自然对数形式，出现了更高的 R^2、调整后 R^2、以及 F 分布

---

[34] 比照，Harriet Zuckerman, *Scientific Elite: Nobel Laureates in the United States* 222–230 (1977), 该著作发现，获得诺贝尔奖减少了获奖者的学术产出，部分原因是，"人们请求他们提供咨询、发表演讲、撰写评论文章、更积极地参与政策决定、以及提供其他公共服务"，这听起来就象是公共知识分子的地位要求以耗费学术人员的时间为代价。参见，同上书，页 222。

[35] 在兰德斯与本人有关公共知识分子法律人的研究中，学术引证对于报刊提及具有正效应，尽管就此种效应进行测试而言，这种效应只在这两项回归方程的一项中具有统计显著性。参见，Landes and Posner, 前注 [3]，页 339 (表 7)。

的数值，这表明对数形式更适合这一数据。小样本的结果与表 5.8 的结果相吻合，只是学术引证变量的负系数低于 5% 的统计显著性水平（而在 6% 的水平才具有统计显著性），大概是因为对数形式具有降低更大的观察资料权重的效果吧。大样本中最有趣的结果（考虑到大样本能拿多少算多少的特征，因此，本人并不认为，黑人和右翼人士的变量显著的正系数具有特别意义），是学术引证变量坚挺有力的正系数，逆转了小样本的征兆。以自然对数形式所表示的变量富于弹性，故此，表 5.8a 显示，尽管在小样本中，学术引证增长 1 个百分点，伴随着媒体提及下降 1 个百分点的 1/7，而在大样本中，学术引证增加 1 个百分点，媒体提及也上升了 1 个百分点的 1/3。

这些结果可能调和吗？本人以为可能。由于媒体提及高度偏差的分布，100 位最知名的公共知识分子占据了它们之中的绝大部分（事实上占了 67.5%），而 200 多位其他公共知识分子则瓜分了剩余的部分。因此，大样本由那些可能在相当程度上被描述为对大众媒体晦涩朦胧的公共知识分子所控制，尤其是当对它的一些特征进行矫正之时，比如，为政府服务便可能促成一些人为社会公众所关注。而对于其他人来说，可能赋予他们一些公开露面机会的惟一事项，只是他们的学术贡献，并因此，在大样本中学术引证与媒体提及之间存在着统计意义上显著的正相关，这毫不令人惊奇（而且，对数形式还导致这一分组中提及次数过多的人以更小的权重）。然而，在吸引大多数媒体关注的、最著名的公共知识分子之中，其他因素决定了他们相对的地位。成为闻名遐迩的公共知识分子之一员，所需要的不仅仅是学术声誉。事实上，学术声誉可能在运作中反而会拖公共名声的后腿，因为学术工作将导致他们无法将大量时间投入公共知识分子工作，或者他们的作品可能体现出一种不利于与非专家的读者交流的思想形式或者智识风格。

表 5.8 和表 5.8a 限定于学术公共知识分子。而表 5.9 首先将分

析扩张至 100 位媒体提及最多的公共知识分子的全部，随后又扩展至 546 位公共知识分子的完全样本。但为了替代学术引证——请记住，本人将学术引证全部归结于学术人员——本人引入了一项虚拟变量，即如果某人属于一位学术人员的话，则取值为 1，若是属于非学术人员的话，则取值为 0。表 5.9a 就因变量使用对数形式重新进行一项回归分析。

表 5.9 和表 5.9a 的结果类似于前两个表。在表 5.9 中，应注意有关"学术人员"的统计显著性负系数：其他事项不变的前提下，一位学术公共知识分子可能要比一位非学术人员接受的媒体提及更少。而且值得关注的是，在大样本中，有关"已故公共知识分子"的统计显著性呈负相关；同时，在小样本中，它只差一点点而错失了习惯意义上 5% 水平的统计显著性。因此，在其他事项相同的条件下，一位已故公共知识分子与活着的公共知识分子相比，更不可能为媒体所关注。这与大众媒体关注知识分子的当下性和名人效应是一致的。

表 5.9 的对数版本也几乎没有提出令人意外的数据。就该表的两类样本而言，政府服务和学术人员的变量皆在 5% 的水平上具有统计显著性，并且保持同一方向，正如在表 5.9 中一样。在两类样本中，已故公共知识分子皆不具有统计显著性。这些效应相当巨大。在媒体提及最多的 100 位公共知识分子的样本中，成为学术人员将减少其媒体提及的 37%，去世则将减少媒体提及的 30%，而政府服务却能增加媒体提及的 57%。

最后，针对 100 位和 546 位公共知识分子的两类样本的媒体提及，表 5.10 进行了另一项回归分析，我以表 5.5 中的主要专业领域（正如以样本中的职业领域的数量作为量度）替代学术人员和思想库的变量。正如在先前的表格中一样，政府服务对媒体提及的效应呈现出强烈的正相关，而已故公共知识分子在大样本中具有显著的负效应，在小样本中则在 10% 的统计显著性水平上产生负效应。

该表显示出部分全新的内容，即成为一位新闻记者或作家对于媒体提及的增加具有强烈的正效应。新闻记者和撰写虚构文学的作家，皆属于与非专业读者进行交流的专家。那可谓公共知识分子作品具有内在的修辞性特征的进一步证据。当以对数形式重新计算有关数据时（尚未发表），表5.10的回归方程实际上会产生与小样本同样的结果，但在大样本中，新闻业尽管仍然与媒体提及呈现正相关，但已经不再具有统计显著性了，而人文学科、社会科学、法律以及出版业皆具有统计显著性之负系数。人文学科和社会科学属于学术领域，而该样本中大多数法律人从属于学术人员；这些负系数也许正从一般性的层面上汇聚学术职业对于媒体提及的负效应，这可称得上是本章的一项主要发现。

附录：搜索和评估程序[36]

网络点击。网络点击次数的计算，使用Google搜索引擎（网址是：www.google.com）。之所以对Google搜索引擎情有独钟，而未选择其他搜索引擎（诸如Yahoo、Excite以及AltaVista），是因为Google搜索引擎计算点击次数的方法更为准确。大多数搜索引擎只是依据所搜索单词或者词组（就本书而言，指书名）出现的次数而对点击数进行排列。而Google搜索引擎根据一个网站的重要程度对查寻结果进行权衡而排列，一个网站的重要程度又通过它与其他站点的链接来测度。[37]

---

〔36〕本附录系与本人的研究助理伊利莎白斯·史密斯（Ilisabeth Smith）和布莱恩·戴顿（Bryan Dayton）合作整理。

〔37〕关于Google搜索引擎的分类和排列方法，更多信息可向该网站咨询。请点击页面上"其他事项"，然后进入"搜索"栏目，再点击"我们的技术"一栏，阅读标题为"为什么运用Google"的文件。

针对表 5.1 中出现的每一个姓名，皆首先进行搜索，并尽可能包括该人姓氏或中间名的第一个字母（除非为识别方便，表 5.1 尚未标明这些）。接下来，对前 30 项搜索结果进行检查，以确定正确情形的比例。然后将这一比例适用于全部的点击数。对前 30 项搜索结果的检查，还包括排除同一姓名的其他人。比如，搜索"Robert H Bork"，将出现包括"Robert Bork"的搜索结果，也包纳"Robert H Bork"的查询结果。当发现这一差异之后，则分别进行搜索。因此，我们搜索"Robert Bork"——"Robert H Bork"（通过两者相减而排除重复的数量）。随后，再次检查前 30 项搜索结果，从而产生搜索正确点击率的比例。最后，以颠倒形式搜索姓名，再次排除重复的搜索结果（当颠倒搜索一个姓名时，不使用中间名的第一个字母，因为"Bork Robert"也包括"Bork Robert H"）。在从这一组抽取样本之后，对每一次搜索的正确命中数进行补充，并且计算正确命中数的百分比，然后再把它运用至 Google 搜索引擎对有关个人记录的全部命中数。此种类型的搜索所遇到的错误，主要是由于找到了同名的其他人，或者搜索到类似的名单，例如，在搜索"Robert Bork"的同时，还找到了"…Jane Bork, Robert Smith…"，这种情形的可能性更小。这些错误可以通过抽样程序（sampling procedure）予以纠正。

运用 Google 搜索引擎检索出来的网页，既包括主页（这些主页或由大学建立，或由其他雇用单位建立，或由爱好者设计），也包括各种场合演讲论辩的公开作品以及在线出版物。

媒体提及。媒体提及的计算，运用了三项 Lexis/Nexis 数据库——重要报纸、（联合）期刊文章以及（电视和广播节目）文稿——本章注释［5］对这些数据库作过介绍。对每一项数据库的搜索程序一概相同。由于这些媒体包括非正式资料，因此，在搜索协议（the search protocol）中，也涉及到人物的昵称绰号。比如，搜索 Robert Bork，可以采取这样的方式，"sing（Robert or Bob）pre/2

Bork"。"Sing"代表单数，以避免搜索到"Roberts"的选项。（但"Bobs"并不存在什么问题。）[38] 若使用"（Robert 或者 Bob）"，则两个名字将一并出现。"Pre/2"，指"（Robert 或者 Bob）"必须以不超过二个词的形式出现在"Bork"之前。即便这样，人们还会担心中间名第一个字母或者中间名。

搜索期间定为 5 年，即从 1995 年 7/8 月到 2000 年 7/8 月。倘若个人提及数少于 1 000 的（Lexis 数据库显示的最多结果），那么，则对前 100 项搜索结果进行检查，然后以正确结果的百分比适用于全部命中数，从而产生本章表格中的全部评估。如果他或她的命中数超过 1 000 的，则针对二类不同的期间（最近期间和先前期间）抽取 100 项命中结果作为样本，通过检查而确定命中结果正确的百分比。这便涉及到，有必要将搜索期间从"近 5 年"细化为更小的时段。比如，把搜索期间细化为"近二年"，然后期间选择为"1995 年，日期"至"1998 年，日期"，通常这样便可。但是，某些个人的搜索结果非常庞大，故而不得不按每月、每周、甚至几天的时段进行检索。这说明了媒体检索对于时间的敏感性。A 和 B 在 5 年的期间内，可能具有同样的媒体提及次数，但如果在计算 A 的命中数时，碰巧遇到了他"热门"（hot）的一周时，则他的媒体知名度相对 B 而言将会产生误导性印象。

由于文稿数据库包括演讲文稿，因此在拼写方面有些不太稳定。我们进行了一项尝试，来说明最可能存在的误拼，比如，搜索"Stephen 或者 Steven"，以及检索"Rosenb! rg"（即包括"Rosenberg"或者"Rosenburg"）。然而，毫无疑问，有些媒体提及并没有为这样

---

〔38〕人们可以运用"复数（plur）"命令（即代表"复数的 [plural]"），比如，就 Patricia Williams 而言，为了避免包括"William "的搜索结果，而可以使用复数命令。另一项检索命令为"大写"（caps）（即"大写字母"）命令，可用于那些既为姓名、亦属于常用词的情形，比如，"White"和"Will"。

的搜索所网罗。

在这种搜索中，格式也是一个问题。检索"Thurman pre/2 Arnold"，会产生诸如 Uma Thurman 和 Arnold Schwarzeneggar 的结果，因为这些结果亦符合"Thurman pre/2 Arnold"的格式。不过，这些错误可以通过我们的抽样程序来矫正。

学术引证。学术引证运用科学引文索引数据库（SCI）、社会科学引文索引数据库（SSCI）以及艺术和人文科学引文索引数据库（AHCI）来计算，上述数据库皆由科学情报研究所（ISI）编制，并且全部数据皆限于学术期刊。这三个数据库可以通过 Dialog 检索系统（www.dialogclassic.com）进入。学术引证的计算，仅针对表 5.1 所列、并拥有全职学术职位、且学术职位在其职业中占据主导地位的个人。所有个人，不论其学术领域如何，皆在社会科学引文索引数据库中进行检索，从理论的层面来说，一位学术人员，倘若作为公共知识分子，并因此针对具有政治或者意识形态维度的事项而写作，那么，他至少部分地作为社会科学家或者针对社会科学家所关注的问题撰写过某些学术作品。学术领域属于人类学、生物学、化学、计算机科学、语言学、医学、以及/或者物理学的学术人员，也同时通过科学引文索引数据库进行检索；属于建筑学、古典学、文学、哲学和/或神学领域以及身为作家的学术人员，亦一并通过艺术和人文科学引文索引数据库进行搜索。处于边界领域——教育学、新闻学、政治、出版和科学作家——的学术人员，考虑该人兴趣的性质而适当地确定检索路径，不仅通过社会科学引文索引数据库进行检索，而且还通过科学引文索引数据库或艺术和人文科学引文索引数据库（或者两者）进行检索。在上述检索的过程中，法律视为社会科学，因为本搜索仅限于学术人员，故而不包括执业律师。

通过 Dialog 系统检索的范围，包括自 1995 年至 2000 年的出版物。[39] 搜索的第一步，是针对表 5.1 所列具的每一位学术人员，就上述出版年限的子集内作为引证作者而进行检索。比如，检索 Robert H. Bork，应通过如下格式进行，即"s s1 以及（ca = bork 或者 ca = bork r 或者 ca = bork rh）"。第一个"s"代表一项 Dialog 系统命令即"搜索"。"s1"为子集 1，意味着"出版年限晚于或者等于 1995 年"。"ca"指"引证的作者"（cited author），并且在此处，我们只通过姓（last name）、或者名字加姓氏第一字母、名字加姓氏第一字母和中间名第一字母三种形式来检索，以保证不错过科学情报研究所（ISI）数据库中所有可能的排列。

搜索的第二步是排除自我引证，这--排除通过"s - not（au = bork or au = bork r or au = bork rh）"系统命令来执行。这一命令排除博克（Bork）对其本人作品的引用。对于超过一项引证索引中所搜索的姓名而言，下一步则是排除重复的情形（使用"rd"命令），因为有些期刊在科学情报研究所数据库中多次列名。

Dialog 系统有一种称之为"张贴"（postings）的特征，它能够促使符合所有搜索标准（正确的出版年份、正确的引证作者，但并非所引用文章的作者）的引证数量尽皆显示。另一种选择为"项"（items），指引证有关作者文章的全部数量。"项"是不完全的，因为在一篇文章中，对一位作者著作的引用可能并不止一项。张贴包括所引证作者的次数，但由于"出版年份"作为搜索标准之一，因此也包括出现了正确出版年份的次数（而每一篇文章应该只有一

---

〔39〕 以 Dialog 系统检索 1995 年的事项，包括这一年期间进入该系统的期刊，并因此包括 1994 年晚期的部分事项，而 1995 年晚期的部分事项，则可能出现于 1996 年的目录中。

次)。因此，我们所报告的次数，为张贴次数减去项次数。[40]

一旦表5.1中特定某人的引证通过适当的参数（出版年份、某人作为引证作者的姓名拼写以及排除自我引证、重复引证）而建立了一项集合，那么这一集合随后便可以作为样本。前30项条目（Dialog系统称之为"记录"）——即在这一集合中前30条引证的文章——通过"t s_ /9/1–30"系统命令搜索。"t"代表"类型"，指显示检索记录的命令。"s_"是在"排除重复引证"的步骤后所识别的子集。"9"，指明我们运用查看检索记录的格式类型。这是完全的格式，因为它是一种能够显示被引作者的作品名称的惟一格式，我们因此也能够识别这一记录是否属于正确抑或不正确的命中。"1–30"，指从1至30的查询记录。只要这30项记录已作为样本，则正确的数量便可以折合成百分比，进而运用至"张贴减去项"的数量，从而产生最终的估计。

Dialog系统或者科学情报研究所数据库中的排版错误，本来也可能导致一些正确的命中发生错漏。然而，这些错误可能非常细小。当然，在所有矫正性搜索中，抽样错误皆难幸免。因为抽样只限于最近五年，故而学术职业与公共知识分子职业不太一致的公共知识分子，也许会由于学术引证降低的比率，而误导性地出现媒体提及或学术引证减少的情形。比如，有一位转向公共知识分子工作

---

〔40〕通常而言，一篇文章中的引证排列就每一引证的作品来说仅有一项条目（一项张贴）。比如，倘若一篇文章引用了某本著作三项不同的页码，这通常将记录为一项张贴，而非三项。但有时，在对文章（特别是法律期刊和科学期刊上发表的文章）而非著作的引证中，所引证的每项一页皆显示为一项独立的张贴。一项抽样调查表明，学术引证的计算对于表5.1中的学术人员而言，是有所夸大的，夸大幅度从5%（就被引证的作品主要由著作构成的某位法学学者而言）到36%（就大多数被引证的作品由论文构成的某位法学学者而言）不等，不过此种情形的大多数似乎分布于20%至30%之间。我们没有进行彻底的检查，故而并非所有的结果皆予以调整。这一问题并不限于法学学者和科学学者，因为法律期刊中引证文章之人多如牛毛，而表5.1中的许多社会科学家也在法律期刊被频繁引证，并因此也存在夸大效应，正如上文所解释的那样。

的著名学者,他属于学术引证迅速降低的某一专业领域(也许因为它属于发展迅猛的专业领域,例如物理学),因此,对他的学术引证或许并不多,不过,作为一位学者来说,他却声名远扬——那种著名的声誉本来就有可能促成他实施此种职业的转换!然而,诸如此类的错误在支持本章所检测的任何假定方面,是否存在偏见歪曲,这一点尚不十分清楚。

在完成本章所报告的研究后,本人补充了一些后来想到的、以及他人建议的名字,而将公共知识分子名单从546位扩大到607位,并对扩大后的名单再次进行了研究。尽管研究结果存在少许不同,但是,这些差异不足以导致一项更冗长的研究正当化,从而妨碍本书的进展。而且,本研究存在的一个问题是,就补充的61位公共知识分子而言,搜索其学术引证和媒体提及,大致在对最初的546位人士之后两个月,因此即便检索,有关数据也不具有严格意义上的可比性;尤其是媒体提及的数量对于检索时间有高度敏感。

希望检测本人调查分析的准确性、或者拟运用本人的数据作进一步研究的任何人,皆可通过网站浏览本章中两项研究的所有数据,即对546人和607人名单的研究,以及两项研究的所有表格(包括回归分析)。[41]

---

[41] 网址是:http://home.uchicago.edu/~rposner/publicintellect。可以直接点击该网址,亦可通过本人的学术网站进入,即 http://home.uchicago.edu/~rposner。

表 5.1 公共知识分子：媒体提及、网络点击、以及学术引证（1995 – 2000）

姓　名	媒体提及	网络点击	学术引证
艾布拉姆斯·弗洛伊德（Abrams, Floyd）	1 285	1 295	非学术人员
布鲁斯·阿克曼（Ackerman, Bruce）	457	1 367	1 400
莫蒂默·阿德勒（Adler, Mortimer）	130	3 931	92
雷纳塔·阿德勒（Adler, Renata）	127	387	非学术人员
西奥多·阿多诺（Adorno, Theodor）	230	7 240	2 776
阿克希尔·阿马尔（Amar, Akhil）	357	1 094	1 704
卡内斯·安德森（Anderson, Kenneth）	63	361	374
安东尼·埃皮尔（Appiah, Anthony）	269	2 302	487
汉娜·阿伦特（Arendt, Hannah）	1 062	14 182	1 122
瑟曼·阿诺德（Arnold, Thurman）	30	401	171
雷曼·阿龙（Aron, Raymond）	158	3 084	414
蒂莫西·加顿·亚什（Ash, Timothy Garton）	392	2 711	186
W·H·奥登（Auden, W. H.）	2 364	12 795	545
詹姆斯·鲍德温（Baldwin, James）	2 019	22 592	非学术人员
爱德华·班费尔德（Banfield, Edward）	70	467	278
本杰明·巴伯（Barber, Benjamin）	282	3 140	238
理查德·贝内特（Barnet, Richard）	45	1 067	非学术人员
兰迪·贝内特（Barnett, Randy）	47	934	316
威廉·贝内特（Barrett, William）	49	896	33
罗兰·巴特（Barthes, Roland）	568	14 886	3 552
雅克·巴森（Barzun, Jacques）	249	2 367	143
彼特·鲍尔（Bauer, Peter）	27	1 522	139
马莎·贝叶斯（Bayles, Martha）	54	313	非学术人员
西蒙娜·德·波伏瓦（Beauvoir, Simone de）	1 156	226	非学术人员
加里·贝克尔（Becker, Gary）	494	5 329	5 028

第五章 公共越多，智识越少 243

姓　名	媒体提及	网络点击	学术引证
刘易斯·伯格利（Begley, Louis）	33	881	非学术人员
丹尼尔·贝尔（Bell, Daniel）	349	4 003	1 045
德里克·贝尔（Bell, Derrick）	243	1 779	654
罗伯特·贝拉（Bellah, Robert）	194	2 609	1 060
索尔·贝洛（Bellow, Saul）	2 356	9 950	186
罗斯·本尼迪克特（Benedict, Ruth）	98	2 772	256
威廉·贝内特（Bennett, William）	9 070	978	非学术人员
彼特·贝克维兹（Berkowitz, Peter）	55	556	22
伊塞亚·伯林（Berlin, Isaiah）	1 306	5 271	904
迈克尔·伯鲁比（Berube, Michael）	60	746	126
霍米·巴芭拉（Bhabha, Homi）	81	3 828	1 732
亚历山大·比克尔（Bickel, Alexander）	57	385	574
詹姆斯·比灵顿（Billington, James）	586	3 044	60
查尔斯·小布莱克（Black Charles, Jr.）	231	72	441
阿兰·布卢姆（Bloom, Allan）	386	3 588	398
哈罗德·布卢姆（Bloom, Harold）	1 114	9 950	393
西德尼·布鲁门多（Blumenthal, Sidney）	8 044	7 612	非学术人员
德雷克·勃克（Bok, Derek）	421	3 299	282
西塞拉·博克（Bok, Sissela）	216	1 400	274
丹尼尔·布尔斯丁（Boorstin, Daniel）	559	4 471	399
韦恩·布思（Booth, Wayne）	51	2 510	231
罗伯特·博克（Bork, Robert）	3 130	8 039	881
迈克尔·波什金（Boskin, Michael）	910	1 505	299
里昂·伯茨坦（Botstein, Leon）	437	1 062	61
肯尼思·波尔丁（Boulding, Kenneth）	69	2 212	974
皮埃尔·布尔迪厄（Bourdieu, Pierre）	124	12 270	7 472
伦道夫·伯恩（Bourne, Randolph）	163	863	非学术人员
塞缪尔·鲍尔斯（Bowles, Samuel）	29	594	749

195

姓　名	媒体提及	网络点击	学术引证
刘易斯·布兰代斯（Brandeis, Louis）	1 022	6 589	非学术人员
伯托尔德·布雷克特（Brecht, Bertold）	2 240	4 898	非学术人员
金曼·布鲁斯特（Brewster, Kingman）	29	8 123	11
斯蒂芬·布瑞尔（Breyer, Stephen）	3 350	370	751
艾伦·布林克利（Brinkley, Alan）	418	2 066	175
丹·布罗克（Brock, Dan）	53	996	366
戴维·布鲁克斯（Brooks, DaOvid）	1 375	4 431	非学术人员
海伍德·布润恩（Broun, Heywood）	36	499	非学术人员
诺曼·O·布朗（Brown, Norman O.）	118	778	37
杰罗姆·布鲁纳（Bruner, Jerome）	50	3 623	3 253
泽比格纽尔·布莱金斯基（Brzezinsky, Zbigniew）	1 430	6 344	225
詹姆斯·布坎南（Buchanan, James）	161	6 146	1 275
威廉·F·小巴克利（Buckley, William F., Jr.）	3 938	12 231	非学术人员
麦克乔治·邦迪（Bundy, McGeorge）	628	2 831	90
威廉·邦迪（Bundy, William）	137	1 092	非学术人员
约翰·本采尔（Bunzel, John）	30	248	21
詹姆斯·伯纳姆（Burnham, James）	101	588	24
伊恩·布鲁马（Buruma, Ian）	242	1 105	非学术人员
朱迪斯·巴特勒（Butler, Judith）	184	6 989	2 559
盖伊多·卡拉布雷西（Calabresi, Guido）	97	1 021	917
阿尔伯特·加缪（Camus, Albert）	1 494	32 370	非学术人员
托马斯·卡罗萨斯（Carothers, Thomas）	70	492	非学术人员
蕾切尔·卡逊（Carson, Rachel）	1 845	31 447	非学术人员
斯蒂芬·卡特（Carter, Stephen）	254	4 365	437
纪哈德·卡斯珀（Casper, Gerhard）	349	2 165	52
乔治·卡斯塔涅达（Castaneda, Jorge）	504	55	115
路易斯·塞利纳（Céline, Louis）	108	997	非学术人员

姓　名	媒体提及	网络点击	学术引证
艾布拉姆·查耶斯（Chayes, Abram）	43	435	390
林恩·切尼（Cheney, Lynne）	674	1 211	非学术人员
诺姆·乔姆斯基（Chomsky, Noam）	1 300	46 860	5 628
亚历山大·柯克伯恩（Cockburn, Alexander）	619	4 277	非学术人员
乔舒亚·柯恩（Cohen, Joshua）	31	735	745
詹姆斯·科尔曼（Coleman, James）	250	1 495	3 029
罗伯特·科尔斯（Coles, Robert）	617	6393	365
彼特·科利尔（Collier, Peter）	214	870	3
亨利·斯蒂尔·康马杰（Commager, Henry Steele）	136	1 785	99
詹姆斯·科南特（Conant, James）	183	3 506	248
罗伯特·康奎斯特（Conquest, Robert）	274	2 053	118
安·寇特尔（Coulter, Ann）	1 530	13 701	非学术人员
阿奇博尔德·考克斯（Cox, Archibald）	1 459	2 435	221
戈登·克雷格（Craig, Gordon）	120	1 701	54
赫伯特·克罗利（Croly, Herbert）	112	490	非学术人员
斯坦利·克罗奇（Crouch, Stanley）	1 057	2 695	非学术人员
迪奈希·德苏查（D'Souza, Dinesh）	763	2 926	非学术人员
诺曼·丹尼尔（Daniels, Norman）	61	438	354
安吉拉·戴维斯（Davis, Angela）	462	7 694	265
理查德·道金斯（Dawkins, Richard）	1 765	16 890	1 922
米吉·戴克特（Decter, Midge）	139	564	非学术人员
雅克·德里达（Derrida, Jacques）	535	15 510	6 902
艾伦·德肖维茨（Dershowitz, Alan）	5 778	5 040	163
帕特里克·德弗林（Devlin, Patrick）	23	58	非学术人员
约翰·杜威（Dewey, John）	957	28 104	3 644
贾雷德·戴蒙德（Diamond, Jared）	713	4 560	2 268
莫里斯·狄克斯坦（Dickstein, Morris）	73	521	69

姓 名	媒体提及	网络点击	学术引证
琼·狄安（Didion, Joan）	1 140	4 435	非学术人员
约翰·迪鲁里奥（DiIulio, John）	201	243	137
E·J·戴奥尼（Dionne, E. J.）	2 894	5 503	非学术人员
米罗凡·德吉拉斯（Djilas, Milovan）	104	1 342	非学术人员
E·L·多克特罗（Doctorow, E. L.）	1 822	6 306	非学术人员
诺曼·道尔森（Dorsen, Norman）	44	519	40
威廉·道格拉斯（Douglas, William）	796	4 785	185
西奥多·德雷普（Draper, Theodore）	67	423	非学术人员
马丁·杜伯曼（Duberman, Martin）	159	1 583	93
W·E·B·杜伯依斯（DuBois, W. E. B.）	1 469	13 081	非学术人员
安德烈·德沃金（Dworkin, Andrea）	560	5 043	非学术人员
罗纳德·德沃金（Dworkin, Ronald）	287	3 209	2 392
格里格·易斯特布鲁克（Easterbrook, Gregg）	338	1 763	非学术人员
安贝托·艾柯（Eco, Umberto）	1 193	34 950	1 877
芭芭拉·艾伦里奇（Ehrenreich, Barbara）	534	4 841	非学术人员
保罗·埃利希（Ehrlich, Paul）	601	13 445	2 422
罗伯特·艾斯纳（Eisner, Robert）	211	1 094	262
拉尔甫·艾里森（Ellison, Ralph）	1 588	10 925	非学术人员
丹尼尔·艾斯柏格（Ellsberg, Daniel）	524	2 306	非学术人员
艾莫丝·伊伦（Elon, Amos）	98	551	非学术人员
琼·埃尔希顿（Elshtain, Jean）	310	2 167	435
芭芭拉·爱泼斯坦（Epstein, Barbara）	50	708	非学术人员
辛西亚·福科斯·爱泼斯坦（Epstein, Cynthia Fuchs）	13	323	271
杰森·爱泼斯坦（Epstein, Jason）	130	619	非学术人员
约瑟芬·爱泼斯坦（Epstein, Joseph）	269	1 029	非学术人员
理查德·爱泼斯坦（Epstein, Richard）	321	3 610	1 974
埃里克·埃里克森（Erikson, Erik）	255	268	3 358

第五章 公共越多，智识越少

姓　名	媒体提及	网络点击	学术引证
威廉·小艾斯克里奇（Eskridge, William, Jr.）	70	561	1 858
苏珊·艾斯特里克（Estrich, Susan）	1 876	1 686	344
艾米达·艾兹奥尼（Etzioni, Amitai）	546	3 387	1 483
克利夫顿·费迪曼（Fadiman, Clifton）	170	1 966	非学术人员
约翰·费正清（Fairbank, John）	115	1 775	130
理查德·佛克（Falk, Richard）	64	2 121	328
詹姆斯·法罗斯（Fallows, James）	1 097	3 545	非学术人员
苏珊·法露迪（Faludi, Susan）	903	4 804	非学术人员
弗兰兹·法农（Fanon, Franz）	293	5 743	非学术人员
霍华德·法斯特（Fast, Howard）	212	4 957	非学术人员
马丁·费尔德斯坦（Feldstein, Martin）	887	3 803	1 406
蕾斯莉·费尔德（Fiedler, Leslie）	194	1 164	204
切斯特·冯恩（Finn, Chester）	719	2 447	142
詹姆斯·冯恩（Finn, James）	73	127	非学术人员
约翰·菲尼斯（Finnis, John）	37	708	385
斯坦利·费什（Fish, Stanley）	224	3 103	1 267
欧文·费斯（Fiss, Owen）	41	591	878
弗朗西斯·菲茨杰拉尔德（Fitzgerald, Frances）	474	987	非学术人员
罗伯特·威廉·福格尔（Fogel, Robert William）	69	1 676	528
埃里克·方纳（Foner, Eric）	348	3 017	300
E·M·福斯特（Forster, E. M.）	1 940	11 106	非学术人员
米歇尔·福柯（Foucault, Michel）	731	28 934	13 238
杰罗姆·弗兰克（Frank, Jerome）	40	487	非学术人员
罗伯特·弗兰克（Frank, Robert）	428	897	872
瓦尔多·弗兰克（Frank, Waldo）	19	561	非学术人员
费利克斯·法兰克福特（Frankfurter, Felix）	593	2 783	450

姓　名	媒体提及	网络点击	学术引证
约翰·霍普·弗兰克林 Franklin, John Hope）	1 285	4 194	253
詹姆斯·弗里德曼（Freedman, James）	116	473	96
查尔斯·弗雷德（Fried, Charles）	447	607	540
贝蒂·弗里丹（Friedan, Betty）	2 099	8 354	非学术人员
埃德加·弗雷登伯格（Friedenberg, Edgar）	4	222	18
米尔顿·弗里德曼（Friedman, Milton）	2 534	22 850	2 706
托马斯·弗里德曼（Friedman, Thomas）	2 962	6 961	非学术人员
埃里希·弗洛姆（Fromm, Erich）	159	10 520	971
戴维·弗拉姆（Frum, David）	1 234	1 918	非学术人员
弗朗西斯·福山（Fukuyama, Francis）	1 104	12 950	1 058
R·巴克敏斯特·富勒（Fuller, R. Buckminster）	973	6 246	54
保罗·福塞尔（Fussell, Paul）	347	2 294	285
约翰·肯尼思·高尔布莱希（Galbraith, John Kenneth）	1 595	9 639	773
威廉·高尔斯顿（Galston, William）	396	1 179	300
霍华德·加德纳（Gardner, Howard）	683	13 178	1 585
约翰·加德纳（Gardner, John）	590	3 931	197
理查德·加德纳（Gardner, Richard）	47	472	92
亨利·刘易斯·小盖茨（Gates, Henry Louis, Jr.）	1 901	8 485	941
彼特·盖伊（Gay, Peter）	277	2 884	708
戴维·葛伦特（Gelernter, David）	643	3 903	163
伊内斯特·格尔纳（Gellner, Ernest）	52	105	1 043
尤金·吉诺威塞（Genovese, Eugene）	126	1 359	244
罗伯特·乔治（George, Robert）	204	809	127
安东尼·纪登斯（Giddens, Anthony）	514	7 700	4 910
安德烈·纪德（Gide, Andre）	497	4 428	非学术人员
乔治·贾尔德（Gilder, George）	775	8 675	非学术人员

第五章 公共越多，智识越少 249

姓　名	媒体提及	网络点击	学术引证
斯蒂芬·吉勒斯（Gillers, Stephen）	633	685	166
卡罗尔·吉利根（Gilligan, Carol）	424	4 282	2 799
艾伦·金斯伯格（Ginsburg, Allen）	1 466	1 550	非学术人员
托德·吉特林（Gitlin, Todd）	490	2 868	548
内森·格拉泽（Glazer, Nathan）	370	1 885	523
玛丽·安·格兰顿（Glendon, Mary Ann）	329	1 610	664
保罗·古德曼（Goodman, Paul）	272	2 768	非学术人员
多丽斯·基恩斯·古德温（Goodwin, Doris Kearns）	2 491	3 836	38
理查德·古德温（Goodwin, Richard）	280	157	非学术人员
斯蒂芬·杰·古尔德（Gould, Stephen Jay）	1 890	17 975	4 891
杰拉德·格拉弗（Graff, Gerald）	54	1 161	269
安东尼奥·葛兰西（Gramsci, Antonio）	186	7 159	非学术人员
君特·格拉斯（Grass, Gunter）	787	9 944	非学术人员
约翰·格雷（Gray, John）	176	0	558
安德鲁·格里利（Greeley, Andrew）	1 003	4 432	545
克莱门特·格林伯格（Greenberg, Clement）	427	2 300	非学术人员
瓦坦·格里高利（Gregorian, Vartan）	319	1 795	13
拉尼·吉尼尔（Guinier, Lani）	1 205	2 867	438
杰拉德·冈瑟（Gunther, Gerald）	39	388	550
艾米·古特曼（Gutmann, Amy）	102	1 410	52
尤根·哈贝马斯（Habermas, Jürgen）	199	3 938	7 052
安德鲁·哈克尔（Hacker, Andrew）	287	1 139	291
谢尔登·哈克尼（Hackney, Sheldon）	189	813	54
戴维·哈尔波斯达姆（Halberstam, David）	2 124	4 968	非学术人员
勒尼德·汉德（Hand, Learned）	470	3 174	非学术人员
奥斯卡·汉德林（Handlin, Oscar）	46	1 007	241

姓　名	媒体提及	网络点击	学术引证
伊丽莎白·哈德维克（Hardwick, Elizabeth）	178	551	非学术人员
迈克尔·哈灵顿（Harrington, Michael）	425	1 658	非学术人员
H·L·A·哈特（Hart, H. L. A.）	27	1 375	1 154
杰弗里·哈特曼（Hartman, Geoffrey）	33	1 307	320
瓦茨拉夫·哈维尔（Havel, Vaclav）	4 701	33 949	非学术人员
弗里德利希·哈耶克（Hayek, Friedrich）	609	10 056	1 655
维基·海恩（Hearne, Vicki）	30	284	19
罗伯特·海尔布伦纳（Heilbroner, Robert）	135	2 315	258
卡洛琳·海布伦（Heilbrun, Carolyn）	144	961	218
莉莉安·海尔曼（Hellman, Lillian）	1 537	5 361	非学术人员
耐特·亨托夫（Hentoff, Nat）	1 086	11 041	非学术人员
理查德·赫恩斯坦（Herrnstein, Richard）	304	1 872	1 581
西奥多·海斯柏格（Hesburgh, Theodore）	281	2 023	9
里昂·A·希金博萨姆（Higginbotham, A. Leon）	473	963	161
格特鲁德·辛美尔法伯（Himmelfarb, Gertrude）	395	1 631	335
E·D·小赫施（Hirsch, E. D. Jr）	516	3 982	599
阿尔伯特·赫希曼（Hirschman, Albert）	69	1 556	1 776
E·J·霍布斯邦（Hobsbawm, E. J.）	632	5 812	1 309
斯坦利·霍夫曼（Hoffman, Stanley）	206	415	48
理查德·霍夫斯泰德（Hofstadter, Richard）	334	2 187	657
奥利佛·温德尔·霍姆斯（Holmes, Oliver Wendell）	1 675	9 345	非学术人员
斯蒂芬·霍姆斯（Holmes, Stephen）	63	842	382
西德尼·胡克（Hook, Sidney）	153	1 379	106
贝尔·胡克斯（Hooks, Bell）	360	10 190	非学术人员
戴维·霍罗维兹（Horowitz, David）	1 501	10 400	非学术人员

姓　名	媒体提及	网络点击	学术引证
欧文·豪（Howe, Irving）	368	2 125	277
彼特·胡贝尔（Huber, Peter）	422	5 532	非学术人员
斯图亚特·H·休斯（Hughes, H. Stuart）	24	323	83
塞缪尔·亨廷顿（Huntington, Samuel）	831	6 238	2 038
罗伯特·梅纳德·哈钦斯（Hutchins, Robert Maynard）	153	1 556	77
阿道斯·赫胥黎（Huxley, Aldous）	2 060	29 206	非学术人员
艾妲·路易丝·哈斯特伯（Huxtable, Ada Louise）	203	691	非学术人员
卡罗·伊安诺恩（Iannone, Carol）	13	127	非学术人员
伊凡·伊里奇（Ilych, Ivan）	82	0	非学术人员
罗伯特·杰克逊（Jackson, Robert）	319	3010	非学术人员
简·雅各布斯（Jacobs, Jane）	744	4 760	非学术人员
罗素·雅各比（Jacoby, Russell）	66	684	142
威廉·詹姆斯（James, William）	866	60 480	3 291
克里斯托弗·詹克斯（Jencks, Christopher）	191	1 233	958
保罗·约翰逊（Johnson, Paul）	1 317	10 339	173
约翰·朱迪斯（Judis, John）	352	1 094	非学术人员
保罗林·凯尔（Kael, Pauline）	1 334	4 297	非学术人员
唐纳德·卡根（Kagan, Donald）	108	1 039	39
赫尔曼·卡恩（Kahn, Herman）	160	1 716	非学术人员
里昂·卡斯（Kass, Leon）	177	990	346
卡尔·凯森（Kaysen, Carl）	34	203	59
阿尔弗列特·卡山（Kazin, Alfred）	434	1 961	142
穆瑞·开普顿（Kempton, Murray）	397	1 029	非学术人员
乔治·凯南（Kennan, George）	899	5 241	非学术人员
邓肯·肯尼迪（Kennedy, Duncan）	54	650	923
保罗·肯尼迪（Kennedy, Paul）	196	3 133	230
肯尼迪·科尔（Kennedy, Randall）	293	1 348	276

姓 名	媒体提及	网络点击	学术引证
阿尔温·科南（Kernan, Alvin）	48	628	147
克拉克·科尔（Kerr, Clark）	185	3 010	非学术人员
约翰·梅纳德·凯恩斯（Keynes, John Maynard）	1 705	13 420	1 667
罗杰·金巴尔（Kimball, Roger）	139	959	非学术人员
阿尔弗列特·金赛（Kinsey, Alfred）	522	3 774	777
亨利·基辛格（Kissinger, Henry）	12 570	39 976	323
亚瑟·凯斯特勒（Koestler, Arthur）	705	6 440	非学术人员
莱斯泽克·科拉科夫斯基（Kolakowski, Leszek）	51	1 211	235
加布雷·科尔克（Kolko, Gabriel）	38	1 072	168
安德鲁·柯普坎德（Kopkind, Andrew）	26	128	非学术人员
乔纳森·寇若尔（Kozol, Jonathan）	578	4 808	非学术人员
希尔顿·克雷默（Kramer, Hilton）	273	1 264	非学术人员
拉瑞·克雷默（Kramer, Larry）	614	4 388	非学术人员
欧文·克里斯托尔（Kristol, Irving）	570	2 028	非学术人员
威廉·克里斯托尔（Kristol, William）	4 389	4 843	非学术人员
安东尼·克隆曼（Kronman, Anthony）	78	469	597
保罗·克鲁格曼（Krugman, Paul）	2 076	13 707	3 011
亚瑟·拉弗（Laffer, Arthur）	218	898	10
路易斯·拉帕姆（Lapham, Lews）	369	1 673	非学术人员
沃尔特·拉奇亚（Laqueur, Walter）	96	1 669	127
克里斯托弗·勒希（Lasch, Christopher）	328	2 260	760
哈罗德·拉斯基（Laski, Harold）	217	1 038	93
麦尔文·拉斯基（Lasky, Melvin）	43	150	非学术人员
爱德华·劳曼（Laumann, Edward）	207	693	735
蒂莫西·利瑞（Leary, Timothy）	2 982	27 040	228
F·R·利维斯（Leavis, F. R.）	420	1 271	218
玛丽·莱夫克维茨（Lefkowitz, Mary）	124	1 329	203

姓　名	媒体提及	网络点击	学术引证
尼古拉斯·雷曼（Lemann, Nicholas）	414	1 770	非学术人员
约翰·伦纳德（Leonard, John）	672	4 540	非学术人员
马克斯·勒纳（Lerner, Max）	68	804	104
迈克尔·勒纳（Lerner, Michael）	621	2 388	非学术人员
萨默斯·拉塞格（Lessig, Lawrence）	655	6 111	859
朱利叶斯·莱斯特（Lester, Julius）	308	3 500	63
爱德华·列维（Levi, Edward）	143	785	108
克洛德·莱维·斯特劳斯（Lévi-Strauss, Claude）	267	3 749	2 283
安东尼·刘易斯（Lewis, Anthony）	2 032	3 065	非学术人员
C·S·刘易斯（Lewis, C. S.）	2 891	61 736	411
理查德·莱旺顿（Lewontin, Richard）	142	1 870	1 996
乔治·利希泰姆（Lichtheim, George）	3	171	非学术人员
罗伯特·杰伊·利夫顿（Lifton, Robert Jay）	240	2 549	507
马克·李拉（Lilla, Mark）	32	224	68
亚瑟·李曼（Liman, Arthur）	170	322	非学术人员
迈克尔·林德（Lind, Michael）	574	1827	非学术人员
沃尔特·李普曼（Lippman, Walter）	881	4 755	非学术人员
马丁·西摩·李普塞（Lipset, Seymour Martin）	299	2 229	1 675
葛连·C·洛瑞（Loury, Glenn C.）	500	1 153	239
亚瑟·O·拉夫乔（Lovejoy, Arthur O.）	15	528	114
罗伯特·洛威尔（Lowell, Robert）	844	5 670	非学术人员
亨利·卢斯（Luce, Henry）	1 358	6 246	非学术人员
乔治·卢卡奇（Lukacs, Georg）	59	1 230	980
爱德华·卢特瓦克（Luttwak, Edward）	398	1 619	非学术人员
德莱特·麦克唐那（MacDonald, Dwight）	273	867	非学术人员
斯蒂芬·马塞多（Macedo, Stephen）	28	374	82
凯瑟琳·麦金农（MacKinnon, Catharine）	426	3 432	1 192

姓　名	媒体提及	网络点击	学术引证
迈伦·玛格丽特（Magnet, Myron）	103	245	非学术人员
诺曼·梅勒（Mailer, Norman）	4 860	17 106	非学术人员
珍尼特·马尔科姆（Malcolm, Janet）	317	994	非学术人员
安德列·马尔鲁克斯（Malreaux, Andre）	125	26	非学术人员
托马斯·曼（Mann, Thomas）	2 043	36 100	非学术人员
亨利·G·曼恩（Manne, Henry G.）	12	259	207
哈维·曼斯菲尔德（Mansfield, Harvey）	157	713	83
赫伯特·马尔库塞（Marcuse, Herbert）	285	5 759	680
布里埃尔·加西亚·马尔克斯（Marquez, Gabriel Garcia）	2 156	11 327	非学术人员
安德列·莫洛瓦（Maurois, Andre）	91	1 045	非学术人员
查尔斯·莫拉斯（Maurras, Charles）	48	976	非学术人员
玛丽·麦卡锡（McCarthy, Mary）	943	3 130	非学术人员
德尔德拉·迈克洛斯基（唐纳德）（McCloskey, Deirdre）(Donald)	70	1 341	734
迈克尔·麦克尼尔（McConnell, Michael）	200	530	864
马歇尔·麦克卢汉（McLuhan, Marshall）	1 446	19 991	699
凯瑞·迈克威廉姆斯（McWilliams, Carey）	122	1 024	178
玛格丽特·米德（Mead, Margaret）	1 272	18 371	498
亚历山大·麦克约翰（Meiklejohn, Alexander）	33	380	218
路易斯·梅南（Menand, Louis）	76	506	90
H·L·门肯（Mencken, H. L.）	2 462	16 871	121
罗伯特·K·默顿（Merton, Robert K.）	283	1 846	2 133
亚瑟·米勒（Miller, Arthur）	7 955	28 798	非学术人员
詹姆斯·米勒（Miller, James）	317	970	474
威廉·伊安·米勒（Miller, William Ian）	49	175	120
C·莱特·米尔斯（Mills, C. Wright）	181	4 119	950
玛莎·米诺（Minow, Martha）	83	1 033	756

第五章 公共越多，智识越少 255

姓　名	媒体提及	网络点击	学术引证
杰西卡·密特福（Mitford, Jessica）	489	1 420	非学术人员
阿斯列·蒙塔古（Montagu, Ashley）	99	2 225	非学术人员
伯灵顿·小摩尔（Moore, Barrington, Jr.）	28	973	534
汉斯·摩根索（Morgenthau, Hans）	76	1 219	450
威利·莫里斯（Morris, Willie）	669	2 961	非学术人员
托妮·莫里森（Morrison, Toni）	5 633	43 891	非学术人员
比尔·莫耶斯（Moyers, Bill）	2 496	12 214	非学术人员
丹尼尔·帕特里克·莫伊尼汉（Moynihan, Daniel Patrick）	12 344	19 495	394
刘易斯·芒福德（Mumford, Lewis）	413	5 048	非学术人员
查尔斯·穆雷（Murray, Charles）	688	3 530	非学术人员
纲纳·缪达尔（Myrdal, Gunnar）	277	2 588	852
托马斯·奈格尔（Nagel, Thomas）	102	2 927	1 058
维克多·拉维斯基（Navasky, Victor）	344	1 026	非学术人员
雷纳德·尼布尔（Neibuhr, Reinhold）	506	4 390	非学术人员
理查德·约翰·纽豪斯（Neuhaus, Richard John）	360	2 840	非学术人员
杰克·纽菲尔德（Newfield, Jack）	527	773	非学术人员
罗伯特·尼斯贝特（Nisbet, Robert）	68	961	非学术人员
约翰·努南（Noonan, John）	110	842	254
迈克尔·诺瓦克（Novak, Michael）	478	3 291	非学术人员
罗伯特·诺齐克（Nozick, Robert）	107	2 944	1 086
马莎·努斯鲍姆（Nussbaum, Martha）	186	3 563	1 463
康纳·克鲁斯·奥布赖恩（O'Brien, Conor Cruise）	886	1 313	66
卡罗·乔伊斯·奥茨（Oates, Joyce Carol）	2 298	11 613	144
克里福特·奥德兹（Odets, Clifford）	693	1 917	非学术人员
马文·欧拉斯基（Olasky, Marvin）	517	4 438	55
沃尔特·奥尔森（Olson, Walter）	275	1 119	非学术人员

姓　名	媒体提及	网络点击	学术引证
乔思·奥尔特加·伽塞特（Ortegay Gassett, Jose）	87	1 818	34
乔治·奥威尔（Orwell, George）	5 818	48 874	非学术人员
辛西娅·奥兹克（Ozick, Cynthia）	737	2 734	非学术人员
赫伯特·帕克（Packer, Herbert）	7	136	177
卡米拉·帕格利亚（Paglia, Camille）	1 676	15 412	180
艾伦·佩顿（Paton, Alan）	415	3 019	非学术人员
奥兰多·帕特森（Patterson, Orlando）	350	1 308	207
奥克塔维奥·帕斯（Paz, Octavio）	971	15 192	非学术人员
马丁·佩洛兹（Peretz, Martin）	429	955	非学术人员
威廉·菲利浦斯（Phillips, William）	49	413	非学术人员
理查德·派普斯（Pipes, Richard）	313	1 827	138
诺曼·波德霍雷茨（Podhoretz, Norman）	507	1 477	非学术人员
内尔森·波尔斯比（Polsby, Nelson）	86	789	201
理查德·波斯纳（Posner, Richard）	1 592	7 808	4 321
艾兹拉·庞德（Pound, Ezra）	1 839	17 704	非学术人员
斯蒂芬·普莱塞（Presser, Stephen）	288	298	130
弗朗辛·普罗斯（Prose, Francine）	527	1 936	非学术人员
希拉里·帕特南（Putnam, Hilary）	32	2 815	1 860
罗伯特·帕特南（Putnam, Robert）	807	4 700	2 162
罗纳德·拉道施（Radosh, Ronald）	150	522	26
菲利普·拉甫（Rahv, Philip）	72	285	非学术人员
杰克·拉克维（Rakove, Jack）	127	760	253
爱恩·兰德（Rand, Ayn）	2 227	45 441	非学术人员
马库斯·拉斯金（Raskin, Marcus）	59	394	11
黛安娜·雷维奇（Ravitch, Diane）	549	2 471	292
阿道夫·小利德（Reed, Adolph, Jr.）	75	769	82
汤姆·雷根（Regan, Tom）	192	1 585	193
查尔斯·瑞奇（Reich, Charles）	70	435	179

姓 名	媒体提及	网络点击	学术引证
罗伯特·瑞奇（Reich, Robert）	8 795	12 480	931
威廉·瑞奇（Reich, Wilhelm）	152	9 134	491
詹姆斯·雷斯顿（Reston, James）	549	1 963	非学术人员
理查德·罗德斯（Rhodes, Richard）	530	3 100	非学术人员
雅德安·瑞奇（Rich, Adrienne）	534	9 001	非学术人员
马特·瑞德利（Ridley, Matt）	689	2 380	非学术人员
戴维·里斯曼（Riesman, David）	154	1 262	198
杰里米·雷夫金（Rifkin, Jeremy）	998	8 639	非学术人员
保罗·克雷格·罗伯茨（Roberts, Paul Craig）	409	1 710	156
理查德·罗德里格斯（Rodriguez, Richard）	622	3 414	94
理查德·罗蒂（Rorty, Richard）	339	7 096	3 336
杰弗里·罗森（Rosen, Jeffrey）	565	1 022	407
罗恩·罗森伯姆（Rosenbaum, Ron）	273	1 323	非学术人员
哈罗德·罗森柏格（Rosenberg, Harold）	142	1 018	38
艾萨克·罗森菲尔德（Rosenfeld, Isaac）	8	89	2
安德鲁·罗斯（Ross, Andrew）	1 626	7 851	362
尤金·罗斯托（Rostow, Eugen）	42	463	119
沃尔特·罗斯托（Rostow, Walt）	102	1 016	334
菲利普·罗斯（Roth, Philip）	2 727	8 965	79
理查德·罗威尔（Rovere, Richard）	46	226	6
萨尔曼·拉什迪（Rushdie, Salman）	7 688	33 714	非学术人员
贝亚·鲁斯汀（Rustin, Bayard）	275	1 733	非学术人员
杰弗里·萨克斯（Sachs, Jeffrey）	1 450	7 410	783
威廉·沙费尔（Safire, William）	6 408	8 282	非学术人员
爱德华·萨义德（Said, Edward）	982	16 410	2 958
保罗·萨缪尔森（Samuelson, Paul）	597	4 473	1 943
迈克尔·桑德尔（Sandel, Michael）	338	1 558	929

姓 名	媒体提及	网络点击	学术引证
乔治·萨塔亚纳（Santayana, George）	496	6 254	226
让-保罗·萨特（Sartre, Jean-Paul）	1 712	26 174	2 217
安东尼·斯卡利亚（Scalia, Antonin）	5 381	11 707	827
伊莱因·斯卡里（Scarry, Elaine）	118	1 004	411
乔纳森·谢尔（Schell, Jonathan）	194	1 636	30
托马斯·谢林（Schelling, Thomas）	88	1 588	1 225
阿瑟·小施莱辛格（Schlesinger, Arthur, Jr.）	2 305	4 892	542
卡尔·施密特（Schmitt, Carl）	28	3 135	237
乔治·舒尔茨（Schultz, George）	674	545	22
弗兰兹·舒尔曼（Schurmann, Franz）	15	298	38
罗杰·史库顿（Scruton, Roger）	782	2 124	265
伊芙·可索夫斯基·赛菊寇（Sedgwick, Eve Kosofsky）	59	1 716	989
阿玛蒂亚·森（Sen, Amartya）	1 100	10 289	3 526
理查德·塞内特（Sennett, Richard）	177	2 343	416
罗杰·沙特克（Shattuck, Roger）	133	863	88
乔治·萧伯纳（Shaw, George Bernard）	4 835	41 091	非学术人员
彼特·肖（Shaw, Peter）	116	265	非学术人员
威廉·肖恩（Shawn, William）	477	525	非学术人员
维尔弗里德·席德（Sheed, Wilfrid）	85	136	非学术人员
南希·谢尔曼（Sherman, Nancy）	64	240	54
爱德华·希尔斯（Shils, Edward）	61	1 033	339
朱迪斯·史珂拉（Shklar, Judith）	59	419	276
伊莱·萧沃特（Showalter, Elaine）	330	2 528	720
马绍尔·舒曼（Shulman, Marshall）	18	109	5
马克·西格尔（Siegler, Mark）	127	284	202
约翰·西尔伯（Silber, John）	2 584	1 988	16
伊格尼齐奥·西洛纳（Silone, Ignazio）	86	1 493	非学术人员

姓　名	媒体提及	网络点击	学术引证
罗伯特·希尔维斯（Silvers, Robert）	198	236	非学术人员
赫伯特·西蒙（Simon, Herbert）	398	6 308	1 275
约翰·西蒙（Simon, John）	422	1 146	5
朱利安·西蒙（Simon, Julian）	336	5 380	536
彼特·辛格（Singer, Peter）	560	11 100	423
塞得·斯考波尔（Skocpol, Theda）	177	2 126	1 327
C·P·斯诺（Snow, C. P.）	522	3 672	非学术人员
阿兰·索克尔（Sokal, Alan）	240	3 748	464
西奥多·索罗塔洛夫（Solotaroff, Theodore）	42	156	非学术人员
罗伯特·索洛（Solow, Robert）	418	3 139	1359
亚历山大·索尔仁尼琴（Solzhenitsyn, Aleksandr）	42	156	非学术人员
亚历山大·索尔仁尼琴（Solzhenitsyn, Aleksandr）	1 579	7 628	非学术人员
霍夫·克莉丝汀·萨默斯（Sommers, Christina Hoff）	1 476	8 703	113
苏珊·桑塔格（Sontag, Susan）	1 857	12 033	非学术人员
迈克尔·索文（Sovern, Michael）	102	357	11
托马斯·索维尔（Sowell, Thomas）	900	2 678	414
斯蒂芬·司班德（Spender, Stephen）	124	2 388	非学术人员
奥斯瓦尔德·斯宾格勒（Spengler, Oswald）	141	1 602	228
本杰明·斯波克（Spock, Benjamin）	2 226	4 570	非学术人员
布兰特·史塔波斯（Staples, Brent）	379	785	非学术人员
保罗·斯塔尔（Starr, Paul）	36	283	729
罗杰·斯塔尔（Starr, Roger）	185	652	非学术人员
罗纳德·斯狄尔（Steel, Ronald）	393	1 689	44
谢尔比·斯蒂尔（Steele, Shelby）	491	1 169	103
赫伯特·斯坦（Stein, Herbert）	3 093	13 123	非学术人员

姓　名	媒体提及	网络点击	学术引证
约翰·斯坦贝克（Steinbeck, John）	3 477	30 410	非学术人员
格洛丽亚·斯泰纳姆（Steinem, Gloria）	1 795	3 777	非学术人员
乔治·斯坦纳（Steiner, George）	223	2 335	682
乔治·J·斯蒂格勒（Stigler, George J.）	1 200	6 221	2 056
约瑟夫·斯蒂格里茨（Stiglitz, Joseph）	698	2 303	2 050
I·F·斯通（Stone, I. F.）	957	2 039	非学术人员
列顿·斯特拉奇（Strachey, Lytton）	130	2 301	非学术人员
利奥·施特劳斯（Strauss, Leo）	1 048	6 171	604
安德鲁·萨利文（Sullivan, Andrew）	515	921	非学术人员
凯思林·萨利文（Sullivan, Kathleen）	393	89	688
劳伦斯·萨默斯（Summers, Lawrence）	9 369	16 276	449
卡斯·桑斯坦（Sunstein, Cass）	514	1 677	3 594
盖伊·塔利斯（Talese, Gay）	649	1 606	非学术人员
艾伦·塔特（Tate, Allen）	185	1 318	非学术人员
R·H·托尼（Tawney, R. H.）	164	964	155
查尔斯·泰勒（Taylor, Charles）	351	7 509	2 264
爱德华·特勒（Teller, Edward）	563	4 657	249
阿比盖尔·桑斯特姆（Thernstrom, Abigail）	918	1 091	106
斯蒂芬·桑斯特姆（Thernstrom, Stephen）	372	138	182
E·P·汤普森（Thompson, E. P.）	330	3 389	874
莱斯特·瑟罗（Thurow, Lester）	1 024	5 395	585
莱昂乃尔·泰格（Tiger, Lionel）	148	712	94
阿尔温·托夫勒（Toffler, Alvin）	916	10 600	非学术人员
劳伦斯·却伯（Tribe, Laurence）	1 421	3 204	1 532
戴安娜·特里林（Trilling, Diana）	220	508	非学术人员
莱昂乃尔·特里林（Trilling, Lionel）	522	2 145	312
里昂·托洛茨基（Trotsky, Leon）	755	8 117	非学术人员

第五章 公共越多，智识越少 261

姓 名	媒体提及	网络点击	学术引证
芭芭拉·杜希曼（Tuchman, Barbara）	88	3 241	非学术人员
罗伯特·塔克（Tucker, Robert）	93	860	70
乔纳森·特利（Turley, Jonathan）	2 393	846	43
罗伯托·昂格尔（Unger, Roberto）	39	645	258
伊内斯特·范登·海格（Van den Haag, Ernest）	37	404	63
卡特里娜·范登·休威尔（vanden Heuvel, Katrina）	408	447	非学术人员
戈尔·维达（Vidal, Gore）	3 175	11 947	非学术人员
科特·冯内果（Vonnegut, Kurt）	3 837	33 850	非学术人员
乔治·华德（Wald, George）	66	1 132	278
迈克尔·华尔泽（Walzer, Michael）	212	2 919	1 505
尤德·万尼斯基（Wanniski, Jude）	452	1 809	非学术人员
迈克·华纳（Warner, Michael）	126	982	390
罗伯特·华萧（Warshow, Robert）	25	165	非学术人员
尤金·韦伯（Weber, Eugen）	108	1 150	170
马克斯·韦伯（Weber, Max）	850	24 300	5 463
赫伯特·韦克斯勒（Wechsler, Herbert）	39	245	140
H·G·威尔斯（Wells, H. G.）	3 525	40 521	非学术人员
康奈尔·韦斯特（West, Cornel）	842	6 376	1 022
吕贝卡·韦斯特（West, Rebecca）	626	3 265	非学术人员
詹姆斯·博伊德·怀特（White, James Boyd）	6	358	261
莫顿·怀特（White, Morton）	2	265	126
威廉·H·怀特（Whyte, William H.）	271	800	165
里昂·维塞尔梯阿（Wieseltier, Leon）	300	730	非学术人员
肖恩·威兰茨（Wilentz, Sean）	393	1 037	107
乔治·威尔（Will, George）	10 425	31 100	非学术人员
帕特里夏·威廉姆斯（Williams, Patricia）	336	2 513	762

姓　名	媒体提及	网络点击	学术引证
雷曼·威廉姆斯（Williams, Raymond）	253	4 620	1 794
沃尔特·威廉姆斯（Williams, Walter）	460	6 032	133
盖瑞·威尔斯（Wills, Garry）	1 314	10 480	396
爱德蒙·威尔逊（Wilson, Edmund）	1 008	3 885	非学术人员
爱德华·Q·威尔逊（Wilson, Edward O.）	692	6 549	2 984
詹姆斯·Q·威尔逊（Wilson, James Q.）	1 257	3 875	2 048
威廉·朱利叶斯·威尔逊（Wilson, William Julius）	670	3 577	2 560
阿尔伯特·沃尔斯泰特（Wohlstetter, Albert）	66	353	48
罗伯塔·沃尔斯泰特（Wohlstetter, Roberta）	21	124	非学术人员
纳奥米·沃尔夫（Wolf, Naomi）	1 028	1 275	非学术人员
阿兰·沃尔夫（Wolfe, Alan）	1 208	382	229
汤姆·沃尔夫（Wolfe, Tom）	5 342	15 840	非学术人员
C·范·伍德沃德（Woodward, C. Vann）	184	1 743	414
赫尔曼·沃克（Wouk, Herman）	566	3 612	非学术人员
丹尼斯·朗（Wrong, Dennis）	9	198	189
威廉·勃特勒·叶芝（Yeats, William Butler）	1 221	218 503	非学术人员
霍华德·金恩（Zinn, Howard）	356	6 857	84

表 5.2 公共知识分子的简要统计

	在世和已故	在世	已故
总人数	546	368(67.4%)	178(32%)
男性	475(87.0%)	310(84.2%)	165(92.7%)
女性	072[a](13.2%)	59[a](15.8%)	13(7.3%)
学术人员	354(64.8%)	255(69.3%)	99(55.6%)
非学术人员	192(35.2%)	113(30.7%)	79(44.4%)
黑人	26(4.8%)	21	5(2.8%)
非黑人	520(95.2%)	347(5.7%)	173(97.2%)
外国人	88(16.1%)	29(7.9%)	59(33.1%)
美国人	458(83.9%)	339(92.1%)	119(66.9%)
政府服务	80(14.7%)	54(14.7%)	26(14.6%)
非政府服务	466(85.3%)	314(85.3%)	152(85.4%)
思想库	35(6.4%)	33(9.0%)	2(1.1%)
非思想库	511(93.6%)	335(91.0%)	176(98.9%)
依附型[b]	374(68.5%)	274(74.5%)	100(56.2%)
非依附型	172(31.5%)	94(25.5%)	78(43.8%)
右翼人士	140(25.6%)	101(27.4%)	39(21.9%)
左翼人士	362(66.3%)	232(63.0%)	130(73.0%)
政治倾向不明或两者皆不属	44(8.1%)	35(9.5%)	9(5.1%)
犹太人	235(43.0%)	171(46.2%)	64(36.4%)
非犹太人	311(57.0%)	299(53.8%)	112(63.6%)
年龄[c]	74	64	97

	领　域		
人文科学	116　21.2%	77　20.9%	42　23.6%
古典著作	2(0.4%)	2(0.5%)	0(0.0%)
文学	57(10.4%)	39(10.6%)	18(10.1%)
哲学	54(9.9%)	31(8.4%)	23(12.9%)
神学	6(1.1%)	5(1.4%)	1(0.6%)
社会科学	200　36.6%	144　39.1%	61　34.3%
人类学	5(0.9%)	1(0.3%)	4(2.2%)
经济学	45(8.2%)	36(9.8%)	9(5.1%)
历史学	57(10.4%)	39(10.6%)	18(10.1%)
政治学	46(8.4%)	35(9.5%)	11(6.2%)
心理学	15(2.7%)	6(1.6%)	9(5.1%)
社会学	37(6.8%)	27(7.3%)	10(5.6%)
科学	14　2.6%	9　2.4%	5　2.8%
生物学	8(1.5%)	6(1.6%)	2(1.1%)
化学	1(0.2%)	0(0.0%)	1(0.6%)
计算机科学	1(0.2%)	1(0.3%)	0(0.0%)
语言学	1(0.2%)	1(0.3%)	0(0.0%)
物理学	3(0.5%)	1(0.3%)	2(1.1%)
其他	270　49.5%	192　52.2%	97　54.5%
建筑学	2(0.4%)	0(0.0%)	2(1.1%)
教育学	26(4.8%)	20(5.4%)	6(3.4%)
新闻学	63(11.5%)	47(12.8%)	16(9.0%)
法学	87(15.9%)	65(17.7%)	22(12.4%)
医学	4(0.7%)	2(0.5%)	2(1.1%)
政治学	2(0.4%)	0(0.0%)	2(1.1%)
出版	23(4.2%)	18(4.9%)	5(2.8%)
科学作家	4(0.7%)	3(0.8%)	1(0.6%)

作家	78(14.3%)	37(10.1%)	41(23.0%)
仅涉及一个领域	469(85.9%)	317(86.1%)	152(85.4%)
一个以上领域	77(14.1%)	51(13.9%)	26(14.6%)

a. 德尔德拉·迈克洛斯基(Deirdre McCloskey),也被计算为唐纳德·迈克洛斯基(Donald McCloskey)。
b. 既指一位学术人员,也指一个思想库的研究人员。
c. 指从出生日期计算到 2001 年的期间数。

表 5.3 媒体提及最多的 100 位公共知识分子

姓名	媒体提及(1995—2000)
亨利·基辛格(Kissinger, Henry)	12 570
丹尼尔·帕特里克·莫伊尼汉(Moynihan, Daniel Patrick)	12 344
乔治·威尔(Will, George)	10 425
劳伦斯·萨默斯(Summers, Lawrence)	9 369
威廉·贝内特(Bennett, William J.)	9 070
罗伯特·瑞奇(Reich, Robert)	8 795
西德尼·布鲁门多(Blumenthal, Sidney)	8 044
亚瑟·米勒(Miller, Arthur)	7 955
萨尔曼·拉什迪(Rushdie, Salman)	7 688
威廉·沙费尔(Safire, William)	6 408
乔治·奥威尔(Orwell, George)	5 818
阿兰·德肖维茨(Dershowitz, Alan)	5 778
托妮·莫里森(Morrison, Toni)	5 633
安东尼·斯卡利亚(Scalia, Antonin)	5 381
汤姆·沃尔夫(Wolfe, Tom)	5 342
诺曼·梅勒(Mailer, Norman)	4 860
乔治·萧伯纳(Shaw, George Bernard)	4 835
瓦茨拉夫·哈维尔(Havel, Václav)	4 701
威廉·克里斯托(Kristol, William)	4 389
威廉·F·小巴克利(Buckley, William F. Jr.)	3 938

姓名	媒体提及(1995–2000)
科特·冯内果(Vonnegut, Kurt)	3 837
H·G·威尔斯(Wells, H. G.)	3 525
约翰·斯坦贝克(Steinbeck, John)	3 477
G·斯蒂芬·布雷尔(Breyer, Stephen G.)	3 350
戈尔·维达(Vidal, Gore)	3 175
罗伯特·博克(Bork, Robert)	3 130
赫伯特·斯坦(Stein, Herbert)	3 093
蒂莫西·利瑞(Leary, Timothy)	2 982
托马斯·弗里德曼(Friedman, Thomas)	2 962
E·J·戴奥尼(Dionne, E. J.)	2 894
C·S·刘易斯(Lewis, C. S.)	2 891
菲利普·罗斯(Roth, Philip)	2 727
约翰·西尔伯(Silber, John)	2 584
米尔顿·弗里德曼(Friedman, Milton)	2 534
比尔·莫耶斯(Moyers, Bill)	2 496
多丽斯·基恩斯·古德温(Goodwin, Doris Kearns)	2 491
H·L·门肯(Mencken, H. L.)	2 462
乔纳森·特利(Turley, Jonathan)	2 393
W·H·奥登(Auden, W. H.)	2 364
索尔·贝洛(Bellow, Saul)	2 356
阿瑟·小施莱辛格(Schlesinger, Arthur Jr.)	2 305
卡罗·乔伊斯·奥茨(Oates, Joyce Carol)	2 298
伯托尔德·布雷克特(Brecht, Bertold)	2 240
爱恩·兰德(Rand, Ayn)	2 227
本杰明·斯波克(Spock, Benjamin)	2 226
布里埃尔·加西亚·马尔克斯(Marquez, Gabriel Garcia)	2 156
戴维·哈尔波斯达姆(Halberstam, David)	2 124
贝蒂·弗里丹(Friedan, Betty)	2 099
保罗·克鲁格曼(Krugman, Paul)	2 076
阿道斯·赫胥黎(Huxley, Aldous)	2 060

姓名	媒体提及(1995–2000)
托马斯·曼(Mann, Thomas)	2 043
安东尼·刘易斯(Lewis, Anthony)	2 032
詹姆斯·鲍德温(Baldwin, James)	2 019
E·M·福斯特(Forster, E. M.)	1 940
亨利·刘易斯·小盖茨(Gates, Henry Louis Jr.)	1 901
斯蒂芬·杰·古尔德(Gould, Stephen Jay)	1 890
苏珊·艾斯特里克(Estrich, Susan)	1 876
苏珊·桑塔格(Sontag, Susan)	1 857
蕾切尔·卡逊(Carson, Rachel)	1 845
艾兹拉·庞德(Pound, Ezra)	1 839
E·L·多克特罗(Doctorow, E. L.)	1 822
格洛丽亚·斯泰纳姆(Steinem, Gloria)	1 795
理查德·道金斯(Dawkins, Richard)	1 765
让-保罗·萨特(Sartre, Jean-Paul)	1 712
约翰·梅纳德·凯恩斯(Keynes, John Maynard)	1 705
卡米拉·帕格利亚(Paglia, Camille)	1 676
奥利佛·温德尔·霍姆斯(Holmes, Oliver Wendell)	1 675
安德鲁·罗斯(Ross, Andrew)	1 626
约翰·肯尼思·高尔布莱希(Galbraith, John Kenneth)	1 595
理查德·波斯纳(Posner, Richard)	1 592
拉尔甫·艾里森(Ellison, Ralph)	1 588
亚历山大·索尔仁尼琴(Solzhenitsyn, Aleksandr)	1 579
莉莉安·海尔曼(Hellman, Lillian)	1 537
安·寇特尔(Coulter, Ann)	1 530
戴维·霍罗维兹(Horowitz, David)	1 501
阿尔伯特·加缪(Camus, Albert)	1 494
霍夫·克莉丝汀·萨默斯(Sommers, Christina Hoff)	1 476
W·E·B·杜伯依斯(DuBois, W. E. B.)	1 469
艾伦·金斯伯格(Ginsburg, Allen)	1 466
阿奇博尔德·考克斯(Cox, Archibald)	1 459

姓名	媒体提及(1995–2000)
杰弗里·萨克斯(Sachs, Jeffrey)	1 450
马歇尔·麦克卢汉(McLuhan, Marshall)	1 446
泽比格纽尔·布莱金斯基(Brzezinsky, Zbigniew)	1 430
劳伦斯·却伯(Tribe, Laurence)	1 421
戴维·布鲁克斯(Brooks, David)	1 375
亨利·卢斯(Luce, Henry)	1 358
保罗林·凯尔(Kael, Pauline)	1 334
保罗·约翰逊(Johnson, Paul)	1 317
加利·威尔斯(Wills, Garry)	1 314
伊塞亚·伯林(Berlin, Isaiah)	1 306
诺姆·乔姆斯基(Chomsky, Noam)	1 300
艾布拉姆斯·弗洛伊德(Abrams, Floyd)	1 285
约翰·霍普·弗兰克林(Franklin, John Hope)	1 285
玛格丽特·米德(Mead, Margaret)	1 272
詹姆斯·Q·威尔逊(Wilson, James Q.)	1 257
戴维·弗拉姆(Frum, David)	1 234
威廉·勃特勒·叶芝(Yeats, William Butler)	1 221
阿兰·沃尔夫(Wolfe, Alan)	1 208
拉尼·吉尼尔(Guinier, Lani)	1 205
乔治·斯蒂格勒(Stigler, George)	1 200

表5.4 学术引证最高的100位公共知识分子(1995–2000)

姓名	学术引证
米歇尔·福柯(Foucault, Michel)	13 238
皮埃尔·布迪厄(Bourdieu, Pierre)	7 472
尤根·哈贝马斯(Habermas, Jurgen)	7 052
雅克·德里达(Derrida, Jacques)	6 902
诺姆·乔姆斯基(Chomsky, Noam)	5 628
马克斯·韦伯(Weber, Max)	5 463

姓名	学术引证
加里·贝克尔(Becker, Gary)	5 028
安东尼·吉登斯(Giddens, Anthony)	4 910
斯蒂芬·杰·古尔德(Gould, Stephen Jay)	4 891
理查德·波斯纳(Posner, Richard)	4 321
约翰·杜威(Dewey, John)	3 644
卡斯·桑斯坦(Sunstein, Cass)	3 594
罗兰·巴特(Barthes, Roland)	3 552
阿玛蒂亚·森(Sen, Amartya)	3 526
埃里克·埃里克森(Erikson, Erik)	3 358
理查德·罗蒂(Rorty, Richard)	3 336
威廉·詹姆斯(James, William)	3 291
杰罗姆·布鲁纳(Bruner, Jerome)	3 253
詹姆斯·科尔曼(Coleman, James)	3 029
保罗·克鲁格曼(Krugman, Paul)	3 011
爱德华·威尔逊(Wilson, Edward)	2 984
爱德华·萨义德(Said, Edward)	2 958
卡罗尔·吉利根(Gilligan, Carol)	2 799
西奥多·阿多诺(Adorno, Theodor)	2 776
米尔顿·弗里德曼(Friedman, Milton)	2 706
威廉·朱利叶斯·威尔逊(Wilson, William Julius)	2 560
朱迪斯·巴特勒(Butler, Judith)	2 559
保罗·埃利希(Ehrlich, Paul)	2 422
罗纳德·德沃金(Dworkin, Ronald)	2 392
克劳德·列维-斯特劳斯(Lévi-Strauss, Claude)	2 283
贾雷德·戴蒙德(Diamond, Jared)	2 268
查尔斯·泰勒(Taylor, Charles)	2 264
让-保罗·萨特(Sartre, Jean-Paul)	2 217
罗伯特·帕特南(Putnam, Robert)	2 162
罗伯特·默顿(Merton, Robert)	2 133
乔治·斯蒂格勒(Stigler, George)	2 056
约瑟夫·斯蒂格里茨(Stiglitz, Joseph)	2 050
詹姆斯·Q·威尔逊(Wilson, James Q.)	2 048
塞缪尔·亨廷顿(Huntington, Samuel)	2 038
理查德·莱旺顿(Lewontin, Richard)	1 996

姓名	学术引证
理查德·爱泼斯坦(Epstein, Richard)	1 974
保罗·萨缪尔森(Samuelson, Paul)	1 943
理查德·道金斯(Dawkins, Richard)	1 922
安贝托·艾柯(Eco, Umberto)	1 877
希拉里·帕特南(Putnam, Hilary)	1 860
威廉·小艾斯克里奇(Eskridge, William Jr.)	1 858
雷曼·威廉姆斯(Williams, Raymond)	1 794
阿尔伯特·赫希曼(Hirschman, Albert)	1 776
霍米·巴芭拉(Bhabha, Homi)	1 732
阿克希尔·阿马尔(Amar, Akhil)	1 704
马丁·西摩·李普塞(Lipset, Seymour Martin)	1 675
约翰·梅纳德·凯恩斯(Keynes, John Maynard)	1 667
弗里德利希·哈耶克(Hayek, Friedrich)	1 655
霍华德·加德纳(Gardner, Howard)	1 585
理查德·赫恩斯坦(Herrnstein, Richard)	1 581
劳伦斯·却伯(Tribe, Laurence)	1 532
迈克尔·华尔泽(Walzer, Michael)	1 505
艾米达·艾兹奥尼(Etzioni, Amitai)	1 483
马莎·努斯鲍姆(Nussbaum, Martha)	1 463
马丁·费尔德斯坦(Feldstein, Martin)	1 406
布鲁斯·阿克曼(Ackerman, Bruce)	1 400
罗伯特·索洛(Solow, Robert)	1 359
塞得·斯考波尔(Skocpol, Theda)	1 327
E·J·霍布斯邦(Hobsbawm, E. J.)	1 309
赫伯特·西蒙(Simon, Herbert)	1 275
詹姆斯·布坎南(Buchanan, James)	1 275
斯坦利·费什(Fish, Stanley)	1 267
托马斯·谢林(Schelling, Thomas)	1 225
凯瑟琳·麦金农(MacKinnon, Catharine)	1 192
H·L·A·哈特(Hart, H. L. A.)	1 154
汉娜·阿伦特(Arendt, Hannah)	1 122
罗伯特·诺齐克(Nozick, Robert)	1 086
罗伯特·贝拉(Bellah, Robert)	1 060
弗朗西斯·福山(Fukuyama, Francis)	1 058

姓名	学术引证
托马斯·奈格尔(Nagel, Thomas)	1 058
丹尼尔·贝尔(Bell, Daniel)	1 045
伊内斯特·格尔纳(Gellner, Ernest)	1 043
康奈尔·韦斯特(West, Cornel)	1 022
伊芙·可索夫斯基·赛菊寇(Sedgwick, Eve Kosofsky)	989
乔治·卢卡奇(Lukacs, Georg)	980
肯尼思·波尔丁(Boulding, Kenneth)	974
埃里希·弗洛姆(Fromm, Erich)	971
克里斯托弗·詹克斯(Jencks, Christopher)	958
C·莱特·米尔斯(Mills, C. Wright)	950
亨利·刘易斯·小盖茨(Gates, Henry Louis Jr.)	941
罗伯特·瑞奇(Reich, Robert)	931
迈克尔·桑德尔(Sandel, Michael)	929
邓肯·肯尼迪(Kennedy, Duncan)	923
盖伊多·卡拉布雷西(Calabresi, Guido)	917
伊塞亚·伯林(Berlin, Isaiah)	904
罗伯特·博克(Bork, Robert)	881
欧文·费斯((Fiss, Owen)	878
E·P·汤普森(Thompson, E. P.)	874
罗伯特·弗兰克(Frank, Robert)	872
迈克尔·麦克尼尔(McConnell, Michael)	864
萨默斯·拉塞格(Lessig, Lawrence)	859
纲纳·缪达尔(Myrdal, Gunnar)	852
安东尼·斯卡利亚(Scalia, Antonin)	827
杰弗里·萨克斯(Sachs, Jeffrey)	783
阿尔弗列特·金西(Kinsey, Alfred)	777

表 5.5 媒体提及最多的 100 位公共知识分子简要统计

种类	百分比(%)	提及次数(平均数量)
男性	84	3 193
女性	16	2 009
学术人员	50	2 728
非学术人员	50	3 280
黑人	7	2 157
非黑人	93	3 068
已故	32	2 198
活着	68	3 383
外国人	21	2 657
美国人	79	3 096
政府服务	23	4 731
非政府服务	77	2 488
思想库	4	3 734
非思想库	96	2 974
依附型(a 和/或 t)	53	2 797
非依附型	47	3 238
右翼人士	35	3 113
左翼人士	63	2 991
政治倾向不明或两者皆不属	2	1 519
犹太人	36	3 331
非犹太人	64	2 820
年龄	78	

第五章 公共越多，智识越少 273

	领　域	
人文科学	12	2407
古典著作	0	—
文学	7	1 819
哲学	5	3 230
神学	0	—
社会科学	24	3 377
人类学	1	1 272
经济学	10	3 341
历史学	5	1 742
政治学	5	6 398
心理学	1	2 982
社会学	2	1 339
科学	3	1 652
生物学	2	1 827
化学	0	—
计算机科学	0	—
语言学	1	1 300
物理学	0	—
其他	70	3 265
建筑学	0	—
教育学	1	2 584
新闻学	15	4 243
法学	16	3 198
医学	1	2 226
政治学	0	—
出版	2	1 429
科学作家	1	1 845
作家	34	3 065
仅涉及一个领域	92	2 896
一个以上领域	8	4 245

表 5.6 公共知识分子杂志的发行量

A组			
《美国视角》(American Prospect)	28 000	《美国观察家》(American Spectator)	109 455
《波士顿评论》(Boston Review)	41 600	《评论杂志》(Commentary)	30 000
《异见》(Dissent)	10 490	《大事》(First Things)	26 525
《每月评论》(Monthly Review)	4 879	《共通语言》(Lingua Franca)	20 000
《国家》(The Nation)	102 271	《国家利益》(National Interest)	18 000
《新共和》(New Republic)	104 841	《国家评论》(National Review)	150 480
		《新标准》(New Criterion)	7 800
《纽约评论》(New York Review)	115 000	《公共利益》(Public Interest)	36 800
《党派评论》(Partisan Review)	8 000	《理性》(Reason)	55 000
		《标准星期报》(Weekly Standard)	50 000
小计	414 801		457 865
B组			
《纽约客》(New Yorker)	858 175		
《纽约时报》(New York Times)(周日版)	1 668 100		
《华盛顿邮报》(Washington Post)(周日版)	1 219 059		
《哈泼斯》(Harper's)	216 630	《华尔街日报》	1 925 622
小计	3 961 964		1 925 622
总计	4 376 765		2 383 487

表 5.7 前 100 位公共知识分子中学术人员的网络点击、媒体提及和学术引证之相关性(1995–2000)

	网络点击	媒体提及	学术引证
网络点击	1.000		
媒体提及	0.017	1.000	
学术引证	0.081	-0.169	1.000

表 5.8 学术公共知识分子媒体提及的回归分析

自变量	(a)前 50 位		(b)全部	
	系数	T 分布	系数	T 分布
黑人	-217.63	-0.133	90.77	0.279
已故	24.30	0.021	-259.89	-1.523
女性	-957.08	-0.863	21.21	0.088
外国人	-385.54	-0.318	187.17	0.793
政府服务	2369.06	2.763	1081.51	5.422
犹太人	1311.66	1.461	65.22	0.427
右翼人士	121.18	0.160	134.10	0.082
学术引证	-0.61	-2.050	0.06	1.100
恒量 (Constant)	2334.42	2.243	391.50	2.516
	$R^2 = .34$		$R^2 = .10$	
	调整后 $R^2 = .21$		调整后 $R^2 = .08$	
	$F = 2.49$		$F = 4.31$	
	Prob. > $F = .0282$		Prob. > $F = .0001$	
	$N = 47$		$N = 326$	

表 5.8a 学术公共知识分子媒体提及的回归分析(自然对数的描述)

自变量	(a)前 50 位		(b)全部	
	系数	T 分布	系数	T 分布
黑人	-0.083	-0.223	0.623	2.016
已故	0.040	0.143	-0.310	-1.902
女性	-0.259	-1.006	0.114	0.495
外国人	-0.046	-0.157	0.248	1.116
政府服务	0.591	3.038	0.828	4.345
犹太人	0.287	1.435	-0.194	-1.328
右翼人士	0.030	0.173	0.379	2.432
学术引证	-0.143	-1.994	0.331	6.150
恒量	8.318	16.664	3.583	10.815
	$R^2 = .37$		$R^2 = .19$	
	调整后 $R^2 = .23$		调整后 $R^2 = .17$	
	$F = 2.69$		$F = 8.93$	
	Prob. > $F = .0195$		Prob. > $F = .0000$	
	$N = 46$		$N = 322$	

表 5.9　学术型和非学术型公共知识分子媒体提及的回归分析

	(a)前 100 位		(b)全部人	
自变量	系数	T分布	系数	T分布
学术人员	−1125.34	−2.317	−707.60	−4.951
黑人	−270.13	−0.273	288.97	0.742
已故	−1 146.08	−1.950	−481.11	−3.179
女性	−1 135.21	−1.734	−204.04	−1.044
外国人	125.37	0.174	287.42	1.455
政府服务	2 305.59	3.893	1 063.55	5.671
犹太人	−201.13	−0.360	−57.78	−0.412
右翼人士	77.39	0.143	174.29	1.120
思想库	−839.54	−0.674	−546.46	−1.895
恒量	3 725.24	6.050	1 292.60	7.636

$R^2 = .26$　　　　　　　　　　　$R^2 = .11$
调整后 $R^2 = .18$　　　　　　　调整后 $R^2 = .10$
$F = 3.31$　　　　　　　　　　　$F = 7.00$
Prob. > $F = .0017$　　　　　　Prob. > $F = .0000$
$N = 95$　　　　　　　　　　　$N = 501$

表 5.9a　学术型和非学术型公共知识分子
媒体提及的回归分析(自然对数的描述)

	(a)前 100 位		(b)全部人	
自变量	系数	T分布	系数	T分布
学术人员	−0.374	−3.194	−0.700	−5.312
黑人	−0.133	−0.560	0.676	2.367
已故	−0.301	−2.118	−0.472	−3.364
女性	−.0.297	−1.887	−0.049	−0.269
外国人	0.068	0.392	0.443	2.425
政府服务	0.573	4.013	0.622	3.582
犹太人	−0.068	−0.508	−0.230	−1.772
右翼人士	−0.009	−0.067	0.124	0.859
思想库	−0.289	−0.967	−0.070	−0.261
恒量	8.037	54.428	6.267	40.261

$R^2 = .29$　　　　　　　　　　　$R^2 = .11$
调整后 $R^2 = .21$　　　　　　　调整后 $R^2 = .10$
$F = 3.85$　　　　　　　　　　　$F = 7.03$
Prob. > $F = .0004$　　　　　　Prob. > $F = .0000$
$N = 95$　　　　　　　　　　　$N = 501$

表 5.10 依领域区分的公共知识分子之回归系数

自变量	(a)前 100 位		(b)全部人	
	系数	T 分布	系数	T 分布
黑人	-211.97	-0.213	142.59	0.471
已故	-1 026.28	-1.676	-461.95	-3.166
女性	-808.47	-1.191	-294.00	-1.522
外国人	-481.15	-0.589	87.02	0.430
政府服务	2 460.06	3.583	1 146.92	6.121
犹太人	-113.83	-0.201	23.23	0.169
右翼人士	-159.68	-0.296	124.86	0.862
人文科学	718.60	0.800	-128.88	-0.593
法学	456.22	0.501	-217.13	-0.909
新闻学	2 325.85	2.556	810.52	3.086
科学	552.51	0.295	-196.89	-0.435
社会科学	914.95	0.955	-166.85	-0.762
作家	2 236.59	2.459	1 145.55	4.607
教育学	486.70	0.201	-397.18	-1.231
出版	-655.93	-0.375	-566.08	-1.661
恒量	1 652.22	1.814	723.90	3.059

$R^2 = .32$ 　　　　　　　　$R^2 = .17$

调整后 $R^2 = .19$ 　　　　调整后 $R^2 = .15$

$F = 2.51$ 　　　　　　　$F = 6.74$

Prob. $> F = .0045$ 　　Prob. $> F = .0000$

$N = 95$ 　　　　　　　　$N = 501$

第二编

类型研究

第六章

作为公共知识分子的文学评论家

"在道德想像力本应退出之前,便存在形形色色的美。"[1]

"人文学科并不赋予人性。"[2]

"社会倾向于施加一种强制,例如每一位诗人,依据他对当时社会价值的适应程度,而为人们接纳或者排斥……。艺术家,传统价值永恒的颠覆者,他永远与孤独同行,众人异端他正统,举世皆浊我独清。"[3]

从本章开始,本人便对精选的公共知识分子表达类型进行深入细致地考察。首先从文学评论着手,长期以来文学评论已成为公共

---

[1] Irving Howe, *A Margin of Hope : An Intellectual Biography* 337 (1982),参见理查德·罗蒂如下著作中的引证,Richard Rorty, *Achieving Our Country : Leftist Thought in Twentieth - Century America* 116 (1998).

[2] George Steiner, *Errata : An Examined Life* 131 (1997).

[3] T. S. Eliot, *Turnbull Lectures : The Varieties of Metaphysical Poetry*, in Eliot, *The Varieties of Metaphysical Poetry* 231, 288 (Ronald Schuchard ed. 1993).

知识分子作品的媒介,有三项理由使之然。第一项理由是,受过普通教育的社会公众既阅读文学评论,亦是文学作品的读者,他们对专家就文学作品发表的评论存在一定程度的兴致。第二,许多文学作品涉及到政治、社会或经济问题;在卓越超群的公共知识分子中,作家的数量如此之多,便暗示了这一点(参见,本书表5.3和表5.4)。第三项理由则是,文学的文化意义(cultural significance)——在教育方面,在与其他学科联系的方面,尤其是牵涉到一种科学或者社会科学预测(cast)时,且与大众文化的关系方面——本身便属于一个意识形态的问题。鉴于上述原因,因此,针对文学或者特定文学作品所发表的评论,便成为面向普通读者评论政治或意识形态问题的方式之一。不胜枚举的著名公共知识分子皆为非职业文学评论家,当然也有不少职业性文学评论家,例如,T·S·艾略特、C·S·刘易斯、爱德蒙·威尔逊、乔治·奥威尔、莱昂乃尔·特里林、欧文·豪。在这样一个日益由技术专家统治(technocratic organization)的社会里,一些20世纪最杰出的文学评论作品,诸如美国新批评派的评论,以及英国T·S·艾略特、F·R·利维斯的文学评论,即便名义上属于"形式主义的"或者唯美主义的,也正如新批评派那样,依然标记着一种海德格尔式的悲观绝望。[4] 在接下来的两章中,我们将遭遇这一主题,一种公共知识分子的大宗产品。

---

〔4〕 关于艾略特,以及关于南方新批评派(the Southern New Critics)(比如兰塞姆[Ransom]和泰特[Tate]),分别参见,Louis Menand,"T. S. Eliot," in *The Cambridge History of Literary Criticism*, vol. 7: 4 *Modernism and the New Criticism* 17 (A. Walton Litz, Louis Menand, and Lawrence Rainey eds. 2000),以及,Mark Jancovich, "The Southern New Critics," in id., vol. 2, p. 200. 关于利维斯,尤其参见,F. R. Leavis, *Two Cultures? The Significance of C. P. Snow* (1962),该书系对 C·P·斯诺(C. P. Snow)的著作《两种文化与科学革命》(*The Two Cultures and the Scientific Revolution*, 1959)一书的激烈批判。斯诺和利维斯两个人,前者是一位科学家和从政府官员转行而成的小说家,后一位则是英国重要的文学批评家,他们当属 20 世纪中期英国最杰出的公共知识分子。斯诺主张,现代"科学将拯救我们",而利维斯〔正如南方重农派 [the Southern Agrarians,指美国现代南方作家组成的一个松散的文化团体,又称"逃亡者派"。1915 年,与田纳西州纳什维尔镇范德比尔特大学有关的文化人常聚会讨论文学及哲学问题。范德比尔特大学教师、诗人约翰·克罗·兰塞姆成为实际领导者。1922 至 1925 年,出版小型文艺杂志《逃亡者》,后收为《逃亡者文选》(1928)。"逃亡者"们提倡维护南方传统的文学地方主义,成为"南方文艺复兴"的中坚力量。1930 年,以"逃亡者派"为主体的 12 个南方作家撰写专题论文集《我要表明我的态度》,该书视为"重农派"宣言,主旨是以南方农业社会为尺度来评价、批判现代美国资本主义社会。1935 年,华伦与克林斯·布鲁克斯创办《南方评论》,1939 年兰塞姆创办《肯庸评论》。"新批评派"就是围绕着这些刊物形成的,——译者〕那样〕却认为,"科学(以及工业和技术——简而言之,即现代性)将毁灭我们"。参见,*Culture in Conflict: Perspectives on the Snow - Leavis Controversy* 4 (David K. Cornelirs and Edwin St. Vincent eds., 1964). 关于"两种文化"的辩论,已经重新铺卷了现代的"法律与文学"运动。比如,请将如下文献: Peter Read Teachout, "Words beyond Theory: Toward the Expression of an Integrative Ethic for Self and Culture," 83 *Michigan Law Review* 849, 881 (1985),以及,James Boyd White, "Economics and Law: Two Cultures in Tension," 54 *Tennessee Law Review* 161 (1987),与本人的拙作进行比较,Richard A. Posner, *Law and Literature* 295 - 302 (1998 年修订和扩充本),在本章中,对该书的引证简称为《法律与文学》。

文学研究的学术化，这一过程始于20世纪初，[5]而近几十年来，则在不断加速向前，同时伴随的，乃是人们对文学兴趣的日益下降，这些已经削弱了公共知识分子文学评论家的社会地位。这是一个悖论，因为那种学术化业已伴随着一种前所未有的文学研究的政治化。当今，这些文学研究的主导方法，也即那些交叉型的理论进路，诸如新历史主义、后殖民主义和贱民研究、酷儿理论（queer theory）、文化多元主义、激进的女权主义、解构主义、接受理论以及后结构主义，皆属于左翼文化之前哨。但它们却满纸点缀着令人云山雾水的专业术语，并且在研究作品的选择上还具有无法引人注目的特征（作为与已故白人男性之作品所主导的传统准则的对应），而上述因素累加起来，就大大阻碍了这些领域中的实践者们，他们无法与圈外的人沟通交流。[6]因此，我在本章中拟讨论

---

[5] Josephine M. Guy and Ian Small, "The British 'Man of Letters' and the Rise of the Professional," in *The Cambridge History of Literary Criticism*, vol. 7: *Modernism and the New Criticism*, 前注[4]，页377、378，该作品指出，"自从19世纪晚期以来，文学批评便开始从普通教育的社会公众汇聚的论辩场转移到学术机构"，并且，这一转换在20世纪30年代已基本完成。

[6] 正如他们现在已经开始意识到的那样。参见，Ron Rosenbaum, "The Play's the Thing, Again," *New York Times Book Review*, Aug. 6, 2000, p. 17. 他们中的许多人皆列明于表5.1之中，比如，朱迪斯·巴特勒（Judith Butler）、斯坦利·费什（Stanley Fish）、以及爱德华·萨义德，不过，他们的媒体提及次数居于中等程度，有的人甚至可忽略不计。"[文学]理论产生了一种非良性的效应。话语的层次越高，能够理解这些话语的人便越来越少。而学术的进行展现在一个越来越复杂的层面上（至少就英美风学术 [the anglophone academy] 便是这样）。在这样一个过程中，圈子以外的更广大读者（the larger extramural audience）将会迷失方向。John Sutherland, "Tales of the Tenured," *Times Literary Supplement*, Oct. 27, 2000, p. 22.

的公共知识分子文学评论家,诸如韦恩·布思和马莎·努斯鲍姆,[7]皆没有定位于当代文学研究的主流,这一点可绝非偶然。之所以如此,就布思而言,是因为他属于较早的一代,而就努斯鲍姆来说,则因为她是从哲学的维度接近文学——并且,她也从古希腊或者古罗马的古典著作入手,涉及针对古希腊和古罗马文学的文学评论,然而,努斯鲍姆对于古典著作的研究进路采取的哲学的方法。她把对文学评论的关注与其作为一位公共知识分子的工作联为一体,对此,努斯鲍姆直言不讳,她相信,"文学的想像力构成公共理性的一部分",并且实际上与政治话语和其他公共话语息息相关。[8]

促使文学评论成为公共知识分子之论坛,与文学回报率很高的想法是否一致,这取决于唯美主义者与道德主义者之间由来已久的论辩。所谓唯美主义者,诸如奥斯卡·王尔德、贝内德托·克罗齐、乔治·斯坦纳、海伦·文德莱(Helen Vendler)、以及青年时期的詹姆斯·鲍德温;[9] 而道德主义者则比如,柏拉图、托尔斯泰、塞缪尔·约翰逊、马修·阿诺德(Matthew Arnold)以及乔治·卢卡奇。[10]布思,以及甚至更为重要的,努斯鲍姆,亦属于道德主义者之阵营。而本人开始提及的公共知识分子文学评论家,诸如,艾略特、

---

〔7〕 本人把对如下二篇论文的讨论作为出发点,即:Wayne Booth, "Why Banning Ethical Criticism Is a Serious Mistake," 22 *Philosophy and Literature* 366 (1998), 以及; Martha C. Nussbaum, "Exactly and Responsibly: A Defense of Ethical Criticism," 22 *Philosophy and Literature* 343 (1998). 本章对后一篇论文的引证,简称为《准确性和责任性》(Exactly and Responsibly)。

〔8〕 Martha C. Nussbaum, *Poetic Justice: The Literary Imagination and Public Life* xiii, xvi (1995),在本章中,本人对该书引证为《诗性正义》(Poetic Justice)。

〔9〕 参见,詹姆斯·鲍德温对《汤姆叔叔的小屋》以及《土生子》((*Native Son*)的讨论,James Baldwin, *Notes of a Native Son* 13 – 45 (1955).

〔10〕 比如,参见,William K. Wimsatt Jr. and Cleanth Brooks, *Literary Criticism: A Short History*, chs. 20 – 22 (1957).

威尔逊、特里林,他们实际是骑墙派。[11]然而,所有这些人皆撰写过一些公共知识分子文学评论,并且此类文学评论是必须属于道德主义的。纯美学意义上的文学评论,即便是面向普通读者写作,也不符合本人有关公共知识分子作品的界定,因为它对于涉及政治或意识形态问题的公共话语并无贡献。即使评论家分析的作品是一部教诲式的小说,亦不例外;一位评论家,倘若他只对作品的形式特征兴趣盎然,那么他也不是在从事公共知识分子工作。在下一章中,本人将通过对《一九八四》进行总结性的探讨,阐明此种文学评论。

道德主义评论家认为,文学当中最关键处,在于其道德因素、政治维度的信息或影响。[12]而在唯美主义者看来,一部文学作品或艺术作品的道德性或政治性内容,很少抑或根本就与这一作品的价值、或者从这一作品中获取的快乐不相干。唯美主义者的口号是,正如王尔德在《道林·格雷的肖像》一书序言中所提出的格言那样:"文学作品无所谓道德或者不道德。书只有写得好坏之分,这便是全部。"换句话说,沉浸于文学之中,全心投入,并不会促使我们成为更优秀的公民或更好的人。有一些文学作品或许具有启发教育意义,但即便如此,它们也只是伟大文学作品的一种微不足道、曲解偏见的样品。恰恰相反的是,一部文学作品,就算是表达了令人可憎厌恶的道德观念,却并不必定会残生害人,甚至也不一定会产生破坏性的影响;而出于同样的缘由,一部平凡普通的文学作品,即便是纵声高歌我们认同的道德观念,也不可能为人们笃信不疑。作者的道德品质或道德观点,不应该影响我们对其作品的评

---

〔11〕 艾略特最与众不同之处。参见,Menand,前〔4〕,页18。

〔12〕 所谓信息(Message)与影响(impact)并不必定属于同一样东西。在本书第九章中,就努斯鲍姆牌号和理查德·罗蒂牌号的道德主义批判进行区分时,我将回到这一点来。

价（《法律与文学》，页 306 - 307）。

　　提到奥斯卡·王尔德，可能招致部分读者产生一种矫揉造作以及世纪末颓废的感觉，而没有为诸如莎士比亚、托尔斯泰之类的文学巨匠留下空间。对于他们的作品，仅仅使用"写得很好"一词来修饰，不免会误导性地暗示一种表面化的艺术，那是正如奥勃利·比亚兹莱（Aubrey Beardsley）以及与王尔德同时代的其他新艺术（Nouveau）大师的绘画在文学中的对应物。然而，在对唯美主义进路与道德主义方法予以对比时，本人的意旨仅仅在于，将艺术作品的概念作如下二类区分：作为一种人类创作（an artifact）的艺术作品、以及作为一套箴言规诫之理念的艺术作品。人类创作的作品可以借助感情的力量而光彩照人，所谓感情的力量，乃是一种洞悉人类本性和社会互动之根源，甚至也是慰藉和力量之本在，还是包纳自我反省和自我批评在内的沉思反响的激励因素。但是，这些事物与道德指南或政治指引不同。我们不应该愚蠢地自以为是，由于不存在一种完全抽象的言辞艺术，能够与抽象绘画和抽象器乐遥相呼应，因此，从持续进行离题万里式的创作的意义上说，文学必须与历史、哲学或社会学一样，属于"人文主义的"；我们也不应自作聪明地断言，研究一部文学作品的最佳路径，便是追问它如何才能够帮助读者指导他的生活。

　　一部文学作品，倘若建立在一种大多数读者倍感费解的道德体系上，就好比基于信仰体罚儿童（torturing children）具有美与善而构建起的制度一样，不论其外表多么美丽动人，也不可能为人们广泛地认可赞赏。但是，那与一部作品中我们能够理解的、一位心智健全之人所持有的道德体系之间，却存在着极大的不同，即便我们抛弃这种道德体系——例如，包括反犹主义和当今广受谴责的其他类型之偏见的道德体系。假如我们了解一些西方社会史和知识分子史，那么，我们便无须耗费太多的想像力，就能够理解那些既神智健全又才华横溢的作家们竟然属于反犹者，例如，莎士比亚、狄更斯、亨利·詹姆斯、以及 T·S·艾略特。正如奥威尔在评论《格列佛游记》一书时指出：

> 假如他的世界观确实致人伤害抑或令人震惊，那么，[斯威夫特散文风格的力量与简洁、他使不可能的虚幻世界看来令人可信的想像力并连同其他的文学天赋]，这其中没有一种天赋能够促成我们对斯威夫特的欣赏。无数国家中数以百万的人必定非同寻常地对《格列佛游记》爱不释手，尽管他们也或多或少地察觉到其中反人类的言外之意……对此的诠释，想必是人们感觉斯威夫特的世界观并不完全错误——或者更准确而言，并非总是错误的……从一种医学的视角来说，一位作家所持的观点必须心智健全、通情达理并具备持续不断的思维能力：在我们尊称他是一位天才以外，也许所深信的却忠实于另外一个名字……《格列佛游记》的经久不衰表明，若是在其背后存在着信仰之力量的话，那么，一种刚刚通过心智健全测试的世界观便能够产生出一部伟大的艺术作品。[13]

倘若美学的研究进路，正如奥威尔限定的那样，属于文学评论可能采取的最富于成果的一种，那么，文学评论家也许根本就不会进入公共知识分子的行列，至少以文学评论家的身份高谈阔论时是如此。美学的研究进路意味着，他们不具有职业上的能力来就道德问题指点迷津，因为在人们看来，文学并非"关于"这些道德问题，即便人们对文学作品达到了最佳理解和无比欣赏之时，也是如此。我对上述立场深感认同。在下一章中，我会更进一步地论辩

---

[13] George Orwell, "Politics vs. Literature: An Examination of *Gulliver's Travels*," in *The Collected Essays, Journalism and Letters of George Orwell*, vol. 4: *In Front of Your Nose*, 1945 - 1950, pp. 205, 221 - 223 (Sonia Orwell and Ian Angus eds. 1968).

道，就算是一部政治讽刺作品，比如《一九八四》，该小说的作者系 20 世纪最主要的公共知识分子之一，其实质上（au fond）亦并非是政治性的；理解它的适当方式，或许就是美学的进路；并因此，公共知识分子有关这一问题的作用可能会受到限制。

谈及教诲式文学，例如政治讽刺作品，则有必要区分现代文学作品与古典文学作品。不可胜数的文学作品皆带有教导启迪的因素；本人将再次以表 5.3 中的作家为例。然而，随着与作者有关的特定政治背景或者社会形势斗转星移抑或不复存在时，那些教诲性成分便趋向于成为过眼烟云。

当一部文学作品推出、并为人们诵读多年以后，通常是几个世纪，其中的教诲成分也许会不合时宜，并且，有时倘若不具有丰富的文学考古学知识，则无法揭示其主题的渊源，就像是诸如《仙女王后》(the Faerie Queen)、《格列佛游记》、以及《群愚史诗》（the Dunciad）*之类的作品那样。在本书下一章中，我们将看到有关近年来的更多作品的例证。可是，道德主义的评论则坚持，古典著作应该视为今日（today）的教诲性作品而进行诠释和评价。倘若一位评论家指出，索尔·贝娄的小说属于保守主义，而托妮·莫里森（Toni Morrison）的作品属于自由主义，那么这些观点根本就没有任何意义，因为只有在当代人们才运用这些术语；这一切其实显而易见。道德主义的评论家所从事的工作，故而更具挑战性，因为他必须挖掘古典文学作品的内涵，并切合当代的政治或意识形态问题。

关于美学的研究进路，与我在此的论述相比，有人提出过更为充分详尽的诠释及其辩护，[14] 努斯鲍姆在《准确性和责任性》一

---

* 《群愚史诗》系蒲柏的作品。亚历山大·蒲柏（Alexander Pope，1688－1744），英国诗人。——译者

〔14〕参见，Richard A. Posner, "Against Ethical Criticism," 21 *Philosophy and Literature* 1 (1997),《法律与文学》一书修订版，将该文重印作为第九章。

文中主张，对道德主义评论的鄙视厌恶存在政治上的动机：一个人倘若并非平等主义者，那么，他将不会因为那些激发读者同情怜悯穷人的文学作品而感动得怆然泪下，就正如努斯鲍姆本人那样。假定，一位读者对一部文学作品的反应不可避免会染上其政治观点的色泽，这种假定由于想当然地以为，审美反应就根本说来属于政治性的，而回避了文学与政治之间关系的问题。努斯鲍姆也把对道德主义评论的排斥归因于对小说与抒情诗两者之间差别的麻木不仁；而抒情诗能够给予读者一种快乐，它的的确确最为接近我们从视觉艺术尤其是抽象艺术以及音乐尤其是器乐之中获取的快感（《法律与文学》，页 331）。但是，我们的唯美主义者并不认为文学产出的只是快乐，甚或只是美学的快乐；它仅仅是距离道德领域最为遥远的快乐。不仅在《法律与文学》一书中，而且在本书中讨论的大部分文学作品，都只包括小说、戏剧以及史诗，而没有对抒情诗进行探讨。[15]并且，本人强调的也并非这些冗长作品所产生的"音律"（musical）的快乐，尽管存在这样的一些快乐，而是着眼于它们"能够产生共鸣的生活"、以及"三维回音效果"（echo chamber）之快乐（《法律与文学》，页 326–331）。[16]本人仅仅是怀疑，它们是否会富于成果地被视作政治教导或道德教诲之作品。努斯鲍姆主张，甚至"狄更斯也属于一位要求人们从伦理维度来欣赏其作品的作者，而且这种伦理维度还要从一种非常具体的意义上去关注……

---

〔15〕正如努斯鲍姆所主张的，这些并不仅仅只是"蜻蜓点水"（mention [s]），在"详尽分析"的层面上内容匮乏。（《准确性和责任性》，页 345）。《法律与文学》以详尽的篇幅讨论了陀思妥耶夫斯基（Dostoevsky）、曼佐尼（Manzoni）、梅尔维尔（Melville）、卡夫卡、加缪、理查德·赖特、以及其他作家的长篇小说和中短篇小说——并且，也以巨大的篇幅研究了一些虽非小说、但亦非抒情诗的文学作品，包括《荷马史诗》以及古希腊和伊莉莎白一世时代的剧作家所创作的戏剧。在本章之中，我将探讨数部小说以及一部戏剧，在下一章中，则将对两部小说进行研究。

〔16〕亦见，Peter Caws, "Moral Certainty in Tolstoy," 24 *Philosophy and Literature* 49 (2000).

诸多社会制度给人类造成的悲惨痛苦"(《准确性和责任性》,页360),对此,我不敢苟同。一位作者决不能向他的读者们提出任何"要求",特别是不能要求读者们基于作品的政治内容而评价有关作品对于作者来说是否至关重要。狄更斯小说所体现的社会批评——陈旧过时、更经常地表现为肤浅单薄且感伤怀旧——已不再是他的著作中最富于价值的方面,尽管他的小说曾经如此具有社会批判性。

由于小说和戏剧展示了人类的性格,他们的动机、价值观、个性、决策连同智力构成了读者或观众关注的核心(请记住本人早些时候的一项对比,即文学与抽象绘画和抽象音乐之间的比较),那么,我们自然而然会联想到,我们或许会对他们采取一种判断性的立场(a judgmental stance),正如我们对于互动现实中的人们所做的那样。文学作品既刻画了"反派角色"、亦离不开"英雄人物",正反角色的配置就如同家常便饭,仅仅这样的一种事实,便表明我们意在对文学中的人物角色进行价值判断。文学所昭示的、能够引起人们共鸣的生活,有如真实的生活一样,具有一种道德的维度。但是,对于一个虚构角色的道德评价,仅发生于文学作品所营造的空间之中,而与我们社会世界几乎毫不相干。谁是英雄人物,何为坏蛋恶魔,只与该角色所虚构世界的价值理念相关,而同我们的价值观念的联系,只是隔山望水。这一观点打碎了这样的一切规划(project),即沿着一种道德维度、在不同文学作品中的角色(或者这些角色所暗喻的作者本人)之间进行比较的规划。我们不能宣称,皮普与阿喀琉斯相比更优秀,或者说利奥波德·布卢姆比奥德修斯人更好,这些主张就算是从表面上看来也已显得荒谬绝伦。若要作如此的比较,则需要把这些角色从他们的内容框架中割离开来,可这样便会破坏他们作为有机构成要素的审美结构。我们可以说,夏洛克是一个更有趣的角色,因为他要比所对应的角色——恶魔般的巴拉巴——更加生动逼真(巴拉巴系马洛有关"犹太人"的戏剧中的一个人物)。但是，倘若声称《威尼斯商人》是一出比《马耳他岛的犹太人》(*The Jew of Malta*)更优秀的戏剧，并非因为前者所描绘的犹太人更趣味盎然、更贴近生活（并因此对于最初的观众而言，显得更加邪恶），[17]而是因为夏洛克与巴拉巴相比，更加接近犹太人的现代观念，这样就混淆了美学与政治和道德领域之间的区分。

努斯鲍姆声称，一种特别的哲学立场——她将此种立场追溯至亚里士多德——"要求文学作品采取一种非常特别的体裁，主要以詹姆斯后期的小说为典范，因为他的那些作品进行了完全的调查研究（《准确性和责任性》，页348）。她所描述的哲学立场，包括道德特殊主义、以感情的认知功能（尤其是评价功能）为核心、且强调人性的脆弱，但斯多葛派哲学家的观点与此相异，他们强调的是自给自足；努斯鲍姆把这种混合交融视作能够促成一种平等主义的观点。然而，这一点与詹姆斯后期小说之间的联结却是模糊不清的，无论如何，对于一种"需要"文学作品的哲学立场来说，这到底意味着什么呢？

在其他场合，努斯鲍姆提出了一些相对更简练的主张——詹姆斯是我们的道德楷模："在那场反对道德观念麻木不仁的斗争中，

---

〔17〕莎士比亚的戏剧，正如马洛（Marlowe）的戏剧一样，针对犹太人生动地塑造了各种各样传统的、谨小慎微的陈规俗套，但与马洛相比，更具现实性。参见，James Shapiro, *Shakespeare and the Jews* (1996)。

《马耳他岛的犹太人》根据当时关于君士坦丁堡一个犹太人的传闻和土耳其人进军马耳他岛的故事写成。土耳其苏丹要马耳他纳贡，马耳他总督决定由岛国中的犹太人负担。富有的犹太人巴拉巴拒绝捐献，财产房屋被充公。他为报复，设计杀害一批人，包括女儿和她的情人，又勾结土耳其占领者，自己成为总督，然后设计陷害土耳其首领，自己却堕入预设的沸镬中丧命。作品中心人物是那个一意追求无限财富的犹太人。莎士比亚的《威尼斯商人》想必受到此剧的影响。——译者

这位艺术家担当着我们的战友,他是我们经常的指引".[18]在《金碗》一书中,她就发掘了此种特别的指引,这就是,那位屈辱蒙羞的妻子应该摆脱她丈夫投入情人怀抱的梦魇,无须情绪激动,无须愤慨满怀,也无须扰乱那宁静平和的社交水面,不论是作为通奸者还是受害人,皆无须激起涟漪层层,即便涉嫌四个人的通奸关系已浮出水面。那位妻子应该"长大成人",接受她丈夫与人私通的事实。"为了成为一个女人,为了把她自己奉献给她的丈夫,麦琪将不得不认清自我,把自身看成某种被碾得支离破碎、毫不完美的东西"(《爱的知识》,页133-134)。倘若这就是亚里士多德如何解决道德问题的进路,那便只是平庸无奇、毫无教化启示意义、轻浮浅薄的方法,而且也没有忠于詹姆斯的本意。[19]努斯鲍姆对这一研究进路的选择,也看不出与哲学主张或道德理论有内在的任何瓜葛。她"也许会说,她〔对詹姆斯〕的赞美钦佩的反应是深思熟虑的,相反,其他人的想法则天真幼稚,但那只不过是就她而言的一项道德判断。她没有展现、且不可能展现的,是那样一种哲学反思

---

〔18〕 Martha C. Nussbaum, *Love's Knowledge*: *Essays on Philosophy and Literature* 164 (1990),本章对该书的引证称为《爱的知识》。所引用的段落皆可作为道德主义批判的箴言。

〔19〕 "在《金碗》(*The Golden Bowl*)一书中,为了聚焦于道德问题,而冒险忽略了詹姆斯想像力中的荒淫好色和哥特式的风格(the prurient and Gothic vein)——他有关恐怖可怕、忤逆自然、近乎乱伦(the quasi-incestuous)……以及观淫成癖(he voyeueristic)、当然也有引人入胜的故事情节:那位妻子与她的继子通奸,父亲和女儿不仅知情,而且还安排这场奸情,并通过古板守旧之人(squares)无比震惊、目瞪口呆的眼光,来展现那不可思议的全家人(ménage)……詹姆斯并非一位道德主义者,而是创作了一些更独特怪异、更趣味横生的东西。"参见,*Law and Literature*,页318。亦见,Camille Paglia, Sexual Personae: *Art and Decadence from Nefertiti to Emily Dickinson* 607-622(1990)("亨利·詹姆斯,一位颓废的浪漫主义晚期作家〔a Decadent Late Romantic〕,通常被人们视为一位社会小说家,他的作品具有一种风格独到、恶化沉重的特征",参见,同上书,页607;并参见,下注〔21〕、〔22〕。詹姆斯最优秀的小说之一,是《悲剧的沉思》(*The Tragic Muse*),可算是这位艺术家无道德责任感(moral irresponsibility)的集中体现。

所要求的区分——可是，那只是她的断言"。[20]

在对《大使》一书的探讨中，努斯鲍姆将纽瑟姆女士映射为康德，而将兰伯特·斯特雷瑟比附为亚里士多德（《爱的知识》，第六章）。但我宁可把纽瑟姆女士视作一位加尔文主义者，而将斯特雷瑟看作一位在遭遇了法国式的世故俗气和淫荡纵欲后对加尔文主义信仰动摇的加尔文主义者。不过，我也接受努斯鲍姆的如下观点，即文学中的角色有时能够改造为对立哲学立场的化身，甚至在相比《令人厌恶》（La Nausée）或者《魔山》（The Magic Mountain）等"哲学性"更不明显的小说中，亦是如此。它们可能如此，但它们应该如此吗？当这些作品被塑造成具有哲学教义的儿童广告时，它们的趣味将更加索然无存。

詹姆斯后期的小说中，有一部努斯鲍姆没有讨论——因为这部小说倘若要切合她的理论，确实存在特别的困难——这也是詹姆斯最后第二部小说，《鸽翼》（The Wings of the Dove）。这部小说的主角凯特·克洛伊（Kate Croy）是一位残忍之人。不过在该小说中，她却是能令读者对其产生深深同情的残忍女人，因为她，充满力量、目标明确、貌若天仙、迷人陶醉、智识过人、大胆无畏以及勃勃野心。她象征着生命力，不仅与小说表面上的女主角、病态垂死的米莉·西娅勒相比是这样，而且通过凯特的未婚夫莫顿·邓舍的反衬，亦展现了她生命的活力，而莫顿就正如詹姆斯小说中刻画的大多数男性一样，软弱无力。[21] 凯特没有钱，正如《金碗》一书中的夏洛特那样，这是同样值得批评的情形。夏洛特是一位凯特式的角色，那可并不单单是我一个人觉得她要比麦琪更惹人怜爱，麦琪只

---

[20] D. Z. Phillips. *Philosophy's Cool Place* 135（1999）.

[21] 詹姆斯"不吝笔墨，以极大篇幅旨在促使我们确信无疑，她［凯特］在小说中可能是一位极其复杂、社会能力强以及聪明绝顶的角色。"参见，Robert B. Pippin, *Henry James and the Modern Moral Life* 6（2000）. 亦见，同上书，页21 注［6］。

是表面上的女英雄，而努斯鲍姆却认为，她是真正的女英雄。[22] 但是，凯特和夏洛特并不是贫困之人，故此把亨利·詹姆斯描述为一位平等主义者就显得有些稀奇古怪，而将亚里士多德比作斯特雷瑟，当然更荒诞不经了。

倘若想当然地以一种希腊的方式对待文学中的"道德"问题，而拒绝采取现代的方式，不是"我们怎样才能够美好？"而是"人们应该如何生活？"（《爱的知识》，页173），那么，文学可能提供"道德"指引或许具有一定的意义。这种死啃书本也许能够认同文学作品中的角色，或认同作品所暗喻的作者的价值观，而这一认同又可以导致读者的视角产生一些变化。若非这样，文学能产生共鸣的生活因素，以及"尝试"人们在文学作品中遇到的某一角色或者一套价值观看其是否适合的可能性，便与道德改善或者政治启蒙的任何观念毫不相干。文学的本质或者任何文学的体裁，包括现实主义小说，皆不倾向于提供现代道德行为之典范。古典文学作品产生于各种各样的道德氛围中，而创作这些作品的大多数人并不是道德主义者或政治理论家，或者，即便他们属于道德主义者或政治理论家，也与我们的价值观念迥然相异。这些作品映射而出的道德价值观所涵盖的范围广阔无边，它们并不汇聚于我们的价值观念周围，不存在这样的趋向，若要是考虑到此种起源（this provenance），则上述观点便丝毫也不令人惊奇。进而，在最伟大的作家中，这种道德剧也仍未形成一种受人们欢迎的体裁。凯特·克洛伊属于不可胜数的富有吸引力的不道德者之一，而那些不道德的人却在文学经典中占据了一席之地。文学作品折射出的价值观念，影响了一些读者的道德信仰，就此范围而言，并不存在强化任何特别的道德学派、并因此（比如）促使这些读者更具平等主义的倾向。你必须精挑细选，才能发现那些富有启发意义的作品。

---

[22] 参见，同上注书，页78-80、87注[18]。

在涉及她描述为"很不同的任务"(所谓的不同,即与亚里士多德－詹姆斯的规划不同)时,努斯鲍姆承认了这点——那种任务,即"向公民和公共官员推荐特定的(certain)文学作品,以作为一种经过深思熟虑而浓缩精华的价值源泉"(《准确性和责任性》,页 349－350)。[23] 这些是促进人们同情"穷人和受排斥者"的作品(同上书,页 351)。此类作品与亨利·詹姆斯后期小说的道德价值差异,正是同情(或怜悯)与共鸣(empathy)之间的不同。[24] 詹姆斯的小说,就像一般意义上的文学巨著那样,在能够且倾向于扇动想像的翅膀、进入另外的生活方式层面而言,不论这种生活方式是好是坏,都会激起一小部分读者共鸣,但,究竟同情谁,凯特抑或米莉,夏洛特抑或麦琪,则由读者自己来决定。

努斯鲍姆的批判性进路,可总结如下:对某一文学作品进行诠释,竭尽所能令其具有教化启迪意义(正如她对詹姆斯作品使用的技巧那样);对于一般的具有教诲意义的作者来说,倘若他的道德观念堕入麻木不仁时,便加以谴责(正如针对詹姆斯小说中的反犹太主义那样);以及,引入具有道德教化作用的经典作品,即使这些作品欠缺通常性质的美学价值;抛弃那些"影响恶劣"的文学作品(《准确性与责任性》,页 353)。努斯鲍姆将尼采和瓦格纳归属于最后一种类型;假如以他们作为例证的话,则努氏的名单便会绵绵无尽头。之所以把他们排除在外,是因为"文学需要伦理的评判,同时……并非所有的作品皆证明富于价值,都属于本人为公民所设想的阅读书目的范围之列"(同上书,页 335)。"局部性的道德观念麻木不仁",是可以谅解的,但必须明确指出,正如我业已

---

〔23〕 这似乎(seems)是一项非常艰巨的任务,然而,只经过不久,努斯鲍姆还是把詹姆斯拉回了这场论辩中,她把詹姆斯和狄更斯归属于一类人。

〔24〕 简而言之,了解并不必定要去爱。参见,Michael Stocker with Elizabeth Hegeman, *Valuing Emotions* 214－217 (1996)。

澄清的那样。然而，倘若一部作品从整体来讲无法通过那种道德的测试——那是与努斯鲍姆的自由主义政治思想和社会观念息息相通的——那么这样的作品，只能够"为了史学之价值、修辞之爱好抑或语法之趣味"而阅读（同上书，页356）。

此类平凡之作，诸如理查德·赖特的《土生子》和E·M·福斯特的《莫利斯》(Maurice)，*它们之所以成为努斯鲍姆所认定的典范性文学作品，乃是因为这些作品分别对黑人和对同性恋给予了同情的关注。文学上的想像力等同于拥有一种社会良知。没有任何一种文学体裁能够摆脱努斯鲍姆批判性审视的眼光。她强调的重点可能放在，"英美现实主义小说……因为［它们的］社会基调和政治主题"（《诗性正义》，页10），但对于索福克勒斯，她又指出，"以一种超然淡漠的"——即以所谓唯美主义或形式主义的——"方式"，来"阅读"他的戏剧，"看一看它究竟意味着什么，这近乎不可能"。[25]她毫无限定地声称，小说——这种体裁，而并非英美现实主义小说构成的亚类型——"通过与公民身份密切关联的方式构建着共鸣与同情"（《诗性正义》，页10）。

努斯鲍姆再一次，仍然在没有限定条件的前提下，表达了对如下观点的认同："作为体裁的小说就其特有的形式而言，注定是属于自由主义的",[26]并且，"在一种诸如小说的体裁中，从传统的政治忧虑走向了私人的关注，走向了正式的实验，此种转变十有八

---

* 理查德·赖特（Richard Wright, 1908 – 1960），黑人作家。30至40年代美国左翼文学中所谓"抗议小说"的创始人之一。爱德华·摩根·福斯特（Edward Morgan Forster, 1879 – 1970），英国著名作家，奠定他文学大师地位的是《霍华德别业》（1910年）。——译者

[25] Martha C. Nussbaum, *Cultivating Humanity: A Classical Defense of Reform in Liberal Education* 104 (1997).

[26] 同上注，页105。

九可能表达了避免一些不愉快的社会现实的愿望。"[27] 努斯鲍姆甚至把她的触角伸向抒情诗，尽管她惟一提及的诗人是沃尔特·惠特曼，她还论及了希腊和文艺复兴时期的悲剧（《诗性正义》，页6－7）。努斯鲍姆从狄更斯的小说、尤其是《艰难时世》一书平等主义的感伤满怀中获取了"快乐"，而大多数狄更斯作品的读者，并不认为《艰难时世》是他最优秀的著作（《准确性和责任性》，页362）。努斯鲍姆甚至坚持把詹姆斯和狄更斯相提并论。

另一位公共知识分子莫里斯·狄克斯坦，在评论努斯鲍姆的《诗性正义》一书时，赞赏她的这种研究进路，不过他表示赞赏的方式显得有些模棱两可。狄克斯坦其实很清楚，努斯鲍姆夸大了文学的教化性内容——即，她错误地以为，文学的特性与社会民主政治息息相关：

> 小说果真拥有如此的道德正直和品格高尚［正如努斯鲍姆所相信的那样］吗？它们也可能通过不正当或无法预料的方式而诱导我们。我们所认同的，既有涉及富裕阶层、成功人士、而非"贫穷人民"的小说；也包括对人们冷嘲热讽、嬉笑怒骂、甚至激起怨恨满腔的小说；还包括操纵我们想像的翅膀、而非扩张我们同情心的小说……努斯鲍姆的论断过度依赖于现代小说的政治因素，而这些小说实际上严格遵循着19世纪故事叙述的常规。

然而，狄克斯坦认为，那恰是我们所需要的："努斯鲍姆把小说作为司法政策和社会方针的典范，她这种诉诸小说的视角，只是一种令人无限欢欣鼓舞的乌托邦式的激励……《诗性正义》一书，与其

---

[27] Martha C. Nussbaum, "Invisibility and Recognition: Sophocles' *Philoctetes* and Ellison's *Invisible Man*," 23 *Philosophy and Literature* 257, 280 (1999).

说是一项文学研究,还不如说是一种针对受困的自由主义者喋喋不休的外行说教".[28] 的确如此。

针对努斯鲍姆关于文学价值的观念,我们可以将其与乔治·斯坦纳的观念作些对比。尽管斯坦纳具有压倒一切的博学多闻,不会轻易地被挤干耗尽,他的散文风格庄严肃穆、自命不凡,而且在相当的程度上激怒了英美人的情感,但没有人会否认,称他为文学艺术爱好者当之无愧。他也是一位社会民主主义者,除此以外,还是一位著名的公共知识分子。然而,当斯坦纳扪心自问,对高雅文化(而在此处,没有比亨利·詹姆斯更高雅的文化)的公共激励,是否与"民主的观念和制度"保持一致,抑或"在任何实用—民主的基础之上",或者在"社会正义"的前提下可否视为正当,他的回答是否定的。[29] 斯坦纳心中异常清楚,时至今日,几乎很少有人对高雅文化作品感兴趣,同时,也没有证据表明,通过填鸭式地强制社会大众阅读那类高雅作品,甚至对受过教育的社会公众亦如此灌输,会产生任何社会效果、政治好处或道德收益。可是,斯坦纳论辩道,这些要点从字面意义而言是不太恰当的——即,那与他对高雅文化作品的挚爱并无关联性——因为对他来说,这些作品构成"生活的藉口"。[30] 这有些许傲慢(grand);但它抓住了文学爱好者面对文学的本质看法,那,是一种爱的主张,而非为我所用的态度。

或者,甚至涉及友谊方面亦是如此。努斯鲍姆追随韦恩·布思,运用友谊的暗喻,来描述文学作品读者与文学作品人物及其暗指的作者之间的关联(因为布思和努斯鲍姆两个人皆不相信,作者的道

---

〔28〕 Morris Dickstein, "Moral Fiction: A Case for the Novel as a Source of Truth in the Information Society," *New York Times Book Review*, April 7, 1996, p. 19.
〔29〕 这些引证来自于斯坦纳,参见,Steiner, 前注〔2〕,页117–118。
〔30〕 同上注,页119。

德信仰或道德行为与对他作品的评价存在着相关性)。就努斯鲍姆的见解而言,它是一种冷静且精于算计的友谊,而布思的主张则不是这样。"正如我们可能会对朋友提出批评,而同时,友谊却依然万古长青,故此,我们也可以对詹姆斯直言不讳,因为他心怀偏见,以至于在他的时代中,他表现了些许的倒行逆施,但我们并不全然谴责他……然而,这一问题自始至终地存在着,即,我们究竟获得了什么,竟然促使我们渴求友谊长存,而不论我们所批评的对象到底如何?"(《准确性和责任性》,页 355 - 365)。努斯鲍姆含蓄隐晦的答案是——政治支持。

"在努斯鲍姆的作品中,我们发现了一种针对形形色色的道德匮乏,而采取所谓'带上两个福楼拜,一大早拜访我'的研究进路"。[31] 那并不是一种可能改变人们太多思想的研究方法。通过促使人们(让我们假定为学生吧)阅读富有教化启迪内容的文学作品,或者通过篡改(doctoring)文学作品的内容而令其与我们流行的成见相互映证,都不可能导致人们价值观念的变迁。文学是如此太过软弱无力,以至于不能把握现代思想;当学生们面对反反复复的宣传教育时,其实他们心中有数;[32] 而努斯鲍姆所宣传的全球平等主义的具体价值观,则由于过于严峻尖锐而无法卓有成效地灌输教诲。她没有引用任何例证,包括为狄更斯、詹姆斯、赖特或福斯特的小说、或者任何其他文学作品所感化熏陶的某个国家、某一团体、甚至某一独立个人的事例。并且,努斯鲍姆认为,纳粹领导人并非伟大的读者,并因此本来便不可能为狄更斯的小说感化挽

---

〔31〕Simon Stow, "Unbecoming Virulence: The Politics of the Ethical Criticism Debate," 24 *Philosophy and Literature* 185, 194 (2000).

〔32〕人们应该"怀疑,那些试图要求塑造学生社会政治态度的课程,在[加州大学]柏克莱[分校],此类课程如今为人们称为所谓的'强制性礼拜' (compulsory chapel)"。参见,Richard Rorty, "John Searle on Realism and Relativism," in Rorty, *Truth and Progress* 63, 67 (1998).

救,尽管她这一主张正确无误,但她的观察还是遗漏了关键性要点——经历大学预科教育(Gymnasium-educated)的德国上层和中上层阶级,包括司法人员和大学教授,他们在文化上具有复杂性,故而并不会向他们阶级的成员灌输反对参与纳粹体制的思想,因为对纳粹的参与通常都伴随着狂野似火的热情。对于那样的论辩(that point),努斯鲍姆没有回应,这激起了西蒙·斯托的冷嘲热讽,斯托指出,努斯鲍姆有关阅读文学作品的主张,总括而言便是,"阅读只能促使那些早有同情心的人产生怜悯。"[33]

亨利·詹姆斯最具有社会参与性的——而且密切相关的是,最具狄更斯风格的——小说,是《卡萨玛西玛公主》(The Princess Casamassima),这一作品自然而然地引起了努斯鲍姆的关注(参见《爱的知识》,第七章),正如努斯鲍姆引起了莱昂乃尔·特里林的注意一样。用政治术语来说,《卡萨玛西玛公主》一书,正如特里林所指出的,属于警告革命恐怖而发出的著名文学传统;[34] 就这一视角而言,该作品或许与康拉德的《特务》(The Secret Agent)一书最为接近。努斯鲍姆试图使《卡萨玛西玛公主》成为一部倡导其政治立场之作,她的立场近似于前托尼·布莱尔时期英国工党的政策,包括社会主义的经济社会政策、政治自由以及保护和鼓励艺术和其他文化活动。[35] 她相信,上述三大方面的政策是相互支持的。例如,为保障人们能享受艺术,需要缓解贫困,而一种艺术感受力的

---

[33] Stow,前注[31],而193-194。

[34] Lionel Trilling, "The Princess Casamassima," in Trilling, *The Liberal Imagination*: *Essays on Literature and Society* 59, 69-74 (1976). 具有讽刺意义的是,努斯鲍姆为纪念希拉里·帕特南,撰写了有关《卡萨玛西玛公主》的评论文章,可是,帕特南却曾经大力倡导所谓革命的暴力(revolutionary violence)。参见, *Love's Knowledge*, 页195-196、217。

[35] 关于明确援引"前撒切尔时代的英国(Britain of the pre-Thatcher years)"简明扼要的概述,参见, *Love's Knowledge*, 页205-206。笔者将在本书第九章继续探讨努斯鲍姆的政治思想。

培养与抵制政治迷信气质的培养同等重要。最后一点可谓道德批判纲领的一项中心原则，但这一主张实际上为《卡萨玛西玛公主》一书所批驳（就人们可能曾经对小说进行过"批驳"而言），该书表现的人物是米利森特·亨宁，可亨宁本人对于激进的政治既不甚了解，也无动于衷。

不论旧工党政纲的价值功过如何，它们在詹姆斯的小说中一概没有得到推荐。努斯鲍姆引用了一段话，即"通过不断的反复地吟唱，是物质条件，正是人们能够改变的物质条件，决定着思想的不同"，从而表明詹姆斯反对任何意义的世袭贵族制。[36] 实际上，这一段落（"数个世纪以来，贫穷困苦，收入低微，劳其筋骨，饿其体肤，粗茶淡饭，破房寒舍，其实对于才能显突之士的出现并没有产生推动作用……在其本人的下层生活中，人们并不真正具有思维能力；他们的头脑被简单化了"），只是一种拉马克主义或社会达尔文主义有关后天性格遗传的陈词滥调——而西亚辛斯·罗宾森本人便是一个显著的例外，他是一位贵族的儿子，但他的头脑却并没有因为下层生活而简单化。这部小说反复坚持西亚辛斯法国式的性格特征，比如，他在法语方面的天分，尽管他从不知道他的母亲是法国人。詹姆斯对性格遗传性的强调（实际上是过分强调）意味着，缓解贫困对于性格和审美并不存在直接的效果——富裕的后代们因为他们简单化的思想，而有必要令其头脑"重新复杂化"。这不是努斯鲍姆的观点。她认为，西亚辛斯把他不平凡的敏感力及文化（可是，他对法语的掌握是知识吗？那些知识是从哪儿获得的呢？），归结于他所接受的稳定平和、仁慈呵护的教养。然而，这部小说最不具现实主义的特征便是，尽管西亚辛斯 15 岁时，在事实上没有接受任何教育后，为一位工匠收为学徒，但他富有教养、善于阅

---

〔36〕 Henry James, *The Princess Casamassima* 201 (Penguin edition 1987). 该版本系企鹅（Penguin）出版社依据该小说 1886 年原版对该书的重印版。

读、语言流利、语法准确、彬彬有礼、绅士风度,而这些惟有从后天性格的遗传来看方可理解。这些素质,没有任何一种只基于一个温暖和稳定的家庭便能自然而然地产生。

在这部小说中,关于富裕和贫穷,已经叙述得长篇累牍了,但若是依据 19 世纪的标准,该小说中没有一个人物实际上能够定位于贫穷(当然,尽管有一些人生活在窘迫的环境中),并且,真正的戏剧艺术和艺术趣味反而是远离社会问题的。西亚辛斯·罗宾森身材矮小、感情细腻、神经过敏、拖沓无效、性欲冷淡,他与保罗·蒙尼门特——蒙尼门特则是一位强健粗野、麻木生硬、行动冷酷无情之人,他得到了那位西亚辛斯一直垂涎三尺的女孩(即公主)——并行地构成一对"相互关联的男主角"。[37] 而就他自己来说,这两位相互关联的男主角都不是令其满意之人。西亚辛斯属于艺术家类型,他富有教养,却并不完善,观察敏锐,但没有活力,故他的自杀标志着这位艺术家不能充分完全地参与到这个世界中——并且还表明,《卡萨玛西玛公主》一书与托马斯·曼的作品《托尼奥·克劳格》和卡夫卡的著作《饥饿艺术家》(The Hunger Artist),属于同一种类型。其次,它也是一部有关背叛的小说,米利森特便属于背叛者之一(事实上,他也是最终的背叛者),但是,努斯鲍姆没有提及这些,她把米利森特描绘成"慷慨大度、富于同情并充满爱心……她诚恳真挚的善良之心以一种非常关键的方式支撑着他"(《爱的知识》,页 216)。我们离哈罗德·威尔逊的工党纲领已经越来越远了。

努斯鲍姆不仅关注权利,关注"非美学主题的作品,而且也关注属于道德或政治主题(许多现实主义小说便是如此)"(《准确性和责任性》,页 359)的文学。但是,《卡萨玛西玛公主》并不是这样一部小说。努斯鲍姆将背景即社会环境(the mise en scène)误认

---

[37] Derek Brewer, "Introduction," 同上注书, 页 9、17。

为是主题。

亨利·詹姆斯表面上有些古板拘谨,这是一种私人的、平凡风格的功能,容易为人们误解。但,他却当属一位伟大的艺术家,他的眼光是唯美主义的,而非道德主义的。对另一位杰出的现代主义作家所作的评价,其言语亦同样适用于詹姆斯,这句话是这样的:"光彩闪烁的直觉,以一种道德话语无法达到的力量,径直地贯穿了他的存在。"[38]而对于文学的这一要素,努斯鲍姆几乎视而不见。

作为公共知识分子的文学评论家,通过寻求促使文学成为政治的保险箱,不仅贬低了文学的价值,而且还可能事实上通过三种相互密切联系的方式而危及文学(尽管这种威胁只是轻微细小的,原因是,公共知识分子的力量也相对微弱)。第一,倘若文学委身于政治鼓吹的一条分支,则文学将不具备独特的价值;它可以与政治演讲或政治公告相互转换。第二,当把政治标准强加于文学之上时,出现在书目中的经典作品(诸如《土生子》、《汤姆叔叔的小屋》等著作)便多有平庸之作(谆谆说教、抑郁沉闷、平凡陈腐、多愁善感、难以置信、行文蹩脚),而令读者惊奇万分——倘若那属于"最优秀的"文学作品,那为什么要对它们费心烦恼呢?由于大学英语系格外强调富有教化启迪意义的作品,因此导致了不可胜数的学生业已对文学敬而远之。第三,如果文学具有政治性意义的话,则它将引火上身,招来出版审查;只有当它被视为无害时,方能获得更好的保护。[39]对于诗歌来说,一切都静如止水,什么事也没有发生,正如奥登在致威廉·勃特勒·叶芝的挽歌中所述——他

---

〔38〕 A. D. Nuttall, "Two Political Poems: Marvell's 'Horatian Ode' and Yeats's 'No Second Troy,'" in 105 *Proceedings of the British Academy* 115, 128 (2000).

〔39〕 正如彼特·麦克唐纳表明得那样,参见, Peter D. McDonald, "'Not Undesirable': How J. M. Coetzee Escaped the Censor," *Times Literary Supplement*, May 2000, p. 14.

不仅试图避开出版审查，而且他也是正确无误的。

毫无疑问，这些观点本身便属于政治或者意识形态的主张。然而，西蒙·斯托却错误地论辩道，文学的美学研究进路采取的是一种政治防卫的策略，即便不是自相矛盾的，也必定极具讽刺性。[40] 他犯了一个遗传学上的谬误。一个人可以选择美学的研究进路，因为他认为，这比其他可替代的进路更贴近文学的"本质"（nature），或者由于在他看来，这种研究进路能给他带来更多的快乐，抑或因为他觉得，可替代的研究进路在政治上不受欢迎，或者由于上述那些原因再加上其他理由的组合。这些理由中，没有一项能改变这种研究进路的特征。实践者还是会抵制文学作品的政治化，尽管有时在另一类行动中涉及到斯托，在那些行动中，对于斯托来讲，看起来似乎与美学的研究进路——即矫正说教式的评论家对文学作品进行政治诠释的研究进路——相互冲突。面对努斯鲍姆所进行的说教式文学评论，尝试动摇它的一种方式就是表明，她对诸如《卡萨玛西玛公主》等作品的诠释令人难以置信。詹姆斯并不是努斯鲍姆认定的同盟者。指出这一论点，当然不是宣称詹姆斯与其他人结成了联盟，亦并非建议人们在作家中搜寻政治盟友。

"尽管努斯鲍姆再三断言，文学艺术的自主性必须为有关的道德哲学家或者法学理论家承认和尊重，但是，努斯鲍姆在此并没有能说服人们相信，她对文学的关注，不仅仅局限于从文学中得出道德教训之类的问题，正如她先前的作品那样。"[41] 努斯鲍姆并不否认形式主义文学评论的可能性，可对她而言，这又是道德主义批评的另一种形式："新批评派决心不使自身牵连于文学作品的社会视

---

[40] Stow, 前注 [31], 页 188。
[41] David Gorman, Book Review [of Poetic Justice], 21 Philosophy and Literature 196, 198 (1997).

角和历史维度,这一决心本身便属一项政治行为,一种与世无争的清静无为主义的行为。"[42] 韦恩·布思则掉转枪口,通过在两种价值观念之间寻求平衡,一端为文学的纯美学价值或形式主义价值,而另一端为从最广义的层面而言"人应该怎样活着?"所体现的道德,转而指控道德主义的评论面对文学价值的迟钝木讷。他论辩道,正如在两部文学作品之间进行比较——两部作品皆文字优美、令人兴奋、难以忘怀,但其中一部小说含蓄地赞美了道德层面上的美德、或者更广泛伦理意义上(社会风气[*ethos*]、优点[*virtu*])的德行,抑或对邪恶堕落进行批判,而另一部作品则与之相反——那么,在道德问题上占上风的作品,应该视为相对更优秀的作品。并因此,假如我们属于"自由主义"的话,则我们就可能会选择欧里庇得斯而非索福克勒斯,会选择德莱塞而非海明威,会选择斯坦贝克而不是菲茨杰拉尔德,会选择奥登而非庞德,会选择奈保尔(Naipaul)而不是纳巴科夫(Nabokov)。倘若我们属于"保守主义"的话,则我们又可能会颠倒上述偏好的次序。我们可能会期望对着欧文·克里斯托说道,"简·奥斯汀是比普鲁斯特或者乔伊斯更加伟大的小说家",以及,"T·S·艾略特晚期的基督诗远远优秀于他的早期作品。"[43] 伦理主义批判并非左派人士所独有。

从我作品中节选的有关主张出发——例如,"[荷马]使我们……理解,复仇应该有一定的限度;阿喀琉斯对赫克托耳的虐待太

---

[42] Nussbaum, 前注[25], 页104。

[43] Irving Kristol, "Reflections of a Neoconservative," 51 *Partisan Review* 856, 859 (1984)。"远远(much)"一词提出了一个问题,即克里斯托是否属于一位现代诗歌的严肃读者。可能偏好《圣灰星期三》(*Ash – Wednesday*)和《四个四重奏》(*Four Quartets*)(以及艾略特的其他基督诗[Christian poetry]),而非《普鲁弗洛克的情歌》(*The Love Song of J. Alfred Prufrock*)和《荒原》(*The Waste Land*)(以及艾略特在青年时期的其他世俗性诗歌[secular poems]),然而,视前者为"远远优秀于(much superior)"后者,确是一种古怪反常的判断,倘若严重的话,本来可能预期克里斯托将会尝试进行辩护。克里斯托尔对基督教的整个态度皆是非常独特的,正如我们本书第八章将会看到的那样。

过残忍,而将赫克托耳的尸体归还给普里阿摩斯,对于防止希腊人越过合法复仇(lawful revenge)与野蛮暴虐(barism)之间的界线,当属必需"[44]——布思论辩道,对文学的道德主义批评是不可避免的,对此,甚至我也深表赞同。《伊里亚特》正如《哈姆雷特》以及许多其他文学作品一样,也对复仇凝聚着批判性的目光。这促使我把这些著作锻压成为法理学文本,当然,其他一些人则把它们用作历史学材料或人类学文本。但,这并不意味着,这些作品作为文学的价值,取决于我们是否同意他们对复仇所采取的立场,即便在无穷小的程度上亦并非如此;或者,尽管在文化的层面上这些作品离我们如此遥远,尽管缺乏系统的论辩或证据,可是,它们应该改变我们有关复仇在刑事司法制度、全球政治或日常生活中的适当作用的观点。这些著作阐明了法理学上的各种可能性,不过,它们没有提供我们能够在这些可能性之中进行明智选择所需要的论辩或证据。

布思本来应该陈述的是,一部著作既可以作为文学作品,同时亦可以成为一部公共知识分子作品,一种对政治思想的贡献。这种结合在政治讽刺作品中尤为普遍;在本书下一章中,我们将考查一些重要的例证。我也许应该说,"其他的"重要事例,因为《艰难时世》本身便是一部政治讽刺作品,一部杰里米·边沁版本的功利主义的政治讽刺作品。狄更斯作为一位具有强烈政治确信的教诲型作者,可谓是19世纪一位主要的公共知识分子,并且,倘若我们愿意把《艰难时世》视作一部公共知识分子作品的话,那么我们当然可以如此称谓它。但假如我们如此对待《艰难时世》一书的话,则我们应该逐渐降低淡化其政治内容的比重,原因便在于我早已陈述的观点,即一部文学作品的政治内容通常会转瞬即逝。迄今为止,功利主义的缺陷众所周知,以至于将《艰难时世》作为一种反

---

[44] Booth,前注[7],页367-368,引用《法律与文学》第72-73页。

功利主义的手册，业已蜕变成一种鞭打死马令其奔驰之徒劳（beating a dead horse）。功利主义的辩护者们也不会为狄更斯的小说所震撼动摇；他们有一个半世纪的时间去琢磨他们应对的论辩。《艰难时世》只是一部不甚成熟的政治讽刺作品，它没有公正地对待各种功利主义思想，甚至对待边沁亦不甚公平，当然这只是细枝末节。[45]《艰难时世》一书，并非以社会批评之名留存于世，而是作为文学著作流传千古。

对一部文学作品任何决定性的审美判断，皆不可避免地涉及到伦理维度，即便是一首简短的抒情诗亦不例外，为了证明这一点，布思做了一些令人大跌眼镜之事——我的确无法抗拒发出如此铤而走险的陈述：他篡改了济慈的《忧郁颂》一诗第二诗节的结尾部分，把"啜饮她美眸的清纯"一词，[46]改换而成"轻抚她双腿的温柔"。然而，这一改换显然属于美学上的败笔。在这首诗中，作者多处以吮吸（devouring）（大多指毒汁）来作比喻，同时，该诗描绘的一幅啜饮她美眸的清纯之图景，提供了一种威胁恐吓的共鸣和暗示，而这却是布思刻画的轻抚她双腿的温柔之图象所缺乏的。替换的词组扭曲了一幅伟大情感力量的图像——因为吮吸与看见的交融——那与对这首诗的比喻模式构成一体，软核色情悠然步入，从而打破了这位诗人所创造的魅力。并非色情描写一概不能成为文学作品；而是，《忧郁颂》一诗的价值不会因为变得淫秽（risqué）而有所提升，正如一头猪不会因涂了口红而增加勾人的魅力一样。任何事物皆有其自身的位置。布思对抒情诗的评价，大概仅仅只依

---

[45] 参见，Donald Winch, "Mr Gradgrind and Jerusalem," in *Economy, Polity, and Society: British Intellectual History 1750 – 1950* 243, 257 – 263 (Stefan Collini, Richard Whatmore, and Brian Young eds. 2000).

[46] "或者，倘若你的恋人对你怨怼，
切莫争辩，只须将她的柔手执起，
深深地，深深地啜饮她美眸的清纯。"

据诗的音韵（music），因此认为，只要以一个词汇替换另一词保持了诗歌的节奏和韵律，那么，这种词汇的替换就不会对这首诗歌造成损害。

布思的主要举措（pièce de résistance）是重写戏剧《威尼斯商人》，在新剧中，夏洛克被涂抹上了最黑暗凶恶的色彩，而基督徒则被描绘得无比纯洁善良；他也提供了另一种版本，在该版本中，人物色彩的刻画恰恰相反。布思宣称，从纯美学的视角出发，他激烈的反犹太主义版本同莎士比亚的原作相比同样优秀，由于他的版本有些令人生厌，故表明布思的上述立场存在着不足。但我们早就有那种（that）戏剧——《马耳他岛的犹太人》。这是一部精彩绝伦的戏剧，并且无庸置疑，莎士比亚在表现犹太人凶狠残忍方面，比马洛还要马洛——且看看他是如何处理伊阿高、里根以及高纳里尔便可以知道了。韦恩·布思与马洛或莎士比亚相比，根本就算不上是一位优秀的剧作家，因此，他重写的《威尼斯商人》反响平平。而论及伊阿高，我注意到，布思并没有主张，由于莎士比亚没有运用描绘夏洛克的那种共鸣来刻画伊阿高，而导致《奥塞罗》一剧有些缺点。"平淡单调"的伊阿高，对于《奥塞罗》一类戏剧来讲，是"恰如其分的"，而夏洛克更圆润的人物塑造，相对于《威尼斯商人》之类的戏剧则比较适当。布思肯定知道这一点，因为他对那部戏剧偏好于犹太人的重写，恰似他半病态的重写一样糟糕透顶；其道德上的优越性，决不会使评价的天平倾斜一毫米。

《威尼斯商人》是一部喜剧，而几乎每一部喜剧都遵循着习惯的模式：年轻的恋人初涉爱河，最开始总是被一位老人横加阻挠，阻挠之人有时作为一个小丑，但有时却象是一位恶魔，而剧情的发展则是恋人们冲破重重障碍，最后以他们的美满结合而告终。显而易见，莎士比亚要挑战这种文学的常规，故此，《威尼斯商人》打碎了这一模式。缔结婚姻发生在剧终之前，而恶魔——夏洛克——通过在经济上间接资助巴萨尼奥向鲍西娅的求婚，事实上促成这一桩姻缘，尽管后来夏洛克胁迫巴萨尼奥的恩人安东尼奥，又成为他们幸福的障碍。

声称夏洛克是一位恶魔，乃是基于现代情感的激发。但是，对与莎士比亚同时代的一位英国人而言，一位犹太人几乎如同神话传说中的人物。13 世纪，犹太人为英国国王狮心王理查德一世驱逐出英格兰，尽管在莎士比亚时代，仍然有极少数犹太人居住在伦敦，可是，他们几乎并不构成这个城市生活的正常组成部分；尽管我们还知道，莎士比亚从来都没有遇到过任何一个犹太人。关于犹太人令人不可思议的谣言广为流传，包括他们在逾越节饮基督徒孩子的血；这一谣言体现在该剧中，便是那一磅肉的契约。在这部戏中，犹太人的恶魔角色是一种既定的安排，而倘若你想要理解并欣赏一部文学作品，那么，你就必须承认作者的特定编排。但，那恰恰正是道德主义评论家拒绝接受的。安东尼·朱利叶斯（Anthony Julius）尽管为 T·S·艾略特的诗歌和文章中的反犹太主义内容深深伤害，却依然如故、恰如其分地主张，那些反犹太主义内容属于他诗歌不可分割的组成部分，那些反犹太主义诗歌也是艾略特全部诗歌作品的有机构成部分，并且，艾略特的全部作品皆具有重要的艺术价值。"从这样的文本之中，人们可以倡导反犹太主义；人们也能从文中教授诗歌艺术。人们阅读这些作品，情绪惊骇万分，印象不可磨灭。"[47]

夏洛克是一位想像编织的犹太人，而且在这部戏剧中还存在其他许多类似情形，正如在不胜枚举的喜剧中那样（而就这一问题来说，许多悲剧亦是如此），也源于想像的产物。16 世纪英国的法律

---

[47] Anthony Julius, T. S. Eliot, Anti–Semitism, and Literary Form 40 (1995). 亦见，Christopher Ricks, *T. S. Eliot and Prejudice* 28–33 (1988). 然而，朱利叶斯夸大了艾略特的反犹太主义。参见，Christopher Hitchens, "How Unpleasant to Meet Mr Eliot," in Hitchens, *Unacknowledged Legislation: Writers in the Public Sphere* 184 (2000).

制度本来不可能执行安东尼奥签订的契约中规定的那种惩罚性条款，因为它牵涉到对债务人的伤害，尤其是在债务人已提出要约、希望以高利率偿还债权人的贷款的情形下。强制鲍西娅以哑谜式的方法（The riddling method）来选择丈夫，则属于另一种臆想的因素，这或许是对中世纪骑士精神传说的临摹，在有关骑士的故事中，甘冒天下之大风险的英雄，方能拥有绝代佳人之容颜，正如巴萨尼奥那样。该剧中的想像编织性因素，应能导致一位现代观众更轻而易举地暂停对犹太人邪恶根深蒂固的狐疑。

莎士比亚不仅是一位剧作家，而且也是一位演员，有一位演员曾经说过这样的格言：在他本人的眼中，没有什么人是坏人。为了栩栩如生、令人确信地表演好一个反派角色，这位演员必须出于内在的真实而扮演那一角色，必须令他在我们看来就像他自己看起来那样。倘若剧作家给反派人员写上自我开脱罪责的台词，那么要做到这一点就更加易如反掌了。只需想一想《李尔王》中的爱德蒙，他针对应该平等对待私生子女与婚生子女的主张进行辩护，或者想想麦克白在剧中自我反省的独白，或者甚至想想克劳狄斯（《哈姆雷特》一剧中的反派人物）尝试着祈祷赎罪，一切便十分清楚了。所以，莎士比亚编排夏洛克本人的真情倾诉，他谈及了他受到的基督徒的虐待辱骂，并宣称他和基督徒一样拥有共通的人性，令人感动地回忆他对逝去妻子的爱。夏洛克的倾诉富于雄辩，令人心悦诚服。自莎士比亚时代以来时至今日，伴随着犹太人的地位发生了翻天覆地的变化，这些界线看起来似乎不言而喻，而并非仅仅只是貌似合理或天真幼稚，并且一位技巧娴熟的导演加上全体演员，完全能够重新引导观众的情感，促使他们从同情其他角色而移情至夏洛克。

由于莎士比亚已经导致基督徒并不拥有完完全全的吸引力，因此所有的这一切皆可轻而易举地从容展开。即便是鲍西娅，当代的女律师崇拜的偶像，也不过是个蒙人高手（a trickster）。这更多地并不是因为她假扮成一位法学博士——因为在一个戏剧的世界里，为了救人生命，那只算是一项非常轻微的过错。之所以说她是个蒙人高手，而是因为，她背叛了她的父亲，她暗示自己选择的丈夫巴萨尼奥频，从而帮助他猜出了订婚的哑谜，而且，她还对威尼斯法院隐瞒了她在夏洛克一案中经济上的利害关系——因为巴萨尼奥打算偿还夏洛克的贷款，实际上就是从她的口袋里往外掏钱，而既然鲍西娅已经安排好了一切，故此无须向夏洛克偿还任何款项。巴萨尼奥本人，则是一位典型的淘金之人，他向安东尼奥借钱，目的在于打扮成一副上等帅气的外表，以便他能够获得这位家财万贯的漂亮妹妹的爱。杰西卡是一位窃贼，罗兰佐则是她的同谋。而就安东尼奥来说，他不仅是一位相当压抑沮丧、郁闷满怀的单身汉，且与夏洛克还存在一定的姻亲关系。两个角色皆以清教徒为原型，当然莎士比亚肯定原本就不会喜欢那一类人，因为清教徒们甚至打算关闭剧院（并且，在莎士比亚去世的 25 年之后，他们成功地令剧院关门大吉）。该剧的最后一幕不祥地以杰西卡和罗兰佐开场，引出了四对命运注定的浪漫故事经典范例——特洛伊罗斯与克瑞西达，狄多和埃涅阿斯，皮拉摩斯与提斯柏，埃宋（Jason）和美狄亚。这四个罗曼史中，有三对（除皮拉摩斯和提斯柏外）都涉嫌其中一位情人离情背叛。

但是，倘若试图颠覆一切，让夏洛克成为英雄，而令基督徒变成反面人物，那也是大错特错的。《威尼斯商人》是一部有关年轻情侣与一位恶魔的喜剧；并且，假如年轻情侣并不完全纯洁完美；假如他们的关系中存在明显的利益因素，假如这位恶魔并非完全没有博得观众同情的因素，那么，我们真挚欣赏甚至崇拜如下的形象便依然几近毫无疑问：巴萨尼奥温文尔雅、魅力无限（这与安东尼奥和夏洛克两人的阴沉郁闷形成了强烈的反差），他勇于冒险，对于商业表现出一副贵族式的漠不关心；以及鲍西娅的美貌、聪慧，并同意一旦击败夏洛克后，他们便缔结婚姻，正如一种真正的幸福

第六章 作为公共知识分子的文学评论家

快乐翩然降临，善良战胜了邪恶，青年超越了老人，贵族价值理念胜过商业观念，快乐幸福冲垮了低沉郁闷。一个人除非是百分之百的恶魔，否则他不可能算是一位真正彻底的大坏人，这种思想带有某种程度的天真烂漫。那正是本人先前论及谬误的一个方面，即在本书的第二章中，我曾经提到了夸大个人作为一个整体的程度。希特勒钟爱儿童和动物，抑或夏洛克挚爱他的妻子，对此，我们丝毫无须感到惊奇。

《威尼斯商人》一书具有充分的可塑性，因此它能够用作公共知识分子的铠甲（harness），为政治派别的任何一方服务。它是纳粹分子最喜爱的戏剧之一，可是，在犹太人的剧院中，它也曾上演（甚至曾经有过夏洛克说德语、以及基督徒的角色说犹太语的情形！）。[48] 困扰于政治中的人们，困扰于他们看来所谓的社会正义中的人们，或者从一般意义而言困扰于当代社会问题中的人们，抑或困扰于历史上曾有过的不公正之中的人们（例如，基督徒对犹太人的不公正，抑或白人对黑人的歧视），他们不可能区分阅读文学作品的经验与他们对非文学要素的关注，他们也不可能抵制将《威尼斯商人》一书变成一个政治足球。对于他们来说，并不存在时常迈出带有政治和宗教-伦理思想缠绕、以及职业性先入之见的平凡世界（the quotidian world）的概然性，也没有不时走进一个道德和政治上皆不关心、清静无为的迷人世界的可能性。

本人并不是主张，对文学的政治性评论毫无（no）作用。有一些文学作品恰恰需要运用政治术语来评价。在本书第三章中，我们看到了一个例证——奥登的诗歌《西班牙》（1937年）。奥威尔对这首诗的评论可谓富有价值的公共知识分子文学评论的典范。当然，也有许多其他的恰当事例，比如，爱德蒙·威尔逊对美国内战文学的研究——《爱国之血》（*Patriotic Gore*）。但值得注意的是，

---

[48] John Gross, *Shylock: A Legend and Its Legacy* 241, 276–282, 319–322 (1992).

奥威尔评论的是一部当代的文学作品，而《爱国之血》中讨论的文本绝大多数并非文学文本。从定义而言，伟大的文学作品几乎总是区别于那种文学创作的社会性文本，这一事实并不会消除那种背景，不过，它也不表明，将伟大的文学作品投入到现代的政治评论中，是对待那一文学作品的一种富有成果的方式。如此对待更可能贬损文学作品，而并非提高论辩的价值。并且顺便说来，奥登为回应奥威尔的评论，对《西班牙》（1937年）一诗做了少许修改——把"必要的谋杀"一词改为"谋杀的事实"——这反而削弱了这首诗的意境。

第七章

政治讽刺文学

《一九八四》一书，出版于半个世纪以前，当时所处的政治、经济和社会背景现在看来似乎已烟消云散，然而，在某种程度上，该小说却依然成为时事话题。该作品最初以作为一种反对苏联极权主义现实以及奥威尔分析西方社会觉察出的类似趋势的警示而著称，如今，人们更多把这部著作视为针对技术专家统治论的现代主义（technocratic modernism）危及私隐和自由所发出的警告，而这正是本人将主要探讨的方面。在本书第四章中，我们业已见到，对于生态灾难主义者和生产过剩学派的公共知识分子来说，技术是一项多么流行的主题啊；我们会发现，奥威尔属于前两者中的后一类型。

20世纪最伟大的公共知识分子之一著述的这部闻名遐迩之作，对于公共知识分子而言当属一道美味大餐，这一点似乎显而易见。本人将稍稍借助另一位伟大的公共知识分子撰写的一部英国的著名政治讽刺小说，来挑战自《一九八四》一书产生的时代以来一直存在的这种观点。阿道斯·赫胥黎的著作《美妙新世界》1932年出版，它与奥威尔1949年出版的那部小说存在诸多相互匹敌之处，当然，《美妙新世界》一书更大大属于技术密集型作品。

两部小说对于技术的未来皆持悲观主义态度。一些经济学概念能帮助我们发现，技术变革实际上存在下降的趋势，同时也能揭示这些小说在公共话语的贡献方面存在的一些局限性。这些经济学概念包括：外部性、边际性、寻租、互动效应、规模经济与范围经济。这些术语看起来令人望而生畏，不过，它们却能轻易简单地解释问题。

外部性。一位销售商也许不会考虑一项新技术的全部成本，即便引进技术的净社会收益为负值，他也可能引进这项技术。因为，对于销售商的决策来说，有一些成本是外部性的。超音速洲际航空服务可以缩短飞行时间，但也会产生音爆，干扰人们的生活，震碎飞行路线下的窗棂。这些损害构成超音速旅行的成本，不过这些成本并不由航空公司来承担，除非法律明确规定由它们承担。

一项新技术的外部效果可能为正也可能为负。因为大多数技术革新都是可以仿造的，并且对于仿造来讲，专利法只提供了有限度的保护。技术上先进的产品，从药品到彩色电视机，它们对于消费者的利益都极大地超过了生产商的利润；其差额便构成技术的外部收益。而工人则得益于技术进步导致的生产增长，因为雇主对工人的竞争，促使工人能够以更高薪金的形式从生产力增长中获取较多收益。

技术进步导致生产过度和就业不足的思想，最终将导致经济危机的爆发，而经济危机只能通过战争、或某种集体主义的方式、或某种乌托邦引导的乐观主义版本来化解，因此，推动所有的物质激励及其相伴而生的不平等尽皆消除，这种观点即刻成为公共知识分子的一项主要论题,[1]不过同时这也是一个经济谬论。通过提高工人的生产力,技术进步就能够促成更少的工人生产出同样数量的产出,事实便是如此。但是,在他们的行业内,由于技术进步而促进剩余产品生产的工人,也可以在其他行业中找到薪金差不多的工作。生产力的提高降低了生产技术发达行业产品的成本,从而释放了消费者购买其他产品的资源,而其他产品亦需由工人生产。近年来,工资业已增长,而同时失业率有所下降,尽管技术进步和经济变革的速度远远领先于灾难预言者的预测,这些人认为,技术进步将造成经济上的严重破坏。即便受过教育的工人工资增长更快是客观事实,但这是因为近年来大规模引进了专门技术,从而推动高技术工人控制机器,尤其显著的是计算机的运用,替代了不太熟练的工人劳动。[2]

　　边际性。一个竞争性市场的产出,是由价格与边际成本(即稍稍增加产出所产生的成本,正如我们在第四章中所看到的)的相交之点所决定的。这意味着,边际购买者——愿意支付不超过边际成本价格的购买者——是主宰性的消费者,他们推动着经济的变革。因此,一项对生产商来说具有吸引力的技术革新,纵然在总体上减

---

〔1〕除了本书第四章的参考文献之外,比如,另外还参见,Lewis Mumford, *Technics and Civilization* 355 (1934):"这架机器已经潜在地达到了一种新型的集体经济,在这种经济中,对商品的拥有是一种毫无意义的区别,因为这架机器能够以无比空前的数量(in unparallelled quantities)生产我们所有必需的商品。"亦见,同上书,页390 - 406——以及科特·冯内果(Kurt Vonnegut)(冯内果,"黑色幽默"代表作家。他认为科学技术的发展给人类带来了不幸,人变成了机器,环境遭到了污染。主要作品包括《第五号屠宰场》(Slaughterhouse - Five, 1969)、《巴恩豪斯效应的报告》等。——译者)的小说《钢琴演奏者》(Player Piano, 1952)。关于公共知识分子更具感知力地对待技术变化的社会效果,参见,Marshall McLuhan, *Understanding Media: The Extensions of Man* (1964)。

〔2〕比如,参见,Chinhui Juhn, Kevin M. Murphy, and Brooks Pierce, "Wage Inequality and the Rise in Returns to Skill," 101 *Journal of Political Economy* 410 (1993); Kevin M. Murphy and Finis Welch, "The Structure of Wages," 107 *Quarterly Journal of Economics* 285 (1992)。

少了消费者福利,生产商亦可能引进,因为这项技术革新降低了边际内消费者的福利,而非增加了边际的消费者福利。这是一种数值为负的外部性。在今天,由于费用不高而导致人们纷纷搭乘飞机,这一事实便可以恰当地解释上述观点。低廉的票价吸引了边际的消费者;而另一方面乘客拥挤不堪,则令边际内消费者(主要指商务旅行者)烦恼满怀。

寻租。经济学意义上的"租金",是指无须以成本补偿的收益。一位流行歌手,每年净收入为 500 000 美元,而最适合她的另一种工作是成为一名女服务员,年收入 20 000 美元,假设她获得作为歌手的收入需承担的惟一成本,只是放弃担任女服务员工作的收入,那么她因此所获得的经济租金便为 480 000 美元。然而,这忽略了她为获得促使自己成为一名成功歌手的技巧而进行的投资。巨额租金的预期,乃是吸引资源进入、旨在竭力获取这一租金的磁石。而且,与技巧训练方面投资的例证不同的是,并非寻租过程中所产生的一切成本,都将增加社会的总体福利。一支杀伤力更大的枪,对于罪犯——典型的寻租者,因为他们的努力并不会增加社会产出,而仅仅只是将社会产出的一部分转移给他们——以及对于警察而言,同样具有价值。在打击犯罪的斗争中,在警察和罪犯双方皆装备某种新型枪械之后,这一技术革新的惟一后果,将只会增加犯罪的成本以及犯罪控制的成本。就军备而言,亦同样如此。军备竞赛确确实实属于浪费性竞争的典型例证。试图通过发展一项新型的军事技术而获取优势,从社会总体福利的视角而言,所产生的成本完全是浪费,除非有关技术产生的收益在某种程度上适合于合法的民用用途——广告的本来目的纯属从竞争者手中争夺业务,不过,它却附带地产生了类似于信息质素或者娱乐性质的效果。

与拟探讨的两部小说相关的一种军备竞赛形式,就是一方面挖空心思探测他人的私隐,而另一方面又绞尽脑汁地保护私隐不受侵犯。电子技术的进步既增加了监控的效率,同时,通过诸如电子加密码、不可追踪的电子邮件地址等设置，也促成一些通讯类型与早期技术（如电话）的使用者可能保持的私隐相比，更具有隐密性。

互动效应。技术革新可能相互之间或与其他社会结构之间产生互动作用，从而发生不能预见的或好或坏的长期后果。此种可能性透过第一次世界大战戏剧性地突兀而来，因为一战揭示了在一个技术进步的时代，战争存在着不可预测的破坏性。技术无法预料的后果所伴生的问题——成为不可胜数的历史学、社会学以及文化研究文献的主题，[3] 并且，正如我们在第四章中浮光掠影论及的，它也是公共知识分子沉思冥想的一项重大主题——正是大范围显露的外部性问题。鉴于我现今正论及所谓不可预测的外部效应；[4] 一般说来，这些外部效应不可能评估，即使它们业已逝去。让我们考虑一下 20 世纪下半叶的此类技术革新吧，比如，避孕技术的提高，节省劳力装置的改进，快餐以及原先要求使用较大上肢力量的许多工作实行了自动化。这些技术革新的互动作用，推动着妇女从先前受社会限制的角色中解放出来了，这种推动效应比《第二性》或《女性的奥秘》产生的社会影响要强烈得多。并且，妇女的技术推动型解放已经带来了一系列后果：高离婚率、低结婚率、首婚高龄化、高人工流产率、非婚生子女的高比例、低生育率以及生育问题的增加，这些后果反过来又促进了生殖技术的不断创新，同时，也伴随着性道德方面的深刻变化，包括人们对同性恋的宽容态度有了巨大的进步。[5]

人们对于这些后果，根本就没有预见到，而且，这些后果对社会福利产生的净影响仍不明朗，或至少是无法测度的，当然本人倾

---

[3] 比如，参见，*The Intellectual Appropriation of Technology*: *Discourses on Modernity*, 1900–1939 (Mikael Härd and Andrew Jamison eds. 1998)，以及此处所引证的参考文献。

[4] 有关在中世纪社会中、马镫发明效应的引人入胜的故事，参见，Lynn White, Jr., *Medieval Technology and Social Change*, ch. 1 (1962).

[5] 参见，Richard A. Posner, *Sex and Reason* (1992).

向于认为这些影响是积极正面的。其他人则不一定赞同——而且，并非所有人的不赞同皆基于生态灾难或生产过度之理由。公共知识分子里昂·卡斯（Leon Kass）曾经说过，"技术不是问题，而是灾难"，并且，"同质化、平庸、媾和、毒品的满足、品位的降低、缺乏爱和渴望的灵魂——这些都是使人性成为接受技术统治的最后目标所带来的必然结果。"〔6〕

规模经济和范围经济。迄今为止所提出的主张，应该可以帮助我们理解许多人所持的观念，即人们无法控制科技进步，并且此种发展也将引领我们进入一个未必便是纯粹的进步之未来，至少就目前来说是这样。但是，《美妙新世界》抑或《一九八四》二部著作，皆没有对以上问题进行描述。令这两位作者忧心如焚的，正是技术，以及从更一般意义上而言，技术专家统治论的方式和态度，不仅可能损害经济竞争（就市场来说），也有损于政治竞争（就民主来说）。就像他们同时代的许多人那样，赫胥黎和奥威尔相信，工程方法既可运用于生产，亦可适用于人（即"社会工程"），它们集中体现了理性，它们推动中央计划和集中控制成为必需，这些方法比自由市场更具效率，并且工程方法还暗示着，不仅由专家来制订经济规则，甚至政治规则的建构亦应由专家确立。用经济学的语言来表达，这种忧虑便是，技术带来经济规模和经济范围的迅速扩张，正在促成企业的效率规模和范围变得如此巨大，以至于最终而言，一切活动都将在垄断的基础上进行。

垄断与技术之间的关系与此相比远更复杂。技术革新成本高昂，并具有商业风险。倘若竞争者能够将一项成功的技术革新的收

---

〔6〕 Leon R. Kass, "Introduction: The Problem of Technology," in *Technology in the Western Political Tradition* 1, 20 (Arthur M. Melzer, Jerry Weinberger, and M. Richard Zinman eds. 1993). 关于我们现代的"技术焦虑"，参见，Arthur M. Melzer, "The Problem with the 'Problem of Technology,'" 载同上书，页 287。

第七章 政治讽刺文学 321

益占为己有,而无须补偿技术革新人员的话,则技术革新就会变得非常稀少。这就是授予技术革新人员以专利保护的理由,当然也是技术垄断的一种形式。因此,技术终究可能导致垄断;而同时,对于未来的垄断者来说,它又可能降低垄断的成本,这种成本的降低大致是通过减少一个大型企业的控制成本来实现的。人们曾经一度期望,将计算机用于促进一个国家整体经济的中央计划——大规模垄断。后来,它们用以替代了中层管理,作为降低企业内部控制成本的另一方式,而推测看来,这又扩张了有效控制的范围,并因此再一次促进了企业达到最佳规模。然而,与此同时,随着不同公司之间交易成本的降低,技术也可能激励分散化。[7]并且,倘若新企业当然也是小企业碰巧在技术革新方面胜过大企业的话,[8]那么技术进步将有利于小企业,并因此能促进竞争,消解垄断。技术进步从总体而言,究竟有利于垄断抑或还是能促进竞争,这是一个经验的问题。如今已经出现了这样的理念,即竞争不仅仅是属于比中央计划更有效的生产组织方式,而且,这种经济的技术进步越多,竞争的优势便越大,这一点与20世纪30年代至40年代人们广泛存在的忧虑截然相反。

技术进步尚未令民主处于风雨飘摇之中;事实上恰好相反。技术进步带来平均收入的增长,而一个社会中平均收入不仅与政治自由呈现正相关,而且在政治自由中,似乎还扮演了一种因果关系的

---

[7] 拉瑞·唐斯(Larry Downes)和梅振家(Chunka Mui)的作品对这一后果作了强调,参见,Larry Downes and Chunka Mui, *Unleashing the Killer App: Digital Strategies for Market Dominance* (1998).(唐斯,咨询顾问、律师。梅振家,咨询顾问,商业杂志《脉络》[Context]执行主编。——译者)

[8] 正如克莱顿·M·克里思汀生(Clayton M. Christensen)《创新者的困境》一书中所主张的那样,参见,Clayton M. Christensen, *The Innovator's Dilemma: When New Technologies Cause Great Firms to Fail* (1997).(克莱顿·M·克里思汀生,哈佛大学商学院教授。——译者)

角色。[9]但是，技术通过对私隐产生影响，是否会间接地威胁自由呢？的确不太好说。私隐，当与自主相区别时（因为"私隐"在宪法中已经形成为一种共通的象征，其中性权利和生育自由被描述为"私隐权"的表现），它包括两个方面——独居（solitude）与保密（secrecy）。独居——并非完完全全地与世隔绝，而是有足够的私人空间，能够令一个人独自思索——能培养个人主义的态度，而与之相对的是，其他人的时常出现，或者处于经常性监控之下的感觉，这些可能强制人们保持正派和一致。保密，从一个人隐瞒自己所思、所写以及对朋友或密友所说的层面上而言，能够不让当局知道颠覆性的思考和计划。

保密既有私人因素，也有社会维度。隐藏一个人的思想是至关重要的，不过，这还不足以保护人们不屈服于投众合时；交流的私隐必不可少。假如没有交流，协商一致的活动计划就如水中月，而没有他人对思想之反馈，则认真严肃的独立思考就宛若镜中花。并且，假如人们不知晓其他人也共享相同思想的话，则几乎很少有人能够拥有充分独立的见解，从而坚持一种非正统的观点。我们想要成为人群之中的一部分，即便这只是极小的一个群体。因此，若独居构成独立思想的必要条件，则保密便是坚持、升华、宣传以及贯彻那种思想的必要前提。

对一个极权主义政体来说，独居和保密两者的社会成本皆相当巨大；并且，在《美妙新世界》和《一九八四》两部作品中，这一事实加上技术进步所产生的后果，导致侵犯私隐成本低廉而保持私隐则极其昂贵，因此，人们的私隐事实上已昭然若揭。

在我们的社会中，保持私隐的成本似乎正在不断地增长。罪魁祸首依然还是技术，特别是"信息革命"——如今所称的"网络革

---

[9] Richard A. Posner, "Equality, Wealth, and Political Stability," 13 *Journal of Law, Economics, and Organization* 344 (1997).

命".[10] 当我们发现,密集型劳动如何成为《一九八四》中所采用的监控手段时,这一点就变得栩栩如生了。然而,私隐的净数量看起来并没有下降。私隐是经济学家们所称的一种"高级商品",这意味着,随着人们收入的上升,对这种高级商品的需求便越大。并且,当对一种商品的需求上升时,供给的数量也将增加,除非供给这种商品净成本的增长率高于需求的扩张程度,而就私隐的情形来说,这似乎不太可能发生;技术进步不仅激励了对私隐的侵犯,也促进了私隐的保护。倘若从总体说来,人们的私隐已有所增加,而非削弱,那么我们可以预期,今天的人们将比赫胥黎和奥威尔时代的人更加独立自主、个人主义以及自我决断——并且,他们确实如此。然而,正如赫胥黎直觉察知的那样,当今人们日益变得更单调划一、缺乏多样化,而究其原因,我们将见到,那便是技术,尽管并非侵犯私隐的技术。

作为秘密的私隐,并非一种纯粹的商品。魅力型政治领导人——最危险的那种人——依赖着控制自身的公共信息之能力。假如,他失去了这种控制力——假如他丧失了他的"私隐"——则他的神秘性、连同他的权力都将灰飞烟灭。技术进步导致私人保护其私隐的成本高昂,而同样的技术进步,也通过促使政府变得更透明,而令公共官员的不良行为——包括窥探公民的私人事务——更难以掩藏。这便是为什么从总体而言,技术看来已经增强了社会大众对政府的监控、而非弱化此种监控的另一项原因,事实与技术悲观主义者的忧虑恰恰相反。

毫无疑问,从经济学的视角出发探索技术问题时,人们会认为,我在分析这一问题的同时,也将以具体事例予以说明。现代经济学是一种"技术专家统治论"思想的形式,它被视为与其他技术

---

[10] 比如,参见,Lawrence Lessig, *Code – and Other Laws of Cyberspace* 142–156 (1999).

专家统治的领域密切相关，诸如统计学、工程学、计算机科学、以及运筹学。马克斯·韦伯早已想到，现代经济学思想阐明了这一趋势的顶点，即把越来越多人类活动的领域引入理性方式治理的趋势，当然就他而言，这一趋势是对现代性的限定。这一理论，正如我们见到的，既冲击着赫胥黎，也（在"管理主义"的名义下）影响了奥威尔，在探讨《美妙新世界》和《一九八四》两部作品与技术问题的关系中，的确值得人们掩卷深思。我们应该看到，韦伯所预测的除魅的世界，正如一种对浪漫主义价值观的怀旧依恋，已经成为奥威尔小说中突然出现的理性方式胜利的一种副产品。在前文章节中，我们看到，正是以知识的日益专门化和职业化为外在形式的技术专家统治论，在促动着传统的公共知识分子逐渐没落。

我们需要考虑政治讽刺文学这种公共知识分子写作类型，[11]上述两部小说皆属此种类型，《美妙新世界》尤为明显。政治讽刺文学是小说的一种类型，它旨在引起读者关注他所处社会、或一般意义的社会、或人类的陷阱。通常而言，正如在此类经典作品诸如《格列佛游记》那样，故事发生在一个虚幻的世界里，在时间、空间或文化上，表面看来似乎都与讽刺小说家所处的世界相距遥远。因此，《美妙新世界》和《一九八四》把故事发生的场景设定于未来（两部作品分别为 600 年以及 35 年之后），这一事实并不意味着他们在努力预测未来，实际上他们乃是批判作者本人所处社会中那些看得见的趋势或提出警示。两部小说中的这种未来派写作技巧，都是依据作者所处时代存在的众所周知的技术而进行的直截了当的推断。

讽刺文字可谓公共知识分子作品最卓越超群的类型。政治讽刺作品通过迷人陶醉、魅力无限的晦涩朦胧，避免单调划一的社会科

---

〔11〕阿尔温·科南（Alvin Kernan）在著作中对这一问题有出色的讨论，参见，Alvin Kernan, *The Cankered Muse: Satire of the English Renaissance*, ch. 1 (1959).

学，严厉的教导启迪，以及明确可见且因此不久便可能过时的预言，从而传递着社会性批判的信息。然而，最出类拔萃的讽刺文学的持久魅力却在于原本激励他写作的政治性关注之外。本人将就这两部小说来试图表明这一点。同样重要的一点是，讽刺文学是一种公共知识分子的写作类型，这种类型只有独立的公共知识分子方能贡献。它是一种文学类型，而不是学术流派。这就是学术公共知识分子为什么日益取代独立公共知识分子从而令人惆怅满怀的另一原因。经典的讽刺文学作品，根本就不够；他们的社会批评已成明日黄花。我们需要全新的政治讽刺作品，以促成公共知识分子类型的政治讽刺文学活力常驻，并且，我们不可能从学术界获得这种文学作品，除非大学愿意在不驱使作家学术化、从而削弱其文学才能的前提条件下聘用作家。

　　大多数讽刺文学作品都有一位讽刺角色（*character*）——他公开谴责那些作者希望引起读者注意的缺陷，但这个人又不必定是作者自我的化身。这个人物角色与作者相比，通常说来是一位更悲观失望、更尖锐偏激的人，并且时常，他本人就体现了他所谴责的许多缺点。《美妙新世界》一书，有两位主要的讽刺角色——野蛮人和伯纳·马克思，前者正如格列佛一样，对于被讽刺的世界来说是外部人，后者则是那个世界的内部人，一位典型的不适应环境的讽刺角色。[12]《一九八四》一书中，讽刺性角色温斯顿·史密斯也是

---

〔12〕 马克思痛苦怀恨、身在边缘、过分聪明却缺乏安全感、羞怯胆小却又自负有加、令人生厌、社交上不合场面——所有这些皆明显地源于他的缺陷。"'他们说他在瓶子里时有人犯了个错误——以为他是个伽玛，在代血剂里加了酒精，因此阻碍了他的发育。'"参见，Aldous Huxley, *Brave New World* 46 (1932). (本人所有引证，皆来自1998年哈珀·柯林斯（HarperCollins）出版社永久经典版 [Perennial Classics edition]，并且，此后引用的页码将在本章正文中注明。）他可能意在提醒读者想起犹太人，尽管在小说刻画的社会中并不存在犹太人。奥威尔小说中的讽刺性角色，温斯顿·史密斯，实际上也为人们质疑，正如我们所见到的那样。

一位内部人。他有些不适应环境,尽管与奥威尔的小说保持不同的论调,但他并不象伯纳那样,算不上荒谬可笑。但与伯纳类似的是,温斯顿也偏好独居,这两部小说皆将独居视为独立思考的先决条件,并因此,他能够看穿支持他所处社会的谎言。在这两部小说中,讽刺人物最终恶有恶报——告别人世,"为人们所遗忘(unpersonhood)",或者就伯纳·马克思而言,被流放到冰岛——这也可谓此类作品的典型结局。同样,两部小说皆通过描述人们熟悉的对象,而为当前的现实世界提供了一个支点,例如,野蛮人复印莎士比亚全集,或者在奥威尔的小说中,描写镇纸、疮疤、奥立佛·克伦威尔的塑像、无奶的咖啡、银纸包装的巧克力以及革命前遗留下来的其他物品。讽刺文学中的角色,倾向于类似平面化人物,"幽默滑稽",但并不丰满。《一九八四》一书中温斯顿和裘莉亚,可算是两部小说中惟一丰满的人物形象,不过一些读者则怀疑,他们是否真的那样。最后,讽刺文学趋向于涉及时事。这导致了如此的后果,即倘若不了解一些有关作品写作所处时空的社会条件,那么试图理解一部讽刺文学作品则是一种冒险。

明确这两部小说的类型,可能有助于我们抵制匆匆得出的某些特定结论,这些结论或许依赖于将它们诠释为公共知识分子作品,例如,把这些作品解释为作者试图预测未来;他们属于悲观主义者(因为倘若他们自认为是在预测未来,人们就不得不将他们视为悲观主义者);并且,赫胥黎与野蛮人如出一辙(或者,与伯纳类同看来更不合理),而奥威尔与温斯顿·史密斯形同一体。决定以某一特定的类型进行写作,应遵循这一类型特定的惯例——这种决定所要揭示的,并非人物的性格、感情甚或作者的信仰。就我们全部了解的奥威尔和他小说中的许多参照而言,《一九八四》清楚明白地构成一种有关共产主义、尤其是斯大林主义变种的警示,当然,这种警示现在已无必要。[13] 然而，那并不必定属于它最至关重要的事情。就其他事项而言，奥威尔也提出了警告，他相信在资本主义社会中亦潜伏着某种动向——并且，此后我将进行论证，这部小说的核心根本就不在于警示。而且，该小说要比奥威尔本人更为悲观，[14] 这一点不仅与点评作为一位公共知识分子的奥威尔密切相关，也是理解他小说的一串线索。

赫胥黎的小说与奥威尔的小说相比，涉及更多的高科技。未来主义的技术，是该小说所描绘社会的一种普遍盛行的特征，并且小说对这些技术进行了精确细致的描述和解释。存在三种类型的技术。有改变思想和身体的技术，包括眠教，即睡眠教育法、巴甫洛夫条件设定法、精巧的整容手术、快乐丸（唆麻与我们的百忧解[Prozac] 相近，但无须医生开处方，人人皆可服用），而对于老人来说，则有"性腺荷尔蒙"以及"输入年轻的血液"（页54）。还有促发快乐的娱乐技术，包括电视、合成音乐、以及五感（"感觉"）皆能得以满足的电影，对于阿尔法来说，还有度假专用的个人直升机。尤其是还有生殖技术。避孕已经变得十分安全，而且根本不会妨碍性愉悦——性终于令人信赖地与生殖相分离了。与此同时，生殖也脱离性而独立存在。从卵巢中提取出来的卵子，在实验室中与精子相结合，而一旦受精，则放入孵化器中培育。这一程序使优生得以进行，这种优生方法培育出五种不同遗传等级的人，范

---

[13] 然而，人们可能主张，在爱麦虞埃尔·果尔德施坦因（Emmanuel Goldstein）、这位托洛茨基的影子领导下，从奥勃良寓所的聚会上制订了兄弟会（the Brotherhood）的策略，并且，温斯顿保证，假如向孩子脸上浇镪水能够促进兄弟会的事业的话，那么，他愿意如此行为，奥威尔相信，一种托洛茨基式的共产主义，也不会比斯大林主义好到哪儿去。

[14] 比如，参见，George Orwell, "Burnham's View of the Contemporary World Struggle," in *The Collected Essays, Journalism and Letters of George Orwell*, vol. 4: *In Front of Your Nose*, 1945–1950, p. 315 (Sonia Orwell and Ian Angus eds. 1968), 这篇文章首次发表于1947年。本人稍后将回到这一问题。

围从高智商的阿尔法到低能迟钝的爱扑塞隆,从而促成遗传的天资与社会工作的需求完美匹配。

探索与人类优生和生殖技术密切相关主题的公共知识分子,赫胥黎既非第一个吃螃蟹者,也算不上是最后一位莫西干战士。早些年前,伯兰特·罗素曾论辩道,既然(他相信)黑人比白人劣等,那么就会存在禁止黑人生育的论断,尽管他本人反对这样,不过他的理由只是,黑人在热带气候下是更好的工人。[15] 最近,公共知识分子乔治·贾尔德表达了这样的忧虑,生殖与性的分离将促使性从生育后代"降格"为仅具有享乐之功能,正如赫胥黎预言的那样。[16] 贾尔德忧心如焚,再次为赫胥黎预先察觉,那就是,性与生殖关联性的切断将毁灭家庭。并且,"个人与母亲、家庭的联系将不再如此紧密,而性则越来越容易受到极权主义国家的干预",因为——此处贾尔德与赫胥黎不尽相同——不再依靠妇女传宗接代的男人将实现解放,"正如古代的斯巴达人那样,颂扬一种充满暴力、厌女主义和自恋性情爱倾向",在一个海军陆战队的新兵训练营,便集中体现了类似情形。[17] 针对同一个基本论题,里昂·卡斯则持不同看法,他主张,如果克隆人在技术上切实可行的话,那么,我们就应该"直面一个不得不作出的抉择,即人类繁衍的后代是否还是人,小孩是制造的还是生出来的,从人的视角出发,在原则上认可迈向(至多如此)人类如同《美妙新世界》那样丧失人性之理性(dehumanized rationality)的道路,是否是一件善事。[18]

赫胥黎小说中刻画的技术进步,被描述为具有深远的社会影响,正如贾尔德和卡斯预期的那样。这些技术进步诱导着不加反思

---

[15] Bertrand Russell, *Marriage and Morals*, ch. 18 (1929).

[16] George F. Gilder, *Sexual Suicide* 255 (1973).

[17] 同上注书,页 257–258。

[18] Leon Kass, "The Wisdom of Repugnance: Why We Should Ban the Cloning of Humans," *New Republic*, June 2, 1997, pp. 17, 18.

的满足、无罪孽感的男女滥交、智识与文化的空虚以及政治上完全消极。婚姻、家庭、亲子关系——所有这一切都被视为痛苦与紧张的根源——尽成明日黄花。"母亲"一词，已蜕变为一个肮脏的词汇。然而，在这些后果之中，没有一项是作为技术革新的一种未意图的（unintended）结果出现的，而这正是我们对技术的恐惧，技术经济学就这种恐惧提出了一些理由。《美妙新世界》一书中的技术，是奴隶，而并非主人；它是一种受功利主义意识形态支配的奴隶。赫胥黎的这部小说作为一种对功利主义的讽刺，比马莎·努斯鲍姆探讨的其他任何小说都更具哲学性，《艰难时世》一书除外。"更高的种姓（castes）……［不应该］导致他们失去快乐为至善（the Sovereign Good）的信念，转而相信这一目标存在于其能力以外的某地，存在于当今人类范围之外的某处；生活之目的，并非丰衣足食，而在于意识有所强化、有所精炼，在于知识有所扩大"（页177）。技术能促进快乐的最大化，但代价是，可能导致人类兴趣盎然的一切事物尽皆失去。野蛮人并不快乐，但却充满着生命的活力；而"文明"人则愚昧自大、无聊空虚。技术已经创造了这样的条件，在此条件下，一小部分精英人物能够把对社会、政治、经济生活的完全控制与实现物质极大丰富有机地结合起来。这可谓对20世纪30年代迷信中央计划效率的另一种表达。

赫胥黎对功利主义的批判，比狄更斯的批判更为深刻，狄更斯在《艰难时世》一书中并没有抨击功利主义，甚至连商品化也没有批判。所谓商品化，是指一切事物皆可以货币价值来衡量，并且可在市场上进行交易的思想。他的观点是，商品化并不会促使快乐最大化，努斯鲍姆回应了这种观点。而赫胥黎的观点则是，实现快乐最大化并非值得人类追求的目标。

在赫胥黎的小说中，讽刺文学的时事性通过对种姓制度的描写而得到了恰当的说明，而该种姓制度显而易见模仿了英国的等级制度，并且通过那位野蛮人和他母亲作为新世界野蛮人的外来变种

(尽管这两个人实际上也是英国人)，亮相于震惊万分的伦敦人面前，从而促使我们考虑《美妙新世界》一书写作时的英国状况。当时，英国正处于凯恩斯告诫的一种世界性大萧条时期之中，由于消费需求不足，造成或加深了此种萧条，且大萧条的治愈只能通过政府的积极干预、刺激需求来实现。人们相信，资本主义因缺乏充分的协调或理性化已经宣告失败，并导致生产过度（供应超过了需求），而生产过度又形成了破坏性竞争，企业大范围破产，工人大规模失业。对于人口出生率的下降以及基因库（the gene pool）质量的降低，人们也忧心忡忡。

所有这些忧虑，在《美妙新世界》一书中都得到了反映。这部作品所描绘的社会具有一种非常显著的特征，即消费主义，它包括有计划的淘汰以及一种"抛弃"的心态（"一丢了之要比修修补补更划算"［页 49］）。人们洗脑革面，变得渴求更多、更新的消费品，以避免消费需求的低迷不振。（让我们回忆一下，在第三章中戴维·里斯曼于 1950 年所表达的忧虑，即消费者很快便可能成为讽刺的对象。）一切事项，直至文化、技术以及消费最微小的细节，皆由中央实行计划和指导。优生可以解决人口和基因库问题。《美妙新世界》一书中所描述的社会，是大萧条时期的英国和其他一些国家中，先进思想家倡导的改革措施的逻辑结果。这部著作是一种公共知识分子关注时代的讽刺文学。

那种思想已经过时；决定《美妙新世界》时至今日依然极具可读性的事实，正是针对未来主义的技术和道德观念，如此之多的预测已经传播或正在传播，而这一事实还应将赫胥黎放置于 21 世纪公共知识分子的万神殿中。由于避孕方法的发明，同时，这些避孕方法既可靠，也不妨碍性愉悦，因此，仅为享乐的性行为已经非常安全了。不计其数的其他技术进步，从对孕妇、婴儿的更佳护理到节省家务劳动的设施，从对不孕症医学治疗的发展到工作场所的自动化，这一切（连同避孕技术的进步、以及根据要求实施安全的流产手术）都导致了妇女从性自由的传统限制中解放出来了。[19] 结果就形成了性自由的社会趋势、以及社会公众对性和性愉悦困扰的气候，这与赫胥黎小说中描绘的情景如出一辙，尽管"母亲"一词还达不到肮脏的程度，而婚姻也尚未被人们完全抛弃，可是，结婚率的确已明显下降了。

赫胥黎所刻画的快乐、无思想、无教养的社会，看来似乎只是今日美国的一种夸张。我们也沉醉于快乐丸之中，不论是合法药品，还是非法类型，并伴随着越来越大胆的整容手术使我们对自己的外表更加满意。我们处于娱乐技术的重重包围之下，甚至赫胥黎也无法想像。在我们的社会中，"清洁卫生与福帝（fordliness）为邻"（页110）。我们恐惧身体的老化，故而甚至培养一种幼稚的——成人像儿童一样——穿着和谈话。"阿尔法的条件设置是：他们的情感行为不必像婴儿，但正因如此，他们就应该特别努力恪守习俗。他们的责任是要像婴儿，即使不愿意也得像。"（页98）。我们生活在现在之中：我们的口号，也可能是，"今朝有酒今朝醉"（页93）。大众文化处处胜过高雅文化；而过去已经为人们遗忘得一干二净了。我们以为，追求快乐的权利直至生命的尽头，这不仅是我们的权利，也是我们的职责。在"公园巷弥留医院（Park Lane Hospital for the Dying）……我们设法创造一种充分的愉快气氛，介乎第一流宾馆和感官片宫（a feely‐palace）之间"（页198‐199）。购物是一种全国性的消遣娱乐。美国人在政治上尽管并不完全消极无为，但他们大多安于现状，他们很大程度上远离嫉妒和怨恨；主要的政党都属中间派，在基本政策上能够达成共识（尽管在人格问

---

[19] 在某些地方，"尽管社会是一种反乌托邦，但《美妙的新世界》向妇女提供了更好的分配，比20世纪30年代的英国社会现状好得多。不用做家务，没有男尊女卑（wifely subjugation），亦无须权衡子女与职业的关系。"参见，June Deery, "Technology and Gender in Aldous Huxley's Alternative（?）Worlds," in Critical Essays on Aldous Huxley 103, 105 (Jerome Meckier ed. 1996).

题尤其是象征性问题上斗争十分剧烈),并且也能够彼此自由地借鉴政策。一种 20 世纪 30 年代式的大萧条,是我们大多数人无法想像的。从它两个层面的意义而言,大萧条正变得越来越不可想像。

甚至存在一种迈向技术驱动型的投众合时的趋势,尽管此种趋势迄今为止只初露端倪。在赫胥黎想像的世界中,居民投众合时,他们投众合时培育和象征,依托着每一种姓的身体统一(physical uniformity)。伯纳的身体没有走形,他只是相比阿尔法的标准,稍稍矮了几英寸,且相对瘦削些,也许是在婴儿孵化器中发生了一起事故的结果吧,并且他身体的特征不单是他不切合社会身份的象征,而且也是造成此种情形的原因。[20] 在我们的社会中,采取了孤注一掷的措施,通过医疗和心理上的干预,日益成功地消除所有身体和精神上距离理想模式的偏差——包括对矮小儿童生长荷尔蒙分泌的管理。我们的治疗学文化的最新胜利,是把害羞胆怯和社交笨拙的人分类为社交病态性恐惧者(social phobics),归属于精神治疗的对象。我们期望,有这样的一个时候,几乎所有的人都"正常",没有因畸形、毁容、残废、丑陋、精神病、多动症、以及性行为异常而导致的一切障碍。这对于"正常化的人"以及他们家庭而言,在快乐方面将产生一种收益,不过它也涉及一项社会损失,因为"反常"是多样性和创造力的一种重要源泉。感受到这种损失的一个地方,就是公共知识分子市场。外部人的视角,牛虻般的角色,相对更容易出自这种或那种不合群之士,而更少源于正常之人;这只需想想苏格拉底他那妇孺皆知的丑陋,或想想患有严重身心疾病的尼采,一切便十分清楚。荷马和莎士比亚笔下那可恶讨厌的忒耳西忒斯(Thersites),则可谓令人不快、智识乖僻的外部者的

---

[20] "骨架太小肌肉太少让伯纳和他的伙伴们疏远了。从一切流行标准看来,那种疏远都是心灵所难以承受的(a mental excess),于是他和他们之间疏远得更厉害了。"(页 67)。

持久象征。

但本人描述的这一切,都正发生于毫无预见或没有方向的情形下,与赫胥黎小说的暗示恰恰相反。一个社会,正如所表明的那样,为了达到"福特主义"[21]——产品的理性化、系统化或者从更广阔的范围而言,人类的正常化(人们作为社会机器中的"齿轮"),福特主义最初以生产线为象征——并不需要集中化。我们的社会没有功利主义的总体规划,也没有功利主义的大师级设计者。赫胥黎看起来似乎还没有稍稍觉得,技术也许只是无计划地进化到这样一种层次,即促使这部小说所刻画的那个组织严密、琐细的社会演变成为一种现实可能性的层次。《美妙新世界》一书中的技术,作为一种哲学和经济视角的工具,发挥的是一种支持性作用,而非起始性功能。对于非意图的后果,没有法律发生作用。这便是赫胥黎预言的蹒跚之处。在我们自己美妙的新世界中,没有什么与赫胥黎小说中的"世界主宰"、以及陀思妥耶夫斯基作品中的宗教大法官之继任者相对应:"幸福是一个很难服侍的老板——特别是别人的幸福。"(页227)。并且,尽管它类似于赫胥黎的反乌托邦,但对于大多数人、即便是有理性的人们而言,我们也认为,它与乌托邦更为接近。即便并非对一切人来说;在下一章中,我们会遇到持不同意见者。

直至1948年,奥威尔写完《一九八四》的那一年(他在两年前开始创作该作品),20世纪30年代开始的大萧条已成伤心往事,对生产的理性化以及刺激消费的关注也已相对减弱。具有政治意识的人们,其思想转而受到近代有关二战的生动逼真的记忆以及苏联的威胁所支配,这些阴暗郁闷、预示凶兆的思想便充斥于这部小说

---

[21] 亨利·福特就是《美妙新世界》中所描绘的耶稣基督或者说卡尔·马克思。这个世界的居民(the denizens of the world)只是不做出划十字架的样子,而是划一个"T"字来替代,它代表福特的T模型。

的字里行间。1984年，伦敦的肮脏依稀可辨，就如同在战争期间和战争刚结束后不久一样污秽阴暗，那是一个物资短缺的时代，一个生活品定量配给的时代，一个生活郁闷压抑的时代；并且在1984年，火箭弹还落在伦敦，就像二战最后那年炮声隆隆、轰炸不断一样。这部小说带着成见、不厌其烦地描述奥威尔想像的反乌托邦社会中的那些生活特征，与《美妙新世界》中的消费者天堂形成了鲜明的反差。本人怀疑，奥威尔细致刻画了未来的伦敦，尽管他对这个城市的游览不多，不仅因为他对社会主义中央计划不可能带来物质产品的极大丰富具有先见之明——作为一位英国工党的忠诚党员，直至生命的尽头，他从来都没有放弃对民主社会主义的信仰——而且还由于他对所见到的伦敦下层阶级生活的悲惨贫困、结构特征敏感万分。奥威尔对下层阶级（即《一九八四》一书中的"无产者"）亦爱亦恨的矛盾心理极其明显，他似乎已经发现，他一方面为下层阶级呼吁恳求，另一方面又对他们持排斥心理。

这部小说将技术视为一种新奇古怪的事物。一方面，《寡头政治集体主义的理论与实践》——表面上是由小说中托洛茨基式的人物撰写的论著，但实际上是由核心党员伪造的——把1984年的世界描述为一种技术上倒退。世界分为三个极权主义超级大国，它们心照不宣地达成共识，对它们的人民施以严密的思想控制，窒息着科学和创造精神。而另一方面，这种发展又被描述为技术命定论，技术以机器生产的形式，促使——实质上，决定着——财富的创造几乎毫不费力。（这正是赫胥黎、阿伦特、芒福德、里斯曼、塞内特以及一长串过去乃至现在的公共知识分子的阴影）。当财富充裕之时，人们将不再相信，一个明显不平等的等级森严的社会有存在的必要。为回避人们对平等的要求，统治阶级把技术刺激的过度生产转移到战争上来，因为战争有更进一步的优势，在战争期间，人们更愿意服从集体控制。因此，技术导致极权主义，当然技术的此种结果是由于技术专家统治手段的更大效率，从而通过一种比促进各个层级集中化更为间接的路径实现——然而，奥威尔本人也相信这一点，正如我们即将见到得那样。

一个极权主义社会的状况，尤其是它对思想自由和表达自由的压制，阻碍了科技进步，诚如奥威尔所见。这，即怀疑技术会导致政治自由消亡的另一理由，正是共产主义衰落的教训之一。我们如今已知，苏联实现的技术成功，主要体现于核武器和太空航行领域，而这些成功在很大程度上，是因为苏联在二战中对东德的占领，并把德国的部分火箭设施和研究人员置于苏联的控制之下，另一项重要缘由则是间谍活动。但该小说有关技术主题的另一面，则是错误的。自从奥威尔创作这一著作后，世界上发达国家的物质财富已经出现了巨大增长，这导致经济不平等的状况加剧，同时依然保持了政治稳定。

在 1961 年《一九八四》再版后记中，埃里希·弗罗姆（Erich Fromm），另一位著名的公共知识分子，把这部小说归属于如下这种观点（弗罗姆清楚地表明，他同意该观点，而且比奥威尔的托词更少，因为他的评论发生于 10 多年以后）："［奥威尔式的噩梦之］危险，固有地存在于现代生产和组织方式之中，并且相对独立于不同的意识形态［即，资本主义和共产主义］中的固有危险"（页 267）。该观点是不正确的，除了把这种观点归咎于奥威尔看来大概是正确的之外。一种暗示则为，大洋国的货币是元，而不是磅。并且在奥威尔小说的渊源之中，有一种他在"管理主义"时代极力兜售的概念，即不正确地预言，资本主义将演化为一种国家管制（*dirigiste*）、官僚主义、中央计划的经济体制，这种体制实际上与苏联的共产主义难以区分。[22] 人们并没有广泛理解，竞争性市场

---

[22] 比如，参见, James Burnham, *The Managerial Revolution*: *What Is Happening in the World* (1941)。并且，请回忆约翰·肯尼思·高尔布莱希类似的集中性主题，本书第四章曾经提及。

对于协调生产的效率优势。

但在此处,我们必须把小说与其作者区分开来。管理主义的鼻祖,是卓越超群的公共知识分子詹姆斯·伯纳姆(James Burnham)。奥威尔在《一九八四》一书中,不仅借鉴了伯纳姆的管理主义视角,也参照了他的预言,即第二次世界大战(伯纳姆提出预言当时,第二次世界大战还尚未结束)将导致世界分化成三个超级国家,而在那时这种迹象是难以察觉的。[23] 然而,尽管为伯纳姆所吸引,奥威尔对他却并不迷信,事实上他指出,伯纳姆的预言从可检测的视角入手(正如预测三个超级国家的出现),始终是错误的。[24] 当然,即便发现某位公共知识分子的预言存在错漏,我们也大可不必大惊小怪。

《一九八四》一书以大量篇幅描述的惟一技术革新,就是双向电视(即"电幕"),安全部门利用电幕技术可以监视党员。这一技术其实也就是现代的视频会议技术。尽管在一个极权主义国家中,私隐的丧失是一种相当有力的隐喻,但电幕对于这部小说的政治主题来说并不太重要。该小说的政治主题,是指通过如下方式进行思想控制的可行性:宣传、教育、心理(包括行为模式化)、告密者(包括未成年人)、出版检查、大脑切除、激发战争狂热、恐怖主义以及最至关重要的是对历史档案和语言的操纵。这部小说最有趣的发明,即新话(Newspeak),它是一种对基础英语的拙劣仿造,也是对纳粹和苏联修辞技术的模仿,其目的在于,通过消除承载危险

---

〔23〕 比如,参见,Burnham,前注〔22〕,页 264-265。

〔24〕 George Orwell, "James Burnham and the Managerial Revolution," in *The Collected Essays, Journalism and Letters of George Orwell*, 前注〔14〕, vol. 4: *In Front of Your Nose*, 1945-1950, pp. 160, 172. 这篇文章首次发表于 1946 年。

思想的词汇，而促使危险的思想毫无可能。[25] 除了电幕和可能消除奥勃良部分记忆的机器涉及到超越奥威尔时代的技术进步以外，这部小说并没有描述其他任何思想控制工具。若排除电幕和前脑叶白质切除机外，其他所有设施在 20 世纪 30 年代至 40 年代的苏联皆已实际使用，尽管其表现形式没有奥威尔编织的世界的技术那么彻底。倘若没有电幕，《一九八四》一书将不会如此生动逼真，引发读者的悬念也更少，不过从本质上来说，倒没有什么不同。

　　由于在奥威尔的小说中几乎不存在未来主义，因此，他没有理由确定在遥远的未来发生的事项。他仅仅只是从当时的条件出发，稍稍作些推断——人们也可以想像，苏联领导人通过阅读《一九八四》而寻求思想。[26] 然而，正是赫胥黎有关遥远未来主义的夸张，更接近对我们世界的描述。原因不在于赫胥黎能预见未来，而是因为科学正是我们时代的特写，同时，赫胥黎出生于一个著名的科学世家，接受过医学方面的训练，且对科学怀有真挚的兴趣。进而，直到最近，在科学发现与广泛的实践应用之间仍存在一段较长的从设计到投产的时间。众所周知，在 20 世纪 30 年代，直升机、电视、精神调节药品、优生以及带环绕立体声的大屏幕彩色电影，在技术上皆具可行性，可是，在它们中任何一项成为我们文化中的重要组成部分之前，数十年已弹指一挥间。在发明与运用之间，从设计到投产的时间越长，则预测社会未来的技术状况就越容

---

〔25〕关于对"新话"的一个综合性探讨，参见，John Wesley Young, *Totalitarian Language：Orwell's Newspeak and Its Nazi and Communist Antecedents* (1991). Cf. Victor Klemperer, *The Language of the Third Reich：LTI – Lingua Tertii Imperii：A Philologist's Notebook* (2000).

〔26〕一位波兰共产党的叛徒、著名作家、公共知识分子克泽斯拉夫·米沃什（Czeslaw Milosz）认为，"核心党"的成员们，个人非常容易得到《一九八四》那本书，不过他们感到迷惑惊异的是，奥威尔如何能够"对他们心知肚明的细节如此洞察。"参见，Milosz, *The Captive Mind* 40 (1990).

易。从设计到投产的这一时间已经大大缩短了——这可谓公共知识分子作品范围急剧萎缩的另一项原因；因为要对未来提出警示相当困难，即便以一种朦胧梗概的方式也无法预知未来。

尽管苏联式的洗脑无庸置疑地影响着共产主义国家人民的思想，[27]但共产主义政权迅速完全地崩溃，已表明其最终没有效率。《一九八四》在推断时没有注意到这一事实——让我们回忆一下，戴维·里斯曼在很早以前就预见到的事实——共产主义寡头政治的秘密性以及缺乏责任感将滋生腐败，而这会促使寡头政治看起来虚弱不堪（以及变得虚弱松散，或至少是变得软弱无力），并且，还会导致社会公众、甚至许多领导人对这种政权的幻想破灭。《一九八四》一书中描绘的监督与控制技术的结合，令人恐怖地煞有其事，这是对奥威尔艺术想像力的一种肯定；这部小说描述的制度是不现实的。为了看清楚这一点，人们只需追问，究竟是谁在操纵所有的电幕就行了。党员居住的每一个公寓和使用的每一个办公室，都有好几个电幕——党员的总人数大约为 4 500 万，我们知道，总人口的 15% 是党员，故大洋国的总人口为 3 亿——并且，那意味着（这是对本人计算能力的一种批判），所有的电幕皆不间断地由人操控。假定，有 1 亿部电幕；则可能需要 1 千万监视者。本人现假设电幕监控实行两班制，那么，每个监视者则需负责监视 20 部电幕。

倘若没有电幕的监控，奥威尔所刻画的思想控制体系，本质上就是斯大林统治下的苏维埃体制，而这一体制在斯大林死后不久便

---

[27] 参见，Timur Kuran, *Private Truths, Public Lies: The Social Consequences of Preference Falsification*, ch. 13 (1995).

开始逐渐腐蚀,[28] 斯大林死于《一九八四》出版 4 年后。即便在斯大林时代,共产党对人民的思想控制也是参差不齐的。[29] 这部小说暗示了思想控制的脆弱性。大洋国 85% 的人口由无产者构成,他们非常类似于赫胥黎笔下的底层种姓,除了无产者的愚笨并非遗传之外——且它潜在而言是可挽救的。鉴于无产者没有"大脑",因此,无产者对于洗脑具有免疫能力,正如裘莉亚那样,她不"聪明",尽管她可能在棍棒拷打下屈服认错。大多数洗脑直接针对党员,而这并不完全成功;温斯顿和裘莉亚,并不是惟一不彻底完美的社会主义党员,我们在小说后面就会发现这一点。[30] 因此,党实行了大规模的"蒸发"(即清算),正如斯大林时期的苏联那样,尽管许多被清算的人实际上恰恰是忠诚的共产党员,其中最著名的人物,是词典的编纂者赛麦。

最重要的是,核心党员——占人口 2% 的领导机构——必然包括能看穿他们企图强加于社会中其他人的谎言之人。就像苏联的统治者一样,核心党员有他们自己的商店,在那儿,备有其他地方不能获得的、具备传统资产阶级特征的奢侈商品。这部小说否认,核心党员的狂热盲信已经为舒适或者伪善逐渐动摇,它主张,这些党员在"双重思想"的心理技术下,既知道他们的意识形态存在问

---

〔28〕 比如,参见,Abbott Gleason,"'Totalitarianism'in 1984,"43 *Russian Review* 145 (1984). 这一点丝毫也不能令奥威尔感到惊诧,因为他认为,苏联的政体最终将成为自由度更高、危险性更小的国家,这是完全可能的。参见,Orwell,前注〔14〕,页 325。事实上,他走得还更远,他预言道,"苏俄政体要么自身将民主化,要么它便会崩溃坍塌。"Orwell,前注〔24〕,页 180。

〔29〕 Sheila Fitzpatrick, *Everyday Stalinism*: *Ordinary Life in Extraordinary Times*: *Soviet Russia in the 1930s* 222 (1999).

〔30〕 想想这位异乎寻常的教区牧师(the egregious Parsons),一位共产党的狂热分子,因为他 7 岁的女儿在他睡觉时偶而听到他的说话,"打倒老大哥!"(页 193),并告发他。尽管也许真实的罪过在于以女儿告发为自豪;这表明,与党的原则相比,他赋予了家庭更优先的重要性。

题，同时也不太清楚他们的错误所在。这的的确确是共产主义制度下思维的一种特征，[31] 当然，这部小说夸大了这种思维的有效性和顽固性。

奥威尔意识到，如果主要的国家一直不受极权控制（不可能完全让人们不了解这些国家的情况），那么思想控制体系将不可能稳定牢固。这部小说强调，在 1984 年，此类国家已不复存在，三个极权主义超级大国心照不宣地就限制军事研究竞争达成共识。倘若没有此类协定，极权主义的寡头统治就会风雨飘摇。每一个超级国家原本都拥有一种强制的激励动机，通过充分地放松思想控制，促进科技革新，而寻求军事上的优势。如今我们知道，诸如美国之类的自由国家，在政治上和军事上倾向于比威权主义或极权主义国家更强大有力、难以应对，原因就在于这些国家为社会和经济的迅速发展创造了更优化的前提条件（部分通过产生更充分全面、更准确精密的信息流实现的），而不仅仅是弥补中央集权的指令和控制造成的损失。[32] 极权主义国家的一个尤其明显的薄弱环节，就是"主观主义"倾向，[33] 这一观点在《一九八四》一书中有特别强调，即党或领导人认为是真理就是真理。主观主义导致了毁灭性的极权主义灾难，例如，纳粹排斥"犹太人物理学"，苏联采纳李森科不切实际的遗传学理论，以及毛泽东时代中国的"大跃进"。

从第二层面的意义来说，奥威尔的噩梦也并非稳如磐石。奥威尔小说中刻画的这种思想控制的伟大实践者，不论是斯大林，抑或毛泽东，皆未能将这种思想控制体系制度化。他们去世之后，这种体系便迅速地土崩瓦解了。他们的专制都是个人的，而《一九八

---

〔31〕 Kuran，前注〔27〕，页 218。

〔32〕 对这一点，奥威尔心中异常清楚，尽管此种意识在小说中并未浮出水面。比如，参见，Orwell，前注〔14〕，页 324；Orwell，前注〔24〕，页 179–180。

〔33〕 关于这一问题的一个非常出色的讨论，参见，George Watson, "Orwell's Nazi Renegade," 94 *Sewanee Review* 486 (1986).

四》一书描述的则是集体性的。老大哥并非一个活人，而只不过是一个虚构的象征。斯大林和毛泽东之后在他们各自国家实行的集体领导，属于威权主义性质，但他们不可能维持斯大林和毛泽东曾经达到的、以及《一九八四》一书竭力模仿的那种控制程度。* 这部小说没有解释，党以及该小说中其他极权主义超级大国中相当于党的组织究竟是如何设法维持这种把戏的。

在知识分子中，奥威尔素以傲慢著称。他喜欢说诸如此类的话，"人越聪明，神志便越不清醒"（页177）、以及"要相信这号子事，他一定是属于知识界：任何普通人都不可能如此愚蠢。"[34] 他对知识分子怀有敌意，就他本人作为20世纪最主要的公共知识分子之一的地位而言，这也许看起来令人惊异（并不是说他原本将使用那些词汇来思考自我）。但他的傲慢与轻蔑直指大学（尤其是牛津剑桥）的知识分子，而且他本人从未上过大学。并且请记住，公共知识分子倾向于成为反冲压机，而冲压机则是其他的知识分子。奥勃良——小说中的反面角色、拷问者、奥威尔式的宗教大法官——属于一类极其凶恶残忍的知识分子：一位极权主义政权的思想家。他是对令奥威尔怒发冲冠的英国共产党知识分子的模仿嘲讽。

但是，奥威尔本人便是一位知识分子，而在《一九八四》一书中，这一点也表现出来了。既然从非严格的意义上来说，知识分子正在从事洗脑的事业，同时洗脑也构成知识分子的主要目标，因

---

* 请读者注意，本章评述的《一九八四》一书，是奥威尔针对前苏联的政治讽刺小说，而波斯纳在评述中也涉及到我国。波斯纳或许对共产主义持有较深偏见，对此读者应有自身的鉴别力，进行批判性阅读。——译者

[34] George Orwell, "Notes on Nationalism," in *The Collected Essays*, *Journalism and Letters of George Orwell*, 前注 [14], 第三卷: *As I Please*, 1943 – 1945, pp. 361, 379. 此处的"那"（that），指美国军队在第二次世界大战期间开赴英国，并不是与德国人开战，而是去镇压一场英国革命。

此，对于知识分子而言，夸大试图实行洗脑的功效就是件很自然的事情，正象这部小说一样。（同样的夸大，亦见于另一部有关斯大林主义的著名小说，这就是亚瑟·凯斯特勒的《正午的黑暗》。）[35] 值得注意的是，大洋国没有与苏联政权下中央机构古拉格集中营相对应的组织，但这对一位知识分子来讲，并不象洗脑那么有趣。《一九八四》一书中的温斯顿、裘莉亚以及其他思想控制和恫吓的目标，都在从事着"政治工作"；这类人——包括知识分子阶层——对极权主义政权构成了最大的政治威胁，并因此必须实行最严密的监视。

知识分子的偏见也许可以解释为什么《一九八四》导致电视带有倒退性的政治意义，因为他们把它想像为一种监视控制（电幕）和灌输教化（"两分钟仇恨"节目）的手段，而与此同时，电视也替代性地证明是一种颠覆性手段，它大大地促进了人们接近有关社会和政治的信息。它不仅在共产主义衰弱中发挥了作用，而且在此很久以前，它就在反对林登·约翰逊（Lyndon Johnson）总统在越南进行一场未征得美国人民明确赞同的战争中，发挥了一定的作用。这令知识分子惊奇万分。他们只是倾向于把电视看成是书本文化（book-based culture）的潜在掘墓人，而对电视投去轻视傲慢之目光。

奥威尔最近的传记作者认为，《一九八四》一书所传递的"信息"是：

> 在现代世界中，必定有一处空间，用以容纳没有权力与他们相联系的事物，用来放置并不意味着将提升某人的事业、增加某

---

[35] 参见，Richard A. Posner, *Law and Literature* 138（1998 年修订和扩充版）。（亚瑟·凯斯特勒 [Arthur Koestler, 1905-1983]，系匈牙利小说家、新闻记者，1941 年出版《正午的黑暗》一书。——译者）

人的财富或声称某人的意愿凌驾于他人之上的事物。换言之，必定有一方陋室，来存放用作儿童玩具的镇纸、鱼竿和几便士的糖果、皮槌。而且，必定有一时闲暇，在古老教堂的庭院之间徜徉漫步，品一盏香茗，举一根枯枝，令毛虫上下左右平衡蠕动（balancing caterpillars），以及必定有一时空闲，痴痴地坠落爱河。所有这一切，那些无暇顾及、没有闲情逸致的知识分子，却把它们嘲笑为感伤多情，琐碎平淡，然而，它们却是构成生活真正肌理（the real texture）的事物。[36]

此处有些许自作多情，不过本人同意，《一九八四》一书正试图告诉我们，如果政治自由得以保障的话，"必定有一时空闲……坠落爱河"。性惟一合法的功能便是繁殖后代，在告诫这一点上，党着力进行了强调，并且它也鼓励党员之间寻求性愉悦。让我们想想，是否还有其他什么"思想控制者"的"政党"对性采取了此种主张。奥威尔本来也许会说，罗马天主教会是如此。[37] 他就教会"假冒的"（adoptive）（正如它明显区别于世袭的）寡头政治与党"假冒的"寡头政治进行了对比。并且，教会虽宣扬友爱，但在其全盛时期，却在折磨拷打和以火刑焚烧人民——大洋国的友爱部（Ministry of Love）象征着这一汇聚点，所谓友爱部，也就是严刑拷打和清算镇压的部门。还存在其他类似之处。在这部小说最后的场景中，"是一个立功赎罪的拙劣翻版……当男主角受到严刑拷打时，拷打者敦促他出卖女主人公，他最后嚎叫着由女主人公来替他承受折磨。[在《一九八四》一书中]，有一项假定，统治阶级追求残忍

---

[36] Michael Shelden, *Orwell: The Authorized Biography* 436–437 (1991).

[37] 他正在思考传统的罗马天主教的路线，而非现代美国天主教的方针。关于这两种天主教的不同，参见，James D. Davidson and Andrea S. Williams, "Megatrends in 20th-century American Catholicism," 44 *Social Compass* 507 (1997).

虐待权力的欲望是如此强大，足以无期限地持续，更准确地说是这样一种假定，即一个人为了接纳地狱的正统画面，而不得不装扮成魔鬼。"[38]

基督教和共产主义两者都以鼓吹激进平等的革命运动为起点，并且都是一种历史的终结（登山宝训可算是《共产党宣言》的最初起源），而且，两者都僵化保守，滋生出贪污腐败、且通常残暴不仁的官僚阶层，这些官僚与政府的正式机构平起平坐、施加影响（就苏联的情形而言，为控制政府机构），另外还试图控制人民的思想。[39] 本人正在用一支浓密的画笔泼墨描绘，固然会忽略许多差异；然而，还有些暗示性的类似之处。天主教有关忏悔的做法，促成基督教对人们思想关注的戏剧化——这是一种监控的形式，当然也是一种赦免罪过的方式，而在对温斯顿的严刑拷打中，也存在此类因素——并且，它也把道德层面的思想与行动置放在一起。关注思想的另一种名义，就是思想控制，即便当它们与行动相分离时——天主教中的牧师相当于奥威尔小说中的思想警察。通常而言，传统的天主教会似乎对人们的性生活分外关注，并且对性本身充满敌意，或至少是心怀狐疑的；党也是这样。在这两种情形中，对私人思想的关注，皆通过这样的事实而与对性的敌意相互联结起来，即性愉悦包括在很大程度上控制了我们的动物性的思想，而没有包纳告诫我们应该如何思考的一种僧侣阶层的思想。"不仅是一个人的爱，而是动物的本能，简单的不加区别的欲望：这就是能够把党搞垮的力量"（页105）。在这方面，《一九八四》与《美妙新世界》恰恰站在对立面，在美妙的新世界中，纵欲滥交可谓良好公民应尽

---

[38] Northrop Frye, *Anatomy of Criticism: Four Essays* 238 (1957).
[39] 并且在德国，两者皆都得到了因果报应（comeuppance）——教会的报应来自于路德（the Church from Luther），而共产主义的报应则来源于1989年东德汹涌澎湃地追求自由。

的义务。"欢快呀淋漓,快活呀福帝,/亲亲大姑娘,亲得她合为一,/姑娘和小伙子静静地偎依,/发泄呀狂喜,痛快又淋漓。"(页84)。

两部小说中有关社会性习俗的政治意义存在差异,这表明,对于性自由而言可能没有一种独一无二的极权主义立场。[40] 即使是亲密关系,这一点也千真万确,并因此,家庭对一个极权主义社会构成一种威胁,故极权主义社会试图动员人们迈向毫不利己的公共目标。这两部小说所描绘的社会,确实对家庭充满着敌意。在《美妙新世界》中,家庭已经废除,而在《一九八四》一书中,废除家庭则是党的一项长期目标,通过完善鼓励子女报告他们父母的思想犯罪的制度,上述目标已经部分地得以实现。但通过抑制亲密接触,何种性政策会弱化家庭,尚无法得知。倘若纵欲滥交可能损害家庭的话,那么,一定程度的清教徒主义通过削弱已婚人士之间的性关系,也可能不利于家庭。也许,这就是为什么一些社群鼓励自由寻爱,而另一些社群则提倡独身禁欲,或者为什么苏联会从20世纪20年代的性自由主义转向30年代的清教徒主义。我们应该注意到,假如赫胥黎是正确的,那么,美国联邦最高法院认为避孕和流产的私隐保护构成亲密关系的前提条件,则是错误的,而假如奥威尔是正确的,则从这一层面而言,这些事项的确保护了私隐。任何一种极端皆可能有害于亲密关系。那么,或许,那两种主张皆为正确。

然而,也许两种主张都是错误的。它们的大前提是,极权主义对待家庭以及亲密关系持有天然的敌意,可是这一点尚无定论。激进的伊斯兰国家虽属极权主义国家,但却强烈地赞成家庭。它们对于婚外性关系横眉冷对,而对婚内的性关系,则认为理所当然;婚姻对伊斯兰教的神职人员来说,构成必须遵守的义务。希特勒、斯

---

〔40〕 参见,Posner,前注〔5〕,页239。

大林、佛朗哥和墨索里尼，这些人都非常强烈地支持家庭，罗马天主教会亦是如此，尽管它禁止牧师与他人发生性关系和缔结婚姻。独裁者们希望增加生育率，并相信，鼓励组成家庭是一种提高生育率的有效方式。提高人口出生率只是问题的一个方面，人们还认为，传统的家长式家庭可谓一种独裁政体的附和与强化。

因此，在对极权主义的分析中，性只相当于一个次要的问题，并且，或许从一般意义而言，对政治统治的分析亦当如此。但是，人们总是处于监控之下，不论他们认为自己多么单独隐蔽，这种思想对于极权主义实践以及对基督教的大多数形式来说，皆处在核心地位。基督教徒为上帝的目光所笼罩，而大洋国的臣民们则在老大哥的监视之下，他就像是基督徒的上帝一样，他

> 一贯正确，全才全能……没有人见到过老大哥。他是标语牌上的一张脸，电幕上的一个声音。我们可以相当有把握地说，他永远不会死，至于他究竟是哪一年生的，现在也已经有相当多的人感到没有把握了。老大哥是党用来给世人看到它自己的一个伪装。他的作用是充当对个人比较容易感到而对组织不大容易感到的爱、敬、畏这些感情的集中点。（页171）

被友爱部美化贴金的那次宗教迫害（The Inquisition），仅仅只是基督教关注的、奥威尔称之为"思想犯"的病态极端。正如奥勃良的解释那样：

> 我们并不因为异端分子抗拒我们才毁灭他；只要他抗拒一天，我们就不毁灭他。我们要改造他，争取他的内心，使他脱胎换骨。我们要把他的一切邪念和幻觉都统统烧掉；我们要把他争取到我们这一边来，不仅仅是在外表上，而且是内心真心诚意地站到我们这一边来……我们拷问［那三个可怜的卖国贼］完

毕时，他们已成了行尸走肉。除了后悔自己的错误和爱戴老大哥以外，他们什么也没有剩下……他们要求马上枪毙他们，可以在思想还清白纯洁的时候早早死去。(页 210－211)[41]

我指出了《一九八四》一书中极权主义的实践与罗马天主教的习俗之间的类同，这并不是想无缘无故地冒犯天主教，[42]也并非想模糊冲淡天主教在奥威尔以后的角色，尤其是不想掩盖天主教在波兰和匈牙利反极权斗争中的作用。我的目的在于，支持先前提出的主张，即洗脑并不是今天才有的事。天主教会已经失去了对人们思想的大部分控制，至少在发达国家是这样。而宗教迫害，忏悔赎罪(index purgatorius)，则早已随风飘逝。意大利的人工流产率非常高，而出生率又相当低。在爱尔兰，离婚和人工流产业已合法化。即便笃信宗教思想的人们，其思想的野马也自由地驰骋，这正是现代的秩序，当然并非每一个地方皆如此（特别应指出的是，穆斯林国家就并不都是这样），但在绝大多数富裕国家和大多数不富裕国家就是这样。

1984年，已成往事，在我们这个日新月异的世界中，伴随着对斯大林主义和毛泽东主义的记忆渐渐暗淡飘远——伴随着历史已经证明《一九八四》一书为"错误"，而证明了《美妙新世界》一书为"正确"，或至少相对而言更为正确——但该如何解释奥威尔

---

[41] "奥威尔才华横溢地运用了传统的宗教语言。"参见，Joseph Adelson, "The Self and Memory in *Nineteen Eighty - Four*," in *The Future of Nineteen Eighty - Four* 111, 116－117 (Ejner J. Jensen ed. 1984). 为了证明这一点，只需要在本文引用的段落中，将"老大哥"一词以"上帝"来替代，以及把"枪毙"用"火刑焚烧"(burned at the stake) 来代替。

[42] 进而，人们以前便已经注意到了这种相互类似的特征。比如，参见，William Steinhoff, *George Orwell and the Origins of* 1984 184－185 (1975); Jaroslav Krejci, "Religion and Anti－Religion: Experience of a Transition," 36 *Sociological Analysis* 108, 120－122 (1975). 奥威尔通过奥勃良的名义，"揭示了天主教会的绝对权力。"参见，Jeffrey Meyers, *Orwell: Wintry Conscience of a Nation* 281 (2000).

的小说比赫胥黎的作品传播更广泛？我也相信这一点（未能获得证据）。令我感兴趣的部分答案，便是奥威尔的作品也许属"更优秀的"小说（我得引用令人恐怖的文字，即承认得出这样一种判断存在固有的主观性特征）。随着《一九八四》一书政治关联性的面纱渐渐褪去，它在文学方面的质量就变得愈加清晰可鉴了。它究竟是什么，今天我们看得更为透彻了——那是一个精彩生动、悬疑迭出、气氛渲染和令人恐怖的（就这一意义而言，它并不贬义性地意味着，它类似于亨利·詹姆斯的著作、甚至哥特式作品的那种恐怖性特征）罗曼蒂克的冒险故事。在适当之处，该小说甚至像一部情节剧，近乎完全是一个男孩的历险故事，正如当反面角色奥勃良和却林顿回忆童谣之时，抑或当却林顿被人看见没有伪装、而突显老态龙钟之时。却林顿店铺中的场景带有《特务》一书的痕迹，而温斯顿和裘莉亚为加入实际上并不存在的兄弟会，造访奥勃良的居室，又象是约翰·布坎南的一部小说中的一幕。奥威尔小说开头的第一句话，听来便像是童话般的音符："四月间，天气寒冷晴朗，时钟敲了十三下"（页5）。我们很快发现，在大洋国中，时钟敲十三下，根本就不算一件什么怪诞离奇之事，既然大洋国的计时方法是从1至24，这种计时方式相比上下午计时制更清楚明了，就正如大洋国货币单位为元，而不是奥威尔时代非十进制的英国货币那样，并且也正如它的计量使用公制，而不使用英制的度量衡单位那样。然而，这些简明扼要、"经济合理"（rationalizing）的度量衡单位，就其本身来说便凶恶有害。它们表明，党试图竭力荡涤历史残余方面的文化，促使现在与过去之间断裂。

电幕的文学意义，与技术或私隐的关联性更少，而与增强温斯顿和裘莉亚暧昧事件的冒险性相关度更高，与他们隐瞒的煞费苦心的仪式之需要相关度更高，与最终察觉和惩罚的不可避免性相关度更高。一直到戏剧化的逮捕场面之前，悬念皆如此紧张激烈，以至于该作品剩下的第三部分不可避免给人以突兀而来、虎头蛇尾之感。该小说最后第三部分,除了温斯顿在镜子中看到因严刑拷打和饥寒交迫而令其身体伤痕累累的场景,以及温斯顿和裘莉亚最后的相逢与分离以外,在文学技巧上与前两部分差距甚远。但究其缘由,并不是因为它"说教"。该书中最富于说教性的部分,是在温斯顿与裘莉亚被捕之前,温斯顿阅读(对我们来讲,它似乎是这样的)《寡头政治集体主义的理论与实践》一书的长篇节选,这次阅读具有强烈的戏剧化冲击。该作品最后第三部分存在的问题是,作者没有进行适当精巧的编排设计。逮捕后的第一幕场景,温斯顿与其他政治犯被关押在一个牢房里,其目的便在于令人毛骨悚然,而接下来则令人反感恶心——并且,后来派逊斯出场了,他七岁的女儿告发他思想犯罪,他却因此感到自豪,这一幕甚至荒唐绝伦。那种感觉,也是我对一幕著名场景的反应,这幕场景是,拷打者以老鼠撕咬相威胁,温斯顿拼命大叫,"咬裘莉亚!咬裘莉亚!"(页236)。

　　令人奇怪的是,倘若从奥威尔的政治目标来考虑,则该作品的最后部分反而削弱了对共产主义的讽刺(并且,对于非文学目的而言),通过与奥勃良相比,作品令极权主义独裁者看来近乎温和善良,而至少就读者来说(因为我们只能通过温斯顿的眼睛来看),是把奥勃良作为一个虐待狂来理解的。希特勒和斯大林残暴成性、偏执多疑。然而,即便他们,也不可能会说,或者甚至不可能会想到:"我们这个世界里,所谓进步就是迈向越来越多的痛苦",或者"要消除性高潮"(页220)。[43] 这已经到了荒谬可笑的地步,当然,它是在回应和模仿基督教的禁欲主义限制,因此,它也是这部小说打造的天主教教义与极权主义之间联系的进一步证据。同样近乎荒

---

[43] "最狠毒恶劣的纳粹,也得依赖凶残野蛮以外的东西为生。"参见, George Kateb, "The Road to 1984," in *Twentieth Century Interpretations of* 1984 73, 75 (Samuel Hynes ed. 1971).

唐的是,奥勃良坚持让温斯顿接受,如果党说 2 + 2 = 5,那么就等于 5。这一情景暗指苏联五年计划,当然这种暗指隐藏得极深,[44]因此又是一项文学技巧上的错误,它使奥勃良看起来更象是一位威逼利诱的校长,试图把算术公式强行灌输进一位愚钝学生的大脑中,而并不象一位拷打者。

该书最后 1/3 存在更深层的问题,就看上去真假而言,这就是奥勃良与温斯顿、裘莉亚精心设计的猫捉老鼠的游戏并不服务于任何政治性目的。关于"兄弟会"(它也许的确不存在),两个人皆没有掌握有价值的信息,或者其重要程度也不充分,以至于必须对其洗脑、促使其公开声明放弃异教。两个人都不属核心党员,当然更不是"老革命"了,只有他们属于"老革命",驯服他们对于党的无所不能、绝对正确的光辉形象才至关重要。奥勃良这样的大人物不会在这样一些无名小卒身上浪费太多时间的。

同样令人难以置信的是,奥威尔把奥勃良的性格刻画为无所畏惧。正是因为他无所畏惧,才使他对温斯顿残忍虐待、疯狂折磨。若是假定一个极权主义国家的"核心党"主要由疯子和虐待狂组成,则脱离实际。某个国家倘若如此治理,必将动荡不定。这样一个国家的统治集团成员,为维护其统治地位必然会残酷无情。他们恐惧他们的上级,担心他们的竞争对手,甚至也害怕人民崛起。奥勃良却丝毫没有这些恐惧。他事实上也处于监控之中,惟一的线索是他的建议,即核心党的成员,尽管允许他们在居室中关闭电幕,但连续关闭电幕达半小时以上者,仍属极不明智。

这些都是细节问题。关键在于,我们阅读奥威尔的小说就像阅读卡夫卡的小说或艾略特的《荒原》一样,《一九八四》一书与

---

[44] 在五年计划时期,"2 + 2 = 5"的口号非常流行;它揭示了在四年中完成这五年计划的高涨热情。参见,Steinhoff,前注[42],页172。

它们有着令人惊异的亲像关系[45]——因为对救赎可能性的偶尔痛苦一瞥减少了噩梦景象的生动逼真。当作文学作品来阅读它吧（并且也知晓其文学上的不完美性）。我们抵制把一切事物皆政治化的趋势，正如奥威尔寻求抵制的那样，因为正是那种趋势，导致了近年来大学英语系的日渐衰落。[46] 若要欣赏一篇政治讽刺文学的智慧与机智，也许有必要充分了解它的社会背景，一项事例便是，奥勃良试图促成温斯顿相信 $2+2=5$ 的努力。但是，理解有关政治和其他社会问题，作为充分鉴赏一部文学作品的前提条件之一，只是问题的一个方面，另一方面则须假定，那部作品的意义存在于它与那些问题的相关性之中。

当我们尽可能摆脱非文学的先入之见，来分析这两部小说时，我们会发现，在两部小说中，对日常生活"罗曼蒂克式"的不满，有时指的就是《包法利夫人》之后的所谓"包法利式的浪漫人生观(bovarism)"。《美妙新世界》表面上看来更才华横溢、鲜明亮丽，带有一种联结着大不列颠喜剧传统的光芒闪烁的智慧。不过，它并不是一本快乐之书。它没有塑造出任何能够抓住读者同情且具有感情深度的人物角色。科学对人类生活悲剧性现实的征服，表现为摧毁浪漫故事的可能性。与此相反的是，作为《一九八四》一书情感核心的爱情事件，伴随着恐怖和死亡的临近而升华。裘莉亚既不漂亮，也不聪明，事实上还相当浅薄；而温斯顿则已人到中年，他

---

[45] 比如，二类作品皆存在怀旧情绪，怀念昔日的伦敦，以及将现代性和不孕症、"放纵之性"（bad sex）联系起来。

[46] "'在每一个大学校园……都有一个系，只需要提起它的名字，便能令人哈哈大笑'……每个人都知道，在那些岁月中，假如你想在你本地的校园中找到笑柄的话，你最好的赌注便是在英语系的门口停下来。"参见，Andrew Delbanco, "The Decline and Fall of Literature," *New York Review of Books*, Nov. 4, 1999, p. 32.

39岁，患静脉曲张，有五颗假牙，并且，他身体"苍白瘦削"（页118）。[47] 倘若不是处于恐怖、危险的背景下，不是因为厄运的确定性，那么，他们的关系——就像是《丧钟为谁而鸣》中的乔丹和玛丽亚、或像《永别了，武器》中的弗雷德里克·亨利和凯瑟琳·巴克莱、或像《战争与和平》中的安德烈和娜塔莎、或像《红与黑》中的于连·索黑尔和德·莱纳夫人、或就像特里斯坦与伊索尔德、拉达梅斯和阿依达之间的关系那样——将缺乏吸引力。温斯顿对裘莉亚的爱，是他在严刑拷打之下最后放弃的东西。而今天的世界，因赫胥黎所预见的技术而变得如此舒适安全，它没有为浪漫主义留下任何空间。这个世界已经除魔脱魅了。裘莉亚有点普通平凡，她并非象一些女权主义者所相信的那样，是奥威尔被指控为厌女主义的迹象；这也可谓该小说要点的一部分（他们还忽视了她的勇气）。

从这一视角入手，我们发现，温斯顿在却林顿先生的店铺中购买镇纸，其重要性并不在于作为一种普通人魅力的象征。它是为了表明，即便一件最普通的物品，当它与危险相提并论时，都可能变得明亮诱人；人们也许会想起，倘若存在为人察觉的风险时，一些人如何能够从其性行为中获得一种更为强烈的刺激。

一种韦伯式的视角也能够帮助我们看清，有些人认为《一九八四》一书是在某些更深层次的意义上"关于"技术的作品，但事实上他们混淆了技术与技术专家统治。技术是理性方式在物质生产中

---

〔47〕裘莉亚26岁，因此，他们分开了13年（而且，他们的年龄亦以13来区分）——另一项不吉利的特征（sinister touch）。正如作家们通常那样，奥威尔在相当程度上借鉴了他本人的生活。温斯顿主要以奥威尔本人为模型，而裘莉亚的原型则是奥威尔的第二任妻子索尼娅·布朗赖尔（Sonia Brownell）。参见，Meyers，前注〔42〕，页282-283、300-301。

的运用，而技术专家统治则贯穿于整个生活之中。[48] 韦伯关于人类生活的观点是如此完全地理性化，以至于一切魔魅皆应从这个世界除去，[49] 他的观点是反浪漫主义的，并因而令具有浪漫主义气质的人心灰意冷。韦伯也准确地预测到，现代的大学将发生转型，并由此导致独立的知识分子走向衰落。

把一种罗曼蒂克的想像力，那种镶嵌着残忍与死亡的爱之主题的想像力，归结于奥威尔，对于那些期望一部虚构的文学作品与作者的公众角色以及有意识的自我理解保持一致的人来说，看起来似乎有悖常理。正如人尽皆知，奥威尔代表着诚实可信、朴素正派、语言朴实、判断良好、疾恶如仇、从日常生活中寻找欢乐以及英国人其他的传统美德，这也是由于奥威尔一次次地告诉我们（而且，因为这在很大程度上是真实可靠的）。但为了写出想像力丰富的作品，人们首先必须有想像力，而想像力来源于无意识。《一九八四》一书的作者，是一位比我们的想像更为有趣之人，也许还是比他本人所知更为有趣的人，他反对出版者对其作品的短评，因为

---

[48] "'技术专家统治论'……象征着基于技术专家所确立的原则而组织起来的一种社会秩序。"参见，W. H. G. Armytage, "The Rise of the Technocratic Class," in *Meaning and Control: Essays in Social Aspects of Science and Technology* 65 (D. O. Edge and J. N. Wolfe eds. 1973).

[49] 比如，参见，Max Weber, "Science as a Vocation," in *From Max Weber: Essays in Sociology* 129, 144 (H. H. Gerth and C. Wrights Mills. Trans. 1946). 一个技术专家统治论的组织所产生的非人化效应（The dehumanizing effects），一直是知识分子沉思冥想的流行主题。比如，参见，Andrew Feenberg, *Alternative Modernity: The Technical Turn in Philosophy and Social Theory* (1995). 对于韦伯的关注，里昂·卡斯（Leon Kass）给予了回应，里昂·卡斯在反对克隆人的论辩中强调，倘若允许克隆人的话，那么，"人性将只是变为纳入技术设计（the technological project）的自然的最后部分，这种技术设计旨在把大自然的一切变成供人们处理的原材料，并依照那一时代主观的成见（subjective prejudices），通过我们理性化的技术使得人性同种化。"参见，Kass，前注[18]，页23。

"它使这本书听起来好像是一部搀杂着爱情故事的恐怖小说。"[50] 进而,他的生活也是一种浪漫主义的生活——从在皇家警察机构服役,到在巴黎与伦敦之时的"贫困潦倒",到参加西班牙的战斗,直至身患肺结核而英年早逝。并且,我已经注意到,这部小说所表达的政治观点与奥威尔实际所持的政治观点存在着不一致;这部作品不仅仅是以小说的形式重新展示奥威尔作为一位公共知识分子的观点。

对于任何一部小说来说,否认其存在政治意义,甚至不承认其哲学意义,都是一种错误,更不说政治效果或哲学目的了;而那亦并非本人的目的。(然而,这两部小说中的经济学逻辑却糟糕透顶——并且,这也是公共智识性范围缩小的另一种迹象:对于业余爱好者的沉思观察来说,经济分析已不再是一项恰当的主题。)这两部小说尤其适合于政治分析,并因此引起了公共知识分子的关注,在这一点上它胜过亨利·詹姆斯的小说。赫胥黎的小说是对功利主义强有力的讽刺。奥威尔对共产主义的讽刺已经丧失了它的紧迫性,不过,人们不应忘记它的典型意义。在一个许多左翼知识分子皆属斯大林主义者的时代,一位自我标榜为民主社会主义者的人撰写的这部小说,巩固强化了反共产主义的左派。并且,它提醒了真理的政治重要性、[51] 历史纪录的可塑性、因此而导致的脆弱性以及复杂思想对丰富词汇的依赖(即,语言不仅是表达的手段,也是

---

[50] George Orwell, Letter to Roger Senhouse, Dec. 26, 1948, in *The Collected Essays, Journalism and Letters of George Orwell*,前注〔14〕,第四卷: *In FronFront of Your Nose*, 1945 – 1950, p. 400.

[51] 从实在性(factuality)的意义上而言——对事实要求更低的"真理"(with a lower-case "t"),并非宗教或者政治教条主义的真理,或者亦并不是一种斯蒂芬·温伯格(Steven Weinberg)抑或斯蒂芬·古尔德式的科学教条主义(the scientific dogmatism)的真理。

思想的媒介），这些在今天依然具有哲学趣味，[52]并合乎时宜——尤其是当历史教科书正在遵照政治正确的命令重新编写之时。真理即自由，无知即软弱（与党的一句口号恰恰相反），几乎不可能象《一九八四》一书中所表现的那么强有力。并且，尽管奥威尔对于技术不是那么感兴趣，但人们还是能够轻而易举地见到，图像模拟与电脑数据控制的最新发展，是如何有利于重写历史的规划——很容易想像，温斯顿的工作站如同一台电脑终端，在电脑上他能够便捷地编辑"历史"，并在线储存。

简而言之，我并非试图削弱奥威尔作为20世纪一位最重要的公共知识分子的地位，也不打算否定《一九八四》对奥威尔作为一名公共知识分子的职业及其意义的中心地位。因此，我并不反对就奥威尔的阐释性作品进行哲学家的描述——确实将《一九八四》作为那些写作的延续——以在论辩之中寻求帮助，用詹姆斯·科南特（James Conant）的话来说，便是："他的小说旨在清楚明白地展示，如果现实控制和双重思想在一个系统中大实践，那么，一个人陈述真情的可能性以及控制她本人思想的可能性，将同时开始在这个世界中逐渐消退。"[53]总而言之，我不反对，在一场哲学的羽毛球赛中，把奥威尔的小说视作一个打来打去的羽毛球。

但是，我们必须小心谨慎，我们不应该忽略作为一部文学作品的《一九八四》，不要仅仅把它看作一种社会评论；因为社会评论必定要为人们所抛弃，迟早如此，并且通常来说人们不久便会弃之而去。这同样也发生在《一九八四》一书上，正如人们想像的那样。作为一种预言，它值得质疑。即使是作为对苏联现实的一种描

---

[52] Young, 前注[25], 页11–18; 比照, Peter Carruthers, *Language, Thought and Consciousness: An Essay in Philosophical Psychology* 51–52 (1996).

[53] James Conant, "Freedom, Cruelty, and Truth: Rorty versus Orwell," in *Rorty and His Critics* 268, 310 (Robert B. Brandom ed. 2000).

述，它仍然存在错漏，正如我们所知，当然，这部作品还是要比奥威尔写作时的大多数此类描述更为深入透彻。它对技术的展示是错误的。对于电视，它毫无感觉能力。它对社会控制的极权主义体制过分理智化。从某种程度上说，这些根本就不是奥威尔的过错，而是为了文学的效果而对现实的故意替代，将奥威尔的小说看成是一篇政治檄文的读者们，也许忽略了这一区别。本书前文倡导的美学研究进路，想必能防止我们陷于此种混乱。它应该引起我们对这种危险的警觉：在研究过去的文学作品时，倘若从一种政治、哲学或道德的视角出发，我们也许会因为从那种非文学视角而言属于不合潮流的事物而移情分心，例如，亨利·詹姆斯的反犹太主义或《一九八四》一书中的悲观主义。詹姆斯·科南特针对这部小说展现出来的市民意识（civic‑minded），前一段刚刚引用过，有些单调乏味地冲击着我；但是，我也并不完全接纳他的对手罗蒂的主张，罗蒂声称，这部作品的真正焦点并非温斯顿的痛苦，而在于奥勃良的快乐。[54]把昨天的小说视作政治檄文的公共知识分子，仅仅表明公共知识分子作品具有短暂易逝的特征，包括他们自己的连同他们评论的公共知识分子作品。公共知识分子，定会过时陈旧：而艺术家却高枕无忧。

---

[54] 参见，Richard Rorty, *Contingency, Irony, and Solidarity*, ch. 8 (1989).

第八章

悲观主义学派

"我所说的那一邦，若是转意离开他们的恶，我就必后悔，不将我想施行的灾祸降与他们。"[1]

"这是一个终极的瞬间，这是一个历史的转折，在此，人类要么征服变动的历程，要么走向灭亡的道路，在此，从成为进化过程中无意识的木偶开始，人类要么成为它的受害者，要么便跻身为它的主人。"[2]

"怀旧之情（Nostalgia）……是思想匮乏之人与历史达成妥协的方式。"[3]

---

[1]《圣约旧约·耶利米书》18: 8。
[2] Alvin Toffler, *Future Shock* 416 (1970).
[3] Werner J. Dannhauser, "Nietzsche and Spengler on Progress and Decline," in *History and the Idea of Progress* 117, 118 (Arthur M. Melzer, Jerry Weinberger, and M. Richard Zinman eds. 1995).

格特鲁德·辛美尔法伯是一位著名的知识分子历史学家、社会保守主义者和公共知识分子。她在《一个国家，两种文化》(*One Nation, Two Cultures*, 1999)一书中主张，20世纪60年代的"反文化"，加上性行为放纵、背离传统、逃避个人责任、蔑视权威以及文化相对主义，已经成为今日美国之文化主流，而20世纪50年代的文化——那是一个可以回溯至这个国家创建之初的时代巅峰，当时，家庭的价值观念坚不可摧，信仰真理和道德之绝对标准，一并构成民族文化之基石——则已经演变成一种信念相异者的文化（a dissident culture），尽管这种文化存在重新焕发生命力的迹象。她认为，美国人的生活，正处于一个道德堕落时期，但是，对于60年代发端的文化革命则存在着不断上升的抵抗。这一抵抗既表现为不断提升的宗教笃信，也体现为近来有关社会指标方面的改善，例如，人工流产数量、非婚生子女的人数、依赖社会福利生活的人数以及犯罪的数量皆有所抑制。

辛美尔法伯的著作属于文化悲观主义、[4]或者民族衰落主义的一种类型，它具有非常显著的一致性，至少其美国版本是这样。它最早的渊源，是《旧约全书》中的预言书。更近期的渊源和主要事例，大抵来自欧洲，就像奥斯瓦尔德·斯宾格勒的《西方的没落》，[5]而《亨利·亚当斯的教育》则被引证为一种美国的先驱。*稍后，我将重新回到辛美尔法伯的著作，但首先，我想对这种公共知识分子类型进行一些描述和说明。人们义不容辞地这样来描述，把20世纪50年代描绘为美国黄金时代的最后回响，把20世纪60

---

〔4〕尽管它与环境悲观主义不同，而环境悲观主义属于公共知识分子悲观预测的另一种繁荣兴旺的类型，比如，保罗·埃利希。

〔5〕参见，Arthur Herman, *The Idea of Decline in Western History* (1997)。关于文化悲观主义的具体参考，参见，Tyler Cowan, In Praise of Commercial Culture, ch. 5 (1998).

*《亨利·亚当斯的教育》，系美国历史学家亨利·亚当斯为其祖父前总统亨利·亚当斯所著传记。——译者年代刻画为迈向野蛮主义的堕落,把现今看作是颓废衰落的时代,把未来展望得芳草凄凄、黯淡无光。存在对"现代自由主义"的指责,包括激进的女权主义,以及一种弥漫渗透的悲观气氛,所有这一切皆能在约翰·斯图亚特·密尔的《论自由》一书中寻觅到芳踪;这些已把我们引领到了这样一个关口。[6] 只要讲述奇闻轶事,提出选择性的统计数据,便可以称之为证明。衰落主义作品的修辞力量,大多渊源于与理想化过去的对比,它的缺陷伴有一种魔鬼化的外在,人们对此熟视无睹,它的优点也同样为人们忽略不计。人们指责,法律职业人士自那种想像编织为宁静平淡的 50 年代开始已走向衰落,这就是有关这一方面的公共知识分子文献的显著特征。[7]

---

[6] 针对同样的效果,参见,Gertrude Himmelfarb, *On Liberty and Liberalism: The Case of John Stuart Mill* 309 – 328 (1974)。正如一项裁决,它宣判有关当事人合意的同性恋鸡奸(consensual homosexual sodomy)的州法无效,一位法官在反对意见中指出,"大多数法官的整个讨论以及法官意见的基本原理,皆根植于一种法律的语言(legalistic language),而这种法律语言在很大程度上依据约翰·斯图亚特·密尔的怀疑论和无责任心(discredited and irresponsible)的哲学。"参见,Commonwealth v. Wasson, 842 S. W. 2d 487, 519 (Ky. 1992)。并且,用公共知识分子罗素·柯克(Russell Kirk)的话来说,就是他在 1955 年《论自由》重印时的引言中所指出的,密尔在倡导个人主义时没有预见到的是,"事实上,一个世纪以后,真正的危险乃是,习惯、传统和命令(prescription)将会完全为现代主义(neoterism)和新奇之后的贪欲(the lust after novelty)所颠覆,并且,人类将不会比夏天的一只飞虫更好,不知不觉地忘光了他们祖先的智慧,并且仅仅只是随着时光的流逝而形成了每一种观点"(页 xiv)。亦见,Roger Kimball, "Mill, Stephen, and the Nature of Freedom," in *The Betrayal of Liberalism: How the Disciples of Freedom and Equality Helped Foster the Illiberal Politics of Coercion and Control* 43(Hilton Kramer and Roger Kimball eds. 1999)。

[7] 关于更显著的例证,参见,Mary Ann Glendon, *A Nation under Lawyers: How the Crisis in the Legal Profession Is Transforming American Society* (1994),以及,Anthony T. Kronman, *The Lost Lawyer: Failing Ideals of the Legal Profession* (1993),在本人的如下作品中,分别讨论了上述著作: *The Problematics of Moral and Legal Theory* 194 – 200 (1999),以及,*Overcoming Law* 93 – 94 (1995)。

这种公共知识分子类型最与众不同的特征，就是假定文化的统一性——此为就文化最广泛的意义而言，即各种各样、相互独立的文化领域，在这一意义上，我们可以说一种政治文化、一种大众文化、一种法律文化、一种宗教文化、一种职业道德、一种道德，如此等等。因此，大众文化的庸俗化，不仅对大众文化本身具有重要意义，而且也从一般意义上影响到犯罪、政治、家庭、乃至道德观念，正如放松对一种严格的、裁判性的上帝的信仰、积极补偿行动的保护以及允许妇女在军队中服役的裁决，亦具有重大影响一样。公众与私人是一致的。让我们来回忆一下，在克林顿弹劾案的论辩中，罗伯特·博克曾经写道，假如克林顿不离任下台的话，"将会有一种明显的征兆，我们的行进将会曲折弯转，美国的道德，包括但不限于我们的政治道德会飞流直下。"[8] 文明的构造，是由法律、公众文化与精英文化、宗教、家庭结构、乃至礼仪行规编织而成的；牵一发而动全身。

　　批判装聋作哑的左派观点及其在文化上的表现，并非我的目标。我欢迎此类批评。但此类批评并不必定就是衰落主义。[9] 而且，"衰落主义"文学并非内在地归属于左翼。在本章的最后部分，我将讨论罗伯特·帕特南的《独自打保龄球》一书，该著作可谓辛美尔法伯作品的左派对应物，而接下来我们将看到，左派自由主义者理查德·罗蒂把美国描述为一个正在衰落的国家。（在本章中，我们还会接触其他一些悲观阴郁的预兆。）环境和自然资源悲观主义

---

[8] Robert H. Bork, "Counting the Costs of Clintonism," *American Spectator*, Nov. 1998, p. 55（强调系本人所加）。

[9] 比如，参见，William J. Bennett, *The De – Valuing of America*: *The Fight for Our Culture and Our Children* (1992); 亦见, Myron Magnet, *The Dream and the Nightmare*: *The Sixties' Legacy to the Underclass* (1993), 尽管它的标题令人警醒，不过也还只是一种针对"政治正确"运动以及当前左翼自由主义意识形态的其他特征、所进行的一般性严厉批判。

预言者，例如保罗·埃利希和杰里米·雷夫金（Jeremy Rifkin），[10]便属于始终如一的左翼人士。而让我考虑一下准左翼历史学家克里斯托弗·勒希撰写的大量著作，他的所有作品皆面向社会公众，故标志着他是一名公共知识分子。他在1995年出版的最后一本著作中，我们读到了他对美国社会的指控，那种通常很快便会过时的指控："制造业衰退，并导致工作职位的减少；中产阶级日益缩小；贫困人数不断增加；犯罪率节节攀升；毒品交易高居不下；城市在腐败堕落——此类不利消息仍在源源不断地传来。"[11]勒希通过间接批评裁判性宗教的衰弱、公共话语的贬值，进而最终将矛头指向美国的繁荣，责备这个国家存在的悲观失落的状态。"对巨大财富的道德谴责，必须鼓舞这个自由市场进行任何抵抗，而这种道德谴责必须有实效的政治行动支持。"[12]"作为一种披着左派羊毛的文化保守主义"，勒希"通过揭示大多数现代弊病的资本主义根源……而竭力使他自己远离他那酷似保守主义的外表。他宣称，美国的右翼

---

[10] 比如，参见，Jeremy Rifkin, *Entropy: A New World View* (1980).
  *杰里米·雷夫金，美国著名未来学家，现任华盛顿经济发展趋势基金会主席，代表作《工作的终结——后市场时代的来临》等。——译者
[11] Christopher Lasch, *The Revolt of the Elites and the Betrayal of Democracy* 3 (1995). 一种甚至更悲观的估计，出现于勒希同年发表的一篇散文中，即该估计以对生态灾难的预测而告终。参见，"The Age of Limits," in *History and the Idea of Progress*，前注〔3〕，页226，尤其是页230-231。罗伯特·贝拉（Robert Bellah）的著作相比勒希式的预言来说，要更为温和、更加自由，本人在第四章曾经提过，同时，它们在强调社群的失落方面，可谓帕特南的著作《独自打保龄球》之先导。最近自由主义领域中的衰落主义（liberal declinist）文献的另一个例子，是莫里斯·伯曼的著作，参见，Morris Berman, *The Twilight of American Culture* (2000).《美国文化的黄昏》这一标题，便概括了它所属的类型。
[12] Lasch, *The Revolt of the Elites and the Betrayal of Democracy*，前注〔11〕，页22。前哈佛大学校长德雷克·勃克（Derek Bok）主张，我们的问题在于，向职业人士和商业经理支付的薪金太多，这样便扭曲了勒希的主题。他在20世纪90年代初期的作品中，表达了对以下论点的质疑，"在我们的补偿实践中，贪婪无度、自我中心的目标，才真是我们社会所需要的。"参见，Derek Bok, *The Cost of Talent: How Executives and Professionals Are Paid and How It Affects America* 297 (1993). 他不正确地建议，正如结果表明的那样，我们不可能撼动"过去二十余年的主要失败——生产力滞后、存款收缩、逆差增长、贫困增长"，除非我们"对个人收益漠然处之，而对于共同牺牲和分享更加强调。"同上书。

人士尤其未能看见的是，一种自由市场经济能够腐蚀一切的力量。"[13]

有关国家衰落的文献，尽管没有为右翼分子所垄断，但确实存在一种右翼的偏爱。传统的保守主义者，正如与自由主义者明显不同，他们把过去视作判断现在的标准，而自由主义者则倾向于乌托邦主义，并因此把现在与一种构想芬芳的未来进行对照。（勒希并非自由主义者——事实上，他是一位反自由主义者，正如斯蒂芬·霍姆斯［Stephen Holmes］所诠释的那样。）[14]自由主义描绘了一种玫瑰芬芳的未来，保守主义则刻画了一个夕阳无限好的过去，而在它们两者看来，现在，都是忧郁阴沉的，因此，对于保守主义者而言，曲线向下延展，而对于自由主义者来说，曲线则潜在地向上攀升。但不论作者的政治观点究竟为何，这种类型皆如量身订做、贴切地适合公共知识分子，并在很大程度上为他们操纵垄断。在一个学术专门化的年代里，一部专注于描绘美国在文化和行为的每个领域走向没落的学术作品，一类确立各种领域之间内在关联以及这一没落寓意的学术作品，往往被视作学术欺骗（academic charlatanry）而招致人们的排斥。依靠奇闻轶事以及选择性统计数据，这是为了支持衰落主义主题的系统化歪曲，这两种做法，都不被人们认为值得尊重。

罗伯特·博克的著作《懒洋洋地倒向圣地来投生》，[15]可作为这种公共知识分子类型的典型例证。这本书的标题，来自叶芝的诗歌《基督重临》最后两行："何种狂兽，终于等到了时辰，/懒洋洋

---

[13] Stephen Holmes, *The Anatomy of Antiliberalism* 125 – 126 (1993).

[14] 同上注书，第五章。亦见，Louis Menand, "Christopher Lasch's Quarrel with Liberalism," in *The Liberal Persuasion*: *Arthur Schlesinger, Jr., and the Challenge of the American Past* 233 (John Patrick Diggins ed. 1997).

[15] Robert H. Bork, *Slouching towards Gomorrah*: *Modern Liberalism and American Decline* (1996).

地倒向圣地投生?"博克使用这首诗,并不是要把它推荐给诗歌和语言的爱好者——这是一本哀叹痛惜文化堕落的著作。叶芝诗中的"狂兽",正是弥赛亚——并非犹太教或基督教的弥赛亚,不过,可以肯定的是,仍然还是救世主(a redeemer);这首诗的标题并不是一种讽刺。博克所谓的狂兽,指的是颓废,而非拯救,它是一个自然演进的过程,而非一种突然出现的事件,正如出生一样,并且博克相信,它早已走在了前面,而并非懒洋洋行进中的东西。他相信,这些种子早在18世纪时,《独立宣言》的起草人便已将它们播种,而《论自由》一书,则可谓重大成果之一。20世纪60年代仅仅强调长期的衰落,而这恰是20世纪50年代曾以某种方式掩饰模糊的东西。博克声称,在第一次世界大战中,士兵们是高唱着战歌投入战斗的,而在第二次世界大战中,他们却是说着俏皮话走向战场的。那便是我们衰落的迹象,是我们丧失浪漫和庄严之迹象,正如这样一个事实,即在第二次世界大战中,我们的士兵喜欢艾森豪威尔要胜过麦克阿瑟,因为艾森豪威尔"不拘小节"、"常人风格",而麦克阿瑟却有"大将风度"(grand manner),尽管博克断言,麦克阿瑟是一位更有才干的将军——这是一个博克没有设防、值得质疑的判断。[16]

这些稀奇古怪的事例,既不完全成熟,亦无论据证实,它们可谓衰落主义者对待证据粗枝大叶的典型例证。就博克先前担任过法学教授、美国联邦司法部副部长(solicitor general)、代理部长以及美国联邦上诉法院法官的职位而言,这可算得上博克发生的、本来难以容忍的粗心大意。衰落主义类型在逻辑上不够有力,或者在一致性方面有所欠缺,正如博克处理叶芝诗歌所表明的那样。或者让

---

[16] 参见,Williamson Murray and Allan R. Millett, *A War to Be Won: Fighting the Second World War* 181-182 (2000); Stanley Weintraub, *MacArthur's War: Korea and the Undoing of an American Hero* (2000).

我们来考虑一下，博克首先描述了对科学和技术的攻击，以此作为我们颓废的症状，其后，他也加入了这一攻击，他宣称，科学证据已经转而反对如下理论，即人类是从更低级的动物进化而来的，生命是大自然界随机力量产生的结果，而并非上帝的杰作。他提出这个论题，乃是作为一种科学内部的转向（a shift），而不是作为对科学的排斥。但是，考虑到他缺乏科学的资历，并且他坚持认为，宗教信仰构成一种文明的未来之基础，因此，他对进化论和生命自然起源理论提出的质疑，已经促使他与那些持有反对教授进化论的宗教理由的人们，结成了同盟。在该著作中的其他地方，他所辩护的科学，正是证明人们之间存在根深蒂固的不平等之科学。

然而，注意到以下论点也非常重要，即不具备科学能力的人们就各种科学理论指点江山、说三道四，这正是公共知识分子作品的特征，进而也构成从一般意义上而言的公共论辩的特点，而并不是对于博克或右翼人士来说罕见特别的行为。左派坚定不移地相信进化论，相信吸烟与肺癌以及其他疾病存在相互联系的统计证据，但是，当面对把进化论应用于性别之间的差异以及同性恋取向时，当面对显示智力水平存在种族差异的统计证据时，他们却又转而持怀疑态度。

博克对待人工流产权问题的观点，例证了大多数公共知识分子作品都存在粗枝大叶的情形，即便这部作品出自一位能力超群、训练有素的人物之手。他把这个问题一分为二：人工流产是否总是在杀害人的生命；如果是这样的话，那么这一杀害的动机是否仅仅是基于方便之考虑。但是，他拒绝"举例说明，即大多数人，不论他们最终如何决定这一事项，都将感受到真实的道德痛苦；例如，人们众所周知的，小孩出生时有严重畸型的情形"（页174）。这是一种临阵退缩（a cop‑out）。我们考虑一个胎儿是否构成一位完全权利能力的人，换言之，是否属于一位未成年人，与我们如何评价对一个患有严重残疾的胎儿实行人工流产，是不可分割的，就象我们不会认为，杀死一位严重残疾的未成年人是正当的。博克拒绝考虑残疾胎儿的情形，也意味着他对第一个问题持否定回答，即人工流产是否总是在杀害人的生命。他的拒绝暗示着，那是一种完全值得尊重的立场，一种他甚至并不会尝试予以批判驳斥的立场，那是一种道德上允许人工流产、即允许杀害残疾胎儿的立场——然而倘若如此，则人工流产如何可能总是在杀害人的生命呢？博克是不会支持杀人的。

事实上，且存在前后不一致的是，博克认为，人工流产是否总是在杀害人的生命，这是一个适合做肯定回答的简单问题，因为受精卵作为一种生物学上的物质，它与从母亲子宫产出的婴儿具有连续性（倘若该胎儿十月怀胎、直至分娩的话），并且它还与该婴儿长大之后的成年人具有连续性。但是，如果该胎儿是残疾的，那这种连续性也同样真实，除非它残疾的程度如此之深，以至于不能经受生产时的损伤而存活下来。并且博克也没有讨论，生物学究竟是否应该是规范性的。他没有深思这一事实的重要影响，即人的受精卵中的大多数，十之八九皆发生了自然流产[17]——这些都属于人的死亡吗？

博克认为，一切受精都是人，他对自己的这一主张颇为自得，博克运用了一项有关妇女提出的人工流产理由的调查，从而主张，绝大多数人工流产皆是基于妇女之便利。但何谓便利，博克所指的

---

[17] 通常而言，对自然流产（即 miscarriage，流产）率的估计从 13% 到 19% 不等。比如，参见，Charles R. Hammerslough, "Estimating the Probability of Spontaneous Abortion in the Presence of Induced Abortion and Vice Versa," 107 *Public Health Reports* 269 (1992); Allen J. Wilcox, Alan E. Treloar, and Dale P. Sandler, "Spontaneous Abortion over Time: Comparing Occurrence in Two Cohorts of Women a Generation Apart," 114 *American Journal of Epidemiology* 548 (1981). 但是，这些数据局限于发生在一位妇女确认她怀孕之后所发生的自然流产，并且看起来，大多数自然流产发生期较早。参见，Timothy F. Murphy, "The Moral Significance of Spontaneous Abortion," 11 *Journal of Medical Ethics* 79, 80 (1985). 蒂莫西·墨菲引证了一项研究，该项研究估计，所有怀孕的 3/4 皆会发生自然流产。同上文。

含义，乃是与妇女或胎儿的健康毫不相关的任何东西（除了强奸之外，尽管他也没有解释，为什么强奸的受害者拥有人工流产权，但并非基于她的便利而选择人工流产），因此，例如，一位女性因为太过年轻而不能成为一名合格的母亲，或者目前拥有一个孩子会妨碍她接受教育，或者影响她抚育她将来的子女，这样的事实只能算是惟一的便利因素。

大多数人工流产与健康并无关联，就这一点来说，博克是正确的。但是，从他的强调看来，如下事实值得我们注意：他本该立即把矛头调向"半生产人工流产"问题，他把此种行为视作罪大恶极，构成杀婴的一种形式，他强调"杀婴源于虚无主义不经意的残忍，这种虚无主义可谓一种在我们的文化中甚至更加突出的特征"（页183）。"半生产人工流产"这一术语，指怀孕晚期的人工流产过程，在该过程中，医生不是在胎儿还完全处于母亲的子宫内时敲碎胎儿的头盖骨并肢解胎儿，而是在人工流产开始之前首先将胎儿翻转过来，因此胎儿下半部分伸展到母亲的阴道中，且胎儿的一部分（脚甚至是腿）可能实际上已经处于母亲的体外。这一过程的医学基本理由是，在母亲子宫内对胎儿进行肢解会增加因使用锋利手术器械而割伤子宫、或者未能清理胎儿全部身体而可能导致感染之风险。这一人工流产的过程令人极其恶心，人们也对其医学理由提出了质疑。[18]但是，博克的谴责遗漏了几项关键点。第一，在选择半生产人工流产作为特别谴责对象时，他未能考虑晚期人工流产的替代方式。那些方式同样得丑恶不堪；所有的晚期人工流产一概包括砸碎婴儿的头盖骨，以便母亲无须生产就可以将胎儿组织排出体外。生命权利运动组织当然知道这些。业已强调的半生产人工流

---

〔18〕Stenberg v. Carhart 一案的法官意见，已经充分地讨论了这些问题。在该案中，联邦最高法院判令禁止晚期人工流产的州法无效。参见，Stenberg v. Carhart, 120 S. Ct. 2597（2000）。

产的理由，是属于政治性的：教育公众了解晚期人工流产的实际情形，尽管表面上看来仅仅是单一地谴责一种医学上有争议的手术过程。

第二，博克早先就区分了两种情形的人工流产，基于便利的人工流产与为胎儿或母亲的生命、健康原因而施行的人工流产，可是，他却毫无责任感地不加考虑，半生产人工流产或他晚期人工流产究竟可能是什么。对于晚期人工流产的妇女而言，死亡风险高于早期人工流产的妇女许多倍。[19] 这就迫使她不太可能只基于细小轻微的缘故，例如性别选择，而决定实施晚期人工流产（因为在早期人工流产更安全之时，她并没有打算人工流产），当然存在实质性原因的除外，诸如妇女的健康或者胎儿重度残疾。博克完全忽视了这一点。我对此不会投入太多的关注，当然，视若罔闻（zero weight）也太不应该。尽管我并没有发现有关这一情形的统计数据，即进行晚期人工流产的决定，在多大程度上是由于发现胎儿残疾或是出于妇女健康的考虑而促动的，但从表面上看来，估计其他原因相当突出，比如，早期没有发现本人怀孕、在是否人工流产问题上优柔寡断以及安排人工流产存在困难，这些原因的强制性稍次一些，即便它们并不必定属于轻微细小的原因。[20]

博克同样忽视了如下事实：因为联邦最高法院有关人工流产的原则允许各州对可存活胎儿（即，能在子宫外存活的胎儿）的人工流产加以限制，限于有医疗需要的人工流产之情形，无论使用何种

---

[19] Stanley K. Henshaw, "Unintended Pregnancy and Abortion: A Public Health Perspective," in *A Clinician's Guide to Medical and Surgical Abortion* 11, 20 (Maureen Paul et al. eds. 1999).

[20] Anne Baker et al., "Informed Consent, Counseling, and Patient Preparation," in id. at 25, 31-32; Janet E. Gans Epner, Harry S. Jones, and Daniel L. Seckinger, "Late-Term Abortion," 280 *JAMA* (*Journal of the American Medical Association*) 724, 725 (1998).

人工流产方法,[21] 因此,并不要求各州出于便利之理由而允许半生产人工流产。最高法院裁决无效的有关半生产人工流产的法令,没有就妇女健康(甚至还不是生命)存在危险之情形作例外规定,并且也没有限定于杀死可存活的胎儿。

晚期人工流产的确特别令人恐怖,这一事实给人工流产的反对者设置了一项两难推理。由于要求告知父母双亲、缺乏资助、人工流产诊所的选择以及人工流产服务提供者的缺位,致使早期人工流产受阻的情形更多,而仅仅由于安排人工流产不可避免的延迟,便会导致半生产人工流产越来越多。抑制晚期人工流产实际上或许反而会提高人工流产率。胎儿是否畸形的检查,就是以晚期人工流产的可行性为先决条件的。此类人工流产的可行性越小,则从检查中获取的收益也越少,并且,认为自己可能怀上了畸形胎儿的妇女,也许会因此人工流产,而当对她们进行检查时,医生却十有八九会向她们保证胎儿是绝对正常的。[22]

博克声称,"系统地、大规模地杀害未出生的孩子,构成对已成长了一段时间的人类生命普遍漠视的一部分"(页192)。"系统地"一词,用错了地方;政府既未强制也并非鼓励人工流产,而只是允许人工流产。并且,博克没有试图令如下命题保持一致,即伴随着公共政策对人类安全和健康的日益重视,以及至少部分地由于这一强调,而导致因意外事故和疾病的死亡率下降,这种下降反而导致了对人类生命日益增长的漠视。

考虑到博克对漠视人类生命的忧虑,人们本来也许预期他会探讨,在几乎所有我们视为同样文明的国家都已废除死刑的时候,美

---

[21] Planned Parenthood of Southeastern Pennsylvania v. Casey, 505 U. S. 833, 879 (1992).

[22] David A. Grimes, "The Continuing Need for Late Abortions," 280 *JAMA* (*Journal of the American Medical Association*) 747, 749 (1998).

国却一直没有停止死刑的运用。即便在我们社会中针对谋杀罪保留了死刑，但死刑依然可以视为一种我们强调人类生命价值的一句颂辞，抑或也能够视为就人工流产和安乐死（assisted suicide）事项而令博克忧心如焚的冷酷无情的迹象。博克暗示了他赞同死刑（页165、172）——更准确地说，是他不赞同死刑的反对者——不过，他却并没有讨论死刑。例如，他没有提起天主教，却看来接受了天主教有关人工流产和性行为方面的教义。天主教会认为，死刑如同人工流产一样，都反映了对人类生命的漠不关心。

尽管博克的主题是，文明正处于他认为已经持续了数个世纪（"当今自由主义的腐败和颓废，仅仅只是自由主义一直正在迈向相比两个世纪前更好的目标"[页63]）的衰落之过程，但既然文明尚未崩溃，因此推测来说，它只是以一种冰川般的缓慢速度前行，此种口吻宛若苍天之启示。"时至20世纪80年代，60年代的动荡看来似乎终于成为陈年往事了。可是，它们并没有。在经历了15年的缓冲宁静之后，在20世纪80年代（原文如此——但他的本意是指90年代——译者）又重回到了一个邪恶充斥的10年，我们的整个文化与60年代相比，更具毁灭性地变形堕落……60年代的激进分子依然与我们同在，可如今，他们不是令大学瘫痪；他们是在掌管着大学"（页53）。"现代自由派，是新左派的传承者和精神继承人，当它控制了重要机构，最引人注目的是大学时，它的面目就象法西斯主义"（页85）。[23] 博克作了一项对比，"把前希特勒德国受教育阶层中实际存在的猖獗蔓延的反犹太主义，比作美国大学中对白人男性的攻击"（页235）。这里存在一种值得重视的夸大，而

---

[23] 尽管在此，他以"现代"来限定"自由主义"，但他仍然对传统的自由主义心怀敌意，诸如密尔《论自由》所主张的自由主义。

这恰与此类公共知识分子风格完全一致。[24] 美国大学中白人男性的处境，根本就不能与德意志魏玛共和国时期犹太人的处境相提并论。激进主义者并没有控制美国任何主要的大学，尽管有相当数量的激进分子在主要大学中担任了教师职位。并且，德国和意大利形形色色的法西斯主义确实控制了它们社会中的重要机构，包括大学，但它们看起来并不象现代自由主义。

极端的问题要求采取极端的解决方法。因此，博克并非仅仅敦促加强我们有关禁止色情的法律，或更有力地执行现有法律，他希望重新设立检查制度，旨在禁止暴力和色情出现在剧院、媒体和其他表达方式之中。他甚至可能欢迎发生一场"经济大萧条"，[25] 甚至一场"政治或社会巨变的战争"。因为，上述这些属于"能够产生一种道德和精神新生（regeneration）"（页336）的四项发展中的二项，而另外两项发展则是"一场宗教复兴"，以及"有关道德的公共话语的复兴"。这些复兴似乎毫无希望；我们正处于一场宗教复兴之中，而这并不能拯救我们，同时，有关道德的公共话语的复兴只有些许迹象。博克把自己视为克里斯托弗·勒希的同盟，他告诉我们，尽管自由主义属于敌人，但正是物质财富的增长，已促使

---

[24] 请对比，Roger Kimball, *The Long March*: *How the Cultural Revolution of the 1960s Changed America* (2000). 在"长征"和"文化大革命"这些词汇中，对毛泽东思想的暗指是别有用意的，因为罗杰·金巴尔赞许地引证了这一主张，即美国20世纪60年代发生的社会和文化动荡亦构成"一种文化革命，相比中国的文化大革命而言，即便不是更糟糕的话（*if not worse*）。"同上书，页6（强调系本人所加）。亦见，同上书，页15。该著作亦支持博克的主张，即我们正在"懒洋洋地倒向圣地来投生"。同上书，页14。

[25] 请比较左翼悲观主义者日渐衰落的团队之一员，理查德·罗蒂的话："本人以为，什么也不会发生，直到你能够促使群众们不再想着把官僚阶级视作敌人，同时，开始转而把老板想像成敌人。本人怀疑，只有存在一种非常严重的衰退，这才有可能发生。"参见，*Against Bosses*, *against Oligarchies*: *A Conversation with Richard Rorty* 33 (Derek Nystrom and Kent Puckett eds. 1998). 亦见，Rorty, "Intellectuals in Politics: Too Far In? Too Far Out?" Dissent, Fall 1991, pp. 483, 484.

自由主义弱化了从前宗教对人们的控制，这种宗教崇拜着"一位要求苛刻之神，一位指示人们应如何生活、并禁止享受各种肉体和精神快乐之神"（页281）。然而，倘若丰衣足食激励着现代自由主义的话，那么令人惊异的是，博克还批评累进税制和积极补偿行动，原因是，它们扭曲了激励因素，降低了经济增长，从而减少了国家财富。博克赞同这一非同凡响的主张，即积极补偿行动已经耗费了这个国家数以万亿的美元。

博克所谓的"要求苛刻之神"，不禁令人们想起了詹姆斯·菲茨詹姆斯·斯蒂芬的话，斯蒂芬是博克的社会保守主义传统的先驱之一，他把登山宝训描述为"一种有关义务的毫无希望的过分夸张"。[26] 密尔的《论自由》一书，可谓斯蒂芬深恶痛绝的作品（bête noire），[27] 正如它也是博克（参见，页 59–61、64）和辛美尔法伯横眉冷对的著作。且如下便是，博克的新保守主义同仁之一欧文·克里斯托（他恰好也是格特鲁德·辛美尔法伯的丈夫）针对一种火与硫磺的宗教主题而不吐不快之陈词：

> 假如我可以坦诚率直地谈论我无比敬重的天主教会的话，那么，对于某些希望教会一帆风顺的人而言，若在此刻看到教会自身的现代化，则将形成一种创伤。年轻人并不想听到，教会正在变得现代化。去告诉年轻人吧，教会的训诫便是，凄凄惨惨悲苦懊悔（wear sackcloth and ashes），赤脚走向罗马，且他们应如此行动。教会朝向了错误的道路。[28]

---

[26] James Fitzjames Stephen, *Liberty, Equality, Fraternity* 259 (1992 [1874]).

[27]《自由、平等、博爱》(*Liberty, Equality, Fraternity*) 一书对《论自由》进行了攻击。参见，Richard A. Posner, *Overcoming Law*, ch. 10 (1995).

[28] Irving Kristol, *Reflections of a Neoconservative: Looking Back, Looking Ahead* 326 (1983).

暂且把克里斯托向天主教会提出如何保持其成员人数的古怪建议搁置一边（克里斯托是犹太人），我认为，他在谈论重大事项。[29] 一种不要求其信徒作出任何牺牲的宗教，是不可能对人们的行为产生重大影响的。美国人对宗教的虔诚令欧洲的观察家们非常惊异，这种虔诚依据这一行为标准相当没有意义，并因此，社会保守主义者对其心怀不满就很正常。除了摩门教、基督教科学派（Christian Scientists）、耶和华见证人教会、正统犹太教以及其他少数宗教派别的信徒以外，信教的美国人与不信教的美国人相比，他们的世界观和行为方式并不存在极大的不同。并且，只有基督教科学派和耶和华见证人教会，就他们个人福利十分重大的事项，才在事实上排斥科学。倘若经济学家有关"显示性偏好"的概念为声称性偏好（professed preference）替代的话，那么，大多数美国人都偏好一种世俗的生活。

这应该成为遗憾的一项理由吗？我们难道真心希望，我们的年轻人心甘情愿地赤脚走向罗马、耶路撒冷或麦加吗？在对宗教狂热指点江山时，克里斯托难道不是在玩火自焚吗？正如奥登对政治狂热盲从所做的那样（参见本书第三章）？宗教狂热与暴力行为、偏执盲信、检查制度、愚昧无知以及抑制镇压具有历史性的亲缘关系。在世上许多地方，此种关联时至今日依然持续存在，而在这个国家，我们可以看见这种关联以如下一种涓涓细流的方式运作：暴力袭击人工流产服务提供者和人工流产诊所；锲而不舍地努力阻止在公立学校教授进化论。依据此种经验看来，旧时宗教的复兴，也许并不是人们虔诚期望之事。

在博克的背后，在辛美尔法伯和克里斯托的背后，潜藏着密尔最主要对手的幽灵，这就是詹姆斯·菲茨詹姆斯·斯蒂芬。斯蒂芬反

---

[29] 亦见，Roger Finke and Rodney Stark, *The Churching of America*, 1776 – 1990: *Winners and Losers in Our Religious Economy* 238, 265–275 (1992).

对密尔以及密尔式的现代化身,他认为,除非政府支持宗教,否则人们不可能保持协调;特别是,法律必须构建在有理有据的基督教道德原则的基础之上(请回忆他有关登山宝训的评论)。针对崇尚平等之人,他论辩道,赋予妇女与男子同等权利,所产生的结果将是

> 妇女将会成为男人的奴隶和苦役,她们会感到自身的软弱无力,而尽量接受所产生的结果。屈从与保护,两者相互关联。取消其中之一,另一项也便失去了,通过契约法产生的暴力,将声称自己百倍地严酷于通过身份法产生的暴力。[30]

他也认为,那是"一个问题……即美国在权利平等方面的巨大发展,不计其数普通平凡、自鸣得意而本质上脆弱不堪的人们迅速地产生,是否构成整个世界需要[在其面前]伏身跪拜并崇拜敬仰的一种功绩"。[31]

在上述一切方面,他都错漏百出。美国人并非一种"本质上脆弱不堪之人。"与她们的从前相比,妇女享受平等权利,并没有导致她们成为奴隶和苦役,尽管的确使得她们其中一些人境况更糟了。旧时的宗教对于维护社会秩序而言,并未证明当属必需。宗教,在欧洲失落了,可欧洲依然保持着秩序;美国也已失去了旧时的宗教,但也秩序井然——尽管与不信仰宗教的欧洲人相比,秩序的程度稍低一些。

---

[30] Stephen,前注[26],页209。
[31] 同上注书,页220。

在书名便恶兆逼人的著作《乱世将临》(The Coming Anarchy)[32]一书中,罗伯特·卡普兰(Robert Kaplan)把博克－勒希有关一个国家由于物质富裕反而变得虚弱的叙述——并且,卡普兰还补充了一点,通过和平方式——引至它的逻辑结论。我们的财富,已经导致我们消极被动、冷漠无情。"物质上的拥有不仅使人们关注的焦点汇聚于私人生活,远离公共生活,而且也鼓励着顺从。一个人拥有的东西越多,则为保护它们所作出的妥协也将越大"(页89)。对于"物质繁荣将会养育奴性和隐退"(同上注)之类的警示,我们毫不拒斥,我们已经允许身份不详、世界主义的跨国公司来接管对这个社会的有效治理。我们将踏上罗马之途;事实上,今日的美国和衰弱时的罗马存在诸多类同之处。一个新的黑暗时代正隐约展现于我们眼前。对卡普兰来说,正如对于爱德华·卢特瓦克而言(参见本书第四章),"第三世界的将来也许最终便是我们自己的未来"(页98)。

博克只是暗示通过战争获得拯救的可能性,而卡普兰在此作出了令人耳目一新的诠释。"普遍的和平是某种令人恐惧的东西"(页169)。[33]卡普兰承认,既然战争是一种血腥残忍的事物,那么,"冷战或许本来与我们曾经希冀达到的理想境界最为接近"(页171),当然,在朝鲜和越南发生过险恶肮脏的战争。"尽管战争将导致对庞大、激进的政府之尊重,但和平,却将制造出一种制度空白,填补空白的除了其他事物外,还包括以娱乐为导向的公司"(页175)。"和平时代一种更实实在在令人恐怖的前景",卡普兰解

---

[32] Robert D. Kaplan, *The Coming Anarchy: Shattering the Dreams of the Post Cold War* (2000).

[33] 我听到过约翰·米切尔(John Mitchel)(19世纪爱尔兰一位民族主义者)的祷告声声,叶芝在他著名的诗作《在本布尔山下》("Under Ben Bulben")中,颇具赞许地引用了米切尔的话语:"主呵,给我们的时代带来战争!"然而,对于卡普兰来说,战争的收益或者战争的威胁属于功利主义;而对叶芝来讲,这些皆属于精神上的。

释道,"是裁减常规军队"(同上注)。常规军队旨在规制无法无天的年轻人;没有他们,我们可以预见到,"帮派活动以及其他形式的暴力行为将会增加"(同上注)。他论辩道,"因为不通过非道德的力量,道德也不可能获得,因此,美国国会再度允许暗杀,与扩大联合国安理会以包括诸如印度、巴西之类的国家相比,对控制罪恶有更大的作用"(页178–179)。"我们认为,我们知道政治正确之所在,那就是:在一个真正统一且和平的世界之中,令人窒息的公共话语是多么强烈,而对此我们一无所知"(页180)。

一方面是博克和卡普兰,另一方面是勒希,这两派之间的相似性,即右翼衰落主义者与左翼衰落主义者之间的相似性,值得我们注意。两种派别皆反自由主义,它们旨在寻求一种有关国家目的(national purpose)的概念,比自由主义,连同它的多元主义和宽容、它的唯物主义以及反军国主义所能提供的概念更加振奋人心。同样值得关注的是,这些派别所依附的公共知识分子团体,是那么得贫乏。在公共知识分子的疆域中,只存在一个小小的中心,因为公共知识分子倘若不坚持极端的主张,便很难区分他们,也因为对公共知识分子的需求,从一个有效的结果而言,属于一种在集团内构建协同的需求,这些集团是指由于成员自身的边缘性而感到处在危险之中的人所组成的。这些派别以及团体之间的不平衡,制造了一种国家四分五裂的错误印象。

在这些派别之间,不仅仅具有类同性,而且还存在着一种共生关系。倘若没有20世纪60年代疯狂的激进主义,则博克悲叹预言的能力很快便会江郎才尽,当然,今天的激进主义规模更小、破坏性更少,尽管同样处于滑稽的激进主义边缘。他依然可以就高居不下的离婚率、人工流产率、青少年怀孕率、非婚生率以及犯罪率高谈阔论,就色情作品、就流行歌曲中的暴力型歌词慷慨陈词、激烈批判,但是,他很难把这些玩意描述为一种文化革命的伴生物,很难说此种文化革命的恶毒和疯狂正带来一个全新的黑暗时代。他将以一位社会学家的身份挥笔疾书,而不是作为一名预言家展望未来。正是基督教以及共产主义精巧构造的教条之结构,才令得这些意识形态如此撩动知识分子的心弦,并且也正是文化激进主义的智识辩护者——后现代主义者、激进的女权主义者、解构主义者、酷儿主义者、*文化相对主义者、批派(crits)、非洲中心主义者以及其他辩护者——为非社会科学家的文化斗士提供了一个易操控的靶子。

但是,倘若博克因此依靠左派知识分子来养肥自己的话,那么左派知识分子也同样依托博克茁壮成长。博克希望为那些诸如罗纳德·德沃金之类的公共知识分子们辩护,这似乎显得有悖常理,因为那些人在反对博克进入联邦最高法院的斗争中,把博克描绘成一位恶魔。在他极力倡导审查制度中,在他高声倡导修正宪法从而允许国会推翻联邦最高法院宪法性裁决的建议中,以及在他提出回归到维多利亚时代的道德和旧时宗教的大声疾呼中,博克成为左派为克林顿总统提供支持和辩护的一种托词——克林顿其实并非左派分子,在许多方面,他可谓里根(反)革命的保护者[34]——面对一小撮担惊受怕的反动分子,而作为一位现代性的辩护人。博克声称,"因此,知识分子阶层由思想倾向与60年代学生中的激进分子

---

* 酷儿理论认为,由于这个世界的主要成员是异性恋者,即权力结构和人们的社会意识形态建构在异性恋的正确性上,因此同性恋被看成是一种变态或错误。酷儿理论反对就性活动进行道德判断,认为在家庭生活中,只需要看重人,而不要看性别。它认为,自世界进入20世纪90年代以来,超越性别角色的风气愈演愈烈,男性成为一个正在削弱的性别,他们正在丧失传统性别角色中所包含的权力而日益变得女性化。该理论批判男性与女性"两分监狱",提出第三性的概念正式挑战性角色的认同,认为同性恋者是与男女两性平等的第三性,享有与男女两性相等的权力,应受到法律的保护。——译者

[34] 正如某些左翼人士所承认的那样。比如,参见,William Greider, "Unfinished Business: Clinton's Lost Presidency," in *The Best of the Nation: Selections from the Independent Magazine of Politics and Culture* 583 (Victor Navasky and Katrina vanden Heuvel eds. 2000).

——他们敌视美国文化和社会，同时怀着太平盛世的美梦——极为相似的人组成"（页84）。是的，倘若你用"噩梦"来替代"美梦"一词的话，那么，你会认为博克也同样包括在内。

公共知识分子政治分布（political spectrum）的每一端，皆为另一端提供了一种重大的目标，但这种目标并不值得耗费浓浓炮火去摧毁它。美利坚合众国并非一个不稳定的国家，容易遭受左翼或者右翼极端主义者控制。在许多学院和大学的人文社会科学系之中，激进分子确确实实产生了不正当影响；同样真实的是，正如我在第四章中注意到的，他们像开空头支票那样虚张声势，唆使一部分年少无知的学生为反对"全球化"而游行示威甚至骚乱暴动；而仍属真实的是，他们对待文学的可怕态度不仅弄垮了大学的英语课程，而且还败坏了许多高中的英语课。[35] 但是，激进主义者并没有控制学院和大学（它们的管理正日益如同演变而成的大厂家那样,）或就此而言教育体制的任何其他层面。当然，博克及其同盟者也没有占领文化或者政治的"制高点"。他们同样也身在边缘。每一端皆具有三种对称性效果，并一概属于无意识的结果：质疑政治布局的一方（即，激进的左翼分子对于自由主义一方构成一种困境，而激进右翼分子对于保守主义一方形成一种阻碍）；在有关象征性事物和文化机构的争夺斗争中，消解潜在的革命者或反革命者的能量；[36] 以及，为反对一方的论辩提供一种存在的理由。因此，这个国家中平等且对立着的激进主义派别，也许实际上促成了中间派政治的安定稳固，而并不象那些派别所期望的那样，动摇了这种中间派政治。

---

〔35〕参见, Francine Prose, "I Know Why the Caged Bird Cannot Read: How American High School Students Learn to Loathe Literature," *Harper's Magazine*, Sept. 1999, p. 76.

〔36〕试想想，假如因困扰希特勒有关德意志魏玛共和国的惟一事项，本来就只是德国表现主义（German Expressionism）以及柏林夜总会的场景，一切该当如何。

博克的著作，除了极端主义之外，其另一特征，就是很快便成了过眼云烟，这一特征对于评估今天的公共知识分子具有普遍意义。他的一本著作出版于1996年，故而，该作品或许完成于1995年，那时正是克林顿的运气处于最低谷之际，当时，几乎很少有人认为他能够再次当选为总统，且紧接着自1984年国会选举以来，共和党再一次控制了国会。假如我们仍然处于1995年，在一个新黑暗时代的边缘瑟瑟颤抖的话，那么，在克林顿的第二次任期之后，在克林顿经历了他本人的非道德主义（immoralism，即博克预期的、在20世纪60年代中成长的人所存在那种非道德主义）所引发的弹劾案而起死回生之后，在由于弹劾总统失利而引起的保守主义运动阵脚大乱之后，在一位共和党主席尽管在竞选运动中扯起了温和主义的旗帜、但在民众投票中仍输给了一位在竞选运动中宣扬尖锐的民粹主义政纲的对手之后，并且最至关重要的，在令人眩目的数年美国经济发展（它促使我们变得更加富裕，本应更深层地侵蚀我们的道德结构，恶化我们的社会问题）之后，我们今天（2001年）的境况该有多么的令人可怕啊。博克不能由于没有预见到这些事件而受到批评。但是，他著作的寓意在于，倘若这些事件发生的话，那么，他在作品中所描述的有害事项就会更加恶化：会发生更多的犯罪，更多的人工流产，更多的夫妻劳燕分飞，更高的非婚生率，对人类生命更冷漠无情的态度，文明与宗教的衰落，更激进的女权主义，更多的人依靠福利为生，黑人的愤怒持续增加，对工商业积聚了更深的敌意。自从博克撰写了那本著作之后，所有的这些社会病变却已大大缓解，其中有些症状业已急剧下降（例如，谋杀率以及依靠福利为生的人数)。[37] 即便这些指标已经下降了,但假如博克的分析正确无误,这些指标则仍将上升。实质上,博克的预测尽管不如卢特瓦克或埃利希的预言那么鲁莽大意,但他提出的预言业已为各种事件证明为错漏百出。

当然,时事性(Topicality)与过时性(datedness)总是相伴而存的。可是,衰落主义文献的预言特征则会加剧过时陈旧的问题。希伯莱的预言家们,在他们预言的事件发生很久以后,才公开发表他们的预言,故而令预言成为一种值得人们敬重的流派。可我们现代的预言家们,却没有类似的避免实践检验(a reality check)的便捷途径。这一问题也并不限于右翼悲观主义者。来自政治布局中另一端的预测,转眼之间就被证明为错误,此种引人注目的事例显然也存在——比如,理查德·罗蒂在1987年即柏林墙倒塌的两年前、在苏联解体的四年前宣称,"时机看来似乎正站在苏联那一边";[38]

---

[37] 自从20世纪90年代以来,谋杀率已经下降了大约1/3,且现在正处于20世纪60年代的水平,尽管仍然在相当程度上高于20世纪50年代的水平。参见,U. S. Dept. of Justice, Bureau of Justice Statistics, "Crime Data Brief"(March 2000 NCF 179767)。关于其他社会指标的改善,参见, U. S. Census Bureau, *Statistical Abstract of the United States 1999* 75 (tabs. 91 – 92), 76 (tab. 94), 91 (tab. 124), 214 (tab. 342) (119th ed. 1999); Karl Zinsmeister, Stephen Moore, and Karlyn Bowman, "Is America Turning a Corner?" *American Enterprise*, Jan. /Feb. 1999, p. 36;; 以及, Gregg Easterbrook, "America the O. K.," *New Republic*, Jan. 4 and 11, 1999, p. 19.《美国企业》(*American Enterprise*)由美国企业研究院(AEI)——系华盛顿一个保守主义思想库,博克在该研究院担任高级研究员——出版。美国企业研究院的另一项研究发现,自20世纪70年代以来,与普遍所持的广泛印象恰恰相反,美国经济福利的表现在事实上处于停滞或衰落阶段,直至20世纪90年代,当消费替代货币收入而作为经济福利的测度时,生活水平才发生了重大进步,贫困现象大大减少,同时,不平等现象得到了抑制。参见, Daniel T. Slesnick, "Living Standards in the United States: A Consumption – Based Approach" (American Enterprise Institute 2000).

[38] Richard Rorty, "Thugs and Theorists: A Reply to Bernstein," 15 *Political Quarterly* 564, 566 (1987).

一年之后，"如果还存在希望的话，那将会发生在第三世界"；[39]在1992年预测，"美国可能会随时滑向法西斯主义"；[40] 在1995年预测，"美国现在看来似乎已经陷入精神崩溃：这个国家已经精疲力竭、垂头丧气、恐惧万分、优柔寡断以及完全不能促成国际问题的解决。"[41]

现代公共知识分子本该从希伯来的预言家处汲取教训：倘若你的预言在预测的事件发生以后再公开出版，便确定无疑地能保证预言与所发生的事件一致。希拉里·帕特南，一位闻名遐迩的哲学家，他具有强烈的政治主张和宗教观点，并希望就他的观点与普通教育的社会公众进行详尽交流。1990年，帕特南出版一本著作，其中一章内容是他在1983年所发表的一次讲演。正如乔姆斯基那样，这次讲演谴责了里根政府强加给拉美国家的独裁政体。[42] 或许在1983年，那可称得上是一种貌似合理的谴责。而在1990年却不是这样了，此时，拉丁美洲的每一个军人政权和独裁者，除卡斯特罗之外，皆被赶下政坛，而为一些近似于民主政体的政府所替代。[43]（以后又发生了一些倒退——在克林顿政府下！）可是，帕特南并不

---

[39] Richard Rorty, "Unger, Castoriadis, and the Romance of a National Future," 82 *Northwestern University Law Review* 335, 340 (1988).

[40] Richard Rorty, "Trotsky and the Wild Orchids," 2 *Common Knowledge* 140, 151 (1992). 1999年，罗蒂重印了这篇论文，包括本文所引用的文字。Richard Rorty, *Philosophy and Social Hope* 3, 17 (1999).

[41] Richard Rorty, "Half a Million Blue Helmets?" *Common Knowledge*, Winter 1995, pp. 10, 13.

[42] Hilary Putnam, *Realism with a Human Face* 186 (James Conant ed. 1990). 该著作还存在其他的时代错误（anachronisms），比如，有关美国失业率超过10%。同上书，页187。帕特南尽管承认他并非一位经济学家，但他在就经济政策发表声明时仍然不知深浅。参见，同上书，页187 – 192。

[43] 这并不是否认里根政府对智利以及萨尔瓦多右翼政府的支持，或者否认它在推翻尼加拉瓜的圣地诺政府时发挥了作用。但那与强制实行独裁政体并不相同，正如帕特南的主张那样。

试图更新他讲演的内容，或者就1983年以后拉美国家所发生的任何变化作出评论。

到1999年，《一个国家，两种文化》一书出版时，本人所提及的我们的社会问题已经缓和，这一点太过引人注目，以至于无法视若无睹。辛美尔法伯的著作可谓博克作品的缓和版。它是这样一种版本；我所讨论的这种风格把该书的作者都限制在一种僵硬的常规中。她作品中的大部分内容，就象博克的著作一样，致力于描述我们当前堕落的道德状态，并把这种道德与我们从前伊甸园式的道德进行对照。特别是因为"对权威和制度尊重的失落"（页20），她因而显得困扰不堪，可是，她并没有稍稍停顿下来追问一番，她所探讨的权威和制度（它们并未特定化）是否值得人们尊重。就象博克那样，她希望有一个恭敬顺从的社会（a deferential society），在这样的社会中，普通的人们得到了宗教、道德以及习惯性规范的关爱。她却不考虑，这样一种社会是否能够经历现代性的挑战。她的作品，在语调方面相比博克的著作要节制得多，它以统计数据为依托，并察觉到了我们社会指标的改善，但最终来说，并不能令人心悦诚服。

辛美尔法伯著作的主要缺陷，与博克、勒希的作品以及作为整体的衰落主义风格一致，就是它对于有不同原因、不同矫正方式以及严重程度千差万别的社会现象，未加批判地合为一体。它们被胡乱地扔在一堆，给由此形成的混杂物贴上了一种道德病态社会之标签。这一整套社会现象，包括主要应由政府负责、且通过政府改革便能治愈或至少能大大缓解的社会病症。其中包纳了一种鼓励依赖和不负责任地生育的福利制度，也包括对待罪犯的过分慈悲，这种慈悲将会激励犯罪。近年来，这两类社会病症皆得到了恰当有效地应对——不过无须赘述，辛美尔法伯没有赞扬克林顿。它们易受改革影响的事实，甚至在源于我们的堕落之"自由放任的"氛围下亦是如此，这意味着它们并未深深植根于"文化"之中。

其次，这些社会病症看起来似乎是现代性不可避免的副产品。此处，我们或许必须良莠（之所以为莠，是社会保守主义者认为这样）混杂。就象本人前文已经注意到，安全有效的避孕方法和节省家务劳动装置的出现，生殖技术的进步，婴儿死亡率下降接近于零，以及经济实现了向服务经济的转型，大多数工作无须男性的力量，这些发展同时注定促使妇女从传统角色中解放出来（或者说弹射［eject］出来，若是你愿意如此遣词造句的话），并由此，促成了性行为和家庭结构方面的深刻变革。除非美国打算踏上伊朗或沙特阿拉伯的道路，否则，我们便不可能回到婚前纯洁无瑕、低离婚率、呆在家中的妈妈、没有色情的媒体以及关在密室不可告人的同性恋和通奸的时代。

甚至我们尚不清楚，在像博克和辛美尔法伯之类的社会保守主义者所哀叹的性行为之中，究竟有多少实际上属于社会病态，而不只是对性行为持有保守观念的人的一种冒犯。正如我们在探讨奥威尔和赫胥黎的小说时所见，一方面是性与家庭结构，而另一方面则是社会与政治结构，两者之间的关系是不确定的。那么精确而言，在何种意义上离婚率"太高"了呢？随着妇女变得更加独立，她们对婚姻索取更多了；她们对丈夫的依赖性更小了，并因此不再有太多的容忍。这便降低了婚姻的稳定性，但是，它并没有导致社会动荡，它甚至并不必然意味着，已婚人士的快乐平均要比20世纪50年代已婚人士的快乐更少，因为现如今不快乐的婚姻更容易解体了。

风雨飘摇的婚姻制度，其中的配偶，倘若他们决定保持忍耐、克服困难时，通常会发现他们的婚姻反而有所改善，事实确实如

第八章 悲观主义学派

此。[44] 但是，那并不意味着，决定离婚的配偶若怀疑这一点，即如果他们坚持呆在一起的话，他们的婚姻就会改善，怀疑者就必定错了。即便在一个无过错离婚的时代，离婚在经济上和感情上仍是相当昂贵的，这就抑制了一时冲动的离婚。理性的人们虽身处逆境，但在决定如何应对此种境况时，都会考虑将来改善的可能性。并且，离婚越是困难，人们在寻找合适的婚姻伴侣时便越会小心谨慎，他们也越会竭力促使婚姻成功，尽管如此，即便离婚轻而易举，考虑到离婚成本依然十分高昂，故人们在婚前寻找伴侣时仍旧会睁大双眼。离婚的预期成本，不仅取决于一旦发生离婚时所产生的成本，而且也取决于离婚的可能性；考虑到离婚的可能性不断上升，则离婚的预期成本原本就不可能下降。实际上，它可能已经上升。[45] 婚龄的不断上升已经暗示了这一点，因为它表明，人们在婚前寻找伴侣更完全彻底了。

客观且至关重要的一点是，离婚通常会对儿童造成伤害。[46] 但已婚夫妇很少有孩子，或很少有多个孩子。辛美尔法伯对美国的

---

[44] Linda J. Waite and Maggie Gallagher, *The Case for Marriage: Why Married People Are Happier, Healthier, and Better Off Financially* 75, 148–149 (2000).

[45] 请考虑如下例证，虽然简单化但却有一定的说明力。假设，每一对夫妇倘若离婚的话，离婚成本为 100，同时假设离婚的概率为 0.2。那么，对于一方甘冒中等程度风险（即在确定的数量与保险统计的对应数［actuarial equivalent］之间中等程度的风险）的配偶而言，离婚的预期成本——他或者她缔结婚姻后再接受离婚证明书（the divorce lottery ticket）之成本——为 20。现在假设，若是发生离婚的话，离婚成本下降为 50，但离婚的概率上升至 0.6。那么，现在即便离婚是成本更低的婚姻之结果，离婚的预期成本也更高（30），这应该会激励人们在婚前更小心谨慎地寻找伴侣。

[46] 参见，Margaret F. Brinig, *From Contract to Covenant: Beyond the Law and Economics of the Family* 174–176 (2000); Theda Skocpol, *The Missing Middle: Working Families and the Future of American Social Policy* 115–118 (2000); David Popenoe, *Life without Father: Compelling New Evidence That Fatherhood and Marriage Are Indispensable for the Good of Children and Society* 30–34, 57–59 (1996); Paul R. Amato and Bruce Keith, "Parental Divorce and the Well-Being of Children: A Meta-Analysis," 110 *Psychological Bulletin* 26 (1991); Judith A. Seltzer, "Consequences of Marriage Dissolution for Children," 20 *Annual Review of Sociology* 235 (1994); Judith S. Wallerstein, "Children of Divorce: A Society in Search of Policy," in *All Our Families: New Policies for a New Century* 66 (Mary Ann Mason, Arlene Skolnick, and Stephen D. Sugarman eds. 1998).

低出生率无比感慨，并把这归因于自私和享乐主义，而忽视了，父母投向每一个孩子的关爱要比大家庭中能给予子女的更多——换言之，存在一种父母关注子女从数量到质量的转变。进而，随着离婚变得见怪不怪，离婚的耻辱感已荡然消失，对子女的伤害也随之缓解了。那种对子女的伤害，加上许多离婚人士由于离婚而遭受的经济损失和精神伤害，也许仍然不会超过轻易离婚的收益。但这一点不能视作理所当然。同时，尽管离婚对于更低收入阶层的人群或许具有特别的杀伤性，但辛美尔法伯对所感叹的道德潮流如此具体化、如此局部性的结果，并未显示出兴趣。

可是，不仅仅离婚率更高；而且，结婚率也更低了。[47] 并且，婚姻是一种重大利益之来源：它促成年轻男性文雅有礼，导致规模经济以及共同消费经济，促使性传播疾病最小化，并为子女抚养提供一个稳定的环境。不仅已婚夫妇获取了这些收益，而且从总体而言，社会亦获取了相关收益，因此从这一意义来说，这些既属于私人收益，亦构成社会收益。[48] 考虑到这些相当数量的私人收益，[49] 由于结婚率业已下降，因此婚姻的私人成本必定会大大上升。并且事实亦的确如此。我已提及妇女不断增长的独立性，这在增加她们结婚机会成本的同时，也降低了婚姻对于她们的收益——并且就妇女要求婚姻提供更多收益的情形而言，对男人来说，亦当

---

〔47〕 这稍稍有些令人误导。结婚率更低，部分原因在于人们推迟结婚，并且他们推迟结婚又部分地是因为对不育症治疗的改进，促使妇女在更大的年龄段可以生儿育女。这可谓技术间接的社会效果的上佳例证，在上述情形下，那种技术指的是医疗技术。

〔48〕 在本书第七章开头部分就技术问题进行探讨时，本人强调了私人收益、成本与社会收益、成本之间的区分。

〔49〕 在琳达·韦特和麦琪·加拉格尔的著作中，对此给予了特别强调，参见，Waite and Gallagher, 前注〔44〕。这两位作者并不能令人信服地解释，为什么即便不愉快的婚姻亦能带来精神、感情、医疗、性、经济、以及为人父母等方面的收益，他们假定，结婚率如此之低，并且离婚率如此之高。

如此。随着人们变得愈加个人主义,并因此不太容易喜欢别人,他们便会发现,更难将自己的生活与另一个人的生活融合在一起。即便如此,正如在离婚非常轻而易举的情形下那样,结婚率下降的净社会收益可能为负;婚姻的社会收益也许会超过私人收益,尽管私人收益的规模较大,当然成本同样也更大。[50] 但是,这对于政策的含义仍不甚明朗。提高离婚的门槛,并不可能达到预期目标;既然越难从婚姻的围城中出来,婚姻便越象是一场更大的赌博,因此,它甚至可能进一步降低结婚率。就像更高的离婚率一样,更低的结婚率或许是一种不可逆转的社会变动无法避免的结果。保守主义者被视为现实主义,与那些过于乐观的自由主义者不同;而现实主义的一部分,便是承认某些问题是不可能解决的,正如某些慢性病无法治愈而只能容忍那样。

并且,辛美尔法伯把同性恋排除在视野以外,其用意究竟何在呢?除非你相信,同性恋倾向具有传染性,而辛美尔法伯却没有表明她相信这一点。同性恋招摇过市,色情作品唾手可得,电影里下流词汇比比皆是,高中就开始分发避孕套,许许多多的人对此都感到悲哀痛心,甚至反感厌恶——简而言之,他们因全社会范围内性问题方面的衰落而悲观失望。但是,从更广阔的社会视角而言,那些有关衰落问题,只是右翼人士的衰落主义文献所假定的,并没有予以证明。它是政治极端主义者之共生关系的另一个事例。20 世纪 60 年代的激进主义分子声称,性滥交削弱了资本主义的基础,他们是从赫伯特·马尔库塞那儿找到的启示。[51] 如今我们知道,他们错了,因为在世纪之末,既有更多的性滥交,也有更强盛的资本

---

〔50〕 为了说明问题,假定,某些私人从事的行为社会收益为10,而私人收益为5,私人成本为 7,社会成本为 8,那么,这一行为将会被弃之不顾(因为私人成本超过了私人收益),尽管净社会收益为正数(10 − 8 = 2)。

〔51〕 Herbert Marcuse, *Eros and Civilization: A Philosophical Inquriy into Freud* (1955).

主义。离婚与解除管制是相互关联的；轻而易举的离婚属于解除管制的一种形式，因为它倾向于把婚姻从国家规定的身份关系转变成一种契约关系。正如我们在对《美妙新世界》和《一九八四》的探讨中看到的那样，性和政治各自沿着不同的轨迹运动。而右翼人士至今仍未掌握这一事实。他们依然与那些60年代乳臭未干的小家伙们生死搏斗，他们相信，资本主义依赖于一夫一妻制的性关系。

辛美尔法伯的回应也许是，好事过头反成坏事；自由市场应该限定于经济关系内，性则应通过法律和习惯疏导至婚姻这种限定性的法律身份中，而不是留给参与者可以选择的明示或默示契约关系去规制。对于不同类型的行为，拟采取不同的规制体系，这没有什么不合逻辑。站不住脚的主张恰恰是，为保护经济市场中的自由，我们需要采用统制性的（*dirigiste*）家庭政策。

人们也许本来就想到了，考虑到辛美尔法伯对爱滋病和少女怀孕的忧虑，因此，有关文化罪恶她列举的最后一项，即学校分发避孕套，引起了辛美尔法伯极大的关注。事实上根本就不是这么回事。她打算促使婚前性行为显得危险重重，目的在于阻止这种行为；并且她相信，拒绝给未成年人分发避孕套，通过增加怀孕的危险和染上性病之风险，就会达到目的。"公立学校业已取代了父母对子女进行性教育的地位"（页35），她为这一事实感慨万端，但上述事实也促使性行为更加安全，因为父母在就"生活的事实"（the facts of life）教育子女方面，是众所周知地忸怩羞怯。

辛美尔法伯在谈论这样一些主张：性行为越危险，发生的可能性便越小。但是，减少青少年性行为的数量，也许并不能降低它对于个人和社会造成伤害的数量——倘若这种性行为的减少是通过令性行为变得更加危险而促成的话。假如没有避孕套，那么，性接触的数量虽然有所减少，但其中却有更高的比例会导致意外怀孕或性传播疾病的蔓延，因此，此类不幸事件的总数量也许不是更低，甚至可能更高。这些是她未提出的可能性。

就像博克一样，辛美尔法伯从"大众文化的堕落"（页20）之中，读到了道德衰落的迹象，她的证据诸如："电视节目的粗俗"（页25），"忏悔性回忆录"，以及在一些电视对话节目中，"节目参与者们自豪地夸耀他们生活中最肮脏无耻的细节"（页27），当然，辛美尔法伯的描绘不像博克那么尖锐刺耳。这些都只是对高雅品味的冒犯，而并非如同辛美尔法伯相信的那样，属于"败坏，道德和文化上的败坏"（页20）。她的信仰，是我在涉及博克时提及的那种整体观点的一个方面，即假定社会行为的每个维度都与其他方面相互联系。大众文化向来与精细过分的文化相背离。今天的大众文化，是否必定比昔日的大众文化更加堕落，尚值得怀疑。20世纪50年代的大众文化，不如今天的大众文化那么淫秽放荡，不过，今日的大众文化却并不认为，肥胖者、少数族裔、口吃者、智力迟钝者以及女性化男子滑稽可笑，而50年代的大众文化却如此思维。

辛美尔法伯暗示，大众文化的品味就象是跳方块舞，伴奏的是格伦·米勒（Glenn Miller）的曲子和《南太平洋》中的音乐。* 但在美国的大众文化中，总是存在着一种颠覆性的枝节。只需要想想"马克斯兄弟"的喜剧就可以了，例如《歌剧院之夜》（*A Night at the Opera*，1935）。在这部戏剧中，我们看到了一幅美国社会中享有特权的白人（WASP）的画卷，包括头戴礼帽的官员、经常欣赏首演歌剧的人群、富绰阔气的寡妇、贪婪无度的资本家、一艘远洋

---

* 方块舞源于美国，迄今有二百多年的历史。八人一组随着老师即兴多变的舞步口令连续舞动，最后又魔术般地变回到原舞伴身边，属于一种刺激且富挑战性的"团体益智舞蹈"，1984年美国里根总统签署一项法案，将方块舞定为"美国国家舞蹈"。

格伦·米勒乐队在1939年到1942年期间，曾是爵士乐界最流行的乐队。

《南太平洋》，1949年获普利策戏剧文学奖，1950年获第4届托尼奖最佳音乐剧等8项大奖。代表曲目"轻率的乐观主义者"和"令人陶醉的夜晚"，确定了《南太平洋》作为一部优秀音乐剧的地位。——译者

客轮上头等舱的乘客和船长、以及粗脖子的便衣男警察和其他资本主义走狗则作为配角,这幅画卷与以一位里昂·托洛茨基式的人为首的、粗俗不堪、无法无天、破坏性、夸张的美国社会中毫无特权的流氓无赖三人组,形成了对照反衬。不过,这个不和谐的三人组(在电影中他们被描绘为:一位大声说话、显然是犹太人的阴谋家,一位口音浓厚的下层意大利人,以及一位或许有外国血统的头脑简单的丑角哑巴),不仅在这个圈子里忙得团团转,而且也保持了艺术的价值,并且与戏剧中罗曼蒂克主角融为一体。然而,甚至到1935年,人们还没有意识到马克斯兄弟对资本主义和正派体面构成一种威胁。[52] 同时,假如一个人今天因这部电影的颠覆性内涵感到困扰不安的话,那么他即便不属于偏执狂,也必定是一个毫无幽默感的人。只有知识分子,才可能实际关注那些玩意。

辛美尔法伯的菜炖牛肉(goulash)中最后的配料是精神错乱的后现代主义左翼分子,代表此种情形的有:一部戏剧,剧中耶稣基督是一位同性恋者,他与信徒们发生性关系;一部情景喜剧,剧中亚伯拉罕·林肯和他的妻子向同一位男子主动提出性要求;以及,"'白人研究'(它歌颂'白色人渣',并且揭露白人与生俱来的种族主义)"(页132)。一群由放荡不羁者构成的边缘性团体,(他们习惯于如此称谓),对这个国家的价值观造成威胁,这一点可是十分荒诞不经。让我们再一次来看看两种政治极端主义者之间的共生关系。一位偏执狂也许会认为,主业会(Opus Dei)* 正在资助文化左翼人士,其目的在于刺激宗教右派分子,同时,在左翼内部正诱导

---

〔52〕《纽约时报》和《新闻周刊》(Newsweek)在评论文章中对《歌剧院之夜》一剧给予了高度评价。参见,Wes D. Gehring, The Marx Brothers: A Bio – Bibliography 168 (1987).

* 主业会,天主教的一个自治社团,1928年在马德里由真福若瑟玛利亚·施礼华(blessed josemaria escriva de balaguer)创立。"Opus Dei"系拉丁文,意思是天主的工程或事业,指在工作及日常生活中找到天主。——译者

政治上的清净无为。"最近，我们［美国学术界的左翼人士］一直集中关注着文化政治，并竭力说服我们自身，文化政治、尤其是学术政治与现实政治具有连贯性。我们一直试图相信，令我们的学生家长心烦意乱的事情，迟早会促使不公正的制度动摇。"[53] 鉴于文化研究的后现代主义教授们，"不再视自己从属于一个运行正常的民主国家的公民，故而他们正在生产一代激进学生，这些学生们认为，"这个体制"已经病入膏肓、不可救药，并且他们因此能想到的，除了发泄道德上的愤怒外，别无其他，他们也不投入到课程的变革中。[54]

在辛美尔法伯和博克对文化的先入为主之中，在博克担心大学为左翼分子控制的忧虑之中，以及在左翼分子试图令大学课程政治化的期望之中，我们可以看到，在更广阔的社会范围内，知识分子有夸大他们及产品（既包括精英文化产品，也包括大众文化产品）之影响的倾向，我在涉及奥威尔时对此进行过评论。正是此种倾

---

[53] Richard Rorty, "The End of Leninism and History as Comic Frame," in *History and the Idea of Progress*, 前注［3］, 页211、222。

[54] Rorty, "Intellectuals in Politics," note 25, 页489-490。罗蒂在其他场合曾经评论道，"学术左翼人士"，他们"政治上徒劳无益（political uselessness）、相对孤陋寡闻、以及只有令人厌烦、自吹自擂之热情"。参见，Richard Rorty, "Response to Jacques Bouveresse," in *Rorty and His Critics* 146, 153 (Robert B. Brandom ed. 2000). 亦见，John Patrick Diggins, *The Rise and Fall of the American Left*, chs. 7-9 (1992). 关于学术激进分子在典型的主流媒体中所出现的荒谬笑柄，参见，Walter Goodman, "Sociologists to the Barricades: Thinkers Who Would Be Doers See Social Injustice Wherever They Turn," *New York Times* (national ed.), Aug. 19, 2000, p. A17. 并且，请回顾一下本书第四章，一位后现代主义教授理查德·奥曼（Richard Ohmann）曾就这些问题作如是说："为了使资本主义政体走向终结，我们努力着，不论采取的方式如何细小：不仅仅是教会改革或者解构"失乐园"，而且实现对社会的改造。"请注意，"走向终结"（end）一词不仅仅意味着"终结"（termination)，而且具有"目标"（goal）之含义。然而，奥曼及其激进主义同仁，也许由于为右翼人士提供了能量，而有意无意地推进了"资本主义政体"（capitalist patriarchy）的目标。

向，引导人们将纳粹主义归咎于尼采，而将当今世界范围内对自由市场的热情归因于哈耶克。著名的历史事例证明，这种倾向貌似合理——只需想想奥古斯丁、孟德斯鸠以及马克思对于人类信仰和社会结构产生的影响就行了。夸张之处在于，它把巨大的威胁归咎于知识分子主张的细流。纳粹主义和共产主义也是积跬步而致千里，此亦为真。但是，倘若在它们植根的社会中没有特别地道德腐化（demoralization）——它们在现代美国或其他富裕国家的特征中的对应物——那么，它们将依然还是涓涓细流。倘若此种道德腐化某一天突然降临我们身上（因为我们不可能知道未来当会如何），制造出一种狂热思想的需求，那么，这种思想的供应者将不会匮乏。倘若某些灾难成为滋生出希特勒式人物的温床（a nourishing bed），则即便今日扑灭了"白人研究"，也并不能保证明天不会崛起一个希特勒。通过同样的表征，一些右翼分子（当然并非指辛美尔法伯）几乎毫不掩饰地表达对战争或萧条的渴望，倘若得以满足的话，则将更可能带给我们一种更危险的思想版本，这种思想是心怀憎恶，而并非想恢复我们早些时候的宽厚仁慈的状态。

只需信手拈来一些奇闻轶事和统计证据，便足以轻而易举地制造出一个国家处于道德上升的印象。然而，倘若不说文化革命，只提起源于各种物质因素的道德和习惯的变革，或许更加准确一些；这些物质因素包括工作性质的变化、不断增长的繁荣、生殖技术的进步、种族的日益多样性以及促使人们信息充分的通讯革命。这些发展带来的社会变化之一，就是标准各不相同的人们之间越来越宽容相待，不论在种族、宗教、性别、性行为取向甚或身体健康和精神健康（不再有所谓"性反常者"的笑料）方面，是否设置有不同的标准。随着20世纪50年代以来道德的进步，这会令大多数人感到震惊，包括辛美尔法伯，我这么推测，当然也许博克不在其内，他曾经说道，"很难主张，除了种族隔离的终结外，今日美国的文化与20世纪50年代的文化同样地健康正常"。[55] 不过，对于种族歧视（它不同于通过联邦最高法院裁决而终结的官方的种族隔离）以及针对犹太人、天主教徒、残疾人和其他群体歧视的消退，他没有作出任何评论。

对性行为更随意的态度——辛美尔法伯非难地称之为美国人性行为态度的"欧洲化"（页120）——从总体而言，似乎还属于一种健康的发展，当然它也产生了一些不利的负面影响。在任何情形下，它对这个国家的基本稳定的威胁，其严重程度都不会超过诸如丹麦和日本等国性行为的"不检点"（对美国人来说似乎是这样）对那些国家的兴旺发达构成的威胁。美国的成功，取决于它相比欧洲人来说更拘守礼仪，此种思想——辛美尔法伯颇为自豪地对格林威治村与布鲁斯布里（Bloomsbury）*进行了比较，前者"相对含蓄地……放荡不羁"，而后者却"极其明显地杂居滥交"（页10）——已属陈年旧事，而且辛美尔法伯并没有提出证据，证明上述主张是正确的。（顺便说来，这是一种并非所有美国保守主义者皆能接受的描述。在美国保守主义者当中，存在一种真正的自由至上派（libertarian wing），甚至有一小部分公共知识分子文献为之辩护。）[56] 我们不必为承认一个社会即便不是宗教的、清教徒式的、不宽容的、怀旧的、精英的以及审查的（censorious），也能够是文明的，而在一切问题上皆效法欧洲人。欧洲人几乎很少参与战争，

---

[55] Bork，前注[15]，页342。

＊ 格林威治村，又称为西村，位于纽约第14街区南面，华盛顿广场西边1831年华盛顿广场建立后，许多艺术工作者陆续进驻于此。长期以来，它一直吸引着那些寻觅自由和艺术化生活的人们。

"布鲁斯布里团体"，由剑桥大学自由派知识分子组成，成员多为同性恋或双性恋学者，包括凯恩斯、福斯特、沃尔夫、历史学家列顿等知识分子，并得到著名哲学家与数学家罗素的支持。——译者

[56] 比如，参见，Charles Murray, *What It Means to Be a Libertarian: A Personal Interpretation* (1997).

而就算他们参加战斗,他们也不会唱着战歌奋勇杀敌,对此,我们应该深表遗憾吗?拒绝向欧洲人学习任何积极的经验,与试图采纳斯堪的纳维亚社会模式来塑造美国,而不考虑它们各自人口的规模、同质性以及文化传统的不同,可谓同样荒谬虚妄的相对性主张。

本人曾经提及,辛美尔法伯的救世良方带有傲慢(de haut en bas)的特征。这又导回了我在本书第一编中强调的一个问题——现代公共知识分子难以表明其承诺。博克和辛美尔法伯两人都表达了对"裁判性"宗教衰落的关注。但是,他们两人皆未扮出一副信奉宗教的印象,或事实上模仿与他们不同的任何人物,即模仿老于世故的城市型知识分子,尽管博克与"特创说"*眉目传情,但特创说毕竟并不必定意味着一位人格化的上帝。博克曾有一段重要的学术职业生涯,尽管十分短暂;辛美尔法伯一直到退休,都是一个学术型历史学家。他们想要盖上盖子,却未曾料想已身在壶中。欧文·克里斯托希望天主教会富于战斗性且强硬严厉;[57]可他不想成为一个天主教徒。

保守主义者闹出了许多笑话,并且,"开高级轿车的自由主义"左翼知识分子也是这样,此类左翼知识分子的座右铭是,"思想左翼,生活右翼"。但我们不应该忽视他们右翼的对应面,例如博克、辛美尔法伯以及克里斯托——可以称之为"宗教大法官式的保守主义者",这一词汇源于《卡拉马佐夫兄弟》中的宗教大法官,从上一章中我们可以想起,宗教大法官认为国家的首要任务就是向公民灌输来世的信仰——而他本人并不坚持这种信仰。这些保守主义者们误入歧途,施特劳斯主义者(Straussians)则将其推至极限,

---

* 所谓特创说,是指与生物演化观念相反的理论,认为一切生物(包括人)都是上帝个别创造的,其种类一成不变。——译者

〔57〕参见,前注〔28〕。

在本书下一章中，我们将遭遇以阿兰·布卢姆为代表的此类人物。

生活与作品之间不协调，这种情形与协调相比更为普遍，可这并不会导致一个人的思想作废无效。但是，在不特定的领域之中，我们撒下了一张恢恢大网，以网罗可信之证据，并且，当我们看到人们倡导他们本人都觉得厌倦不已、甚或无法容忍的习惯和信仰时，这就会促使我们怀疑他们倡导的可靠性。现代公共知识分子也许思想右翼或左翼，不过他或她却过着中庸主义的生活，这一事实导致任何一种极端性思想皆难于驾驭社会公众的想像力。

另一位谴责现代美国是一个颓废社会之人，一位恰到好处地补充博克和辛美尔法伯之人，便是文化历史学家雅克·巴森（Jacques Barzun）。[58] 巴森的曲调除了宗教性以外，听来就如同他们忧伤的和弦一般，他与他们合奏着一曲所谓"通俗风格"的挽歌。这包括"装扮得好像在每一条希望之路上皆空空荡荡"（页781），并且以这种运动——博克和辛美尔法伯都已无可解释地遗漏了它的预示性影响——为代表，即在服饰方面朝向更随意化的运动。"看起来不修边幅、奇装异服、尤其是身着没洗的衣衫，可谓整个时代的基调性印记"（同上注）。这是多么荒唐啊，其缘由当然不仅仅在于，美国人尽管对他们衣着漫不经心，却仍狂热地追求清洁。倘若坚持，文化中的每一项变化皆伴随着威胁和困扰，即便服饰规范作为文化的一种面貌是如此变幻莫测，这又是何等的荒谬。他们甚至没有对这种变化给出一个单纯的解释，更不用说作出一种乐观的诠释了，故此，他们属于典型的衰落主义者。

服饰随意化运动的象征意义也许在于，一种作为有组织的社会互动模式的戏剧风格复归，并伴随着时间成本的上升（花更多的时间来挑选、穿着和脱卸正式的服装）。尤其是在工作场合穿着正式

---

[58] Jacques Barzun, *From Dawn to Decadence*: 500 *Years of Western Cultural Life*: 1500 *to the Present* 773–802（2000）.

服装，但不限于此种场合，是一种显露富有、权威和等级身份等其他维度的方式。在社会游戏中，正是要"乔装打扮"去"扮演"一个角色。[59] 它与魅力型权威相关，而与理性权威相对。假如权威职位总是只以人们的优点为基础进行分配的话，且假定占据这些职位的人们，其行为表现完全透明或处于适当的监控之下，那么，没有任何人会介意他们的穿着如何，或者他们看起来到底怎样。一个处于权威地位之人，无须为巩固其权威而与下属穿着有所不同，并且，在领导人的选择方面，高大魁梧或威风凛凛的外表，抑或声名卓著，都不会产生额外的好处。因此，我们希望发起一个服饰随意化的运动，因为正式服装穿起来并不太舒适，而且通常都更为昂贵，尤其是当把时间成本计算在内时。

在美国内战中，环境极其恶劣，斗争腥风血雨，有一位寒酸、矮胖、沉默寡言、完全缺乏个人魅力且穿着时常不甚得体之人，这就是尤里希斯·S·格兰特（Ulysses S. Grant），他成为北方军队的总司令，并领导他们节节胜利。在竞争剧烈的计算机行业中，领导人物也象格兰特一样，非常突出地不注重"外表"，原因在于，他们的领导能力是由理性标准来评估的，根本不需要添加哪怕一丁点的神秘性。服饰随意化的趋势也许并不是一种颓废的迹象，相反却是现代性的一种表现，在韦伯的话语系统中，就包括迈向理性方式的治理，消除克里斯玛魅力以及其他形式的"魔魅（enchantment）"。这并不是否认，人们可以偶而诉诸不拘小节的穿着，作为一种挑衅社会的方式，不仅仅嬉皮士和其他反叛者可以如此行为，进而在社会谱系的另一端，众多的百万富翁也穿得比他们的下属更差，他们通过泰然无妨地貌视习俗而作为展示其权力的一种方式。

巴森对服饰随意化运动的关注，提出了一个有关衰落主义文献

---

[59] 参见，Erving Goffman, *The Presentation of Self in Everyday Life* (1959); Posner, 前注 [27]，页 532。

的普遍性问题——即衰落主义者希望复归什么、以及何时复归的问题。尼采和海德格尔认为，我们已经远离了苏格拉底走过的足迹。我大学的一位老师曾经提出，从荷马以来，文学便一直在走下坡路。与荷马同时代的希腊诗人赫西奥德（Hesiod）主张，希腊神话的黄金时代早已一去不复返了，而荷马史诗本身也只是描绘了一个英雄时代的终结。T. S. 艾略特认为，社会在但丁时代即属于最后的美好时光。辛美尔法伯热切地渴望，维多利亚时代能昔日重来。博克，在这一方面似乎更为谦逊，他认为只要回到 20 世纪 50 年代就已心满意足了，尽管在他看来，堕落早在 18 世纪就已经开始。

这些昔日重来之梦想，绝没有一个现实可行，不论是重现 3 500 年以前的岁月，还是回到 50 年前的光阴，因此，就理性的希望而言，衰落主义者只是相当于自诩为奥尔良派或者罗曼诺夫继承者的知识分子。* 此外，大多数衰落主义者至少得明确一个标准。可是，即便要确定正式服饰何时处于鼎盛时期，也都异常困难。巴森并没有留下太多线索。身穿外套、带上领带便已足够正式吗？或者，衣衫的软领必须让位于硬活领、也许皱领吗？参加宴会时，妇女必须穿上紧身胸衣，而男人则必须身着礼服（即男士无尾半正式晚礼服）吗？

但是，也许昔日重来并未切中要害。大多数衰落主义者的著作（尽管并非全部）隐藏的信息，都是一种无助的失望。只有我们回到过去，我们才能获得拯救，可是，我们却不可能再回到从前。然而，一些作品却依然坚持昔日重来之梦想，正如我们即将看到的那

---

* 奥尔良派，18 - 19 世纪法国拥护波旁家族奥尔良系的立宪君主主义分子。1830 年七月革命后，路易 - 菲力普与奥尔良派掌权，七月王朝期间，奥尔良派达到权势顶峰。后来，奥尔良派分裂为抵抗派和行动派。

亚历山大一世（Alexander I. Romanoff, 1777 - 1825），俄国沙皇，性格软弱，中年去世，人称为神秘沙皇。24 岁时发生宫廷政变，父皇保罗一世被暗杀。执政后在反法联盟战争中多次失败。1812 年，莫斯科被付之一炬。——译者

样。

我最后将转向左翼,就罗伯特·帕特南的《独自打保龄球》一书作一番探讨。[60]该著作与《一个国家,两种文化》,构成一对搁置于两端非常匹配的书档(bookends)。*两本著作在同一年出版,都面向普通读者,且两本作品都警告,由于个人主义的泛滥成灾,美国社会处于衰退之中。帕特南的作品与博克的著作相比,甚至也有类同之处,正如我们即将看到。尽管帕特南突出地表现为一位自由主义者——但他可谓左翼和右翼衰落主义者之间汇聚交融的又一例证。

帕特南的作品与辛美尔法伯和博克的著作之间,或者就此而言与勒希和罗蒂的著作之间,最重大的区别在于,《独自打保龄球》是一部宏大的社会科学学术著作,它拥有丰富的统计数据和调查资料,作者在一个人数众多的研究组帮助下,对这些数据和资料进行了整理和分析(参见该书,页507)。一般说来,这样一本著作将由一个学术出版社出版,面向学术读者。但正如帕特南所解释的那样,他较早撰写的一篇与这本书标题同名的文章,已经令他名声大振。[61]因此,在一个认为他的作品很可能成为畅销书的商业出版社出版这部作品,对他来说当属自然而然的事情,同样也是有利可

---

[60] Robert D. Putnam, *Bowling Alone: The Collapse and Revival of American Community* (2000).

* 所谓书档,指放在一排书的末端以使书本直立的支撑物。——译者

[61] "本人应邀到戴维营,对话节目主持人对我以名人相待,并且,(当代美国视为典范的世俗对应者)与我的妻子罗斯玛丽(Rosemary)摄影留念,刊登于《人民杂志》(*People*)的专栏"(页506)。

图的。[62] 这本作品的学术性并没有发生致命的折衷，而是经过精心包装，面向普通读者，它庞大的参考文献一概安排在尾注之中，而尾注又采用细小的字体，令读者没有阅读的兴致，同时，对与其他学者之间的争议则尽可能转移开来。[63] 该著作虽有大量图表，作者却间歇性地以奇闻轶事来调剂放松。这本书的写作风格非常简洁，没有专业术语，当然（无论如何，至少对于象我这样一个整天绷着脸的人来说）也有些令人恼火地随意、活泼、调皮以及过分谦

---

〔62〕 依据他从出版商那儿获取的巨额预付稿费，人们在一篇对该著作的书评中便惊诧地读到，"帕特南的研究本身，是一种对民众交往（civic engagement）的精致说明。它的成就一点也不在于，他以自身的范例来说明问题。"参见，Paul Starr, "The Public Vanishes," *New Republic*, Aug. 14, 2000, pp. 35, 37.

〔63〕 特别是，该作品没有与埃弗瑞特·卡尔·赖德（Everett Carll Ladd）进行认真严肃的论辩，赖德早在一年前便同同一出版商推出了《赖德报告》（*The Ladd Report*, 1999）一书。该报告表达了同一主题（断言美国社群的衰落），但它批判了帕特南《独自打保龄球》一书作为基础的早期作品（参见，赖德上述著作中有关帕特南的参考索引），并且得出与帕特南相反的结论。帕特南的著作则没有列具有关赖德作品的索引，只是有一项傲慢轻视的尾注（页503，注〔6〕），内容是有关赖德曾经对帕特南早期的一篇论文进行过批判。赖德的著作相比帕特南的著作要简短得多，不过，它的确可称得上是真正的学术著作，相比帕特南的轻视态度，应该给予更多的关注，而帕特南几乎不屑一顾。

罗伯特·蓝恩（Robert E. Lane）在其著作中，对帕特南的部分结论亦提出了其他批评，参见，Robert E. Lane, *The Loss of Happiness in Market Democracies* 334 (2000)。蓝恩同意帕特南有关美国的个人主义泛滥成灾的观点，但他意识到了这并非公民参与（civic involvement）的衰落，而是公民交往（companionship）的衰退，并为之感慨万端。他把这种公民交往衰退的原因归结为市场，但却没有解释如下疑问，至少没有提出令本人满意的解释：假如人们交往更多、即便收入更少也会更加愉快的话，那么，人们为什么并不会选择那些要求更少（less demanding）、但因而收入更低一些的工作呢。不过，那一问题留待其他时间来论辩。

虚。[64] 对于那些在文化上不足的读者，该作品提供了体贴周到的帮助（有些补充甚至带有居高临下的恩赐态度）（例如，它写道，阿力克斯·D·托克维尔，一位对 19 世纪美国有深刻洞察力的法国游客"［页 48］）。这部作品警示性的副标题——"美国社群的崩颓与重整"——机智聪慧地同时诉诸于恐惧和希望，显然是想追求畅销流行。的确聪明，不过却是误导性的；帕特南既没有论证美国的社群已经"崩颓"，也没有证明（倘若已经崩颓的话）它已经"重整"或将要重整。

这本著作中的核心概念是"社会资本"（social capital）。这是社会学家使用的术语，[65] 而经济学家正在越来越多地运用它，它表示，人们可以在朋友、亲戚、邻居、同事、教友以及社会上和生意上一般性熟人网络中，通过反复多次、通常是面对面地互动产生"相互联系"，从而获得利益。这种互动发生在家庭中、工作中、教堂中、俱乐部中，出现于工会会议、邻里协会和公民团体、阅读小组、桥牌比赛里，还产生于保龄球联合会（当然包括）、慈善委员会中，如此等等。他们锻造了相互之间的信任，而这反过来又促进了生产性合作的努力。帕特南提供的统计数据显示，自从 20 世纪

---

[64] 帕特南通过对这个代词"我们"冷冰冰地运用，来表示他所写的那些人们，正如"美国人用于接待朋友所耗费的时间，要比我们在 20 或者 30 年前所花的时间要少得多"（页 100），或者"我们中一些人之所以烦恼深深，准确而言，原因之一便是，我们作为公民的交往（civically engaged）"（页 191），帕特南尝试创造一种印象，他是你所谓的典型、普通的美国人，而本人则疑窦丛丛。当他，一位税收入丰厚、拥有两处休身之所的哈佛大学教授，说这些话时，"鉴于本人的经济状况变得相当的拮据，因此，在下关注的核心问题便愈发狭窄，只针对个人和家庭的生存问题罢了"（页 193），这种修辞工具导致了滑稽荒唐。

[65] 比如，参见，James S. Coleman, *Foundations of Social Theory* (1990); Gary S. Becker and Kevin M. Murphy, *Social Economics: Market Behavior in a Social Environment* (2000). 帕特南本人便属于一位政治科学家，但是，社会科学划分的边界实际上已不复存在了——并且，这也是一件非常不错的事情。

60年代以来，事实上对构建或利用社会资本的一切活动的参与，业已不断下降。他谴责这一潮流，因为依据投票人群和报纸阅读数量的下降来测度的政治冷漠不断上升，也因为调查报告中快乐指数的下降，并且还因为犯罪、不法行为、萧条和自杀的日益攀升。

帕特南对这些数据的分析，除了对赖德未加理会以外，还不能完全令人信服。[66] 他的有些统计数据肯定不正确，例如，"公路上的愤怒"* 每年涉及 28 000 人死亡（页 143）——这一数字接近于因汽车事故死亡的全部人数的 2/3——或者，"联邦国内开支"只占国民生产总值（GNP）的 2.2%（页 281 - 282，以及表 78）。帕特南推测，倘若人们面对面地与撒谎者接触（于是乎面对面互动作为社会性普遍衰落的一部分，其重要性正在下降），与只是了解这些谎言相比，前者更容易揭穿骗子的谎言，但他的这一推测可能是错误的。[67] 他对犯罪原因的分析，令人费解地遗漏了威慑因素和消除犯罪能力（incapacitation）的变量，比如，逮捕率、定罪判刑率以及监禁期间（参见第十八章，以及页 489 - 490，注 3 - 7）。他不甚恰当地贬低通过电子方式替代面对面互动的可能性。并且，最近社会指标的改善与他提出的因果假说并不相符，因为自 20 世纪 90 年代以来经济高度繁荣——因为他相信，社会资本对经济效率至关重要。此处，这本著作显而易见缺乏一种重要的比较维度：日本和德国的人均社会资本比美国更多，但多年以来，它们在经济上却一直滞后于我们。

帕特南认为，合作比竞争更能促进生产力，可是，证据再一次对他不利。硅谷中特别成功的企业家们，仅仅只是"有名无实的竞

---

[66] 参见，前注 [63]。

* 公路上的愤怒，系 20 世纪 70 年代以来出现的新词，指因交通阻塞、互相超车等原因而引起开车压力与挫折、并导致的愤怒情绪。——译者

[67] Michael J. Saks, "Enhancing and Restraining Accuracy in Adjudication," 51 *Law and Contemporary Problems*, Autumn 1988, pp. 243, 263 - 264.

争者"(页324),这一观点是错误的。帕特南归纳的这一特征,其惟一来源(参见页492,注25、27),是加州大学伯克利分校的安娜李·萨克森尼安(AnnaLee Saxenian)的著作《地域性优势》(*Regional Advantage*),[68]该作品对坐落于波士顿郊外沿128号公路旁的高科技公司与硅谷的类似公司进行了对比。萨克森尼安提出证据证明,硅谷的公司相比沿128号公路的公司,彼此之间合作更多,但是他又指出,"这些合作安排看起来似乎非同寻常,部分原因在于,硅谷中竞争极其剧烈……在一个雄心勃勃且天资卓著的职业性社群之中,来自同行的高强度压力,迫使工程师工作时间超长,并且导致这一地区毒品使用率、离婚率攀升,人们精疲力竭"[69]——并不象帕特南推介的那样!

但首先让我们假定,帕特南在如下两个方面都是正确的,即社会资本在美国已经逐渐销蚀,而此种销蚀具有许多负面影响。逐渐销蚀的原因,他论辩道,依重要性来排列,分别是代际变化(属于最大的单项性因素,他认为,至少导致了全部销蚀的一半)、电视、郊区化(suburbanization)以及——而且在此处帕特南非常温和地提及,以免招致女权主义者的愤怒——女性不断地加入劳动力队伍。本人将依相反顺序论述这些问题。帕特南注意到,大多数妇女声称,她们之所以工作是出于经济需要,而并非宁可工作也不愿呆在家里,并因此,他论辩道,妇女们耗费更少的时间参加建构社会资本的互动,这并没有错。然而,他忽视了这一事实,即今天比过去有更多的妇女参加工作,是因为她们中更少人结婚,也因为离婚率如此之高,以至于已婚妇女必须加入劳动大军,以防范离婚的风险——将她们自己安置在劳动力中,还因为妇女有了更好的工作机

---

[68] AnnaLee Saxenian, *Regional Advantage: Culture and Competition in Silicon Valley and Route* 128 (1994).

[69] 同上注书,页46。

会。这并不是要把"错误"归咎于某人,而仅仅是把重心从经济需要转移开来。中产阶级在经济上遭受压榨,这种主张与博克和勒希所声称的美国人就他们自身利益而言太过富裕的观点,同样不能令人信服。

帕特南就郊区化和电视对社会资本的影响所进行的探讨,不管怎样,还是正确的。郊区化导致往返于工作、购物、上学、开会成为必需,且通常是乘坐汽车。美国人正在他们的汽车中耗费越来越多的时间——独自地。看电视也趋向于成为一种单独活动,且无论如何都不利于交际,并如同驾车一样,也耗费了人们越来越多的时间。妇女参加工作、驾车以及看电视共同产生的影响,已经严重损害了可用于建构社会资本的社群活动的时间。

所谓"代际变化",帕特南指的是,大萧条和第二次世界大战塑造的一代人,相对规模已益缩小。[70] 他认为,这些事件——尤其是战争——激发了一种社群的非同寻常的意识,如今这种意识已经回归到了历史平均值。[71] 此处帕特南与博克,甚至与卡普兰,产生了一个饶有趣味的会合。尽管帕特南宣称,他并不希望对战争持有浪漫想法,但他对二战促成的社会联带描述——它促进了公民平等和经济平等,它也具有其他"积极持久的有力后果"(页275-276)——以及他把战争时期的特征刻画为"高度的公民责任"(页272),这都很容易推导出对那场"世纪中巨大的全球性灾变"(页275)的留恋。帕特南指出,"创造(或者重新构造)社会资本不是一件简单的工作",这与博克极为类似。"而一场明显的全国性危机,像战争、萧条或自然灾害那样,会促使其更加容易,但不管

---

〔70〕 他把这些人称之为"长期公民的一代"(long civic generation)(页254-255)。

〔71〕 对于这一问题,一位更早期、更悲观的衰落主义者已经作过预期。参见,Robert Nisbet, *Twilight of Authority* 161-162(1975). 尼斯贝特将"西方的20世纪"称作"一个黄昏的时代"(a twilight age),同上书,页 vi。(罗伯特·尼斯贝特,美国加州大学教授,著名社会学家,代表作《西方社会思想史》等。——译者)

是好还是坏,在新世纪黎明的美国,并没有面临此类震惊性的危机"(页402)。强调系帕特南所加。

这便是以标准的衰落主义方式看待阴郁的一面。帕特南真正想说的全部话语,是贫穷和恐惧会燃起社群之意识。人们都会环绕着北斗七星;主要是为自我保护,才发展了相互依赖的紧密联系——简而言之,"外部冲突促进了内部凝聚"(页267)。社会联带不仅仅本身是一件好事,在一个和平繁荣的社会中,更不用说它还是值得鼓励的东西,社会联带,是应对经济不稳定和地缘政治不安全的一种方式,它本身所需要的价值,并不比装甲车或者核武库需要的价值更多。

我们或许会倾向于为自己感到庆幸,我们生活在一个我们感到安全的时代,我们能够摆脱或至少是放松那些通常而言令人烦恼的家庭和其他归属形式的束缚,而作为个体昂首向前。我们可能会注意到,法律正在替代家庭和习惯而成为社会重要的凝固剂,因为那正是对自由个体(它不同于更大的社会有机体中的那些细胞)之间的互动进行规制的方式,而不是象帕特南的主张那样,随着律师数量的增长而感到悲观失望。帕特南大声疾呼"美国社群的重整",这既是堂吉诃德式的幻想,也是倒退反转。美国人并不想娇宠地生活在一张由"中介"组织编织的网络之中,除非迫不得已,而他们无须如此,并且,他们也不会为帕特南说服从而投入那张网络之中。帕特南或许是正确的,他们生活在这样一种网络中可能会更加幸福,即使他们不知道这一点。甚至,他的如下主张或许也没错:"定期地……去教堂做礼拜,其快乐或许等同于获得一个大学学位,抑或比你的收入翻倍还要快乐"(页333)。(这是与博克不谋而合的另一要点;可是,帕特南对于宗教信仰的内容没有表现出兴趣,对性行为道德同样也毫无兴致。)但是,倘若政府在供水时添加百忧解的话,他们也同样会更加快乐。并因此,至少因果关系的方向应该一清二楚,因为它不同于出席宗教仪式的例子。信仰仁慈上帝的人们,更可能既去教堂并且也很快乐,而不是因为他们去教堂所以才快乐。无论怎样,从《美妙新世界》一书中,我们已经得知,对一个社会作出判断,并不依赖于它在促使其公民的快乐最大化方面是否取得成功。假如经济活动合作性更多,而竞争性更小的话,那么我们就会更加繁荣,帕特南所持的这一论点尤其没有说服力。

他意识到,自20世纪50年代的黄金时代以来,美国社会已经发生了许多翻天覆地的变化。作为一位自由主义者,他强调了在宽容方面的进步以及女权主义革命,尽管他对于妇女参加工作的影响心存忧虑。不过他论辩道,这些进步并不依赖于同期内所发生的社会资本的缩减。例如,他注意到,二战期间出生的那代人比他们的上代人更具宽容性,而在今天,他们的宽容性则与其后代基本相同,尽管他们不象后者那样保持着更高程度的公民参与。他也报告说,倘若其他条件相同,则参加民权活动和其他协会活动的人,其宽容性倾向于比社会中的孤独人群更强,而不是相反。

帕特南试图调和公认的社会进步与社会资本持续下降之间的冲突,表明了诸如博克和辛美尔法伯的右翼衰落主义者,在尝试解释——或者宁可说辩解——近期社会指标的上升时,可能运用的策略。这就是调查社会指标上升的原因。这些衰落主义者也许会发现,社会指标上升的原因,并不会证明他们的悲观主义预测为错误。假如,举例说明吧,这些原因恰恰正是更有效的抑制(比如,更长的有期徒刑),年龄结构的变化,远不再是放荡的年轻人了,对爱滋病的恐惧,也许在某一刻将破灭的长期经济繁荣,或者对享受公共福利附加时间限制,那么,社会指标的改进可能只是一种外在形式上的进步,与品质和道德上持续的销蚀并无二致。它们属于进步,但却极有可能是暂时性症状的缓解,而并非道德健康方面的改善。

帕特南对他所谓"长期公民的一代"赞赏有加,而戴维·凯瑟(David Kaiser)于同年出版了一本作品,两部作品之间存在一种饶有趣味的紧张关系。戴维·凯瑟在其著作中，谴责了误导我们陷于越南战争灾难性泥潭的错误，而这些错误在很大程度上是由于"美国军人的一代"（GI generation）。[72] 这就是二战经历塑造的一代，并且，它与帕特南褒奖的一代人大体是重合的。

他们的优点包括：对待艰难险阻和代价高昂任务的态度，以身作则，积极肯干；对美国政府各种机构忠心耿耿；对团队精神和协调一致具有更广阔的包容；以及不屈不挠的乐观主义态度。他们的弱点，哎，则包括：不愿意质疑基本的假设；甚或不愿意承认失败的可能性；抑或不太理解为什么其他的美国人不甚支持为他们自身利益而进行的战争和牺牲。[73]

为了更重大的利益，他们尤其擅长恪守秘密和编造谎言，当战争变得令人厌恶时，他们甘愿自食其果，表现出团结一致的策略。他们怨声载道的后代们，"沉默的一代"，结果便对战争有了更深刻的了解。

如果帕特南论辩称，战争和物质上的剥夺激励人心，它们增添了生活的风味，生存在一个伟大帝国权力笼罩下要胜于生活在瑞典或丹麦，那么，就更容易理解为什么他对因战争和斗争激发的社群精神的衰落而扼腕痛惜了。可是，他并非一位浪漫主义者，所以当他说道，"我们孤注一掷，我们需要一个公民创造力的时代，为促使公民生活重新焕发生机而创造一整套制度和渠道，这种公民生活会适合我们业已复苏的生活方式"（页401），他便需要解释，当不存在战争时，为什么国家还需要战争的副产品。快乐，并不是一种

---

〔72〕参见，David Kaiser, *American Tragedy*: *Kennedy*, *Johnson*, *and the Vietnam War* (2000).

〔73〕同上注书，页8。

恰当的回答。而繁荣，根本就不是答案。况且，他还提出了不充分的证据表明，倘若社会资本的总量保持恒定的话，则美国人生活中任何公认的进步都会发生得更为迅速。

　　一项恰如其分的悲观主义预测，对那些为预言的词句所刺痛而忏悔觉悟之人，提供了一个拯救之希望，正如本章开篇时摘自《圣约旧约·耶利米书》的引文所表明的那样。帕特南这本作品的最后一部分（"该当何为？"），便是对忏悔的呼唤。他说道，我们生活在一个全新的"镀金时代"（页 367），镀金时代这一术语，是指在 19 世纪后 1/3 时期，资本主义的肆无忌惮以及"政治腐败的'恣意妄为'"（页 368）之俗称。[74] 但是，"镀金时代"让位于进步时代（即二十世纪的前 15 年），那是一个社会资本构建的时代；对我们而言，也有希望之光闪烁。令人奇怪的是，这个希望存在于帕特南本人，这位新进步时代天生的领导人，因为他的"经历，他近年来率先发起了一场协商沟通的全国性对话"，这场对话题为，"萨格鲁研讨会：美国的公民参与"（页 403）。他的其他建议，对于这位愤世嫉俗者来说，同样属于边缘，甚至是异想天开，例如，有关社会资本的重整，"对提出最优秀思想的新新人类（Gen X'er or Gen Y

---

[74] 请回忆一下本书第三章，肖恩·威兰茨对镀金时代（the Gilded Age）的祈祷。镀金时代可以视为迈向现代性不可避免的过渡时代，它是美国内战时期与 20 世纪之间的联结，甚至也是一种美国精神（American energy）和民族形成（nation-building）的黄金时代，更不用说移民浪潮了。可以这样来主张，美国内战和镀金时代造就了美利坚合众国。

er),*每年授予简·亚当斯大奖（Jane Addams Award）"（页 406）。他期望，雇主能为他们的雇员提供时间和场所，设立"公民讨论小组和服务俱乐部"（页 407），他也希望，不动产开发商能够创造更多的"便利行人的区域"（页 408）。他希望宗教复兴，而且也期望出席宴会如同家常便饭，修建社群花园和恢复跳蚤市场。

事实上，他所期望的，一位更闻名的公共知识分子戴维·里斯曼在《孤独的人群》中就曾感慨万端，帕特南这本作品的封皮上便已载明，《孤独的人群》一书系《独自打保龄球》的先驱之一。（请注意，"孤独/独自（lone）"一词是如何成为两本书标题之关键词的。）他渴望 50 年代缓缓重来。[75] 里斯曼认为，50 年代的团体感，合作（尽管是一种隐蔽的竞争性合作）对竞争的替代，对同仁观点高度的敏感性，极其个人主义的"独立超俗之人"（体现了韦伯新教伦理观念的人）为"社会化、顺从、合作"的人所替代[76]——帕特南告诉我们的所有这一切，除了服从这一点外，对于繁荣和快乐都至关重要——正在产生一个令人忧心如焚的投众合时的社会，同期另一位公共知识分子威廉·怀特（William Whyte）把这种投众合时之人称为"组织人"。里斯曼描绘的缺乏自主的从众者，虽有些令人叹息，却是帕特南的中心人物，这种人忙忙碌碌，与他的亲

---

* "新新人类"是一外来语，日本作家界屋太一的发明。一般认为，新新人类出生于 20 世纪 70 年代，是理想色彩最淡薄个性色彩最浓厚的一代人。他们没有经历战争、饥饿和瘟疫，他们受正常教育，享受富裕的生活，感受飞速发展的技术，他们以不同于父兄的方式成长。他们崇尚另类，追求时尚，"酷"是其典型的存在话语，"炫酷"成为这个圈子最有效的社交方式。他们追求数字化生存、快餐化生存、视觉化生存、刷卡时代。他们注重个人品味，但缺乏足够耐心，总想在最短时间内了解一切、获得一切，他们觉得快乐才是第一。——译者

[75]《孤独的人群》最早于 1950 年出版，但本人使用"50 年代（the fifties）"一词，非严格地指第二次世界大战结束至肯尼迪总统宣誓就职的整个时期。

[76] David Riesman with Nathan Glazer and Reuel Denney, *The Lonely Crowd: A Study of the Changing American Character* 190 (1950).

密伙伴每周玩一次牌，在办公室围着冷水器喋喋不休地闲聊，出席教堂的社交活动，参加当地埃尔克斯俱乐部或者共济会，跳方形舞，成群结队去打保龄球，和邻居们亲密交谈，几乎从不独自行动。

我有些夸张。里斯曼设想的缺乏自主的从众者，与其说是一位社团活跃分子，还不如说，他是对其同仁群体的成员发出的信号极度敏感之人。且他缺乏帕特南如此褒奖的公民美德。里斯曼对二战铸造的那代人，其态度与帕特南存在明显的区别，他说道，"二战的退伍军人几乎没有为他们欠缺的政治参与而带来一丝道德正直"。[77] 这正是帕特南有关那一代人最显著的特征——那一代人高度的公民参与——而里斯曼却视而不见。

他们之中，必定有一人为错——可能两人皆错吗？也非常可能。迄今为止，我们可以预期，公共知识分子的作品存在较高的错误率。50年以后，《孤独的人群》已如此陈旧，以至于无法引起人们阅读的兴致。里斯曼（并且，通过本人在第三章最后对他文章的引用，我们也可以回想起这一点）认为，美国正在进入这样一个时期，经济如此轻而易举地富于产出，以至于很少存在富有意义的工作，且为获得成功而真正需要的惟一资产，便是社会能力（social competence），此种能力恰是缺乏自主的从众者所熟悉的东西。个人主义者，将不再有存在的空间。（有一种针对《美妙新世界》一书明显不同的回应。）那种时代从未来临。50年以后，我们看到，帕特南对我们的社会问题、我们的产业效率忧心忡忡，并期望复兴小都市美德。这些在里斯曼的著作中并无探讨，尽管帕特南认为，它们弥漫充斥在里斯曼自己那一代人之间。在里斯曼的分类系统中，小都市美德介于一种中间阶段，即在"传统导向型"（前现代）的人与缺乏自主的从众之人中间，对于前者，里斯曼只作了简略讨

---

[77] 同上注书，页198（强调系本人所加）。

论；因此，早在 1950 年，它们便已凋谢——当时，帕特南却认为它们正处在巅峰。

帕特南强调的那些美德都是真正的美德。但成长于 50 年代的我们大部分人，面对那些美德的大部分及其所构成的文化，转换为当今更自由、更个性化、更快节奏、更富有、更多变以及更激动人心、即便也有些令人炫目的社会，其实并不感到遗憾。然而，名符其实的公共知识分子之中，却没有任何人会同意这一点。因为，最终令里斯曼、帕特南、博克、辛美尔法伯、卡普兰、巴森以及勒希同舟共济的，是他们面对现实的忧心如焚，不论是在 20 世纪 40 年代末对里斯曼而言，还是在 20 世纪 90 年代对其他人来说。悲观主义者回顾过去的黄金时代，惆怅满怀，时而又心怀希冀，期盼今后拯救之可能，可是，现在于他充其量不过是一个低谷。

第九章

公共哲学家

　　马莎·努斯鲍姆和理查德·罗蒂是不满足仅面向职业哲学家读者写作的哲学家,他们写作的主题也不仅仅局限于那些职业哲学家们通常关注的问题,比如,自由意志问题、数字本体论、准确认识外部世界的可能性以及道德绝对律是否存在的问题。在一长串不可胜数的学术型哲学家之中,不少人亦同时作为公共知识分子激扬文字,努斯鲍姆和罗蒂便属于其中最新近的哲学家——其他许多人还包括伯兰特·罗素、让-保罗·萨特、米歇尔·福柯,以及也许可谓最著名的美国实例,威廉·詹姆斯、约翰·杜威。伴随着哲学日益专业化、术语化和神秘化,这一传统正在日渐衰落。努斯鲍姆和罗蒂,他们来自于学术型哲学之前沿,可以称得上是活着的极少数此类美国公共知识分子中最为杰出卓越的代表(其他代表人物还包括罗纳德·德沃金、托马斯·奈格尔)。[1] 彼得·辛格,这位"动物解放主义者",则是一位更具影响力的公共知识分子,不过,他与其

---

[1] 参见,Robert S. Boynton, "Who Needs Philosophy?" *New York Times*, Nov. 21, 1999, § 6, p. 66; Russell Jacoby, "Introduction to the 2000 Edition," in Jacoby, *The Last Intellectuals: American Culture in the Age of Academe* xix (2000 ed.); James Ryerson, "The Quest for Uncertainty: Richard Rorty's Pragmatic Pilgrimage," *Lingua Franca*, Dec. 2000/Jan. 2001, pp. 42, 44.

他大多数学术型哲学家不太一样,与努斯鲍姆和罗蒂也不同,与德沃金和奈格尔更相去甚远,因此,他并非本人所指的那种公共哲学家。(况且,辛格事实上是一位澳大利亚人,尽管他现在居住于美国。)

在此,"美国人"是一项重要界定,并且,公共知识分子哲学家(简称为"公共哲学家")亦以一种非专业读者能够接近的方式表达自我。尤根·哈贝马斯是一位典型的欧洲公共哲学家。阿马蒂亚·森尽管在美国任教多年后现居留英国,但仍属一位典型的亚裔人士,他的公共知识分子作品涉及诸如灾荒、对女性儿童的漠视等第三世界的问题;然而,他的主要领域却是经济学,而非哲学。约翰·罗尔斯可谓美国最重要的政治哲学家,但他的作品采取一种浓厚的学术风格行文,由学术出版社出版,并为学术期刊撰写论文;他几乎没有为大众媒体撰写过任何作品,并且也从未在电台或电视台的对话节目中出场露面,当然,正如我在本书"引言"中论述的一样,大众媒体偶而也提到他(事实上,提及次数比努斯鲍姆和罗蒂还要更多些)。几位英国的学术型哲学家,比如阿兰·莱因(Alan Ryan)、伯纳德·威廉斯(Bernard Williams),亦属于出类拔萃的公共知识分子,当然,莱因主要在英国而未在美国,而威廉斯只在英国。希拉里·帕特南(Hilary Putnam)和罗伯特·诺齐克(Robert Nozick)属于"诱惑型"(attempting)公共哲学家的代表。他们希望接近学术界以外的读者,可是他们的大多数作品(主要而且惟一、但却属部分的例外,是诺齐克的第一本著作《无政府、国家和乌托邦》)对于非学术人员来讲,还是相当地艰深、技术性强以至于难以理解;并且,他们也不具有阿兰·布卢姆那样朦胧晦涩的非凡魅力,阿兰·布卢姆的此种神秘主义风格在英语世界中几乎可谓是独一无二的。努斯鲍姆和罗蒂主要面向学术读者写作,但他们两位也为知识分子杂志、甚至为报纸撰写作品。[2]

他们的职业楷模是约翰·斯图亚特·密尔。尽管密尔并不是一位学院型哲学家,但他在逻辑学和经济学领域确立了权威学术声誉后,便转向了公共知识分子作品的写作,最著名的便是《论自由》和《论妇女的从属地位》。密尔成功地将此种学术声誉引向公共知识分子作品,他因其就当时而言激进、甚至异端的观点赢得了令人尊敬的好评,尽管同时亦受到批判性的攻击,倘若不是因为他的学术成就而倍受人们敬重的话,则本来有可能被人们视为不切实际的癫疯而打入冷宫。[3] 无独有偶,努斯鲍姆和罗蒂也同样是在撰写由学术出版社出版的学术著作确立了学术声誉之后,才开始面向普通读者针对政治和社会问题奋笔疾书的。他们对于社会正义和公共政策问题观点强硬,比如,就努斯鲍姆来说,同性恋的权利、文化多元主义教育以及第三世界妇女的境况,就罗蒂而言,再分配政策和工会。

在聚焦公共哲学家的作品时,我希望,本人不被人们视为在给技术性哲学抹黑。公共哲学的大部分皆为不毛之地,这并不是它与其他学术领域相互区分之所在。我在本书中讨论公共哲学,并非因为我更喜好公共哲学,不爱好技术性哲学(事实上,本人的嗜好恰恰相反),而是因为公共哲学属于公共知识分子作品的一个方面,可技术性哲学则不然。

---

〔2〕 比如,参见, Richard Rorty, "Give My Check to a More Deserving 68 – Year – Old," *New York Times*, March 6, 2000 (late ed.), p. A23; Martha Nussbaum, "Hope, Fear, Suspense: A Chance to Focus on What Democracy Means," *Newsday*, Nov. 12, 2000, p. B4.

〔3〕 参见, Peter Nicholson, "The Reception and Early Reputation of Mill's Political Thought," in *The Cambridge Companion to Mill* 464 (John Skorupski ed. 1998). 密尔是一位坚持相信"新闻业更高地位(higher journalism)"的人,这接近于本人有关"公共知识分子工作"的概念。参见, Eldon J. Eisenach, "Self – Reform as Political Reform in the Writings of John Stuart Mill," 1 *Utilitas* 242, 250 – 251, 256 – 257 (1989).

尽管努斯鲍姆和罗蒂撰写社会正义和公共政策的特定问题各不相同，但他们的政治和社会哲学却是一样的。他们都是社会民主主义者，恰恰处于现代民主党中心的左翼，正如我们在本书第六章涉及努斯鲍姆时所见。他们属于福利自由派、社会自由派以及世界性的自由派（cosmopolitan liberals）——因为他们两位都深切关注着贫富国家的收入差距，当然罗蒂并不象努斯鲍姆那样对贫穷国家妇女的地位投以特别的关注。并且，两位公共哲学家皆对左翼文化人士的轻率冒失深表遗憾。而当这两位以社会民主主义者身份、就社会正义和公共政策问题指点江山的哲学家并驾齐驱时，人们却发现了一种奇特的分道扬镳。努斯鲍姆相信，西方中心的哲学传统以柏拉图和亚里士多德为起点，历经斯多葛学派发展到洛克、休谟、康德、密尔以及罗尔斯，这一传统可谓制订政策、使之正当化、并促进社会变动、从而采取她与罗蒂同样倡导的社会民主政策的关键（正如我们通过第六章所知，借助于一定的文献）；而就罗蒂来说，他则相信，这一哲学传统至多只是探求社会正义过程中的一种注意力分散，从最坏的情形而言，则是追求社会正义的障碍。正如努斯鲍姆一样，罗蒂依托文献寻找帮助。然而，他还从非正统的哲学传统中寻求支持，核心人物是尼采、詹姆斯和杜威。

哲学与公共知识的联结有其特定的逻辑。公共知识分子的开山鼻祖——苏格拉底、柏拉图、西塞罗、塞尼加——他们都可谓名贯史册的哲学家，正如此后的众多公共知识分子一样。公共知识分子属于博学多闻之通才，至少从传统而言，他们又是哲学家。因循苏格拉底传统的哲学家挑战所处社会的习惯之信念，提出令人坐立不安之疑问——从施特劳斯主义者的视角来看，这正是促使哲学成为一种危险性职业的缘由。简言之，哲学家就是一只社会的牛虻——公共知识分子亦然。然而，在一个专门化的时代，通才的两类竞技场皆在不断地萎缩。不仅智识努力的领域一片连一片地从哲学之中分离出去了，独立成为专门领域的学科（比如，自然科学、心理学、社会学、神学以及经济学),而且,哲学自身也已形成了一种细分为诸多子学科的学术专业。现代学术型哲学家典型的职业、通常的兴趣与非学术人群的活动和兴趣皆无法交错融合。他属于一位智识的隐士,当然也伴有显著的例外。努斯鲍姆深知这一点。和罗蒂一样,她批判过"哲学的学术化和职业化。"〔4〕她承认学术型哲学家生活经历狭隘,这意味着他们应该尝试不在大学里耗费其全部人生,她退一步说道,"我们孤岛一般的生活如此明显、如此频繁地体现于我们的创作方式之中",并且她还认可,哲学家很难与其学术同仁以外的更广泛的读者进行交流,况且,"人们必须在某些期刊上发表文章,才能获得学术职任,而这阻碍了人们运用更弹性灵活的风格……哲学期刊上术语满纸、难以阅读的作品(non-writing),是一种无法说服人们的可敬风格。"〔5〕然而,尽管罗蒂已经放弃了学术型哲学,努斯鲍姆却依然在继续战斗,以一种后卫的行动进行着抵抗。

努斯鲍姆诉诸哲学传统,以两种完全不同的方式作为社会改革的指南,分别对应着她对同性恋权利和第三世界妇女权利的关注。她也通过参照苏格拉底质疑的传统,为美国大学目前强调的文化多

---

〔4〕 Martha C. Nussbaum, *Love's Knowledge*: *Essays on Philosophy and Literature* 20 (1990).

〔5〕 参见, Martha C. Nussbaum, "Still Worthy of Praise," 111 Harvard Law Review 1776, 1794-1795 (1998). 律师、哲学家布莱恩·雷特 (Brian Leiter) 对努斯鲍姆作出回应,他指出,"分析型哲学家一旦超越了经专门训练能最好地适应他们的技术性问题和方法,而冒险踏入公共知识分子的竞技场,尝试披上'公共知识分子'之斗篷,如此频繁地与欧洲大陆的知识分子交往,那么,他们通常会变成令人无法忍受,平淡且肤浅。"参见,Brian Leiter, "A Note on 'Analytic' and 'Continental' Philosophy, http://www.blackwellpublishers.co.uk/gourmet/methods.ttm, 2001年1月28日访问。(并且,他并不仰慕欧洲大陆的哲学家!) 亦见, Peter Edidin, "I Have Tenure, Therefere I Am: Philosophy in Hiding," *New York Times*, Jan. 28, 2001, §4, p. 4.

元主义教育鼓吹辩护。[6]但在这一方面的努力中（或者就她文学批评涉及的事项来说），她对哲学的运用却并非与众不同；她的基本主张是，文化多元主义教育能够迅速拓宽并严格化。

就同性恋的权利而言，她援引希腊和罗马哲学家作为其偏好主张的典范，主张将同性恋视作一种道德中立的特征，而非像理性人对待这一主张一样。[7]然而，她断言，他们"就这种性关系［即同性恋关系］能够促进的重要的人类美德来说，向我们提供了一些富有价值的具体主张"（《性与社会正义》，页301）。让我们来看看这些断言吧。

传统世界对于同性恋的总体观点，其特征并不容易刻画。无庸置疑，与基督教排斥它的态度相比，它更加可以忍受。事实上，它包括了些许对同性恋公然的热情，也许还不仅仅是些许的热情。不过，这仅仅是针对男同性恋而言，同时，对于被动的性伙伴角色、针对特定的习俗（最著名的是口交）以及有时针对同性爱的任何身体表现，她也作出了适当的保留。一种对待同性恋宽容的观点在希腊和罗马哲学家中司空见惯——这毫不令人惊异，因为哲学家们通常说来映射了他们时代和空间的价值。然而，他们的观点却不尽相同，有时甚至同一位哲学家的作品之中亦自相矛盾。这就是难以描述传统世界对同性恋整体观点的原因之一，当然亦伴有少量证据。如果柏拉图的《会饮篇》赞成同性恋的话，那么，《法律篇》则属于反同性恋的，尽管人们可以对其进行解释，尝试缓解这种紧张关系。

除《会饮篇》的雄辩外，像柏拉图这样一位名垂青史的世间天

---

[6] Martha C. Nussbaum, *Cultivating Humanity: A Classical Defense of Reform in Liberal Education* (1997), 本章中对该书的引用简称为《人性的培养》(*Cultivating Humanity*)。

[7] 参见, Martha C. Nussbaum, "Platonic Love and Colorado Law: The Relevance of Ancient Greek Norms to Modern Sexual Controversies, " in Nussbaum, *Sex and Social Justice* 299, 309 - 328 (1999), 本章对该书的引用，简称为《性与社会正义》。

才原本赞成同性恋，仅这一事实便成为对同性恋宽容的一种"论辩"；且努斯鲍姆竭力证明，希腊和罗马哲学家与《会饮篇》维护的主张是一致的。但人们最好将这一努力描述为文化史，而非哲学。假如这些哲学家赞成同性恋或至少不反对同性恋属真实的话，那么，这便是可能与某些现代人有重大关系的一种事实，不论正确抑或错误，尽管我以为，希腊经典著作几乎毫无威望，尤其是在美国基本上没有什么影响。不过，除支持对同性恋宽容的任何哲学主张之外，这还是一种存在的事实。

就论述同性恋问题来说，《会饮篇》的主张是，所有男人皆渴望不朽，但下等的男人通过生殖寻求永远，而上等的男人则通过伟大思想的繁衍而接近永恒。[8] 因此，上等人寻求对其他男人之爱，而非寻找与缺乏哲学能力的女人之爱，并将它视为一条通往哲学知识的道路。既然理念重于躯体（对于柏拉图而言，理念无论如何都更为重要），那么，两个男人之间的爱便可能比男女之间的爱更富有价值，更不必说与两个女人之间的爱、以及一种既非生物学意义、亦非哲学意义（考虑到柏拉图对女人智识能力的观点）的生殖性结合相比了。

尽管努斯鲍姆提及了"有价值的具体主张"（复数），但我在此粗略描绘的主张却属于我在她有关希腊哲学家对这一主题的概述中惟一能发现的主张（参见《性与社会正义》，页326、328）。这些主张的确具体，但毫无价值。它是一种厌女的主张，反映了希腊对妇女的主导观点。并且鉴于柏拉图抑制肉欲之爱，而偏好"柏拉图式的"爱，同时，他也明显赞同苏格拉底拒绝接受奥希比德斯（Alcibiades）的性要求，因此，它实际上是一种男性结合（male bonding）的主张，而非主张同性恋。无论如何，这是一种努斯鲍姆本

---

[8] 参见，Bruce S. Thornton, *Eros: The Myth of Ancient Greek Sexuality* 210-212 (1997).

人不接受的主张,并且,它渐渐破坏了她引用希腊哲学家为今天美国同性恋权利辩护的努力,因为那些哲学家宽容甚至鼓励同性恋的论辩,依赖的是当代美国妇女不可能接受的观点,并因此导致同性恋本身似乎是厌女。这也许是法院倾向于对同性恋提供法律保护却并不诉诸于古希腊人的态度的原因(当然无可置疑,这是一项非常微小的原因),正如我们在下一章将见到的那样。

努斯鲍姆论辩道,不论希腊人本身如何思考,"我们自己也能够想像并看到,希腊人为同性关系辩护,认为它包含着人类重要的品德,事实上从逻辑和经验来说,它完全独立于对女人的厌恶"(页330)。但倘若除去对女人的厌恶之外,希腊哲学家的"辩护"事实上并非为同性恋的辩护,而不过是为友谊的辩护,正如我曾经指出的那样。假定男人和女人一律平等的话,则依《会饮篇》的逻辑,一种不仅能够进行身体上的繁殖而且也能延续精神生产的异性关系就优越于同性之间的关系,因为后者只能从事精神上的繁衍。这仅仅是在正如《会饮篇》之类的著作中,推定男人具有的优越性赋予了同性关系某种氛围。的确如此,因而古希腊人,包括诸如柏拉图之类登峰造极的哲学家,对待同性恋的态度皆比我们的社会更为宽容。不过,他们的理由却是我们不能接受的——他们蔑视妇女的智识能力。

努斯鲍姆运用哲学,在促进第三世界国家的社会改革中发挥了显著作用,她努力的目标旨在改变那些国家妇女普遍悲惨的命运,当然,那些国家男性的命运亦同样悲惨,不过相比妇女来讲要稍好一些。她一直强调,尤其是在她的著作《妇女与人类发展》一书中,[9]强调哲学对于这一目标并非一种选择性工具,而是一种最

---

[9] Martha C. Nussbaum, *Women and Human Development: The Capabilities Approach* (2000),本章对该著作的引证,简称为《妇女与人类发展》。亦见,《性与社会正义》的引言部分和前四章。

基本的方法。她相信，文化相对主义，由于否定了对其他社会某些习俗（诸如女阴割除之类的习俗）[10]进行客观道德判断的可能性，因此对于改进那些社会妇女的命运是一种阻碍力量。她也相信，第三世界国家的许多领导人及其在西方国家最有影响力的顾问，他们深深地嵌印着一种既阻碍社会改革、也忽视哲学的经济思维类型。通过揭示这种经济思维暗含的哲学前提的虚弱陈腐，合理可靠的哲学推理便因此能够扫除改革的主要障碍。

这一想法与努斯鲍姆为同性恋权利辩护而援引经典哲学家并不完全毫无关联。诉诸古希腊人的态度作为我们自身对性的思考之指南，默示地否认了文化相对主义的形式，因为文化相对主义要求我们拒绝对其他社会的道德进行评判。并且，她针对发展经济学家发表的部分论辩只是他们忽视了哲学传统，正如反同性恋的人们一样。她主张，大多数经济学家，就其建议改革、并因此运用经济学作为规范性分析工具而非仅仅作为纯粹的实证工具来说，属于非反思的功利主义者（unreflective utilitarians）。他们不仅忽视了自身的哲学传统，而且也忽略了哲学家对功利主义的批评，以及功利主义传统提出的幸福生活、美好社会的替代性概念。经济学家们把偏好作为一种假定，认为它是政府创造和保护自由市场制度的函数，而这一制度将促使这些偏好最大可能地获得满足。他们假定，一切偏好皆可以货币化，并且，严格的经济福利的度量，比如国民生产总

---

[10] 事实上，这一习俗是指阴蒂割除（clitoridectomy）和小阴唇切除（infibulation，但本人统一使用"女阴割除"（infibulation）一词包纳这两种程序。该习俗过去通常被称为"女性割礼"（female circumcision），而如今更普通的称谓是"female genital mutilation"（女性生殖器割除）。前一术语由于与远远更少争议的男性割礼合而为一词语，故属于反映这一习俗的标准词汇，而后一术语则是贬义的。中性术语为"女阴割除（infibulation）"，因此在学术探讨中采用这一术语更为恰当。

＊女性割礼，对女性生殖器施行部分割除手术的风俗，起源于古埃及，后在非洲、中东和亚洲许多国家和地区流行。——译者

值（GCNP），能够合理地代表一个社会全部偏好的满足程度。因此，在两个社会之间，从其效用或经济福利（可视为同义词）最大化的经济学意义而言，拥有更高人均国民生产总值的社会要"优"于另一社会。

努斯鲍姆认为，这是一种缺陷深刻的发展路径。她指出，比如，忽视适应性偏好和其他不可信的偏好（inauthentic preferences）之作用，是不现实的，并且，它也取决于一种对人类福利的贫困理解。人们的偏好并不总是反映一位中立观察者认为对于他们来说善的东西，或者，如果他们生活在不同的社会之中，或者如果他们只是知道更多的可替代生活方式，偏好也并不总是反映他们自己认为善的东西。一位出生于印度种姓低层之人，不可能渴望上升至超越其作为挖沟人的地位，他只能麻木不仁地悲叹其命运。倘若他接受这种制度，并且看到他在一种高级法（a higher law）或权力中所处的位置，他在此种位置中可能期望死后获得正义，也许，他会更加快乐。在降低了对其状况的偏好之后，他也许会对其现状心满意足，并拒绝变化。奴隶可能发展一种奴隶的心态。奴性的人也许会促使奴性（servility）价值内在化。象被种性一般限制在家庭生产中的妇女，可能会将这种状况视作她们的自然状态，从而适应那种条件。她们也许会快乐地扮演她们父母预先给她们设定的角色，映射出她们社会的价值。

经济学家并不认为自己是文化相对主义者，而文化相对主义者也不认为自己属于发展经济学家。不过，在趋向于接受他们所研究的社会态度和社会行为反映出的偏好的表面价值方面，他们是类似的。幸福生活的一些普遍性概念存在着特定社会的习惯性标准，这使得我们为古希腊宽容同性恋而欢呼致敬，而对第三世界一些习俗予以谴责，比如女阴割除、溺女婴、性别选择人工流产以及否定妇女平等教育和就业权利等，严格的文化相对主义者对这一理念横眉冷对，而对于大多数经济学家的思维来说，它却属于不相关的理念。功利主义存在着一种普遍的道德标准，一种关于快乐和偏好满足的标准。但是，正如我们在第七章讨论《美妙新世界》一样，它并不能够回答如下问题的标准，即当人们过着一种"客观上"堕落的生活时，是否应该认为他们是快乐的。

努斯鲍姆追溯了这种哲学传统，尤其是引证了亚里士多德和康德，并回到一种人类实现或人类繁荣的普遍主义理念，《妇女与人类发展》一书副标题"公民权能取向"对此进行了概括。公民权能取向，除了聚焦于一个社会的人均收入之外，还审视人们为了享受丰富、充实的人类生活"在客观上"的需求，注意，人均收入这一数据可能掩饰诸多不平等，或遮盖了人们对其生活命运满意的程度。这些需求包括：合理寿命、良好的健康、迁徙自由、避免不合理的恐惧或匮乏的自由、政治自由、性与繁殖自由（在限度之内）——事实上，包括了富裕国家的自由阶层所理解的人类权利的全部内容。

努斯鲍姆相信，为了促使这些需求确立为权利，需要进行哲学论辩。这存在两种可能真实的含义。第一种含义是，积极反对运用、或仅仅没有运用公民权能取向的人——文化相对主义者和发展经济学家——也许会把他们的反对或冷漠构建于一种哲学理论之上，比如，哲学意义上的相对论或功利主义。在此情形下，对他们的前提进行哲学批判无疑是适当的。第二种含义是，哲学主张也许可以用于表明，公民权能取向是一种对待发展问题的正确方法。换言之，哲学在确立这一取向，以及也许在说服人们采纳该取向方面，可能具有一种建构性作用，而并非仅仅是批判性功能。

就第一种含义来说，本人以为，并不因为文化相对主义者或发展经济学家执着于哲学理论，故而能够抵制公民权能取向。每一个人都应和着哲学家的曲调翩翩起舞，这当然十分令哲学家欢喜，不过，这似乎并非那么合理，至少在目前的场景下是如此。一位哲学上的相对主义者相信，没有任何主张时时为真、处处正确。他认为,"真理"是相对于提出有关主张的人之视角而言的;因此,对我来说是正确的,对你说来却不一定正确。这一极端意义上的相对主义容易招致严肃的批评,比如,相对主义者主张相对主义是真理本身便存在着缺陷;他只能这样说,相对主义对他来说属于真理。然而,努斯鲍姆抨击的文化相对主义者并不会因为这一点烦恼而困惑。因为他们所谓的相对主义是政治性的,而非认识论的。他们喜欢提醒我们,前一时代的殖民强国,尽管它们能够为其征服的本土文明之道德作出"正确的"判断,但此种文化帝国主义孕育了歧视和压迫,并已为历史唾弃;而有一种公民权能取向,它能够有效地整理富裕世俗社会中舒适轻松的公民之渴望,它的运用可谓古老的文化帝国主义的复兴,况且,试图将我们的价值强加于我们几乎毫不理解的其他社会——狄更斯在《大卫·科波菲尔》一书中称之为"望远镜中的慈善"——也许本来便具有不可预见的相反后果。这些并非哲学上的观点。它们既非一位哲学家通过训练而装备精良的评判观点,亦非依据经验而深思熟虑的判断意见。

同样,尽管大多数发展经济学家可能都是功利主义者,但他们并没有为其观点提供一种哲学辩护。他们亦无须如此,因为他们对于规范性的渴望相对平和。一位修表工人在陈述一块坏表应该修理时,并不需要运用哲学令其叙述正当化,同样,一位经济学家在论证他所倡导的提高国家经济增长率或降低通货膨胀率、缓解失业率的措施时,亦不需要哲学。这位经济学家必须小心谨慎,对他所提议的措施可能产生的副作用毫不疏忽;然而,那位修表工人必须考虑的,只是修理这块手表的成本。

经济学家在探索适应性偏好、穿透偏好的表层含义即他们所称的"显示性偏好"(指行为表现出来的偏好)、或者处理非货币化现象(尽管这是不断变动的)时所体现的踌躇不定,并不是哲学承诺的产物,当然亦并非哲学上的疑难困惑。它是经济学作为一门学科的特征之结果。假定偏好是稳定的,并可以通过行为令人心悦诚服地揭示(通过"把钱花在你的嘴上"),且假定货币价值,不论是明确的还是隐含的,皆是对人类福利隐含概念的一种有意义的指标,那么,基于这些假定,经济学家便能够就有关行为提出可测试假说的公式。经济学家们也许不懈地坚持这些假说,但这是属于方法论的问题,并非哲学的原因。对于某种特定的调查模式来说,这是一种承诺,但对于功利主义则不然——经济学家们将此种义务称为科学的,而他们的批评者则称之为科学家的——这导致许多经济学家怠慢了努斯鲍姆期望关注的第三世界社会的特征。而事实上,我们将看到,发展经济学家并没有象努斯鲍姆表明的那样被蒙蔽。在经济学中,关于货币现象和实物现象的区分存在着一种长久的传统;实际上,自亚当·斯密最先倡导公平贸易开始,经济学家的一项重要作用便是提醒人们这两者的区分。在本书最后一章,我提及了一项基于消费取向对美国生活标准进行的经济学研究;尽管这项研究是一个保守主义思想库(美国企业研究所)委托进行的,并且也得出了一种"保守的"结果,但它正如努斯鲍姆一样,也通过否认货币收入是一种准确的经济福利量度,而达到自己的目标。

现在让我们转向哲学对于发展而言的第二项可主张的贡献,即建构性贡献,而我心存疑虑的是,哲学是否就能够表明公民权能取向正确无误,或区分点之所在能否促动任何人接受它。道德论辩毫无效果,这一点众人皆知。关于公民权能取向的主张流传着这么一种说法,"这是我们喜欢的东西;倘若你如我们以为的那样喜欢我们,那么,即便你生活在第三世界,你也会喜欢它。"这当然不是一项论辩;并且,它那无法摆脱的傲慢神态也许会令它在第三世界滞销。

努斯鲍姆相信,可以赋予公民权能取向以哲学基础(或者点缀以哲学的光泽)而使它变得更加美妙诱人,这可谓她更一般性信仰的一部分,即社会改革应建构在有效的理论之上。比如,她相信,西塞罗、塞尼加、格老秀斯和康德,对于战争以及国际关系的运作产生了非常重大的影响。[11] 很难想像，人类活动的范围更多由政治和热情来统治。将联合国归因于康德，就好比因希特勒而指责马克斯·韦伯一样——并且，这种情形业已如此，正如当我们在涉及阿兰·布卢姆时见到的一样。努斯鲍姆还论辩道：

> 如果凯瑟琳·麦金农提出了一系列具体明确的批判性判断，但不能促使理论连成一个系统的整体，从而对性关系的结构作出系统、清晰以及抽象的说明，那么，就不可能就性骚扰构造惟一的概念。妇女本来可能经历这些，可是，倘若没有一种抽象且系统的概念性结构，我们就不能充分地界定我们所经历的东西。[12]

这误解了麦金农对反性骚扰运动的贡献。作为一位出类拔萃的律师、言词犀利的辩论家和"殉道者"（参见本书第二章），麦金农为警醒法律机构适应对性骚扰实行法律救济的需要，做了大量的工作。她指出问题之所在，提出解决问题的特定、具体的法律救济措施，从而实现这一目标。她有关性骚扰的著作，也是她第一本且最有影响的著作，根本就不是哲学著作。[13] 她近来形成了系统的女

---

[11] Martha C. Nussbaum, "Why Practice Needs Ethical Theory: Particularism, Principle, and Bad Behavior," in *The Path of the Law" and Its Influence: The Legacy of Oliver Wendell Holmes, Jr.* 50, 62, 77–78 (Steven J. Burton ed. 2000).

[12] 同上注，页78。

[13] Catharine A. MacKinnon, *Sexual Harassment of Working Women: A Case of Sex Discrimination* (1979).

权主义理论，一种对马克思和对男人仇恨的混合产物，[14]并未出现在该著作中，而且，对法官、立法者和社会公众来说普遍接受对性骚扰予以有效法律救济的主张，并没有发挥什么作用。它惟一的实践意义，就是为女权主义的对手们提供了一个靶子。它已成为麦金农倡导的改革之障碍。

没有麦金农的理论，或者就这一问题来说，没有亚里士多德的学说，实践的改革者也能够一如既往地行动。亚里士多德可谓努斯鲍姆最挚爱的哲学家。[15]然而，他的著作却赞成奴隶制，并认为女人天生低于男人。他的哲学为中世纪教会提供了大量的知识基础，他著作中的劝诫和实践，皆非常显著地具有反民主、厌恶女人和思想偏狭的特征，至少从现代视角来看是如此。亚里士多德拥有并形成了一整套系统的人类繁荣的理念，这是真实的，这些理念显而易见地世俗化（worldly）（或者我们也可称之为世俗的 [secular]），甚至比功利主义还要丰富，它将导致人们能够运用我们视为出众之人所拥有的各种力量。这种对权能的强调，令亚里士多德成为努斯鲍姆公民权能取向的起点，可能被视为包括了（努斯鲍姆认为包括）对贫困者予以物质援助的义务，并因此也具有再分配的内涵。但这些并不是亚里士多德本人推导出来的含义。并且，正如他关于人性的概念具有自身的一套主张，故潜在地，与亚里士多德相

---

[14] 正如她著名的格言所表达的那样，"没有色情，就没有男人的性"，以及"性交（正常的）与强奸（不正常的）之间的主要区分就在于，正常的经常发生，乃至不可能有任何人看到它有什么不对的地方。"参见，Catharine A. MacKinnon, *Toward a Feminist Theory of the State* 139, 146 (1989)。在她的著作《语词而已》(*Only Words*, 1993) 第一部中，我们会读到，"你是这样长大的：你的父亲将你按倒并捂住你的嘴，使另一个男人可以在你的两腿之间造成可怖、炙灼的疼痛。等你成人而且为人之妻后，你的丈夫将你绑在床上，在你的乳头上滴上滚烫的蜡烛油，然后带着其他男人来观赏，而你还得微笑相迎。"

[15] 参见，Martha C. Nussbaum, "Aristotle, Politics, and Human Capabilities: A Response to Antony, Ameson, Charlesworth, and Mulgan," 111 Ethics 102 (2000).

容的恰恰是与努斯鲍姆相对的政治和社会世界观,[16]因此,阿奎那和其他经院哲学家,包括一些他们现代的传人,比如埃拉斯代尔·麦金太尔、约翰·菲尼斯,皆(赞同地)认为,亚里士多德的政治和道德哲学思想狭隘、反对平等、家族统治、等级森严。努斯鲍姆试图将亚里士多德明列于她的社会-民主计划之中,就像是攥住了一柄双刃利剑的剑锋。

努斯鲍姆并非没有批判亚里士多德。她把他视作探索之起点,而非寻求之终点。她之所以要从亚里士多德开始,是因为她发现他的一些思想富于启发。但是,这一谱系为何显得如此至关重要呢?这些思想为什么不可能从它们自身开始?而无须联系并回溯至一位伟大的创始人,这位伟大人物甚至本来也不会同意努斯鲍姆所期望的对其思想的运用。一位面向严格学术读者写作的学者也许会觉得,他们有义务承认并鸣谢自己思想的前驱。但努斯鲍姆却希望接近更广泛的读者,这些读者对于她智识上的义务毫无兴致。当哲学家面向社会公众魔术般地变幻展述着知识史上的伟大人物之时,心头疑问便油然而生,实际上,这不过是魔术师借助权威而已,而并非阐明魔术师的思想,或只是为了躲闪剽窃之指控。这只是在闻名遐迩的已故之人中寻求同盟罢了。[17]

这可谓努斯鲍姆公共知识分子作品时常表现的特征,并揭示了这样一种忧虑,即她进行的论辩——任何规范型哲学家所进行的

---

[16] 比如,参见, Richard Mulgan, "Was Aristotle an 'Aristotelian Social Democrat'?" 111 *Ethics* 79 (2000).

[17] 正如努斯鲍姆在她的著作《善之脆弱性:希腊悲剧和哲学中的幸运与善》第二版前言所承认的一样,她 "旨在寻求适当的希腊人,作为她启蒙自由主义充实的观点之同盟。" 参见, Nussbaum, *The Fragility of Goodness: Luck and Goodness in Greek Tragedy and Philosophy* xvi (rev. ed. 2001). 在该前言的其他部分,她还论述道,"当然,即便根本不回到希腊的思想,我们也可以确定我们自身思想的正确性。" 同上书前言,页 24。但她并没有解释,为什么事实上那不是最为可取的进路。

那种论辩——倘若不涉列其渊源,本身并不能激发人们的兴趣,这正如对能够判断一幅艺术品"真实"价值的忧虑一样,一幅先前以为是伦勃朗所作之画,而后发现系由其他人创作,会导致这幅画市场价值的灾难性急挫。不过,希腊人却并非一位现代社会民主主义者令人心悦诚服的同盟,因为他们就诸如奴隶制、妇女和未成年人的权利、平等、自由等政治和社会问题所考虑的内容,从我们的视角来看,大部分都是反动的。努斯鲍姆在探索现代观念的希腊先声方面(尤其是对斯多葛派的研究)勤勉恳切;但从整体上来考虑,古希腊的政治和哲学思想并不属于社会民主主义。让我们回想一下,希腊对同性恋如此宽容,其缘由只是厌恶女人。这毫不令人惊诧。一种宽容同性恋的观点,更可能是产生古希腊意识形态的其他特征(奴隶制、溺婴、厌恶女人、军事主义等其他特征)的基本价值之投影,而非一叶孤立的现代性之礁岛。因此,在寻求利用希腊人有关同性恋的观点来支持同性恋权利时,努斯鲍姆犯了时代错误。她与亚里士多德的同盟,也许与凯瑟琳·麦金农同埃德温·米斯在色情之战中的同盟一样,脆弱不堪且机会主义。

倘若没有不正当的暴力凌驾于能力之犁(the capabilities plow)上,那么,不易同化于努斯鲍姆政治议程的西方哲学传统的巨子亦不可能搭上前行之轭,而即便如此,也没有办法证明,他们要比其他竞争性的智慧之源更值得关注——比如,尼采、耶稣、孔子、穆罕默德、托尔斯泰或甘地。公民权能取向暗示的典型社会,类似于现代斯堪的纳维亚社会——富有、和平、繁荣、伴有各种社会安全网络的生活自由之社会。这可不是每一位伟大思想家关于乌托邦的构想,况且,认为有些人喜好他所偏爱的致力于军事繁荣、或审美完好、或精神崇高、或激进平等主义的社会,并没有知识的过程。惟有缺乏想像,才会使我们坚定不移地确信,我们的价值实际上最好,而我们也能够证明这一点。

努斯鲍姆援引西方哲学传统来支持她的公民权能取向,有一种修辞的意义,而非哲学含义,正如本人业已暗示的那样。在这一层面上,她把公民权能取向聚焦于同性恋的权利。伟大的哲学家皆为文化之偶像,而在文化论辩中把他们拉到你一边,会给你的论辩添加一种本不具备的影响和炫耀,假如你承认如下事实的话,即你实际上不得不说的所有话语只是我们喜欢我们的价值,你要是尝试一下的话,你也会喜欢我们的价值;或者如果你只需用稍稍精巧的话语来表达,倘若你希望和我们一样的话,你应该做的就是这些事情,涉及诸如女阴割除、妇女教育、宗教的社会地位以及新闻出版业的管制等事项。

我当前目标的一个方面,其中有些便是考虑,这样援引伟大哲学家是否属于一种有效的修辞;不过,我不畏风险地提出,这并不是一种有效的修辞。努斯鲍姆喜欢援引的哲学家,在现代美国人心中、甚至在受过教育的阶层之中,几乎没有什么共鸣。援引这些哲学家的著作,关于他们的含义或者他们对于我们应该意味着什么进行论辩,这是一种面向圈内人士的写作;而对于一位胸怀抱负的公共知识分子来说,这可是一种错误的策略。"过去三十年以来,政治哲学已经成为一种自我参引之话语,它的界定性特征之一,便是针对现实政治世界而言它并不存在。"[18] 甚至20世纪政治哲学最闻名遐迩的著作,初版于1971年的罗尔斯的《正义论》,是否对公共政策产生了重大影响,亦值得质疑。(本人在上文中刚刚引用的约翰·格雷[John Gray]讨论的哲学家,便是罗尔斯。)一个原因便是,罗尔斯严密的学术风格。另一个原因,也是更深层次的原因——因为一种可接近之风格的需求可以由罗尔斯的公共知识分子助手来提供,这样的人不可胜数——系该著作大多数新颖且诱人的主题(即正义要求政府重新分配所有的财富,超出了为促进这一社会

---

[18] John Gray, "John Stuart Mill's Neglected Insights: His Understanding of Human Variety and His Plea for the Wilderness," *Times Literary Supplement*, Feb. 11, 2000, p. 12.

的工人具有生产性所必需的"激励")是模棱两可的。这一主题（即"差别原则"）受到了自由主义者的赞同，他们认为对于再分配应赋予哲学上的认可，而保守主义者则支持对适应激励的公共政策给予哲学上的认可。把差别原则放在自然状态上，这一原则就能够约束贪婪，[19] 但仅仅高到某一点——没有人能够确认的那一点——并因此，这一政策论辩的每一方都可能对这一政策本身表现出敬重。[20] 自《正义论》出版之后三十多年以来，引导公共政策发展演变的并不只是一本著作；特定社会实验的失败也引领着公共政策的发展，显而易见的是共产主义的失败，但不限于此，在这个世界的绝大部分，腐朽没落的资本主义（不公平地）却成功地生产出令人无法想像的繁荣，这一点衬托了共产主义的失败。资本主义的经验胜利已经使大多数国家的政策议程中去掉了再分配政策，并因此导致罗尔斯的著作看起来似乎是学术性的。

关注社会理论对于现实世界的有限影响，并不是要钻研约翰·罗尔斯，而是强调现实世界的事件对于公众舆论的影响要比学术理论更大。米尔顿·弗里德曼承认这一点，他拒绝相信他的著作《资本主义与自由》促进了自由市场观念的流行。[21] 那种流行亦应归功于导致有关罗尔斯《正义论》搁浅的同样事件。但蓦然回首，我们看到，弗里德曼具有先见之明。倘若预言错误毫不蒙羞，那么，至少真实的预测应获得荣誉；这就必须对本人的主张予以修正，即

---

[19] 参见，G. A. C. Cohen, *If You're an Egalitarian, How Come You're So Rich?* chs. 8–10 (2000).

[20] "作为公平的正义（Justice as fairness）令这一问题悬而不决，即它的原则是否能够通过某些拥有财产形式的民主之形式或者一种自由的社会主义政体而更好地实现。这一问题留待每一国家的历史条件、以及传统、制度、以及社会力量来解决。"参见，John Rawls, "Preface for the Revised Edition," in Rawls, *A Theory of Justice* xi, xv–xvi (rev. ed. 1999).

[21] Milton Friedman, "Preface, 1982," in *Capitalism and Freedom* vi (1960; reissued 1982).

在公共知识分子的论辩中，没有任何人能够保持记录。罗尔斯没有高瞻远瞩地预测，并且也没有被批判驳倒；他只是成了过眼烟云。

但是，倘若我在低估罗尔斯的影响力的话，那也不会削弱我对公共知识分子影响所作的保留。因为罗尔斯并没有踏上公共知识分子的征途；并且，如果他比已步入公共知识分子道路的政治哲学家影响更为深远的话，则反而表明，坚持到最后的学术人员可能拥有改变这个世界使之更加美好亮丽的前景。

像努斯鲍姆一样从事公共哲学工作，其另一替代性途径便是罗蒂的方式，即涉及包括考虑更深层次的规范性问题。他有意地避免诉诸西方中心的哲学传统，即努斯鲍姆诉诸的传统。我们必须考虑，从促进改良主义目标的视角入手，为什么他会认为诉诸那种哲学传统是误导的，尽管他的改良主义目标与努斯鲍姆是共同的。一个理由就是，努斯鲍姆的方式没有效率，因此只是一种娱乐，是浪费时间。"我们〔左翼知识分子〕再也不可能象先锋派一样了。"[22] 为了进行任何实践性运用，我们必须"放弃这一主张，即哲学或文学的复杂性是重要的，因为它为我们准备了一种历史赋予我们的至关重要且社会不可缺少的角色——'意识形态批评家'的角色。"[23] 罗蒂也相信，努斯鲍姆诉诸的传统对于他和她的改良主义目标来说，会招致人们反感。他的著作中暗示着此种信念，[24] 当然这一主张并不清晰易辨。非常明确的是，他认为，这种哲学传统的中心是客观真理的理念，不论是科学真理、道德真理抑或是政治

---

[22] Richard Rorty, "The End of Leninism and History as Comic Frame," in *History and the Idea of Progress* 211, 219 (Arthur M. Melzer, Jerry Weinberger, and M. Richard Zinman eds. 1995).

[23] 同上注，页223。

[24] 尤其体现于理查德·罗蒂的文集《哲学和社会希望》(*Philosophy and Social Hope*, 1999)，本章对该文集的引用，称为《哲学和社会希望》。

真理。无庸置疑,努斯鲍姆会赞同这一点。她指出,后现代主义者抨击发现真理和客观性之可能是"有害无益的"。努斯鲍姆相信,"我们能够通过论辩确立有关真理的主张,即可以透过偏见而适当地宣称客观性和自由"(《人性的培养》,页39;亦见同上注,页40–41)。她的全部要旨几乎都是,公民权能取向就是(*is*)这样的一种主张——因此,对于所有人而言皆属真实,并不仅仅是相对于富庶的北大西洋国家来说。人们可以看到,罗蒂作为一位实用主义者、一位反基础主义者,为什么可能不会同意努斯鲍姆有关真理的主张;而且,为什么罗蒂可能会认为,努斯鲍姆解决此种不一致的方式可能会阻碍他们共同政治目标的实现?

从罗蒂的作品中可以推断出他的三个回答。第一,关于探求基本真理或者终极真理的主张,传统的哲学诠释在滋生一种对妥协、容忍并因此对民主持有敌意的思想倾向时,类似于神学,然而,"哲学的肤浅浮躁以及轻率鲁莽有助于……促使这个世界的居民更具实用主义、更多忍耐宽容、更加自由主义、更能接纳对工具理性的诉求。"[25] 第二,倘若"在我们哲学家宣告新兴事物真正合乎理性之前,判断皆必须悬浮于文化新兴事物的正当性之上",那么,社会改革将会放缓拖延。[26] 而第三,为政治计划构建哲学基础,会逐渐地侵蚀社会实验的热情。实验旨在对假定进行测试,这些假定在性质上是试验的;否则,在对它们进行测试时就没有意义。你无须做一项实验,来验证2加2是否等于4。公民权能取向并不是

---

[25] Richard Rorty, "The Priority of Democracy to Philosophy," in *Reading Rorty: Critical Responses to* Philosophy and the Mirror of Nature (*and Beyond*) 279, 293 (Alan R. Malachowski ed. 1990). 罗蒂在其他场合曾经说道,他认为,"一个实用主义无神论的世界……将是一个比我们现存世界更加美好、更为快乐的世界。"参见, Richard Rorty, "Response to Farrell," in *Rorty and Pragmatism: The Philosopher Responds to His Critics* 189, 195 (Herman J. Saatkamp, Jr. ed. 1995).

[26] Richard Rorty, "Philosophy and the Future," 同上注书,页197、201。

作为一套可测试的假定提出来的，而是作为一整套确定无疑的真理提出来的。一项与公民权能取向不相一致的社会计划——比如，否定妇女的平等权利——是错误的，并且必须予以拒绝。

罗蒂把实验放置于对社会正义追求的前沿和核心，并且，他不想看到它为这样一种确信所阻碍，即确信我们知道社会正义是什么，并且只需设计出实施社会正义的细节。他希望帮助"从尼采所谓'永远的谎言'中解放出来的人类，尼采的这一理念是指，在我们进行的毫无计划、危机四伏的实验以外，存在着一些事物（上帝、科学、知识、理性或真理），只要我们履行了适当的仪式，它们就将介入进来拯救我们。"[27] 他希望，我们能够"除去对柏拉图和马克思共同的信念……即只是必须构建一种宏大的理论叙事，以此来探寻如何终结不正义，这种方式与小处着眼的实验方式正好相对。"[28] 在这一问题上，罗蒂不仅对杜威，而且对密尔皆忠诚有加，密尔也教导了尝试的重要性。《论自由》的前设条件便是，"我们不可能知道先验的真理，并且习惯也不可能告诉我们对我们而言什么是善的；我们能够发现的惟一方式，便是通过尝试和观察。"[29] 密尔的理论不同于努斯鲍姆的公共知识分子作品精神，他的理论缺乏目标定位，并且强调进路的多样性，[30] 而努斯鲍姆的作品则从属于目的论：我们知道，我们将去往何方，并且我们必须竭尽所能到达目的地。

---

[27] Richard Rorty, *Consequences of Pragmatism* (*Essays*: 1972 – 1980) 208 (1982).
[28] 罗蒂，前注 [26]，页 211（强调系原文所加）。
[29] Nicholson, 前注 [3]，页 470。
[30] 密尔说道，已经使得"欧洲的国族大家庭没有成为人类中静止的一部分而成为进步的一部分"的东西为，"不是这些国族内的什么优异美德……而是他们性格上及教养上的显著歧异。个人之间，阶级之间，国族之间，都是彼此极不相像：他们闯出了各式各样的多种蹊径，条条通向某种有价值的东西。"参见，John Stuart Mill, *On Liberty* 105 (1955 [1859])。

罗蒂喜爱的哲学家，约翰·杜威认为，西方中心的哲学传统，即从柏拉图延伸到康德的传统，太理性主义、太抽象深奥、太形而上学、太关注真理的条件以及太少帮助我们处理我们的社会问题。他认为，应该视科学为一种工具，而不是象基督教的传承者一样传递着终极真理。对杜威来说，并且我认为也对罗蒂而言，西方中心的哲学传统并不仅仅是毫无关联的，而且还是一种拖累，它促使人们在寻求处理现代性挑战的有效方式时分心移情，并且实际上培养了一种对于人们来说更难处理它们的思想倾向。

罗蒂对这种哲学传统的反对因他的信仰而强化了，即他相信利他主义和移情作用（一种人类同情扩大的范围），而不是正义的哲学观念，是推进他和努斯鲍姆支持的社会改革所必需的东西。要想激发我们从事社会改革，需要能够把和我们不同的人们之希望与痛苦视作我们的希望与痛苦。我们需要扩张我们的同情之心，直至我们感觉到自己已成为一种超出隐喻性的"人类家庭"的成员，而且不仅仅是作为我们自己家庭、阶级、宗派或国家的成员。这里需求的能力是感情激荡、充满想像的，而非擅长分析的。"道德进步属于一种越来越广泛的同情体谅的问题。它不是一个从感情上升至理性的问题，也不是从低级的、可能腐败的地方性法院上诉于执行一种与历史无关、公正清廉、跨越文化的道德之法"的高等法院（a higher court）的问题（《哲学与社会希望》，页 82-83）。罗蒂也借助于文学来发展这些能力——正如努斯鲍姆一样，她对文学的寻求看起来甚至比罗蒂还更为强烈，文学对于培养他们希望扩张的这种同情来说是绝不可少的。惟有努斯鲍姆才认为，哲学对于这一努力亦具有不可或缺的作用，而罗蒂则认为，哲学并不具备此种功能。

有趣的是，他们对待文学的态度不太相同。罗蒂把文学视为一种想像和叙述的概要,旨在通过感动而拓宽我们的同情。[31] 对他来说,《一九八四》的重要性在于,它强有力地刻画了虐待与残忍的令人发指的形象,并且在描述主要的虐待狂奥勃良时(作为一位受过教育的知识分子,而并非一位残忍暴徒),他警醒了我们,即便文明人也可能狠心残忍或虐待成性(《偶然性、讽刺和协同》,第八章)。我们知道,努斯鲍姆把文学看成一种富有教育意义的主张之概要。她强调文学中的讯息,而罗蒂则强调文学的心理影响。她把文学吸纳到哲学的内里,而罗蒂却将哲学贯穿于文学之中;罗蒂的学术职位多年以来皆在文学系,而非哲学系。彼得·辛格通过展现动物所受的痛苦,成功地推进了动物福利事业,这使得人们想起,罗蒂正在从事的一些事情,当然,倘若我在第六章中对道德批判的分析是正确的话,那么罗蒂假定文学的移情力量能够促使我们成为更好的人便是错误的。[32]

在努斯鲍姆和罗蒂之间,存在着一种吊诡的差别,那就是前者——一位理性主义者,一位绝对道德真理和高级法的信仰者,一位古典哲学传统的保有者——比罗蒂这位实用主义者更富于经验主义,更了解公共政策的实践问题。(在这一方面,罗蒂就像是他的实用主义哲学家同仁,他以前的学生康奈尔·韦斯特。)努斯鲍姆旅行的足迹遍及印度,就发展问题与诸多专家进行过交流。她手头上掌握了有关发展的事实乃至各种数据。努斯鲍姆通过与阿玛蒂亚·

---

[31] Richard Rorty, *Contingency, Irony, and Solidarity* xvi (1989),本章对该著引用时,称之为《偶然性、讽刺和协同》。

[32] 南希·弗莱瑟在如下作品中,特别参考了罗蒂对文学的进路而提出立论,参见,Nancy Fraser, "Solidarity or Singularity? Richard Rorty between Romanticism and Technocracy," in *Reading Rorty*,前注〔25〕,页 302,306。

森合作，而发展了公民权能取向。[33] 阿玛蒂亚·森首先是一位经济学家，其次才是一位哲学家，并且他还是印度人。

　　罗蒂进军公共政策领域显而易见是非世俗性的。在此方面，他也忠实于约翰·杜威。杜威是一位积极活跃的公共知识分子，其公共知识分子作品大多模糊不清，说得更具体些吧，杜威的大部分作品并未取得成功。杜威是一位孤立主义者（他曾因支持美国参加第一次世界大战而备受批评，由此的反应便是成为孤立主义者），直至日本攻击珍珠港之后才改变，他也是一位社会主义者，还是一位美国新政的批评者，他认为，由于新政没有充分地实施社会主义，故新政既不热烈也没效果；杜威对于这个国家对外和国内问题的把握，显然比不上富兰克林·罗斯福，当然，应该注明的是，他坚定不移地反对共产主义——他如罗蒂一样，属于一位"冷战"知识分子。

　　罗蒂怀旧伤感、悲观主义、基本属于斯宾格勒主义、草率粗略、完全没有现实可行的建议。（这是一种多么奇特的实用主义者呀！）他认为美国是"一个正在衰落的国家"（《哲学和社会希望》，页234）。[34] 他警告道，我们正处于"巴西化"的危险之中，这意味着，"正在出现一种包括人口中前20%的'统治阶级'，而其他所有人皆在逐步地贫困化"（页231）。在他看来，美国惟一的希望就在于劳工运动的复兴，以及回到以阶级斗争为纲的传统左派政

---

〔33〕 参见，*Women and Human Development* 11–15。关于阿玛蒂亚·森的研究进路，参见，Amartya Sen, *Development as Freedom* 362 (1999)，该著作"索引"有关"权能"（capabilities）的部分。

〔34〕 并且，请回忆一下本人在第八章引用他的如下文章的段落，参见，"Half a Million Blue Helmets?" *Common Knowledge*, Winter 1995, pp. 10, 13："现如今，美国看来似乎已经陷入了精神崩溃：这个国家已经精疲力竭、垂头丧气、恐惧万分、优柔寡断、以及完全不能促成国际问题的解决。"

治。[35]罗蒂提倡中央计划,恐惧全球化(就国际资本流动和跨国公司的意义来说),并希望看到联合国演变成为世界政府,因而可以从富裕国家向贫困国家实行财富的再分配,控制实质上的军事力量。对于这个世界的重病,他的诊断求助于《共产党宣言》,而关于这一疾病的治疗,则诉诸于登山宝训。他倒行着跨入21世纪。他没有任何可资实现的具体计划。罗蒂才华横溢,不过他的专长只在哲学和文学领域,而不在经济学或其他社会科学领域,并且,他从事的职业完全属于学术职业。[36]

和努斯鲍姆不同的是,罗蒂对社会科学傲慢轻视。他认为,心理学和社会学"相对贫瘠",主张"行为科学似乎从来也不能就我们应该做些什么提供有益的预测或令人信服的意见",[37]并且甚至他也没有屈尊地提及经济学——尽管与此同时,他不经意地提出了经济学的观点。[38]罗蒂也怀疑自然科学,他甚至否认那些不但与

---

〔35〕比如,参见,Richard Rorty, "Back to Class Politics," *Dissent*, Winter 1997, p. 31.

〔36〕关于对罗蒂和其他哲学家作为社会批评家的进一步批判,参见,Richard A. Posner, *Overcoming Law*, ch. 22 (1995) ("What Are Philosophers Good for?"); Richard A. Posner, *The Problems of Jurisprudence* 383 – 387 (1990).

〔37〕Richard Rorty, "Against Unity," *Wilson Quarterly*, Winter 1998, pp. 28, 35.

〔38〕比如:"在工业民主社会中,我们本人消费的许多金钱,是通过制造和销售集束炸弹、白磷、机枪、地对空导弹以及其他军需品而挣来的,这些军需品能够使得象布隆迪和波斯尼亚等地方的军阀首领更容易地控制他们的受恐怖统治的人民。"罗蒂,前注〔34〕,页10。美国每年出口250亿美元的军需品的确是事实,但只占全国经济总量10万亿美元的一小部分,并且无论如何,这些出口品几乎很少落在这些军阀手中,它们不同于外国的合法政府。这种痕迹同样广泛明显的是,他在同一篇文章中主张的,美国城市郊区的繁荣,"要求在内陆城市维持庞大的失业储备队伍,因此确保至多只需向任何无特殊技能的工作支付贫困线的最低工资。"同上书,页11。向大多数不熟练工人支付的工资仅仅只高于最低工资;并且,所有按小时支付工资的黑人和西班牙裔工人中,只有7%的人收入在最低工资线左右。参见,U. S. Census Bureau, *Statistical Abstract of the United States* 1999 447 (1999) (tab. 706)。并且,如果不熟练工人的工资更高的话,许多郊区居民将会实际受益,因为对于雇用郊区居民的公司所生产的商品或者提供的服务将会有着更大的需求。

自然科学明显有关而且有助于其立场之问题的相关性。一个例子就是男子同性恋婚姻，[39]倘若科学家正确的话，即性取向属于先天的，而非后天的，因此同性恋不是劝说或恐吓的结果，那么，这种婚姻完全没有太大的威胁。罗蒂希望，哲学家可能成为"全能知识分子"[40]（这也许可算是公共知识分子的另一种称谓），但他对科学、包括社会科学时代的一般性社会批评的局限缺乏敏感。

问题所在不是罗蒂毫无建议。实际上他有很多，比如人民健康保险、禁止政治候选人购买电视时段、终止公共教育的地方融资等等。[41]然而，这些都不是可行的建议，原因不仅是它们没有政治支持，而且因为罗蒂并未详尽细致地阐明有关建议，以便它们具有说服力。那些建议提出了错综复杂的问题，并且也招致了形形色色的反对，有些反对可以答辩，而有些异议甚至无法回答；可是，用简短粗略的话语来描述和辩护每一项建议毫无用处，而这就是罗蒂的进路。罗蒂的建议是安乐椅上的建议，不切实际，缺乏一种知识基础。

作为社会保障法最近一项修订之结果，受雇者无须等到70岁，便可领取社会保障退休金。（倘若没有雇用的话，自65岁就可领取全额社会保障退休金）罗蒂反对这项法律的修订，理由是，该项修订赋予了象他这样（该法修订时他刚好68岁）富裕的受雇人士额外、不急需的金钱。[42]他忽略了这项法律修订的要旨，即消除障碍，使老年工人继续留在劳动队伍中，从而缓和了劳工短缺。尽管有一些富裕人士将因该修订受益，但大多数富裕人士都会在65岁前退休，因此不能受益。该法修订的主要受益者是修订以前收入低

---

[39] 罗蒂，前注[37]，页34。
[40] 罗蒂，前注[27]，页xxxix-xl。
[41] 参见 Richard Rorty, "First Projects, Then Principles," *Nation*, Dec. 22, 1997, p. 18.
[42] 罗蒂，前注[2]。

于社会保障退休金的不富裕人士,因为他们几乎没有工作到 65 岁以上的激励。[43] 现在不仅这些人有了更高的收入,包括适当的工资加上社会保障金,而不是,或者拿适当的工资,或者拿社会保障金,而且从整体说来,国家也将会更加繁荣昌盛,因为更多的人将从事工作,从而产生可用于再分配的额外税收收入。

在谈及罗蒂时我提到了《一九八四》一书,现在我要说,他在探讨该小说时碰到了麻烦。不过,罗蒂为奥威尔所吸引决非偶然。他们两者之间存在着一种类同;并且,对他们进行对比可以向我们提供有关当代公共知识分子的境况。罗蒂是我们时代的奥威尔,他将一种非反思的平等主义与对无爱国心之左翼人士的强烈厌恶联结起来,这种非反思的平等主义的基础是对人类痛苦的同情以及对有钱有势者的敌意,[44] 在以优美风格表达其观点的时候,他的文风清澈透明,热情似火。但与奥威尔相比,罗蒂除了生活经历更有限之外,他还是一位学术人员,他的大多数作品涉及到哲学问题和哲学文本,这对于非职业哲学家的人基本上没有吸引力,而非学术人员的社会公众则对此可谓毫无兴趣。可是,奥威尔却完全、第一手地了解贫困生活、健康恶化、战争骚乱、共产主义、殖民主义。更为甚之的是,罗蒂攻击的无爱国心的左翼人士,其实并非一种极权主义世界权力的知识体现,而只不过是一种滑稽可笑的大学生活、学术小说的原型材料以及激动的保守主义谴责的知识表现;考虑到奥威尔 1950 年去世后经济学思想的发展,因此罗蒂辩护的非反思的左派观点可算得上是回首倒退和恋旧怀乡的。尽管罗蒂几乎是和

---

[43] 在该法通过前,有权领取社会保障金 1 万美元,但工作收入只有 9 000 美元的人,将不会再工作。即便收入能稍稍超过 1 万美元的人,由于考虑到工作的成本,他也可能不会再工作了。

[44] 比如,参见,"The Unpatriotic Academy," in *Philosophy and Social Hope* 252.

奥威尔一样富于技巧的作家，[45]并且他还接受过良好的教育，健康长寿，而且分析更为敏锐，但罗蒂只是没有生活在那样一种历史环境中，否则的话，他也会成为一位与奥威尔同样的公共知识分子。

罗蒂心中异常清楚，一般说来，《一九八四》被读作"一位现实主义哲学家、一位反对有文化的嘲讽辩护人的普通常识辩护人"的作品（《可能性、讽刺和协同》，页172[注释略]；亦见页173）。作为一位反现实主义者、一位"反讽者"，罗蒂抵抗着对该小说的一种诠释，即导致它与罗蒂的哲学对手结盟的解释。他提出了正当的立论，奥威尔并非一名哲学家，没有尝试就哲学进行创作。然而，在提出这点时，罗蒂忽略了一些重要的东西——一种写实主义修辞可能具有的政治影响。他指出，"二加二不等于五，这一事实并非该问题的实质"（页178）。但奥威尔似乎已经相信，坚持简单且朴实的真理，不论其多么地单纯，这种坚持似乎当时正是（was）该事物的本质——是一种反对极权主义的基本防线。[46]正是奥勃良，如彼拉多*一样，敷衍、游戏、解构真理的概念；并且，此种行为在小说中描写得极其恐怖险恶。罗蒂正犯着与决定论者同样的错误，这些决定论者批判那些排除非被告"自由意志"产生的口供证据的法律制度。在哲学论辩中，法官不会站在哪一边，但是，法官将辨别政治上不可接受的强制形式。

罗蒂对于现实主义词汇的修辞功能不敏感，这体现在他的一篇文章中，该文表现了他对美国劳工协会早期斗争的怀旧，表现了他

---

[45] 并且，他并非完全没有一位小说家的想像力——参见，他对海德格尔生活的才华横溢的重述，"On Heidegger's Nazism,"同上注书，页190。

[46] 参见，James Conant, "Freedom, Cruelty, and Truth: Rorty versus Orwell," in *Rorty and His Critics* 268（Robert B. Brandom ed. 2000），esp. pp. 299-300, 310.

* 庞蒂乌斯·彼拉多（Pontius Pilate），古罗马犹太总督，主持对耶稣的审判并下令将耶稣钉死在十字架上。——译者

对这些斗争词汇的偏爱，比如，"群众"和"老板"，"寡头政治的执政者"和"黑暗的百万富翁"。这些词汇陈旧过时，贫困乏力。这种文章已经不可能打动70岁以下的任何人。考虑到罗蒂的"反讽者"信仰，[47]即我们需要生造一些新的词汇，而他还想复活一种陈旧的修辞，这是吊诡的。他没有向彼得·辛格学习如何有效地与普通读者沟通。正如提出政治思想的修辞选择一样，《一九八四》涉及的真理问题属于一种政治问题，而非哲学问题，这一点强化了人们的疑问，即哲学对于社会改革能否发挥积极的效果，抑或具有消极的影响。

罗蒂和努斯鲍姆之间的修辞对比，值得花些时间来关注，因为修辞对于公共知识分子作品来说处于中心地位。罗蒂没有张扬挥舞着伟大的已故名人作为权威，这是他的优点；但作为一种替代性方式，他使用了20世纪30年代的词汇，这种声音对受普通教育的社会公众缺少力量。努斯鲍姆运用她的权威，确立了针对即便被视为属于社会学、经济学和政治学领域的事项亦可高谈阔论的资格。她必须利用她未受质疑的职业资格，来诠释亚里士多德和哲学传统中的其他伟大人物，而这些也似乎装备了她，促使她能够就社会学、经济学以及政治学领域的问题发表高见，尽管她在这些领域内并不具备通常必需的资格。在社会公众的眼中，哲学是否有充分资格促成这种修辞更为有效，对此本人也已表达了疑问。

在当代公共政策的论辩之中，惟一的建构性——并且也可能是惟一有修辞效果的——方式，是讨论实践性结果（"实践的"仅仅旨在，避免盗用结果主义［consequentialist］的语言而将道德关注重新贴上标签，正如把某些政策的结果说成"人类尊严"一样）。这正是实用主义的进路；因此，倘若实用主义是一种哲学，而非一种反哲学的话，正如罗蒂和本人宁可认为的那样，那么，在谈及社会

―――――――
〔47〕参见，同上注，页277，第一章所引用的部分。

改革的道路就在于对结果的研究之时,我就是在采取一种哲学的立场。有人认为,哲学是一种普遍盛行的媒介,社会上所有研究者皆在哲学大海中漂游浮沉。然而,这一点要么不对,要么太空洞——并且,无论如何它都无关紧要。

在一个复杂的社会之中,对广袤无际的社会、政治和经济问题进行实用主义分析,这要求将社会科学知识和技术与对改革建议的现实世界背景的经验理解联结起来。当然,一种分析,不论如何严密,其自身皆不可能作为行动的建议。但是,只有当缺乏一种通常的规范框架时,这才是一种忧虑。有时它是一种忧虑,但通常它并不是。人们以为,必须参考一些特定政策应服务的社会目标概念,以及参照大概只有哲学家才能阐明的"善"之理念,才能促使所有的政策选择正当化,但事实并非如此。惟有当旨在进行特定选择的目标存在不一致时,方有接近哲学之诱因,尽管一般说来几乎很少显示出这种诱惑。当存在此种不一致时,对这些选择的结果进行分析仍然很重要,因为甚至对于目标确定的人们来说,即便他们拒绝以成本收益的术语来辩护,他们对于实现目标的成本仍然不可能无动于衷。

因此,基于一般原则在第三世界国家倡导妇女权利平等,而不考虑有关权利在这一国家特定环境中的现实需要,是毫无用处的,甚至存在危害。现在让我们来考虑一下,是否要求保障女孩与男孩一样享有同等教育权的问题。这种保障会增加教育制度的成本,除非简单说来以同等数量的女孩替代部分男孩上学。在大学的层次上,这或许是适当的,但或许也不适当,这取决于妇女的就业市场。而确定无疑的是,在初级教育和中级教育的层面上,这样并不恰当,惟一现实的计划是扩大学校系统,在无须替换任何男孩的情形下便可以促使所有的女孩皆接受教育。因此,教育制度的成本会大大提高,并且,作为负责任的分析还不得不要考虑如下事项:为了成本支出,需追加费用的规模有多大,资源来自何处(从什么人、什么项目、以什么方式获取费用),以及资源转移将会失去什么。还必须思考的是,追加教育对于妇女生活可能造成的影响。

如果追加教育导致生育率降低(通过增加妇女的收入,并因此提高了生儿育女的机会成本),[48] 以及妇女的生产力从家庭向市场转移的话,那么对于妇女以及男子来说,追加教育的净效果可能完全有益。[49] 但它的积极影响必须以其成本的增加来平衡。在一个除了生儿育女之外几乎很少有职业对妇女开放的社会中,女性教育的生产力趋向于低于男性教育。[50] 并且,倘若女孩需要在家庭内外工作,则她们也许不能利用为她们提供的教育机会。[51] 妇女教育存在的宗教和习惯之障碍,[52] 亦应考虑,而且,还应该分析克服这些障碍的成本和收益。

对一位平等主义者特别重要的一项考虑就是,地位低下的社会成员教育机会的性别平等化可能会产生负面的效果。[53] 假定目前在某些贫穷国家,只是上层或中层阶级的儿童,且大多数为男性,

---

[48] T. Paul Schultz, "Investments in the Schooling and Health of Women and Men: Quantities and Returns," 28 *Journal of Human Resources* 694, 715 – 716 (1993); Geoffrey McNicoll, "Changing Fertility Patterns and Policies in the Third World," 18 *Annual Review of Sociology* 85 (1992).

[49] 正如 M·安妮·希尔和伊丽莎白·M·金在如下文章中论辩的那样,参见, M. Anne Hill and Elizabeth M. King, "Women's Education in Developing Countries: An Overview," in *Women's Education in Developing Countries: Barriers, Benefits*, and Policies 11, 21 – 29 (Elizabeth M. King and M. Anne Hill eds. 1993).

[50] 参见, Gary S. Becker, *A Treatise on the Family* 102 (enlarged ed. 1991).

[51] Partha Dasgupta, "The Population Problem: Theory and Evidence," 33 *Journal of Economic Literature* 1879, 1888 (1995).

[52] 就印度而言,勒娜·德沙在如下论文中予以了强调,参见, Neera Desai, "Women's Education in India," in *The Politics of Women's Education: Perspectives from Asia, Africa, and Latin America* 23 (Jill Ker Conway and Susan C. Bourque eds. 1993).

[53] 参见, John Knodel and Gavin W. Jones, "Post – Cairo Population Policy: Does Promoting Girls' Schooling Miss the Mark?" 22 *Population and Development Review* 683 (1996).

才能接受较多的教育。性别平等化可能只会促使较少的上层或中层阶级的女孩接受比较多的教育,然而,同样的资金倘若分配给两种性别的贫困儿童,就可以购买到更多的教育,[54]纵然教育质量要稍低一些。

尽管我已经表达了上述保留,但我猜测,将更多的资源分配给女童教育是第三世界国家一项敏感的政策,当然本人的猜测几乎没有什么价值。然而,这并不是由于赞成公民权能取向的任何哲学论辩;而是因为对于贫困国家降低生育率的具体利益,降低生育率可谓妇女教育水平增长最必然的结果。此种结果和此类收益的确定,并非通过哲学就能做到的。

我之所以选择第三世界妇女教育作为我主张的社会计划不能够忽略成本收益分析的主要事例,是因为在我看来,努斯鲍姆哲学关注的核心便在于此。它普遍而言是对第三世界妇女的歧视问题,特别说来则反映了印度的状况,而且,这也是努斯鲍姆广泛写作的教育问题。但在研究这一主题的过程中,我发现了两个问题。第一是,发展经济学家和其他社会科学家对这一主题的研究,即本人注释中引用的那些研究,并没有为功利主义或相对主义的错误观念颠倒歪曲,而努斯鲍姆认为,这些功利主义或相对主义的错误观念是恰当理解第三世界问题的严重障碍。努斯鲍姆也许是在同哲学的风车作战。第二个问题是,尽管《妇女与人类发展》和《性与社会正义》包含了大量对经济学家和相对主义者的批判,但它们几乎很少对政策或实践的内容进行详细分析。这两本著作都没有关于教育的索引项,当然《性与社会正义》对于第三世界妇女教育的宗教障碍作了言简意赅的探讨。[55]

---

[54] 比照,A. K. Sen, *Crisis in Indian Education* 12 – 13 (1971).

[55] Nussbaum, "Religion and Women's Human Rights," in *Sex and Social Justice* 81, 100 – 101.

努斯鲍姆关于美国大学教育的著作（即《人性的培养》）更具特色，尤其是它专列一章论及非裔美国人，这一部分研究极为优秀（同上书，第五章），当然，它与第三世界的教育政策没有直接的关联。但该著作忽略了文化左翼包括激进的女权主义所造成的危害，以及对美国高等教育正造成的损害。这本著作过分依赖努斯鲍姆对少数大学校园进行的一系列短暂访问，而没有充分引用相当数量的有关多元文化的批判文献，不过它大量地引证了奇闻轶事，并且引用的通常都是一边倒且并不温和的批判文献。[56]

然而，第三世界存在一种习俗，努斯鲍姆业已详细讨论并激烈反对，这就是女阴割除。注意，"[女阴割除]很有可能是作为妇女隔离功能的替代物而出现的"，[57]她解释道，在非洲，不象印度一样，妇女是重要的农业生产者，因此，对她们进行隔离，以作为确保她们"贞洁"的方式之一将产生过高的成本。女阴割除减弱了女性的性欲，提供了一种控制女性性欲的替代形式。努斯鲍姆指出，"这种功能历史并不能促使这种习俗的正当化，这一点很清楚。"[58]的确如此，倘若它仅仅只是历史的话。但努斯鲍姆没有讨论，倘若在非洲社会的条件下确保妇女的贞操属于功能性的话（对于我们而言，是异常恐怖和过分奇特的），那么，我们必须考虑，这种功能

---

[56] 尽管并非总是如此。有关一项严肃的、学术批评的例证，参见，*What Happened to the Humanities*? (Alvin Kernan ed. 1997). 更为甚之的是，现代美国校园中的"左翼麦卡锡主义（left McCarthyism）"，并非努斯鲍姆所认为的神话，尽管右翼分子对此有些夸张。关于一项可能激发人们兴趣、但尽管属于奇闻轶事的论述，参见，Paul Hollander, *Anti - Americanism*: *Critiques at Home and Abroad 1965 - 1990*, ch. 3 (1992)；同时，关于一篇冷酷嘲讽的小品文，参见，Lawrence F. Kaplan, "Washington Diarist: Columbia Blues," *New Republic*, Dec. 4, 2000, p. 58. 对于"文化战争"中双方论辩者的批判，参见，Eugene Goodheart, *Does Literary Studies Have a Future*? (1999).

[57] Martha C. Nussbaum, "Judging Other Cultures: The Case of Genital Mutilation," in *Sex and Social Justice* 118, 125.

[58] 同上注。

到底有多么重要,并且是否存在行之有效的替代方式,实施时对妇女产生的伤害可能更小一些。而如果它不是功能性的,就大大强化了废除这一习俗的可能。但是,为了表明这一习俗并非功能性的,所需要的不仅仅只是断言。如果女阴割除支持的多配偶制(一位多配偶的丈夫,每位妻子都有自己的房子,因此不在丈夫的监管之下,同时丈夫与每一位妻子的性接触都必然有限,在这样一种文化中,女阴割除能够减少女性通奸之倾向)是功能性的,则这一习俗也可能是功能性的。即便基于多配偶制以外的其他原因,女阴割除甚至也可能是功能性的。人们已经可以推断,在索马里的牧人当中,那是一种女阴割除尤为盛行的文化氛围,这一习俗的目的在于,减少女性性气味的散发,因为这种气味扰乱了绵羊和山羊的牧群,女性对此应承担主要责任,同时这种女性气味还可能吸引食肉动物。[59]

努斯鲍姆对女阴割除的分析,除了没有探索其功能以外,还存在一个更深层的问题。这是一个专业化不够的陈旧问题。努斯鲍姆并非一位人类学家,也不是非洲问题专家。事实上,关于女阴割除目前有丰富的专业文献,并且有关文献提出了努斯鲍姆论述前提是否准确的严肃问题。尤其是关于这一习俗在医疗上的风险、导致性机能障碍的程度以及经历女阴割除的人在感受上的遗憾程度等方面,令人疑窦丛生。[60] 这些疑问如此巨大,以至于有必要深入研

---

[59] Pia Grassivaro Gallo and Franco Viviani, "The Origin of Infibulation in Somlia: An Ethological Hypothesis," 13 *Ethology and Sociobiology* 253 (1992).

[60] 努斯鲍姆强调的所有要点,皆参见,前注[57],页123-127。

究，引证比努斯鲍姆所引用的更广泛的文献，才能消除疑问。[61]

女阴割除的情形表明，在评价社会改革的建议时，艰难的抉择在所难免——这种艰难并不是从难度层面上来说的，当然难度亦是一项因素，而是从涉及不可避免的损失之意义上而言。这一见解与韦伯关于政治的悲剧特征相关（参见第二章）。文学意义上悲剧的本质，是梦想与现实之间的无法和谐，并因此对深层次的人类问题不能获得恰当的解决方式。此种意义上的悲剧在政治中普遍存在，原因正如韦伯所诠释的那样。在《安提戈涅》一剧中，悲剧的政治意义与文学意义汇聚在一起了，因为没有任何方式能够调和克瑞翁所代表的公民利益与安提戈涅所代表的宗教和家族利益。这种悲剧感对于努斯鲍姆和罗蒂而言，皆显得有些陌生。[62]他们两位都相信，跨入社会民主天堂的主要障碍，是贪婪无度、嫉妒成灾、愚昧无知、老板的阴谋、可能受经济衰退冲击的中产阶级的"自私冷漠"，[63]或者如努斯鲍姆所指出的，"强大国家应受责备的过失"。[64]此种观点忽视了令现代自由主义者不快的社会习俗的系统性、根深蒂固以及功能性特征，故而显现出社会学和人类学上的天真无知。这样有可能引导出悲观主义和无助失落的感觉（就罗蒂来

---

〔61〕 参见理查德·A·斯维德的讨论，以及引用的广泛文献，参见，Richard A. Shweder, "What about FGM? And Why Understanding Culture Matters in the First Place"(forthcoming in *The Free Exercise of Culture*: *How Free Is It? How Free Ought It to Be?*[Richard A. Shweder, Hazel R. Markus, and Martha Minow eds.]). 斯维德讨论的一项特别著名的研究，即如下作品，参见，Carla Makhlouf Obermeyer, "Female Genital Surgeries: The Known, the Unknown, and the Unknowable," 13 *Medical Anthropological Quarterly* 79 (1999). 但这一作品努斯鲍姆还尚未关注，最大的可能性是因为它最近才刚刚出版。

〔62〕 参见，Martha C. Nussbaum, "The Costs of Tragedy: Some Moral Limits of Cost-Benefit Analysis," 29 *Journal of Legal Studies* 1005 (2000); Nussbaum, 前注〔17〕，页 14–21。

〔63〕 Richard Rorty, "Intellectuals in Politics: Too Far In? Too Far Out?" *Dissent*, Fall 1991, pp. 483, 484.

〔64〕 努斯鲍姆，前注〔17〕，页 24。

说),或导致忽略社会民主改革的经济成本和政治成本(就努斯鲍姆而言)。

乌托邦主义与悲观绝望紧密相连。乌托邦主义者尖锐地意识到现实与想像之间存在鸿沟,以及跨越这一鸿沟毫无前景的绝望。智识通过激发政治想像而有助于构建乌托邦。而普通人却难于编织一种与现行社会有天壤之别的社会安排。知识分子由于其职业天性容易把问题归咎于智识混乱而不是归结为实践障碍,并不认为仅仅指出理想与实现理想之间的差距便是对社会改革事业的重大贡献。

我并不想推荐成本收益分析方法作为解决困扰罗蒂和努斯鲍姆的问题之灵丹妙药,从而也坠入这些乌托邦主义者错误观念的深渊。从某种意义上而言,它在涉及宗教义务、文化价值以及明示性或显示性偏好之道德意义的棘手问题上会有些来往。就那一点来说,道德哲学家或许可以发挥作用。因此,公民权能取向可以提供一个清单,用以确认一切相关的成本收益都尽可能计算在内,并且,也可用它来检查看来不太可信且易变的适应性偏好。哲学甚至可能帮助我们理解,移情地意识到生活在第三世界人民的希望、恐惧和痛苦对于社会改革的重要性。

阿兰·布卢姆在《美国思想的终结》[65]一书中主张,杜威式或罗蒂式的实用主义是有害无益的。这是换一种方式主张,西方中心的哲学传统毕竟不可缺少;而把马莎·努斯鲍姆与阿兰·布卢姆置于一类,同床共枕,具有一种奇特的效果。布卢姆极其严肃地提及了"德国对美国的侵略"(页215)。他这样意味着,美国的社会思想隐伏地(由于未予承认)为黑格尔、马克思、尼采、弗洛伊德、韦

---

[65] Allan Bloom, *The Closing of the American Mind: How Higher Education Has Failed Democracy and Impoverished the Souls of Today's Students* (1987). 布卢姆的这一著作极其畅销(在该书出版二年内,就已销售了50万册),并且几乎肯定无疑的是,与现代美国学术公共知识分子的其他任何著作相比,这一作品所引起的争议都更为广泛。参见,*Essays on* The Closing of the American Mind (Robert L. Stone ed. 1989).

伯以及海德格尔所征服。诸如杜威之类的实用主义者，以及每一个美国的社会科学家，都是卖国贼（Quislings）。"我们的星星正在吟唱着一首它们毫不理解的歌曲，这首歌从德语原文中翻译而来……在它全部的背后，主要的抒情诗人是尼采和海德格尔"（页152）。并且，更为糟糕的是："正当我们同［希特勒］浴血奋战时，这思想在他征服欧洲之前便已征服了这儿。那种思想至少给了他一些激励，而在帮助我们理解他的方面却毫无贡献，不过它依然占据主导地位"（页214）。布卢姆在此讨论的思想，是指马克斯·韦伯的思想（参见页211-214）。就像努斯鲍姆一样，布卢姆断然谴责价值相对主义，他认为，这正是尼采和韦伯的遗产，也是社会科学的前提。[66]毫无疑问，布卢姆分享了努斯鲍姆对传统经济推理的怀疑论。并且，他也和努斯鲍姆一样，频繁地回溯至苏格拉底。

但是，布卢姆对西方哲学传统的赞誉把他引至一个与努斯鲍姆完全不同的方向。他主张，根本不应该思考这一传统是否有助于社会改革，任何世俗的因素对这一哲学传统来说全都是破坏性的。作为利奥·施特劳斯的弟子，他像他的导师一样认为，哲学对于它的从业者来说，是一种危险的职业，并从希望避免重蹈苏格拉底命运的柏拉图开始，哲学家的语言都有些令人莫名其妙，不知所云。[67]大学，作为柏拉图学园的后继之所，其目的就在于为哲学家提供一个避难所，以便他们能够自由地畅所欲言。"大学是名符其实的调查研究和哲学开放之地。它旨在鼓励理性为其自身原因的非工具运用，提供一种占支配地位者的道德和身体的优越不会威胁哲学疑问之氛围"（页249）。科学和职业并不归属大学；民主，伴随着它要

---

〔66〕 布卢姆的导师利奥·施特劳斯瞄准并提出的，其中还有一种对韦伯通常的指责，参见约翰·帕特里克·迪金斯颇有趣味的讨论，John Patrick Diggins, *Max Weber: Politics and the Spirit of Tragedy* 269-283 (1996).

〔67〕 参见，Leo Strauss, *Persecution and the Art of Writing* (1952).

求平等之本能、对精英之嫉恨，因而对大学固有的思想怀有敌意；作为工具而非作为目的的实用主义理性概念，也对它有厌恶之心。面对现代性，连同现代性以民主、平等、技术和工具理性的方式所暗示的一切事物，大学皆应作为避难之所。大学教育的核心应该是，伟大著作教导我们的，如何思考生活的奥秘，比如爱和死亡。布卢姆想像的大学教育涉及深沉的情感内容，建议教师和学生之间有一种情色联系，这令读者想起了《会饮篇》。

布卢姆是正确的，"理性的非工具运用"是一种象牙塔的事业，并且，哲学决非社会科学之附庸（对努斯鲍姆公共知识分子态度的一种可能的解释）。然而，要让一位哲学家承认哲学家的语言都有些不知所云，他们的作品既有一种神秘的含义，也有一种通俗的意味，前一种含义惟有内行专家方可接近，而两种含义通常相互抵触，这就导致难以完全认真地对待《美国思想的终结》一书。现如今众所周知，布卢姆是一位同性恋者，尽管该著作提及了他大学的第一位女友，试图掩盖这一事实。这一点招致了一种对该书神秘主义的诠释，认为其目的在于促使大学成为同性恋的避难所。它也导致该著作对美国青年的道德相对主义之谴责似乎有些虚伪。《美国思想的终结》一书的畅销也许源于极大的误解。

布卢姆的主张全然不可思议（strangeness），这正是公共知识分子市场无鉴别力特征的一种暗示。该作品很少有非学术读者能意识到布卢姆的智识和政治渊源之所在，并且，倘若大多数人意识到的话，他们将可能会感到惊愕万分。"保守的修辞学者们"，居伊拉·班德（Guyora Binder）和罗伯特·温斯伯格（Robert Weisberg）真知灼见地这样称呼施特劳斯和包括布卢姆在内的同伙，

> 将自身标榜为心胸开阔的多元论者，在现代论辩中寻求为古典思想赢得空间，而不是替换现代思想。然而，这一主张也许只是反映了他们努力利用自由主义思想中易受责难的部分，比如

价值相对主义、价值中立以及宽容。并且，它可能映射出这些修辞学者们的意识，即他们意识到，在一个现代自由主义国家，古典思想不可能在社会公众中普及盛行。无论如何，他们的教育主要不是面向社会公众，而是导向知识分子和政治精英……相对而言，保守的修辞学者们几乎不赋予直率坦然以价值，因为与直率坦然伴随的是毫无节制的自我泄露和不负责任地漠视信息可能被误用……[他们]看到自己身为一种相对来讲匮乏权力的知识分子精英……故必须与政治权力的其他渊源结盟，并使之文明化，目的在于保存它自身及其价值。[他们]将修辞话语的结构看作一种等级体系。对于那些不适合引入智慧的对话者（those interlocutors）而言，修辞旨在欺骗和平息。对于那些适合教导的人来说……则属于一种拖沓冗长、悬而不决以及情色化（eroticized）的智慧引入过程，其目的在于确认教师的魅力型权威，并促进学生社会化，以适应顺从与忍耐。[68]

努斯鲍姆和布卢姆从同一地点出发，都依托了西方中心的哲学传统，尤其侧重于古希腊哲学家。然而，他们终结于当今政治－文化布局的两极。当《美国思想的终结》与努斯鲍姆有关大学教育的著作并驾齐驱时，此种差异尤其显著，努斯鲍姆在著作中把经典哲学家、尤其是苏格拉底赫然列名于文化多元主义教育事业的名单上，而这却是布卢姆强烈谴责的。因此，这提供了进一步的证据，哲学不可能为实践问题指引方向，尽管这并非决定性的证据，因为布卢姆或者努斯鲍姆本来可能会误解一种复杂多样的传统究竟是什

---

[68] Guyora Binder and Robert Weisberg, *Literary Criticisms of Law* 329－330 (2000)。亦见，同上注，页321－322。

么，实际上像努斯鲍姆就认为布卢姆是误解了。[69]

正如本人已经指出，他们也从这一哲学传统中收集了在涉及实践问题时哲学家适当角色的针锋相对的相反观点。对努斯鲍姆而言，哲学家扮演的是一种自然的角色，即公共知识分子。而对于布卢姆来说（鉴于他创作了近年来美国最畅销的公共知识分子作品，故存在着自相矛盾），哲学家的角色却是逃避公共领域，隐居于大学校园，在那里与"精选的灵魂"亲密交谈，就好似努斯鲍姆曾经嘲讽地指出那样[70]——然而，对于罗蒂来说，成为一位公共知识分子却需要放弃布卢姆和努斯鲍姆两位学者诉诸的哲学传统。这是一曲多么不协和的乐章啊！

然而，这并不是终结对公共哲学家讨论的恰当注释。在本书中，我许多次地提到了约翰·斯图亚特·密尔，而现在也到了该探讨密尔作为一位公共知识分子的时候了，密尔也许配得上近两个世纪以来最伟大的公共知识分子之称谓（当然并非最具影响的公共知识分子——这一可疑的殊荣当属卡尔·马克思）。尽管正是密尔在逻辑学和经济学领域学术著作的声誉，促成他的公共知识分子作品赢得了听众，但是，他并不属于一种运用学术声誉构建一个就不相关事项发表高见之平台的情形。《论自由》最出色的论辩，是该书中所探讨的自由——表达自由和行动自由[71]——它渊源于密尔在科学哲学和经济领域的学术著作。就思想自由来说，它属于一种错误难

---

[69] *Cultivating Humanity* 33, 132, 298; also Martha Nussbaum, "Undemocratic Vistas," *New Republic*, Nov. 5, 1987, p. 20. 布卢姆的辩护者承认，布卢姆的著作缺乏学术上的严格性。参见，Peter Shaw, *The War against the Intellect*: *Episodes in the Decline of Discourse* 173 –174 (1989).

[70] 参见，Nussbaum, "Undemocratic Vistas," 前注 [69]。

[71] 《论妇女的从属地位》中的思想，主要来源于《论自由》一书提出的行动自由之主题。参见，Gertrude Himmelfarb, *On Liberty and Liberalism*: *The Case of John Stuart Mill*, ch. 7 (1974).

免论（此谓后来的科学哲学家查尔斯·桑德斯·皮尔士、卡尔·波普尔以及奥利佛·温德尔·小霍姆斯观点之先导），即倘若一项假定未经受相反之挑战，则这项假定的有效性不可能被确定。[72] 关于行动自由，密尔最具特色的论断是经济学家的操作假定，即相比他人而言，人们是其自我利益的最好法官；密尔称之为反对公众干涉纯粹私人行为"最有力的"的一点论据（《论自由》，页 122）。关于这两种自由，本人早先业已提到一种观念，亦源于观察科学实践，即在以感受和观点的多样性为前提的行为领域，倘若没有尝试的话，包括"生活中的尝试"（页 81），则绝不可能有知识发展和社会进步。

还不止这些，包括一种功利主义版本，这种版本能够合理地描述为亚里士多德的观点，并坚持认为快乐的人类生活要求行使我们最高尚、最独特的人类权力，以及因此行使自由，而赫胥黎所谓美妙新世界中的人们不加思索地满足就缺乏这一点。这与努斯鲍姆的公民权能取向类似决非偶然；努斯鲍姆敬慕密尔，并在某种程度上可谓密尔的追随者。但是，密尔有关哲学（当然包括有关功利主义的论著）和经济学的学术著作与广义的自由主义作品《论自由》相比，其间的不同要小于努斯鲍姆有关经典哲学的专业著作与有关政策的作品之间的不同，不论是她公共知识分子作品中倡导的同性恋权利，抑或还是有关经济发展的政策。

《论自由》作为一部公共知识分子作品而非哲学论著之标志，在于它的简洁短小、明确具体、清澈明朗以及论辩朴实。该著作并非一部学术作品。它没有叙述其思想谱系。后来，密尔也承认他的思想有许多先导，但这一著作中惟一指名道姓的只是威廉·洪堡

---

[72] 有关更清晰明了的评述，参见，密尔，前注〔30〕，页 30，此后引用简为《论自由》。

(Wilhelm von Humboldt)。*从与非学者有效交流之视角来看，忽略其他学者是一种优点，而并非弱点。《论自由》不仅仅是为非专门家而写作的；甚至今天，在它出版将近一个半世纪之后，受过教育的非专业人士仍能阅读这一著作，现代政治哲学作品几乎很少能达到这一点。

我的观点是，作为《论自由》之核心的自由（或者伤害）原则，仍然属于公共哲学最佳的起点。"人类之所以有理有权可以各别地或集体地对其中任何分子的行动自由进行干涉，惟一的目的只是自我防卫。"，即"防止对他人的危害"（页13）。法律（政府规制）和道德（公共舆论的谴责）与我的"仅关本人"的行为毫无关联，只与我的"关系他人"之行为存在关联，"关系他人"的行为就好比未经同意或者根本不正当地迎面一拳一样，造成了世俗之伤害（temporal harm）。(不幸的是，这一术语由于"关系"［regarding］一词内涵的转换而变得有些模糊不清。我们今天可能会将"仅关本人"理解为一种自私自利的含义，而将"关系他人"理解为利他之内涵。)世俗的这一界定非常关键。这种伤害必须是有形的、世俗的、物质的——身体伤害或经济伤害，如果是感情的伤害，则应是集中且直接的伤害——而非道德伤害或精神伤害。何谓关系他人之事，与何谓仅关本人之事，两者的界线，在于诽谤与冒犯之间，在破坏竞争者的工厂与采取低价、更优质服务或产品质量进行竞争之间，在实施强奸与私下合意的同性恋行为之间，在制止某人伤害他人与阻止某人自我伤害之间，并且就其最狭义的层面而言，在公共场合"有伤体统的行动"比如酗酒与私人场合的如此行为之间（页145）。

因此，密尔关于自由的概念，旨在保护个人之自治免受善意的

---

* 威廉·洪堡（1767－1835），德国语言学家、教育家和外交家，近代著名自由主义思想家，代表作《论国家的作用》已有中译本。——译者

干预和敌意的干涉。你不能因为你认为，你拥有一种有关应该如何生活的更高观念（比如因为，你认为他有一种错误的意识、不当的适应性偏好或不崇拜真神）而强迫他人；并且，你也不能仅仅因为，你发现他的观点或行为令人不快，而强迫他抛弃他的观点或者行为。这正是罗伯特·博克论题的对立面，博克主张，"社会认为不道德的活动，没有一种活动是无受害者的。知道一种活动发生了，对于那些认为这一活动极不道德的人来说，便属于一种伤害。"[73]因此，现代密尔主义者把反家长式统治（antipaternalism）以及热爱自由市场同宽容"异端"个人行为联结起来了，前者可谓共和党意识形态的组成部分，而后者则属于民主党的特征。密尔式的立场还向公共知识分子提供了一个独立于左翼和右翼教条的机会。这是一份知识分子独立的宪章。

然而，甚至密尔也没有能够避免公共知识分子作品易犯的错误。其一是错误的预言。他认为，欧洲正在为一种投众合时的精神所粉碎："近代的舆论体制（régime）实在等于中国那种教育制度和政治制度，不过后者采取了有组织的形式而前者采取了无组织的形式罢了。"欧洲"正朝着那种使一切人都相同的中国理想断然前进。"（页 105-106）。教育的传播、通讯的延伸、贸易的扩张以及首先一种迈向更广泛的社会平等之趋势，正在推动着欧洲朝着这一方向前进，此种推动看起来似乎冷酷无情（页 107）。然而，密尔主要并不担心政府；他认为，政府强制公民的时代基本上已经过去（这也是错误的），而令人恐惧的真正危险，则是舆论的暴虐。"今天敢于独行怪僻的人如此之少，这正是这个时代主要危险的标志。"（页 98）。如果曾经存在此种情景的话，那么它才是一种反常的陈述！但是，对投众合时的谴责是一项最持久的公共知识分子主题；

---

[73] Robert H. Bork, *The Tempting of America: The Political Seduction of the Law* 123 (1989).

因此，我们不应该感到惊诧，在戴维·里斯曼创作《孤独的人群》的一个世纪以前，密尔就告诫我们："现在，个人迷失在人群之中了"（页96）。

《论自由》也好似大多数公共知识分子作品一样，是浮浅粗略的，也许这归咎于相对于所涉及领域的广度而言它的短小简洁。将一部作品称作既伟大又浮浅，是非常容易遭受批驳的悖论。《论自由》之所以伟大，是因为它清晰明了地阐述了自由原则，尽管在密尔脑海中这一原则自身似乎也并不完全清楚明确，正如本人将指出的那样，同时也因为《论自由》一书为支持自由原则而进行的独具特色的论证，上文已就此有所勾勒。《论自由》一书之所以浮浅，是因为它对这一原则范围的说明——尽管并不因为范围依赖于密尔尚未提出的人民利益理论，尽管人们通常主张后者。[74] 倘若一位个人嘲笑另一人的宗教信仰，而后者有合法的不受这种精神伤害的利益，那么前者便有过错，他实施了"关系他人"的行为，并因此可能受到惩罚，尽管存在所谓的自由原则。然而，密尔没有解释，侮辱是属于自由的一部分，抑或属于侵犯他人权利的一部分。当然，密尔的理论就回答这些问题至少提供了一个框架。对上述问题的回答取决于，赋予特定阶级以侮辱他人之特权，是否能够通过鼓励自由思考和生活实验而促进社会进步和经济发展，换言之，保护一定数量的自由其长期收益是否超过了成本。

这作为理论是精细周密的，但却缺乏可操作性的内容。有关言论自由最有趣味的问题，是言论自由的界限，密尔没有讨论，除了不能鼓励犯罪的明显情形以外。关于文字诽谤和言词诽谤；关于版权和剽窃；关于扰乱治安；关于戏剧、游行、罢工时的纠察以及其他示威形式；关于匿名传单；关于色情作品——对于所有这一切，

---

[74] 比如，参见，John Gray, "Introduction," in John Stuart Mill, *On Liberty and Other Essays* vii, xvii – xviii (1991).

他皆沉默了。关于行动自由最有意思的问题,也涉及到它的界限。密尔提出了大量的主张和建议,而这些却与他所倡导的行动自由存在着紧张关系。他说道,本人自愿成为他人的奴隶不符合行动自由原则;然而,每一次当我们在雇用合同上签字画押之时,我们其实都在令自己"为他人所奴役"。他宣称,自杀也不符合行动自由原则,即便是生存抑或死亡的决定看起来最终属于仅关本人之行为。他指出,尽管美国政府或其他任何人干涉犹他州的摩门教实行多配偶制并不适当,但是,对于来到英国的摩门教徒,英国拒绝承认他们的多配偶制婚姻有效则属正当,当然更不允许英国人缔结这样的婚姻了,因为多配偶制属于一种妇女奴隶制的形式,即便妇女愿意如此行为。除非人们能够表明,他们拥有经济实力来抚养婚姻带来的子女,否则他会禁止人们结婚。他论辩道,既然政府必须通过税收方式筹集收入,那么,不如对"如果使用超过限定数量便会产生十分有害作用"(页149)的物品即酒类征税。然而,就税收会在一定程度上抑止商品消费而言,税收会减少该商品所产生的收入。因此,政府必须征税之事实,并不能导致旨在干预人们仅关本人的行为的税收以正当性,后者与可能会产生那种无意识副作用的收入最大化的税收是完全不同的。从促进人们行使合理才能的社会总目标着眼,密尔提出了一项主张,即为穷人提供免费的普遍教育。然而,他没有注意到,税收是一种强制形式,因此显然侵犯了人们的自由,而就教育来说,这种权利的侵犯却不可能通过诉诸伤害原则来辩护,因为一个人不能为子女提供教育经费并不是(无论如何,也不总是)富裕人士之过错。

关键并不在于,这些以及其他对行动自由的干涉不可能与密尔提出的普遍原则相调和;而是密尔并没有努力去探索,或仅仅只是随意主张,而没有富于说服力地进行论辩。然而,通过以适当的方式阅读该著作,则可以把密尔著作的粗糙边缘置于适当的视角——并非作为公共知识分子作品最优秀传统中的一本论著,而只是作为一种挑衅。面对鱼饵,保守主义者仍然跃跃欲试,正如我们在上一章看到的一样。

第十章

公共知识分子与法律

德雷福斯事件标志着公共知识分子在 20 世纪初次登上舞台。这是一场幸运的登台表演。左拉和其他的知识分子在矫正业已发生严重政治转向的司法不公方面，发挥了重大的工具性作用。公共知识分子——他们之中有些人是法律人，而有些人则不是——持续地对法律问题倾注着浓厚的兴趣。本章主题涉及到两种公共知识分子类型。一类为"即时评论"，即对法律场景之下的时事进行评论，通常涉及到对正在进行的审判或其他法律程序发表评论。在第三章中，本人通过克林顿总统弹劾案，对这一类型作了说明，本章亦将对此简要回顾；针对正在展开、紧迫重大的公共事项进行论辩，现代公共知识分子倘若要就此作出建设性贡献，困难重重，这可是一句常为人引用的话（*locus classicus*）。公共知识分子参与有关总统弹劾案的论辩，并在某种程度上参与弹劾程序本身（让我们回想一下，肖恩·威兰茨向众议院司法委员会提供的证言），这绝非一种孤立之情形。公共知识分子代表已博取他们同情的刑事罪犯，进行一系列冗长不堪、疑窦丛生的干预，促使知识分子的此种参与达到了巅峰——被控有罪的无辜的德雷福斯之后代，比如，萨科（Sacco）和范齐蒂（Vanzetti）、阿尔杰·希斯（Alger Hiss）、艾兹拉·庞德（Ezra Pound）、罗伯特·布拉西拉奇（Robert Brasillach）、罗森伯格夫妇（the Rosenbergs）以及休伊·牛顿（Huey Newton）和其他黑豹党（Black Panthers）成员。*

法律与公共知识分子交错的另一类型为专家证人，让我们从此开始分析吧。法院许可"专家"以证人证言的形式提供他们的意见，一般说来，非专家证人可以就其亲身感知的事实作证。[1]大多数专家证言系由工程师、医生、科学家、心理学家以及经济学家就技术性事项提供的证言，当然也有一些专家证人属于公共知识分子，他们就涉及意识形态意义的事项作证，比如，斯蒂芬·杰·古尔德在《宪法》第一修正案有关宗教自由的案件中所作的证言，他证明，《圣经》对创世的描述在科学上并不值得尊重。[2]"更软"（softer）主题的教授，像历史、哲学、文学、艺术和音乐领域，他们有时也以专家身份提供证言。不过，这些证言通常只涉及某一狭窄的主题，例如，某幅艺术作品的起源，或某曲音乐是否与另一首曲子相近。但是，他们偶而也在有关色情、诽谤、历史事实（大屠杀［the Holocaust］是否真的发生了？）、性侵犯的社会后果或种族歧视案件中，就非技术性事项作证，比如，一本书、一部电影或一幅画的社会价值或渊源。作证并不限于法庭。肖恩·威兰茨向众议院司法委员会就是否弹劾克林顿总统的事项提供的证言，就属于在准司法程序中的宣誓作证，因为在弹劾案件中，众议院就相当于刑事诉讼程序中的大陪审团。并且，知识分子对法律程序的参与也不仅仅局限于提供证言。法院偶而也许可专家以法庭顾问（即法庭之友）诉讼摘要之形式提交公共知识分子的意见。

马莎·努斯鲍姆在一宗案件中成功地就科罗拉多州《宪法》提

---

* 黑豹党，1966 年美国成立的一个军事化的政治组织，鼓吹通过暴力革命实现黑人解放，到 20 世纪 80 年代逐步消失。——译者

〔1〕 参见《联邦证据规则》第 602 条、以及第 701－703 条。

〔2〕 参见，Stephen J. Gould, *Rock of Ages : Science and Religion in the Fullness of Life* 139－145 (1999)。比照，Epperson v. Arkansas, 393 U. S. 97 (1968)。

出了异议,该《宪法》限制该州当局通过有关禁止歧视同性恋的法令。[3] 在该案中,马莎·努斯鲍姆就希腊哲学家对待同性恋的态度,以言词形式发表意见,并在此后案件开庭审理中提供宣誓证言。[4] 她反驳了约翰·菲尼斯(此外还有其他人)。约翰·菲尼斯是一位笃信天主教的法学教授、哲学家,他在证词中主张,古希腊人不赞成同性恋。努斯鲍姆也反驳了政治学教授哈维·曼斯菲尔德(Harvey Mansfield),他提供的证言支持科罗拉多州《宪法》的规定。在该宗案件的司法意见中惟一所引用的,只是在一项法官反对意见中附带地引用了曼斯菲尔德的证言,证言内容是,这一规定通过制止地方政府对该州全部选民之中未代表的一小部分作出回应,而促进了政治稳定和对政治程序的尊重。[5] 类似地,在联邦最高法院有关安乐死的案件中,司法意见丝毫也未提及罗纳德·德沃金、

---

〔3〕 Romer v. Evans, 517 U. S. 620 (1996). 她把她的宣誓证言改编成了一篇详实充分的论文公开发表,参见,"Platonic Love and Colorado Law: The Relevance of Ancient Greek Norms to Modern Sexual Controversies," 80 *Virginia Law Review* 1515 (1994). 本人在上一章讨论她有关这一问题的观点时,引用了该文的节略本——努斯鲍姆,《性与社会正义》(1999年)。

〔4〕 所谓宣誓证言(affidavit),是指证人经宣誓所作之证言,它也相当于证人证言(testimony)。

〔5〕 Evans v. Romer, 882 P. 2d 1335, 1364 n. 8 (Colo. 1994) (法官的反对意见)。该审理法官针对同性恋的原因以及对同性恋者歧视之历史,讨论了专家证言。Evans v. Romer, 1993 WL 518586, at * 11 (Denver County, Colo., Dist. Ct., Dec. 14, 1993). 古希腊人和古罗马人对同性恋行为的态度,本来似乎与罗梅尔一案的律师有关,因为在 Bowers v. Hardwick, 478 U. S. 186, 196 (1986) 一案中,首席法官伯格(Burger)撰写的裁决也即法官意见一致的裁决,是州有关反鸡奸法合宪,他是这样来陈述的:"在整个西方文明史中,个人有关同性恋行为的决定皆已受到了国家的干预。"他引证了一项罗马法律支持这一主张,不过,没有希腊的法律渊源。

约翰·罗尔斯、托马斯·奈格尔和其他哲学家提交的哲学家诉讼摘要。[6]

当人们考虑"公共知识分子"话语的意识形态特征时,如本人对这一术语的运用一样,那么,法院不太情愿他们参与法律程序就一点也不令人吃惊了。证明(即探索[probes])这一规则的是一个例外,那就是联邦区法官威廉·B·汉德(William B. Hand)(与勒尼德·汉德法官毫无关系)在史密斯诉学校理事会(*Smith v. Board of School Commissioners*)案中作出的值得关注的司法意见。[7]该案是这样开始的,一位学生的父亲试图以侵犯宗教自由为由,禁止该儿童所上的亚拉巴马州莫比尔公立学校实行学校内祈祷。联邦最高法院长久以来一直认为,该学校的祈祷侵犯了《宪法》第一修正案的宗教条款。尽管《宪法》第一修正案指的是联邦政府,而非州政府("国会不应制订法律限制……"),但法院对第十四修正案的正当程序条款进行解释,该条款是针对州而言的,通过解释使该条款包容了第一修正案规定的限制,因此促使这些宪法条款能够限制州和地方政府,包括公立学校制度。汉德法官漠视联邦最高法院,否定了包容理论(the incorporation theory),故即刻被推翻原判发回重审,[8]并指令其签发原告曾经申请的禁令。此后,随着这一案件再次摆在他的面前,他出人意料地裁决,莫比尔公立学校的制度违反了《宪法》第一修正案,理由是,该学校不仅实行祈祷,正如他的上级法院认定的一样,而且在教科书选择上歧视性地支持"世俗

---

[6] Washington v. Glucksberg, 521 U. S. 702 (1997); Vacco v. Quill, 521 U. S. 793 (1997). 本人在《道德和法律理论的疑问》一书中,讨论了这一哲学家诉讼摘要,该摘要敦促承认安乐死之宪法权利,但未获成功,参见,Richard A. Posner *The Problematics of Moral and Legal Theory* 130 – 133 (1999).

[7] 655 F. Supp. 939 (S. D. Ala.), reversed, 827 F. 2d 684 (11th Cir. 1987).

[8] Jaffree v. Wallace, 705 F. 2d 1526 (11th Cir. 1983), affirmed, 472 U. S. 38 (1985).

的人文主义"或者说"无神论人文主义"之"宗教",该法官解释道,此种宗教的倡导人包括约翰·杜威、西德尼·胡克。该法官禁止,这一学校基于有关家庭经济学、历史和社会研究方面的39本教科书实行教学的体制,他认为这些教科书已为此种宗教所浸染。他的判决再次被推翻。〔9〕倘若基于他有关"宗教"的观点,事实上,美国公立学校广泛使用的教科书无一不受浸染,因为他禁止使用的冰冷乏味却无伤大雅的教科书,仅仅由于强调个人责任,以及省略了基督教关于个人行为的特定观点,就已经背叛了他们的世俗人文主义信仰。

汉德法官涉列广博但冗长肤浅的司法意见,依据的是各种领域专家提供的证言,包括心理学和哲学领域。他的司法意见赋予了罗素·柯克(Russell Kirk)的证言特别权重的证明力,罗素·柯克是一位著名的保守主义公共知识分子,在本书第八章中,我引用了他批判约翰·斯图亚特·密尔一个段落。柯克提供的专家证言内容包括:杜威以及进步教育,教科书出版社通过"组织严密的压力集团"对有组织宗教的敌意威胁,以及"杜威作为哲学之父"对教师团体训诫的幽暗效应。柯克批判了世俗人文主义(他作证时,宁可将他们称之为"人文主义者")关于人没有灵魂的教育,在他看来,这是不正确的。〔10〕他宣称,世俗人文主义或人文主义,就像马克思主义一样,皆可归为一种宗教。

柯克证言中某些部分还是具有一定的价值。他主张,有神论宗教的制度结构以及精神特征,在无神论思想和实践的体系中也能发现,这一点是正确的。在本书第七章,本人就曾指出了苏联共产主

---

〔9〕 参见,前注〔7〕。

〔10〕 本人对柯克证言的引用,源于该法官的概述。参见,655 F. Supp. at 956–957, 959, 961–963, 968–969.

义与罗马天主教信仰之间的类同;[11] 而在一位论（Unitarianism）（有神论的）与道德教育（Ethical Culture）（无神论的）之间，它们甚至更为接近。甚至最高法院也已将"世俗人文主义"描述为一种宗教。[12] 但柯克的证言——富有特色的是，上诉法院在推翻汉德法官裁决的司法意见时，忽略了柯克的证言，同时亦忽略了所有其他的专家证言——遗漏了狭义的以及广义的要点，而这就决定性地导致该法官的裁判结果不能成立。狭义的要点是，那些冒犯性教科书没有一本倡导了"世俗的人文主义"；他们仅仅是忽略了宗教。而广义的要点则是，《宪法》第一修正案不可能明显地解释为，禁止公立学校使用促进或不促进基督教精神的教科书；因为要撰写此种教科书是不可能的。

就公共知识分子在法庭中的角色表示怀疑时，我并不意图否定公共知识分子的意见可能对法官产生影响。法官也读书看报，像其他人一样（事实上比其他人还要更多些），并因此，他们敞开心扉面对公共知识分子的作品，对于将来可能在案件中出现的问题，这些作品也许将改变他们观察的视角。试图追踪对法官的这种影响，可谓一项异常艰难的课题，原因是，法官通常不引用其司法观点的非职业来源，或不予说明，尤其是当这些来源涉及政治或意识形态时。这就是为什么法官不愿意接纳公共知识分子参与司法程序之缘由：它看起来像是非职业化的。也许这也正是为什么所谓的"哲学家诉讼摘要"其实并非真正哲学的原因——事实上，它是由一个律师事务所起草的，并且，倘若不是这些专家的职业从属关系，本来

---

〔11〕 亦见, Paul Hollander, *Political Will and Personal Belief*: *The Decline and Fall of Soviet Communism* 294–296（1999）.

〔12〕 Torcaso v. Wakins, 367 U. S. 488, 495 n. 11 (1961). 斯葛利亚法官在 Edwards v. Aguillard 一案的否定意见中，提醒他的同仁们回顾一宗涉及路易斯安娜州法的案件，该州法要求，在公立学校任何对进化论的教授，皆须同时伴有"创世科学（creation science）"的指导，参见, Edwards v. Aguillard, 482 U. S. 578, 635 n. 6 (1981).

就可以将这一摘要视为一种传统的律师辩论意见书。

有一个地方能够探求此种影响之证据，那就是司法人员的传记。假如我们先前不太清楚的话，那么我们现在便可以发现，众多声誉卓著的法官，比如，奥利佛·温德尔·霍姆斯、路易斯·布兰代斯、本杰明·卡多佐、费利克斯·弗兰克福特（Felix Frankfurter）以及勒尼德·汉德，他们无一不如饥似渴地阅读知识分子的著作。他们不仅仅博览群书，而且也还结交了他们时代许多影响深远的知识分子（当然，包括他们彼此！）。这些知识分子的思想之痕迹，明明白白地渗透于一些法官的司法意见之中；比如霍姆斯的司法意见，就体现了爱默生、詹姆斯·菲茨詹姆斯·斯蒂芬、赫伯特·斯宾塞和查尔斯·桑德斯·皮尔士的思想。然而，到1962年止，所有这些法官有的与世长辞，有的已从法官的职位上退休（就弗兰克福特而言）。他们的继任者，则更少具有智识性，而更多人视野狭窄地定位于职业性。这正是独立的公共知识分子衰落的另一事例。

这并不是说，法官在政治方面消极无为。在里根和布什执政期间，数位保守主义学者（包括本人在内）被任命为联邦上诉法院法官，旨在希望矫正这些法院触手可及的自由主义意识形态倾向。这些学术型法律人其中之一进入了联邦最高法院（即斯葛利亚[Scalia]），而另一位（博克）则在入主联邦最高法院的门槛上翻身落马。克拉伦斯·托马斯（Clarence Thomas）在大法官资格确认听证会上，就他是否深信自然法哲学而受到刁难戏弄。最近，许多里根和布什时期被委任进入上诉法院的法官，因接受保守主义思想库发起的研讨会之邀而遭受了批评；甚至有人论辩道，他们在案件中的一些投票已经受到了他们在这些研讨会上的保守主义"洗脑"的影响。[13] 进而,一些保守主义法官已随着保守主义公共知识分子而社会化——并且,一些自由主义法官则随着自由主义公共知识分子而社会化了。

然而,所有这一切表明,在更高层的司法人员中,传统的裁判资料并不可能解决案件,法官必须求助于他的价值观和直觉,偶而也得诉诸于他的意识形态,因此,公共知识分子作品可能对司法程序产生影响。这种影响到底有多大,人们不可能评估。但是,清楚的是,公共知识分子作品可谓对法官的非法律影响之一,其他影响还包括性格气质、生活经历、道德原则、党派政治、宗教信仰或不信仰以及学术思想。

近来,公共知识分子发挥了重要证人作用的惟一法律领域(克林顿总统弹劾案系另一领域)是色情作品。有关色情的现代法律要求法院裁判,一幅有关性的图片作品是否存在任何可保留的社会价值;倘若具有可保留的社会价值,则裁决这一作品受《宪法》第一修正案保护,免受检查或者处罚。对于文学、电影、艺术、舞蹈或音乐评论(视不同情形)来说,让专家证人就被指控为色情的作品是否具有可保留的社会价值提供专家意见,可谓司空见惯。[14] 不过,他们所提供的证言却倾向于对色情作品不加批判;他们会发现,任何事物实际上皆具有可保留的社会价值。在本人审理的一宗案件中,即帕洛斯基诉伊利诺斯社区 515 大学区(*Piarowski v.*

---

〔13〕 Doug Kendall, *Nothing for Free: How Private Judicial Seminars Are Undermining Environmental Protections and Breaking the Public's Trust* (Community Rights Counsel July 2000). 本人从未出席此类研讨会。

〔14〕 参见, Frank Kermode, "'Obscenity' and the 'Public Interest,'" 3 *New American Review* 229 (1968); Al Katz, "Free Discussion v. Final Decision: Moral and Artistic Controversy and the *Tropic of Cancer* Trials," 79 *Yale Law Journal* 209 (1969).

Illinois Community College District 515) 案,[15] 芝加哥大学美术系主任提供证言, 旨在证明以染色玻璃制作的奥勃利·比亚兹莱 (Aubrey Beardsley) 的色情绘画之价值。绘画作品的魅力在于其线条的精致细腻、柔和曲折, 当该作品转换成镶嵌工艺时, 这些优点尽皆失去, 而即便如此, 这一证人还作证声称, 此种工艺之转换颇有趣味, 具有一定的价值。那只不过是迎合低级趣味的拙劣作品, 他的个人观点竟然不是这样, 我几乎不敢相信。然而, 他正在支持艺术表达自由, 正如一位文学教授在迪林汉诉政府 (*Dillingham v. State*) 一案[16] 中作证, 声称一幅报纸上的漫画具有可保留的价值, 该漫画描绘的是: 一把装饰有纳粹标记的椅子上, 一位裸体的地方法官正在自慰。

从事艺术的职业人士, 不论是制作人, 抑或学者, 他们皆由于显而易见的原因而敌视检查制度, 并对艺术外行的法官感到沮丧。[17] 他们明白, 击溃检查制度的最佳方式, 就是针对检查人员希望压制的所有作品皆确立其具有可保留的社会价值, 以此把检查人员驱逐出他们的领地。因此, 他们被引导过度放松正常的批判标准, 以便容纳在当代提起诉讼的情形下可典型地归于垃圾的作品。(典型地, 但并非总是如此; 辛辛那提艺术馆主任就罗伯特·梅普勒索普 [Robert Mapplethorpe]* 的性爱摄影作品提出刑事控诉, 但未获成功, 这是因为梅普勒索普的作品无可置疑地具有美学价值。)[18]

---

[15] 759 F. 2d 625 (7th Cir. 1985).

[16] 267 A. 2d 777, 791 (Md. App. 1970).

[17] 比如, 参见, 在一宗案件中, 法官裁决威廉·伯洛斯 (William Burroughs) 的小说《裸体午餐》(*Naked Lunch*) 在法律上不属于色情作品, 请注意该案中法官的否定意见。Attorney General v. A Book Named 'Naked Lunch,' 218 N. E. 2d 571, 574-578 (Mass. 1966), 有关"小说家摩曼·米勒 (Morman Mailer)", 亦参见如上文献, 页 575, 注 [7]。

* 罗伯特·梅普勒索普, 美国现代摄影大师, 风格前卫, 曾以表现同性恋、性爱作为他的一个重要主题。——译者

[18] Richard A. Posner, *Sex and Reason* 352-353 (1992).

这可谓学术假日精神（academic holiday spirit）的另一种展现。在法庭作证的批评家知道，他的证词永远也不会提交给他的学术同仁所组成的陪审团——假如他的学术同仁完全了解这些的话，他们也许将会推荐他去从事勋爵之工作（Lord's work），而令检控方大败涂地。

当他站立在证人席上，他也许会歪曲，甚至有可能故意违犯他的誓言，因为这些不可能对他产生麻烦，也不会影响到他的学术同仁。宣誓不在学术游戏的规则之内。学术著作和文章勿需以宣誓开头，作者没有必要发誓：本人陈述真情，全部皆为真情，以及除真情之外别无其他。这不是说学术人员没有或无须遵守规范，包括陈述真实的规范，当然也有一些后现代主义学者拒绝承认这一点，而把他们的学术工作视为政治工作，应由政治规范来调整，但我们知道，政治规范可不要求陈述真实。在一些美国大学的文学系中，此种态度甚为普遍，比比皆是。[19] 但本人的观点只是，陈述真实的学术规范，就现存的范围来说，并不通过宣誓来表达或实施。宣誓对于学术人员而言，属于不太自然的规范制度的一部分，因此他倾向于对宣誓嗤之以鼻。关于这一问题，学术人员也并非单枪匹马；甚至在克林顿总统在司法程序中违反了陈述真实的规范之前，此类程序中的许多证人就不可能为人们信任，人们不相信他们能够认真严肃地对待他们的宣誓，能够陈述真情，全部皆为真情，以及除真情之外别无其他。

因此，我怀疑大多数学术人员的观点，他们认为，以专家证人的身份在法院或者在立法委员会宣誓作证，与为敦促法院或立法机

---

〔19〕 比如，参见，Chris Hedges, "New Activists Are Nurtured by Politicized Curriculums," *New York Times*（national ed.）, May 27, 2000, p. A17。比照，Barbara Epstein, "Postmodernism and the left," in *The Sokal Hoax: The Sham That Shook the Academy* 214（edited by the editors of *Lingua Franca*, 2000）.

构达成某一特定结果而在整版公告上签名大不相同。这两种活动相对于学术职业来说，都恰如严肃演员偶而作商业广告。并且，不论他们如何考虑，在法庭接受询问与学术辩论中平等交换意见相比，都是不同的经历，同时，出庭接受询问还可能引导出缺乏学术写作准确性及微妙差别的主张。

　　正如丹尼尔·门德尔松（Daniel Mendelsohn）指出的那样，"当法律话语实际运行时，它的狭隘要求可能最终会与严肃的人本主义调查的扩张品质不相容。"[20] 他在讨论这样一种指责，即马莎·努斯鲍姆在罗梅尔案件中提供证言和作证时，就有关希腊哲学家赞成同性恋的程度进行了虚假陈述。[21] 她的宣誓证言和言词证据带有鼓吹的感觉和腔调。这些证词和证言对相反的证据漠然处之，有时甚至完全忽视相反的证据——举例来讲，更不用说在她本人一部著

---

〔20〕Daniel Mendelsohn, "The Stand: Expert Witnesses and Ancient Mysteries in a Colorado Courtroom," *Lingua Franca*, Sept. /Oct. 1996, pp. 34, 46.

〔21〕参见，"Rebuttal Affidavit of John Mitchell Finnis," Evans v. Romer, No. 92 CV 7223, Denver County, Colorado, District Court, Oct. 21, 1993; "Addendum to Rebuttal Affidavit of John Mitchell Finnis," id., Oct. 27, 1993; John Finnis, "'Shameless Acts' in Colorado: Abuse of Scholarship in Constitutional Cases," *Academic Questions*, Fall 1994, p. 10; Gerard V. Bradley, "In the Case of Martha Nussbaum," *First Things*, June/July 1994, p. 11. 菲尼斯指责努斯鲍姆，"不真实且总体而言虚假陈述"。参见，Finnis, "'Shameless Acts' in Colorado: Abuse of Scholarship in Constitutional Cases，"同上，页 50。罗伯特·P·乔治在《'不知羞耻的行为'再探：关于马莎·努斯鲍姆的一些问题》一文中主张，"由于努斯鲍姆教授已宣誓作证，因此，倘若她清楚他们是如此的话，则她的虚假陈述就可能构成伪证"——而然后他继续论辩道，无庸置疑，她的确知道他们是那样。努斯鲍姆相信，菲尼斯和乔治正在试图激怒她，诱导她起诉他们诽谤。不过她并不会上钩。参见，Robert P. George, "'Shameless Acts' Revisited: Some Questions for Martha Nussbaum," *Academic Questions*, Winter 1995 - 1996, pp. 24, 26.

作中的相反证据了。[22] 通过与证言之后的学术版本进行对比，她在开庭审理时所提出证词的上述特征就变得有所缓和了，这些学术版本与她主要对手约翰·菲尼斯的大多数批判相互冲突，当然并非全部。[23] 然而，甚至源于法庭激烈论辩的这些学术作品，也只是一边倒地描绘了一幅有关希腊人对特定的同性恋习惯、尤其是对肛交的态度之图景，同时，对关于希腊人对待女同性恋和男同性恋的矛盾情绪轻描淡写。[24] 兰德尔·克拉克（Randall Clark）批判了努斯鲍姆与菲尼斯（以及菲尼斯的盟友，罗伯特·乔治［Robert George］）有关柏拉图的著作《法律篇》中相互对抗的证言存在显而易见的党派偏见，随后作出了如下评述，"各方参与者在开庭审理之后创作发表的作品中，一直坚持了这样一种方法论。"[25]

在罗伊诉韦德案之后有一宗涉及人工流产的重大案件，即韦伯

---

[22] 参见，Martha C. Nussbaum, *The Fragility of Goodness*: *Luck and Ethics in Greek Tragedy and Philosophy* 143 (1986). 菲尼斯注意到，努斯鲍姆提供的证言其中包括，在公元 1 世纪，基督教便已开始对希腊的性习俗产生极大的影响，不过，这一证言令人难以置信——因为基督教当时尚处于萌生初期，并且教义经文晦涩难解。参见，Finnis,"'Shameless Acts' in Colorado: Abuse of Scholarship in Constitutional Cases,"前注〔21〕，页 21。

[23] 请将记者的记录，Evans v. Romer, No. 92 CV 7223, Denver County, Colorado, District Court, Oct. 15, 1993, pp. 797, 809, 以及马莎·C·努斯鲍姆的宣誓证言，同上，1993 年 10 月 21 日，与努斯鲍姆的如下著作进行对比，Nussbaum, "Platonic Love and Colorado Law: The Relevance of Ancient Greek Norms to Modern Sexual Controversies,"前注〔3〕，以及，*Sex and Social Justice*, 亦见前注〔3〕，页 306。

[24] 参见，乔治，前注〔21〕；Eva Keuls, *The Reign of the Phallus*: *Sexual Politics in Ancient Athens*, ch. 11 (1985); David Cohen, *Law*, *Sexuality*, *and Society*: *The Enforcement of Morals in Classical Athens*, ch. 7 (1991); Bruce S. Thornton, *Eros*: *The Myth of Ancient Greek Sexuality* 250 n. 60, 265 n. 206 (1997), 以及，他著作中编入 "同性恋"索引目录的参考文献。

[25] Randall Baldwin Clark, "Platonic Love in a Colorado Courtroom: Martha Nussbaum, John Finnis, and Plato's *Laws* in Evans v. *Romer*," 12 *Yale Journal of Law and the Humanities* 1, 5 (2000). 亦见，同上文，页 6。他正在讨论菲尼斯和乔治撰写的文章，本人在前注〔21〕和〔24〕亦引用了该文。

斯特诉生育健康服务部案（Webster v. Reproductive Health Services, Inc.），[26]在该案中，数百位历史学家（起初为 281 位，但后来又有 120 位历史学家加盟）提交了法庭之友诉讼摘要。[27] 根据其所强调的重心，该诉讼摘要主要依据作为签名者之一詹姆斯·莫厄（James Mohr）的一项有关美国人工流产公共政策史的研究。[28] 而事实上，该诉讼摘要与莫厄的研究存在矛盾，正如他此后间接承认的那样，他声称，该诉讼摘要并非"历史，并非依我本人所理解的那种工作（craft）"，而是他不仅作为一名历史学家、而且也是一位公民所签署的"一项政治文件"——已经签署并非因为该文件与他本人的著作保持一致，实际上两者不太相符，而是因为它，"相比另一派提出的历史论辩而言，与本人对历史的理解更充分地相称，那些提出论辩主张的人亦引证过本人的著作。"[29] 历史学家的诉讼摘要引用了莫厄著作中的相关主张，即在普通法上，人工流产并不非法，然而，在所引用的那一页上，莫厄却是这样写的，惟有在进入胎动期之前（即在母亲能够感受到胎儿第一次胎动前）的人工流产方为合法。[30] 该诉讼摘要还引证了莫厄的如下主张，即 19 世纪的医生反对人工流产的主要理由，是希望控制生育健康。但是，莫

---

[26] 492 U. S. 490 (1989).

[27] 291 位美国历史学家以法庭顾问身份提供诉讼摘要，支持被上诉人，参见，1988 *U. S. Briefs* 605 (March 30, 1989), in Webster v. Reproductive Health Services, Inc., No. 88 - 605, U. S. Supreme Court, October Term 1988.

[28] James C. Mohr, *Abortion in America: The Origins and Evolution of National Policy*, 1800 - 1900 (1978).

[29] James C. Mohr, "Historically Based Legal Briefs: Observations of a Participant in the Webster Process," 12 *Public Historian*, Summer 1990, pp. 19, 25. 提供的法庭顾问诉讼摘要与莫厄著作之间的不相符之处，菲尼斯在其著作中进行了评述，参见，Finnis, "'Shameless Acts' in Colorado: Abuse of Scholarship in Constitutional Cases,"前注 [21]，页 12 - 13, 16 - 18。

[30] 莫厄，前注 [28]，页 3 - 19。

厄的著作更强调的却是道德以及相关的科学考虑,主要说来就是,一旦进入胎动期的科学意义被否定,并且,医生们"判断,人类生命在某种程度上是以一个新的受精卵呈现的,因此,不论这种程度的限制如何,他们皆会成为任何攻击这一主张的人最激烈的对手。"[31] "大多数医生认为人工流产构成犯罪,理由是,要确定这么一个时点存在固有的困难,即在这一时点上,一个稳定发展的胚胎不知因何缘故比它以前更为活跃了。进而,他们强烈地反对在生命孕育之初就扼杀生命。"[32]

莫厄签署了这一诉讼摘要,但没有提出有关他观点的真实表述,不过这并不构成伪证,理由是,法庭之友诉讼摘要并非宣誓签署的。然而,它却是误导以及非职业的。人们可以回想一下本书第三章,另一位历史学家签署了一项政治公告,该公告与他本人同期出版的有关克林顿总统弹劾争议的观点自相矛盾,而第三位历史学家就是否应该弹劾克林顿总统向众议院司法委员会作证时,对陈述的内容似乎并不谨慎,而他甚至是在宣誓的前提下提供证言的。我们还注意到,一位宣誓作证的学术人员,随后又将其证言改编为学术作品,即便他的学术研究表明有关证言是错误的,但其作品也可能会受制于他提供证言所划定的界限。

一旦可就伪证提起控诉的理论可能性完全被抛置一边,那么非常明显的是,一位公共知识分子就不可能因为提供虚假、夸张或其他误导性证言而承担任何代价。努斯鲍姆、菲尼斯以及乔治的学术地位,根本没有为他们之间的吵吵嚷嚷影响,即便他们的争吵如此激烈甚或隐含着伪证指控之可能。正如公共知识分子预测错误的情形一样,公共知识分子提供专家证言不准确(或许更加糟糕),也勿需承担责任。事实上,与大多数其他公共知识分子的作品相比,

---

[31] 同上注,页36。
[32] 同上注,页165。

若要追踪一位公共知识分子的专家证言甚至难上加难,这是因为法庭的证言尽管名义上具有公共性,但并未公开出版,因此外部人不易获取。一般说来,法庭证言保存于一个外部人得费尽九牛二虎之力方能获取的仓储室之中,故而即便可以得到,亦需经历漫长的迟延。

一位历史学家的另一次法庭冒险支持了这一分析,这就是艾丽斯·凯斯勒-哈里斯(Alice Kessler-Harris)在一宗性别歧视案件中针对西尔斯·罗巴克公司提供的专家证言。[33] 凯斯勒-哈里斯代表平等就业机会委员会提供证言,她证明,历史表明(最不可能地),工作场所性别角色之分配与妇女的兴趣毫无干系;惟有雇主歧视方可解释男性为何在某些类型的职业中占据强势,而女性在另一些职业中处于优势地位。正如托马斯·哈斯克尔(Thomas Haskell)和山福特·利文森(Sanford Levinson)指出,"凯斯勒-哈里斯的主张显而易见走向了极端,因为它把雇主和女性就业者的选择混合产生的结果,完全归因于雇主。"[34] 他们支持上述断言,他们的评述是这样的,"自从开庭审理以来,对抗制的压力导致她没有办法不夸大,甚至凯斯勒-哈里斯本人也承认这一点。"[35] 凯斯勒-哈里斯在回应莫厄时承认,为了反驳西尔斯公司的历史学专家证人罗沙林德·罗森伯格(Rosalind Rosenberg),她"发现,[她]本人在构造着一

---

[33] EEOC v. Sears, Roebuck & Co., 628 F. Supp. 1264 (N. D. Ill. 1986), affirmed, 839 F. 2d 302 (7th Cir. 1988). 接下来的探讨,依据托马斯·哈斯克尔和山福特·利文森的论文,参见,Thomas Haskell and Sanford Levinson, "Academic Freedom and Expert Witnessing: Historians and the *Sears* Case," 66 *Texas Law Review* 1629 (1988); Haskell and Levinson, "On Academic Freedom and Hypothetical Pools: A Reply to Alice Kessler-Harris," 67 *Texas Law Review* 1591 (1989). 亦见,彼特·诺威克简要的讨论,Peter *Novick*, *That Noble Dream: The "Objectivity Question" and the American Historical Profession* 504 (1988).

[34] Haskell and Levinson, "Academic Freedom and Expert Witnessing: Historians and the *Sears* Case," 前注 [33],页 1634。

[35] 同上注,页 1635。

种省略了微妙精致和细微差别的反驳,并且,当复杂性和例外从视野之中消失得一干二净时,便可以整理证据而提出立论。"[36] 看来她从这一坦率的承认或者从如下事实得出了相反的结果,这一事实便是,正如想当初在莫厄作证的案件中一样(当然,她并没有宣誓作证),她在学术著作中的表述干脆与她在开庭审理时提供的证言自相矛盾。[37] 另一方面,"尽管凯斯勒-哈里斯显而易见地夸张,女权主义学者却普遍对她的证词持褒奖态度,而批评罗森伯格的证言。"[38] 实际上,正如哈斯克尔和凯斯勒-哈里斯表明的那样,女权主义学者已经在诽谤和排斥罗森伯格了。对此的一种诠释便是,学术人员将法庭视作一种政治论坛,在这种论坛之上,对于准确性的关注无关紧要;而宣誓亦就注定死了。

公共知识分子对法院判决提出错误的修正性挑战有漫长历史,并且,时而运用模拟审判试图解答历史问题,比如,理查三世是否杀害了小王子,究竟是弗兰西斯·培根、还是牛津伯爵(the Earl of Oxford)、抑或斯特拉特福堡(Stratford)的威廉·莎士比亚,才是莎士比亚戏剧的真正作者,这都进一步表明了法庭和知识分子之间的拉郎错配。尊严显达、威仪崇高的法官皆主持审理过此类案件,包括美国联邦最高法院的法官。这样的审判是一种错误。它们传达了一种错误的印象,似乎表明对抗制是一种确定历史事实的适当方式。通过如此行为,他们实际上做了有利于大屠杀否定者的事,也有利于其他难缠之怪人(事实上就有那么一些人,他们相信"来自

---

〔36〕同上注,对艾丽斯·凯斯勒-哈里斯的引用,"Equal Opportunity Employment Commission v. Sears, Roebuck and Company: A Personal Account," 35 *Radical History Review* 57, 74 (1986).

〔37〕Haskell and Levinson, "Academic Freedom and Expert Witnessing: Historians and the *Sears* Case,"前注〔33〕,页 1650, 1654。

〔38〕同上注,页 1635。

斯特拉特福堡的那个人大约不是莎士比亚戏剧的作者")。正如劳伦斯·道格拉斯（Lawrence Douglas）指出，越来越多的大屠杀否定者进行的论辩，"令人强有力地想起律师在对抗制诉讼艺术中运用的修辞……。通过将审判视作寻求事实之方式，这些人［否定者］因此能够提出极端偏见和偏袒盲目的夸张，以此作为公共论辩和历史启示的适当贡献。"然而，刑事司法"长期以来专注于诸如保护被告人的尊严和自治之价值，这些价值在特定案件中可能实际上会损害对事实的探求。"[39] 参与过莎士比亚作品之作者资格模拟审判的联邦最高法院法官，没有意识到，通过这样的行为，他们正在赋予审判程序滥用以正当性，而这些审判程序逐渐破坏了历史准确性的标准，正如在（事实上的）审判中提供专家证言的学术公共知识分子一样，可能会因为屈服于令证言与紧迫审判程序保持一致之压力，而损害他们学术上的正直品质——这种审判程序除了确定什么是真相之外，尚有其他目标。[40]

"除了确定什么是真相之外，尚有其他目标"——的确如此，但是也不能由此推导出，法院常常弄错了事实，如同修正派（revisionary）公共知识分子通常主张的那样。这种修正派文献的一个事例，是珍尼特·马尔科姆（Janet Malcolm）的著作《麦克高夫小姐的犯罪》（1999年）。[41] 在该书中，一名女律师因帮助和教唆一位男骗子从事欺诈活动而被定罪判刑，作者试图表明这一女律师清白无辜。本人并不认为她取得了成功，[42] 不过这与本论题并无关联。

---

〔39〕 Lawrence Douglas, "The Memory of Judgment: The Law, the Holocaust, and Denial," 7 *History and Memory* 100, 109 – 110 (1996).

〔40〕 此亦为丹尼尔·门德尔松的观点。参见，前注〔20〕。

〔41〕 本人在拙著《法律理论前沿》一书中对该作品进行了更为充分的探讨，参见，*Frontiers of Legal Theory*, ch. 10 (2001).

〔42〕 参见，同上注书；亦见，Stephan Landsman, "The Perils of Courtroom Stories," 98 *Michigan Law Review* 2154 (2000).

马尔科姆的著作作为一部公共知识分子作品的标志,不仅仅是作为新闻记者揭发丑闻的报导,而且它还诉诸于后现代主义的怀疑论,对于刑事司法制度的准确性提出了暴风骤雨般的质疑。她陈述了这样一些话语,比如:"对一位无辜之人提起控诉的检察官,或者为一名有罪的当事人进行辩护的辩护律师,与他们对方当事人(their opposite numbers)相比,实际上都具有更加简易的任务……真相(Truth)是零乱不堪、断断续续、漫无目的、无聊透顶、荒谬可笑的",并且,惟有当"它不辞艰辛地转换成自身的一种歪曲时",它才能够在审判中占据优势(页 26)。"把故事描述得入情合理的律师将赢得审判,而倘若像是毫无款形的家常便服一般讲述故事,这样的律师则会败诉,而真相看不起外表,故而选择了家常便服作为外套"(页 67)。"法律的故事都是些空洞无物的故事。它们引导读者来到了一个完全由偏见的论辩以及断裂于现实世界的事实构建的世界,在这个世界,允许事物根据自身之需要而翩然来临"(页 78—79)。

  所有这一切皆过分地夸张了。事实并非总是"零乱不堪、断断续续、漫无目的、无聊透顶、荒谬可笑的。"一般说来,事实是清楚明了,板上钉钉的,并且在马尔科姆坚持神秘化的麦克高夫小姐的案件中,它也是如此,法律恰恰非常完好地发现了事实,对其加以运用。比法庭与事实的关联麻烦百倍的,恰恰是公共知识分子与法庭的关系。

  让我们把镜头渐渐摇向克林顿总统弹劾、弹劾程序本身以及参议院审判的诸种事件,它们都大量涉及许多法律、公共政策以及政治和社会理论问题,这些问题困扰着这个国家一年有余,并且余震还继续绵延不断。媒体转向学术人士寻求帮助,而即便没有媒体的征募和召唤,许多学术人士也自愿涌现。正如我们在第三章中看到的那样,学术人士签署向国会呈交的请求书以及整版公告。他们甚至罢教,最著名的便是纽约大学法学院的"反弹劾群众集会"。克林顿总统弹劾案展示了作为公共知识分子的学术法律人。

罗纳德·德沃金相信,法律总体而言、尤其是宪法,应该作为规范性道德哲学的一个分支而重新铸造,[43]并且,他在《纽约书评》上发表文章批判保守的联邦最高法院判决以及保守的法律学者,他的声名卓越便渊源于此。在对克林顿总统弹劾案进行的抵制中,他的角色却并不太为人所知。本人关于总统弹劾案件的著作《国家大事》,就尖刻地批判了他的这种角色;[44]而在几乎同时出版的另一本著作之中,我主张,规范性道德哲学就其自身的正当性来说,是一种相当弱的领域,并且不能给法律提供任何东西。[45]

---

[43] 比如,参见,Ronald Dworkin, *Law's Empire* (1986); Dworkin, "In Praise of Theory," 29 *Arizona State Law Journal* 353 (1997).

[44] 参见,Richard A. Posner, *An Affair of State: The Investigation, Impeachment, and Trial of President Clinton* 233 – 235, 237 – 241 1999). 在本章中,对该书的引用简称为"《国家大事》"。

[45] Posner, *The Problematics of Moral and Legal Theory*, 前注 [6], 页 130 – 136, 253 – 255。本书引用时简称为"《疑问》"。

德沃金在《纽约书评》上发表文章,对本人这两本书进行了评论。[46]

德沃金对克林顿纠葛的掺乎,看起来也许只是他公共知识分子作品中一个毫不起眼且并不具代表性的方面。而事实上并非如此。尽管与德沃金对宪法判例的评论不太相同,但它们与德沃金公开反对任命罗伯特·博克和克拉伦斯·托马斯担任联邦最高法院大法官都属同类,正如我们所见,这标志着德沃金是一位党派公共知识分子,而并不是努斯鲍姆或罗蒂那般风格的公共哲学家。它们还涉及到未过滤的媒体所宣传的公共知识分子作品的质量问题,所谓未过滤的媒体,诸如一般性的杂志和互联网。"德沃金冷酷无情的'编造'和党派性",以及他"不心甘情愿……进行和面对与[他]本人观点相左的最佳论辩",[47]并不限于未过滤的媒体。他的这些特

---

[46] Ronald Dworkin, "Philosophy and Monica Lewinsky," *New York Review of Books* March 9, 2000, p. 48. 本人对这一期《纽约书评》引证时,简称为"纽约书评(NYRB)"。他还在网上张贴了两篇文章,对他的评论作了补充,其中之一是,《错的是波斯纳而非学者们》("The Mistakes Were Posner's Not the Scholars"),参见,www.nybooks.com/nyrev(2000年2月26日访问),该文回应《国家大事》一书中本人对德沃金和其他公共知识分子有关总统弹劾的公开宣言之批判。另一篇题为,《波斯纳的指责:本人实际上所说的》("Posner's Charges: What I Actually Said"),该文回应了《法律和道德理论的疑问》一书的有关内容,即德沃金主张,本人对他的观点进行了误导性的特征描述(mischaracterizations of his views)。本人回应的文章,参见,Richard A. Posner, "Dworkin, Polemics, and the Clinton Impeachment Controversy," 94 Northwestern University Law Review 1023, 1043 – 1047 (2000)。

我针对德沃金对《国家大事》一书的评论所作出的回应,激起了他一篇更长的回复。我的回应和他的回复一并发表于《纽约书评》,参见,"'An Affair of State': An Exchange," *New York Review of Books*, April 27, 2000, p. 60. 本人对上述观点交流中德沃金评论部分的引用,简称为"德沃金的回复(Dworkin Replies)"。

[47] Maimon Schwarzchild, Book Review, 108 *Ethics* 597, 599 (1998),该文系对罗纳德·德沃金《自由的法:对美国宪法的道德解读》一书的评论,参见,Ronald Dworkin, *Freedom's Law: The Moral Reading of the Constitution* (1996)。

* 德沃金该著作已有中译本,刘丽君译,上海人民出版社2001年版。——译者

点都就在那儿，特别明显突出，并且，它们说明了学术公共知识分子可以运用一种双轨型策略：面向学术同仁的作品有谨慎细致的学术风格；面对社会公众写作时鲁莽大意，放任逐流。

身为一位公共知识分子的德沃金的风格，决非法律职业人士之中惟一可以邂逅的风格。阿兰·德肖维茨（参见本书第三章）就与他大不相同。布鲁斯·阿克曼（Bruce Ackerman）也是一位极富盛名的法学教授，同时亦属于一位政治理论家和公共知识分子，他提供了一种德沃金的相对面就特别有益。德沃金作为公共知识分子的主导性爱好，是参加辩论支持一系列标准的自由派政策，比如司法能动主义，以及诸如支持克林顿总统抗辩到底的政治主张，抨击这些政策和立场的司法和学术对手。阿克曼尽管亦属于左翼自由派以及克林顿的阵营——奇怪的是，克林顿本人却并非左翼自由——并且也作为一位偶而的论辩家，但阿克曼事实上并不经常与他人唇枪笔战。他的公共知识分子作品，主要属于一种有关难题处理的政策（Mr. Fix-It），即针对各种各样的政策困境，艰难地提出一系列智识的解决方法。他提出了各种各样的建议，有关政治选举融资的担保制度，限制任期即将届满的国会进行弹劾行动，向达到18岁时的每一位美国人拨款80 000美元，以及授权国会和总统修正《宪法》，而无须遵守《宪法》第五修正案所确定的程序，尽管这一程序直至如今依然被视为宪法修正的惟一方式。[49] 倘若要着手研究这些建议中的任何一项，都将导致本书离题万里。并正如我们所知，试图促使更广大读者对学术界设计的特定政策建议兴趣倍增，也是公共知识分子作品的形式，而这种形式要比公共知识分子作品

---

〔49〕 比如，参见，Bruce Ackerman, "Reforming Campaign Reform," *Wall Street Journal*, April 26, 1993, p. A12; *The Case against Lameduck Impeachment* (1999); *The Stakeholder Society* (1999) (with Anne Alstott); *We the People*, vol. 1: *Foundations* (1991), vol. 2: *Transformations* (1998).

其他大多数形式更少疑问。

阿克曼从事的一些公共事项根本就不是公共知识分子行为，正如1994年12月23日，他与其他宪法学教授共同起草了致当时国会发言人纽特·金里奇的公开信，该公开信依据相当技术性的宪法理由，反对国会对任何提高个人所得税的法律要求国会五分之三投票通过的规则之修改建议。对比他如下类型的宣言来说，这还属于专门家的工作，他的那一类宣言诸如，"在波兰、捷克斯洛伐克和俄罗斯，革命者已把注意力集中在经济上：首先创造了一种市场经济，此后又困扰于立宪问题。这是一个错误。创造一个运作良好的市场制度需要耗费数十年的时间，在此期间，革命领导人将不可避免地丧失他们的权威。"[50]阿克曼在此成了一名公共知识分子预言家——并且，毫不令人惊异的是，他作出了一项糟糕透顶的预测。几年内，波兰和捷克已经具备了运作良好的市场制度，并且俄罗斯的市场体制也终于开始运行了。阿克曼成为一位思虑过度的杞人忧天者，正如他此后在克林顿弹劾案发表评论时一模一样。

在总统弹劾案件的高峰时期，德沃金曾经签署了一幅整版公告，刊登于《纽约时报》，呼吁不应弹劾克林顿总统，并把弹劾总统描述为一种"宪法核武器"，"除非确属必要，为了从更深重的伤害里拯救《宪法》于水火，否则不应采用此种方式。"[51]整版公

---

〔50〕参见，Bruce A. Ackerman, "1787 and 1993," *New York Times*, April 3, 1993 (late ed.), p. 23. 亦见他的著作，《自主革命之未来》(*The Future of Liberal Revolution*, 1992)，该著作敦促新型的前共产主义国家，以美国《宪法》为范本采纳成文宪法。致佛罗里达立法机构的这封公开信（阿克曼作为签署人之一），本人在第三章曾经讨论，尽管它充斥了技术性的法律术语，但由于这一公开信写作时的鲁莽轻率，以及它对于这一主张最重大的异议毫不加以讨论，故仍可将它视为公共知识分子作品。

〔51〕"An Appeal to the U. S. Congress and the Public," *New York Times*, Oct. 7, 1998, p. A13.

告，我在本书第三章中曾提起，它可谓公共知识分子作品疑窦丛生的聚集地，而这一公告也并非例外。尽管克林顿辩护者的一项前提是，尼克松曾经犯下了可弹劾之罪行——倘若克林顿的代价将重现尼克松之后果的话，他们当然不会去为克林顿辩护——但是，尼克松的罪行是否已经达到了实施宪法核打击之正当性程度，这一点并不清晰明确。该公告声称，尼克松"违宪地以国家安全为借口，试图掩盖其针对政治对手的刑事行为"，而克林顿只不过是"撒谎，目的在于掩藏两厢情愿的私人行为。"但是，克林顿在宣誓后却虚假陈述，并从事妨碍司法的相关行为，违反了他必须遵守的忠实履行法律之宪法义务。尼克松被迫辞去总统职务，并不是因为人们广泛地相信：尽管他的不正当罪行业已曝光，他的同伙已被判刑入狱，而他依然能够且仍将对宪政政府产生严重的伤害；真正的缘由在于，人们因他的行为而激怒愤慨——此外，他一开始上台其实就不太受欢迎，而且国家经济处于艰难困境之中。

该公告继续论辩道，国家不可能承受这样的代价，允许"美利坚的总统在风雨之中盘旋飘摇，伤痕累累且屈辱蒙羞。"倘若德沃金（以及无庸置疑该公告其他大多数签署者）继续如此思维的话，那将会是对两年之后可能发生事件的恰当描述，恰似一种历史的讽刺，并且，如果没有美国联邦最高法院搭救性地干预，2000年总统选举仍将不确定地陷于僵局。[52]

该公告提出建议，克林顿"因其行为"，应由国会对他予以谴责，且这一公告还带着一丝赞许的口吻评述道，他"刚刚在几个场合致了歉。"可是，克林顿致歉的是所谓"不适当的"性行为，而这本身并非公共事项，并且他还误导人民，就像政治家们一贯那样——对于他们来说，这属于一种可宽恕的轻微过错，而且有时反是

---

[52] 参见，Ronald Dworkin, "A Badly Flawed Election," *New York Review of Books*, Jan. 11, 2001, p. 53.

一种美德，正如韦伯向我们提醒的那样。克林顿的此类致歉原本就不是国会谴责之基础。国会若要确定谴责的基础，本来必须实行一项调查，或者总体而言接受《斯塔尔报告》，或针对并不能令谴责正当化的那种不太严重的行为对克林顿予以谴责。进而，正如克林顿愿意作出一种羞答勉强的致歉一样，从尼克松的口中也曾费力地挤出了这种歉意之语，当时他正在风中飘泊，对他实施的弹劾调查已一年有余。而直至 2001 年 1 月 19 日，克林顿即将离任之际，他才承认在宣誓后进行了虚假陈述。

该公告声称，对克林顿进行谴责是"一种历史性惩罚行为"。倘若如此，克林顿将真的会伤痕累累且屈辱蒙羞，这一公告前文却认为，此种情形不允许出现。因此，这里又产生了矛盾和错误：既然安德鲁·杰克逊曾为国会谴责，而几年后当他的政党控制国会之时，对他的谴责随即撤销了，且人们不久就对此忘得一干二净，故而，谴责克林顿总统就不是所谓的一种历史性惩罚行为。立法机构对总统的谴责或许属于一种公权剥夺令（a bill of attainder），并因此是违宪的，这一公告也没有提及此种可能性。

在众议院对克林顿实施弹劾之后，德沃金发表了一篇短文，他在文中提出："我们必须培养一种持续不断的永恒记忆。"[53] 他意味着，在 2000 年选举之年，在如下这样一个时刻，我们必须深深地铭记着众议院所作出的这件糟糕透顶的事情：

> 我们必须以我们能做的任何方式，包括经济方式，鼓励和支持对他们［投票弹劾总统的国会议员］予以谴责的对立派，因为他们所做的这一切。［倘若他们成功迫使克林顿总统辞职的

---

[53] Ronald Dworkin, "A Kind of Coup," *New York Review of Books*, Jan. 14, 1999, p. 61. 该文系他在一个月前"反对弹劾的群众集会"上所作讲话的扩充版本（参见本书第三章）。

话],这些狂热分子将会玷污《宪法》,并且我们必须竭尽全力,促成这一耻辱属于他们个人,而非国家。

诉诸武力的呼吁是修辞性的,因为德沃金所号召的这个"我们",即《纽约书评》的读者,就大部分人而言,属于左翼自由派,他们根本无须鼓动也反对共和党人者。并且,在一份知识分子杂志上,尤其是希望限制私人筹资选举的某位人士撰写的一篇文章中,人们却发现了一种有关竞选资金筹措的恳请("包括经济上的"[恳请]),这可是奇特古怪的,[54]然而,假如向前推进至德沃金可能会作出反应的那一点,即他并不是单方面裁军的倡导者,则一切都非常清楚明了了。

按照这篇文章,对克林顿总统的弹劾表明,"国会中存在一个党派集团,他们基于政党路线来投票,这可能会毁灭三权分立原则。"然而,弹劾总统之权力是控制国会的政党实际能够运用的一种权力,这正是《宪法》所规定的三权分立(更准确地说,是权力制衡)的一部分。并且,一个党派集团,比如众议院民主党人,他们也能够以政党路线的投票为基础,通过决定就是否弹劾进行全体投票表决,强行通过弹劾总统的决定,而不论是非曲直究竟如何。德沃金指出,国会忽视了"正当过程和公平程序最基本的规定。"但他没有解释,国会原本可以提供的另一种程序到底是什么,依照一种什么程序,无须不适当地拖延弹劾调查过程同时还可以改变民主党人声称不希望的那种结果。

他警告道,参议院对总统弹劾案的审判,"会令市场一片恐慌。"德沃金先前的作品中,从未显示出关注股市波动,并且考虑他一般性的视角,令人奇怪的是他应该会,正如他在一篇文章中所

〔54〕参见,Ronald Dworkin, *Sovereign Virtue: The Theory and Practice of Equality*, ch. 10 (2000).

做的那样,为巡航导弹攻击伊拉克辩护,而根本不提及这样的可能性,比如,总统不顾一切阻止弹劾的愿望可能影响了这一时间的选择。就像公共知识分子的预测通常如此真实一样,德沃金关于股市将因克林顿弹劾案所扰乱的预测,不久便被证明为错误。在灵活处理审判问题的尝试挫败(1999年1月6日)之后,股市攀升至历史以来的最高位,并且在参议院对克林顿弹劾案审判的整个过程中,股指皆停留在这一点位附近。

让我们再回到《时报》公告的主题上来,德沃金论辩道,由于弹劾审判"是对于三权分立的地震式冲击",因此,它必须保留适用于"存在令总统辞职的一种宪法危险或公共危险"之情形。正如我已经指出的,既然尼克松的刑事行为已经暴露,并对他的主要助手已提起检控,这本来可能减少尼克松以其地位之余威继续从事这些行为的任何危险,因此,倘若坚持适用上述原则的话,则原本可能促使尼克松逃离那一陷阱。德沃金又补充道,对于克林顿的犯罪,应该在其卸任之后由普通法院处理。(这是在弹劾之前提出来的;在参议院无罪开释克林顿之后,德沃金则认为未来根本不可能以普通方式起诉克林顿,与此同时,他默示地否认《斯塔尔报告》可能忽略了任何辩解无罪的任何证据("德沃金回复",页62及注4)。)他没有探讨以此种方式起诉的可能性,也没有分析笼罩于这一行为之上的赦免权。

他承认,不允许一位犯有谋杀罪的总统继续留任,但又补充说,"有位国会议员认为撒谎掩盖性丑闻,甚至是在宣誓作证的前提下撒谎,是与谋杀同样程度的不道德——它表明了邪恶或堕落具有可比性——这位议员本人则缺乏道德能力。"没有人主张,克林顿总统的犯罪与谋杀同样严重。谋杀属于弹劾及定罪判刑的充分理由,但这并不意味着,程度更轻的犯罪就不会导致如此结果。一位强奸妇女的总统,或者一位骚扰未成年人的总统,是否应允许继续担任总统职务呢?倘若不能允许的话,那么,如何可能不用评估克林顿刑事行为全部内容就可以认定妨碍司法属于一种可能导致其去职的事由呢?

德沃金呼吁,对克林顿的弹劾属于"一种政变",因为对总统的定罪量刑将导致其离开"这个国家惟一一位由全民选举出来的官员"之职位。这是一种很明显的错误,[55]而且也是夸张法的贴切示例,是渗透于有关总统弹劾的公共论辩之中的夸张,并且事实上,总体来说这也属于公共知识分子表达的特色。弹劾属于一种指控,而非定罪判刑;它并没有导致被弹劾的官员辞职卸任。况且,由于副总统也是由全民选举产生的,因此,一位总统离任,就不是由任何暴动者中的人继任,而是由一位他自己政党通过全国性选举而产生的成员继任,是总统指定的继任人;并且,在本案中,总统可能由他精挑细选的继任人接任,一位显赫的忠实卫道者。[56]

在参议院无罪开释克林顿总统之后,德沃金又回到了这样一种争论。[57]《宪法》把"贿赂"列为明确的弹劾理由,而对贿赂罪的惩罚一般来说并不比对伪证的处罚更严重,就这一事实而言,他认为,"贿赂行为[不同于克林顿的行为]导致一位官员违反了国家利益。"但这一点取决于,贿赂是属于官方行为,抑或仅为纯粹的

---

[55] 在"全民选举"这一表达中,存在着进一步的夸张。克林顿总统,其实是在他竞选总统的二次选举之中,由不辞麻烦参加投票的小部分成年美国人中的一小部分人所选举产生的。当然,人们知道德沃金的意思是什么。但是,人们本来期望从象德沃金这样闻名遐迩的法学教授中,获取更多的准确信息和更少的辩论。

[56] 倘若副总统职位空缺的话(在此情形下,如果克林顿总统辞职的话,国会共和党发言人将可能成为总统),或者如果副总统是经任命产生而非选举产生的话(正如副总统福特和洛克菲勒一样),或者假如副总统属于民主党中一支不同的派系,或者属于一个不同政党的话(当然,这是不可能的),那么,德沃金的观点本来可能具有更大的力量。安德鲁·约翰逊是一位民主党人,1864年他以"联邦主义者"(Unionist)选票为基础与共和党人亚伯拉罕·林肯共同参加竞选。

[57] Ronald Dworkin, "The Wounded Constitution," *New York Review of Books*, March 18, 1999, p. 8.

个人行为。德沃金还主张,克林顿"在离任时,还可以被提出指控和诉讼",他再一次忽略了总统赦免权的意义。[58] 德沃金补充道,"斯塔尔在该案件中的行为,大概说来已经导致了在一宗普通的刑事案件中,起诉被驳回",这是错误的(参见《国家大事》,第二章),并且,苏姗·韦伯尔·赖特(Susan Webber Wright)法官"已经裁决,[总统][在鲍娜·琼斯一案中的]作证不具实质关联性",这同样是不正确的(同上,页50-51)。

尽管德沃金时常敦促将这种或者那种道德原则注入我们的公共政策,并且认为,在我们的法律当中存在着太多的实用主义,而道德原则太弱太少,可是,当克林顿总统竭力想挣脱覆盖的法律之网时,当超出了总统有"撒谎掩盖性丑闻"的罪过时,德沃金对其中所表现出来的道德原则之匮乏却闭口不提,视而不见。[59] 他没有提及克林顿涉嫌伪证以及干扰证人的犯罪,或者克林顿多次在宣誓的前提下撒谎,并且,当性丑闻无法再行掩盖之后仍然虚假陈述。[60]

德沃金对上述一些批评作了回复,见于他的文章《错的是波斯纳》,[61] 他主张,"如果国会只是陈述其看法,没有处以罚金或其他惩处的话,那么,国会的谴责就不属于一种公权剥夺令。"他支持这一十分平淡的陈述的惟一根据,只是我的说法,这个问题还没

---

〔58〕 该总统是否能够自我赦免,永远也不可能令人信服地确定。但《国家大事》一书第107-108页主张,克林顿总统存在如此行为之可能。

〔59〕 德沃金,前注〔53〕。

〔60〕 国会民主党人针对克林顿的行为不检更直率了当。他们在众议院司法委员会提议对总统进行谴责,以作为替代弹劾之选择。他们提出的谴责决议(The censure resolution)承认,总统"极其过分地未遵守有关义务",即未"树立崇高的道德标准,以促进尊重事实的方式约束自我之行为","辜负了美国人民的信任,降低了总统职位的尊严,并且,有辱于人民授予给他的职位","就其与下属应受谴责的行为进行虚假陈述",还采取了"延迟事实发现的措施。"(《国家大事》,页240)。

〔61〕 同前注〔46〕。

有结论（《国家大事》，页 190–191）。他指出，纯粹基于政治性理由弹劾总统的做法（"政治性弹劾"）会推动这个国家迈向议会政府形式，这是一种权力集中的政府，而非分权政府，然而，他在此错误地把按政党路线投票的弹劾与政治性弹劾搅在一起。一党控制国会，基于非政治理由弹劾另一党派的总统，投票却还可能仅仅遵循政党路线，原因可能只是总统所属政党的全体成员因纯粹的政治原因而投票反对弹劾。假定 1974 年共和党参议员决定全体投票反对弹劾尼克松总统，那么，这并不是因为他们认为尼克松无辜，不具有可弹劾之行为，而是由于他们认为，弹劾尼克松将会损害共和党的利益。这并不导致对尼克松总统的弹劾——投票必然是各党投各党的——成为备归实至的负面含义的"政治性弹劾"。

德沃金认为，他的遗漏是正确恰当的，他提到，副总统是一位民选的"呆板"官员，因为副总统并不单独选举，拥有的权力极为有限，并且人民并非不关心到底是他们选举的人担任总统，抑或是选举担任副总统的人接任总统，这都不错。但是，为了把弹劾更加貌似合理地类比为武装政变，德沃金竟把副总统描述为一位非民选官员，因为在所谓的政变中，由合法选举的继任者接任被罢免的领导人，可谓一种很罕见的政变。

《错的是波斯纳》一文，探讨了检控方向大陪审团透露有关事项有无可能导致一位大陪审团指控之人不被定罪。尽管只在当他们不可能选定陪审员组成不偏不倚的陪审团时，他们才可能如此。准确地说，倘若一个人面对大陪审团作证时触犯了伪证罪，那么，大陪审团的保密必然受到了损害。伪证者向大陪审团提供的证言之笔录将构成对他进行审判的主要证据，并且除了不重要的例外，这种审判皆公开举行。

德沃金在对《国家大事》一书的评论中，还指责本人就最终可能由法庭解决的事项写作，违反了法官的职业道德，并将有关诸如贩婴和溺婴之类事项的极端观点归咎于我。上述指责和归咎都是虚假的,但本书不适合予以答辩。[62]就目前的上下文关系说来,这些指责和归咎具有双重意义。第一,就象努斯鲍姆、菲尼斯以及乔治之间展开的激烈论辩那样,德沃金和我都没有因我们之间令人厌烦的小小口角而支付任何代价,尽管在某些学术领域中,我们可以隐隐约约地听见批判反驳的语言中弥漫着枪声和硝烟。公共知识分子中许多人是依托侥幸而功成名就的;那正是他们(我们)显著缺乏责任感的因素之一。

第二,德沃金针对我的论辩,令我想起了他攻击罗伯特·博克,当时博克被提名担任联邦最高法院大法官,[63]而在博克成为联邦最高法院大法官的威胁过了若干岁月之后,德沃金在深思熟虑后又再版了攻击博克的作品。[64]这一攻击有助于推进法律学术界发展起来的对博克大法官资格确认的否决之力度,尽管这一否决在博克挫败之中有多重要,尚不明晰。

德沃金指控博克"根本没有宪法哲学"(页267)。他说,"博克的观点并不属于长期存在的自由派和保守派之间关于何为联邦最高法院的恰当角色的争议范畴。博克是一位宪法上的激进主义者,他拒绝接受争辩双方先前都已接受的一个法治的要件",以及,他希望以"法律争辩从来不可能触及的激进政治观点"取代宪法传统(页265)。"他的原则会自我调节以适合他所偏爱的权利"(页275)。德沃金最后以如下一句修辞性的提问结束该篇:"参议院会允许联邦最高法院成为一个反动的、反法律的、具有如此贫乏而蹩脚的知识基础的意识形态堡垒么?"(同上)。

---

〔62〕 参见,Posner, "Dworkin, Polemics, and the Clinton Impeachment Controversy," 前注〔46〕,页1030-1035,在该文中,本人对这些问题作出了答辩。

〔63〕 Ronald Dworkin, "The Bork Nomination," *New York Review of Books*, Aug. 13, 1987, p. 3.

〔64〕 Ronald Dworkin, "Bork: The Senate's Responsibility," in Dworkin, 前注〔47〕,页265。

在这一接连不断的叙述之中，最引人注目的一点，是他声称博克"根本没有宪法哲学"。德沃金现在是这样解释的，他指的是博克"有关宪法裁判的各种主张都挑战一般性和抽象性，并且存在深刻的自相矛盾。"[65] 这种指控在宪法理论家之间的论辩很常见——即指控对手的宪法概念上存在着原则缺陷，尤其是自相矛盾，以及"结果导向"。德沃金就受过这种指控，其他的宪法理论家也一样。他们并不是否认，对方辩手有一种理论。在他攻击博克的再版著作中的引言里，德沃金指出，"检查未来的大法官之宪法哲学观，以决定他的提名是否应该被确认，这一点［是］适当的"，[66] 这意味着，博克毕竟的的确确拥有宪法哲学。那种哲学就是宪法原旨主义（originalism），并且它完全是应该受到尊重的，尽管德沃金以及本人都不太赞同。它其实并不是一种"激进的、反法律的主张"，不是寻求以"法律争辩从来不可能触及的激进政治观点"取代宪法传统。事实上，博克宪法哲学的真正缺陷，并非它是激进的，或者反法律的，而在于它是死扣法律的（legalistic），以及毫无希望地保守传统。

德沃金想把他的对手刻画为极端主义者，因此，他把《国家大事》一书描述为对克林顿的一种党派攻击，"充满着道德之义愤"（《纽约书评》，页48）。然而，拙作已经不卑不亢、模棱两可地打击了克林顿的仇恨者。且尽管该书"责骂了反弹劾的学者和知识分子"（同上），但它也批判了支持弹劾的学者和知识分子（例如，博克、威廉·贝内特和戴维·弗拉姆）；事实上，这是我对左翼和右翼公共知识分子尽皆幻灭的一个阶段。右翼评论人认为，该书对于克

---

[65] Dworkin, "Posner's Charges: What I Actually Said," 前注［46］。
[66] 德沃金，前注［47］，页263。

林顿总统太轻松了,而对于克林顿的折磨者来说,则太苛刻了。[67]他们遗憾,我不是为"保守主义的喝彩者"写作(《纽约书评》,页50),并且,我也没有"在几项关键性的问题上支持……共和党领导人"(《纽约书评》,页48)。

德沃金证明本人具有党派性时引用了如下段落:

> [克林顿]在近一年的期间内,屡次触犯了严重妨碍司法之罪,他华而不实的公开以及私下的谎言、邪恶的诽谤、策略上的大错特错、总体而言的判断失误、伪善的悔罪表演、对传统道德和作为父辈权威之公开侮辱以及对崇敬国家权威之玷污亵渎。并且,所有这一切都发生在各种持续不断、麻烦连绵的有关克林顿政府的道德风气以及克林顿个人和政治道德的问题之背景下。(《国家大事》,页173)

他省略了引语,"一方面",因此对这一段落进行了剪裁,又省略了,紧接着以及限定他所引用话语的句子:"另一方面,克林顿在面对相当大的挑衅——也许挑衅是如此强烈,以至于在可以比较的环境下,几乎很少有人不会屈服求饶——故而他越过了掩盖令人尴尬的私人行为与妨碍司法公正之间那条分界线"(《国家大事》,页174)。[68]

---

〔67〕 David Tell, "Judging Clinton," *Weekly Standard*, Sept. 20, 1999, p. 34; Gary L. McDowell, "Lacking Conviction," *Times Literary Supplement*, Nov. 19, 1999, p. 28.

〔68〕 亦见,《国家大事》,页92,此处将这一事件的如下特征描述为合法:"一项愚蠢的法律(《独立检察官法》[the independent counsel law])的合流点,一宗由政治党派引起和孕育的法律诉讼,一项联邦最高法院在该诉讼中作出的幼稚而鲁莽的司法裁决,以及一些掩盖个人不适当性行为不可抑制之冲动,这些竟然导致一件细小轻微的性越轨行为(克林顿和莱温斯基将其称为'度过闲暇'[fooling around]或'打发时间'[messing around]),膨胀成一出奇怪可笑、毫无必要的宪法上的戏剧。"

《国家大事》一书认为,独立检察官收集的记录,在许多情形下尚达不到确立克林顿总统犯有刑事犯罪行为的程度。由于没有提及这些情形,德沃金的评论使该书在对待证据上看起来就像是片面的,同时,也没有对伪证以及妨碍司法的活动进行充分讨论,原因是《斯塔尔报告》连同其他地方有大量相关证据,因此,他的这一评论大大减轻了克林顿总统行为不检的范围和严重程度。由此德沃金才能主张,总统的行为不检与总统攻击者的丢脸失误、过分纠缠之间在道德上是等价的;他含混地称他们的行为不检为一种"道德犯罪"(《纽约书评》,页50)。

在一片技术性的烟云密布之中,德沃金消解了克林顿总统的犯罪行为,他以设计好的克林顿总统在鲍娜·琼斯案件中作证被询问有关莱温斯基的问题之实质性疑问开始,并通过对这种罪行的严重程度表示疑惑而终结,即这一罪行的成立是否能够超越合理怀疑地证明。(如果一个人被指控触犯二宗重罪,且第一宗没有第二宗严重,因而并不能由此得出,检控方要超越合理怀疑地证明他犯有第一宗重罪可能存在更大的困难。)笔录证言(deposition)是对可在开庭审理时运用的证据之搜寻。如果琼斯案业已审理,并且,倘若在开庭审理时,克林顿否认曾经向下属提出过性要求、或曾与下属有过性接触,那么,笔录证言中有关莱温斯基问题的诚实回答之记录本来是可以用于交叉询问的,以削弱克林顿在开庭审理时的证言。主持审理鲍娜·琼斯案件的法官,也许会禁止琼斯的律师对总统就其他性事件交叉询问,这是真的。可是,她也许不会禁止,并且即使她禁止了,总统自己的律师也可能通过直接询问,而导出对任何其他涉及下属的性事件之否认,以支持克林顿否认琼斯指控的可信性。为了对付这样一种可能性,琼斯的律师有权在克林顿作证时就类似事件向他提问。并不要求提供进一步的证据来表明他不诚实回答的实质性。[69] 假如,除非提起的检控表明开庭审理时会确定无疑地向宣誓证人询问同样的问题,否则允许在笔录证言中撒谎,笔录证言的效用就会大大减少。

德沃金指出,就婚外情撒谎"不太重要,这只是因为[撒谎者]宁可就案件达成和解,也不愿意冒陈述真实而危及婚姻之风险"(《纽约书评》,页49)。这是真实的,但又是不具关联性的,并且,不仅仅因为克林顿不想对案件达成和解(在丑闻曝光之前,他一直拒绝如此行为),因为他本来可以不撒谎而如此行为。他希望法院驳回这一案件,且毫无疑问,他认为,陈述真情会减少驳回诉讼的可能性。故意导致法律程序出轨或者延误、从而促使其他诉讼参与人的行为归于无效,此类谎言还构成妨碍司法,即便这些谎言对于该案件的任何争点毫无关联。德沃金声称,总统否认事实本来并不可能会导致琼斯案审判的出轨或延误,"因为她的律师已经从琳达·崔普处知悉了事实"("德沃金回复",页64)。但是,总统和他的辩护人曾经声称,崔普和莱温斯基为撒谎者。考虑到这些否认,律师们本来不可能不经进一步调查而在琼斯诉讼案中援引莱温斯基事件,不过进一步调查则需要时间。

德沃金大大压低了总统撒谎的严重性,以至于质疑如果没有使用胁迫或者欺诈手段获取虚假证言的情形之外,要求某人在宣誓之后撒谎是否构成犯罪。[70] 德沃金的这一言行令人对比他的另一些言行,在克拉伦斯·托马斯的大法官资格确认听证会上,有人试图缓解克拉伦斯·托马斯被指控有伪证行为的严重性,德沃金对此义

---

[69] 比如,参见,United States v. Kross, 14 F. 3d 751, 755 (2d Cir. 1994); United States v. Adams, 870 F. 2d 1140, 1147 (6th Cir. 1989)。

[70] 要求某人在宣誓之后撒谎,构成(is)教唆伪证罪。只有置联邦法规((18 U. S. C. §1622,《国家大事》页43,注[46]业已引用)的存在而不顾,方可解释德沃金的陈述:"即便莱温斯基的证言具有实质性意义,且克林顿明确要求她撒谎,克林顿才本来可能有罪,而这一点并不清晰"(《纽约书评》,页50)。

愤填膺。[71] 这使我们注意到保罗·霍兰德的论点，即"知识分子，就像其他大多数人一样运用双重标准，……他们的道德义愤和同情方向都是由他们的意识形态和党派义务确定和指引的。"[72] 拒绝回答问题是有正当理由的，比如，反对强制自我归罪之特权以及缺乏实质性。在大多数程序中，有关宣誓证人性生活的问题是无关紧要的。但是，当指控的正是性丑闻时，此类问题通常就变成有实质性了。德沃金没有解释，为什么诘问克拉伦斯·托马斯有关性问题是正当合理的，而对比尔·克林顿提问性问题就不具正当性了。当然，克林顿也没有拒绝回答向他提出的问题；他虚假地回答了提问。

一位对当代公共知识分子现象最敏感的观察家已经就公共知识分子的适当社会角色提供了如下的界定，这种界定与本书的大多数论点产生共鸣："公共知识分子的工作是传播坏消息，这不是犬儒主义，而是承担起横截政治从属关系和政治热情之界线的艰难事实，那种可能令我们与我们宁可协调一致的东西自相矛盾的艰难事实，那种也许时常会向我们更愿意看到其解除武装的人提供了弹药之艰难事实"。[73] 在目前的框架内，最为惊人的是，从法律人的自我概念而言，他们离这一界定相距是多么遥远——因此，大多数法律人、甚至最伟大的学术法律人，要适当地扮演公共知识分子又是多么得不合格！

[71] 参见，Ronald Dworkin, "Anita Hill and Clarence Thomas," 载德沃金，前注 [47]，页 320, 327 – 328。

[72] Paul Hollander, *Passionate Pilgrims*: *Travels of Western Intellectuals to the Soviet Union*, *China*, *and Cuba* 1928 – 1978 7 (1981).

[73] Jean Bethke Elshtain, "Comments on the Public Intellectual for Celebration of 50th Anniversary of Basic Books" 11 – 12 (University of Chicago Dept. of Theology, Nov. 2, 2000, unpublished).

结论：

市场的改进

本书一直在批判现代学术公共知识分子，故在本书行将结束之际，尝试提出一些建设性的建议比较切合时宜。然而，也不应过于夸大本书中的批判性因素。本人对公共知识分子批判的兴趣，要少于展示——通过界定和描述、运用社会科学理论以及统计资料——能够以一种系统全面且富于成果的方式对公共知识分子进行研究。我们可以分析公共知识分子的人口统计特征，例如，种族、政治倾向、制度性依附关系以及领域；勾画公共知识分子作品的类型；区分公共知识分子作品的市场；描述决定这一市场运作的约束因素和激励动机；并且，揭示这一市场的发展趋势，尤其是迈向日益由学术人士主导的公共知识分子图景之显著趋势。

但是，对一个市场的细致研究，还包括对"市场失灵"以及我的研究中业已大量发现的其他征兆之警惕。[1]我并未证明，公共知识分子市场日益不能提交平均质量优良的产品，必须强调的是，"平均"这一含蓄的限定。不过，我也已就此提出了诸多证据。当然，所谓的奇闻轶事并非证据。然而，我们已经见到，有充分的经

---

〔1〕 然而，读者应该铭记于心，我运用"市场失灵"这一术语与众不同的非技术性含义。参见本书第4章。

济原因预期这一市场运作不佳,且统计证据表明,与其他符号商品市场、尤其是学术市场相比,它的确运作得不太理想。理论分析和统计证据则支持了有关奇闻轶事;三重证据加在一起还是令人心悦诚服。公共知识分子作品,它寻求塑造公共舆论,而不仅仅是令受过普通教育的社会公众娱乐休闲,或者在部分志趣相投的社会公众成员中制造协同;在此范围内,它属于一种经典的"信用"商品,即由于消费者不可能通过检查而确定其质量、因此必须给予极大信任之商品。知识专门化的日益发展,导致即便是受过高等教育的人们要评价公共知识分子提出的主张也无比艰难。如今大多数公共知识分子皆属于学术人士,因而他们只是兼职从事公共知识分子工作,这一事实使他们能够以低廉的成本退出公共知识分子市场,由此,倘若发现公共知识分子出售有瑕疵的产品,他们所受的惩罚也降至接近无。因此,这一市场缺失了其他信用商品市场的约束要件(比如,知情的消费者公众或专业消费中介,法律上可执行的产品质量担保,以及卖方因被发现销售质量低劣的产品而被迫退出市场的高昂成本)。大多数人面对千差万别、平均质量低下的公共知识分子作品,漫不经心,不以为然,社会公众正是以此种方式来实行自我保护的。

公共知识分子市场产生质量问题的罪魁祸首是现代大学。现代大学的兴起激励了知识的职业化和专门化,加上大学向智识能力突出之人提供了舒适安乐的职业,这导致了"独立的"知识分子队伍日渐萎缩。独立的知识分子,是不依附于大学(就当代而言,或思想库)的知识分子——相对于学术团体来说的外部人——他们能够纵横驰骋于社会公众关注的各种事项,且不受大学职业哺育下的专门家的态度之束缚。独立的公共知识分子,他们是牛虻,是反冲压机,他们在此方面占据了极其独特的位置。而当越来越多的公共知识分子选择了安全且有保障的大学教授生活时,这些位置就很可能留下了空位。与此同时,大学促成的知识专门化,导致了普通教育的社会公众都碎裂成为不同部分的专门家（他们知之甚多，但是只局限于少数主题），摧毁了公共知识文化，故而令得公共知识分子作品的读者没有鉴别力。公共知识分子的学术同仁，以及他们作品的读者，皆无法约束公共知识分子的产出。公共知识分子赖以接近读者的大众媒体，事实上也未履行监督之职能。在公共知识分子市场上，最终被人们发现有事实、洞察力以及预测错误的学术人，他们能够以低微的成本退出这一市场，而回归专职的学术工作，正如本人强调的那样。

公共知识分子的数量并没有减少。市场对他们的需求和供给也还保持正常。但是，目前的需求系由学术人士来填充的。扮演公共知识分子角色的学术人士，发现他们自己置身于一个缺乏大学世界一般约束和激励的市场，或者身处一个轻视学术、却高度竞争的大众文化和新闻报道的世界。告别了停泊的港湾，谨小慎微的学术专家便把小心和谨慎一古脑地抛撒在湿漉的海风中。他像是挣脱了学术苦差的羁绊，张开双臂拥抱着假日的阳光，并隔三差五地显现出度假游人的敷衍塞责、漫不经心。

我们能够采取何种措施来改进这一市场的运作呢？本书"结论"部分的其他段落将关注这一问题。由于公共知识分子市场似乎并没有表现出经济学意义上的"市场失灵"，至少没有在任何显著的程度上体现出市场失灵，正如我们在本书第四章中所见到的那样，因此，提出这一问题似乎有些鲁莽轻率。然而，一个市场即便富有效率，亦还可百尺竿头更进一步。让我们换一种方式想想，假定在一个市场经济中，每一项潜在的利润皆已实现。显而易见，尽管公共知识分子市场存在缺陷，但也不能够促使成本高昂的矫正方法正当化。（特别是，它们不能够促使政府干预的正当化，即便《宪法》第一修正案许可政府实施干预措施。）因此，本人在此仅讨论成本较低的矫正方法。我不希望夸大这些方法的效率，或者就其中有任何矫正方法能被采纳而表达乐观（这都是不能保障的）。就主体而言,我们还是得依赖这么一个声名不佳的市场。可是,还存在其他什么全新的方法吗?在大众文化之中,我们这些凡夫俗子必须与平庸粗俗并存共处,展现于我们眼前的形象,是一位身穿短裤、头顶棒球帽、喝着淡淡的咖啡、在机场的候机室中直勾勾地盯着电视机屏幕、有些发胖的中年男人。在现代美国文化中,公共知识分子市场是否比其他这些麻烦透顶的问题更渐衰落或更不棘手,这一点也是令人怀疑的。

但是,宿命论并非美国精神,故而本人努力踯躅前行。既然公共知识分子市场存在的问题是责任缺位(没人监督,也没人记录),因此便有可能采取这样一种解决方法,即对于大学而言,要求他们的全体教员在大学网站上,除了公开必须列举的著作、文章和其他容易获得的作品之外,每年还要张贴其所有的非学术作品,不论采取何种形式,无论出版媒介是什么,并且公布他们上一年度所发表的公开演讲。因而,这种张贴包括,公共知识分子在电台或电视台出场的磁带或拷贝,以及他们提供专家证言的副本。到年底时,下载并打印网页的内容,副本保存于主要大学的图书馆。[2]这些张贴的作品人们比较容易获取,并以复制件形式存档备案,这样就将导致对学术人士的公共知识分子作品进行监督,这会比目前的状况容易得多。让我们回想一下,在本书最后一章中,公共知识分子证人在科罗拉多州同性恋案件中的讨论:能够公开获取的法庭记录副本,包括公共知识分子的专家证言以及宣誓陈述书,皆存档于科罗拉多州的法院中。[3]并且,还让我们尝试搜寻一下,公共知识分

---

〔2〕 因为一般而言,网页作为电子数据储存具有不稳定性,故这一点非常重要。因为人们从来都无法确信,电子数据在数字空间将以人们可接近的方式或者任何其他方式保存多长时间。

〔3〕 该法院的书记官非常愉快地向本人提供了有关副本,但是,在搜寻记录的相关部分时则困难重重。本人的一名研究助理碰巧在丹佛,他访问了该法院,并找到了有关记录。

结论：市场的改进　495

子在克林顿总统弹劾案中参与辩论的所有整版公告、公开信以及向国会提供的证言；或者保罗·埃利希在几十年前接受通俗杂志的访谈，预测即将到来的马尔萨斯大灾难；或者阿兰·德肖维茨在克林顿总统调查和弹劾过程中的所有电视出场；或者在2000年总统选举僵局中公共知识分子所有的宣言（*pronunciamentos*）。

　　公共知识分子的活动容易了解，并且存在可以检查的记录，这对于学术人员在公共论辩中敷衍地指点江山、激扬文字会构成一种威慑。它类似于诉讼律师和法官对"职业的"专家证人施加的控制模式，此类专家证人例如，重复提供专家证言的工程师、医生以及经济学家。他们的证言属于一种公共记录，正如其他证人证言一样，不过，普通的证人证言相比后一种情形来说，远远更能为审判法庭和司法人员所理解，而公共知识分子的证言，对于那些只想追踪我们的学术公共知识分子在其偶然闯入的法庭中正在说些什么的人来说，理解起来相对更困难一些。频繁作证的专家证人，倘若发生任何前后矛盾或者严重的错误，必定会被发现，而他下一次提供证言时就会对他提出质疑。假如存在这样隔三差五提供专家证言的公共知识分子（本人尚不知任何这样的人），那么，他们就必须接受同一类型的控制，但目前来说，他们只接受法庭的控制。除非能以便利的格式接近他们的专家证言，比如在大学的网站上张贴，否则他们的学术同仁根本无法知悉他们的证言，而目前却尚未实行在网站张贴公共知识分子作品的规范。

　　我的建议相对适中，但也注定会引起争议，而本人也还认为，这些建议几乎没有采纳之希望。学术人员会对它们大加讨伐，谴责它为"麦卡锡主义行径"，因为它可能被视为，建议学术人员应就其政治活动对雇主负责。那可决非我之原意，但我也不清楚，如何切实可行地避免上述误解。一种可能更少捅马蜂窝、但同样有效的替代性方式，则是由学术人员自愿地将其公共知识分子作品张贴于大学网站或容易浏览的个人网页。人们也许希望，这种做法以规范的形式出现,因此,未遵循此种做法的任何学术人员最终将遭致同仁的批评。鉴于我在本书中载明的学术人员更加异乎寻常、激情澎湃地公开参与社会问题,故上述做法可能会朝向对其进行控制迈开步伐,当然这一做法也可能遭受有关网络出版的一般性批评:即这一媒介是不稳定的,张贴的内容也许短暂易变。倘若一些大学同意利用图书馆来存储公共知识分子张贴的网页,定期下载,并将下载的资料以电子格式和复制形式同时存档,那么,这一问题就能够解决。

上述规范总有一天可能(could)出现,其动因尤其在于,越来越多的学术人员正在他们的网页上张贴越来越多他们快捷更新的内容,包括公共知识分子作品。假如有一群卓越的学术人员采纳了张贴其公共知识分子作品的做法,那么,这将对其他人构成一种压力,要求他们采取同样的行为,以表明他们作品的高标准,避免他人怀疑其是否掩饰着不光彩的事件。采纳这一做法的学术人员越多,要求其他人如此行为、以避免他们作品低标准、或需隐藏不可告人之事的非难之压力就愈大。最终,所有的人都可能遵循这样一种张贴的规范,正如所有学生皆委托他们的学校向其潜在的雇主提交成绩单一样。运用博奕论的术语来表达就是,一些学术人员张贴自己的公共知识分子作品,而其他人不予张贴,这样可能就不存在均衡点,因为基于后者对其道德标准保持沉默,便可以作出对其不利之推断。

我意识到,完全遵循所建议的规范,可能存在如何准确划定范围的困难。"公共知识分子",以及因此来说"公共知识分子作品",界定皆不太容易,正如我们在本书第一章看到。在所建议的规范中,那可是最重大的模糊。当然,程序上还存在着不明确。已经出版的作品,包括访谈、致编辑的信函、公开信、整版公告、已录制或制成副本的电台和电视台的出场以及向法庭、立法机构和行政机构提供的专家证言,皆可轻而易举且适当地检索并张贴,当然,已出版的著作和文章由于很容易检索，只需引证，前文业已陈述。但是，并不以出版为意图的演讲又当如何呢？演讲人必须尽其所能对演讲予以记录，以便在网站上张贴吗？本人认为，这倒大可不必。即便它在向社会公众开放的论坛上发表演说，从技术性意义而言属于公开演讲，但那仍然有别于已经出版的作品，因为后者面向的是社会公众。演讲人也许可以尝试性提出他本人尚不能确定是否坚持的思想，并且他也可以希望将这些尝试性思想限定在一个有限的范围内传播。他限制听众的愿望，以及因此享受一种创造性的私隐之愿望（参见本书第七章），应该受到尊重。即便在一位公共知识分子从更宽广的意义上来说，通过毫不限制可以无限接近的媒体自我表达而"走向公众"（goes public）之时，他应该也可以采取就批判性审查的目的能轻易检索之形式，而对他本人的言辞话语进行保存。

　　在公共知识分子的竞技场上，人们愿意出现的另一种规范是，防备杂志社约稿或接受书评的规范，其中撰写书评的人系被评论作品所批判之人，而至少在书评中未完全明确这一点，即评论人在该著作中受到了批评。读者们对书评存在一定的预期，即评论人不会撰写公开对抗的文章。另一类富有意义的规范，是在公开信和整版公告中载明每一位签名人相关的专业领域，并且签名人确认，他本人了解与公开信或整版公告支持的主张相关之事实。[4] 倘若在公开信或者整版公告本身中载明有关声明可能过分杂乱的话，那么，这些声明（disclosures）可以张贴在网上，人们可通过浏览网站获取。

　　伴着惶恐，本人还建议一项进一步的披露规范：即学术公共知识分子披露其来源于公共知识分子工作的收入，包括著作、文章以

---

〔4〕 沃德·方斯沃斯独立地提出了一项类似的建议，参见，Ward Farnsworth, "Talking out of School: Notes on the Transmission of Intellectual Capital from the Legal Academy to Public Tribunals," 81 *Boston University Law Review* 13, 41–57 (2001).

及直接面向公开听众的演讲，连同他们作为咨询顾问和专家证人所获取的所有收入。公共官员有义务披露其外部收入的来源和金额，以便社会公众监督他们是否诚实和勤勉，是否遵守有关经济利益冲突的规则。我身为一名公共官员，并不喜欢此种要求。但是，这种要求却服务于有益的目的。它不仅提供了与评价司法激励相关的信息，而且能防止不正当以及不负责任地兼职。就学术人员来说，这一规范也具有上述双重效应，因为学术人员有时会为金钱诱惑，而敷衍地兼作公共知识分子。披露此种兼职部分有获利之特征，也将有助于社会公众对公共知识分子的作品进行评价，并且可对一些最可能出问题的形式起到威慑作用。

就公共官员来说，披露外部收入的金额和来源也许更为至关重要，因为他们相比学术人员而言掌握着权力。（学术公共知识分子几乎不拥有权力，本人业已指出。）然而，对公共官员施加披露的法律责任，而不对学术人员施加此种法律责任，这种主张比阻止出台学术人员披露规范的主张更为有力。另一项不同之处——公共官员系由纳税人提供经费——要比现实情况更为显而易见，甚至对于私立大学的全体教员来讲亦是如此。私立大学的全体教员直接以及间接地接受政府对私立大学的慷慨资助，包括拨款（grants）、合同（对大学"经常性开支"有慷慨的规定）、免税以及贴息学生贷款等形式。私立大学也从校友会、基金会接受可扣税的捐赠，并向学生收取学费。进而，由于精英大学在学校治理方面教员占据了主导性地位，故而它在相当的程度上属于全体教职人员合作型的大学；因此，教员掠夺大学的机会相当巨大。

在冷战期间，许多公共知识分子为《相遇》杂志写稿，大多数人不知的是，该杂志系中央情报局资助的。一些左翼公共知识分子过去则可能列在苏联相应于中央情报局的机构的资助名单上。而在今天，许多公共知识分子或许出现在公司资助的保守思想库的名单之中，也可能由它们的研究捐助所支持。独立研究所就是这样的思想库之一，它接受了微软公司的经济资助，故支持有利于微软对政府的反托拉斯案抗辩的研究和出版。[5]该研究所说服240位学术人员，签名刊登了一幅整版公告，支持微软公司对政府的抗辩，不过，该研究所没有向他们披露，它接受了微软公司的经济资助，当然社会公众就更不知情了。这是一种巧妙的包装：与就克林顿弹劾事项在整版公告上签名的数百名历史学家和法学教授本来可能知悉这一案件的程度相比，大多数学术人员本不可能比上述情形更充分地了解微软公司反托拉斯案件的是非曲直；并且，联合签名的发起人也没有披露相关的经济利益冲突。

公司有时会向学术人员直接提供经济资助，让他们撰写能够促进公司利益的文章，并且，这些文章中有时未披露所接受的资助。[6]这是不太体面的。披露一位公共知识分子获取收入的各种渠道，对于公共知识分子"出卖"（selling out）文字会发挥一种威慑的作用。

对于在学术论文中鸣谢有关经济资助来源，学术人员异常谨慎小心，即便表示感谢，也不会说明经济资助的金额，纵然资助金额与判断学术人员的观点是否可能受到所接受金钱的影响密切相关。埃克森公司因沃德兹号（*Valdez*）油轮泄漏案，被陪审团裁决作出惩罚性赔偿，这是一项历史上金额最大的惩罚性赔偿裁决，在经历这次重大打击后，埃克森公司转而资助法学教授和经济学教授就惩罚性赔偿进行学术研究，埃克森公司此后在上诉程序的辩论意见中

---

〔5〕 参见，Joel Brinkley, "Microsoft Covered Cost of Ads Backing It in Antitrust Suit," *New York Times* (late ed.), Sept. 18, 1999, p. A1.

〔6〕 "倘若一位学者就公共政策争议进行的分析，通过媒体予以传播，而只是在此之后才披露，他曾接受争议一方当事人的委托，获取了费用，正如最近发生的事件一样，那么，在此种情形下，这些［经济学］声明也无济于事，不具有可信性。"参见，Michael Weinstein, "Economists and the Media," *Journal of Economic Perspectives*, Summer 1992, pp. 73, 76.

引用了这项研究,但没有披露,它为此项研究提供了资助。[7] 辩论意见所引用的文章本身,表明了埃克森公司资助研究之事实,但未说明埃克森公司资助的金额,而当有关教授接受访谈时,他们也拒绝披露接受资助的金额。其中的一位经济学教授说道,他把接受的款项视为类似于咨询费收入。这意味着,这一金额非常巨大,因为在重大案件中,学术经济学家每小时工作最高可收取 1 000 美元,而聘请的法学教授,则为卓越超群的哈佛大学法学院 W·基普·威斯库希(W. Kip Viscusi)教授。经委托从事、旨在影响诉讼的学术著作,可谓公共知识分子作品的一种形式,故而,应告知社会公众有关信息,使他们能够判断有关作品的观点是否可能已经受到大额佣金的影响。

兼职担任公共知识分子的大学教员——他们从出版社领取大额预付稿酬,接受大型演讲的可观预付费用,收取咨询顾问或专家证人费,为签名售书和演讲事务而四出旅行,他们教学负担轻微,却频繁地重新安排课表,旨在令他们能够应对繁忙有加的旅行日程——也许正疏忽了履行其所在大学之职责,从事着有利益冲突的事务,并且,由于他们利用学术职位进行交易,因非学术性言辞赢取听众,故而正在损害其大学的学术声誉。由于现代私立大学的劳动者合作性质,阻碍了大学行政人员尝试约束有任期保障的刚愎自用的教授们,让阳光照亮学术人员的兼职行为,也许会发挥健康有益的作用;至少,我们会对现代公共知识分子了解得更多。如今,对联邦法官不仅要求披露他们的外部收入,而且对于与案件无关的旅行,倘若本人不承担费用的话,亦应披露。本人预期,这种新规定会对司法人员的环球旅行发挥有益的制约作用,然而,与学术公共知识分子的周游列国相比,司法人员根本就算不了什么。

---

〔7〕 Elizabeth Amon, "Exxon Bankrolls Critics of Punitives," *National Law Journal*, May 17, 1999, p. A1.

尽管佛罗里达大西洋大学的公共知识分子研究生课程培训的想法(参见本书第一章)在我看来前景暗淡,但公共知识分子现象却值得投入更多关注,社会学家、经济学家、哲学家以及其他智识和表达活动的研究者皆义不容辞。目前有关公共知识分子的文献在某种程度上带有怀旧情结,大多作品皆回首往事——回顾19世纪俄罗斯的知识分子、德雷福斯时代的法国知识分子以及20世纪20年代直至60年代的纽约知识分子。当代主导性的公共知识分子系学术公共知识分子,而他们在学术上受到的关注非常之少。人们也许希望,能够说服大学社区创立并支持用以监督学术公共知识分子活动的期刊,并在大学社区内外广为传播,藉此作为一种自尊之事项。在公共竞技场中不负责任地写作和演讲,因而滥用了现代学术职业所赋予特权的学术人员,应该在学术界和公共舆论的阻隔下转变航向。

有关撤回言论的规范是无法指望的——若是在公共知识分子中存在着类似于天主教忏悔的做法会很好;只是公共知识分子的忏悔是公开的,而不是私下进行的。倘若有一种《撤回期刊》(*Journal of Retractions*)的话,那也很好,公共知识分子可以定期在这一期刊上频频回首,对他们的预测和其他主张进行评价,就哪些已被证明为真实哪些已被证明为错误提出报告。

在可以预见的未来,上述建议的规范无一能够出现。公共知识分子会抵制这些规范;公共知识分子作品的不负责任,是成为公共知识分子的回报之一。大学在某种程度上对学术人员收取报酬的兼职比较关注,对不以营利为目的的兼职则事不关己,高高挂起,[8]而学术人员的大多数公共知识分子表达性作品(除咨询顾问之外)皆不领取报酬,或者稍稍收取费用,或者带有一定的学术性,而可以视为学术活动的一部分;就像罗伯特·帕特南写的《独自打保龄

---

〔8〕 比如,参见, Howard R. Bowen and Jack H. Schuster, *American Professors: A National Resource Imperiled* 254-260 (1986).

球》一书，就肯定如此。关于质量问题尚没有充分的公共关注，以至于无法克服公共知识分子本身的抵制。

另外，本书结论部分概述的建议至少具有一种启发式的价值。这些建议强调了公共知识分子市场的基本问题，最后再重复一次，那就是责任缺位。智力并非谨小慎微的同义词。大多数学术人员智力上皆大大高于平均值。然而，在学术范畴中的"智力"则仅指有能力从事特定学术专业领域所要求的智识操作。智力也不同于良好的判断力，当然更有别于品性之优秀。一位天才的数学家或者经济学家，并不意味着他也是关于治理或政治的天才。伟大的"抵抗性知识分子"，比如罗伯特·麦克纳马拉（Robert McNamara）、麦克乔治·邦迪（McGeorge Bundy）、威廉·邦迪（William Bundy）、沃尔特·罗斯托（Walt Rostow）以及丹尼尔·艾斯伯格（Daniel Ellsberg），他们有关越南战争的行为和前景方面的洞察力，就比不上新闻记者，比如伯纳德·法尔（Bernard Fall）、戴维·哈伯斯坦姆（David Halberstam）、以及尼尔·希恩（Neil Sheehan），甚至还要次于受教育水平很低的初级军官，比如约翰·保罗·范恩（John Paul Vann），当然更比不上诸如迈克·曼斯菲尔德（Mike Mansfield）和理查德·罗素（Richard Russell）等政治家了。

当学术人员在其专业领域以外运作时，尤其是当他们就有关或者涉及政治或意识形态问题、面向社会公众写作之时，他们的活动根本没有来源于其训练和经历的指导，也不受大学社区对学术作品施加的规范拘束。在公共知识分子的竞技场上，他们的运作没有任何重大有效的约束；也不存在任何东西要求他们予以说明。关于向这一市场注射少量有关责任性的药物，本人简略提出了一些适当的可能性。然而，倘若本书能够激发人们更广泛地承认当代美国公共知识分子存在的问题，并鼓励人们对这一性质独特且饶有趣味的市场作进一步的研究，则本人对该书的期望便得到了充分实现。

致 谢

尽管本书大多数内容是全新的,但此前有部分内容已以其他形式发表。第三章和第十章最后部分,以拙作《国家大事:对克林顿总统的调查、弹劾和审判》(*An Affair of State: The Investigation, Impeachment, and Trial of President Clinton*, 1999)一书为基础,第十章部分内容来自于本人与罗纳德·德沃金的论辩,以《"国家大事":观点交流》("'An Affair of State': An Exchange.")为题发表于《纽约书评》(*New York Review of Books*, 2000 年 4 月 27 日,页 60),该文经重要补充,以《德沃金、论辩和克林顿弹劾争议》("Dworkin, Polemics, and the Clinton Impeachment Controversy,")为题发表于《西北大学法律评论》2000 年第 94 卷第 1023 页。第六章以本人的论文《反道德批判之二》("Against Ethical Criticism: Part Two")为基础,发表于《哲学和文学》(*Philosophy and Literature*) 1998 年第 22 卷第 394 页,第七章源于本人的论文《奥威尔对赫胥黎:经济学、技术、私隐和讽刺文学》("Orwell versus Huxley: Economics, Technology, Privacy, and Satire"),载《哲学和文学》2000 年第 24 卷第 1 页。第八章少数内容源于《道德少数派》("The Moral Minority")一文,载《纽约时报书评》(*New York Times Book Review*, 1999 年 12 月 19 日,页 14),以及本人对格特鲁德·辛美尔法伯《一个国家、两种文化》(*One Nation, Two Cultures*, 1999)一书的评论。本书其他章节皆为全新内容;同时,来源于本人先前所发表作品的有关部分,本人也进行了重写,并在纳入本书时作了更新和补充。

2000年5月5日，本人在纽约城市大学人文中心发表讲演时，就有关公共知识分子的部分思想尝试进行严密论证。劳伦斯·拉塞格、马莎·努斯鲍姆、理查德·罗蒂、以及卡斯·桑斯坦，对这一讲演的初稿提出了有帮助的评论，特此感谢，维桑·比索纳特（Vicent Bissonnette）、莫里斯·狄克斯坦（Morris Dickstein）、以及威廉·凯莉（William Kelly）就这一讲演作了有益的评论。特此鸣谢如下人士和机构：保罗·乔（Paul Choi）、丹尼尔·戴维斯（Daniel Davis）、斯堪·达夫（Schan Duff）、埃森·芬（Ethan Fenn）、莱因·梅耶斯（Ryan Meyers）、达斯汀·鲍默（Dustin Palmer）、尤其是伊利莎白斯·史密斯（Ilisabeth Smith）和布莱恩·戴顿（Bryan Dayton），他们为本人提供了优秀的研究助理工作；芝加哥大学法律经济学项目慷慨地承担了本人研究助理的费用，并支付了本书第五章载明的经验主义分析所需的计算机搜索费用；埃利克·波斯纳（Eric Posner）激发了对本主题的讨论；芝加哥大学社会科学理性模型（Rational Models）研讨班的参加者就本人于2000年10月3日推出的本书第一部分初稿提出了许多建设性批评；加里·贝克尔、彼特·贝克维兹（Peter Berkowitz）、斯蒂芬·布瑞尔（Stephen Breyer）、莫里斯·狄克斯坦、威廉·唐纳斯基（William Domnarski）、爱德生·爱森纳赫（Eldon Eisenach）、琼·埃尔希顿（Jean Elshtain）、约瑟芬·爱泼斯坦（Joseph Epstein）、兰德尔·克劳茨纳（Randall Kroszner）、威廉·兰德斯、爱德华·劳曼（Edward Laumann）、布莱恩·雷特（Brian Leiter）、劳伦斯·莱希格、山福特·利文森、爱德华·莫里森（Edward Morrisin）、马莎·努斯鲍姆、查伦诺·波斯纳（Charlene Posner）、埃利克·波斯纳、理查德·罗蒂、斯蒂芬·斯蒂格勒（Stephen Stigler）、卡斯·桑斯坦以及哈佛大学出版社的一位匿名审读者，对本书提出了许多建设性的评论；在本课题的决定性阶段，戴维·布丁（David Boudin）和斯蒂芬·霍姆斯提出了价值不可估量的批评和建议。

索 引

本索引不包括本书第五章有关公共知识分子名单或者其他表格之参考。

Abortion, 人工流产, 堕胎, 91-92, 286-291, 368-369; partial-birth, 半生产人工流产（堕胎）、第三期（晚期）人工流产, 287-289

Academic ethics, 学术道德, 366, 390-397; receipt of payment for writing articles, 撰文接受付款, 394-395

Ackerman, Bruce, 布鲁斯·阿克曼, 115-116, 118-119, 374-375

Adams, Henry, 亨利·亚当斯, 29, 282

Adler, Moshe, 摩西·阿德勒, 176

Advertising, 广告、公告, 61; full-page ads as mode of public-intellectual expression, 作为公共知识分子表达样式的整版公告, 112-118, 375, 394

AIDS, 爱滋病, 134, 303

Amar, Akhil Reed, 阿克希尔·利德·阿玛, 39

Ambassadors, The, 《大使》, 231

Amsterdam, Anthony, 安东尼·阿姆斯特丹, 171

Anderson, Kenneth, 卡内斯·安德森, 127注

Animal rights, 动物权利, 158-160, 339

Antigone, 《安提戈涅》, 349

Antiliberalism, 反自由主义, 284, 294

Antisemitism, 反犹太主义, 227, 230, 242-245

Appiah, Anthony, 安东尼·埃皮尔, 56

Arendt, Hannah, 汉娜·阿伦特, 4-5, 24, 28, 106, 263

Aristotle, 亚里士多德, 46-47, 51, 332, 354。亦见, Rhetoric, 修辞

Aron, Raymond, 雷曼·阿龙, 4, 162

Ash, Timothy Garton, 蒂莫西·加顿·亚什, 107注

Assisted suicide, 安乐死、辅助自杀,

361

Atlantic Monthly,《亚特兰大月刊》，182 注

Auden, W. H., W·H·奥登，28，83 – 85，163，239，245 – 246

Baldwin, James, 詹姆斯·鲍德温，10，28，53，225

Barro, Robert, 罗伯特·巴罗，173

Barzun, Jacques, 雅克·巴森，20 注，308 – 310，319

Beauvoir, Simone de, 西蒙娜·德·波伏瓦，29 注

Becker, Gary, 加里·贝克尔，99 – 101，129 注，173 – 174，176 注，180，312 注，346 注

Bell, Daniel, 丹尼尔·贝尔，13，30，139 – 141，145，169 注，173

Bellah, Robert, 罗伯特·贝拉，135 – 136，144 – 145，284 注

Bell Curve, The,《钟型曲线》，93 – 95

Bellow, Saul, 索尔·贝洛，33，53，228

Benjamin, Walter, 沃尔特·本杰明，105

Bennett, William, 威廉·贝内特，25，33，283 注，383

Bentham, Jeremy, 杰里米·边沁，241

Berkowitz, Peter, 彼特·贝克维兹，117 注

Berman, Morris, 莫里斯·伯曼，284 注

Bernstein, Leonard, 伦纳德·伯恩斯坦，171

Binder, Guyora, 居伊拉·班德，352 – 353

Bloom, Allan, 阿兰·布卢姆，10，20，23，46，65，103，173，321，350 – 353

Bok, Derek, 德雷克·勃克，171，284 注

Bok, Sissela, 西塞拉·博克，110

Book reviews: reviewers' ehtics, 书评: 评论人的道德，393

Booth, Wayne, 韦恩·布思，173，225，235，240 – 245

Bork, Robert, 罗伯特·博克，9，33，123，143 注，144 – 146，283，307 – 308，314 – 316，319，355 – 356; *Slouching towards Gomorrah*,《懒洋洋地倒向圣地来投生》，285 – 291，295 – 297，299，306 – 308，310; Supreme Court confirmation battle, 最高法院提名确认之争，57，60，113，157 – 158，295，382 – 383

Bourdieu, Pierre, 皮埃尔·布迪厄，5

Bowling Alone,《独自打保龄球》，310 – 319。亦见 Putnam, Robert, 罗伯特·帕特南

Brave New World,《美妙新世界》，247，251，253 – 262，265 – 266，271 – 273，276，301，303，315，319，328

Bronars, Stephen, 斯蒂芬·布诺纳斯, 122注

Brooks, David, 戴维·布鲁克斯, 130注

Brooks, Peter, 彼特·布鲁克斯, 56

Brown, Norman O., 诺曼·O·布朗, 163

Buckley, William, 威廉·巴克利, 26, 29, 33, 176

Bundy, McGeorge, 麦克乔治·邦迪, 30, 397

Burnham, James, 詹姆斯·伯纳姆, 264

Bush v. Palm Beach County Canvassing Board, 布什诉棕榈滩县选区检票团案, 39注

Butler, Judith, 朱迪斯·巴特勒, 224注

Camus, Albert, 阿尔伯特·加缪, 28, 31–32, 53

Capitalism, 资本主义, 88–89, 106, 135–136, 142, 156–157, 284, 304, 340, 341注; overproduction under, 资本主义制度下的生产过剩, 106, 248–249, 259, 263。亦见, Brave New World,《美妙的新世界》; Japan, 日本; Technology, 技术

Capital punishment, 死刑, 290

Carson, Rachel, 蕾切尔·卡逊, 29, 131注, 160

Carter, Stephen, 斯蒂芬·卡特尔, 11注, 56

Casper, Gerhard, 纪哈德·卡斯珀, 32注, 171

Catholicism, Roman, 罗马天主教, 164, 270–275, 290, 292, 308

Center for Public Intellectuals, 公共知识分子中心, 24注

Central planning, 中央计划, 259, 262, 340

Chomsky, Noam, 诺姆·乔姆斯基, 66–67, 85–89, 93, 96, 105, 142注, 143注, 156注, 168, 169注, 175

Churchill, Winston, 温斯顿·邱吉尔, 171

Cicero, 西塞罗, 25注, 323, 331

Citations analysis, 引证分析, 169–220; validity of, 引证分析的有效性, 169, 175

Clark, Randall, 兰德尔·克拉克, 367–368

Clinton, William, 威廉·克林顿。参见, Impeachment of President Clinton, 克林顿总统弹劾案

Coffin, William Sloane, 威廉·斯隆·科芬, 171

Cold War, 冷战, 21, 86–87, 135, 139, 141–142, 150–151, 155–156 294, 316–317, 394, 397。亦

见，*Nineteen Eighty – Four*，《一九八四》

Coleman, James, 詹姆斯·科尔曼, 312

Commoner, Barry, 巴里·卡门纳, 130

Communism, 共产主义, 72, 139 – 141, 150 – 151, 162 – 164, 257, 266, 270 – 271, 306, 363。亦见, Cold War, 冷战; *Nineteen Eighty – Four*,《一九八四》

Conant, James, 詹姆斯·科南特, 279 – 280, 343 注

Confirmation bias, 证实性偏向, 147

Conquest, Robert, 罗伯特·康奎斯特, 162

Counterculture, 反文化、反主流文化。参见, Cultural pessimism, 文化悲观主义

Cowen, Tyler, 泰勒·柯温, 6, 41 注, 77 注, 176 – 177, 282 注

Croce, Benedetto, 贝内德托·克罗齐, 225

Croly, Herbert, 赫伯特·克罗利, 163

Cultural pessimism, 文化悲观主义, 281 – 319

Cultural relativism, 文化相对主义, 327 – 329

Culture, American, 美国文化; 260 – 261; popular, 美国大众文化, 304; unity of, 美国文化的整体, 282 – 283, 304

Culture wars, 文化战争, 305。亦见, Cultural pessimism, 文化悲观主义; Postmodernism, 后现代主义

Dannhauser, Werner, 沃纳·丹霍索, 281 注

Danto, Arthur, 阿瑟·但托, 19 注

David, Pual, 保罗·戴维, 96 – 97

Decadence, 颓废。亦见, Cultural pessimism, 文化悲观主义

Deery, June, 琼·迪利, 260 注

Defense intellectuals, 抵抗性知识分子, 397

Delbanco, Andrew, 安德鲁·德尔班科, 276

Depressions, 大萧条。参见, Capitalism, 资本主义

Dershowitz, Alan, 阿兰·德肖维茨, 125 – 126, 390

Devins, Neal, 尼尔·德温斯, 112 – 113

Dewey, John, 约翰·杜威, 19, 28, 46, 320, 322, 337 – 338, 340, 350, 362

Dickens, Charles, 查尔斯·狄更斯, 53, 227, 233 注, 234, 236, 241, 258 – 259, 329

Dickstein, Morris, 莫里斯·狄克斯坦, 26, 85 注, 234 – 235

Diggins, John Patrick, 约翰·帕特里克·狄金斯, 351 注

Disenchantment, 除魅。参见, Weber,

Max, 马克斯·韦伯

Doctorow, E. L., E·L·多克特罗, 33, 124 – 125

Douglas, Lawrence, 劳伦斯·道格拉斯, 371

Dowd, Maurren, 莫尔林·多德, 172

Dress codes, 服饰规范, 308 – 310

Dreyfus Affair, 德雷福斯事件, 11, 20, 359

Dowkin, Ronald, 罗纳德·德沃金, 13, 115 – 117, 120 – 121, 124, 173, 295, 320, 361, 372 – 386; attack on Bork, 对博克的攻击, 382 – 383; attack on Clarence Thomas, 对克拉伦斯·托马斯的攻击, 386

Dyson, Michael Eric, 迈克尔·埃里克·戴森, 41注, 56, 59注

Easterbrook, Gregg, 格里格·易斯特布鲁克, 33

Ecology and eco – catastrophists, 生态学和生态灾难学。参见, Ehrlich, Paul, 保罗·埃利希; Environmentalism 环境主义

Economic Consequences of the peace, The,《和平的经济后果》, 21 – 22

Economics, 经济学, 96 – 103; of development, 发展经济学, 326 – 330, 345 – 347; of education, 教育经济学, 345 – 347; of the environment, 环境经济学, 134; of error, 对错误的经济分析, 151 – 154; of knowledge, 知识经济学, 140; meaning of "superior good" in, 经济学中"高级商品"的含义, 253; as mode of technocratic thought 经济学作为技术专家统治论的范式, 254; overproduction thesis, 过度生产理论, 106, 248 – 249, 259, 263; of privacy, 私隐经济学, 252 – 254; relation of to utilitarianism, 经济学与功利主义的关系, 327 – 329; of superstars, 名星经济学, 67 – 68, 70 – 71, 179; of technology, 技术经济学, 140, 248 – 254, 263 – 264, 266。亦见, Information, 信息; Markets, 市场

Economists as public intellectuals, 作为公共知识分子的经济学家, 21 – 22, 36 – 37, 96 – 103, 136 – 139, 172 – 173

Education, 教育, 345 – 347

Ehrlich, paul, 保罗·埃利希, 21, 57 – 58, 129 – 134, 144 – 148, 173, 282 – 283, 390

Einstein, Albert, 阿尔伯特·爱因斯坦, 51, 62, 132, 171

Eisenach, Eldon, 爱德生·爱森纳赫, 322注

Eliot, T. S., T·S·艾略特, 28, 64, 223注, 224, 226, 240, 243, 310

Elshtain, Jean Bethke, 琼·贝斯克·埃尔希顿, 127注, 167注

Encounter,《相遇》, 155 – 156, 394
Environmentalism, 环境主义, 130 – 135
Epstein, Joseph, 约瑟芬·爱泼斯坦, 20 注, 30 注, 33
Error: optimal level of, 错误：错误的最优化标准, 151 – 154
Ethical Culture, 道德文化, 363
Eugenics, 优生学, 257 – 259
Evolution, 演化、进化, 92 – 93, 286
Expert witnesses, 专家证人, 76, 360 – 368, 390 – 391
Externality: concept of, 外部性：外部性的概念, 248 – 249

Falk, Richard, 理查德·佛克, 150
Fallibilism, 可错性、错误难免, 354
Family, 家庭, 257 – 258, 260, 271 – 272, 300 – 303, 314。亦见, Brave New World,《美妙新世界》, Cultural pessimism, 文化悲观主义; Women's role and status, 妇女的角色和地位
"Fandom","迷、迷恋、崇拜", 176 – 177
Farnsworth, Ward, 沃德·方斯沃斯, 393 注
Fascism, 法西斯主义, 72, 163 – 164, 236, 290 – 291, 306, 351
Feenberg, Andrew, 安德鲁·菲恩伯格, 277 注
Feldstein, Martin, 马丁·费尔德斯坦, 138 – 139, 173

Female circumcision, 女性割礼, 326 注
Female genital mutilation, 女性生殖器割除, 326 注
Feminine Mystique, The,《女性的奥秘》, 29 注
Ferry, Luc, 鲁克·费利, 158
Fink, Leon, 里昂·芬克, 59
Finnis, John, 约翰·菲尼斯, 332, 361, 367, 368 注
Fish, Stanley, 斯坦利·费希, 8, 20 注, 225 注
Florida 2000 election, 2000 年佛罗里达州的总统选举, 38 – 39, 44, 113 – 122, 126 注, 162, 374 注, 375 注, 376, 390
Florida Atlantic University, 佛罗里达大西洋大学, 24 注, 395 – 396
Focal point, 焦点, 177
Fonda, Jane, 简·方达, 80, 82 注, 172
"Fordism,""福特主义", 262
Forecasting: scattering phenomenon in, 预测：预测中的风险分散现象, 149 – 150
Forster, E. M., E·M·福斯特, 233
Foucault, Michel, 米歇尔·福柯, 4, 19, 320
Friedan, Betty, 贝蒂·弗里丹, 29, 160
Friedman, Milton, 米尔顿·弗里德曼, 3, 37, 105, 163, 173, 335

Friedman, Thomas, 托马斯·弗里德曼, 172
Fromm, Erich, 埃里希·弗洛姆, 264
Frum, David, 戴维·弗拉姆, 107 – 108, 383
Fukuyama, Francis, 弗朗西斯·福山, 130

Gabler, Neal, 耐尔·盖伯勒, 104 注
Galbraith, John Kenneth, 约翰·肯尼思·高尔布莱希, 130, 139, 145, 150, 169 注, 264
Gallagher, Maggie, 麦琪·加拉格尔, 300 注, 302 注
Galston, William, 威廉·高尔斯顿, 25
Gates, Henry Louis Jr., 亨利·刘易斯·小盖茨, 56, 59
George, Robert, 罗伯特·乔治, 367, 368 注
Gilded Age, 镀金时代, 317 – 318
Gilder, George, 乔治·贾尔德, 39, 90 注, 137 注, 163, 257 – 258
Gillers, Stephen, 斯蒂芬·吉勒斯, 127 注
Gingrich, Newt, 纽特·金里奇, 171
Gitlin, Todd, 托德·吉特林, 116 注
Glazer, Nathan, 内森·格拉泽, 30
Golden Bowl, The,《金碗》, 231 – 233
Goodman, Paul, 保罗·古德曼, 163
Gorman, David, 戴维·戈德曼, 240 注
Gould, Stephen Jay, 斯蒂芬·杰·古尔德, 21, 90 – 96, 103, 105, 144 – 145, 150, 185, 279; as expert witness, 古尔德作为专家证人, 360
Grant, Ulysses, 尤利塞斯·格兰特, 309
Gray, John, 约翰·格雷, 334
Guinier, Lani, 拉尼·吉尼尔, 56 – 58, 60
Gulliver's Travels,《格列佛游记》, 227 – 228

Habermas, Jürgen, 尤根·哈贝马斯, 4, 321
Hand, William, 威廉·汉德, 361 – 363
Hard Times,《艰难时世》, 234, 241, 258 – 259
Hartman, Geoffrey, 杰弗里·哈特曼, 23
Haskell, Thomas, 托马斯·哈斯克尔, 370
Havel, Václav, 瓦茨拉夫·哈维尔, 157
Hayden, Tom, 汤姆·海登, 171
Hayek, Friedrich, 弗里德利希·哈耶克, 5, 37, 129, 139 注, 163, 306
Heckman, James, 詹姆斯·赫克曼, 94 注, 95
Heilbroner, Robert, 罗伯特·海尔布伦纳, 137 注
Herd instinct, 羊群效应, 177 – 178
Herrnstein, Richard, 理查德·赫恩斯

坦,93-95

Himmelfarb, Gertrude, 格特鲁德·辛美尔法伯,1,9,173,282注,310,316,319,354注; *One Nation, Two Cultures*,《一个国家,两种文化》,281-281,299-308

Historians as public intellectuals, 作为公共知识分子的历史学家,111-112,122-125,368-370。亦见,Wilentz History: use of legal methods to determine historical truth, 威兰茨式的历史:运用法律方法决定历史事实,370-371

Hitchens, Christopher, 克里斯托弗·希京士,33

Hitler, 希特勒,163,275

Hollander, Paul, 保罗·霍兰德,18注,60注,82注,128注,150,151注,162注,347注,386注

Holmes, Oliver Wendell, Jr., 奥利佛·温德尔·小霍姆斯,78,354,363

Holmes, Stephen, 斯蒂芬·霍姆斯,284

Homosexuality, 同性恋,282注,302-303,352; Greek view of, 324-327,333,360-361,367-368; Martha Nussbaum's analysis of, 马莎·努斯鲍姆对同性恋的分析,324-327。亦见, *Romer v. Evans*, 罗梅尔诉伊万斯案

Hook, Sidney, 西德尼·胡克,162,362

Howe, Irving, 欧文·豪,29-30,85注,223

Hutchins, Robert Maynard, 罗伯特·梅纳德·哈钦斯,171

Huxley, Aldous, 阿道斯·赫胥黎,28。亦见, *Brave New World*,《美妙新世界》

Impeachment of President Clinton, 克林顿总统弹劾案,1,44,103注,107-116,122-127,283,296-297,372-386,390

Independent Institute, 独立研究所,394

Infibulation and clitoridectomy, 小阴唇切除和阴蒂割除,326,347-349

Information: advertising, 信息:广告,61; cheap talk, 说来轻巧做来难,58; credence goods, 信用商品,47,53,75-79; economics of, 信息经济学,3,47-52,151-154; regulation of, 信息管制,152-154。亦见, Rhetoric, 修辞

Intellectuals: attraction of to political extremes, 知识分子:对政治极端的关注,72-75; defined, 知识分子的界定,17-24,172; general, 一般的知识分子,19注; independent versus affiliated, 独立的知识分子与依附的知识分子,27-30,32-35,69-70,172; universal versus specif-

索 引

ic，普遍的知识分子与专门的知识分子，19。亦见，Public intellectuals，公共知识分子
International trade，国际贸易，96 – 99
Internet，互联网，42，60 – 61
IQ，智商，92 – 95

Jacobs, Jane，简·雅各布斯，29，171
Jacoby, Russell，罗素·雅各比，3注，26，59注，71
James, Henry，亨利·詹姆斯，66，227，230 – 239
James, William，威廉·詹姆斯，320，322
Jamieson, Dale，戴尔·贾米逊，159注
Japan，日本，137 – 138，142，313
Jeremiah，耶利米、《耶利米书》、悲观主义预测，10，33，281注
Jew of Malta, The，《马耳他岛的犹太人》，230，242
Joffe, Josef，约瑟夫·约夫，4注
Johnson, Paul，保罗·约翰逊，89注
Journalism，新闻报道、报刊杂志，19，33，36，43 – 46，80 – 81，85，107，161 – 162，188；accountability in，新闻报道中的责任，80；"higher，""更高地位的"新闻业，322注。亦见，Media，媒体
Judis, John，约翰·朱迪斯，108，111
Judt, Tony，托尼·朱迪特，1注，12注，28注，173注

Julius, Anthony，安东尼·朱利叶斯，243

Kadushin, Charles，查尔斯·卡达辛，7注，156注，169，172注，183注
Kaiser, David，戴维·凯瑟，316 – 317
Kant, Immanuel，伊曼努尔·康德，26，109 – 111，331
Kaplan, Robert，罗伯特·卡普兰，293 – 294，319
Kass, Leon，里昂·卡斯，139，251，258，278注
Kazin, Alfred，阿尔弗列特·卡山，85注
Keats, John，约翰·济慈，242
Kennan, George，乔治·凯南，157
Kennedy, Paul，保罗·肯尼迪，130，144
Kennedy, Randall，兰德尔·肯尼迪，10
Kessler – Harris, Alice，艾丽斯·凯斯勒 – 哈里斯，369 – 370
Keynes, John Maynard，约翰·梅纳德·凯恩斯，21 – 22
Kimball, Roger，罗杰·金巴尔，290注
Kirk, Russell，282注，罗素·柯克，362 – 363
Kirkpatrick, Jeane，珍妮·科克帕特里克，139，141
Kissinger, Henry，亨利·基辛格，3，22，25 – 26，32注，33，157，171，

173，175 – 176

Koestler, Arthur, 亚瑟·凯斯特勒，1，19，28，269

Kolata, Gina, 吉娜·凯拉塔，36

Kozol, Jonathan, 乔纳森·寇若尔，150

Kramer, Hilton, 希尔顿·克雷默，20注，29，163

Kristol, Irving, 欧文·克里斯托，29，163，240，291 – 293，308

Kristol, William, 威廉·克里斯托，25，33

Krugman, Paul, 保罗·克鲁格曼，38，96 – 99，101 – 103，105，138，141，173

Lacan, Jacques, 雅克·拉康，104

Ladd, Everett, 埃弗瑞特·赖德，311注，312

Landes, William, 威廉·兰德斯，167 – 169，178

Lane, Robert, 罗伯特·蓝恩，311注

Lasch, Christopher, 克里斯托弗·勒希，9，169注，283 – 284，291，294，310，314，319

Laski, Harold, 哈罗德·拉斯基，163

Law: law professors as public intellectuals, 法律：作为公共知识分子的法学教授，112 – 121，125 – 127，173；as theme for public intellectuals, 作为面向公共知识分子的主题，359 – 386；use of legal methods to determine historical truth, 运用法律方法确定历史事实，370 – 371

Leavis, F. R., F·R·利维斯，8，20，27，224

Leiter, Brian, 布莱恩·雷特，323注

Lenin, 列宁，163

Levi, Edward, 爱德华·列维，171

Levinson, Sanford, 山福特·利文森，370

Lewis, C. S., C·S·刘易斯，20，27，224

Lewontin, Richard, 理查德·莱旺顿，21

Liberalism: antiliberalism versus, 自由主义：与反自由主义，284，294；classical versus modern, 古典自由主义与现代自由主义，290 – 291；Millian, 密尔式的自由主义，354 – 358

Libertarian conservatism, 自由至上的保守主义，307

Liebowitz, Stan, 斯坦·莱布维茨，97

Literary criticism as public – intellectual genre, 作为公共知识分子类型的文学批评，20，27 – 28，54，56，155，223 – 246；ethical, 道德的，223 – 246；the New Critics, 新批评派、新批评家，224；politicization of, 文学批评的政治化，276，296，366

Literature, antisemitic, 反犹文学，227，

230，242－245；as public－intellectual genre，作为公共知识分子类型的反犹文学，247－280，339；social commentary in，反犹文学中的社会评论，53

Lonely Crowd, The，《孤独的人群》，23，318－319，356

Lott, John，约翰·洛特，122注

Lukács, Georg，乔治·卢卡奇，162注，225

Luttwak, Edward，爱德华·卢特瓦克，141－143，145，173

Lynd, Staughton，斯多顿·林德，150

MacIntyre, Alasdair，埃拉斯代尔·麦金太尔，332

MacKinnon, Catharine，凯瑟琳·麦金农，57，60，163，331－333

Magazines, public－intellectual，公共知识分子的杂志，119－120，182－183。亦见，Encounter，《相遇》；Journalism，新闻行业、报刊杂志；Media，媒体

Magnet, Myron，迈伦·玛格丽特，283注

Malcolm, Janet，珍尼特·马尔科姆，172，371－372

Mangerialism，管理主义，264

Mansfield, Harvey，哈维·曼斯菲尔德，361

Mapplethorpe, Robert，罗伯特·梅普勒索普，366

Marcuse, Herbert，赫伯特·马尔库塞，163，303

Margolis, Stephen，斯蒂芬·玛格里斯，97

Market failure, concept of，市场失灵的概念，3，164－166，387

Marketplace of ideas，观念的市场，78

Markets: equilibrium in public－intellectual market，市场：公共知识分子市场中的均衡，68－71；regulation of，市场规制，75－76，151－152；in symbolic goods，符号商品市场，3，6注，42，52，79－80。亦见，Information，信息；Public intellectuals: demand and supply，公共知识分子的需求和供给；Solidarity goods，协同商品

Marlowe, Christopher，克里斯托弗·马洛，230，242

Marriage and divorce，结婚和离婚。参见，Family，家庭；Women's role and status，妇女的角色和地位

Marx Brothers，马克斯兄弟，304－305

Matthew effect，马太效应，184－185

Maurice，《莫里斯》，233，239

McCarthy, Mary，玛丽·麦卡锡，163

McConnell, Michael，迈克尔·麦克尼尔，91－92

McLuhan, Marshall，马歇尔·麦克卢汉，39，248注

Media, 媒体, 42 – 43, 46, 61; mentions in of public intellectuals, 公共知识分子的媒体提及, 167 – 220, 189 – 190。亦见, Internet, 互联网
Menand, Louis, 路易斯·梅南, 20 注
Mendelsohn, Daniel, 丹尼尔·门德尔松, 366, 371 注
Merchant of Venice, *The*,《威尼斯商人》, 230
Merton, Robert K., 罗伯特·K·默顿, 185
Microsoft antitrust case, 微软反托拉斯案, 2, 44, 394
Mill, John Stuart, 约翰·斯图亚特·密尔, 29, 31, 78, 147 – 148, 282, 291, 293, 322, 337 – 338, 353 – 358, 362
Mills, C. Wright, C·莱特·米尔斯, 163
Milosz, Czeslaw, 克泽斯拉夫·米沃什
Mohr, James, 詹姆斯·莫厄, 368 – 370
Morrison, Toni, 托妮·莫里森, 124, 228
Moynihan, Patrick, 帕特里克·莫伊尼汉, 3, 25 – 26, 33
Mumford, Lewis, 刘易斯·芒福德, 28 – 29, 248 注, 263
Murray, Charles, 查尔斯·穆雷, 29, 93 – 95, 307 注
Mussolini, 墨索里尼, 163

Nader, Ralph, 拉尔夫·奈德尔, 19, 172
Nagel, Thomas, 托马斯·奈格尔, 108 – 110, 124, 320, 361
Native Son,《土生子》, 233, 239
Nazism, 纳粹主义。参见, Fascism, 法西斯主义
Neibuhr, Reinhold, 雷纳德·尼布尔, 162
New Critics, 新批评派、新批评家, 224
New Republic, *The*,《新共和》, 119 – 120
Nietzsche, Friedrich, 弗利德里克·尼采, 29, 31, 306, 310, 322, 334, 337, 350 – 351
Night at the Opera, *A*,《歌剧院之夜》, 304 – 305
Nineteen Eighty – Four,《一九八四》, 9, 105 – 106, 129, 163, 247, 251, 253 – 280, 301, 303, 339, 343 – 344; nonpolitical interpretation of,《一九八四》的非政治化诠释, 274 – 280
Nisbet, Robert, 罗伯特·尼斯贝特, 314 注
Nixon, Richard, 理查德·尼克松 171
Noah, Timothy, 蒂莫西·诺亚, 117
Novak, Michael, 迈克尔·诺瓦克, 163
Nozick, Robert, 罗伯特·诺齐克, 321
Nussbaum, Martha, 马莎·努斯鲍姆,

10, 28, 32, 39 – 40, 173, 185, 228 – 240, 259, 320 – 353, 373; capabilities approach of, 马莎·努斯鲍姆的公民权能取向, 328, 330, 332 – 333, 336 – 337, 339, 350, 354; as expert witness, 作为专家证人, 360 – 361, 367 – 368; on economic development, 马莎·努斯鲍姆论经济发展, 326 – 330; on education, 马莎·努斯鲍姆论教育, 347, 353; on homosexuality, 马莎·努斯鲍姆论同性恋, 324 – 326; on women in the Third World, 马莎·努斯鲍姆论第三世界的妇女, 326 – 330, 347 – 349

O'Brien, Conor Cruise, 康纳·克鲁斯·奥布赖恩, 157
Obscenity, 淫秽、色情作品, 364 – 366
Ohmann, Richard, 理查德·奥曼, 156 注, 305 注
On Liberty, 《论自由》。参见, Mill, 密尔
Orwell, George, 乔治·奥威尔, 9, 19 – 20, 26, 28, 31 – 32, 53 – 54, 73, 105 – 106, 129, 162 – 163, 245 – 246, 257, 278, 342 – 343; as literary critic, 作为文学批评家的奥威尔, 224, 227 – 228; contempt of for intellectuals, 奥威尔对知识分子的蔑视, 268; criticism of W. H. Auden by, 奥威尔对奥登的批判, 83 – 85。

亦见, *Nineteen Eighty – Four*, 《一九八四》
Othello, 《奥塞罗》, 242

Paglia, Camille, 卡米拉·帕格利亚, 6, 46, 103 – 105, 173, 231 注
Palm reading, 手相术, 153 – 154
Path dependence, 路径依赖, 96 – 99
Patterson, Orlando, 奥兰多·帕特森, 10, 50, 96 注
Peirce, Charles Sanders, 查尔斯·桑德斯·皮尔士, 147, 354
People for the American Way, 美国方式的人们, 157 – 158
Peretz, Martin, 马丁·佩洛兹, 120
Philipson, Tomas, 托马斯·菲利普森, 134
Philosophy, 哲学, 28, 90 – 91, 279, 320 – 358; philosophers' brief, 哲学家诉讼摘要, 361; public versus academic, 社会公众与学术人员, 323
Piarowski v. Illinois Community College District 515, 帕洛斯基诉伊利诺斯社区 515 大学区, 365
Pippin, Robert, 罗伯特·皮平, 232 注
Plato, 柏拉图, 351; on homosexuality, 柏拉图论同性恋, 324 – 326, 367。亦见, Philosophy, 哲学
Podhoretz, Norman, 诺曼·波德霍雷茨, 163
Political correctness, 政治正确, 60,

294

Politics: distinctive morality of, 政治: 与政治显著不同的道德, 73 – 74, 88注; of public intellectuals, 公共知识分子的政治, 72 – 75

Postmodernism, 后现代主义, 90, 118, 163 – 164, 295, 305, 372

Powell, Colin, 柯林·鲍威尔, 173

Pragmatism, 实用主义, 344 – 345, 350。亦见, Dewey, 杜威; Rorty, 罗蒂

Price discrimination, 价格歧视, 101 – 103

Princess Casmassima, The, 《卡萨玛西玛公主》, 236 – 239

Privacy, 私隐, 252 – 254, 265

Public intellectuals: academic versus independent, 公共知识分子: 学术的与独立的公共知识分子, 4 – 5, 27 – 30, 85, 148 – 149, 160 – 161, 171, 187 – 188; age of, 公共知识分子的年龄, 63, 172 – 173, 179, 183·注; argument styles of, 公共知识分子的论辩风格, 40; black, 黑人公共知识分子, 10 – 11, 56, 59, 172, 182, 185 – 186; book sales of as affected by mistaken predictions or evaluations, 受到错误预测或评估影响的公共知识分子作品之销售, 143 – 146, 150, 260; charismatic, 魅力型公共知识分子, 85; cultural criticism by, 公共知识分子的文化批评, 281 – 319; dead versus living, 已故的与活着的公共知识分子, 172, 179, 187; defined, 公共知识分子的界定, 24 – 27, 35; demand for, 公共知识分子的需求, 42 – 60, 68 – 70; disclosure requirements for, 公共知识分子披露的要求, 390 – 397; ethics of, 公共知识分子的道德, 390 – 397; as expert witnesses or amici curiae, 公共知识分子担任专家证人或者法庭顾问, 360 – 368, 390 – 391; fascist, 法西斯主义者, 163; female, 女性公共知识分子, 68, 172, 182; foreign, 外国公共知识分子, 4 – 5, 12, 26, 29, 170, 180; French, 法国公共知识分子, 26; genres of public – intellectual work, 公共知识分子作品的类型, 7 – 11, 35 – 40; goods produced by, 公共知识分子提供的商品, 3, 7, 42; government service of, 公共知识分子的政府服务, 180 – 181, 184, 187 – 188; incentives and motivations of, 公共知识分子的激励和动机, 61 – 75, 77 – 78; Jewish, 犹太公共知识分子, 68 – 70, 72, 182 – 193; left – wing versus right – wing, 左翼与右翼公共知识分子, 60, 68, 181 – 183, 284, 286, 294 – 296, 308; norms to govern, 规制公共知识分子

的规范, 390 – 397; politicians and government officials as, 作为公共知识分子的政治家和政府官员, 25; politics of, 公共知识分子的政治, 72 – 75; predictive accuracy of, 公共知识分子预测的准确性, 128 – 150, 356, 375; quality issue, 质量问题, 71 – 82; scholarly ranking of, 公共知识分子的学术排名, 174 – 175, 183 – 187; significance of errors by, 公共知识分子错误的影响, 151 – 155; statistical analysis of, 公共知识分子的统计分析, 167 – 220; supply of, 公共知识分子供给, 61 – 70; university training to become one, 通过大学训练成为一位公共知识分子, 24。亦见, Intellectuals, 知识分子; Solidarity goods, 协同商品; Specialization, 专门化、专业化; Universities, 大学

Publishers and publication, 出版社以及出版, 89; academic versus commercial, 学术出版社与商业出版社, 65 – 66, 76, 81 – 82

Putnam, Hilary, 希拉里·帕特南, 298, 321

Putnam, Robert, 罗伯特·帕特南, 9, 13, 65, 173, 310 – 319, 396

Rahv, Philip, 菲利普·拉甫, 28

Rakove, Jack, 杰克·拉可福, 111 – 112

"Rally against Impeachment," 反弹劾群众集会, 124 – 125

Rand, Ayn, 爱恩·兰德, 29

Rawls, John, 约翰·罗尔斯, 22 – 23, 25, 170, 321, 334 – 336, 361

Reforming the public – intellectual market, 改革公共知识分子市场, 390 – 397

Regan, Tom, 汤姆·黎根, 159 注

Reich, Charles, 查尔斯·瑞奇, 163

Religion, 宗教, 90 – 91, 291 – 293, 305; secular humanism as, 作为宗教的世俗人文主义, 361 – 363。亦见, Catholicism, 天主教信仰

Rent seeking, 寻租, 249 – 250

Rhetoric, 修辞, 46 – 50, 52; ad hominem argument, 诉诸情感的论辩, 49 – 50; ethical appeal, 伦理诉求, 49 – 50

Rich, Adrienne, 艾特琳娜·理奇, 163

Riesman, David, 戴维·里斯曼, 13, 30, 105 – 106, 173, 259, 263, 266

Rifkin, Jeremy, 杰里米·雷夫金, 283

Road to Serfdom, *The*, 《通往奴役之路》, 37, 129

Robbins, Bruce, 布鲁斯·罗宾斯, 30 注, 155

Robinson – Patman Act, 《罗宾森—帕特曼法》, 102

Romer v. Evans, 罗梅尔诉伊万斯案, 360 – 361, 367 – 368, 390

Rorty, Richard, 理查德·罗蒂, 10, 32, 39 – 40, 53, 90 注, 149 注, 173, 185, 236 注, 280, 291 注, 298, 305 注, 310, 320 – 323, 336 – 344, 373; affinity to George Orwell, 理查德·罗蒂与乔治·奥威尔的类同, 342 – 343; specific policy proposals, 理查德·罗蒂具体的政策建议, 341 – 342

Rosen, Charles, 查尔斯·罗森, 19 注

Rosen, Jeffrey, 杰弗里·罗森, 119 – 121

Rosenberg, Rosalind, 罗沙林德·罗森伯格, 370

Russell, Bertrand, 伯兰特·罗素, 19, 28, 62, 89 注, 257, 320

Ryan, Alan, 阿兰·莱因, 321

Safire, William, 威廉·沙费尔, 172

Said, Edward, 爱德华·萨义德, 4 注, 20 注, 27, 30, 32 注, 57 – 58, 155, 225 注

Sandel, Michael, 迈克尔·桑德尔, 110 – 111

Santayana, George, 乔治·萨塔亚纳, 163

Sartre, Jean – Paul, 让 – 保罗·萨特, 28, 51, 144 – 145, 320

Satire: as public – intellectual genre, 作为公共知识分子类型的讽刺文学, 135, 228, 247 – 280; characteristics of genre, 类型的特征, 255 – 257; political, 政治讽刺文学, 247 – 280

Saxenian, AnnaLee, 安娜李·萨克森尼安, 313

Scarry, Elaine, 伊莱因·斯卡里, 92 注

Schlesinger, Arthur Jr., 阿瑟·小施莱辛格, 107, 111 注, 124, 162

Schultz, Theodore, 西奥多·舒尔茨, 5 注

Schwarzschild, Maimon, 迈蒙·施瓦茨乔尔德, 373 注

Schweder, Richard, 理查德·施韦德尔, 349 注

Science: left – wing versus right – wing attitudes toward, 科学: 左翼与右翼对待科学之态度, 286

Sen, Amartya, 阿玛蒂亚·森, 5, 36, 173, 321, 339

Seneca, 塞尼加, 25 注, 323, 331

Sennett, Richard, 理查德·塞内特, 106, 263

Sex, 性、性态, 257 – 258, 260 – 261, 271 – 272, 300, 302 – 304, 307, 331。亦见, Cultural pessimism, 文化悲观主义; Homosexuality, 同性恋

Shakespeare, William, 威廉·莎士比亚, 227, 230

Shapiro, Walter, 沃尔特·夏皮罗, 125 注

Shelden, Michael, 迈克尔·谢尔登,

270 注

Shils, Edward, 爱德华·希尔斯, 17 注

Silent Spring, The,《寂静的春天》, 131 注

Simon, Julian, 朱利安·西蒙, 133 – 134

Singer, Peter, 彼得·辛格, 28, 158 – 160, 320, 339

Smith v. Board of School Commissioners, 史密斯诉学校理事会案, 361 – 362

Snow, C. P., C·P·斯诺, 8, 224 注

Social capital, 社会资本, 312 – 316

Social indicators, 社会指标, 297, 313, 316

Socialism, 社会主义。参见, Communism, 共产主义

Sociology, 社会学, 13。亦见, Weber, 韦伯

Socrates, 苏格拉底, 10, 31, 323

Solidarity goods, 协同商品, 42, 52, 147 – 148, 178

Solow, Robert, 罗伯特·索洛, 3, 173

Sontag, Susan, 苏珊·桑塔格, 29, 150, 163

Sophocles, 索福克里斯, 233 – 234, 349

Soros, George, 乔治·索罗斯, 128 注, 172

Sowell, Thomas, 托马斯·索维尔, 56

Specialization: economics of, 专门化: 经济学的专门化, 55 – 56; impact of on public intellectuals, 专门化对公共知识分子的影响, 4 – 5, 52 – 56, 68, 72, 161 – 162, 284 – 285; George Stigler's analysis of, 乔治·斯蒂格勒对专门化的分析, 65

Spender, Stephen, 斯蒂芬·司班德, 163

Spengler, Oswald, 奥斯瓦尔德·斯宾格勒, 282

Spivak, Gayatri, 加亚特里·斯皮娃克, 155

Starr, Paul, 保罗·斯塔尔, 311 注

Steele, Shelby, 谢尔比·斯蒂尔, 10, 56

Steffens, Lincoln, 林肯·斯蒂芬斯, 163

Steinem, Gloria, 格洛丽亚·斯泰纳姆, 124 – 125

Steiner, George, 乔治·斯坦纳, 23, 27, 223 注, 225, 235

Stephen, James Fitzjames, 詹姆斯·菲茨詹姆斯·斯蒂芬, 291, 293, 364

Stigler, George, 乔治·斯蒂格勒, 64 – 65, 176, 180

Stow, Simon, 西蒙·斯托, 236 注, 239

Stowe, Harriet Beecher, 哈瑞特·比茨尔·斯托, 53

Strauss, Leo, 利奥·施特劳斯, 5, 31, 351 – 352

Subotnik, Dan, 丹·舒博特尼克, 96 注

Sullivan, Andrew, 安德鲁·萨利文, 33, 128 注

Summers, Lawrence, 劳伦斯·萨默斯, 25, 172

Sunstein, Cass, 卡斯·桑斯坦, 112, 115, 116 注

Superstar phenomenon, 明星现象, 67 – 68, 70 – 71, 179

Sutherland, John, 琼·萨瑟兰, 225 注

Technocracy, 技术专家统治论, 254; distinguished from technology, 与技术的区别, 277 – 278

Technology, 技术, 140, 247 – 280 随处可见; impact of on democracy, 技术对民主的影响, 252 – 254

Television, 电视, 269, 314

Term limits for judges and legislators, 法官和立法者的任期限制, 99 – 101

Thernstrom, Abigail, 阿比盖尔·桑斯特姆, 95 – 96

Thernstrom, Stephan, 斯蒂芬·桑斯特姆, 95 – 96

Think tanks, 思想库, 34 – 35, 187, 364

Thurow, Lester, 莱斯特·瑟罗, 99, 130, 136 – 138, 173 – 174

Toffler, Alvin, 阿尔温·托夫勒, 39, 137 注, 281 注

Totalitarianism, 极权主义。参见, *Nineteen Eighty – Four*, 《一九八四》

Tribe, Laurence, 劳伦斯·却伯, 91 – 92, 115 注, 117

Trilling, Lionel, 莱昂乃尔·特里林, 20, 27, 73, 85 注, 224, 226, 236

Trotsky, Leon, 里昂·托洛茨基, 163

Uncle Tom's Cabin, 《汤姆叔叔的小屋》, 239

Universities, 大学, 165 – 166; Allan Bloom's conception of, 阿伦·布卢姆关于大学的概念, 351 – 353; distance learning, 远程教学, 60 – 61; radical influence in, 对大学的激进影响, 290, 296, 347; rise of modern, 现代大学的兴起, 4 – 6, 27 – 30, 33 – 34, 69 – 70, 388 – 389。亦见, Academic ethics, 学术道德; Education, 教育; Public intellectuals, 公共知识分子, independent versus affiliated, 独立的与依附的公共知识分子; Specialization, 专门化、专业化

Utilitarianism, 功利主义, 241, 354; of economists, 经济学家的功利主义, 327 – 329; satirization of in *Brave New World*, 《美妙的新世界》中的讽刺, 258 – 259

Vidal, Gore, 戈尔·维达, 176

Vietnam War, 越南战争。参见, Cold War, 冷战

Viscusi, W. Kip, W.基普·威斯库希,

395

Vonnegut, Kurt, 科特·冯内果, 248 注

Waite, Linda, 琳达·韦特, 300 注, 302 注

Waldron, Jeremy, 杰里米·沃尔德隆, 110 注

Walzer, Michael, 迈克尔·华尔泽, 59 注, 115

War, 战争, 285, 291, 293 – 294, 307, 314 – 317, 319; and philosophers, 战争和哲学家, 331

Warner, Michael, 迈克尔·沃纳, 8

Waste Land, The, 《荒原》, 276

Web, 网络。参见, World Wide Web, 万维网

Weber, Max, 马克斯·韦伯, 13, 19, 28, 64, 74, 88, 254, 277 – 278, 309, 349, 351

Weinberg, Steven, 斯蒂芬·温伯格, 89 – 90, 96, 279

Weinstein, Michael, 迈克尔·温斯坦, 394

Weisberg, Robert, 罗伯特·温斯伯格, 352 – 353

West, Cornel, 康奈尔·韦斯特, 56, 59, 339

Whitman, Walt, 沃尔特·惠特曼, 234

Whyte, William, 威廉·怀特, 318

Wieseltier, Leon, 里昂·维塞尔梯阿, 33

Wilde, Oscar, 奥斯卡·王尔德, 225 – 226

Wilentz, Sean, 肖恩·威兰茨, 115 – 117, 122 – 125, 317 注, 359 – 360

Will, George, 乔治·威尔, 26, 33

Williams, Bernard, 伯纳德·威廉斯, 321

Williams, Patricia, 帕特里夏·威廉姆斯, 10, 11 注, 56

Wills, Gary, 加利·威尔斯, 3

Wilson, Edmund, 爱德蒙·威尔逊, 19 – 20, 28, 105, 224, 226, 246

Wilson, James Q., 詹姆斯·Q.威尔逊, 3, 37, 169 注, 173

Wilson, William Julius, 威廉·朱利叶斯·威尔逊, 10, 56

Wilson, Woodrow, 伍德罗·威尔逊, 171

Wings of the Dove, The, 《鸽翼》, 231 – 233

Wise, Steven, 斯蒂芬·怀斯, 9 – 160

Wolfe, Alan, 阿兰·沃尔夫, 108, 117 – 118

Women's role and status, 妇女的角色和地位, 250 – 251, 260, 293, 299 – 300, 314 – 315, 325 – 332, 345 – 349; female education in Third World, 第三世界的妇女教育, 345 – 347

World Wide Web, 万维网, 167 – 168, 183, 390 – 392

Wright, Richard, 理查德·赖特, 10,

233
Writers, 作家, 80, 85, 188; as public intellectuals, 作为公共知识分子的作家, 53

Yeats, William Butler, 威廉·巴特勒·叶芝, 285, 294注

Zola, Émile, 爱弥尔·左拉, 11, 20, 53

Zuckerman, Harriet, 哈里特·查克曼, 185注

译 后 记

说是后记，其实系一篇中记，乃是本人在翻译过程中突有感触和冲动之记载。

首先，非常感谢苏力教授给我这个继续学习、研究波斯纳的机会。当然，这无疑也是一个品尝艰辛的机会，尤其是在这段也许可谓一生之中最繁忙的时刻。而追根溯源，还得感谢波斯纳法官（虽然他本人并不知道），是他的作品——本人所翻译的《证据法的经济分析》——使得我能够进入苏力先生的视野。进而，波斯纳法官还慷慨地把他这本著作原稿的电子版发送给我，为本人翻译和文稿编辑、尤其是表格编排提供了便利，节省了大量时间。

然而，我翻译它，也并非仅仅因为苏力教授的厚爱和指派，更重要的，乃是因为爱。

这是一本我喜爱的书。喜爱它，不只是因为它贴近本人广阔无际的兴趣；而且也由于波斯纳的慷慨陈词，就像其他公共知识分子一样，他说出了许多痛快淋漓的话语，那是你、我、他都不敢说的话，有些，当然也是在下的肺腑之言；进而，他也为诸如本人这样一位积极接近"知识分子"目标的年轻人，提供了一些更加便捷地追求声誉、以及避免声誉损失之路径，尽管他的话语更多的是警醒和教训。此外，喜爱，还可以是无须诉诸理由、陈述原因的；喜爱，也可以仅仅只因为"波斯纳"这个品牌；喜爱，还可仅仅只是——以爱的名义。

我尊敬的导师，张卫平教授，对知识分子著述的广泛兴趣直接影响到我。这种影响和教诲,无论如何估计都是绝不过分的。而令人印象深刻的是,许久前他便说过,象"今日说法"这样的节目不可做得太多,即所谓"公共越多,智识越少"。

苏力教授对译稿作了诸多校正,在此深表谢意,但翻译的错漏当然由我个人负责。译者水平有限,请读者批评指正。我亲爱的兄弟、亲密的战友,徐昀,一年之前,我们有过愉快的学术合作,共同翻译了波斯纳的《证据法的经济分析》。此番,他念及兄弟情谊,又给予大哥不胜枚举的、无私的共产主义援助。刚得知,他考上了清华大学法学院,成为我正宗的师弟。他的导师是王亚新教授,王亚新先生于我而言,虽不具导师之名,却有谆谆教诲之恩。北京工商大学王琳小姐,河北经贸大学傅诚刚先生,为本人做了较多辅助性工作,在此深表感谢,并衷心祝愿他们万事如意。

我的夫人,郑晓静女士,最大限度地发挥了内助作用。尤其值得感激的,是在我埋头沿着崎岖的"智识"路径朝向"知识分子"的山峰攀登之时,她,多年以来,近乎独立、悉心细致地培养和教育着一位未来的"知识分子"——徐鉴劲小朋友。如今,我的儿子鉴劲,他的"智识性"已经依稀可辨,朦胧之间,我似乎已然见到:那一丝聪慧、一丝天真、一丝狡黠、一丝启迪……他俨然就像是一位小小"公共知识分子",几乎可以就一切的一切发表高见,并视角独到,想像无限,且偶而还相当自信地声称,"你们连这也不知道?"这一切,朦胧而真实,在我翻译这本《公共知识分子》的时候,时常地浮现在我的脑海之中,与那些世界著名知识分子的言论及其批判交织在一起……

应该交待的是,我的儿子生于公元 1997 年 8 月 16 日,快到 5 岁了。由于学业繁忙,很少顾及他,欠了他好多好多礼物,故而想把这本书献给他,作为 2002 年春天的祝福。不过,如同我的其他礼物一样,在春天承诺送出,也许要到秋天才能收到。和这一礼物一道,我还打算送给他——那一片蓝蓝的大海……

故事的发生是这样的：另一位朋友，也姓王名琳，偶然之机会令我们相遇，他便是网络大虾天涯法网（请频繁点击：http://www.tyfw.net）版主是也；他促成了我五月的海南之旅。在本书译稿修订之最后阶段，应海南大学校长谭世贵教授、我在西南政法的老师法学院谭兵院长的热情邀请，我全家来到了美丽的海南岛。鉴劲小朋友，一见大海，便奋不顾身，扑将而去，戏水一番，拾贝无限，流连忘返。他不断宣称，他喜欢这儿，他要在大海中游泳。在绝大多数人看来，我的儿子是与我如此相像，因此，他的喜好从方法论而言基本上也表明了我的热爱。我，或许将留在这儿，期望在这"看得见的"智识之蓝色海洋中，扬帆远航。当然，这只是一种初步设想，在设想与现实之间，从来都充满着变数。但不论如何，我都感谢海南大学两位师长的知遇之恩。

　　当然，论及我儿子的智识性，那只是一种期望而已（也可算是幽了"公共知识分子"一默），正如我的父亲母亲对我的期望一样。本人之所以选择，并不断努力地接近"知识分子"之目标，乃是基于他们长期的培养和教育。虽然自从我十年前读研以后，便与父母分多聚少，但纵隔万水千山，他们连同他们的孙儿，却一直构成了我生活、学习和工作的精神支柱。

徐　昕

2002年3月9日初稿于清华园明理楼512室

5月3日修改于海南岛

图书在版编目（CIP）数据

公共知识分子：衰落之研究／（美）波斯纳著；徐昕译．—北京：中国政法大学出版社，2002
ISBN 978-7-5620-2075-2
Ⅰ．公… Ⅱ．①波…②徐… Ⅲ．知识分子-研究 Ⅳ．D01
中国版本图书馆CIP数据核字（2002）第052181号

书　　名	公共知识分子：衰落之研究 GONGGONG ZHISHI FENZI: SHUAILUO ZHI YANJIU
出版人	李传敢
出版发行	中国政法大学出版社（北京市海淀区西土城路25号） 北京100088 信箱8034分箱　邮编100088　邮箱zf5620@263.net http://www.cuplpress.com（网络实名：中国政法大学出版社） (010)58908325(发行部) 58908285(总编室) 58908334(邮购部)
承　　印	固安华明印刷厂
规　　格	880×1230　　32开本　　17.75印张　　455千字
版　　本	2002年12月第1版　2010年5月第2次印刷
书　　号	ISBN 978-7-5620-2075-2/D·2035
印　　数	5 001-8 000
定　　价	38.00元

声　　明	1. 版权所有，侵权必究。 2. 如有缺页、倒装问题，由本社发行部负责退换。